Wilfried Ferchhoff

Jugend und Jugendkulturen im 21. Jahrhundert

Wilfried Ferchhoff

Jugend und Jugendkulturen im 21. Jahrhundert

Lebensformen und Lebensstile

2., aktualisierte und überarbeitete Auflage

Bibliografische Information der Deutschen Nationalbibliothek
Die Deutsche Nationalbibliothek verzeichnet diese Publikation in der
Deutschen Nationalbibliografie; detaillierte bibliografische Daten sind im Internet über
<http://dnb.d-nb.de> abrufbar.

1. Auflage 2007
2., aktualisierte und überarbeitete Auflage 2011

Alle Rechte vorbehalten
© VS Verlag für Sozialwissenschaften | Springer Fachmedien Wiesbaden 2011

Lektorat: Stefanie Laux

VS Verlag für Sozialwissenschaften ist Teil der Fachverlagsgruppe
Springer Science+Business Media.
www.vs-verlag.de

Das Werk einschließlich aller seiner Teile ist urheberrechtlich geschützt. Jede Verwertung außerhalb der engen Grenzen des Urheberrechtsgesetzes ist ohne Zustimmung des Verlags unzulässig und strafbar. Das gilt insbesondere für Vervielfältigungen, Übersetzungen, Mikroverfilmungen und die Einspeicherung und Verarbeitung in elektronischen Systemen.

Die Wiedergabe von Gebrauchsnamen, Handelsnamen, Warenbezeichnungen usw. in diesem Werk berechtigt auch ohne besondere Kennzeichnung nicht zu der Annahme, dass solche Namen im Sinne der Warenzeichen- und Markenschutz-Gesetzgebung als frei zu betrachten wären und daher von jedermann benutzt werden dürften.

Umschlaggestaltung: KünkelLopka Medienentwicklung, Heidelberg
Druck und buchbinderische Verarbeitung: Ten Brink, Meppel
Gedruckt auf säurefreiem und chlorfrei gebleichtem Papier
Printed in the Netherlands

ISBN 978-3-531-17011-4

Inhalt

Einleitung 11

1. Vom Wandervogel zu den heutigen postalternativen Jugendkulturen. Kontinuität im Wandel von Jugendkulturkonzeptionen 31

2. Veränderte Strukturen sozialer Ungleichheit. Gesellschaftliche Globalisierung und Individualisierung —Segen oder Fluch? 71

3. Zur Differenzierung des Jugendbegriffs 93

4. Entwicklungs- und Lebensbewältigungsaufgaben von Jugendlichen neu definiert — ein anderes Verständnis von (Patchwork-)Identität 107

5. Pauschale Jugendbilder und epochale Generationsgestalten 121

6. Jugendgenerationen in der Bundesrepublik Deutschland — revisited 133

7. Jugendkulturelle Stile und Szenen im 21. Jahrhundert 191

8. Idealisierung und Individualisierung von Jugend : Mode und Sport 271

9. Aufwachsen heute: Veränderte Erziehungs- und Sozialisationsbedingungen in Familie, Schule, Beruf, Freizeit und Gleichaltrigengruppe 305
   9.1 Jugend ist im ambivalenten Sinne individualisierte Jugend 328
   9.2 Jugend ist Schul- und Bildungsjugend 332
   9.3 Jugend ist arbeitsferne Jugend 350
   9.4 Jugend ist Gegenwartsjugend 359
   9.5 Jugend ist Leitbild- und Expertenjugend 364

9.6 Jugend ist Kaufkraft- und Konsumjugend 371
9.7 Jugend ist alltagskulturell vermittelte Jugendkulturjugend 376
9.8 Jugend ist alltagspragmatisch familiäre Versorgungs- und
umsorgte Mutterjugend...379
9.9 Jugend ist eine in Partnerschaften und familiären
Zusammenhängen emotional aufgeladene und
psychosoziale Nutzenfunktionen gewinnende Jugend...............384
9.10 Jugend ist Gleichaltrigenjugend 389
9.11 Jugend ist weibliche und männliche, aber auch
androgyne und metrosexuelle Jugend...394
9.12 Jugend ist sexuelle Jugend 399
9.13 Jugend ist auf Autonomie zielende liberalisierte,
aber auch permissive (Erziehungs-)Jugend..................................402
9.14 Jugend ist Multi-Media-Jugend 407
9.15 Jugend ist Patchworkjugend 427
9.16 Jugend ist nicht nur *sprachlose* Jugend 430
9.17 Jugend ist ego- und ethnozentrische Jugend 434
9.18 Jugend ist eine jugendpolitisch vergessene Jugend 439
9.19 Jugend ist (was die konventionelle Politik betrifft)
parteien-, z. T auch politikverdrossen, aber dennoch
keine politikabstinente Jugend...441

Literatur..**451**

Vorwort

In der redaktionellen Bearbeitung und insbesondere in der technischen Ausgestaltung des Bandes unterstützte mich Sven Kommer. Ihm sei für seine engagierte Mitarbeit gedankt.

Bielefeld, im August 1993 Wilfried Ferchhoff

Vorwort zur überarbeiteten, 2. Auflage

Seit der ersten Auflage dieses Buches (1993) sind inzwischen fast sechs Jahre vergangen. In diesem Zeitraum haben sich die jugendkulturellen Stilbildungen und Szenen gegenüber denen Anfang der 90er Jahre zum Teil beträchtlich verändert. Neue Jugendszenen sind entstanden, alte haben sich ausdifferenziert und viele Jugendstile und -szenen vermischen sich mittlerweile - sind in der Regel nicht mehr so strikt gegeneinander abgegrenzt. Deshalb ist es auch notwendig, die jugendkulturellen Entwicklungen und Ambivalenzen an der Wende zum 21. Jahrhundert neu zu justieren, die freilich auch die gesellschaftlich-soziologischen Rahmungen, Einbettungen und Verweisungszusammenhänge vornehmlich der Individualisierung, Pluralisierung, Differenzierung, Mediatisierung, Kommerzialisierung und Globalisierung einschließen.

Ich habe zwar in den Grundzügen die Tektonik der ersten Auflage beibehalten, dennoch musste das gesamte Buch – die empirisch belegten jugendkulturellen Neuerungen aufnehmend – an vielen Stellen überarbeitet, ergänzt und verändert werden.

Bielefeld, im Dezember 1998   Wilfried Ferchhoff

Vorwort zur Neufassung und vollständig überarbeiteten, 3. Auflage

Seit der zweiten Auflage des Bandes (Jugend an der Wende vom 20. zum 21. Jahrhundert; 1999) sind nunmehr über acht Jahre vergangen. Jugend und Jugendkulturen im ersten Jahrzehnt des 21. Jahrhunderts unterscheiden sich - bei aller oftmals unterschätzten sozialhistorischen Kontinuität und sozialwissenschaftlich strukturbezogenen Gemeinsamkeit einer solchen Thematik - dennoch erheblich gegenüber den Jugend- und Jugendkulturphänomenen im Ausgang des 20. Jahrhunderts. Zu Anfang des 21. Jahrhunderts stimmen viele traditionelle empirische Ergebnisse, Beobachtungen, Zuschreibungen und Betrachtungen zur Jugend, zu den Jugendkulturen und Jugendszenen, zu jugendlichen Mentalitäten, Wertvorstellungen und Zukunftsorientierungen des 20. Jahrhunderts nicht mehr, so dass mit diesem Band auf der einen Seite nicht nur eine veränderte und überarbeitete, 3. Auflage, sondern eine inhaltlich neu justierte, vollständige Neufassung mit einem neuen Titel vorgelegt wird. Damit wird dem noch einmal erheblich veränderten jugendlichen Aufwachsen und vor allem der empirischen Komplexität und Vielfältigkeit sowie auf der subjektiven Ebene dem dynamischen Wandel von Jugend und Jugendkulturen zwischen paradoxen Gegenwartsvorstellungen, schwankenden Weltbildern und Lebensentwürfen, zwischen „Paradiesischem und Abgründigem", zwischen „Superstar und Hartz IV", zwischen Aufbruchstimmungen und Fluchttendenzen etwa in virtuelle Welten und strukturbezogen der ökonomischen, sozialen und kulturellen Globalisierung und Lokalisierung Rechnung getragen. Auf der anderen Seite habe ich in den Grundzügen nochmals die formale Nomenklatur und Tektonik der ersten beiden Auflagen beibehalten, gleichwohl alle Kapitel (auch die historischen) zur zeitgemäßen inhaltlichen Präsentation nicht nur überarbeitet und ergänzt, sondern grundständig verändert und neu geschrieben werden mussten.
Für die mediale Unterstützung danke ich Jürgen Wetterau.

Bielefeld und Bochum, im Mai 2007   Wilfried Ferchhoff

Vorwort zur 2., aktualisierten und überarbeiteten Auflage

Mit der vorliegenden zweiten überarbeiteten Auflage des Bandes „Jugend und Jugendkulturen im 21. Jahrhundert" liegt nunmehr nach dem ersten Jahrzehnt im 21. Jahrhundert ein aktuelles differenziertes Kompendium vor, das vor allem die neuen gegenwartsbezogenen — ökonomisch, sozial, kulturell und medial grundierten - jugendkulturellen Strömungen und Szenen angemessen in das Blickfeld der Analyse rückt. In dem Herz- und Glanzstück des vorliegenden Bandes werden kompakt und überblicksartig die heutigen ausdifferenzierten, pluralisierten und virtuellen jugendkulturellen sowie mit Stil-Zitaten durchwobenen Lebenswelten und Szenen skizziert - ohne allerdings das *bunte Bild der Jugend und Jugendkulturen* in kategorialen Schubladen verschwinden zu lassen und überzustrapazieren. Die verschiedenen Jugendstile und -szenen, das permanente „Styling von Revivals, die unzähligen Retro-Wellen und das Mixen und Remixen von Jugendkulturen werden dabei neben ihren möglichen Wahlalternativen, die nicht selten eher nach ästhetischen und nicht immer nach sozialmilieuspezifischen Herkunfts-gesichtspunkten getroffen werden, auch in ihrer häufigen Inkommen-surabilität als Ausdrucksformen gesamtkultureller Variabilität und Pluralität gedeutet. In diesem Sinne werden in einer unvergleichlichen, komplexen typologischen Übersicht vornehmlich in Kapitel *sieben* verschiedene jugendkulturelle Lebensmilieus vorgestellt. Hier wird der Versuch unternommen, (vornehmlich allerdings immer noch zu männlichkeitsfixiert, zu ethnozentristisch gefärbt und zu national enggeführt) Jugendkulturen in ihrer empirischen Vielfalt zu präsentieren. Die Rolle der Mädchen und auch die der globalen Jugendkulturen waren bislang stets eine terra inkognita und werden bei aller Relevanz immer noch erst zögerlich thematisiert. Zudem ist bei aller Faszination der Zu- und Einordnungen darauf hinzuweisen, dass in der jugendlichen Alltagsrealität, die mittlerweile auch sehr prägnant online mitgesteuert wird, sich jugendkulturelle Einzelidentitäten nicht zuletzt vor dem Hintergrund eines heutigen Szenemix', angesichts eklektizistischer Variationen und Überschneidungen sowie angesichts von strukturellen Identitätsaufweichungen selten trennscharf präsentieren. Darüber hinaus entziehen sich kulturalistische Jugendphänomene mit ihren schnell wechselnden, medialen und flexiblen Formen nur allzu leicht der wissenschaftlichen Einordnung und Systematik. Freilich besitzen die auf alltagssoziologisch-qualitativem Wege ermittelten Jugendkulturen im sozialphänomenologischen und hermeneutischen Sinne durchaus Alltagsrelevanz für heutige Jugendliche, wenn auch häufig nur als disponible und arrangierbare Ich-Konfigurationen.

Da sich Aufbau, Tektonik und Strukturlogik der vorherigen Auflage(n) des Bandes bewährt haben, sind diese auch im vorliegenden beibehalten.

Gegenüber der vorherigen Auflage im Jahre 2007 habe ich allerdings insbesondere *die* Kapitel grundlegend verändert, neu geschrieben und auf den neuesten Stand gebracht, die inhaltlich aktuelle Bezüge aufweisen: die Kapitel *sechs* (Jugendgenerationen im Wandel...), *sieben* (Jugendkulturelle Stile und Szenen...), *acht* (Mode und Sport) und *neun* (Veränderte Erziehungs- und Sozialisationsbedingungen...). Dagegen habe ich in den ersten fünf Kapiteln, die eher historische und theoretisch-kategoriale Zugänge aufweisen und deren Inhalte und Aussagen auch heute noch Bestand haben, nur an bestimmten Stellen, die notwendig erschienen, Änderungen vorgenommen

Für die mediale Unterstützung und Formatierung danke ich wiederum Jürgen Wetterau.

Bielefeld und Bochum, im September 2010   Wilfried Ferchhoff

Einleitung

In diesem Buch geht es darum, das Aufwachsen von Jugendlichen in der Bundesrepublik Deutschland, den Strukturwandel der Jugendphase auf der Basis der veränderten Lebensbedingungen in globaler, weltgesellschaftlicher und lokaler Perspektive sowie die verschiedenen jugendkulturellen Entwicklungen im 21 Jahrhundert vornehmlich im Kontext sozialhistorischer und sozialwissenschaftlicher Fragestellungen zu rekonstruieren.

Zu den veränderten Lebensbedingungen, die zunächst nur stichwortartig benannt, später dann im einzelnen sozialstrukturell und alltagsphänomenologisch skizziert, ausgefächert und in ihren ambivalenten und paradoxalen Mehrdeutigkeiten analysiert werden sollen, gehören vor allem folgende, nicht immer unfreundlich, allerdings abstrakt klingende mehrperspektivische Metaphern und Entwicklungs-prozesse: Finanzmarkt- und Weltwirtschaftskrise, Globalisierung, Regionalisierung/Glokalisierung, Enttraditionalisierung, Destrukturierung, Entsolidarisierung, Neo-Liberalisierung, Fragmentierung, Atomisierung, Säkularisierung, posttraditionale Vergemeinschaftung und insbesondere Individualisierung wurden und werden immer wieder als die zentralen epochalen sozialstrukturellen Prozesse und catch all terms genannt, die die „Grundlagen für die Veränderung des Zusammenlebens in allen gesellschaftlichen Lebensbereichen", Gesellungsformen und Sozialbeziehungen bilden sollen (Beck 1997, 32). Hinzu kommen freilich weitere:

a. Enträumlichung, Beschleunigung, Technisierung, Automatisierung, Deterritorialität, Digitalisierung, Virtualisierung und Ästhetisierung des Alltags;
b. wachsende Partikularisierung von Lebensbereichen;
c. neue Zeit- und Lebensrhythmen durch Mobilitätsanforderungen in vielen Lebensbereichen (Arbeit, Beruf, Familie, Beziehungen, Freundschaften etc.);
d. Verkürzung und vor allem Flexibilisierung der Arbeitszeiten (Tages-, Wochen-, Monats- und Lebensarbeitszeiten), Zunahme der Freizeit sowie die Zunahme der Erwartungen und Optionalitäten an die Freizeit, aber auch Zeitnot, Hektik und Stress;

e. wachsende Verkehrs- und Kommunikationsdichte offline und online;
f. Entsinnlichung des Lebens, Rationalisierung und Technokratisierung der Lebensverhältnisse;
g. weltweite Expansion und Differenzierung der Geld-, Waren-, Arbeits- , Konsum- und Freizeitmärkte;
h. Deregulierung und Flexibilisierung der nationalen Arbeitsmärkte und des nationalen Sozialstaats;
i. Differenz, Vielheit auch jenseits von Einheit;
j. Internationalisierung, Verwissenschaftlichung, Mediatisierung, Virtualisierung und Kommerzialisierung von Alltagserfahrungen:
k. Entinstitutionalisierung und Entritualisierung von Lebensbiographien, Lebenslaufübergängen und Berufsstrukturen;
l. Enttraditionalisierung, und Entkonventionalisierung von Werten, Normen und Lebensmilieus;
m. Aufweichung traditioneller soziokultureller Kollektive, Gemeinschaften und Bindekräfte und die Hinwendung zu eher wählbaren posttraditionalen Gemeinschaften, die einer strukturelle Labilität aufweisen;
n. Ortlosigkeit von Vergesellschaftung, Arbeit und Kapital;
o. Fragilität der sozialen Beziehungen; pluralisierte und individualisierte Lebensformen und Lebensstile
p. tendenzielle *Verszenung* der Gesellschaft und Gesellungsformen sowie *neo-tribale* Perspektiven im Rahmen gefühlter - nicht immer ekstatischer - ästhetischer und flüchtiger Vergemeinschaftungen - ein dionysisches Prinzip, das einerseits jenseits von ausschließlicher Zweckorientierung und anderseits jenseits von außeralltäglichen Ekstasen eingebettet ist in die filigranen Netze und Momente des Alltagslebens;
q. wachsende Wertschätzung von kollektiven Erlebnissen der Pop-, Sport- und Musikkultur. Eventkulturen und Festivals aller Genres haben Konjunktur und versprechen gefühlsbetonte Kicks in partikularen Massenveranstaltungen der Vergemeinschaftung im Rahmen institutionalisierter Kontrollverluste
r. u. v. a. m.

Der ambivalenten Globalisierung und Individualisierung und damit auch der Pluralisierung und Differenzierung von Lebensbedingungen, Lebenslagen, Lebensformen, Lebenswelten, Lebensstilen und Szenen wird am ehesten ein erfahrungsgesättigtes, anschauliches Forschungsdesign gerecht, das zu Beginn des Forschungsprozesses mit möglichst unvoreingenommenen und dennoch kontrollierten so genannten „sensitizing concepts" in das Untersuchungsfeld eintaucht, um sich zunächst orientierend, entdeckend, ohne eindeutig fixiertes, allerdings offenes Konzept, aber hellwach und mehrdimensional auf induktivem

Wege eine dem Gegenstand angemessene Theorie- und Hypothesenbildung binnenperspektivisch verstehend erschließt. Dies kann selbstverständlich nur in der Logik und der Sprache der gesellschaftlichen Adressaten geschehen. Und insofern hat sozialwissenschaftliche Jugendforschung auch schon im Rahmen ihrer Begrifflichkeiten die öffentlichen Erfahrungen aufzusaugen und gleichsam auch die eigenen Vor-Urteile, Stereotype, Klischees und Vorstellungen zu kontrollieren und einzuklammern, um erst den Blick auf das Nichtbekannte, das Fremde reflexiv in Relation zum Eigenen (eigene kulturelle Standortgebundenheit, Distanz zu eigenen vermeintlichen Wissensbeständen, man blickt gleichsam von *außen* auf das eigene Denken und Handeln und übt den hypothetischen Charakter unserer Wahrnehmungen, Beobachtungen und Einschätzungen sowie die einklammernde Zurückhaltung beim Urteilen und Bewerten; vgl. etwa Meyer-Drawe 1996, 85ff.) zu richten. Eine solche alltagsweltorientierte, mit (auto-)biographischen, soziographischen, ethnographischen und hermeneutischen Erkundungen und Methoden ausgestattete qualitative Vorgehensweise interessiert sich auf der einen Seite für die subjektiven Äußerungen, Selbstdeutungen, Interpretationen und Selbstzeugnisse der Heranwachsenden. Auf der anderen Seite geht es darum, die subjektiv erlebten Alltage von Jugendlichen als Selbstgestaltungsprozesse - auch Kinder und Jugendliche sind in gewissen Grenzen ganz im interaktionistischen Sinne freilich im Medium von institutionalisierten Vorgaben Konstrukteure ihrer eigenen Biographien - im Zusammenhang historischer, ökonomischer und sozialer Bedingungskonstellationen zu betrachten. Es geht also um die Berücksichtigung der verschiedenen Lebensverhältnisse und um die subjektiv differenten Verarbeitungsformen mit den gesellschaftlich und institutionell vorstrukturierten Erwartungshaltungen und Anforderungen, die wiederum abhängig sind von den jeweils lebensgeschichtlich, sozial und individuell erworbenen Ressourcen (Luger 1991, 68).

Es gilt somit, unter sozialwissenschaftlichen und sozialisationstheoretischen Gesichtspunkten auf verschiedenen Ebenen und mit unterschiedlichen Perspektiven die vielen Verheißungen und Glücksversprechen sowie die individuellen Wahlmöglichkeiten und Chancen unserer, mit vielen verschiedenen Begrifflichkeiten skizzierten (nach-, post-)modernen, wissens-, risiko-, netzwerk-, einwanderungs-, zivilgesellschaftlich-, erlebnisorientierten und individualisierten globalisierten Arbeitsgesellschaft (vgl. Ferchhoff/Neubauer 1997; Beck 2007) gleichzeitig mit den Kehrseiten und Risiken des Scheiterns im Hinblick auf das Aufwachsen von Jugendlichen in Familie, Schule, Beruf, Freizeit, Gleichaltrigengruppe, Medien-, Jugendkultur und Jugendszene in den Blick zu nehmen. Obgleich es an einer soziologischen „Präzisierung" des recht unscharfen und vieldeutigen Individualisierungs-, inklusive des Risikobegriffs und gleichsam auch des Globalisierungsbegriffs sowie an einer „empirischen Evidenz" der beiden Ansätze mangeln soll, so dass erhebliche Vorbehalte, Einwände und auch Widerlegungen der Kritiker im Zusammenhang des zuweilen modischen Gebrauchs solcher catch-all-terms formuliert worden sind (so in der Vergangenheit etwa bei Burkart 1993, 159ff.; Geyer 1998; Beck 1997d; in der Gegenwart etwa bei Beck 2004; 2007, Beck/Beck-Gernsheim 2007, 55ff.; Nolte 2006, Ferchhoff 2007a, 25ff.), möchte ich dennoch mit den nicht naiven Protagonisten des Individualisierungsdiskurses in der wie auch immer bezeichneten - zweiten, multioptionalen, postmodernen, reflexiven oder riskanten Moderne - der letzten 30 Jahre an den zentralen Einsichten und Kritiken, an den Möglichkeiten und Grenzen der differenziert und im *kosmopolitischen Begriffsrahmen* (Beck/Beck-Gernsheim 2007, 55) im Medium von Globalisierungsprozessen in posttraditionalen Vergemein-schaftungen zu betrachtenden Individualisierungstheorie anschließen, die mehr als messianische, soziologisch-vulgärexistentialistische Ich-Mythologie und illusionäre Erklärungsrhetorik beansprucht.

Die Grundthese lautet: Die tendenziell individualisierte Gesellschaft produziert Optionen, Zuwächse und Ansprüche (Autonomie, Freiheit, Selbstentfaltung, Sinnerfüllung, Gerechtigkeit) und erschwert gleichzeitig ihre Verwirklichung. Individualisierung meint sowohl die Aufweichung, ja sogar die Auflösung als auch die „Ablösung konventioneller industriegesellschaftlicher Lebensformen durch andere, in denen die einzelnen ihre - in globale, weltgesellschaftliche Lebenszusammenhänge geworfenen - Biographien im Zentrum des eigenen Lebens tendenziell selbst herstellen, inszenieren und. zusammenschustern müssen, Und dieser Individualisierungsprozess muss selbst in die Hand genommen werden, findet statt ohne, die einige basale Fraglosigkeiten sichernden, stabilen sozial-moralischen Milieus, „die es durch die gesamte Industriemoderne hindurch immer gegeben hat und (möglicherweise nicht nur/Hinzuf. W.F.) als Auslaufmodelle immer noch gibt" (Beck/Beck-Gernsheim 1993, 179). Hinzu kommt, dass Individualisierung und Globalisierung nicht als Neuauflagen eines neoliberalistischen Programms missverstanden werden sollten (Beck 1997d, 13ff.; 1998, 52; dagegen Nolte 2005, 16) und so gesehen mit der Individualisierung und Globalisierung der riskanten modernen Gesellschaft nicht nur eine Aufweichung oder gar „Auflösung, sondern immer auch eine Verschärfung sozialer Ungleichheit" einhergeht (Beck 1993; Beck/Beck-Gernsheim 1994; Berger 1996). Die paradoxen Folgen der „riskanten Moderne" haben auch dazu geführt, dass die vielbeschworenen multioptionalen Wahlmöglichkeiten und Gestaltungsfreiheiten der Subjekte nur in bestimmten sozialen Kontexten (ressourcenabhängig, ökonomische, soziale und kulturelle Kompetenzen) zum Zuge kommen, während diejenigen, die solche Ressourcen nicht besitzen, gerade auch in den Wahlmöglichkeiten und Entscheidungsfreiheiten zur autonomen Lebensführung sehr begrenzt sind. Risikovermeidung und Entscheidungsaufschub scheinen allerdings nicht nur in den heutigen - auch durch strukturelle Prozesse der Globalisierung und Individualisierung entstandenen - prekären Lebensverhältnissen an der Tagesordnung. Gesucht werden sowohl bei den Marginalisierten, sozial Ausgeschlossenen, die am unteren Rand der Gesellschaft leben und vom (kürzer tretenden und nicht mehr alle Lebensrisiken absichernden) Sozialstaat abhängen, als auch bei den wirklich Reichen, den „sozial Ausgeschlossenen an der Spitze" der Gesellschaft (Anthony Giddens), die auf die nationale Gesellschaft und auf den, Lebensrisiken abnehmenden Sozialstaat nicht mehr angewiesen sind, Rückzugsräume und Nischen, in denen man ungestört das Leben einrichten und genießen möchte oder ertragen und fristen muss (Nolte 2006, 19). Es entsteht jenseits der Fülle von individuellen Wahlmöglichkeiten, die allerdings nur noch sehr begrenzt den (eher passiv nicht) handelnden Subjekten zuzurechnen sind (Habermas 1995, 4), in dieser, immer mehr vom Utilitarismus und globalisierten Markt- und Medienprozessen sowie von weitverzweigten resp. verdichteten anonymisierten und systemischen Verbindungen geprägten enttraditionalisierten und entritualisierten Gesellschaft ein quasi struktureller und wiederum gemeinschaftsbildender Zwang ohne Gemeinschaft sich selbst zu verwirklichen, das Leben in eigene Regie zu nehmen - auch wenn es illusionär erscheint und ressourcenarme, prekäre Lebensverhältnisse dagegen sprechen. Das Spezifische des Globalisierungsprozesses liegt vor allem in der „Ausdehnung, Dichte und Stabilität wechselseitiger regional-globaler Beziehungsnetzwerke und ihrer massenmedialen Selbstdefinition sowie sozialer Räume und jener Bilder-Ströme auf kultureller, politischer, wirtschaftlicher, militärischer und ökonomischer Ebene" (Beck 1997d, 31). Das alltägliche Ringen um das eigene Leben und Handeln über nationalstaatliche Grenzen hinweg „ist zur kollektiven Erfahrung der westlichen Welt geworden" (Beck 1995, 9). Jeder muss sich nicht nur individuell behaupten und durchsetzen, sondern auch noch in einer Art „vorbildlosen" Eigenverantwortung und subjektiven Gewissheit seine individuelle Einzigartigkeit und Unverwechselbarkeit stets selbstinszenierend und in eher emotional, denn rational motivierten und geprägten temporären Mitgliedschaften von posttraditionalen Gemeinschaftsbezügen (vgl. Hitzler/Honer/Pfadenhauer 2008, 9ff.) unter Beweis stellen. Wir sind, um mit Sartre zu sprechen, zur Individualisierung „verdammt". Es handelt sich um einen „paradoxen Zwang" zur Selbstgestaltung und Selbstinszenierung der eigenen, vieler Selbstverständlichkeiten entkleideten Bastelbiographie, auch via Medien, Konsum und Touristik „ihrer transnationalen Einbindungen und Netzwerke" (Beck/Beck-Gernsheim 1993, 179; Beck 1997d, 31) sowie ihrer „moralischen, sozialen und politischen Bindungen - allerdings: stets unter strukturellen sozialstaatlichen Vorgaben wie Ausbildung, Arbeitsmarkt, Arbeits- und Sozialrecht" etc. (Beck 1993; 1998). Nicht nur Freiheitsgewinn, sondern eine spannungsreiche, konfliktreiche Mischung" „riskanter Freiheiten" (Beck/Beck-Gernsheim 1993a; Beck/Beck-Gernsheim 1994) in einer „riskanten Moderne" (Nolte 2006) scheint der biographische Grund- oder Strukturtypus einer so verstandenen individualisierten Gesellschaft zu sein. Die Risiken des Scheiterns sind zweifellos für viele Menschen so groß, dass ein derartig anspruchsvolles Lebenskonzept zumindest nicht von allen erfüllt werden kann. Stattdessen können nicht nur Irritationen, sondern auch Belastungen aller Art und Gefühle von Unsicherheit, Ohnmacht, Überforderung, Hilflosigkeit, Passivität und Entfremdung überhand nehmen.

Der Differenzierung, Pluralisierung, Individualisierung und Globalisierung von - in ihren schicht-, milieu- und altersspezifischen sowie (sub-)kulturellen Zugehörigkeiten und Grenzziehungen unbestimmbarer werdenden - jugendlichen Lebenslagen, jugend-kultur-ellen Milieuzusammensetzungen, Lebensstilen und Szenen werden nunmehr besondere Aufmerksamkeit geschenkt. Der Trend geht immer mehr weg von den - vornehmlich auf gemeinsamen Lebenslagen beruhenden - vorwiegend nur ortsbezogenen sozialmilieuspezifischen Jugendsubkulturen und hin zu den medial mitvermittelten eher individualitätsbezogenen weltumspannenden, globalen Jugendkulturen und Jugendszenen (Ferchhoff 1990; 2007a, 25ff.; Hitzler 2008, 55ff.). Inzwischen scheinen darüber hinaus im Anschluss an eine differenzierte Betrachtung des mittlerweile zerfaserten und immer imaginärer werdenden Jugendbegriffs sowohl der Verzicht auf verallgemeinerbare Generations- und Jugendbilder sich anzudeuten als auch die traditionellen entwicklungspsychologisch und sozialisationstheoretisch gefassten Entwicklungsaufgaben von Jugendlichen in Frage gestellt zu werden. Alle Versuche, *die Jugend* auf einen gemeinsamen Nenner zu bringen, sind mindestens schwierig. Dies gilt zweifellos auch für die jugendlight Versionen Generation X, Generation Golf, die 68er, die 89er, (Generation @, Generation 9/11, Generation Praktikum, Generation Fischstäbchen, Generation Porno, Generation Internet, Generation global, Generation Facebook, Youtube und Twitter: Hinzuf. W.F) oder ähnliche Unternehmungen" (Farin 1997b, 309; 2001).

Wer also im 21. Jahrhundert ein *Bild der Jugend* zu schildern versucht, der kommt in einer sozialwissenschaftlich orientierten und interdisziplinär angelegten Forschungsperspektive nicht umhin, neben den empirisch nachgewiesenen Veränderungen der Heranwachsenden im körperlich-gesundheitlichen, seelisch-geistigen und sozialen Bereich und neben den demographischen Veränderungen - *die Jugend* ist gesamtgesellschaftlich gesehen zu einer Minderheit geschrumpft und die unmittelbaren Kontakte der Älteren gegenüber den Jüngeren nehmen immer mehr ab - den jugendkulturellen Lebensmilieus und Szenen Rechnung zu tragen.

Darüber hinaus sind vermehrt dem veränderten Aufwachsen und den gewandelten Lebenssituationen von Jugendlichen, der Vielfalt der kulturschöpferischen jugendlichen Lebensformen, Lebenswelten und Lebensstile (neben Familie und Schule spielen Gleichaltrige, Freizeit, Medien, Musikkulturen, Konsum, Mode, Sportivität und auch die inter- bzw. multikulturelle oder gar die globale, zuweilen die parallelgesellschaftliche Transkulturalität Anderer im eigenen Leben eine ganz zentrale Rolle) Aufmerksamkeit zu schenken. Schließlich sind aber auch die vielen, vor allem in den Medien immer greller gezeichneten Problemkonstellationen (offene und verdeckte Gewaltbereitschaft, auch Kriminalität, Familien-, Schul-, Leistungs-, Konsumstress etc., Gesundheitsrisiken und -gefährdungen, Allergien, psychosomatische Beschwerden und Verhaltensauffälligkeiten, Tabak-, Alkohol-, Medikamenten-, anderer Drogenkonsum u. v. m.) zu berücksichtigen. Beispielsweise scheinen *exzessive Saufgelage, Kampftrinken* und *sich ins Koma trinken* der ultimative *Teenie-Flatrate-Partytrend* zu sein - und dies nicht nur auf so genannten *All-You-Can-Drink-Parties* etwa in Großraumdiskotheken (vgl. Der Tagesspiegel vom 17. Januar 2007, 13).

Aber nicht nur die Jugendphase wird neu definiert, weil sie ihre traditionelle Gestalt und Selbstverständlichkeit als festumrissenen und geregelten Übergangsstatus in die Erwachsenengesellschaft eingebüßt hat, sondern auch der (pädagogische) Umgang mit Jugendlichen in Familie, Schule und außerschulischen Feldern scheint mit der Aufweichung und Infragestellung der vornehmlich pädagogischen

Semantik und Kategorie des psychosozialen Schonraums eine andere Qualität zu gewinnen. Das soziokulturelle System der Altersnormen hat sich abgeschwächt. Eltern, Pädagogen, Kinder und Jugendliche hatten bis in die jüngere Vergangenheit „recht dezidierte Vorstellungen über das „richtige Alter", zu dem man einen bestimmten Status erreichen sollte", auch wenn diese Vorstellungen von allen Beteiligten „nicht immer deckungsgleich waren". Vor allem hatte man bis in die jüngere Vergangenheit im Zusammenhang einer „präskriptiven Pädagogik" recht genaue altersnormierte Vorstellungen, „wann die Jüngeren etwas zu tun und zu lassen hätten". Diese mittlerweile freigegebenen „altersnormierten Kategorisierungen bestimmten und regelten den „Ablauf des jugendlichen Lebens weit stärker ... als dies die globalen juristischen (Altersangaben) und Mündigkeitsvorstellungen konnten" (Zinnecker 1997, 491).

Darüber hinaus scheint sich die ehemals altersklassenspezifische Kategorie *Jugend* immer mehr - erste zögerliche und partikulare Ansätze gab es hierzu schon vor über hundert Jahren im bürgerlichen Wandervogel - vom biologischen Alter abzulösen und in alle Altersklassen einzuwandern. Mit einer Tendenz zur „Infantilisierung" - Kinder und Jugendliche bestimmen im Alltagsgeschehen etwa immer mehr den familiären Kontext, das Ausgehverhalten, das Erziehungsgeschehen, das Essverhalten u. v. a. m. - *schwinden* auch die ehemaligen „Adelsprädikate des Erwachsenenstatus" (ebenda, 494). Und die in allen westlichen Gesellschaften empirische Minderheit *Jugend* wird häufig ersetzt durch die „Bilder, Projektionen und geschönten Selbstportraits der Erwachsenenwelt" (Seidl 1998, 17).

Im *ersten Kapitel* dieses Bandes rekonstruiere ich im Horizont pädagogischer Fragestellungen in real- und mentalitätsgeschichtlicher Perspektive und unter soziologischen Modernitätsgesichtspunkten jugendkulturelle Lebensformen und Spielräume von der Jahrhundertwende - vom 19. bis ins 20. Jahrhundert - vornehmlich bis zum ersten Drittel des 20. Jahrhunderts. Ziel dieser Darstellung ist es, ins Gedächtnis zurückzurufen, dass im Zusammenhang des sogenannten *Zweiten Modernisierungsprozesses*, dem „Reflexivwerden der Moderne" der heutige (sozial)kulturelle Eigenwert des Jugendalters und die heutigen jugendkulturellen Differenzierungen, Pluralisierungen und Individualisierungen historische Vorläufergestalten besaßen, wobei die heutigen Jugendkulturen im 21. Jahrhundert zwangsläufig viel stärker die Codes, Symbole, Embleme, die Ausdrucks- und Aneignungsmittel - ob der waren- und medienkulturellen allgemeinen, teilweise weltweiten Zugänglichkeit - der sogenannten ökonomisch angeheizten, globalisierten Massen- bzw. Trivialkultur nutzen und diese gleichzeitig alltagskulturell und lokal immer auch umdeuten und umgestalten.

Im Lichte dieser produktiven und gerade nicht nostalgisch verklärenden, historischen Analyse geht es mir insbesondere darum, an die Suche der Wandervögel und Jugendbewegten nach jugendeigenen und jugendgemäßen Lebensformen in selbstgestalteten Freiräumen jenseits von Familie und Schule, von der letzteren mit geistigen Mentoren in der Regel gefördert, unterstützt und manchmal auch verführt, zu erinnern. Immerhin eröffneten die Wandervögel und die bürgerliche Jugendbewegung in Deutschland auch - im Anschluss an das „Jahrhundert des Kindes" (Ellen Kay) - „ein Jahrhundert der Jugend" (Herrmann 2006, 78). Ohne dabei ein völlig autonomes Sonderleben im Kontext der selbstbestimmten Gemeinschaft Gleichaltriger für sie zu reklamieren, werden im Rahmen jugendkultureller Fragestellungen die zentralen Lebensbedingungen und Lebensvorstellungen der vornehmlich bürgerlichen jugendbewegten Wandervögel kultursoziologisch freigelegt sowie deren Wirkungsgeschichte als Jugendbewegung, also deren stimulierende lebens-, bildungs- und sozialreformerischen Impulse etwa im Kontext der *Reformpädagogischen Bewegung* in der Weimarer Republik (und über sie hinaus bis ansatzweise heute: der Lehrerbildung, der Reformschulen, der Volksbildung, der verschiedenen Lebensreformbewegungen, der Umwelt- und Ökologiebewegungen sowie der Jugend- und Sozialarbeit) verfolgt (Herrmann 1991).

Um ein umfassendes und gleichzeitig auch differenziertes, strikt gegenwartsbezogenes Verständnis der verschiedenen Jugendkulturen und Jugendszenen im 21. Jahrhundert zu gewinnen, werden sodann im *zweiten Kapitel* die soziologisch höchst bedeutsamen gesellschaftlichen

Entwicklungstrends, Strukturveränderungen und -umbrüche nachgezeichnet. Sind die Gespenster der Individualisierung, Lebensstile und Globalisierung mehr als Rhetorik, mehr als terminologische Chamäleons, mehr als saisonale Modebegriffe?; befinden wir uns auf dem Weg in eine *andere, riskante, reflexive und/oder Zweite (Post)Moderne?* in vielen Lebensbereichen, die das Aufwachsen von Jugendlichen wesentlich mitbestimmen. Schließlich werden ihre Auswirkungen modernisierungstheoretisch im Zuge der veränderten, aber auch der nach wie vor bestehenden oder sich gar verschärfenden Strukturen sozialer Ungleichheit vor dem Hintergrund des sozialwissenschaftlichen Individualisierungstheorems als fortschreitende Prozesse der Individualisierung und Pluralisierung von Lebenslagen, -formen, -welten, -stilen und -szenen interpretiert. Dies betrifft freilich auch viele Mitglieder in der *Ersten Welt*, die sich ihrerseits freilich durch die ökonomische Kluft, durch tiefreichende Trennlinien und Gegensätze der materiellen Ressourcen, durch die unterschiedlichen Lebensbedingungen und Zugangsmöglichkeiten zu den Verheißungen des globalen Konsums von den übrigen Welten immer noch abhebt (vgl. Beck/Beck-Gernsheim 2007, 56),

Diese sozialwissenschaftlichen Überlegungen zur Individualisierung, Globalisierung und Glokalisierung von Lebenslagen und Lebensstilen beziehen sich einerseits auf bestimmte gesellschaftliche Strukturentwicklungen, die tendenziell objektivierend von außen Verhaltensanforderungen und normative Erwartungen an die Subjekte stellen. Andererseits zielen sie auch auf die *subjektiven* Bearbeitungs- und Bewältigungsstrategien der gesellschaftlichen Strukturanforderungen. Sie schließen im Zusammenhang der sozialwissenschaftlichen Thematisierung des Verhältnisses von Individuum und Gesellschaft freilich an Denktraditionen der soziologischen Klassiker *Marx, Durkheim, Weber, Simmel, Tönnies, Parsons, Elias etc.* an, erschöpfen sich allerdings nicht darin (Arbeitsgruppe Bielefelder Jugendforschung 1990). Ganz neu sind so gesehen nicht die Individualisierungs- und Globalisierungs-prozesse als solche. Sie sind allemal mit der Entstehungsgeschichte der Industrie-Moderne verknüpft. „Ohne historische Präzidenz erscheint hingegen die

Geschwindigkeit ihres Verlaufes" und ihrer gegenwärtigen Verbreitung (Hoffmann-Nowotny 1988, 659). Dennoch scheint nun vieles dafür zu sprechen, dass es in den letzten Jahrzehnten in Gesellschaften unseren Typs nicht zuletzt auch bezogen auf Veränderungen und Verbesserungen der Lebens- und Existenzbedingungen der Arbeiterschaft nach dem 2. Weltkrieg zu einer „Entproletarisierung" ehemals klassenspezifisch und somit auch weitgehend kollektiv geprägter Lebensbedingungen und -milieus gekommen ist. Im Zuge dramatischer Veränderungen in der *Ersten Welt*:

1. der Arbeitsorganisationen und -formen, der Berufsstrukturen,
2. der Familien-, Nachbarschafts- und Lebensformen insgesamt,
3. der merklichen Einkommensverbesserungen großer Teile der Bevölkerung, die allerdings in den letzten Jahren zum Stillstand gekommen sind, und der damit einhergehenden zunehmenden Bedeutung des Konsum- und Freizeitsektors,
4. der Wirkung der Massenmedien,
5. der tendenziellen strukturellen Separation der Generationen (Verschulung der Jugendphase, Verkleinerung der Haushaltsformen),
6. der Ausweitung und Ausdifferenzierung wohlfahrtsstaatlicher Sicherungssysteme und Leistungen, die allerdings in den letzten Jahren, was die Absicherung von Lebensrisiken angeht, erheblich zurückgefahren worden sind
7. sowie der insbesondere für gesellschaftlich strukturell ausgegrenzte Problemgruppen gerade nicht anwachsenden Mobilitäts- und Bildungschancen

scheinen sich quasi-ständische, industriegesellschaftliche Lebensformen und traditionelle Erlebnisgemeinsamkeiten, Weltanschauungen, inklusive ihre sozialen Lebensbindungen und -orientierungen (der Arbeiterschaft, der kirchlichen Gemeinden, des Bürgertums, der ländlich-bäuerlichen Gesellschaft, der Nachbarschaft, der Berufs- und Geschlechterrollen) mindestens aufzuweichen.

Dabei verlieren sie ihre, bis in viele Lebensdimensionen hineinreichende, umgreifende solidaritätsstiftende und manchmal auch lebensorientierende Prägekraft. Der gesellschaftliche Status, den die Menschen im Laufe ihres Lebens in der Gesellschaft einnehmen werden, ist nicht mehr nur allein durch den Ort ihrer regionalen und sozialen Herkunft bestimmt, gleichwohl soziale Herkunft nach wie vor von entscheidender Bedeutung für Bildungs-, Arbeits- und Berufsoptionen ist. Beruflicher

Werdegang, soziale Beziehungen, Lebensformen und Lebensstile, aber auch Wertorientierungen, Konsumentscheidungen und Kultur-, Sport- und Mediennutzung werden nicht mehr nur durch objektive Lebenssituationen erzwungen, sondern immer mehr auch von einem subjektiven Lebensentwurf mitbestimmt.

Mit solchen gesellschaftlichen Strukturwandlungsdiagnosen wird nun ein Themenkomplex eröffnet, der für eine Charakterisierung und Analyse von Individualisierungsprozessen und -schüben in einer tendenziell individualisierten und - entlang der Achse global-lokal (Beck 1997d, 30) - globalisierten sowie zugleich - im konventionell traditionellen Verständnis - entsolidarisierten Gesellschaft von Belang ist. Neu ist in diesem enttraditionalisierten Zusammenhang neben der Ratlosigkeit und der fehlenden Sinnstiftung nicht nur durch Arbeit, sondern auch durch tendenzielle Heimat- und Ortlosigkeit und nicht selten durch die Virtualität etwa von posttraditionaler „Gemeinschaft, Arbeit und Kapital" (Beck 1997d, 31).

Auf der einen Seite scheinen die Wahlfreiheiten, Wahlalternativen und Optionen des einzelnen etwa in Bezug auf seine private Lebensgestaltung angesichts der gelockerten Bindungen an Familie, Nachbarschaft, Konfession, Betrieb, Beruf, Milieu, Region, Sportverein, politischer und verbandlicher Organisation usw. erheblich größer geworden zu sein. Vielleicht bewegen wir uns freier in der Öffentlichkeit, was die „Gestaltung unserer Kleidung, was unsere Vorlieben und Neigungen betrifft, bestimmte Tabus sind gebrochen (Negt 1998, 7). Auf der anderen Seite haben aber neben den Schwierigkeiten, sich überhaupt zurechtzufinden und sich zu orientieren, auch ein „neoliberaler Privatisierungswahn" in dieser Gesellschaft und die Ökonomisierung und Verbetriebswirtschaftlichung in nahezu allen Lebensbereichen zugenommen. Hinzu kommen strukturell gesehen die Zwänge jenseits gemeinschaftsbezogener und kollektiver Abstützungen zur individuellen Durchsetzung, zur Ellenbogenmentalität, also zur Vereinzelung und so gesehen schließlich auch zur Entsolidarisierung. Auf die Folgen dieses ambivalenten gesellschaftlichen Individualisierungs- resp. Globalisierungsprozesses, der sowohl die *„Sonnen"*- als auch die *„Schattenseiten"* der

Individualisierung und Globalisierung ins Blickfeld rückt, wird in Bezug auf die veränderte Gestalt der Jugendphase vor allem im *neunten Kapitel* hingewiesen. Dieser in neunzehn dichten Thesen rekonstruierte und zugleich ausgefächerte und fokussierte Strukturwandel der *Jugend(-phase)* zieht sich implizit freilich wie ein roter Faden durch den gesamten Band.

Im *dritten Kapitel* geht es - eingedenk der gewonnenen vielschichtigen Ergebnisse vornehmlich in Bezug auf die vielen gesellschaftlichen Destandardisierungs- und Entstrukturierungstendenzen - in begriffsgeschichtlicher und sozialhistorischer Perspektive um eine Differenzierung des Jugendbegriffs im 20. und 21. Jahrhundert. Im Anschluss an die aufklärungsaffine, moderne Entdeckung *der Jugend* an der Schwelle vom 19. zum 20. Jahrhundert wird eine eigenständigen Lebensphase *Jugend* kreiert, die von der Erwachsenenwelt abgesondert wird.

Sämtliche Bestimmungsmomente, *Jugend* im Kontext einer fest umrissenen Statuspassage zu definieren oder gar von einer eigenen, gegenüber der Kindheit und der Erwachsenenwelt trennscharf absetzbaren Erlebniswelt Jugend auszugehen, scheinen mittlerweile empirisch nicht mehr adäquat zu sein. Es ist deutlich geworden, dass *Jugend* individuell erworben werden muss und nicht mehr nur Vorbereitungs- und Übergangsphase in den Erwachsenenstatus ist. Die zukunftsbezogene Vertröstung auf das Spätere gelingt in vielen Fällen nicht mehr. Wir müssen heute davon ausgehen, dass *Jugend* eine Plastizität gewinnende und dennoch eigenständige Lebensphase ist - mit typisch ausgeprägten eigensinnigen und vielfältigen Verhaltensweisen. Denn das Ziel, Ich-Identität zu gewinnen, mit sich selbst identisch Werden und damit den Erwachsenstatus zu erlangen, ist, was das Tempo angeht, erheblich gebremst und nicht mehr als einziges soziales und psychisches Antriebsmuster so dominant wie noch vor einigen Jahrzehnten.

Im *vierten Kapitel* werden die konventionellen lerntheoretischen und kognitivistischen entwicklungspsychologischen und psychoanalytischen Phasen- und Stufentheorien - inklusive ihrer linearen oder krisenhaft unsteten Übergänge sowie ihrer natürlichen und normativen Reifungsvorstellungen - mit sozialisationstheoretischen und soziologisch- interaktionistischen Erörterungen über äußere Umwelt- und Kontextbedingungen des Aufwachsens angereichert und erweitert. Die - auf allgemeine Gesetzmäßigkeiten des Entwicklungsalters fußenden und einer entwicklungspsychologischen Prozesslogik folgenden - historisch weitgehend invarianten Entwicklungs- bzw. Bewältigungsaufgaben von Jugendlichen werden dann auf der Basis der ambivalenten Individualisierungs-, Pluralisierungsschübe und der mehrdeutigen Globalisierungstendenzen sowie einer, den veränderten gesellschaft-lichen Rahmungen Rechnung tragenden, angemessenen Identitäts-vorstellung und Identitätsarbeit soziologisch reinterpretiert. Befragt wird die basale Voraussetzung für das *Gefühl von Identität*. Wenn heute Identitätsfragen gestellt werden, dann geht es stets um die soziale Anerkennung und Zugehörigkeit gerade auch jenseits eines allzu *„kohärenten Sinnganzen"* - aber auch jenseits *postmoderner diffuser Beliebigkeit*. Erörtert werden Konzepte und Vorstellungen wie die: *der Identität auf Zeit, der Patchwork-Identität, der Identität auf Widerruf, der Passung und Verknüpfung unterschiedlicher Teilidentitäten* (Keupp 1997, 34).

Das *fünfte Kapitel* beschäftigt sich mit dem (soziologisch gesehen) auf Dilthey und Mannheim zurückgehenden Konzept der Generation und plädiert - wie auch schon im Zusammenhang der Verwendung pauschaler Jugendbilder - wiederum auf der Grundlage der ambivalenten Individualisierungs-, Pluralisierungs- und Globalisierungstendenzen im Rahmen bestimmter Varianten und Perspektiven der heutigen sozialwissenschaftlichen Jugendforschung für ein vorsichtiges Abrücken.

In historischer Reminiszenz wird im *sechsten Kapitel* dann trotz kritischer Einschätzung und eingedenk der Tücken der soziologischen Verwendung des Generationenbegriffs doch noch einmal für den über 60jährigen Zeitraum der (alten) sowie für die mittlerweile über 20 Jahre alte (neue) Bundesrepublik Deutschland auf die Lebensbedingungen und -vorstellungen der mindestens zehn zentralen Jugendgenerationen (von der „suchenden und fragenden Generation" zu Ende der 40er Jahre bis zur sogenannten, sich auch in der neuen Bundesrepublik Deutschland immer weiter ausfransenden postalternativen, zugleich krisengeschüttelten, leistungsbereiten, medien- und partyerfahrenen Jugendgeneration XYZ/Generation Internet oder die lebensernste und durchaus moralisch aufgeladene. pragmatische Generation 9/11 in der ersten Dekade des 21. Jahrhunderts) Bezug genommen. Die Krisen im Erwerbsarbeitssektor (Arbeitslosigkeit, Lehrstellenmangel, Rationali-sierung und Abbau und Verlagerung von Arbeitsplätzen im produ-zierenden Gewerbe und im Dienstleistungssektor, schlecht bezahlte Junk-, Mini-Jobs, die in der Regel nicht sozialversicherungspflichtig sind, weder umfassende Lebensversorgung ermöglichen noch inhaltlichen Lebenssinnansprüchen genügen) waren bis an das Ende des ersten Jahrzehnts im 21. Jahrhundert nicht nur Randbedingungen des Aufwachsens, sondern in den Fokus der Jugendphase eingewandert. Erst in allerneuester Zeit gibt es ein vorsichtiges Abrücken.

Im *siebten Kapitel* wird dann im Anschluss an eine seriös geführte sozialwissenschaftliche Jugenddebatte folgerichtig Abschied genommen von allzu pauschalen Jugendgenerationsgestalten, und dies nicht zuletzt deshalb, weil spätestens seit den 80er und den 90er Jahren des 20. Jahrhunderts empirisch betrachtet enorme jugendkulturelle Differenzierungen und Pluralisierungen dies nahe legen. Erste phänomenologisch-, ethnographisch-alltagssoziologische Einblicke in und differenziertere Betrachtungsweisen zur sozialwissenschaftlichen Aufschichtung der schnelllebigen, pluralen, aber auch der polarisierten jugendkulturellen Lebenswelten werden gegeben. Die verschiedenen Jugendstile und -szenen, das permanente „Styling von Revivals" (Schwendter 1995, 14), die unzähligen Retro-Wellen und das Mixen, Remixen, Switchen, Hopping und Crossover von Jugendkulturen werden dabei neben ihren möglichen Wahlalternativen, die nicht selten eher nach ästhetischen und nicht immer nach sozialmilieuspezifischen Herkunftsgesichtspunkten getroffen werden, auch in ihrer häufigen Inkommensurabilität als Ausdrucksformen gesamtkultureller Variabilität und Pluralität gedeutet.

In diesem *siebten Kapitel* werden zum Schluss in einer ausdifferenzierten, komplexen, aber dennoch immer ungenügend bleibenden typologischen Übersicht in einer Art pauschalen Zusammenfassung verschiedene jugendkulturelle Szenen und Lebensmilieus im 21. Jahrhundert vorgestellt. Obgleich sofort eingewendet werden könnte, dass es angesichts der erörterten Differenzierung und Pluralisierung der

Jugend und Jugendkulturen eigentlich unzulänglich ist, die unterschiedlichen jugendkulturellen Strömungen und die Vielzahl der jugendkulturellen Erscheinungen zu bündeln und einer zusammengefassten generalisierenden Betrachtung zugänglich zu machen, wird dennoch hier der Versuch unternommen, im Rahmen einer geballten typologischen Zusammenfassung (vornehmlich allerdings immer noch männlichkeitsfixierte, kosmopolitisch enggeführte und ethnozentristisch gefärbte) Jugendkulturen (die Rollen der Mädchen, die globalen Jugendkulturen und auch die derjenigen Jugendlichen mit Migrationshintergrund werden in einer überblicksartigen Gesamtanalyse der verschiedenen Jugendkulturen bei aller Relevanz immer noch erst zögerlich thematisiert) rekonstruiert und beschrieben, die ohne vollständige empirische Absättigung als analytisch-abstraktifizierende und zugleich als idealisierende Aufteilungen mit vielen Mischformen und Übergängen verstanden werden müssen. In der jugendlichen Alltagsrealität präsentieren sich jugendkulturelle Einzelidentitäten nicht zuletzt vor dem Hintergrund eines heutigen Szenemix', eklektizistischer Formen und angesichts von Identitätsaufweichungen selten trennscharf. Darüber hinaus entziehen sich kulturalistische Jugendphänomene mit ihren schnell wechselnden, flexiblen Formen nur allzu leicht der wissenschaftlichen Einordnung und Systematik. Allerdings besitzen die auf alltagssoziologisch-qualitativem Wege ermittelten Jugendkulturen im sozialphänomenologischen und hermeneutischen Sinne durchaus Alltagsrelevanz für heutige Jugendliche, wenn auch häufig nur als disponible und arrangierbare Ich-Konfigurationen. Wer sich im Irrgarten der Pluralität von Jugendkulturangeboten verirrt und vorübergehend im diffusen Raum von Zugehörigkeit Unterschlupf sucht, scheint zwar in den jugendkulturellen Szenen zeitweise überwintern zu können, aber er wird sie in den meisten Fällen auch durchschreiten müssen, nicht zuletzt weil die verschiedenen Jugendkulturen angesichts permanent-schleichender Identitätsverunsicherungen sein disponibles Ich nicht dauerhaft nach Hause tragen können. Die verschiedenen jugend-kulturellen Szenen sind postideologisch, strukturell labil und bieten so gesehen auch keine exklusive Heimat in dem Sinne an, dass sie verhaltensstabilisierende Lebensformen und -orientierungen, verlässliche Wegweiser, feste Lebensfahrpläne und sicheren Lebenssinn in einer ansonsten unsteten und instabilen alltäglichen Lebenswelt garantieren können, in denen man sich zweifellos zeitweise aber nicht auf Dauer einrichten kann. Obgleich viele Jugendliche nach wie vor ohne allzu spektakuläres jugendkulturelles und szenespezifisches Ambiente in der eigenen Lebenspraxis den durch Familie, Schule, Betrieb und Verein vorgezeichneten, inzwischen aber auch aufgeweichten traditionellen und mit posttraditionalen Elementen angereicherten Kultur- und Werteorientierungen im großen und ganzen nachgehen, bieten szenenspezifische und besondere jugendkulturelle Ausdrucksweisen und Stilebenen immerhin für ein Großteil der Jugendlichen ein, wenn auch fragiles und häufig wechselndes, immerhin ein situatives, Spaß bereitendes Angebot, das nicht mehr nur allein durch *objektive* Lebenslagen (das Herkunftsmilieu und das Bildungsniveau) gesteuert wird, sondern zunehmend auch zumindest teilweise herkunftsneutral sein kann. Die meisten Jugendlichen scheinen heute das Mixen, Remixen von Jugendkulturen und das Szene-Hopping zu bevorzugen. Sie sind in der Regel ohnehin nur begrenzte Nutzer der jeweiligen Szenen, in denen sie - meistens ohne volle(s) und totale(s) Engagement, Überzeugung, Mitgliedschaft, Leidenschaft und Emphase - erkundend und ausprobierend Subversivität, Entspannungen, Zerstreuungen, Anregungen, Erlebnisse, Spaß und Kicks auf Zeit suchen und ausleben.

Das *achte Kapitel* thematisiert die nicht nur medienwirksame und kommerziell hochgeschätzte Idealisierung von Jugendlichkeit. Auch am historischen Entwicklungsstand lässt sich relativ leicht ablesen, dass das ehemals jeweils jugendkulturell Besondere und Aufsehenerregende sowie die spezifischen jugendkulturellen Erlebnisformen inzwischen veralltäglicht worden und quasi in alle Altersklassen eingewandert sind. Damit sind auch die Grenzen der Altersklassen verwischt worden und Jugendlichkeit ist quasi alterslos zum „Signet einer ganzen Kultur, zur Charaktereigenschaft geworden". Jugendlichkeit ist daher nicht nur eine Frage des biologischen Alters, sondern eine generelle jugendliche Gesinnung und Lebenshaltung. Jugendlich sind diejenigen, die einen jugendlichen Habitus besitzen und sich für jugendlich halten. Mit dem schon seit längerer Zeit zu beobachtenden Jugendkult in einer im demographischen Sinne rapide alternden Gesellschaft, in der zuweilen sogar der Erwachsenenstatus zum Verschwinden gebracht wird, werden symbolisch in vielen jugendlichen Selbstinszenierungen und jugendlichen Lebensstilausprägungen die „Attribute der Jugendlichkeit" gesichert (Lenzen 1991, 45). Der gesellschaftliche Mainstream bietet das Jungsein in vielen Facetten an. Er verliebt sich immer neu in seine jugendfrischen Selbstportraits. Und nie „schien die Nachfrage heftiger nach jugendlicher Haut und jungen Gedanken, nach junger Mode, jungen Ideen, junger Musik, jungen Unternehmern" (Seidl 1998, 17). Jugendkulturen werden in diesem *achten Kapitel* im Rahmen von Jugend, Mode und Sport analysiert. Sportive, modewelt- und lebensstilbezogene Praxen werden ausgefächert und vornehmlich gegenwartsbezogen im 21. Jahrhundert vor dem Hintergrund der sexuellen Enttabuisierung zwischen Körperkapital, Körperkult, Modeströmungen, Kommerzialisierung und Bildungsgut betrachtet.

Das *neunte Kapitel* rekonstruiert und bilanziert in 19 fokussierten Thesen den Strukturwandel der Jugendphase im 21. Jahrhundert. Hier wird prägnant und in aller Dichte auf die für Jugendliche bedeutsamen veränderten Erziehungs- und Sozialisationsbedingungen in Familie, Schule, Beruf, Freizeit und Gleichaltrigengruppe im Rahmen der - den gesamten Band als Erklärungshintergrund durchziehenden – Leitvorstellungen: der gesellschaftlichen Ökonomisierung, Differenzierung, Pluralisierung, Globalisierung, Lokalisierung, Individualisierung, Medialisierung und Kulturalisierung von Jugend eingegangen.

1. Vom Wandervogel zu den heutigen postalternativen Jugendkulturen. Kontinuität im Wandel von Jugendkulturkonzeptionen

Bis zum Ende des 19. Jahrhunderts dominierten im Horizont der Wissenschaften pathologisch-medizinische Sichtweisen von *Jugend*. Wenn man die psychologischen Wurzeln des Jugendbegriffs um die Jahrhundertwende rekonstruiert, dann wurden in der damaligen jugendpsychologischen Perspektive jenseits (sub-)kultureller Vorstellungen in einer 'verstehenden Jugendkunde' vornehmlich die biologisch-psychischen Entwicklungen und Abläufe als jugendbezogene, phasentypische Krisenphänomene thematisiert. Es wurde jedoch in diesem Zusammenhang nur allzu leicht übersehen, dass neben dem historisch erheblich vorbelasteten und aus der gefängnisseelsorgerischen Rettungshausbewegung des 19. Jahrhunderts stammenden Begriff des *Jugendlichen* etwa die ideengeschichtliche Reflexion zur *Jugend* in der pädagogischen Tradition Rousseaus und auch die literarische Ausbildung von Jugendkultur schon im 18. Jahrhundert mit dem Wirken politisch interessierter *Jünglinge* und Schriftsteller („Sturm und Drang") begann.

Im ausgehenden Mittelalter und in der frühen Neuzeit gab es in Deutschland noch keine eigene Bezeichnung für diejenigen, die sich altersspezifisch in den Lebensjahren zwischen Kindheit und Erwachsensein befanden. Und erst zu Beginn des 18. Jahrhunderts wurde begrifflich ein ganz geringer Teil des männlichen Nachwuchses als *„junge Herrn"* bezeichnet. Seit der Mitte des 18. Jahrhunderts tauchte dann der Begriff „Jüngling(e)" auf, die ebenfalls nur eine verschwindend kleine Gruppe von jungen Männern umfasste. Weniger als 1 Promille der betreffenden Altersjahrgänge konnte angesichts der Freistellung von Erwerbsarbeit überhaupt ein Jünglingsleben führen, „alle anderen waren Bauernburschen, Gesellen, Soldaten" (Roth 1983, 25). Am Ende des 18. und während des gesamten 19. Jahrhunderts kam es immer wieder zu neuen Ausformulierungen von verschiedenen Jünglingskonzeptionen. Der Begriff „Jünglinge" hat historisch somit starke Bedeutungswandlungen durchgemacht. Das von Pädagogen stets verwendete Bild vom „ewigen Jüngling", das nahezu „unverändert" 150 Jahre überdauert und gegolten hatte, war weitgehend eine literarische Fiktion (Roth 1983, 135). Nur ungefähr 50 bis 70 Jahre soll es, so zumindest Roth, eine Zeit des deutschen Dichterjünglings - von der Mitte des 18. Jahrhunderts bis zu Anfang des 19. Jahrhunderts (von den „Leipziger Jünglingen" über die „Göttinger Jünglinge" des Hainbundes bis hin zu den „Jünglingen des Sturm und Drang") - gegeben haben. Das Konzept des Jünglings hatte wiederum zwei Ausprägungen: den *„deutschen"* und den *„christlichen"* Jüngling und bezog sich empirisch gesehen vornehmlich auf die kleine Anzahl der männlichen Jugendlichen, die das Gymnasium besuchten. *Deutsche Jünglinge* sollten im Sinne des neu entstandenen Deutschen Reiches nach 1871 via Schule nicht nur wie vorher moralisch wertbezogen mit den *klassischen* humanistischen Bildungsidealen der Sittlichkeit, Wahrheit und Schönheit erzogen werden; hinzu kam ein nationaler vaterländischer Bildungsauftrag. So entstand eine „spezifische Gemengelage aus klassischen Wissensbeständen und Unterrichtsstoffen sowie philologischer Tradition einerseits und Untertanenmentalität, Vaterlandsliebe, Ehre und Militarismus andererseits". In diesem Zusammenhang entstand auch „jener Geist, den die Wandervögel später naserümpfend als „Hurra-Patriotismus" geißelten und um derentwillen sie 1913 die Teilnahme an der Völkerschlacht-Gedenkfeier in Leipzig ablehnten" (von Bühler 1990, 17).

Dennoch: Männliche proletarische Großstadtjugendliche wurden im Gegensatz zu den verschiedenen Jünglingskonzeptionen im Rahmen bürgerlich-obrigkeitsstaatlicher Vorstellungen in medizinischen, psychopathologischen und sozialpädagogischen Diagnosen vor dem Hintergrund industrieller Modernisierungsumbrüche sowie in Bezug auf ein „normatives Idealbildes von *Jugend*" (Dudek 1996, 20) mindestens als *krisengefährdete* und *bedrohte* Opfer gesehen.

Das Verständnis, was einen *Jugendlichen* ausmachte, war noch ein grundlegend anderes als heute im 21. Jahrhundert. Und dies lag nicht zuletzt auch darin begründet, dass der zunächst partikulare Begriff des *Jugendlichen seinen Ursprung in der* Rettungshausbewegung hatte und dort vorgeprägt wurde In dieser partikularen Konnotation war der Jugendliche „der Verwahrloste, Gottlose, Kriminelle, der Korrektionsbedürftige. Der neue Ausdruck dafür – *der Jugendliche* – kam in den 1870er Jahren zuerst in der Gefangenenfürsorge vor und breitete sich von dort im Laufe der folgenden Jahrzehnte tendenziell universalisierend auf alle Bereiche der Jugendfürsorge/Jugendpflege/Sozialarbeit/Sozialpädagogik aus" (Roth 1983, 157). Zur Vorgeschichte des *Jugendlichen* waren somit Vorstellungen und Berichte von Erziehern, Rettungshauspädagogen, Fürsorgerinnen und Wohlfahrtspflegern zu nennen, die allesamt über die Schulentlassenen im Rahmen von Jugenderziehung nachdachten. Bei diesem Nachdenken und vor allen Dingen dem pädagogischen Tun ging es stets um Einpassung, Anpassung, Integration, Normen- und Verhaltenskontrolle, Unterordnung, Disziplinierung und Vereinheitlichung, selbst wenn sich das negativ-repressive konnotierte Konzept vom Jugendlichen, das vornehmlich noch vor dem Ersten Weltkrieg gegolten hatte, sich später in das des ‚*jungen Staatsbürgers*', das eher positiv besetzt war, gewandelt hatte. Freilich sollte es noch einige Zeit dauern, bis die alten traditionellen, eher diskriminierenden Bedeutungszuschreibungen über Jugendliche verschwunden waren. Vielmehr wurden weiterhin Jugendliche oftmals universalisierend unreflektiert als *verwahrloste, kriminelle, verbrecherische, gottlose* und in juristisch-(sozial)pädagogischer Semantik als *lebenskorrektionsbedürftige* Personen stigmatisiert (Roth 1983; Peukert 1986; Hafeneger 1992; Dudek 1996). Eigentlich erst seit den 20er Jahren des 20. Jahrhunderts verschwanden die eher negativen Konnotationen und Assoziationen und die Metapher *Jugendlicher schien* - bei aller klassen-, schicht-, milieu-. geschlechts- und lebensstilspezifischen Differenzierung von *Jugend* - einen tendenziell *wertfreien*, durchaus alltagspraktisch gebrauchsfertigen Eindruck zu machen.

Folgenreich für den Jugenddiskurs war allerdings auch die „Tatsache, dass Jugendkunde und Pädagogik ihre Normalbiographien der Jugendphase nicht anhand der Lebensläufe der mehrheitlich *arbeitenden Jugend* gewannen, sondern anhand jener der großstädtischen Gymnasialjugend, die noch am ehesten über so etwas wie ein psychosoziales Moratorium verfügte, das den Entwurf (eines auf Zukunft) gerichteten Lebensplanes ermöglichte" (Dudek 1996, 20).

Der Begriff Jugendkultur tauchte auch in der ersten Dekade des 20. Jahrhunderts im Anschluss an Vorstellungen von Gustav Wyneken und Siegfried Bernfeld im Rahmen einer Jugendkulturbewegung auf, die vor hundert Jahren noch sehr dezidiert mit einem „hegelianisch-idealistischen Fortschrittsgedanken" verbunden war (so etwa Breyvogel 2005, 11). Jugendkulturen wurden in den Vorstellungen Wynekens und Bernfelds seinerzeit in tendenzieller Abgrenzung zu den Wandervögeln (aber auch in Verbindung zum durchaus schon vielfältigen Bild des Wandervogels - im Anschluss an mehrere Spaltungen und der Wiederherstellung der Einheit der Wandervogelbewegung vor dem 1. Weltkrieg (Mogge 2001, 307ff.) - als Jugend(kultur-)bewegung aufgefasst, die zunächst als reine Jungengemeinschaft antimilitaristische Züge" (Lieber 1974, 15; Gillis 1980, 157) aufwies und sich historisch betrachtet relativ unbestimmt in ihren Gesittungs-, Gesellungs- und Kostümierungsformen an „Vorgaben des Vagantentums, der Scholaren und des Jünglingkultes im Umkreis der Werther-Stimmung orientierte" (Knoll 1987, 20). Anleihen wurden auch bei den studentischen Geselligkeitsformen (etwa der Freideutschen Studenten und seit 1907 der „akademischen Freischaren" gemacht; auch der Jenenser „Sera-Kreis" um den Verleger Diederichs hatte seiner Wurzeln in der Akademischen Freischar; vgl. Herrmann 2006, 68ff.). Das äußere Erscheinungsbild vieler Wandervogelgruppen mit ihren Rucksäcken, kurzen Hosen, grünen Mützen, Rippelsamtanzügen, Nagelschuhen, Leinenkleidern, Stirnbändern und dem Plaid wich damals erheblich vom gängigen Jugendbild ab (Preuß 1991, 26; Grober, 2001, 45). Mädchen, die zunächst im Kontext der Vorrangstellung der männlich-bürgerlichen Jugend in den jugendkulturellen Lebensformen und eigenen Jugendreichen der Wandervogelgruppierungen keine oder nur eine subalterne Rolle spielten, hatten dagegen erst ab 1911 offiziell die Berechtigung erhalten zu wandern, obwohl auch schon vorher Mädchen in Wandervogelgruppen vereinzelt beteiligt waren. Sie standen aber eindeutig auch angesichts des „übersteigerten Kameradschaftsideals" in Bezug auf das Geschlechterverhältnis im Schatten und unter der Vorherrschaft der Jungen (vgl. Klönne 2006, 155ff.). Zu einer Gruppen- bzw. Gemeinschaftsbildung unter Mädchen oder gar zum Gemischtwandern kam es nicht zuletzt deshalb nur in Ansätzen, weil - so wurde immer wieder nach seinerzeit gängigen, nach Geschlechter getrennten Lebensbereichen und Vorstellungen ideologisch behauptet - der raue Fahrtenstil und die „bewusst hochgeschraubten Anforderungen an die körperliche Leistungsfähigkeit" (Mitterauer 1986, 224) wären nicht mädchenspezifisch. So gesehen blieb der romantische „Sinn und der Erlebnisgehalt des Wanderns" bzw. der *Fahrt* (Giesecke 1981, 28) in genuin männlichkeitsspezifischen und männerbündischen Traditionen stecken. Die zuweilen propagierte und auch praktizierte Geschlechterkameradschaft entpuppte sich oftmals als Schimäre. (Klönne 2006, 165). Denn es wurde im Rahmen des ungezwungenen Verkehrs der Geschlechter etwa beim Gemischtwandern befürchtet, dass durch das gemeinsame Singen, Tanzen und vor allem durch das gemeinsame Wandern, wie es hieß, „die Buben bei dem vielen Gehops und Gesing verweichlichen" und „weibisch" werden, die Mädchen dagegen verbengeln und verwildern", so Hans Breuer (durchaus ein Förderer des separaten Mädchenwanderns freilich nur unter männlicher Führung, weil junge Lehrerinnen einen „klösterlich-tantenhaften Beigeschmack in das Wanderleben bringen würden"; Breuer, zit. nach Klönne 2006, 161), einer der Führer der ersten Stunde des Wandervogels und Herausgeber des berühmten Wandervogelliederbuchs *Zupfgeigenhansl*, (zit. nach Seidelmann 1971, 58; Breuer 1910, 37f.; König 2006, 232ff.), das Kultliederbuch oder der Katechismus – ausnahmslos bestückt mit wahren und echten Volksliedern aus dem 16., 17., 18. und frühen 19. Jahrhundert - der Wandervögel und auch später der bürgerlichen Jugendbewegung, das in ungezählten Auflagen bis heute mehr als eine Million Mal verkauft wurde.

Nach Vorarbeiten der jugendbewegten Wandervögel (in der zweiten Phase entfaltete sich dann aus den vielen Gruppierungen - Teilungen, Abspaltungen, Auflösungen und Neugründungen eingeschlossen - der Wandervogelbewegung die „Freideutsche Jugendbewegung" bis zum 1. Weltkrieg) Copalla, Fischer, Gurlitt, Blüher, Breuer, Ahlborn bzw. der „deutschen Jugendbewegung" Nahestehenden pädagogischen Aktivisten und Praktiker wie Wyneken, Diederichs, Lietz, Geheeb, Luserke, Otto, Carnap, Kurella, Natorp, Nohl, Spranger, Bühler, Flitner, Litt, Bernfeld, vermutlich auch Benjamin u.v.a. spielte dann der Jugendkulturbegriff im Anschluss an die äußerst heterogene, politisch sich immer mehr polarisierende bündische Jugendbewegung der Weimarer Republik in der deutschen (Reform-)Pädagogik und der Landschulheimbewegung (Entstehung der Hermann-Lietz-Schulen, Gründung Freie Schulgemeinde Wickersdorf in Thüringen noch vor dem 1. Weltkrieg von Wyneken, Paul Geheebs Odenwaldschule) der 20. Jahre bereits eine bedeutsame Rolle. Die auf geisteswissenschaftlich pädagogischen Grundlagen basierende Reformpädagogik der 20er Jahre war „weithin oder ganz aus jugendbewegtem Geist entstanden" (Heinrich Roth; zitiert aus einem Brief an Rosenbusch 1973, 142). Die pädagogische Ausstrahlung, das „schlichte Selbstseinwollen", der erneuerungsbewegte Mythos Jugend, die jugendbezogene, kulturerneuernde und kulturschaffende Kraft sowie die Enthusiasmierung jugendbewegter Erziehungsvorstellungen, was bspw. die sich selbst erziehende Gemeinschaft, die „Grenzen der Erziehbarkeit", das Soziale Lernen in der Lehrer-Schüler-Gemeinschaft, die Ergänzung der intellektuellen Erziehung durch musische, handwerkliche und sportliche Fächer, die Koedukation, der Schülermitverwaltung und die Auseinandersetzungen über „Erziehungs-stile und -ziele" (Reulecke 1996a, 18; Hepp 1987a, 44; Herrmann 1985, 224ff.; 2006, 71) anging, waren zweifelsohne in vielen Facetten bis in die 60er Jahre des 20. Jahrhunderts in Deutschland in pädagogischen Kreisen wirksam. Ja, sie können sogar – zweifelsohne ein wenig schulferner - mittelbar bis heute auch die Verbindung zum sowie den Status des Jugendkulturkonzept(s) als emphatische Betonung einer eigenständigen und einen selbstbestimmten und gruppenspezifischen jugendlichen

Spielraum eröffnenden, vornehmlich allerdings jungenspezifischen Jugendkultur (die - erst zögerlich sich eröffnenden Lebensräume einer aufkeimenden - Mädchenkultur war in jener Zeit ja noch eine terra incognita), freilich nur des gebildeten, humanistisch geprägten, hochkulturell sehr bedeutsamen, aber ökonomisch und politisch kaum einflussreichen Bildungs-Bürgertums und Mittelstandes verdeutlichen (vgl. etwa Linse 1976, 119ff.; Kluchert 1988, 27; Reulecke 1988, 14; 1996a, 29; Peukert 1990, 183f.).

Eine in bezug auf Geist und Lebensgefühl vorgelebte autonome Jugendkultur jenseits von Familie und tendenziell auch jenseits von Schule entstand quasi erstmalig mit dem Wandervogel in der wilhelminischen Ära um die Jahrhundertwende. Dennoch kamen die verschiedenen Bünde des Wandervogels, die studentischen Akademischen Freischaren, die Freideutsche Jugend und die bündischen Gruppen (nach 1919) in den 20er Jahren i.d.R. nicht ohne *Erziehungsführerschaft* und *Jugendgruppenführer* (freiwilliger Gehorsam gegenüber den Führern) mit vorbildhaft-charismatischer Persönlichkeit aus. Dabei handelte es sich in der Regel um nur wenig ältere, geistig und sittlich selbstlose, opferbereite Mentoren, die als Kameraden zuweilen aber auch als „Funktionäre" oftmals weit bis in das dritte und vierte Lebensjahrzehnt *Jugendlichkeit* verkörperten und ausstrahlten oder sich einfach mit „pädagogischem Eros" *jugendlich* gebärdeten (vgl. Peukert 1986, 343; Reulecke 1988).

Im letzten Jahrzehnt des 19. Jahrhunderts begannen sich männliche Teile der aus dem Bildungsbürgertum stammenden Jugendlichen in einer keineswegs harmonischen und mit politischen „Zuordnungskategorien und Klassifikationen" (Knoll 1987, 12) schon gar nicht zu erfassenden Jugendbewegung zu sammeln, die sich zwar tendenziell von den Lebensformen und Lebensidealen der Geldaristokratie, der höheren Beamtenschaft, des freien Akademikertums, also der bildungsbürgerlichen Schicht der Erwachsenen absetzten. Sie standen allerdings auch unter dem Schutz bestimmter lebensreformerischer und zivilisationskritischer, vornehmlich aus dem Deutschen Idealismus gespeisten Kreise einer *reformpädagogisch gesinnten Öffentlichkeit von Erwachsenen* (Dudek

1990, 63) und wurden von vorausblickenden und wohlwollenden Eltern, Erziehern, Kulturkritikern, Lebensreformern, Schriftstellern und Verlegern ausdrücklich auch toleriert, zuweilen sogar gefördert. Sie suchten im Medium zwischen „schwärmerischem und praktischem Idealismus" (Reulecke 2006, 312) ein „eigenes Jugendreich", einen jugendlichen Freiraum jenseits der „trägen Gewohnheiten der Alten und von den Geboten einer hässlichen Konvention" und wollten ein Leben in eigener Regie, „aus eigener Verantwortung mit innerer Wahrhaftigkeit führen". So hieß es in der berühmten Kompromiss-Formel der Freideutschen Jugend auf dem Hohen Meißner vom 12. Oktober 1913 im Rahmen eines jugendaffinen Anti-Festes gegen die Selbstbeweihräucherungen, „peinlichen Aufblähungen satter Bürgerlichkeit" (Hepp 1987, 34; Grober 2001, 96), gegen die dröhnend-chauvinistischen Feierlichkeiten und gegen die unfruchtbaren „hurrapatriotischen Kundgebungen der offiziellen Gesellschaft aus Anlass der hundertsten Wiederkehr der Völkerschlacht bei Leipzig" (Mogge 1987, 40; Reulecke 1986, 22). Getragen wurde die Feier auf dem Hohen Meißner zwar nur von einzelnen Gauen der großen reichsdeutschen Wandervogelbünde, allerdings von „Strömungen mannigfacher Art, die zur Jugendbewegung gehörten oder ihr nahe standen". Gemeinsames Ziel der Beteiligten war die wegweisende „Erarbeitung einer neuen", freien und „edlen Jugendkultur" (Paetel 1960, 34) vor allem in Abgrenzung und Konkurrenz zu ideologischen Verführungen und (partei-)politischen Funktionalisierungen.

Die bürgerliche Wandervogeljugend an der Schwelle zum 20. Jahrhundert „stieß erstmals entscheidend über den Gedanken der schon in der antiken Stadtkultur (der griechische und römische Jüngling wurde nicht als Altersstufe im heutigen Sinne gesehen, sondern eher als eine „idealisierte Gestalt") vorgebildeten, in der mittelalterlichen Stadtwirtschaft und -demokratie gebilligten ständischen Zünften und Freiheiten der Handwerker, (der ritterlichen Knappen) Kaufleute und Studenten hinaus" (Rosenmayr 1974, 61). Das „aufblühende Wirtschaftsleben und die Spezialisierung der Künste und Handwerker" führ(t)en zu „längeren Ausbildungsphasen und erzeug(t)en schon dadurch bestimmte jugendliche Verhaltensweisen" (Schäfers/Scherr 2005, 58). Aber erst mit der

Entstehung der bürgerlichen Familie in der bürgerlichen Gesellschaft und der zunehmenden Verhäuslichung und Pädagogisierung von Kindheit und Jugend (längere Verweildauer in der Herkunftsfamilie, Schulpflicht, Jahrgangsklassenprinzip etc.) konnte *Jugend* im neuzeitlichen Sinne und spätestens mit der Wandervogeljugend zum *Inbegriff von (nicht selten von erwartungsvoller oder gar messianischer) Zukunft*, zum „gesellschaftlichen Auftrag, ja zum mythologischen Faktor kultureller Entwicklung definiert" (Rosenmayr 1974, 61; Reulecke 2006, 313ff.). Mit dem Wandervogel und mit der Freideutschen Jugend ins Leben getretene bürgerliche Jugendbewegung spannt sich im ersten Drittel des 20. Jahrhunderts etwa bis 1933 „ein weiter Bogen von den enthusiastischen Hoffnungen, die junge Generation werde im 20. Jahrhundert frei und selbstbewusst von „innen" heraus die Weichen für eine humane Zukunftsgesellschaft stellen und auf diese Weise den „neunen Menschen" schaffen bis hin zur massiven Einhegung aller jugendlichen Bewegungskräfte in einem diktatorischen Erziehungsstaat" (Reulecke 2006, 319f.), der in den Vorstellungen einer „national-sozialistischen und rassereinen Volksgemeinschaft jenseits der rückwärts gerichteten und so gesehen „vollkommen zukunftsunfähig" gewesenen Ideen von Wandervögeln, Freideutschen und Bündischen, so der Reichsjugendführer Baldur von Schirach (1934, 48ff.), in totaler Weise die Jugend im Rahmen der Hitlerjugend für seine Zwecke instrumen-talisierte (Reulecke 2006, 320).

Bürgerliche (Wandervogel-)Jugend offenbarte sich in einem bestimmten emphatisch-romantischen Grundgefühl, in einer „gelebten Jugendkultur" und in bestimmten Formen von „Gesellung und Gesittung", die sich „historisch relativ unbestimmt an Vorgaben des Vagantentums, der Scholaren und des Jünglingkultes im Umkreis der Wertherstimmung orientierten" (Knoll 1988, 20) sowie in einem neuen Fahrten- und Lebensstil. Der Rhythmus des (Alltags-)Lebens hatte sich verändert. Mit Stefan Zweig gesprochen, war „man stolz darauf, jung zu sein ... Jungsein, Frischsein und nicht mehr Würdigtun wurde die Parole" (1970, 226, Original 1944). Vor allem ist eine auch spätere Jugendkulturen befruchtende stilbildende Potenz" (ebenda, 13) im Rahmen einer Gestaltung einer „jugendspezifischen Ornamentalik und Heraldik" (ebenda, 14) hervorgebracht worden. Und *Jugend, jung* sein, *Jugendlichkeit* wurden ganz generell zum gesellschaftlichen Leitbild. In funktionalisierender Perspektive: Nach dem Motto: „Wer die Jugend hat, hat die Zukunft", begann darüber hinaus zu Anfang des 20. Jahrhunderts auch ein „Kampf um die *Jugend*" von Verbänden, Parteien, Kirchen und Staat. „*Jugend* wurde zu einem Etikett, das Fortschritt und Zukunft ebenso versprach" wie Heilung, Gesundung, „Rettung und Gesundung" (Reulecke 1996a, 17) .

Nicht mehr nur ein biologisches Durchgangsstadium zwischen Kindheit und Erwachsenensein war damit (gemeint), sondern auch ein altersunabhängiger Lebensstil", eine Chiffre für ein zunächst noch sehr unklares, „häufig allerdings sehr rauschhaftes Lebensgefühl" (Reulecke 1996, 157) und eine veränderte Stellung zur Welt, eine Chiffre für einen keineswegs nur protestbezogenen, rebellisch-kämpfenden Aufbruch, der (aber schon) auf einen 'neuen ganzen Menschen' hinzielte (Reulecke 1988, 17).

In der berühmten Programmatik zur Jugendbewegung auf dem Hohen Meißner 1913 kann bei allem Facettenreichtum, bei allen Spielformen und bei aller Differenzierung der „typisch deutschen Jugendbewegung" (Knoll/Schoeps 1988;) die Geburtsstunde eines neuen Begriffs von „Jugend" und „Jugendkultur" gesehen werden: „...Die Freideutsche Jugend will aus eigener Bestimmung, vor eigener Verantwortung, mit innerer Wahrhaftigkeit ihr Leben gestalten. Für diese innere Freiheit tritt sie unter allen Umständen geschlossen ein" (5f.).

Jugend wurde nun nicht mehr nur als ein „transitorischer, auf das Erwachsenenalter vorbereitender Lebensabschnitt" gesehen (ebenda, 6). Der „lebensgeschichtliche Sinn des Jugendalters sollte nicht länger sein, erwachsen gemacht zu werden. Die Jugendzeit sollte nicht länger *Drill für eine gute Bürgerlichkeit* sein" (Frobenius 1927, 31; zit. nach Herrmann 1991, 34). *Jugend* durfte sich zum ersten Mal als *„anders"* definieren - in einem, von der Berufsarbeit entlasteten, rasch anwachsenden sozial-kulturellen „Moratorium zwischen Kindheit und Erwachsensein, das sich ästhetisch, institutionell und symbolisch" in einer, von den

Eltern und Pädagogen unabhängigen eigenen Selbsterfahrungs- und Lebenspraxis etablieren konnte (Oelkers 1995, 22; Herrmann 2006, 52). Eine solche eher jugendkulturelle oder kulturalistische Deutung dieser *Jugend* als Jugendbewegung bietet sich vornehmlich deshalb an, weil ihre sinnstiftenden Selbstfindungsprozesse und ihr seelisch-geistiges und inneres-ethisches Aufbegehren sich „anders als in den politisch-sozialen Revolutionsprozessen des Jahres 1848 ... weder gegen die Verfassung, noch gegen politische Unfreiheit wie die Studenten im Jahre 1848, noch gegen ökonomische Unterdrückung und Ausbeutung wie die Revolutionäre und Reformer der Arbeiterbewegung" (Rosenmayr 1974, 63) und später auch der proletarischen Jugendbewegung richtete.

Die Arbeiterjugendbewegung, die ebenfalls zu Anfang des 20. Jahrhunderts in Deutschland 1904 aus der Arbeiterbewegung heraus entstand, weil auch in der Arbeiterbewegung der Sonderform des Jugend- gegenüber dem Erwachsenstatus Rechnung getragen wurde, unterschied sich zunächst jedenfalls in den Zielen der Gemeinschaften und Gesellungsformen wesentlich von der bürgerlichen Jugendbewegung gerade auch in freizeitbezogener und jugendkultureller Hinsicht, obgleich es neben den bürgerlichen Wandervögeln auch wandernde Arbeiterjugendliche etwa während des 1. Weltkriegs und auch in der Weimarer Republik gab, die aus den Jugendcliquen vor allem im Umfeld von territorialen Räumen in städtischen Arbeiterquartieren und insbesondere von Rummelplätzen stammten, und die von den bürgerlichen Wandervögeln im Gegensatz zur ihrer Echtheit als *wilde* Wandervögel und von manchen entrüsteten bürgerlichen Bevölkerungsmitgliedern auch verächtlich als *wilde Wanderflegel* bezeichnet und stigmatisiert wurden (Rusinek 1993, 92ff.). Nach dem 1. Weltkrieg drangen noch viel stärker als schon bei den *proletarischen Wanderflegeln* „idealistische Züge" der bürgerlichen Jugendbewegung zusehends in das Wollen und in die praktizierende Symbol- und Stilbildung der proletarischen Jugendbewegung. Dennoch rückten insgesamt gesehen gegenüber den eher eigentümlichen, eher anarchisch-individualistischen und rousseauistisch-romantischen und manchmal auch völkischen und volksgemeinschaftlichen Tendenzen der bürgerlichen Jugendbewegung zumindest in der organisierten proletarischen Jugendbewegung eher unmittelbar konkrete Überlebensfragen, Solidarisierungsbemühungen und -formen zur Durchsetzung sozialer und politischer *Kampfziele* (verbesserter Jugendschutz am Arbeitsplatz, Ermöglichung von Freizeit und Bildungschancen) in den Mittelpunkt. Dagegen nahmen die zumeist männliche Härte, Ungebundenheit, Unerschrockenheit, Unabhängigkeit, Machismo-Gebaren, manchmal auch Gewalttätigkeit signalisierenden - sowohl von den bürgerlichen als auch von den proletarischen, mit ihren vielen, milieuspezifisch inszenierten *Aufschneidereien* (Kenkmann 1996, 360), zeitbezogenen sozialmoralischen Normalitätsstandards abweichenden (Peukert 1986a, 147) - städtischen, vorwiegend männlichen und parteipolitisch abstinenten, eher antiautoritären, autonomen und informellen *wilden Cliquen* im Rahmen sozialmilieuspezifischer proletarischer Jugendsubkulturen in der Weimarer Republik insbesondere in den Arbeitervierteln Berlins (Wedding, Neukölln, Schöneberg) eine hier nicht zu thematisierende Sonderstellung - die „sonderbaren (Wander-)Vögel?" - ein (vgl. hierzu: Lessing/Liebel 1981; Peukert 1983, 69ff.; Mischok 1985, 47ff.; Rosenhaft 1986, 345ff.; Simon 1996, 77ff,).

Vornehmlich die Krisenjahre der Weimarer Republik waren die Hochzeiten der proletarischen *wilden Cliquen*, die mit ihren Haltungen, *ihren Trachten, Fahnenfeder und bunte Bänder* und *Edelweißabzeichen* - heute würden wir Outfit und Accessoires sagen - sowie ihren selbst und bewusst gewählten martialischen Namen wie etwa *Todesverächter, Zigeunerliebe,* Kosakenblut, *Tatarenblut, Blutiger Knochen, Sing-Sing, Apachenblut, Bürgerschreck, Bauernschreck, Gewaltbanditen, Ostpiraten, Seeräuber, Roter Schwur, Wildsau, Schnapsdrossel, Wildsau, Seepiraten, Waldpiraten* usw. (Mitterauer 1986, 210) mindestens an die *wilden Wanderflegel* einige Jahre vorher erinnerten. Abends (sonnabends) saßen die „Wilden Cliquen" wie die Wandervögel und die bündischen Jugendkulturen am romantischen Lagerfeuer Im Gegensatz zu den bündischen Jugendkulturen, die von den „Wilden Cliquen" verächtlich als „*Latscher*" bezeichnet wurden, setzten sie völlig andere Akzente: Sie verlagerten ihre feuchtfröhlichen Vergnügen aus den territorialbezogenen Kneipen und Tanzpalästen ins Grüne. Alkohol und Klampfe gehörten ebenso wie einige „Bräute" dazu, die auch zugleich liebevoll und verächtlich „Cliquenkühe" genannt wurden. Sie spielten Fußball oder Wasserball, boxten und führten Ringkämpfe durch, rauchten „Knösel", erzählten deftige Witze und zapften schon manchmal ein Fässchen Bier an - in den Augen der naturverbundenen Wandervögel ein Sakrileg. Offene Feindschaft herrschte bei den meisten jugendlichen „Wilden Cliquen" gegen die Nationalsozialisten, aber sie wollten sich auch nicht trotz einiger Sympathien und Umwerbungsprozesse von dem kommunistischen Jugendverband (KJ) und der SAJ, dem Jugendverband der sozialistischen Arbeiterjugend der SPD, angesichts ihrer autonomen und antiautoritären Haltungen funktionalisieren und vereinnahmen lassen.

In den Jugendkulturen des Wandervogels waren neben:

1. der „harten Opposition gegen das Couleurstudententum, das sich damals auch unter Schülern stark verbreitete" (Mitterauer 1986, 225),
2. der „Ablehnung der traditionellen Formen studentischer Geselligkeit und universitärer Feiern (*Festkommers* und *Kneipe, Exbummel* und *Wichs* sowie die Trinksitten der Korporationen wurden gerade nicht geschätzt, erst in der Weimarer Republik wurde die Hinwendung zur Freistudentenschaft und zu den traditionellen Korporationen stärker; vgl. bspw. Bias-Engel 1988, 211f.),
3. dem Wandern – neben den körperlich-sportiven Askese-, Ertüchtigungs- und Abhärtungspraktiken (vgl. zum Verhältnis von Wandervogel, Jugendbewegung, neuem Menschen und Körperkultur; Wedemeyer-Kolwe 2006, 138ff.) - als Weg, als neugierig verwegener Ansatz, als lebensphilosophisch gedeutetem Erlebnis und Ausdruck einer lebenserfüllenden „eigenen Lebensgestaltung"; im Wandern resp. auf der Fahrt „tat, sah, erlebte und führte Jugend" (Lütkens 1925, 71) im Abstand von den eingeschliffenen, „gewohnten Lebensumständen"; Hans Breuer sprach sogar essentiell vom „Wandern" als „Spiegel unseres deutschen Nationalcharakters" (Paetel 1960, 24); der Ethos des metaphorischen Wanderns der Wandervögel bestand für Breuer gar darin, „ein Lebelang Wanderer" zu bleiben aber „nicht nur Tippler mit dem Stenz, in Bleiben und Winden, sondern Wanderer des Berufs, der Arbeit" (Breuer 1913, 283) – nicht zuletzt auch um wegweisend: gesundheitsbewusst und kameradschaftsbildend „idealistische Arbeit am Volksganzen" (Reulecke 2006, 312; Herrmann 2006, 38) zu leisten,
4. der gemeinschaftsbildenden Atmosphäre freilich vornehmlich „hyperthropher Männlichkeitsvorstellungen vieler Wandervogelburschen" (Klönne 2006, 161), die unter radikal vereinfachenden Lebensbedingungen – zuweilen im Erleben einer radikalen Einsamkeit zu sich selbst jenseits von Markt, Staat und Gesellschaft etwa im Anschluss an Nietzsches Leitmotive eines „anarchistischen Subjektivismus" im „Zarathustra" (vgl. paradigmatisch hierzu: Niemeyer 2002; Ulbricht 2005, 80ff.), aber auch im Erleben ei-

ner „geselligen Einsamkeit" etwa im Anschluss an Walter Benjamin – das „seelische Klima des menschenverwandelnden Erlebnisses" ausmachte (Mau 1949, 33),
5. den Ideen der jugendbündischen Form- und Gestaltungskräfte und des bildungsbewegten Selbsterziehungswillens, aber auch des romantischen, mystischen und opferbereiten Idealismus,
6. den Gedanken und Lebenspraktiken der Alkohol- und Nikotinabstinenz mindestens seit 1907 (Paetel 1960, 19; Mogge 1988, 42),
7. der starken „Erotik in reiner (Männer/Jungen-)Freundschaft und innigen Seelengemeinschaft" zwischen Älteren, die als Vorbilder, Führer und „Männerhelden" verehrt wurden, und Jüngeren etwa im Sinne von Hans Blüher (vgl. 1976; Original 1912/1913),
8. der zunächst weltanschaulich indifferenten und politisch nicht festzulegenden Haltung jenseits ökonomischer, religiöser und politischer Parteinahmen und Funktionalisierungen (notorische Abwehr und Gegnerschaft gegen den sich breit machenden Bürokratismus und Schematismus der Parteien-, Verbands- und Interessenpolitik),
9. dem sentimentalen Streben jenseits der *Zivilisationsgifte* und der zivilisatorischen „Seichtigkeit", mit manchen Selbstmythologisierungen durchsetzt, sowie jenseits der *seelischen Versteppung* nach schwärmerischer „Feld-, Wald-, Seen- und Wiesennatürlichkeit" (Reulecke 1996a, 26) sowie nach echter seelischer Kontinuität und Konstanz,
10. dem Drang ins *Unendliche*, nach einem *neuen Typus Mensch* - als „Bannerträger einer neuen Zeit" (Reulecke 1996a, 27) - und die idealistische Sehnsucht nach dem „Wahren", dem eigentlich *Unerreichbaren*,
11. der Evokation von Natur- und Körpergefühl, spontaner Verbundenheit und „tiefer Religiosität",
12. dem „starken Sinn für Symbolik", Selbstinszenierungen, Selbstpräsentationen und für Rituale (Lütkens 1925, 87; Herrmann 2006, 56),
13. vor allem auch vorindustriell-bäuerliche Lebensordnungen, Kulturmuster sowie romantisch-burschenschaftliche Vorstellungen vom mittelalterlichen Scholarentum vorhanden, die aber durchaus lebensbejahend - gegen die verkrusteten Zustände und mechanisierten und technokratischen Lebenszusammenhänge in den Metropolen und Großstädten gewendet - diesseitig und im Rahmen quasi *natürlicher* Lebenszyklen und -rhythmen gelebt wurden.

Man definierte sich selbst als fahrende *Gesellen, Schüler, Vaganten* oder *Kunden*, wurde zum Burschen, *Führer, Bacchanten* oder *Oberbacchanten* „befördert". Man entwickelte ohne Programm eigene Stile (vgl. etwa Parmentier 1984; Rossbeck 2001, III):

1. des erlebnisintensiven, fast „rauschhaften", burschikosen ungezwungenen *Miteinanderseins,* der Gemeinschaft und auch der Freundschaft mit Gleichaltrigen,

2. des freien *Wanderns in losen Horden* (Klotzmärsche, Kilometerfresserei, Lagerfeuer, germanisierende Things, Sonnenwendfeiern),
3. der *Fahrt* (Fahrt ohne Ende, bloßes Unterwegssein, der Weg ist das Ziel, die Fahrt als Transzendenz der gewöhnlichen bürgerlichen Lebenslage und Lebensumstände),
4. der Fahrten- und Kleidungsaccessoires (Abzeichen, Wimpel, Regenpellerinen, offenes Hemd mit Schillerkragen, Bundhosen mit Wollstrümpfen, Kopfbedeckungen wie Schlapphüte, versehen mitgrün-rot-goldenen Schnüren, in Abwandlung der schwarz-rot-goldenen Farbenfolge der Burschenschaften aus der Zeit der deutschen Freiheitskriege, und Baretts, Stürmer, geknotete Halstücher, saloppe Manchesteranzüge, Lodenkittel, Wanderstecken, Harmonika, Gitarre oder Mandoline, zunächst Wolldecken, später dann Schlafsack, Rucksack mit breiten Riemen und allerhand „schönen Sachen und Proviant" etc. – wie bspw. Erbswurstsuppe; vgl. Ziemer/Wolf 1961, 139ff.),
5. des volkstumhaften Laienspiels, Sprach-, Märchen-, Lied- und Tanzguts, insbesondere auch als inszenierte Abgrenzung gegen die zu jener Zeit gängigen Formen des Freizeitlebens (Jancik/Kluchert 1985, 35), später auch zum Schutz gegen die „vielen jugendpflegerischen Zumutungen" (Reulecke 1988, 28) und gegen die als außerordentlich bieder empfundenen zeitgenössischen Wander- und Touristenvereine.

Man hatte eine Vorliebe für das handgreiflich Anspruchslose in bezug auf materielle Genüsse und die technische Seite des Gebotenen. Man mied nach Möglichkeit die „Gasthöfe" und die „überlaufenen Sommerfrischen". Man pflegte das Schlichte und Volkstümliche, fühlte sich von (häufig romantisch verklärten Vorstellungen) Landschaften (Heide, Berge, Felder, Flure, Wälder etc.), Burgen, Kirchen, Bauern, Landmännern, Hirten und Handwerkern angezogen, mit denen man beim Wandern zu allen Jahreszeiten in Kontakt kam. Man übernachtete ('naturverbunden', einfach, karg und asketisch) in Bauernhäusern, in Scheunen im Heu bzw. Stroh und im Freien unterm Sternenzelt, kochte anfangs mit Hilfe bescheidener Spirituskocher, später im „Hordentopf" über dem offenen Feuer, „baute Burgruinen, Stadttürme und verlassene Hütten zu ‚Nestern' aus" (Mogge 1987, 39) und schätzte das ungezwungene gemeinschaftliche Beisammensein am nächtlichen Lagerfeuer im brandenburgischen Kloster Chorin oder auf dem „Gipfel der Einsamkeit" im Böhmerwald, im Nebel des Nuthelandes, nächtens an Feuern am Parsteinersee, auf den Höhen des regenreichen Sauerlandes, in den Mooren des Emslandes, in der sandigen Döbener Heide bei Leipzig, am Memelstrand oder im thüringischen Waldesdunkel.

Die verschiedenen Gruppen der Wandervogelbewegung haben zwar nur einen sehr geringen Prozentsatz der deutschen Jugendlichen als Mitglieder umfasst: Schätzungen gehen 1913 von 25.000-35.000 Mitgliedern in den schon zu dieser Zeit unterschiedlichen Wandervogelbünden aus, später dann von 2% = 60.000 Personen aus (vgl. Paetel 1960, 19, insbesondere Anmerkung 6). Die Ausstrahlungskraft und Breitenwirkung ihrer Ideen (speziell der Autonomiegedanke, das Sichselbsterziehen und des *Sichselbsterlebens*/Spranger), ihrer Lebensstilmittel, ihrer äußeren Kleidungsformen, ihrer neuen Aktivitäten, Geselligkeiten, Gruppenstrukturen und Lebensformen auf das Gemeinschaftsleben der *Jugend* war jedoch enorm (Mitterauer 1986, 226; Rossbeck 2001, III). Das reichhaltige Repertoire an „jugendbewegten Umgangs-, Kommunikations- und Stilformen" lieferte auch die Grundlage für „eine eigenständige Jugendkultur innerhalb der Gesamtkultur der Weimarer Epoche" (Reulecke 1996, 12).

Zwischen Kindheit und Erwachsenendasein entstand zumindest für einen großen Teil der bürgerlich-männlichen, aber speziell auch für die wenigen beteiligten weiblichen Jugendlichen eine qualitativ neue, jugendliche Lebensphase. Und mit der jugendgemäßen Gestaltung der Freizeit insbesondere jenseits von Schule, Arbeit und Kaserne wurden - trotz aller Versuchungen, Jugendliche als potentiell problembelastet, gefährdet, verwahrlost und deviant zu betrachten und der staatlichen Vereinnahmung, Kontrolle und politischen Instrumentalisierung anheimfallen zu lassen - neue jugendkulturelle „Räume, Symbole und Stile des Alltagslebens" entdeckt und in vielen Variationen und Facetten erprobt, die seitdem jugendkulturell wegweisend waren und auch nach zirka 100 Jahren in einigen Grundelementen bis heute prägend sind (Peukert 1990, 185).

Die facettenreiche bürgerliche Jugendbewegung etwa in der Gestalt des ebenfalls facettenreichen Wandervogels als spezifisch deutsche Erscheinung ist sozialhistorisch und soziologisch betrachtet vornehmlich entstanden, vom damaligen spezifischen *Jugend*geist getragen, als weitgehend sozialromantisch-lebenssinnsuchende Reaktion auf mindestens dumpfe Gefühle in ihrer Allgemeinheit der Bindungs-, Heimat- und

Milieuaufweichung, des Ausgestoßenseins, der Zukunftsungewissheit. Diese gesellschaftlich induzierten (im neudeutschen Sinne) Individualisierungsprozesse und mentalitätsgeschichtlichen Entwicklungsprozesse, die nicht in allen ihren Verästelungen und nicht in ihrer ganzen Tragweite erörtert werden können, sollen aber immerhin im folgenden, zunächst in einer aus den 20er Jahren des 20. Jahrhunderts stammenden soziologischen Zeitzeugenanalyse *belegt* und im Anschluss daran in einer zusammengefassten Rekonstruktion aus heutiger Sicht in sechs Punkten benannt werden.

> „Es ist die Zeit des scheidenden 19. Jahrhunderts, die Zeit der Mannheit des Kapitalismus, eine Zeit bestimmt von der Stadt wie kaum eine bevor, von Technik, Rationalisierung, von Eisenbahn, Maschine, Chaussee und Kanal - eine Zeit auch, die noch mit fraglos stolzer Selbstzufriedenheit den 'Fortschritt der Menschheit' buchte... Jugend gibt es nicht, nur jugendliche Arbeiter oder Schüler Höherer Lehranstalten, alles ist Anstalt, Institution, Betrieb. Das Geschäft, das Amt, die Fabrik frisst den Vater, oft dazu die Mutter. Der reale Untergrund der Familie, die wirtschaftliche Produktions- und Konsumtionsgemeinschaft, schwindet fast ganz, seitdem Fabrik- und Massenproduktion private Kleinherstellung unrentabel gemacht haben. Mit der Sesshaftigkeit schwindet eine weitere Traditionsbindung; die Stadtwohnung, die alle paar Jahr gewechselt wird, macht die Familienmitglieder auch innerlich freizügiger, unabhängiger gegen einander als der ländlich kleinstädtische Eigenbesitz, in dem die Bilder der Voreltern, vielleicht noch die erinnernde Großmutter selber lebend Familiensinn und -gedenken festhalten in jungen Gemütern...(Es) gibt auch Versorgungs- und Wohnstätten außerhalb des Hauses, und keine religiös bestimmte Ehrfurcht, keine gemeinsame Kultübung hält auch die Jungen mehr ab, dort Unterschlupf zu finden. Die Familie ist aufgelöst, und die Bahn ist offen für die kritik- und auszugsbereite Jugend. Erst als, folgend dem mechanisierenden, rationalistisch-antitraditionellen Sinne der Zeit der Maschine - und der Bejahung der Maschine! -, die Familie auch innerlich keine Bindung mehr bieten kann, noch immer weiter aber ein sich unterhöhlter Aspekt vor ihren Autoritäten gefordert wird, drängt der alte Widerspruch gegen die Väter zum Trotz, zum Nicht-mehr-verstehen-wollen, stehen die Jungen allein, ausgestoßen, vereinzelt auch sie in der Welt ohne Zentrum. Verschiedenartig begründet ist diese Vereinzelung bei der Jugend der besitzenden und proletarischen Schichten. Bei den Besitzenden ist das Elternhaus dem Nachwuchs Versorgungszelle, gleichzeitig aber gibt der Unterhalt durch den Vater diesen Söhnen die Freiheit, materiell unbeschwert auf den Wegen zu gehen, die ihnen die Sehnsucht, der Protest ihrer Jugend zeigt. Die Unterstützung seitens der Familie befreit den Jungen verhältnismäßig lange Jahre von der Notwendigkeit, sich selbst in den Dienst der Maschine des Erwerbs stellen zu müssen, macht ihn zeitlich und wirtschaftlich frei zu protestieren, zu experimentieren, fern von seiner Zeit zu leben, ihr nicht zu

unterliegen. Dafür fordert dieses Elternhaus den schuldigen Respekt von den Jungen nicht allein sich selbst gegenüber, sondern zugleich damit die Achtung vor den Autoritäten des Staates und der Moralsatzung aus denen heraus es selbst noch existiert. Und hier drängt sich dieser beweglichen und geistig ... geschulten Jugend zunächst der Zweifel und bald die Abkehr von solchen Autoritäten auf, zu denen sie keine Beziehungen fühlt außer der einer Dankesverpflichtung, die sich nicht mehr als innerlich gegründet anerkennt. Aus der Verständnislosigkeit zumal gegen die Autorität eines Staates, der sich ihr gegenüber in Schule wie Leben nur als Wachtmeister vor dem grünen Rasenplatz, als immer nur Verbietender, nie als Wegweiser und Normsetzendes bestätigt, ergibt sich die Nichtachtung. Die nach einem positiven, starken Aufschwung sehnsüchtigen Jungen kehren sich ab von der Welt des Staates, achten nicht seiner 'Verbotenen Wege' und suchen sich ihr Leben unter eigengesetzten leuchtenden Tafeln. Dieser Jugend, die nicht mehr ihr Leben im Haus und Garten der Familie verbringt, ist es zumal die Schule, in der sich dieses System verkörpert, das sie zunächst nur als Zwang für Geist, Körper und jugendliche Fröhlichkeit hasst und verachtet, und das sie dann schließlich als Werkzeug des Staates verstehen lernt, der die Schule unterhält. Anders liegen die Dinge in der Familie des Proletariats. Hier gibt es sehr früh, kaum daß die Kinderzeit vorüber, schon keine Versorgung durch die Familie mehr. Die Tochter geht häufig in fremde Häuser, der Sohn in die Fabrik, verlässt gleichfalls den Haushalt der Eltern, kommt auch wohl in eine Lehrstätte. Hier ist die Familie im Wesentlichen höchstens noch zusammengehalten durch die gemeinsame Kasse, an der alle teilhaben. Aber eine Lebensführung miteinander, gemeinsame Mahlzeiten oder Unterhaltungen, das eigentlich innerlich Bindende, ist bei der Verschiedenartigkeit der Tageseinteilung, der Berufsinteressen nicht vorhanden. Andererseits mag hier gelegentlich das Bewusstsein der gleichen sozialen Lage, die gleiche politische Weltanschauung, wie die oft alle gemeinsam treffende Sorge ums tägliche Brot noch als Gefühlszusammenhang wirksam werden. Das Bewusstsein, daß der gleiche Zwingherr, Kapitalismus und Staat, sie knechtet, mag Eltern und Kinder einen. ... (Das) Wissen allein schon, daß man auf eigenen Füßen stehe, daß man der Familie durch keine Schuld verpflichtet, bedeutet die Auflösung der Familie des Proletariats. Auch diese Jugend, die Söhne der vom Staate einst für vogelfrei Erklärten stand ohne Boden unter den Füßen, ohne Band und Einordnung. Vereinzelt auch sie. Vereinzelt bedeutet die Arbeitsteilung der Industrie, Vereinzelung die Rangordnung der Schulklasse, die Auflösung der Bildung in Unterrichtsfächer, Vereinzelung die Stadt mit ihren Einzelhäusern, die an ihren Nummern erkannt werden, Vereinzelung des Staatswesens, das nicht Staatsbürger, nur Untertanen haben will. Aber diese Vereinzelung ist gleichzeitig Massenzusammenschluss, wenn ihm auch die innere Bindung fehlt. Exponent der Zeit des ausgehenden 19. Jahrhunderts ist so die Großstadt mit ihrer furchtbaren Einsamkeit und Zusammenziehung von Material- und Menschenmengen. Die Verstädterung entzieht dem Heranwachsenden den Garten, das Feld, die freie Luft, setzt ihn in die stickige Schulluft, umgibt ihn mit Lärm, Mauern toten Geräten, entreißt ihm die Heimlichkeiten verborgener Spiele, nimmt der Mutter die Freude am eigengezogenen Obst und Geflügel, gibt den Festen Glanz elektrischer Birnen statt des warmen Schimmers huschender Kerzenflammen. Aber: sie führt doch auch wieder die Alters- und Schicksalsgenossen auf einem Raum enger zusammen, macht den Druck bewusst durch die Vielzahl derer, auf denen er lastet. Jugendbewegung als Aktion einer ganzen Altersklasse ist erst möglich auf der Grundlage solcher örtlichen Zusammenballung in der jüngsten ökonomischen Entwicklung. Die Verstädterung, mit dem Entzug der Möglichkeiten jugendlich körperlichen Austollens, mit ihrer Art unjugendlich starrer, rationalisierter Lebenshaltung wie Fahrplan und Warenhaustrieb auch im Geistigen und speziell der Schule ist so - negativ - wie positiv - eine Voraussetzung für die Bewegung unter der Jugend" (Lütkens 1925, 16-20).

Die vornehmlich deutsche, vorwiegend aus dem Bildungs- und auch Kleinbürgertum stammende Jugendbewegung, die - im krassen Gegensatz zu den jugendlichen Industriearbeitern - als privilegierte jugendbewegte, sich selbst erziehende Erneuerungsbewegung das Wohlwollen vieler Älterer besaß, ist - eingebettet in den vielen Paradoxien zwischen modernen und antimodernistischen Strömungen (vgl. Herrmann 2006, 26f und insbesondere dort die Anmerkung 7) - zusammengefasst betrachtet eine lebensphilosophisch und neo-vitalistisch geprägte, eher gegenkulturelle Reaktion auf:

a) die abnehmende sozialisatorische Fähigkeit der wilhelminischen Gesellschaft, bestimmte bildungsbürgerliche Gesellschaftsmitglieder, insbesondere Teile der Gymnasialjugend nach Geschlechtern getrennt an die in ihr geltenden und institutionalisierten obrigkeitsstaatlichen Lebensformen, Normen und Wertvorstellungen (Kastenkonventionen, Normativität der Familie, Disziplin, Gehorchen, Exerzieren und militärische Rangordnungen auch im Geist, Folgsamkeit) anzupassen (Giesecke 1981, 30; Neuloh/Zilius 1982, 185); der explosionsartige industrielle Fortschritt und der rapide ökonomisch-soziale Wandel (Bevölkerungswachstum, Verjugendlichung der Gesellschaft, Scholarisierung der Jugendphase, Verstädterung, Beschleunigung des Transportwesens und auch der Lebensführung, Kapitalkonzentration, Dynamisierung und Mechanisierung der Arbeitskraft, Rationalisierung der Lebensformen, Mobilität, Entwurzelung, Lebensweltentfremdung etc.) korrespondierten faktisch mit rapiden Entwertungen neuhumanistischer Bildungsideale, traditioneller Wissensbestände, Verhaltensnormen und Wertmaßstäbe (Kluchert 1988, 28); die geistig-kulturelle Vorhut des Bildungsbürgertums in seiner Funktion als sinnstiftende und zukunftsdeutende Elite wurde angesichts neu aufkommender Eliten des Besitzbürgertums und der naturwissenschaftlich-technischen Berufsgruppen und Professionen aufgeweicht (Reulecke 1988, 14); Fin-de-siécle-Stimmungen, Gefühle der Untergangsstimmung, der Entfremdung, der „metaphysischen Obdachlosigkeit" und der starken idealistischen Überforderung stellten sich ein; Status- und Prestigeverluste, Unsicherheit und Orientierungslosigkeit der entwurzelten bildungsbürgerlichen Mittelschichten im Modernisierungsprozess (Trommler 1985, 35; Kluchert 1988, 26f.; Mogge 1988, 38; Wolbert 2001, 13ff.) waren zu beklagen;

b) die „Fragwürdigkeit der bürgerlichen Daseinsordnung" (Mau 1949, 38) sowie die erstarrten, verkrusteten, versteinerten und „entseelten Mechanismen der Industriegesellschaft" (Szemkus 1974, 46), die inneren Zersetzungserscheinungen und

c) Verruchtheiten der Gesellschaft, die technologischen Umbrüche der Hochindustrialisierung, wachsende Urbanität und industriell-bürokratische Zivilisation (kulturpessimistische Kritik an der Überschätzung der Technik, Kritik am einseitigen und überzogenen Rationalismus und an der „Religion" des Fortschritts in Wissenschaft und Lebenswelt, Kritik an den allzu intellektbezogenen Richtungen des Neukantianismus und der Phänomenologie, Kritik an den „unnatürlichen Lebensräumen", den gestaltlosen und „toten Steinhaufen der Mietskasernen und ihrer Asphaltkultur", aber auch Kritik an der dekadenten und zugleich „ungesunden" Großstadtkultur, (Überzivilisation, soziale Spannungen, Spaltungen und Verwerfungen, Mechanisierung, Mediatisierung, Zerstückelung, Entfremdung und Vereinsamung der menschlichen Existenz durch moderne, fragmentierte Arbeitsprozesse, Überreizung, Veräußerlichung, Bewegungsarmut, Unrhythmik, Großstadtmüdigkeit und Maschinenhass; Herrmann 1991, 34);

d) die Öde und Langeweile der autoritär mechanischen Disziplin von „Schulmonarchen" und „Bildungsvermittlungsbeamten", die Obrigkeitsstaatlichkeit, die kritiklose Übernahme von Zucht, Ordnung und Gehorsam sowie den Druck und die Tretmühle des grauen Schulalltags in der vor allem Stoffhuberei betreibenden und den „Drachen des Enzyklopädismus" (Kerschensteiner) feiernden „Lernkaserne" Oberschule bzw. des Gymnasiums; der obrigkeitsstaatliche Unterrichtsbeamte verabreicht „kaltes, unzusammenhängendes, oft dazu zweckgefärbtes Stückwissen" und ist gerade nicht lebendiger und lebenswelttauglicher „Erzieher seiner Schüler" (Lütkens 1925, 31); der bestehenden Schule, die den „größten Teil des jugendlichen Lebens beherrscht", wird Jugendfeindlichkeit und Jugendkulturfeindlichkeit attestiert - deshalb plädierte bspw. Gustav Wyneken für eine wirkliche jugendeigene „Verjüngung und Wiedergeburt der Schule aus dem Geist der Jugendkultur" (Wyneken 1913, 169);

e) den biederen bourgeoisen und langweiligen sonntäglichen Familienspaziergang der Spießer sowie die „Philostrosität manches Familienlebens" (Wyneken 1919, 98);

f) die „Ethik des Oberfeldwebels" und des „kleinen Beamten", die Fadenscheinigkeit der Lebensführung vieler (falscher) Autoritäten, die inhaltlich leeren Konventionen und Förmlichkeiten des „Standesgemäßen", die permanente bürokratische Beaufsichtigung und Normenkontrolle, die partikularen weltanschaulichen und politischen Funktionalisierungen und massiven Gängelungsversuche vieler Vorgesetzter, der Kirchen, der Verbände, der Parteien und des Staates;

g) neue Leitbilder, kultivierter, veredelter Lebensgenuss, vorbildliche Lebensstile und Ideen in Kunst, Musik und Literatur sowie in einer Reihe anderer, der Jugendbewegung nahestehenden oder aus ihr entwachsenden kulturkritischen und ästhetischen Reformbewegungen (Landerziehungs-, Lebensphilosophie-, Lebensreform-, Kunsterziehungsbewegung, Kunstbewegungen zwischen Jugendstil und Expressionismus, Vegetarismus, Naturheilbewegung, Tanz- und Freikörperkultur-, Gartenstadt-, Siedlungsreformbewegung, Naturschutz- und Landschaftsschutzbewegung, neue Wohnkultur, neue religiöse Bewegungen wie die Theosophie; einen Überblick bieten: Buchholz/Latocha/Peckmann/Wolbert 2001; Kerbs/Reulecke 1998; Kerbs 2006, 115ff.: Conti 1984; 66ff.; Hepp 1987), Idiosynkrasie gegenüber Technik und Zivilisation (Nietzsche, Lagarde, Langbehn etc.), Natursehnsucht, Beseelungsphantasien, Geistgläubigkeit, Freiheit und Einheit von Körper, Seele und Geist, Echtheit und Wahrhaftigkeit, Gemeinschaftsgeist, Heimatgebundenheit und Nordlandsehnsucht, Wiederentdeckung des Volkstümlichen, der einfachen und echten Lebensformen, „warmherzige und selbstlose Begeisterungsfähigkeit", das versunkene, andächtige, geradezu parareligiös angehauchte, idealistisch-schöpferische und sinnsuchende Streben nach dem noch nicht Verdorbenen, nach der *substantiellen Sittlichkeit*, dem innerweltlich und transzendent *Höchsten*, die „Schwärmerei bis zum Taumel" und die „opferbereite Hingabe an das als wahr und richtig Erkannte" (Kluchert 1988, 29); *Fachmensch mit Geist, Genussmensch mit Herz, Bevorzugung des praktischen Könnens vor dem abstrakten Wissen, lebenssinnsetzender Idealismus statt sinndiffuse materialistische Betriebsamkeit und Geschäftigkeit, Lebenswelt und Ganzheit an die Stelle von partikularem, zweckrationalem Handeln und Fragmentierung der Lebensverhältnisse*

Das um die Jahrhundertwende entstandene Jugendkulturkonzept stellte in gewisser Hinsicht eine begriffliche Verselbständigung des von der Jugend- und Wandervogelbewegung vorgelebten psychosozialen Moratoriums von Jugendlichkeit, Jugendstil und Jugendkultur dar. Hier kam es im Anschluss an die Jünglingsmetapher und jenseits der Jugendmetapher, die in der juvenilen Semantik vom „potentiellen und verwahrlosten Menschen" (Dudek 1996, 19) sprach, sowie neben Stanley Halls entwicklungspsychologischem Versuch, die „Adoleszenz als eigenen Lebensraum mit sozial-kultureller Eigenständigkeit und Identität zu porträtieren" (Knoll 1987, 21), zur Geburtsstunde eines abermals neuen Begriffs von *Jugend*. *Jugend* wurde nun nicht mehr nur verstanden als eine biologische Stufe und auch nicht nur als ein genau datierbares Durchgangsstadium auf dem Wege zum Erwachsensein, als ein „transitorischer, auf das Erwachsenenalter vorbereitender Lebensabschnitt, sondern auch ... mit Eigensinn versehen, der sich u.a. in (einem eigenen) *Jugendreich*, in einem meistens männlichen, gleichgeschlechtlichen „beglückenden (inneren) Erlebnis der Zusammengehörigkeit" (Reulecke 1996a, 23) und in (einer gruppenbezogenen, eigenständigen) „stilbildenden Gesellungsform als Jugendkultur verwirklichen" (Knoll/Schoeps 1987, 6) sollte. Mit dem Entstehen der deutschen Jugendbewegung um die Jahrhundertwende war aber auch im Sinne ihrer „Kulturbedeutung" zumindest normativ der Boden vorbereitet, einen Beitrag für die „neue Kultur", die „neue Gesellschaft", die „neue Politik", die „neue Kirche, den neuen Staat", den „neuen Menschen", die „neue Erziehung" zu leisten. *Jugend* konnte zudem als historische „Sendung", als „Berufung zur Revolution", als „Aufstand gegen das Alter", als Seismograph gesellschaftlicher Lebensverhältnisse und damit auch als der Inbegriff und die Chiffre für einen Aufbruch zu neuen Ufern in eine wie auch immer geartete bessere Zukunft (Reulecke 1985, 202; Mogge 1985, 194) betrachtet, oft genug aber auch im Lichte heilsbringerischer politischer Metaphern missbraucht werden. Jugendmythos und Politisierung waren „zwei Seiten der gleichen Medaille" (Peukert 1990, 190). Und Politiker wie Pädagogen, Kritiker wie Krieger benutzten nicht selten im Gewande des „in Jugendbewegung machen" die Jugendmythen und Jugendlichen, um ihre claims abzustecken und ihre jungen Fußtruppen zu mobilisieren (ebenda, 185).

Hatten sich große Teile des Vorkriegswandervogels trotz impliziter vaterländischer Gesinnung noch jenseits enggeführter politischer Semantik in selbstgewählten politikfernen Räumen, ohne allerdings apolitisch zu sein, auf die Herausbildung und manchmal auch Separierung einer eigenen, vornehmlich individualisierenden jugendlichen Lebensform konzentriert, so konnte man nach dem 1. Weltkrieg und vor allem gegen Ende der 20er Jahre in nahezu allen Teilen der *Bündischen Jugend* - diese Bezeichnung wurde seit cirka 1924 verwendet vor allem für Restbünde des Wandervogels, für die Auslösebünde der Pfadfinderei, für die vielen jungnationalen Strömungen, für evangelische und z.T. auch katholische Bünde - teilweise aber auch im Rahmen der Arbeiterjugend in der Wiemarer Republik beobachten, dass *Jugend* immer stärker in den Sog staatlicher, parteilicher, weltanschaulicher, berufsständischer und konfessioneller Massenorganisationen geriet - inklusive ihrer massenwirksamen Rituale. Statt der losen „Horde" bildete man „Horte", wie sie „tusk /Ebehard Körbel/Nerother Wandervogel) in neuer Wortschöpfung als Idealbild sah und wie sie auch wohl an etlichen Stellen erreicht wurde – ein geradezu fundamentaler Gegensatz zu den lockeren Wandervogel-Gruppen der frühen Jahre" (König 2006, 259). Man bildete – in anderen Metaphern - „Scharen" und „marschierende Kolonnen"; zur „Fahrt" gesellte sich das „Lager". Statt „Gemeinschaften und Freundschaften der Wälder" geriet immer mehr die Problematik von Staat und Nation in das Blickfeld (Paetel 1960, 90). Es fand eine Straffung und Hierarchisierung des Kameradschafts- und Gemeinschaftslebens statt. Konzepte der Volksgemeinschaft setzten sich gegen Ende der Weimarer Republik in vielen Bünden durch. Viele bündische und gesellschaftliche Lebens- und Organisationsformen wurden zusehends militarisiert und diszipliniert. Dies konnte man auch an der Ritualisierung des Fahrtenstils und der Uniformierung der Fahrtenkluft (Mitterauer 1986, 227) beobachten. In den späten 20er Jahren marschierten jenseits und mit der „Bündischen Jugend" große Teile der Jugendlichen uniformiert und militarisiert in Reih und Glied für die Republik (*Reichsbannerjugend*), für die Sowjetrepublik (*Rotfrontkämpfer/KJVD*), gegen die Republik (*Stahlhelmjugend*) und mit aller Macht gegen die Republik (*Hitlerjugend*).

In den meisten bündischen Gruppierungen trat das „Vagantenhafte des Vorkriegswandervogels mehr und mehr zurück". Hinzu kam, dass etwa in musikalischer Hinsicht nicht mehr wie beim Wandervogel Geigen, Flöten und Lauten, sondern neben Gitarren und Fanfaren insbesondere Trommeln „das Bild bei den in Mode gekommenen großen Aufmärschen", Bundeszeltlagern und Heerschauen bestimmten (Peukert 1996a, 13). Das Spektrum der weltanschaulichen und politischen Orientierungen der einzelnen Bünde war breit ausgefächert. „Mochte das Ziel, die Idee der einzelnen Bünde allerdings noch so verschieden sein - in der Lebensgestaltung in Christus, in einem neuen Judentum, in einem nationalrevolutionären Sozialismus, im Zielbild einer neuen Nation oder in der Vision vom Reich liegen" - (Linse 1978, 41), stets intendierte der Bund, vornehmlich Männlichkeits- und Männerbundideale (Peukert 1996a, 12), „durch die verantwortliche Mitarbeit im Bund zu einer gesellschaftlichen und politischen Neuordnung in Volk und Staat" (Raabe 1961, 57) beizutragen. „Die gesamte bündische Ordens-Symbolik und der utopische Tat-Aktivismus dieser *Jugend* lief auf den Gedanken von der sozialen und politischen Heilsbringerschaft der *Jugend*, auf einen soteriologischen Jugendkult hinaus" (Linse 1978, 41).

Der Anteil der Jugendlichen an der Gesamtbevölkerung war in Deutschland im ersten Drittel des 20. Jahrhunderts mit über 40% noch nie so hoch. Die Gesellschaft war so „jung wie nie zuvor und nie danach" (Peukert 1990, 184). Und Jugend in der Weimarer Zeit wurde in großen Teilen durch die Bünde, durch den Staat, die Gesellschaft, durch Sportvereine, Verbände und Parteien, aber auch teilweise schon durch den Konsumgütermarkt, die Massenmedien und Werbung mit politischen Mitteln, Versprechungen und Verheißungen als Ideenlieferant und Nachwuchspotential rekrutiert, geködert, funktionalisiert und „formiert". Gleichzeitig wurde sie trotz eines quasi verordneten „politischen Habitus'" (Kater 1977, 138) - von „eigenständigem und verantwortlichem politischen Handeln" und tatsächlicher „politischer Partizipation" weitgehend ausgeschlossen - in politik- und staatsferne, d.h. eben auch: in jugendkulturelle Räume abgeschoben (Domansky 1986, 129ff.). Allerdings gab es von verschiedenen Seiten, von den Parteien, den Verbänden, den (Sport-)Vereinen, vom Staat, den Kirchen und den Reformern aller Art einen Kampf um die Jugend nach der Devise: „Wer die Jugend hat, hat die Zukunft". Und Jugend, Jungsein, junge Generation galten als Ausweis für Zukunft und Fortschritt. Das Jugendetikett versprach Rettung, (nationale) Erneuerung und Gesundung (Peukert 1996a, 17).

Bis auf den heutigen Tag lassen sich - meistens latent bleibende und nicht thematisierte - Nachwirkungen in der sozialwissenschaftlich orientierten Jugendkulturforschung, insbesondere was den Autonomiegedanken, den Freizeitbezug sowie die stilbildenden Elemente und Eigenheiten des auf den Wandervogel und die deutsche Jugend(kultur-)bewegung zurückgehenden sowie die von Wyneken und Bernfeld pädagogisch (vor)definierten Jugendkulturkonzepte angehen, feststellen. Sprechen wir also zu Beginn des 21. Jahrhundert von *Jugendkulturen*, so gilt es, die am Anfang des 20. Jahrhunderts und in den 20er Jahren des 20. Jahrhunderts erworbenen Anregungen zur „Gewinnung eines authentischen Lebensstils im sozialen Kontext der selbstbestimmten Gemeinschaft Gleichaltriger" (Peukert 1996a, 28) aufzunehmen, der schon jugendaffinen Welt der Freizeit, Mode, Musik und Medien Rechnung zu tragen und den historisch-pädagogisch bereits gesättigten Begriff im heutigen Jugendkulturdiskurs mindestens *angemessen* zu berücksichtigen (vgl. schon: Baacke 1987; Baacke 1993, 129ff.; Baacke 1999, 141ff.; Baacke/Ferchhoff 1993, 403ff.; Ferchhoff 1990; Ferchhoff 1990a, 229ff.; Ferchhoff/Baacke 1995, 505ff.; Ferchhoff 1999, 21ff.; Ferchhoff 2000, 30ff.; Ferchhoff 2006, 125ff.):

1. Der Begriff Jugendkultur besitzt bereits eine (vornehmlich in Auseinandersetzung und zugleich Abgrenzung mit der deutschen bürgerlichen Jugendbewegung gewonnene) pädagogische Tradition (Blüher, Wyneken, Bernfeld). Jugendkultur besitzt ihr „eigenes Recht, ihr eigenes Leben, ihre eigene Schönheit" (Wyneken 1922, 136). Die Vorstellung von einer Jugendzeit als einem eigenständigen, eigenwertigen Lebensabschnitt, als ein eigenes Moratorium und als einem eigenen Jugendreich konnte in den bürgerlich-jugendbewegten Vorstellungen im Wandervogel der Kaiserzeit ausgelebt werden. Jugendliche konnten in einer Art gelebten Jugendkultur zumindest in der Freizeit, auf Fahrt, beim Wandern ihre neuen Freiräume genießen und in der verschworenen Gemeinschaft der Gleichaltrigen ihre Lebens-, Glücks- und Befreiungserlebnisse auskosten. Gustav Wyneken und andere entwickelten die pädagogische Grundideen vom „Eigenwert" der Jugend", von einer eigenständigen Jugendkultur und von einer Jugenderziehung in eigener Verantwortung" „Jugend ist nicht lediglich Vorbereitungszeit" auf das Erwachsensein, sondern „sie hat ihren eigenen unersetzlichen Wert, ihre eigene Schönheit und infolgedessen auch das Recht auf ein eigenes Leben, auf die Möglichkeit der Entfaltung ihrer besonderen Art" (Wyneken 1913, 10f.). Im Sinne Wynekens und Bernfelds war Jugendkultur lebensidealisierend „ein Analogon zum Wandervogel: (...) ein gemeinsames Wandern der Jugend auf geistigem Gebiet" (Wyneken 1919, 30). Jugendkultur war speziell für Wyneken ein „Orden des Geistes", freilich eine Art elitärer, „geschlossener Zirkel", der durch „gleiche geistige Einstellungen" verbunden war. Der Wandervogel, so Wyneken, hatte im Gegensatz zu jenen „jungdeutschen Bestrebungen" etwa im „Jungdeutschlandbund" (1911 im Anschluss an den Pfadfindern, die deutsche Version des englischen Scoutismus gegründet), die mit Pfadfinder-, Gelände- und Kriegsspielen, Lagerbau, Marschieren, Schießen und Schwimmen usw. (Schultz 2006, 134) „Wehrkraftideen aufgriffen und wesentlich eine Wehrhaftmachung sowie oft genug auf eine Militarisierung der jungen Generation" hinausliefen (Wyneken 1919, 98), die „erste Jugendkultur geschaffen, die in der

Tat diesen Namen einigermaßen verdiente" (ebenda, 98). Weil für Wyneken die Jugendphase nicht „lediglich nur Vorbereitungszeit, nicht lediglich Mittel zum Zweck" (Wyneken 1922, 136), sondern auch als eigenständige Lebensphase zu betrachten war, konnte im Rahmen dieser Entwicklung zur Eigen- resp. Selbständigkeit so etwas wie Jugendkultur entstehen. Gustav Wyneken hat in bezug zum jugendlichen Autonomiegedanken trotz der nicht immer ganz unproblematischen Nähe zur Rechtfertigung und Begutheißung des 1. Weltkriegs und zur Integration der Jugend in den Nationalstaat (vgl. Oelkers 1995, 14) immerhin mit seinen spezifischen Ideen vom eigenen und eigensinnigen Jugendreich oder Jugendland und der Jugendurkultur die sogenannte Adoleszenz-Pädagogik eingeleitet, derer sich heute wieder viele lebhaft erinnern. Für Wyneken war Jugend das Lebensalter der größten Offenheit für alle hohen ethischen Werte und sittlichen Haltungen. Geist und Jugend waren wechselseitig aufeinander verwiesen und ergänzten sich einander in einem quasi gegenseitigen Befreiungsverhältnis. Jugend war bei ihm weniger Lebensalter als Lebensideal. Jugend kam nur durch geistige Beschäftigungen und gründliche geistige Fundierung ihrer Lebensgemeinschaften zu sich selbst, und die geistige Welt konnte nur durch eine neue Jugend aus den Fesseln engstirniger Bürokraten und geisttötender Pädagogen befreit werden. Dies alles konnte am besten in einer sich selbst erziehenden jugendlichen Gemeinschaft, die (wie wir heute wissen) nicht immer unproblematische, distanzlose homoerotische Züge aufwies, geschehen, die sich ihre pädagogischen Führer selbst gab - aber auch unter Einschluss der Lehrenden, die durchaus (aber nicht immer) Erwachsenengestalt zeigten und in pädagogischen Auseinandersetzungen, Prozessen und Diskursen als berufene geistige Führer wirken durften. Hier konnte in der „Unmittelbarkeit und Ungezwungenheit" Gleichgesinnter und Gleichgestimmter in einer Art „ethischen Gesinnungsgemeinschaft" gemeinschaftlich, überschaubar und erlebnisintensiv Nähe und Wärme vermittelt und im Lichte überpersönlicher Hingabe selbstverpflichtende „Aufrichtigkeit, Authentizität und Wahrhaftigkeit" im Umgang miteinander eingeübt werden (Wilhelm 1963, 11ff.; Grober 2001, 45). Mit einer solchen Auffassung wird Wynekens Nähe zur Wandervogel- bzw. Jugendbewegung sowie zur Reformpädagogik deutlich. Mit dem zu Anfang des 20. Jahrhunderts entstehenden Jugendkult und Jugendmythos sind im Zuge des Voranschreitens der Altersnivellierungen und Altersindifferenz freilich auch schon die Weisheits- und die individuellen und kollektiven Erfahrungsdimensionen des Alters zurückgedrängt worden (Reulecke 1988, 12).

2. Jugend war für Wyneken die „Zukunft innerhalb der Gegenwart", nicht nur im chronologischen Sinne. „Ihr ganzer Habitus", so Wyneken, muss „Zeugnis davon ablegen, daß die Menschheit sich nicht nur fort-, sondern hinaufpflanzt. Sie muß einen höheren Typus" der Menschheitsentwicklung repräsentieren (Wyneken 1913, 166). Und die Jugendkultur war für ihn kein Parteiprogramm, sondern

„eine Idee und leistete den Dienst einer Idee. Sie war für ihn eine Aufgabe, eine Idealform", die ausdrücklich jenseits der bürgerlichen Familie, aber auf die geistige Erneuerung bzw. Reform der Schule ohne technokratische Eingriffe bezogen bleiben musste. In seinem pädagogisch-utopischen Sinne ging es ihm um eine neue, freie Schulgemeinde, um eine „Heimstätte", um ein „geistiges Heim", in der sich Jugendliche wie in den schulfreien Jugendbünden in Prozessen der Selbstfindung wohnlich einrichten können. Jugendkultur war, so Wyneken, dezidiert emphatisch, „kein Programm, ... kein Mosaik von Lebensformen, sondern ein neues Leben" (1919, 127). Insofern war für Wyneken die im großen und ganzen zwar unbestreitbare Leistung der Jugendbewegung bzw. des Wandervogels dennoch auch immer in einem geistigen Sinne ein Stück weit unvollkommen und trug „deutliche Spuren geistiger Unterernährung" (ebenda, 122) in sich. Zwar hatte die Jugendbewegung in der Gestalt des Wandervogels, so Wyneken, die Jugend entdeckt, zur Entstehung neuer Jugendbilder beigetragen, ihr „zu einem neuen Geschmack und Lebensgefühl, zu neuer Geselligkeit, zu eigener Sprache und Gesittung" (Herrmann 1985, 226), zu eigenen Lebens-, Verhaltens- und Kleidungsformen (vgl. Grob 1987) verholfen. Und „in der Opposition gegen die Familie" war sie angesichts der Entwicklung eines jugendeigenen Gemeinschaftslebens sogar schöpferisch gewesen, sie blieb allerdings nach Wyneken in einem geistig-intellektuellen Sinne unvollkommen. Diese jugendkulturelle Unvollkommenheit drückte sich nicht nur im Zusammenhang des Schwelgens im Gefühl der Jugendlichkeit, sondern vor allem auch dadurch aus, dass im Zuge des Wandervogels, so Ulrich Herrmann, Wyneken zitierend, eine unzeitgemäße Regression der „wüsten Gesellen und halbnackten Wildlinge" in den romantischen Jugendkult, in die mittelalterliche jugendliche Rittergesinnung, „in das Vagantentum, in die Volkskunst sowie in das (puritanische) Ansinnen nach größerer Einfachheit und Innigkeit" stattfand. Und erst beim Anblick „eines sonntäglich geputzten Bauernmädchens" schien der „Vorzug der Reinlichkeit" für die „fahrenden Kunden" wiederentdeckt zu werden, so bspw. eine nicht immer wohlmeinende Diagnose von Eduard Spranger (1924) zur jugendkulturellen Unvollkommenheit des Wandervogels. „Wandern, Abkochen, Singen und Tanzen, im Heu nächtigen" hinterließen auch für Wyneken merkliche Spuren „geistiger Unterernährung". Jugendliches Treiben in einem freien Jugendraum ohne pädagogisches und auch ohne politische Zielorientierung sowie ohne normative Ideen, Visionen und Zielvorstellungen eines - im Sinne Sprangers - idealbildenden, „höheren Lebensstils und übervernünftiger Wertvorstellungen" erschien Wyneken dann doch allzu gehirnlos. Und aus bloßer jugendkultureller Geselligkeit und „Gesundheit" konnte für ihn „keine lebensgestaltende (Hoch-)Kultur abgeleitet werden" (Herrmann 1985, 227). Der Wandervogel, so Wyneken, lebte den Autonomiegedanken nur halbherzig. Er war eher geprägt durch die „Ambivalenz von Autonomie und pädagogischer Einflussnahme bzw. Kontrolle" (Dudek 1990, 64). Trotz der immer wieder bei Gustav Wyneken aufscheinenden kritischen Solidarität und zugleich Distanz zum Wandervogel verdeutlicht Ulrich Herrmann, dass die Wyneken'sche Auffassung von Jugendkultur dennoch den Boden für eine „radikale Kritik der herrschenden pädagogischen und gesellschaftlichen Praxis" liefern konnte. Denn der politische Anspruch des Wyneken'schen Jugendkulturkonzepts ging dahin, dass Jugend das geistige Fundament war „auf dem Feld prinzipieller kultur- und gesellschaftspolitischer Auseinandersetzungen - über das Recht und die Formen menschlicher Selbstverwirklichung in einer Gesellschaftsordnung, deren Fundamente und Normen brüchig geworden waren" (Herrmann 1985, 231). Hinzu kam freilich auch, dass der pädagogisch gestützte, auf Autonomie basierende Kulturerneuerungsgedanke aus der Jugendbewegung vor allem in den 20er Jahren sowohl in die Jugendorganisationen der Arbeiterklasse einwanderte als auch in die Jugend- und Sozialarbeit einmündete, die, massiv durch ehemalige Jugendbewegte unterstützt, vor dem Hintergrund der Wohlfahrts- und Jugendgesetzgebung in der Weimarer Republik außerordentlich expandierten (Herrmann 1991, 33). Das Streben nach einem neuen, autonomen Lebensstil, nach einer anderen kulturellen Einstellung war mindestens von einem Teil der arbeitenden Jugend und auch von einem Teil der proletarischen Jugendbewegung übernommen worden (vgl. Korn 1921), wenngleich auch nicht vergessen werden darf, dass die alltägliche Lebenswelt der jugendlichen Proletarier, dass ihr sozial-moralisches Milieu und ihre klassenkämpferisch unterlegten politischen Ausgangspunkte ganz andere waren als die des - der Sorge um das tägliche Brot und der „schnöden Arbeitswelt" ziemlich entrückten - Wandervogels (Dudek 1993, 317). Erst in den 20er Jahren, als eine tendenzielle Proletarisierung des Mittelstandes eintrat, kam es in der bündischen Jugendbewegung auch zu einer „personellen Schwergewichtsverschiebung. Das Übergewicht, das der intellektuellen, bürgerlichen Jugend anfangs auch darum zukam, weil sie, von materiellen Sorgen unbeschwert, Zeit hatte, sich ihrer kulturellen Vertiefung und ihrer deutschen Innerlichkeit zu widmen und, ohne von den kleineren Versorgungsängsten des Alltags zu wissen, ganz in ihrem Idealismus leben konnte, schrumpfte ein, seit der Rentenbezug stockte, seit der Werkstudent in schwerer körperlicher Fron wenig Zeit und Kraft mehr frei machen konnte für die eigene geistige Vertiefung, für Gemeinschaftsleben, Wandern und Feste." Einem Teil der bürgerlichen Jugend wurden die eigenen „wirtschaftlichen Bedrängnisse und die Beschäftigung mit (den) konkreten Problemen des Werktages gebieterisch" aufgezwungen (Lütkens 1925, 150). In der Jugend- und Sozialarbeit setzten sich in den 20er Jahren sozialreformerische und (kultur-)pädagogische Impulse, die aus der bündischen Jugendbewegung kamen, durch. Es kam mit reformpädagogischen Impulsen etwa der Jugendmusik- und Laienspielbewegung zu einem kulturellen „Durchbruch der Jugendbewegung in die alten Verbände der Jugendpflege" (Lütkens 1925, 152; Krabbe 2001, 29). Hinzu kam, dass ein reichhaltiges Repertoire an jugendbewegten jugendkulturellen Umgangs-, Kommunikations- und Stilformen" in viele gesellschaftlichen Verbände und in viele andere gesellschaftlichen Lebensbereiche „einwanderte" (Reulecke 1996, 12). Die Jugendbewegung hatte enorme „geistige Auswirkungen": So fand auch eine „Neubelebung der Musikkultur" statt, „die zu Schulen und Bünden führte und z.b. durch Jöde und Hensel dem Singen einen neuen pädagogischen Platz eroberte". Es kam auch zu „mannigfachen aus dem Geist der Bewegung gegründeten freien Schulen, Landerziehungsheime und Erziehungsgemeinschaften". Eingeleitet wurde die Schulreform. Zudem müssten in diesem Zusammenhang die „dem Laienspiel, der Wiederentdeckung und Weiterentwicklung von Volkstanz und Mysterien sich widmenden Spielscharen" erwähnt werden. Und auch die „Handwerks- und Siedlungsgemeinschaften, die Bücherstuben, die Verlebendigung der Lebensreformbewegung, die Verbindungen, die zur Körperkultur gingen", die deutschen Jugendherbergen, die Verbände der neuen Studentenschaft und vieles andere mehr wären im Kontext der Wirkungsgeschichte der Jugendbewegung zu nennen (Paetel 1960, 84f.). Zugleich verstärkte sich von offizieller Seite durch die Übernahme der kulturellen, „individualisierenden Selbsterziehungstendenzen der ursprünglichen Jugendbewegung" (ebenda, 85) eine sich immer mehr durchsetzende außergewöhnliche „Pädagogisierung vieler außerschulischer Lebensbereiche", die als soziale Probleme und Devianz „bis dahin durch Verwahrung, Bestrafung, Disziplinierung gekennzeichnet waren" (Herrmann 1991, 40), wenngleich auch die meisten Arbeiterjugendlichen und die vielen arbeitslosen Jugendlichen am Ende der Weimarer Republik ein „hohes Maß an Resistenz gegenüber jeder Form pädagogischer Hilfsangebote mobilisierten". Selbst die aus der Arbeiterjugendbewegung stammenden pädagogischen Angebote wurden von den in Frage kommenden Adressaten „eher nicht angenommen" (Dudek 1996, 38).

3. Das Bildungssystem (Schule, Ausbildung, Universität) als Vermittler traditionellen kulturellen Wissens und das außerschulische Erziehungssystem (öffentliche Jugendpflege und -fürsorge) als „Lückeerziehung", Präventionsaufgabe und Sozialdisziplinierung blieben Bezugspunkt - in Anlehnung oder Abgrenzung. Die heutigen Jugendkulturen sind im Gegensatz zu den klassischen Jugendkulturkonzepten und -praktiken entschieden schulferner und auch den außerschulischen, pädagogikaffinen Angeboten und Kontrollen immer weiter entrückt. Wyneken war selbst noch der Ansicht, dass die Entwicklung der neuen (emanzipatorisch aufgefassten und tendenziell eigenständigen) Jugendkultur (durch die Jugend, für die Jugend) pädagogisch begleitet in erster Linie von den sogenannten „Freien Schulgemeinden" etwa gegen den Philologismus des humanistischen Gymnasiums sowie gegen die Dominanz der Realien im Dienste nur technokratischer Zwecksetzungen ihren entscheidenden Ausgang nehmen müsste. Jugend sollte im Zuge einer jugendlichen Gegenöffentlichkeit eine Zeit der Sammlung sein und müsste, so etwa Martin Luserke (der Nachfolger Wyneken's in der Freien Schulgemeinde Wickersdorf), in der - unterstützend begründet durch bio-

logische und innerseelische Reifungsvorstellungen - Stille reifen, bevor sie „in den Lebenskampf eintrete (Mogge 1988, 51). Aber spätestens seit der Zwischenkriegszeit in den 20er Jahren wuchsen Jugendliche zwar mit vielen klassen- und geschlechtsspezifischen Besonderheiten viel sachlicher, energischer und unträumerischer in einer zunehmend schon massenkultur- und medienindustriell mitgeprägten Öffentlichkeit auf. Nicht nur in den proletarischen jugendlichen Lebensmilieus dachte und handelte man nüchtern, pragmatisch, nützlich und gegenwartsbezogen. Ein eher amerikanisch kommerziell und medial geprägtes alltagskulturelles Lebensgefühl der schönen neuen Warenwelt (Schminken, Kleidung, Charleston, Jazz, Technik, Geschwindigkeit etc.) machte sich in der knapp bemessenen Freizeit breit: Diese frühen kulturellen Internationalisierungs- respektive Globalisierungstendenzen wurden im Rahmen eines tendenziell positiven Amerika-Bildes freilich jenseits bestimmter Bildungseliten und zumeist auch jenseits der bündischen Jugendbewegung insbesondere von Jüngeren, der sogenannten „einfachen Leute" im Angestellten-, teilweise auch in bestimmten Sektoren des städtischen Abeitermilieus und auch in Teilen der intellektuellen und künstlerischen Avantgarde (etwa von Grosz bis Brecht) begeistert aufgenommen. So gesehen fand schon ansatzweise im Medium der Technisierung des Alltags und der kommerzialisierten und mediatisierten Populärkultur in den 20er Jahren ein - zunächst noch nicht radikaler - Bruch des Hochkulturmonopols der Gebildeten statt: „Kino, Radio. Jazzmusik, Musikrhythmen, Tanzfieber, Starbegeisterung, Sportbewegung und Körperkultur fanden Eingang in den von Amerika beeinflussten populärkulturellen Unterhaltungssektor der städtischen Metropolen Europas. Als Gegenentwürfe zum traditionellen Gesellschaftstanz löste ähnlich wie in der Musik eine Mode die andere ab. „Dem Foxtrott folgten Onestrep, Shimmy, Charleston" (Maase 1997, 118), Auch eine allgemeine Hinwendung der Populärkunst als Lebensmittel (ebenda, 212) zu Buntheit, Lebensfreude, Diesseitigkeit und Triebhaftigkeit; Aufweichungstendenzen der Ehe und eine geänderte Stellung der Frau; eine Verlagerung der geistigen Zentren in die Großstädte sowie Emanzipationstendenzen der Jugend trugen dazu bei, dass die soziale Exklusivität und die kulturelle Deutungshoheit bestimmter bildungsbürgerlicher Schichten und Milieus aufgeweicht wurde. Die „alleinigen Inhaber der Kulturgüter" (Maase 1992, 54) gerieten durch populärkulturelle urbane Lebensauffassungen des Amerikanismus unter Druck (vgl. zur scharfsinnigen Analyse des Anti-Amerikanismus in Deutschland Lütkens 1932,, 45ff.). Die Zeiten der Schwärmerei oder des ästhetisch-tragischen, gefühlsintensiven Weltschmerzes wurden in diesen jugendlichen, eher nicht bündischen Lebensmilieu nicht durchlebt. Darum, so etwa Stefan Zweig 1927, „ist den meisten Jugendlichen die Lyrik das Inkommensurable, wie es Goethe nannte, fast vollkommen fremd. Selten geworden sind auch die jungen Mädchen, die schöne Verse in ihre Tagebücher abschreiben. Selten geworden sind auch die jungen Menschen, die obwohl zu fachlichem Beruf bestellt, die Gedichte Rilkes auswendig und jene

Hoffmannthals in jeder Zeile wussten" (zit. n. Roeßler 1957, 244). Das Freizeit- und Konsumverhalten von Jugendlichen wurde selbst, wenn, wie in vielen Lebensmilieus dokumentiert, tiefes materielles Elend vorherrschte, durch die moderne Technik und die Nutzung moderner Medien wie Rundfunk, Film, Grammophon und Illustrierte sowie mit dem Besuch von kommerzialisierten Tanzveranstaltungen vor allen Dingen in den Großstädten dahingehend geändert, dass jugendkulturelle Elemente aus den traditionellen Organisationsstrukturen der Parteien- und Verbandsjugenden auswanderten und sich auch jenseits der außerschulischen, staatlich-pädagogischen Präventionsangebote der Jugendpflege entwickeln konnten. Ein solche durchaus jugendkulturelle mediale und kommerzialisierte Nutzung wurde pädagogisch stets als sittlich jugendgefährdend und als jugendverderblich heftig beklagt und kritisiert. Dem Schmutz und Schund in Groschenheften, Romanen und der Literatur, den Schundfilmen in den Kinos, den verführerischen Konsumangeboten in den Großstädten und der Verwilderung der Sitten in gewissen Wirtshäusern, Kaffee- und Tanzlokalen wurde im Lichte einer erzieherischen Rettungsvorstellung der verlorenen Jugend der pädagogische Kampf (Hafeneger 1992, 45; vgl. zur historischen Rekonstruktion Ferchhoff 2007a, 26-31) angesagt. In diesen, so Spranger, beklagenswerten Lebensverhältnissen der „ständig neuen Eindrücke; wenig Bewegung in guter Luft; starke Schulanstrengung bei sitzender Lebensweise; ein Examen nach dem anderen. Dazu dann die spezifischen Reize: Kleidermoden, die auf sexuelle Wirkung berechnet sind, eine schwüle Lektüre, Alkoholgenuss, Varieté, Kino, selbst die höhere Bühne. In dieser Atmosphäre gedeihen dann auch die Frank-Wedekind-Figuren" (Spranger 1924, 127). Wer nun im 21. Jahrhundert jugendkulturell lebt, orientiert sich zumeist nicht ausschließlich (sondern allenfalls pragmatisch) an den durch die Schule und andere pädagogische Organisationen vermittelten geistigen, vornehmlich „innengeleiteten" Bildungsgütern, sondern noch viel stärker als um die Jahrhundertwende und in den 20er Jahren des 20. Jahrhunderts an Maßstäben und Lebensformen, die weitgehend versachlicht, „außengeleitet", hochgradig kommerzialisiert und außerhalb der Schule und der Familie produziert und auch jenseits pädagogisierender Rettungs- und Einverleibungsversuche 'gelebt' und nicht mehr - wie es bspw. noch Eduard Spranger tat - pädagogisch stigmatisiert werden können: Ästhetik, Moral, Musik, Werbung, Mode, Medien, Konsum, Körperlichkeit, Stilvarianten, alternative Lebensweisen etc. Und nicht aus einer dem „Jugendgeist entsprungenen pädagogischen Beseeltheit", sondern in den pädagogisch entstaubten und pädagogikfernen Jugendkulturen erfahren heute viele Jugendliche Intensität und Leiblichkeit etwa während eines Rock- bzw. Popkonzerts, auf einem Rave, auf einem HipHop-Festival, beim Public Viewing, in den Nord- und Südkurven der Fassballstadien, auf einer Lan-Party, bei einem Jam oder beim Kultfilm, beim Computerspielen, beim Video-Clip, Musikhören und beim Chatten im Internet, bei Facebook und SchülerVZ, beim Snowboard-Fahren und Inline-Skating oder bei der Präsentation und Stilisierung eines ausgewählten Outfits im Szeneclub. Und es können radikale Experimente, Erlebnisse und Thrills des Daseins stattfinden, die aus den Verwaltungsbezirken der pädagogischen Provinz(Schule) weitgehend ausgeschlossen sind. Es gibt, aufs Ganze gesehen, wohl kaum Möglichkeiten, sie als Bewegungen in ein - wie auch immer - reformiertes Schulsystem (Verlebensweltlichung der Schule, schülerorientierte (Lebens)Schule, inklusive eines veränderten, kognitiv geläuterten, sozial und emotional aufgeladenen Lernkanons) hereinzuholen. *Jugend* erzieht und bildet sich selbst manchmal neben wohlwollend distanzierter Begleitung von Erwachsenen inzwischen tendenziell in weitgehend mediatisierten und kommerzialisierten, allerdings in gewisser Hinsicht in nicht dafür vorgesehenen und nicht-pädagogisierten Erlebnis- und Erfahrungsräumen sowie in kritischer Distanz zu den freilich subtiler werdenden Kontroll- und Überwachungspraxen vornehmlich der tertiären Dienstleistungsökonomie. Immerhin dürften, wenn auch stets die Tendenz besteht, jugendliche Freiräume zu verregeln - in der alten Version zwischen Schule und Kaserne - die Anteile der Selbsterziehung gegenüber denen der Fremderziehung sozialhistorisch betrachtet beträchtlich zugenommen haben.

4. Die heutigen vielfältigen Jugendkulturen und -szenen sind allemal freizeit-, häufig auch nur noch medien- und konsumbezogen und bindungsarm bzw. -abstinent, wenn es um organisatorische (vereins-, verbands- und politikbezogene) Rahmungen geht. Obgleich Freizeit damals für die meisten nicht-bürgerlichen und nicht-intellektuellen Jugendlichen noch ein knappes Gut und bspw. so etwa wie Ziel- und Stilgruppenmarketing sowie Merchandising noch gar nicht bekannt waren, reichen die Anfänge, Teile der *Jugend* als eigenständige, zielgruppenspezifische Konsumentengruppe zu betrachten und zu vermarkten, bis in die Wandervogelzeiten vor dem 1. Weltkrieg zurück. Es gab seinerzeit schon spezifische Wandervogelinstrumente, -kluft und -zelte. Man konnte sogar schon eine spezifische Wandervogelschokolade (Domansky 1986, 133) kaufen. Jugendkulturen stellen auf der kulturellen Ebene angesichts der Schaffung von Stilen vorwiegend über Mode, Accessoires, Sport, Musik und Medien informelle Absetzbewegungen dar.

5. Kultur ist im Zusammenhang heutiger Jugendkulturen noch viel stärker als zu den jugendbewegten Zeiten des Wandervogels und der bündischen Jugend aus den exklusiven bürgerlichen, vornehmlich literarisch-ästhetischen Bildungstraditionen herausgetreten. Schon vor und in den 20er Jahren fand vor dem Hintergrund einer merklichen allgemeinen Technisierung, Mediatisierung, aber auch Erotisierung des Alltags ein freilich erst zögerlicher Bruch des Kulturmonopols der bürgerlich-literarisch Gebildeten vor allem durch Kino, Radio, Swing- und Jazzmusik, Sportbewegung und Körperkultur statt. Bei allen Versuchen, die popularisierten Geschmackskulturen zu vulgarisieren und kulturell abzuwerten,

wurde auf der Grundlage des von den meisten Gebildeten in Europa nicht geschätzten „American way of life" dennoch die soziale Abgehobenheit der „kulturtragenden Bildungsschichten" ein klein wenig relativiert (vgl. Maase 1992, 238). In diesen Sinne wurde (Hoch)Kultur schon ansatzweise in den 20er Jahren popularisiert, entnormiert und enthierarchisiert und verlor ihren zumeist in politisch-pädagogischer Emphase und Semantik vorgetragenen alleinigen erhabenen Geltungscharakter. Der Anspruch auf universelle Anerkennung ging verloren. Unter den Bildungsschichten in Deutschland dominierten seit dem 19. Jahrhundert (übrigens bis in die 60er und 70er Jahre des 20. Jahrhunderts) stereotype antiamerikanische Kulturvorstellungen: Schablonisierte Massenhaftigkeit, niveaulose Oberflächlichkeit, Vulgarität des intellektuellen Lebens und der populären Künste. Dennoch setzten sich in den kapitalistischen Gesellschaften Europas nicht zuletzt qua Medien und Kommerz Tendenzen des - von Amerika beeinflussten - unkonventionellen, schrägen und farbigen Massen- bzw. Populärkulturellen durch. Diese frühen kulturellen Globalisierungstendenzen wurden im Rahmen eines positiven Amerika-Bildes freilich jenseits bestimmter Bildungseliten und zumeist auch jenseits der bündischen Jugendbewegung insbesondere von Jüngeren, der sogenannten „einfachen Leute" im Angestellten-, teilweise auch in bestimmten Sektoren des städtischen Abeitermilieus und auch in Teilen der intellektuellen und künstlerischen Avantgarde (etwa von Grosz bis Brecht) begeistert aufgenommen. So gesehen fand schon ansatzweise im Medium der Technisierung des Alltags und der kommerzialisierten und mediatisierten Populärkultur in den 20er Jahren ein - zunächst noch nicht radikaler - Bruch des Hochkulturmonopols der Gebildeten statt: „Kino, Radio. Jazzmusik, Musikrhythmen, Tanzfieber, Starbegeisterung, Sportbewegung und Körperkultur fanden Eingang in den von Amerika beeinflussten populärkulturellen Unterhaltungssektor der städtischen Metropolen Europas. Als Gegenentwürfe zum traditionellen Gesellschaftstanz löste ähnlich wie in der Musik eine Mode die andere ab. „Dem Foxtrott folgten Onestrep, Shimmy, Charleston" (Maase 1997, 118), Auch eine allgemeine Hinwendung der Populärkunst als Lebensmittel (ebenda, 212) zu Buntheit, Lebensfreude, Diesseitigkeit und Triebhaftigkeit; Aufweichungstendenzen der Ehe und eine geänderte Stellung der Frau; eine Verlagerung der geistigen Zentren in die Großstädte sowie Emanzipationstendenzen der Jugend trugen dazu bei, dass die soziale Exklusivität und die kulturelle Deutungshoheit bestimmter bildungsbürgerlicher Schichten und Milieus aufgeweicht wurde. Die „alleinigen Inhaber der Kulturgüter" (Maase 1992, 54) gerieten durch populärkulturelle urbane Lebensauffassungen des Amerikanismus unter Druck (vgl. zur scharfsinnigen Analyse des Anti-Amerikanismus in Deutschland Lütkens 1932, 45ff.). Exzentrische Kulturimporte aus den USA wurden in Europa auch von Teilen der „vergnügungssüchtigen Oberschichten" und speziell von der „Jugend der Hautevolée" hochgeschätzt – und dies betraf vor allen Dingen den Jazz, die *schwarze Tanzmusik* – und in den dreißiger Jahren auch den Swing. Eine sogenannte

„Swing-Jugend" gab es in den späten 30er und Anfang der 40er Jahre in vielen Metropolen Europas und der westlichen Welt, „ein Großstadtphänomen also, und die erste von USA ausgehende" tendenziell globale Jugendkultur, die allerdings noch nicht zur vollen Entfaltung kam, mit ihren - auch für historisch spätere Jugendkulturen wichtigen - typischen Eigenschaften: Musik, Tanz, Mode, Kleidung, Habitus etc. (Pohl 1991, 242). Diese angloamerikanischen Musik-, Tanz-, Kleidungs- und lässigen Haltungsformen hatten freilich nichts oder nur wenig mit dem volkstümlichen Liedgut, den Landsknechtsliedern, den - vom historischen Bauerntum (Volkstrachten) und von wandernden Gesellen und Scholaren im Mittelalter abstammenden - Kleidungsstilen und Freiluft- und Lichtkulturen und den Reigen- und Volkstänzen des Wandervogels, der bündischen Jugend und des Pfadfindertums zu tun. Zudem prägten *verjazzte deutsche Unterhaltungsmusik resp. verjazzte Schlager* wie *„Am Sonntag will mein Süßer mit mir segeln geh`n"* den populären Geschmack. (Hoch-)Kultur ist heute mehr denn je in den Strudel des Relativismus der - aus dem Unterschichtsmilieu entlassenen - popularisierten Allgemein- bzw. Alltagskultur hineingezogen und hat wie manche Kulturkritiker bedauern - eine „deviante Karriere" (Prange 1991, 109) durchgemacht. Kultur ist aber auch (ein wenig wohlwollender betrachtet) die Spur einer neuen Überlieferung und attraktiven Botschaft, die in der Geschichte jugendkultureller Neuorientierungen (Veränderungen in der Rock-, Beat-, Pop- und Fanszene, Diversifizierung und Pluralisierung von unterschiedlichen Gruppierungen usw.) sowie in neuen Auffassungen von Habitus, Lebensstil, Kleidung, Körper- und Szenesprache, aber auch in Konzepten und Auffassungen von pluralisierter und variantenreicher Individualität) zu finden sind. Kultur ist so gesehen nicht mehr nur einseitig und eindimensional Platzhalter für Gebildete, wird nicht mehr nur als etwas Anspruchsvolles, Höheres, Wertvolles oder seelisch Tiefsinniges betrachtet. Ehemals hochlegitimierte und ehemals niedriglegitimierte Kulturen haben sich immer mehr amalgamiert und sind heute oftmals ohne Distanz zu den kommerziellen kulturindustriellen Freizeitangeboten veralltäglicht worden und in den Schmelztiegel der medialen Allesverbreitung geraten. Sie ist global, ambivalent, vieldeutig und zugleich konturlos, zu einer Art diffuser Hintergrundgröße (Neidhardt) in den meisten Lebensbereichen geworden, hat neue, allerdings auch unscharfe symbolische Abgrenzungsdimensionen gewonnen, die freilich nicht im bisher überlieferten, kulturell-bildungsbürgerliche Tiefendimensionen anzeigenden Begriff aufgehen. Die kulturelle Pluralität, das Verschmelzen von Technologie und Kultur im Zuge der Konvergenz von Computertechnik, Unterhaltung und digitaler Telekommunikation, ja das kulturelle Chaos scheint heute im Medium einer „globalen Kulturindustrie" (Scott Lash) perfekt, die Zugänglichkeit zu fast allen Lebensbereichen im Rahmen kultureller Ausdrucksmuster freigestellt zu sein. Unsere kulturelle Landschaft wird zunehmend von neuen Produkten bevölkert: von schnelllebigen Konsumgütern mit einem großen Markennamen. Wie

Popsongs, wie Basketball- und Fußballstars sowie andere Sportikonen werden sie Teil der neuen Medien. Nike, Sony, Nokia, Swatch, Adidas, Puma, Lacoste, Coca-Cola, all die globalen Marken werden Kultur, werden als global player Teil des Inhalts der zeitgenössischen Kultur. Kommerzielle Markenartikel werden mit Sport- und Musikevents, mit Entertainment verbunden, werden selbst Teil des Entertainments. Die Video-Clips auf MTV und VIVA sind nur schwer von Werbespots zu unterscheiden. Sie sind Werbespots für die CDs, DVDs und Alben der Popstars. Straßenkinder töten symbolisch, manchmal sogar real für Nike-Schuhe, nehmen Bürgerkindern deren Tommy-Hilfiger-Jacken weg. Dabei geht es um mehr als um Armut gegen Reichtum und mehr als um Inklusion und Exklusion. Es geht auch um den ikonischen Status; um die Affekte, die in den Symbolen der Konsumentenkultur enthalten sind. Die Ausschöpfung des Marktes großer Markenprodukte wie Coca-Cola umfasst zunehmend das, was Analysten als „Markenwert" berechnen. Der Markenwert basiert so wie die anderen Kulturindustrien auf einem Primat des geistigen Eigentums, in diesem Fall des Warenzeichens. Auch hier basiert das geistige Eigentum auf dem Ausschluss anderer von dem Eigentumsbereich der eigenen Marke und darauf, ein langfristiges Abhängigkeitsverhältnis mit den Benutzern aufzubauen" (Lash 1998, 42). Im Zusammenhang solcher globalen Kulturindustrien verschwinden die alten konventionellen Kulturlogiken. So gesehen kann man auch davon sprechen, dass es immer wieder Berührungen, Überformungen und Vermischungen zwischen den prinzipiell gleichberechtigten Hoch-, Gegen-, Sub-, Trivial-, Trash- und Pop- und Massenkulturen. Mittlerweile scheint im 21. Jahrhundert vor dem Hintergrund der globalen Kulturindustrie selbst der Unterschied zwischen rebellischer, anarchistischer, oppositionell-subversiver Subkultur und konventioneller Mainstreamkultur zu verschwimmen. Das ehemals Subkulturelle im Underground ist vollends in den Mainstream nicht nur der Hochkultur aller, sondern ebenso in den Mainstream des kitschig-spießigen Massenkulturellen heimgekehrt. Das Insignien des Biedersinns - etwa der unverfälschte Heino mit dem „blauen Enzian" oder der unverfälschte Heintje mit dem seifig-schnulzigen Schlager „Mama" - sind wie der kollektive Genuss von Derrick in einigen jugendkulturellen Szenen mit und ohne Ironie zum ultimativen pro geworden. Die heutige kulturelle Subversivität des abgedrehten Richtungs- und Absichtslosen scheint für die meisten traditionellen Kulturträger nicht mehr nur in analytisch gehaltvolle, „kulturtheoretisch fassbare, sinnerschließende Diskurse" (Baacke 1999, 198) bearbeitbar zu sein. Sie bleibt unzugänglich und unverständlich - und wird gerade deshalb geschätzt.

6. Von Wynekens Auffassung, Kultur sei geistige Welt, ist im heutigen Sinne hinüberzuretten, dass es sich auch heute um Fragen handelt, die Wyneken im Sinn hatte: um die Art und Weise, wie man vor sich und anderen dasteht, seine Individualität und Persönlichkeitsentfaltung ausdrückt, aber auch unter er-

schwerten Bedingungen mit erheblichen Gefahren des persönlichen Scheiterns (die Sicherheitsversprechen der Moderne greifen nicht mehr, Zukunftsungewissheit, Angst vor den eigenen Lebensperspektiven etwa als Folge von Armut, keinen subjektiv gewünschten, adäquaten Ausbildungs-, Studien- oder Arbeitsplatz zu finden) ausdrücken muss, eben nicht nur über den Status Erwerbsarbeit und über die Identifizierung mit kollektiven Normen und sozialen Zugehörigkeiten, sondern ganz wesentlich auch über unermüdliche Individualisierungsleistungen und -anstrengungen, zuweilen auch über erwerbsarbeitsjenseitige und arbeitsferne Versuche der Ich-Konstitution mit anderen. Das Leben wird heute immer mehr angesichts des Verblassens und Verdampfens kollektiver Lebensdimensionen und angesichts zahlreicher Entregelungs-, Entnormierungs-, Destandardisierungs-, Entstrukturierungs- und Entritualisierungsprozesse auf der Grundlage neuer institutionalisierter Vorgaben und Horizonte zur selbst-gestaltenden Aufgabe, zum freilich ambivalenten, individuell-riskanten und biographisch unsicheren (Erlebnis-)Projekt. Jugendliche benötigen dazu zu im 21. Jahrhunderts eigensinnige und kraftspendende Selbstorganisationskompetenzen und soziale Netzwerke, die es gestatten, Selbstverortung reichhaltiger und nuancenreicher zu gestalten sowie Lebenssinn auch jenseits von ehemals sicheren Zukunftsgarantien zu gewinnen. Der Sinn des Lebens wird dezentriert, partikularisiert sowie immer mehr zu einer „Eigenleistung" ohne die Vorgaben und Traditionen der konventionellen Identitätsanerkennung und Identitätsheimat dauerhafter Berufs- und Vollerwerbsarbeit sowie ohne die großen vorwärtsgerichteten Welterklärungen und Metaerzählungen (vgl. Keupp 1997, 279ff.; 1997a, 11ff; 1998, 14; vgl. auch Kapitel *zwei* in diesem Band).

7. Die Analyse von Wynekens Jugendkulturkonzept zeigt zudem, dass es sich (übrigens nicht nur bei ihm) um eine projektive Vorstellung, um einen Mythos handelte. Jugendkultur wurde zum Symbol der Sehnsucht vor allem von Pädagogen, zur Projektionsfigur und zum Hoffnungsträger für eine neue (nationale) Zukunft (Peukert 1986b, 53f.). Auch das heutige Debattieren über Jugendkulturen kommt ohne solche (meistens unkontrolliert bleibenden) projektiven Elemente, wenn auch mit anderen Inhalten, nicht aus. Denn indem wir etwas, das ist, zum Thema machen, projizieren wir schon immer unsere eigenen Deutungsmuster, Erwartungen und Vorstellungen hinein. Freilich ist die Insuffizienz exterritorialen Redens über Jugendkulturen evident. Denn diejenigen, die nur über Jugendkulturen reden und nachdenken, ohne dass sie jemals von innen beteiligt waren, verfehlen nur allzu leicht im Rahmen ihrer exterritorialen Deutungen die eigentlichen Inhalte, Erfahrungen, Gefühlshaushalte und Erlebnisformen der Jugendkulturen (Baacke 1998, 36).

8. Auch Bernfelds Konzept der tendenziell selbstorganisierten neuen sozialen Treffpunkte als sogenannte Sprechsäle (hier diskutierte man als junge intellektuelle

Avantgarde Wiens mit Gleichaltrigen und Gleichgesinnten über Jugendthemen, Sexualmoral, Erziehungsfragen, Frauen- und Friedensbewegung, Kunst, Literatur etc.) war bemerkenswert (vgl. hierzu Laermann 1985, 371ff.; Herrmann 1985, 232ff.; Dudek 1990, 327ff.; von Bühler 1990), weil hier eine an aufklärender und räsonierender Geselligkeit orientierte avantgardistische Gegen-Öffentlichkeit zu Elternhaus, Schule und Universität geschaffen wurde, die „gesellschaftliche Tabus" aufgriff und „direkt und offensiv in die Öffentlichkeit trug (Dudek 1990, 336), wie sie viel später in den 50er Jahren die Beatnik- und Existentialisten-Szene, die Schüler- und Studentenbewegung der 68er Jahre und später manche alternative soziale (Protest-)Bewegungen etwa die Hippies in den 60er Jahren, die Ökologiebewegung in den 70er Jahren, die Friedensbewegung in den 80er Jahren, Greenpeace in den 90er Jahren und „Attac" oder „No logo" im 21. Jahrhundert anstrebten. Dies lässt sich unter anderem am romantischen Grundton und Zielbild einer Ununterscheidbarkeit von Leben, Kunst und Kultur exemplifizieren. Heutige Medien dafür sind - freilich immer schon viel stärker kommerzialisierte und vor allem virtualisierte - Szene-Zeitungen, Stadt- und Werbe-Blätter, Fanzines und Flyer (auch alles online) der ausdifferenzierten, ge- und remixten, zugleich unübersichtlicher werdenden Techno-, Hip-Hop-, Gothic-, Emo-, Rock- und Popszenen etc.

9. Jugendkulturen umfassen nicht nur eine (altersspezifisch gesehen) im Vergleich zur Zeit Wynekens und Bernfelds erheblich erweiterte Zeitspanne, sondern sie insistieren vielmehr, insbesondere im Zuge der Scholarisierung und Freizeitvermehrung der Jugendphase und der längeren Freistellung - aber auch im Zuge des Verschwindens - von Erwerbsarbeit auf Selbstbehauptung und Autonomie vornehmlich im Kontext von Gleichaltrigengruppen, die ihrerseits aber im Gegensatz zu den Wandervögeln und der bündischen Jugendbewegung in der Regel temporär begrenzter, kontingenter, partikularer, offener und nicht mehr so total verpflichtend sind, und wählen in diesem Bestreben viel weniger (oder allenfalls pragmatisch) die Bezugspunkte Familie, Schule und Hochschule.

10. Gemeinsam ist Wynekens und Bernfelds Konzeptionen und der heutigen jugendkulturellen Lebenspraxis, dass sie die lebendigen jugendlichen Binnenperspektiven und die Eigenbilder ins rechte Licht rücken, und dass sie jenseits rigider, feststehender Fremdbilder von *Jugend* (wie auch immer) im Medium kontrollierter Eigenerfahrungen durchaus emanzipatorische Momente und Dimensionen enthalten. Es sind freilich heute oftmals andere und vielleicht auch differenzierte und plurale Selbstgestaltungen des Jugendlebens zu beobachten, die aber auch nicht immer in der (inzwischen erheblich erweiterten) gesellschaftlichen Akzeptanz und in den (wenn auch pluralisierten) kulturellen Traditionen und Überlieferungen aufgehen.

11. Während Wyneken (bürgerliche Jugend- bzw. Wandervogelbewegung, pädagogische Reformvorstellungen, Freie Schulgemeinde) und Bernfeld (Sprechsäle, Sozialistische Pädagogik) eine ganz bestimmte nationale, bildungsbürgerlich affine, mittelschichtspezifische, teilweise elitäre und demokratieferne Jugendkultur (vgl. bspw. Körting 2005, 33ff.) im Auge hatten, die trotz großer Ausstrahlungskraft in gewisser Weise minoritär war, haben wir es heute klassen-, schicht- und milieuspezifisch übergreifend mit einer Vielzahl und Vielfalt von internationalistisch und zugleich lokal mitgeprägten, sowie medial und kommerziell vermittelten, tendenziell enthierarchisierten, gleichwohl nicht immer egalitären und insgesamt weniger bewegten - auf gesellschaftliche Zukunft und gesellschaftliche Veränderungen zielenden - globalen Jugendkulturen zu tun, die in ihren komplexen Stil- und Erscheinungsbildern (Habitus, Kleidung, Haarschnitt, Kommunikationsstrukturen, Sprache, Musikformen, alltagskulturelle, sportive Lebenspraxis etc.) und in ihren alltäglichen und zukunftsbezogenen Vorstellungs-, Mentalitäts- und Erfahrungs- und Gefühlswelten nicht mehr oder kaum noch an den jugendbewegten Wandervogel oder die verschiedenen jugendbewegten bündischen Gruppierungen erinnern.

12. Die Bedingungen der Weltvernetzung und die vielfältigen differenzierten Mediatoren (von Illustrierten, Serienheften, Liebes- und Musikfilmen, Comedies und Comics, Platten, CDs, DVDs, Telefon (Handy, SMS-Kommunikation), vom digitalen Rundfunk über das digitale (Internet-)Fernsehen bis zum IPod, Video/DVD-Gerät, Ghetto-Blaster, PC, Internet, Internetportale, Facebook, Myspace, Onlinekommunikation usw.) heutiger Jugendkulturen gab es zur Zeit Wynekens und Bernfelds in dieser Weise nicht. Diese Medien tragen nicht nur zur Internationalisierung, Visualisierung und Virtualisierung als bildtechnologische Möglichkeiten und mediatisierte Formen der Kommunikation und Anschlusskommunikation der Jugendkulturen bei, sondern ermöglichen zumindest teilweise - oftmals freilich neben anderen gesellschaftlichen Wandlungsprozessen und zeitgeschichtlichen Bezügen - ihre Entstehung. Beim Umgang mit den verschiedenen Medien und bei der Nutzung von Medieninhalten lassen sich gegenwärtig bspw. milieuspezifisch und bei Jugendlichen mit und ohne Migrationshintergrund trotz vieler Gemeinsamkeiten auch Tendenzen der Exklusion feststellen (Bucher/Bonfadelli 2007, 244). Die bildliche Inszenierung von Wirklichkeit hat sich in über 100 Jahren Jugendkulturen enorm verändert (vgl. Klein/Friedrich 2003, 117ff.).

13. Immerhin: Das Jugendalter begann sich zumindest in der bürgerlichen Jugend des Wandervogels auszudehnen. Insbesondere bei den Freideutschen (Deutsche Akademische Freischar; 1907 in Göttingen gegründet) verlängerte sich nicht nur qua Bildungsweg die Jugendzeit - auch das gefühlte Lebensalter wurde wichtig Der Wandervogel und die bürgerliche Jugendkulturbewegung ermöglichten ein

ganz neues, „absichtsloses" (Bondy 1929, 123) gemeinschaftsbezogenes Erziehungsverhältnis, ein neues - die Autonomieerfahrung betonendes, gleichwohl gesellschaftskonforme Selbsterziehung betreibendes (Schubert-Weller 1995, 70) und inzwischen immer mehr realisiertes - „Modell für den pädagogischen Bezug. Vorher konnte man sich als pädagogischen Bezug nur Variationen des Familienmodells, genauer: des Vater-Kind-Verhältnisses vorstellen" (Giesecke 1981, 34). Die Beziehungen von Lehrer-Schüler, Erzieher-Zögling, Erwachsene-Jugendliche, Meister-Lehrling, Leiter-Geleitete, Führer-Geführte, Vorgesetzte-Untergebene waren als dem Familienverhältnis analoge konstruiert. In den Gleichaltrigengruppen der Jugendbewegung war dieses, auf quasi objektiv-sachliche, objektivkulturelle und auf altersspezifische Erfahrung und Autorität beruhende paternalistische Erziehungsmodell nicht mehr (voll) zu realisieren; an seine Stelle trat (immer mehr) bei aller pädagogischen Begleitung und Ermöglichung jugendzentristisch die Gruppe der Gleichaltrigen, die sich vornehmlich aufgrund persönlich-individueller Wahl und gegenseitiger Sympathie und Zusammengehörigkeit konstituiert(e). Schon in dem „Jugendbild und in den Idealen der Jugendbewegung" wurde das traditionelle pädagogische Verhältnis umgekehrt. Gerade nicht die Älteren als „Sachverwalter des Traditionserbes, der objektiven Kultur" waren die berufenen Jugenderzieher und nicht die „überkommenen kulturellen Traditionen" waren die Leitlinien für die Zukunft, sondern die „Gemeinschaft junger Menschen" in einem vermeintlich besseren, eigenständigen Jugendreich (Mogge 2001, 310) wurden im Medium von „Gleichaltrigenerziehung" als Jungbrunnen und „Keimzellen eines neuen Menschentums" gesehen (Münchmeier 1997, 122).

14. Das jugendkulturell exzentrische, schrille, schräge, zügellose, provozierende und auf Konfrontation setzende Ambiente scheint nicht mehr wie noch zu Zeiten des Wandervogels etwa als „kragenlose Manierenlosigkeit" zu schockieren, sondern ist inzwischen vor dem Hintergrund einer schleichenden Gewöhnung im Umgang mit immer wieder neuen jugendkulturellen Geschmacksnormenübertretungen, Stilerprobungen und radikalisierten Alltagsflips weitgehend entdramatisiert, gesamtkulturell normalisiert und damit veralltäglicht worden. Das Überschreiten der konventionellen bürgerlichen Umgangsformen, Geselligkeit, Kommunikation, Kleidung und Erotik sowie die Definition einer jugendkulturell eigenen symbolischen Wirklichkeit (Oelkers 1995, 2; Baacke 1998, 40) können die Erwachsenenkulturen nicht mehr oder kaum noch schockieren. Trotz beobachtbarer jugendlicher grenzüberschreitender „cultural style wars" und mancher Kontroll- und Zensurmaßnahmen seitens der Erwachsenen scheinen die meisten heutigen Jugendkulturen – Rocker, Mods, Punks, Hip-Hop, Hardcore, Emos, Dark Wave, Gothics und selbst Skinheads eingeschlossen - äußerst selten mit ihren Insignien und Alltagsflips den traditionellen Geschmack wirklich herauszufordern, zu provozieren und zu beleidigen. Auch ist das szenenspezifisch variantenreiche ju-

gendkulturelle Ambiente nicht mehr an eine bestimmte Altersgruppe bzw. Lebensphase (der Jugend) gebunden. *Jugend* wird zu einer „ästhetischen und damit (auch) zu einer normativen (kontrollbezogenen) Größe, die sich vom Lebensalter trennt" (Oelkers 1995, 32). Bin ich noch fit, beweglich und leistungsfähig? Sehe ich noch gut genug aus? (Holert/Terkessidis 1997, 16). Das jugendkulturelle Assoziationsfeld ist vor allem als zeitloses Ideal über die „Verpflichtung von Aussehen und Identität auf Jugendlichkeit" (Oelkers 1995, 36) und über einen ästhetisch jugendlichen Lebensstil medial, habituell, modedesign- und konsumptionsgemäß in alle Altersgruppen eingewandert. Heutige Jugendlichkeit ist mehr denn je altersübergreifend Ausdruck eines gesellschaftlich allseits geschätzten und hofierten generellen Lebensgefühls, das die jugendliche(n) Mythen Dynamik, Schnelligkeit, Innovation, Intensität, Attraktivität, Fitt-Sein, Faltenfreiheit und Schönheit goutiert. Somit wurden Jugendkulturen im Zuge der altersübergreifenden Ausweitung schließlich auch zur „Avantgarde ihrer eigenen Abschaffung". Viele Erwachsene sehnen sich heute, selbst wenn sie sich zuweilen über den hohlen und oberflächlichen Jugendwahn in den Medien, in der Werbung, in der Öffentlichkeit und auf der Straße echauffieren, nach dem Kult des Jungsein und der Flexibilität der Jugend. (Holert/Terkessidis 1997, 15).

15. Jugendkulturen können heute zwar immer noch wie der Wandervogel, die bürgerliche und proletarische Jugendkulturbewegung instrumentalisiert werden. Allerdings kommt es wohl kaum noch - sehen wir einmal von fundamentalistischen und re-ontologisierten Strömungen ab - jenseits von Mediatisierungen; Modebezügen und Kommerzialisierungen zu einer kollektiven, sozialdisziplinierenden Pädagogisierung und/oder ideologisch-politisierten Verstaatlichung resp. Militarisierung der Jugendkultur.

16. Der Wandervogel und die bürgerliche Jugendbewegung ermöglichten und eröffneten an der Schwelle zum 20. Jahrhundert zumindest national in einer - im 21. Jahrhundert unzulänglichen - Art „monokulturellem Blick" (Beck-Beck-Gernsheim 2007, 71) gesehen ein „Jahrhundert der Jugend". „Jugend" und die junge Generation wurden in allen Lebensbereichen wichtig, als junge Menschen die überwiegende Mehrheit der Bevölkerung in Deutschland bildeten, während sie heute - mehr als hundert Jahre später - mit weit unter 20% trotz Einwanderung in der Minderheit sind. Und die „deutsche Gesellschaftsgeschichte ist nicht zu verstehen ohne die Geschichte der Jugend, die Kulturgeschichte nicht ohne die Geschichte der Jugendlichkeit (und der Jugendkulturen) - in der Jugendbewegung, in der bündischen Zeit, in der Staatsjugend der NS-Zeit und der DDR, in den Jugendbewegungen und Jugendkulturen nach 1945... Es ist eine ambivalente Geschichte von Aufbruch und Untergang, von Erfolg und Scheitern, von kulturellen Eliten und politischer Verführung: von Jugend als Akteur und als Opfer, als treibender Kraft und als Medium jugendfeindlicher Politik" (Herrmann 2006, 8).

2. Veränderte Strukturen sozialer Ungleichheit. Gesellschaftliche Globalisierung und Individualisierung — Segen oder Fluch?

Das rapide Wuchern von immer neuen und anderen Strukturtypisierungen und -etikettierungen zur gesellschaftlichen Zeitdiagnose in der ersten Dekade des 21. Jahrhunderts - von der schon 1969 von Alain Touraine publizierten und 1972 von Daniel Bell erweiterten Beschreibung einer *post-industriellen Gesellschaft* (vgl. hierzu sehr informativ Häußermann/Siebel 1995, Spinner 1998; Sennett 1998; 2005) über die *Freizeit-, Überfluss-, Selbstausbeutungs-, Erlebnis-, Netzwerk-, Wissens-, Informations-, Selbstbedienungs-, Risiko(vermeidungs-), Stress-, Beschleunigungs-, Multioptions- und vernetzte Kommunikations- bzw. Web-2.0-Gesellschaft* bis hin zur segmentierten, systemischen, zuweilen auch *gleichgültigen (post)modernen* oder *egozentrischen, individualisierten* und prekären, *globalisierten Ellenbogen- und Zwei-Drittel- bzw. Ein-Fünftel-Gesellschaft* oder auch *wärmespendenden Nischengesellschaft und moralische und materielle Verantwortung übernehmenden neuen, investiven, zivilgesellschaftlichen Bürgergesellschaft*, (das Einfordern von mehr Eigenverantwortung, mehr Initiative und mehr Engagement klingt freilich für diejenigen, die nicht über die nötigen materiellen und immateriellen Ressourcen verfügen, sehr zynisch; so etwa Nolte 2006)) - scheint im Dickicht der Interpretationen zur Beurteilung von Lebensverhältnissen in der Bundesrepublik Deutschland trotz unterschiedlicher Standpunkte und Sichtweisen eher den Eindruck hektischer Suche als stabilisierter Gewissheit zu machen (so schon Joas 1988). Ähnliches scheint sich je nach ideologisch unterschiedlicher Perspektive auch in dem permanenten Abschiednehmen von den traditionellen Segnungen der Fortschritts- oder Arbeitsgesellschaft anzudeuten, die ökologisch wie ökonomisch über ihre Verhältnisse zu leben scheint (Beck 1997, 19). Zumindest wird das alteuropäische und westliche Grundparadigma der Vollerwerbsgesellschaft - die bezahlte, abhängige, ganztägige und außerhäusliche Vollerwerbstätigkeit und vor allem auch ein zu konsumtiver Sozialstaat - von vielen Seiten in Frage gestellt. Und die jeweils in einem Begriff zusammen gefassten Gegenwartsdiagnosen der *neuen Ratlosigkeit*, des *fraktalen Faktenwissens*, der *Zukunftsungewissheit* sowie der *neuen Unübersichtlichkeit* und *Innovationsmüdigkeit* kennzeichnen auch im experimentellen Stadium des *Projekts der zweiten* resp. der *reflexiven Moderne* (zusammenfassend: Giddens 1995; Beck/Giddens/Lash 1996), *der* - die gesellschaftlichen Beziehungen zwischen Kapital (eher global, koordiniert) und Arbeit (eher lokal, fragmentiert, diversifiziert und hochgradig individualisiert), tiefgreifend transformierenden - Netzwerkgesellschaft (Castells 2000), *der flüchtigen Moderne (Baumann, 2003) und riskanten Moderne* (Paul Nolte 2006) mehr das Beurteilungs- bzw. das Erkenntnisproblem als seine Lösung. Immerhin scheinen die meisten solcher nicht selten verfallsdiagnostisch und kulturkritisch angehauchten, vereinfachenden, schlagwortartigen Zuspitzungen wie gestiegenes Wohlstandsniveau, Anspruchsdenken, Hedonismus, Narzissmus, Egoismusfalle, Werteverfall, Entsolidarisierung etc., freilich mit verschiedenen, aus unterschiedlichen Theorieprogrammen (einfache Moderne, Dialektik der Aufklärung. Postmoderne, posttraditionale, wissenintensive, reflexive Modernisierung) stammenden Akzentuierungen, „wichtige Orientierungsfunktionen in einer schwer überschaubaren und sich (rapide) wandelnden (und alte, einfache moderne gesellschaftliche Strukturen und Sozialbindungen aufweichenden individualisierten) Gesellschaft zu erfüllen (Hradil 1990, 111).

Um den Zustand und die sozialstrukturelle Entwicklungstendenz unserer Gesellschaft, wie etwa das Alltagsleben durch den globalisierten gesellschaftlichen Wandel angesichts einer tendenziell „weltweiten Inszenierung der Gleichzeitigkeit" (Guggenberger 2002, 238) beeinflusst wird, und was etwa Lebensbedingungen, Lebenslagen, Lebensformen, Lebensstile und Mobilitäts- und Bildungschancen betrifft, ein wenig *gehalt- voller* und *aussagekräftiger* zu beschreiben, gehört es inzwischen auch zu den gängigen professionellen sozialwissenschaftlichen Standardfloskeln darauf hinzuweisen, dass wir in einer durch fortschreitende Prozesse der Differenzierung, Pluralisierung, Individualisierung und Lebensstilästhetik (Allbrecht 1990), der Enttraditionalisierung, Entstrukturierung, der Entsolidarisierung, der Globalisierung und Normdiffusion (bei gleichzeitig polarisierenden Tendenzen) zu charakterisierenden Zivilisation leben. Die alten - aus den ökonomisch-objektiven Lebensverhältnissen resultierenden - Strukturen sozialer Ungleichheit und Konfliktfronten sind keineswegs verschwunden. Sie haben sich z.T. sogar noch verschärft, sind aber zweifelsohne partiell durch andere, vornehmlich subjektbezogene Dimensionen der Milieu- und Lebensstildifferenzierung überlagert worden. Man kann allerdings auch ohne Übertreibung sagen, dass mindestens seit 1989 - wenn auch die alten Klassenmilieus in der heutigen Sozialstruktur sich aufgeweicht und eine Metamorphose in Richtung auf „vermehrte Selbstbestimmung und Individualisierung" im Kontext der alltäglichen Lebensführung durchgemacht haben (Vester 1998, 109ff.) - die Normalität der sozialen Ungleichheit zurückgekehrt ist, wobei selbst die kontrafaktischen Ideen der Gleichheit und Gerechtigkeit immer mehr in den Hintergrund getreten sind. Auch in Deutschland leben nach der ersten Dekade des 21. Jahrhunderts nicht zuletzt vor dem Hintergrund der neuen hochflexiblen Arbeitswelt sowie der tendenziellen Entkoppelung von Wirtschafts- und Arbeitsmarktentwicklung mehr als zehn Millionen Menschen im Schatten des nationalen Wohlstands, wobei geringfügige Beschäftigungen, Leiharbeit, Teilzeitjobs, befristete Arbeitsverhältnisse, gebrochene Erwerbsbiographien, Arbeitslosigkeit, andere Armutsrisiken und der Bezug von Arbeitslosengeld I und II, Sozialgeld bzw. Hartz IV schon längst nicht mehr *nur* den traditionellen Klassenstereotypen und den sozialen Unterschichten folgen.

In Zeiten der entfesselten Globalisierung, die - wie manche meinen ökonomisch gesehen - in Einzelfällen bis in die frühe Neuzeit in der Wirtschafts- und Unternehmensgeschichte nachzuweisen ist anhand transnationaler Orientierung und Betätigung der „Multinational Enterprises" holländischer, britischer, amerikanischer und deutscher Herkunft, „lange bevor Globalisierung ein Schlagwort des ausgehenden 20. Jahrhunderts wurde" (Abelshauser 2004, 34). Es ist sehr umstritten, inwiefern die aktuelle Globalisierungsdynamik in ihren organisa-torischen und institutionellen Ausprägungen einen tiefen Bruch mit der Vergangenheit vor dem Hintergrund beschleunigter weltgesellschaftlicher Vereinnahmungsprozesse markiert - oder ob sie in der „normalen wirtschaftlichen Entwicklungskontinuität des Kapitalismus" zu interpretieren ist (Abelshauser 2004, 34). In ökonomischer Perspektive nahm die Globalisierungsdynamik den Weg auch vom „industriell führenden Nationalstaat zu den industriell führenden transnationalen Konzernen" (Jenner 1997, 119). Immerhin entstand „nicht nur eine neue Vielfalt von Verbindungen und Querverbindungen" etwa im Kontext einer „polyzentrischen Weltpolitik zwischen Staaten und Gesellschaften". Globalisierung hieß auch, dass die Einheit von Nationalstaat und Nationalgesellschaft aufgeweicht wurde. „Es bilde(te)n sich neuartige Macht- und Konkurrenzverhältnisse, Konflikte und Überschneidungen zwischen nationalstaatlichen Einheiten und Akteuren einerseits, transnationalen Akteuren, Heimaten, Identitäten, sozialen Räumen, Lagen und Prozessen andererseits" (Beck 1997d, 47).

Und nach dem ersten Jahrzehnt des 21. Jahrhunderts lauten bei aller differenzierten Reflexivität und bei allen verschiedenen Sichtweisen zur Globalisierung - wir können ökonomische, arbeitsmarktbezogene, mediale, kommunikative, technische, ökologische, zivilgesellschaftliche, arbeitsorganisatorische und kulturelle (insbesondere die kulturellen Sichtweisen werden in dem vorliegenden Beitrag über die Geschichte der globalen Jugendkulturen weiter unten entfaltet) Dimensionen unterscheiden - die Kernthesen zur Globalisierung etwa folgendermaßen (vgl. zum folgenden Betz 1997, 18ff.; Jenner 1997, 115ff.; Beck 1997d, 39ff.; 2004; 2007; Neck-Beck-Gernsheim 2007, 55ff.; Ferchhoff 1997, 217ff.; Negt 1998, 7; Rürup 1998, 7; Castells, 2000; Kemper/Sonnenschein 2002; Dahrendorf 2002, 13ff.; Spiegel special 2005; Abelshauser 2004, 34ff.; Hutton/Giddens 2004):

- Eine - in der bisherigen Geschichte nur in der Tendenz bekannte - weltweite Vernetzung und Integration von Waren-, Transport-, Dienstleistungs-, Kapital- und Arbeits- und Informationsmärkten und vornehmlich der Medienentwicklung (der Weg vom Telefon über das Radio, über das Fernsehen, über den Computer zum Internet) hat vor allem durch eine rasante Beschleunigung und Verbilligung der weltweiten Transport- und Kommunikationsmittel stattgefunden. Was allerdings strategisch und propagandistisch als Globalisierung erscheint, ist letztlich ein „gestiegener Austausch von Waren, Dienstleistungen und Kapital im Dreieck Europa-USA-Südostasien mit China und

Japan" (mehr als 70%) mit einigen Ausnahmen in Staaten der (ehemals) *Dritten Welt (politisch korrekter: der einen Welt) und heutigen Schwellenländer wie bspw. Indien und Brasilien*. Von dieser Globalisierungsstrategie (es wird auch gleichsam von Internationalisierung des Wirtschaftens gesprochen, teilweise synonym, gelegentlich auch different zur Globalisierung; vgl. bspw. Dahrendorf 2002, 16) werden so gesehen „mehr Menschen aus- als eingeschlossen" (Walther 1998, 35). Dennoch: Als Motor einer solchen beschleunigten Vernetzung der Welt sind insbesondere die dynamischen technologischen Innovationen etwa der Mikroelektronik, der Computernetze, der Satellitennetze oder der Telekommunikation zu nennen. Es ist zu einer Entkoppelung der Arbeit vom Ort ihrer Ausführung gekommen. Unternehmen oder gar ganze Industriezweige sind heute in der Lage, einen großen Teil ihrer Produktionsstätten und produktionsnahe Dienstleistungen wie Entwicklung, Design und Marketing dorthin zu verlagern, wo jeweils die Produktionsbedingungen in bezug auf Steuerniveau, Subventionsaussichten, Sozialleistungen, Lohnkosten und Umweltauflagen am preisgünstigsten sind. Dies sind auch die Schlagwörter aus der Debatte über die sogenannten Global Player und die sogenannten Standortvorteile von Unternehmen.

- Der Kollaps des *Staatssozialismus* sowie das Ende des *Ost-West-Konfliktes* haben nicht nur zur Verwestlichung und kolonialisierten Kapitalbesetzung des Ostens geführt, sondern auch die Entwicklungsländer sind noch drastischer, ungefilterter und ungeschützter in den Sog der weltweit floatenden Kapital- und Warenströme und Arbeitsmärkte gelangt. Für die wanderungswilligen, flexiblen, hungrigen und grenzenlos vermittelbaren" Arbeitnehmer, die man als „Globalisierungsgewinner" rund um den Globus einstufen kann, stehen bspw. migrationsfreundliche, sportliche Wanderarbeiter, in Süd- und Mitteleuropa etwa vornehmlich hochbezahlte Fachkräfte für das Balltreten und Tore schießen. Sie kommen als gern gesehene Einwanderer aus Litauen, Lettland, Serbien-Montenegro, Kroatien, Albanien, Tschechien, Weißrussland, Ukraine, Moldawien, Togo, Aserbeidschan, Bulgarien, Rumänien, Bosnien-Herzegovina, Ghana, Nigeria, Brasilien, Argentinien, Paraguay, Uruguay, Kolumbien, Mexiko und Chile usw., die die Spielkultur in den Stadien West-, Südeuropas.(inzwischen auch in Russland) erhöhen". Während in Deutschland Pflegeschwestern aus dem Baltikum, Tschechien und der Slowakei, Prostituierte vornehmlich in den letzten Jahren aus Bulgarien und angeblich oder tatsächlich selbständige Handwerker und Dienstleistungsanbieter aus ganz Osteuropa in die westeuropäischen Metropolen strömen und rumänische sowie „polnische Saisonarbeiter Moselwein und Spargel weit unter Tarif ernten und stechen und unsere Nordseekrabben für winzige Stundenlöhne in Marokko ausgepult werden, bekommen polnische und marokkanische Fußballnomaden als Fremdarbeiter in deutschen Ligen Traumgagen, weil sie mit ihrem raren Können auch in den Nachbarländern begehrt sind" (Schümer 1998, I).

- Die ortlose Kapital- resp. die Marktlogik hat sich von nahezu sämtlichen nationalen „Barrieren, Kontrollen, Widerstandspotentialen, Gegenmachtpositionen befreit". Der Austausch und die Öffnung der Märkte haben den Druck zur Innovation erhöht und den Konkurrenzkampf entfacht. In diesem Zusammenhang werden als Folge der globalen Anpassungszwänge die nationalen sozialen Rechte, Schutzgarantien und Sicherheitssysteme abgebaut und auch die Kampfbereitschaft und der solidarische Halt von den traditionell ortsbezogenen Organisationen der Arbeiterbewegung aufgeweicht (Negt 1998, 7; Beck/Beck-Gernsheim 2007, 66).

- Eine - in den einzelnen Staaten sehr unterschiedliche - Deregulierungspolitik vom Staat zum Markt hatte Auswirkungen auf die Finanz- und Warenmärkte, die gleichsam auch zu einer Abkopplung der Finanzwelt von der Warenwelt führte. Die Globalisierung der Finanzmärkte ist auch dadurch erleichtert worden, dass mit dem Ende des Dollars als „intendierte Reservewährung - die Aufhebung seiner Konvertibilität in Gold 1971" - also mit dem Floating ein wichtiger Schritt in diese Richtung in Gang gesetzt wurde (Dahrendorf 2002, 15).

- Die internationalen Industrie-, Dienstleistungs- und vor allem Kapitalmärkte haben den Handlungsspielraum von politischen Regularien der einzelnen Regierungen und Nationalstaaten erheblich eingeschränkt, was wiederum Auswirkungen auf Konjunkturzyklen sowie im Zusammenhang mit der Aufweichung der klassischen (Vollzeit-) Arbeitsverhältnisse auf das Fortbestehen und Zukunft des Sozial- bzw. Wohlfahrtsstaates und auf den Zusammenhalt von Bürgergesellschaften hat. Gleichwohl können auch die Nationalstaaten zu Global Playern als Träger der Strategie der Globalisierung werden. Die Tendenz geht zudem nationalstaatlich betrachtet insbesondere auch im Rahmen der Mitsteuerung wirtschaftlicher und gesellschaftlicher Abläufe weg vom Primat der Verteilungsorientierung und hin zur Wachstums- und Wettbewerbsorientierung. Insofern scheint es auch sehr fraglich zu sein, ob transnationalstaatliche Regelungskompetenzen und gewünschte postnationale, weltbürgerliche Demokratien zukünftig die Nationalstaaten entmachten können. Wahrscheinlicher sind trotz einiger Denationalisierungstendenzen verschiedene, vor allem auch gefühlsbetonte renationalisierte Strömungen, die die demokratischen Diskurse in Frage stellen können und die vielen Globalisierungsverlierer in lokalen Gemeinschaften populistisch auffangen können (Walther 1998, 35; Dahrendorf 2002, 23).

- Angesichts des wachsenden Wettbewerbs von sogenannten Billiglohnländern, die mit ihrem „reichen Reservoir an Arbeitskräften einen komparativen Vorteil auf den Märkten für massenproduzierende Güter haben, werden die entwickelten Industrieländer immer mehr gezwungen, sich auf die Herstellung jener Güter und Dienstleistungen zu verlegen, deren Produktion relativ wissensintensiv ist. Somit kommt es aber zu einer nachhaltigen Reduzierung der Nachfrage nach gering qualifizierter Arbeit, während die Nachfrage nach qualifizierter Arbeit dementsprechend steigt" (Betz 1997, 20). Einher geht damit eine wachsende Ausdifferenzierung, Segmentierung und vor allem die Polarisierung der Arbeitsmärkte und Beschäftigungsverhältnisse - inklusive erheblicher Einkommensdifferenzen und Massenarbeitslosigkeit. Das vorwiegend industriell geprägte sogenannte Normalarbeitsverhältnis, das durch dauerhafte, quasi unbefristete Vollzeitbeschäftigung und Sozialversicherungspflicht gekennzeichnet war und ist und immer noch rund 60% der Beschäftigungsverhältnisse in Deutschland ausmacht, wird im Medium der *Entbetrieblichung der Arbeit*, des *beschleunigten Wandels der Berufsbilder* sowie der *Aufweichung der traditionellen Fachlichkeit* (Rürup 1998, 7) und der Erosion der alten Normalarbeitsverhältnisse zusehends mehr überlagert durch andere, für eine wachsende Zahl zur Existenzsicherung nicht ausreichende prekäre Beschäftigungsformen der Teilzeitarbeit, der geringfügigen Arbeitsverhältnisse, der Werkvertragsbeschäftigung, der befristeten Arbeitsverhältnisse, der Leiharbeit, der Scheinselbständigkeit usw. Hierzu gehören auch die sogenannten „kreativen Multijobber", die inzwischen als hochflexible und stets mobile Honorarkräfte, Praktikanten, Mehrfachjobber in permanenten Überbrückungszuständen die neue Arbeitswelt und ganze Stadtviertel bevölkern. „Designer verkaufen tagsüber Filzhandtaschen in minimalistisch gestylten Ladenlokalen und bestücken nachts Supermarktregale mit Toilettenartikeln, junge Menschen, die eigentlich Drehbücher schreiben, bedienen in Straßencafes - und alle sind irgendwie (selbstausbeutend) selbständig" (Der Spiegel vom 31. 7. 2006, 47). Diese neuen, tendenziell unsicheren Beschäftigungsformen einer „Generation des Weniger" (Beck 2006, 50; Beck/Beck-Gernsheim 2007, 68f.) sind zur „grenzübergreifenden Schlüsselerfahrung" der jüngeren Generation in Europa geworden - in Spanien, Frankreich und Großbritannien noch viel stärker als in Deutsachland. So gesehen tauchen unter veränderten Arbeits- und Lebensbedingungen die alten kapitalismusspezifischen Zeichen des extremen Reichtums selbst in der ersten Welt auf der einen und der neuen Massenarmut auch für diejenigen, die in den Zentren auf dem ersten Arbeitsmarkt ausgemustert werden, auf der anderen Seite im neuen Gewande auf. Diejenigen, die im staatlich subventionierten und alimentierten *Zweiten oder Dritten Sektor* entweder mit dem aus den USA importierten Schlagwort der sogenannten sinnstiftenden *Neuen Arbeit/New Work* oder mit marktferner, freundlich-sozialverträglicher sozialpädagogischer Bürgerarbeit in Altenheimen, Suppenküchen, Mütterzentren, Garagenfirmen und in der Krankenpflege *vertröstet* werden, aber auch große Teile derjenigen, die im Medium des Abschiedsnehmens von der Sicherheitsgesellschaft zur *Neuen Selbständigkeit* als kreative Ich-AGs sich selbstausbeutend, lebensästhetisch in Szene setzen (so etwa Goebel/Clermont 1997; Beck/Beck-Gernsheim 2007, 68) oder euphemistisch ermuntert, gefördert oder auch nur gezwungen werden, sind neben denjenigen, die im Zusammenhang des viel beschworenen *Ideals des Dienens* neue, prekäre Beschäftigungsverhältnisse eingehen, arbeitspflichtige, neofeudale Dienstbotentätigkeiten wie städtische Grünpflege, Wäschewaschen, Mahlzeiten zubereiten, häusliche Kinderbetereuung, Altenpflege, Gepäcktragen am Bahnhof und Flughafen etc. (Minijobs, subventionierter Leiharbeit, *Kombilohn* aus Sozialhilfe plus geringem Entgelt - Ein-Euro-Jobs) annehmen müssen, ansonsten droht die Streichung oder Kürzung der Sozialhilfe bzw. Hartz IV die eigentlichen Modernitätsverlierer (Greffrath 1998, 13). Vor einem solchen Hintergrund ist es auch nicht verwunderlich, dass die staatsfernen oder staatsfreien Sektoren der Arbeit immer mehr anwachsen - die sogenannte nicht legitimierte Schwarzarbeit oder Schattenwirtschaft. Sie trägt ihren Namen auch insoweit zu

Recht, dass sie nicht nur im Schatten der traditionellen Erwerbsarbeit angesiedelt ist, sondern der „Schatten in dem sie blüht, ist so fruchtbar, dass die grauen und schwarzen Arbeitsmärkte mit ihren Zuwachsraten alle anderen Wirtschaftszweige in den Schatten stellen" (Adam 1998, I).

- Die alten Industrien in den Zentren der europäischen Metropolen sind abgezogen, während in bestimmten Teilen andere Arbeitsplätze insbesondere im tertiären Sektor ohne direktes Wohnumfeld entstanden sind. Seit mehr als 15 Jahren ist allerdings auch deutlich geworden, dass der tertiäre und quartäre Dienstleistungssektor nicht alle *freigesetzten* Arbeitskräfte aufnehmen konnte, zumal der Dienstleistungssektor (Banken-, Versicherungswesen, Einzelhandel etc.) selbst in den Sog der verschiedenen Rationalisierungs- und Automatisierungswellen geraten ist. Nicht nur Home-Banking und Tele-Shopping, sondern viele andere Dienstleistungen, die ehemals von bezahlten Angestellten ausgeführt wurden, müssen mittlerweile von den *Kunden* selbst erledigt werden. Dies sind alles Kennzeichen eines empirisch belegbaren und durch die neuen Informationstechnologien weiter geförderten Wandels zur *Self-Service-Gesellschaft*. Gravierende Wohnumfeldänderungen und Wandlungstendenzen sind freilich auch für die ehemaligen typischen Arbeiterviertel zu beobachten. Auch ihnen sind die tradierten lebensweltlichen Grundlagen und Ordnungen sowie der arbeiterkulturelle Boden entzogen worden. Der ortsansässige Arbeiter (einschließlich Rentner, Arbeiterwitwen, Arbeitslose etc.) ist sich selbst bzw. der eigenen lebensweltlichen Ordnung fremd geworden" (Hallsson 1997, 46).

- Im Zusammenhang der gesellschaftlichen Umbruchs- und Globalisierungsprozesse ist vor allem auch die enorme „Dynamisierung der Migration" zu erwähnen. Tendenziell homogene Gesellschaften wurden zu Einwanderungsgesellschaften. Prozesse der Migration führten dazu, dass viele europäische Gesellschaften - so zumindest ihre Selbstdeutungen - ihre (vermeintliche) „einheimische Homogenität" verloren haben und neue multiethnische bzw. multikulturelle und auch neudeutsch parallelgesellschaftliche Profile aufweisen. Die Metapher Parallelgesellschaft, die zu Anfang der 90er Jahre des 20. Jahrhunderts von Wilhelm Heitmeyer im Kontext sozialwissenschaftlicher Analysen zur *Migrationsproblematik* und *Ausländerfeindlichkeit* zunächst ohne großes politisches Echo in die wissenschaftliche Debatte eingebracht wurde, wird seit zirka acht Jahren von Politikern als Argumentationsmuster im Einwanderungsprozess in alarmierender Absicht verwendet, um auf das ethnisch Fremde der und der Bedrohung von Migranten hinzuweisen, die nicht der Mehrheitsgesellschaft angehören (vgl. Kaschuba 2007, 8). Der Umgang mit der existierenden kulturellen oder multiethnischen Vielfalt war und ist bis heute oftmals von „wechselseitigen Abgrenzungen" und Ausgrenzungen gegenüber Fremden und Fremdheit belastet. Aber nicht nur den „Einheimischen" an den Stammtischen scheint das Leben in einer Einwanderungsgesellschaft, die, so gesehen, parallelgesellschaftliche Züge aufweist, Schwierigkeiten zu bereiten, sondern vor allem auch den zugewanderten Migranten, die sich nicht selten neben Demütigungen und Degradierungszeremonien und neben Selbstethnisierungstendenzen zumeist auch von den „Integrationshürden und -blockaden" überfordert und/oder diskriminiert fühlen (Fritzsche 1998).

- Die Globalisierung des wirtschaftlichen Handelns wird freilich auch begleitet von Prozessen, die als kulturelle Universalisierungs- und Globalisierungsvorgänge zu bezeichnen sind. In einer bekannten weltweiten Metapher ausgedrückt handelt es sich hierbei bspw. um das Stichwort „McDonaldisierung" (schnelle und uniforme Nahrung und Mahlzeiten, schnelle Datennetze und Computer, schnelle Popmusik/MTV/-iPod/iPhone). Globalisierte oder adäquater: translokale Kulturen, Markenprodukte oder adäquater: Life-Sstyle- Marken bzw. Markenimages etwa von Starbucks, Apple, Microsoft, The Gap, Coca-Cola, Disney, Diesel, Nike, Adidas, Ikea, im Sinne eines „Corporative Branding" (Klein 2002, 253) stehen in diesem Sinne für eine international sich durchsetzende weltweite Vereinheitlichung von Haltungen, Ideen, Kommunikationsformen, Lebensstilen, Lebensformen und schließlich auch noch „Warenangeboten, die dem Werbe- und Image-Design multinationaler Konzerne entstammen" (Beck 1997d, 81 u. 206) und dort lanciert und auf viele Oberflächen projiziert werden. Suggeriert wird, dass Marken Bedeutungen anzeigen, Sinn verleihen und nicht Produkteigenschaften sind. Auf diese Weise sind Nike, Puma, Adidas und Reebok keine Schuhe, sondern stehen für Sport machen. Apple und Microsoft stellen Kommunikation und nicht Software her; „Starbucks produziert Gemeinschaften und nicht Kaffee; Diesel kreiert eine Bewegung und nicht eine Bekleidungslinie" (Klein, 2002, 254). Aber auch hier gilt es, die Paradoxien der kulturellen Globalisierung in den Blick zu nehmen. Denn kulturelle Globalisierung bedeutet stets auch „Re-Lokalisierung", ohne dass es „automatisch zu einer Renaissance des Lokalen, des borniertes Provinziellen" kommt. Es findet schon eher eine „nicht-traditionalistische Renaissance des Lokalen statt", d.h., dass das Lokale gerade nicht als Insel vom kulturellen Weltmarkt abgeschottet werden kann, sondern seine Besonderheit, seine Spezifität nur im Medium des kontextaffinen Globalen als „translokaler Austausch", als „Dialog" oder als „wechselseitig durchdringender und befruchtender Konflikt" aufgefasst werden kann. Hinzu kommt, dass im Zentrum des eigenen Lebens sich das Globale einnistet. Die Gegensätze und Widersprüche der Welt, der Religionen, der Kulturen, der Warenströme und Güter usw. finden nicht nur draußen statt, sondern mitten im eigenen Leben in trans- bzw. „multikulturellen Beziehungen und Familien, im Betrieb, im Freundeskreis, in der Schule, im Kino, beim Sport und Einkaufen an der Käsetheke, in der Kneipe, im Zug, beim Musikhören, Abendbrotessen, Liebemachen usw." (Beck 1997d, 129).

Wir sind aber auch Augenzeugen eines Gesellschaftswandels im Rahmen der *Zweiten Modernisierung*, in dessen Verlauf das Gefüge der klassischen Sinninstanzen und Gestaltungsmächte, der konventionellen politischen Organisationen und die erwähnten bislang prägenden arbeitsbezogenen Berufskulturen und Arbeitsrollen, die rigiden Arbeitsethiken, Lebensformen und soziokulturellen Wertmuster aufgeweicht und viele Menschen aus den ständisch und klassenkulturell geprägten und intersubjektiv erlebbaren Selbstverständlichkeiten, Gemeinschaftsbindungen, Arbeits-, Sozial- und Lebensformen *freigesetzt* bzw. *ausgebettet* werden.

Mit dem Verbrauch des kollektiven oder gruppenspezifischen Sinnreservoirs der traditionalen Kultur (z.b. Klassenbewusstsein, christlicher Glauben, Altruismus, Gemeinwohl, Solidarität etc. und dem Abschmelzen der traditionellen industriegesellschaftlichen Lebensprägungen etwa durch Klassen-, Konfessions-, Sozial-, Verbands- und Familienmilieus (der Arbeiterschaft, des (Bildungs-, Besitz-)Bürgertums, der ländlich-bäuerlichen Gesellschaft, der christlich-religiösen Gemeindearbeit, der Nachbarschaft, des ortsbezogenen Sportvereins etc.) kommt es angesichts fortschreitender „funktionaler Differenzierung" zu einer kontinuierlichen Ausdehnung einer Sphäre der sozialstrukturellen Unbestimmtheit und Unübersichtlichkeit. Und es kommt auf der Grundlage der in der Tradition von Max Weber stehenden Gesellschaftsanalyse Ulrich Becks angesichts des relativen Bedeutungsverlustes der institutionalisierten Ungleichheit zu einer Enttraditionalisierung und Entstrukturierung der Lebensführung bzw. zu einer tendenziellen Individualisierung von Lebenslagen und zu einer Differenzierung und Pluralisierung von Lebensstilen (Beck 1986; 1993; 1997; Beck/Beck-Gernsheim 1993; 1994). Mit der Aufweichung überkommener soziokultureller Kollektive und mit der Loslösung von Menschen aus traditionell-vertrauten Einbindungen gehen massive Individuali-sierungstendenzen einher, die nicht mehr nur in „traditionale Vorgaben eingebettet und verbindlich sind", sondern vielmehr auf institutionellen Zwängen und „sozialstaatlichen Vorgaben beruhen" (Beck/Beck-Gernsheim 1993, 186). Diese (zuweilen auch ökonomiejenseitige) Individualisierung von Lebenslagen und alltagsästhetische Pluralisierung von Lebensformen und -stilen lässt so gesehen auch die ehemals engeren Zusammenhänge von objektiver Klassen- bzw. Schicht- und/oder Milieulage und persönlicher Lebensgestaltung nicht unberührt. Es kommt zu einer „partiellen Ent-Objektivierung sozialer Ungleichheit und zu einer

Subjektivierung ihrer gesellschaftlichen Definition" (Müller/Schneider 1998, 278). Eine tendenzielle Entkopplung zwischen „objektiven und subjektiven Momenten der Sozialstruktur, zwischen sozialen Lagen, Milieus und Lebensstilen konnte beobachtet werden (Berger/Vester 1998, 10). Klassen- und Sozialzusammenhänge werden im Medium der zahlreichen Metamorphosen nicht mehr so *direkt* und *unmittelbar* erlebt. Und die ehemals *determinierenden eindeutigen* sozialstrukturellen Einbindungen und gesicherten Identitätsgehäuse der Berufsarbeit des Individuums verlieren an Bedeutung.

Darüber hinaus scheinen mit dem „Ende der Ideologien" nun auch neben den letzten geschichtsphilosophischen Resten die großflächig angelegten utopischen Gesellschaftsdeutungen und die großen Religionen des aufklärerischen Zeitalters zu verschwinden; sie haben angesichts des Abschmelzens kollektiver Vorstellungen und Visionen, so heißt es, ihre mehr oder weniger alle Gesellschaftsmitglieder verpflichtende Kraft verloren. Das *aufklärerische Projekt Moderne* sei an ein unrühmliches Ende gelangt, so etwa lautet eine radikale Diagnose. Herrschaft, Macht, Zwang, Entfremdung, Tyrannei, Gewalt und Zerstörung seien die zentralen Kennzeichnungen, die die vernunft- und emanzipationszentrierte Moderne in der Natur und in der Gesellschaft sowie in den einzelnen Subjekten hinterlassen habe. Während in solchen, die Spuren der Gewalt dechiffrierenden, radikalen Analysen zum *aufklärerischen Projekt der Moderne* sehr schnell und sehr schillernd in verschiedenen Spielarten vom *Ende* bzw. vom *Tod* des Individuums und des Subjekts gesprochen wurde, feierte auf der Grundlage des Individualisierungstheorems paradoxerweise das freilich ambivalent zu betrachtende Subjekt seine Auferstehung. Was man allemal mit gewisser empirischer Evidenz beobachten kann, ist doch - wenn auch gesellschaftlich erzeugt und nicht selten marktabhängig erzwungen - die erstrangige Sorge um sich selbst. Individualisierung meint aber nicht nur Autonomie und beruht nicht nur auf der freien Entscheidung der Subjekte, sondern ist auch ein „paradoxer Zwang zur Konstitution, zur vermehrten Selbstbestimmung, Selbstgestaltung, zur Selbstinszenierung der eigenen Biographie, zur gelingenden Selbstsorge" (Beck/Beck-Gernsheim 1993, 179).

In den Vordergrund tritt allerdings häufig ein „individualistisches Missverständnis der Individualisierungsdebatte" (ebenda, 180f.), eine quasi „Übergeneralisierung von Individualisierungsprozessen" (Scherr 2004, 231) in dem Sinne, dass nur das schnittig durchökonomisierte, frei floatende, eigennützige und „ich-fieberhafte Ich" jenseits der Vergesellschaftungsdimension als Körper, Seele und Idee zählt und betrachtet wird. Im Zuge der permanenten, häufig vergeblichen Suche in einer atemberaubenden, *permanenten „Ich-Jagd"* (Gross 1999) nach dem *wahren Selbst*, kann dann der einzigartige *Ego-Trip* in einer Art *„Selbstvergottung"* auf dem Weg in eine „Gesellschaft der Ichlinge" (Beck 1997, 9; Keupp 2000) oder „der Egotripler" (Keupp 2000, 4) selbstüberschätzende, suchtähnliche Züge annehmen. Wer allerdings „verzweifelt sich selbst sein will, sich jagt und jagt wird man früher oder später bemerken, dass man sich sowenig besitzen kann wie andere. Eine fundamentale Besitzlosigkeit als geteiltes Schicksal. Selbstgewissheit als prinzipielle Ich-Ungewissheit. Das ist der einfacher Leitfaden der Selbstübersetzung in andere, der, ein schwaches Wort dafür, Intersubjektivität ermöglicht" (Gross 1999, 295).

Aber auch eine andere Lesart zum „individualistischen Missverständnis der Individualisierungsdebatte" ist zu beobachten: In manchen essayistisch-kultursoziologischen Varianten geht man offensichtlich vom neu aufgelegten Modell und Programm unter den heutigen Bedingungen verschärfter globaler Marktkonkurrenz des *homo oeconomicus*, also vom Selbststeuerungs- bzw. gewendeten neoliberalen Marktmodell des egozentrischen und expressionistischen Individuums aus. In vielen Lebensbereichen scheinen sich vordergründig vor allem der *freie Wettbewerb* und die ökonomischen Kalküle als Lebenselexiere durchgesetzt zu haben. Denn auch das Kulturelle und das Soziale werden heute häufig rein ökonomisch, ja vornehmlich betriebswirtschaftlich vermessen. Ein ökonomischer Purismus auf der Grundlage von betriebswirtschaftlich durchsetzten und inspirierten Kosten-Nutzen Analysen hat sich breit gemacht. An die Stelle der Werte protestantischer Ethik, die den Geist des Kapitalismus beflügelt haben, namentlich Zweckrationalität, Leistungsbewusstsein, Arbeitszentriert-heit, Pflichterfüllung, Pünktlichkeit und vor allem auch Verantwortung für andere bis zur Lebensaskese, Selbstverleugnung und Selbstaufgabe tritt die Ausbildung und Erhaltung der eigenen - wenn auch stets strukturell labilen und fragilen – „multiplen Patchwork-Identität", die zwar ein Gefühl von sozialer Anerkennung und Zugehörigkeit braucht, aber nicht unbedingt „von einem Wunsch nach einem kohärenten Sinnganzen bestimmt sein muss" (Keupp 1997a, 35). Und im Windschatten dieses neuen (übrigens strukturell gesehen kollektiven) Individualismus auch auf der Suche nach Gemeinschaft im posttraditionalen Verständnis dreht sich vieles um sich selbst, um die eigene Biographie, um die eigene Lebensform, um den eigenen Geschmacks-, Arbeits-, Freizeit-, Konsum-, Sport-, Lebens- bzw. Persönlichkeitsstil. Ichbezogene Visionen eines *geglückten Lebens* werden hochgeschätzt. Nicht zuletzt weil immer weniger traditionell solidarisch-kollektive Lebensbezüge in der Gesellschaft aufgewiesen werden können, möchte man sich auch nicht selbst zugunsten übergreifender gesellschaftlicher Ansprüche und Ziele (Reich Gottes, geschwisterliche Welt, egalitäre Lebensbedingungen, Wohlstand und Frieden der Weltgesellschaft) vereinnahmen und *opfern* lassen.

Die teils sozialkulturell verankerte, teils sozialpolitisch angestrebte Solidarität, die in der eindeutig stratifizierten Gesellschaft zur Gemeinsamkeit verpflichteten und bis dahin als Imperativ mit vielen Ausrufezeichen gehandelt wurde, verschwand klammheimlich mit der Heraufkunft der marktwirtschaftlich ungezügelten freien Betätigung und heroischen Tugend des Durchsetzens der einzelnen - also auch der beinharten karrieresüchtigen Erfolgshedonisten und luxuriösen Neu Gourmets, deren gesellschaftliche Basismoral kaum noch Verantwortung für andere und soziale Gerechtigkeitsvorstellungen kannte. Rücksicht, Mitverantwortung und Solidarität schienen in diesem Menschenbild keinen Platz zu haben (Bäcker 1990). Dennoch: Die zunehmende Prozess der gesellschaftlichen Individualisierung scheint zumindest an den Rändern eine neuen multiplen und netzwerkartigen „Typus von kommunitärer Solidarität" hervorzubringen, der im Vergleich zu den traditionellen Gemeinschaftsbindungen jenseits eines allzu „moralisch aufgeladenen Helferpathos" geprägten, weniger moralisch verpflichtenden Charakter aufweist und statt dessen *freiwilliger*, nützlicher, zwangloser, vielseitiger und beweglicher ist (Keupp 1993, 17). So gesehen baut „zunehmende Individualisierung nicht in pauschaler Weise Solidarbeziehungen ab", sondern sie kann auch einen neuen Typus von freiwillig erbrachter Solidarität" (Keupp 1995; zit. n. Beck 1997a, 19; Keupp 2000) schaffen. Die narzisstischen und exhibitionistisch-individualistischen Trends können die herkömmlichen Solidarbeziehungen verändern, schaffen sie aber nicht gänzlich ab. An die Stelle des *Zwangs* manchmal vereinheitlichter und strenger Moral, überfeiner Manieren, Korrektheit, und einer Fülle von vorgeschriebenen konventionellen Tugendkatalogen und Verhaltensvorschriften kann immer mehr die Freiwilligkeit des Einhaltens und Aushandelns von Normen und Formen treten.

Nicht zuletzt auch im Zusammenhang der vermehrten Bildungsmobilität zumindest jenseits „bildungsferner Milieus" des - freilich bei Erwerbslosigkeit und im Rahmen prekärer Arbeitsverhältnisse abnehmenden - Massenwohlstands und verbesserter sozialer Sicherheit trotz „Turbulenzen in der Weltkrisengesellschaft", Neuer Armut, Ein-Fünftel- und Zwei-Drittel-Gesellschaft haben sich dennoch für große Teile der Bevölkerung, die Ressourcen und Kompetenzen zur selb-ständigen Lebensführung und Chancen auf eine sichere Erwerbstätigkeit besitzen (vgl. bspw. Nolte 2006, 155ff.), bislang unbekannte individuelle Spielräume zur Lebensgestaltung, Lebensplanung und Selbstverwirklichung eröffnet (Nolte 2006, 139) und ein entgrenzter kultureller Pluralismus der Lebensstile hat sich breitgemacht. Menschen haben angesichts der enormen Individualisierungsschübe die - freilich stets riskante – Chance, „stehen aber auch vor der Notwendigkeit, relativ vorbildlos ihre Lebensplanung, ihre Alltagsarrangements und ihre Lebensziele selbst zu wählen und zu gestalten" (Hradil 1990, 130f.). Mit anderen Worten: Der Schub der Individualisierung weist viele Entscheidungsdilemmata auf: Er ermöglicht auf der einen Seite die Chance und die Attraktivität selbstgestalteter Freiräume und selbstgesteuerter Integration, allerdings im dichten Geflecht von Institutionen von strukturellen Vorgaben und Restriktionen. Auf der anderen Seite heißt Individualisierung gerade nicht Entwurzelung, „nicht Atomisierung, nicht Vereinzelung, nicht

Vereinsamung, nicht das Ende jeder Art von Gesellschaft", nicht *Beziehungslosigkeit* und auch nicht *Netzwerklosigkeit* (Beck/Beck-Gernsheim 1993, 179). Individualisierungsschübe können jedoch gesellschaftlich anomische Tendenzen und gesellschaftliche Desintegrationsprozesse nicht unmittelbar, aber mittelbar verstärken.

Die vorfindbaren und insbesondere die verfügbaren biographischen Handlungshorizonte haben sich ausgeweitet und diversifiziert. Selbst in existentiellen Lebensbereichen sind permanent Entscheidungen bei abnehmenden Zumutungen ohne institutionelle Regelungen und ohne kollektive Zwänge und konventionelle Absicherungen etwa durch die enge Einbindung in Familie, Nachbarschaft, Arbeiter- oder kirchliches Milieu zu treffen. Auch die Fragen der alltäglichen Lebenspraxis werden somit immer weniger selbstverständlich im Lebensvollzug gelöst, sondern sind durch entscheidungsfähige und entscheidungsnotwendige Handlungsalternativen gekennzeichnet. Sozial vorgegebene Biographien werden so in „selbst hergestellte und herzustellende Biographien transformiert" (Beck 1986, 216). Lebensführung, Moral, Sexualität, Kultur, Medien, Musik, Sport und Mode - sie kennen alle zumindest keine allgemeinverbindlichen kanonischen Vorschriften und Zurichtungen mehr. Statt dessen kommt es zu einer Selbstthematisierung und Biographisierung der eigenen Lebensplanung und -führung. Lebensform, Lebensplanung, soziales Milieu, Stand, Beruf, Wohnort, Konsum, Partner, Kinderkriegen usw., alles das, worüber wir heute mehr oder wenig persönlich befinden dürfen/müssen, lag in früheren Zeiten - ohne Wahl-, Einflussmöglichkeit und Selbstbestimmung - weitgehend fest.

Im 21. Jahrhundert sind dagegen nicht selten strukturell und gesellschaftlich erzwungene Wahlmöglichkeiten und freischwebende Selbstverwirklichungsbemühungen für viele Subjekte oftmals anstrengend, überfordernd und belastend. Die Zuwächse an Freiheitsdimensionen werden nicht immer als Befreiung, sondern auch als Belastungen und als Bedrohungen erlebt (Fritzsche 1998). Nichtsdestotrotz können sehr viele Menschen ihre Biographie als Alternativen organisieren, zumindest betrachten, ohne permanent den Boden unter den Füßen zu verlieren" (Abels 1993, 435). Wenn vieles oder gar alles offen und nicht mehr eindeutig geregelt ist und zur Disposition steht; wenn kaum Routinehandlungen uns vom Zwang entlasten, immer aufs Neue entscheiden zu müssen, dann können solche Lebenssituationen als wenig verlässlich und instabil erlebt werden. Viele haben deshalb mit erheblichen Verunsicherungen zu kämpfen und stürzen in den Strudel diffuser Ängste, weil sie ihrer gewohnten Routinen, Regeln, Relevanzsysteme und Lebenshorizonte beraubt worden sind. Es entsteht eben nicht nur ein Handlungsspielraum für Individualität, sondern auch im Zusammenhang des gesellschaftlichen Freisetzungsprozesses ein gesellschaftlicher Bedarf dafür.

Solche strukturellen Globalisierungs- und Individualisierungsschübe und -zwänge erfordern hohe Ansprüche an die biographische Selbststeuerung und nicht selten eine enorme biographische Flexibilisierung von Verhaltensformen und Lebensweisen, mit denen nicht alle Gesellschaftsmitglieder in allen Lebensmilieus zurechtkommen können, zumal wenn die - nicht nur - ökonomischen Ressourcen zur „Bewältigung" fehlen und die Rahmenbedingungen von Sicherheiten nicht vorhanden sind. Denn auch die sozialen Probleme und Benachteiligungen der Globalisierungs- und Individualisierungsverlierer werden als Resultat gesellschaftlicher Verhältnisse und Risiken individualisiert; d.h., das vermeintlich individuelle, selbstzugeschriebene und selbstgemachte und -konstruierte Schicksal muss auch stets vereinzelt-individuell bewältigt werden (Bäcker 1990). In einer zunehmend enttraditionalisierten Lebenspraxis, die immer weniger verbindliche und stabile Orientierungen und Normen für ihr Handeln bereithält, wird es zumindest für einige Gruppen und Lebensmilieus, namentlich für die nicht-privilegierten Globalisierungs- respektive Individualisierungs- und Modernisierungsverlierer bzw. für diejenigen, die im *freien Wettbewerb* scheitern und durch die Struktur und den Zwang der benachteiligten, prekären Lebensverhältnisse gar keine individuellen Wahlmöglichkeiten und Entscheidungsfreiheiten besitzen, schwer, auf sich selbst zurückgeworfen, mit den komplexen und kontingenten Anforderungen zurechtzukommen.

Von daher sind angesichts des Nicht-Wählen-Könnens, aber auch angesichts von Überforderungssyndromen mittlerweile auch umgekehrte

Fluchtbewegungen (in Form der im Prinzip vergeblichen Beschwörung der guten alten Solidarität, in Form der sozialromantischen Sehnsucht und Suche nach Bindung, Zusammenschluss, Gemeinschaft, Idylle, Innerlichkeit, Mythologie und kollektiver Sicherheit) aus solchen Zwängen zur Globalisierung und Individualisierung und permanenten Bedrohungen, Überlastungen und Instabilitäten der Lebensgrundlagen unübersehbar. So gesehen können die gesellschaftlichen Individualisierungsschübe und -zumutungen nicht nur Zweifel und Unsicherheit nach sich ziehen, sondern allzu leicht auch zur Flucht in *intolerante, autoritäre* und *fundamentalistische,* das Rad der Moderne zurückdrehende sowie die gesellschaftliche Komplexität und Differenzierung reduzierende Weltanschauungsangebote führen: Totalitäre Ideologien, Rechtsradikalismus, Xenophobie, Nationalismus und extremes religiöses Sektierertum. Aber auch andere, nicht so drastische Varianten, Antworten und Reaktionen sind möglich. Es scheint nicht einmal so abwegig zu sein, dass viele Menschen es leid sind, das gehetzte, globalisierte, individualisierte, flexibilisierte und anpassungsfähige Single-Individuum seiner passgenauen und marktgerechten Kapitalismus-Kompatibilität zu verkörpern. Sie sehnen sich nach und suchen Beziehungen, die Bestand haben. Glaube, Heimat und Familie sowie familienanaloge Konstellationen im Netzwerk von Gleichgesinnten insbesondere auch jenseits von spießig, kitschig und neokonservativ wären in diesem Lebensstilzusammenhang zu nennen.

Die beschriebenen gesellschaftsstrukturellen Veränderungen lassen heute zumindest für bestimmte sozialstrukturelle Gruppen und Milieus von Jugendlichen bei gestiegenen Wahlmöglichkeiten eine relative Autonomie der Lebensführung zu. Sie können sich bspw. für posttraditionale Gemeinschaften entscheiden, die ihnen immerhin vorübergehende Verhaltenssicherheiten, Fraglosigkeiten und Entlast-ungen bereitstellen können (Hitzler/Pfadenhauer 1997, 12): Jugendlichen wird eine „deutlich höhere Kompetenz zur Eigenverantwortlichkeit zugestanden" (Lenz 1990, 230). Und sie besitzen auch eine breite Palette von Möglichkeiten und Dispositionschancen für ein Leben in eigener Regie. Sie können bspw. relativ früh soziale Beziehungen aufnehmen und gestalten und erproben selbst, welche sozialen Beziehungen, Gemeinschaften und Netzwerke für sie *geeignet* und *gut* sind. Aber auch hier handelt es sich um *ambivalente Freiheiten* und *riskante Chancen* (Beck/Beck-Gernsheim 1994). Segen und Fluch im ambivalenten Globalisierungs- und Individualisierungsprozess liegen eng beieinander.

In dem Maße, in dem traditionale Ligaturen und Sozialformen aufgeweicht und zerrieben werden, kommt es zu immanenten Widersprüchen im Globalisierungs- und Individualisierungsprozess selbst. Denn auch die vielen *Schattenseiten* und *Risiken* des Globalisierungs- und Individualisierungsprozesses sind in einigen Jugendmilieus unübersehbar: Viele Jugendliche haben oftmals auch Schwierigkeiten, mit den hohen Anforderungen und Erwartungen, die an die eigene Lebensführung gestellt werden, zurechtzukommen. Die Scheiternsrisiken sind groß. Die *freigesetzten* Jugendlichen können allzu schnell über sekundäre Instanzen und Institutionen nicht nur zum Gegenstand von Außensteuerungen und -standardisierungen und somit immer mehr quasi ohne Abfederung von Zwischenwelten und -instanzen *ungeschützt* zum Spielball von Arbeitsmärkten, Wirtschaftskonjunkturen, Medien, Parteien und Konsumangeboten werden, sondern darüber hinaus können ihnen Scheiternsprozesse, Misserfolge und Probleme auch noch *persönlich* zugeschrieben werden. Die Verlierer der Globalisierungs- und Individualisierungsprozesse, so Beck/Beck-Gernsheim haben die „Suppe selbst auszulöffeln", die sie sich „im Falle (ihres) Versagens dann selbst eingebrockt" haben (1993, 180). So gesehen ist bei ihnen zweifelsohne mit einem Anstieg des Problemverhaltens in vielerlei Hinsicht, mit einer Steigerung aus *Frust und Stress* von *Überforderungssymptomen*, mit Flucht- und Verdrängungsmechanismen auf verschiedenen Ebenen und mit einer erheblichen Zukunftsunsicherheit zu rechnen. Irr- und Fluchtwege etwa zu xenophoben, drogenaffinen, gewaltbereiten und fundamentalistischen Gruppen können die Folge sein.

Ein großer Teil der Jugendlichen nimmt allerdings die Globalisierungs- und Individualisierungschancen (vor allem in alltagskultureller, medienkultureller und konsumorientierter Hinsicht) wahr und kann inzwischen mit den verschiedenen Entstrukturierungen und

Lockerungen von sozialkulturellen Bindungen, Verhaltensvorschriften und Normverfestigungen und somit auch mit den Außensteuerungen souverän umgehen, schätzt die Sinnfraglichkeit des Lebens mit den situativen, begrenzt temporären Gewissheiten und schätzt vor allem die Freiheitsgrade in bezug auf die Gestaltung des eigenen individuellen Lebens und lebt heute willentlich betont gegenwartsorientiert, um sich möglichst viele Optionen offen zu halten, um flexibel, kreativ, patchworkartig und individuell auf nicht kalkulierbare und diffuse Lebenssituationen im Rahmen der nicht nur ökonomischen Konkurrenz zu reagieren. Bei diesen Jugendlichen überwiegen die *Sonnenseiten*, und daher nutzen sie die Ressourcen und stürzen sich egozentrisch und spaßsüchtig ins erlebnisreiche Leben.

Insgesamt kann man den Eindruck gewinnen, dass es im Zuge der jugendkulturellen Pluralisierung, Differenzierung und Individualisierung der Lebensformen und -stile, die das Spektrum dessen, was an Lebensstil-Optionen Jugendlichen trotz nicht zu übersehender Prozesse von Globalisierungs- und Individualisierungszwängen zur individuellen Ausgestaltung der Jugendbiographie zur Verfügung steht, erheblich verbreitern und es jenseits monopolistischer, umfassender Sinn- und Deutungssysteme keine verbindlichen Terminologien, keine Klassen eindeutiger Eingrenzungen im Zusammenhang der vielen unterschiedlichen Facetten in den jugendkulturellen Szenen und Bewegungen mehr gibt (vgl. zu den pluralisierenden und individualisierenden Tendenzen und zur generellen Differenzierung der verschiedenen sowie zum Szenenmix der jugendkulturellen Lebensmilieus: Strzoda/Zinnecker/Pfeffer 1996, 57ff.; Ferchhoff/Neubauer 1997; Ferchhoff 1997, 246ff.; 2000; 2005; 2005a, 411ff.; 2007, 188ff. Farin 2001; Hitzler/Bucher/Niederbacher 2001; Großegger/Heinzlmaier 2002; Zinnecker 2005, 175ff.; Zinnecker/Barsch 2007, 279ff.).

Jugend als Phase der Entwicklung zu einer autonomen Persönlichkeit hat gesellschaftliche Voraussetzungen etwa: Mobilität, Kommunikationsmöglichkeiten/Medienvielfalt, religiöser, konfessioneller und, weltanschaulicher Pluralismus sowie Wertevielfalt, konkurrierende Lebensplanungswege etc., die historisch und bis heute nicht in allen sozialen Milieus in gleicher Weise gegeben waren und sind. Nur wo und wenn Wahl- und Entscheidungsmöglichkeiten und -alternativen gegeben waren und sind, kann sich eine autonome Persönlichkeit entwickeln (vgl. Mitterauer 1986, 37ff.). Veränderte gesellschaftliche Bedingungen des Aufwachsens haben teilweise schon im 19., vor allen Dingen aber im 20. und 21. Jahrhundert den Weg von sozialmilieuspezifischen „normativen Bindungen zu einer Individualisierung moralischer Entscheidungen" (Fend 1988, 286) geebnet. Die Freiheitsgrade des Handelns und die individuell zu verantwortenden Lebensentscheidungen und Sinnfindungen haben weltweit nahezu in allen jugendlichen Lebensmilieus freilich in unterschiedlichen Graden zugenommen. Eine lebensaltersspezifisch betrachtet immer frühere und vor allen Dingen auch intensivere Teilhabe von Jugendlichen an zentralen gesellschaftlichen Lebensbereichen wie die Lebensplanung insgesamt, Schulform, Berufsfindung, Sexualität, Medien, Sport, Technik, Konsum und Genuss hat zwar einerseits zu einem hohen Maß der persönlichen Selbstverwirklichung, der Verfügbarkeit und Machbarkeit des eigenen Lebens geführt: Andererseits bedeutet dieses Projekt der „Selbstsozialisation", der Selbstfindung bzw. des Individuali-sierungsschubs, dass Jugendlichen, oftmals auch schon Kindern lebensaltersspezifisch sehr früh auch jenseits wärmespendender Schonräume und sozialer Bindungstraditionen und jenseits sicherheitsgewährender sozialmoralischer Lebensmilieus „ein hohes Maß an Selbstverantwortung, Selbstbehauptung und damit auch klare Visionen der Erfüllung und des Versagens" bzw. der Scheiternsrisiken aufgebürdet werden (Fend 1988, 289). Und diese ambivalenten individualisierten Erwartungsansprüche prallen auf gesellschaftlich globalisierte Rahmenbedingungen, die ihre Einlösung nicht selten erschweren, manchmal sogar verhindern. Zu diesen eher unverrückbaren gesellschaftlichen Rahmenbedingungen zählen bspw. die gespaltenen und polarisierten Ausbildungs- und Arbeitsmärkte nicht nur im Osten Deutschlands, die Verschärfung sozialer Ungleichheit mit deutlichen Zeichen der Armut, das Ende der *Vollkasko-Individualisierung*, die die soziale Sicherheit gegen die Wechselfälle des Lebens, gegen Arbeitslosigkeit, gegen Krankheit, gegen Unfall, Altersarmut und Pflegebedürftigkeit an den Besitz einer bezahlten Arbeitsstelle band, die Zukunftsungewissheit, der statusinkonsistente Zustand von *Jugend, obwohl Jugendlichkeit als Leitkultur sich durchgesetzt hat*, und die Entwertung von Bildungsabschlüssen, Zertifikaten u. v. m. Die Schere zwischen armen und reichen Jugendlichen öffnet sich inzwischen auch in Europa immer weiter. Und es wächst die Zahl der jugendlichen Bevölkerungsgruppen, die trotz aller Bemühungen, Anstrengungen und nachgewiesener Leistungen (z. B. was Schul-, Hochschul-, Lehr- und Arbeitsabschlüsse betrifft) „den Zugang zu dem Chancenverteiler Arbeitsmarkt nicht mehr oder nur vorläufig, (sich stets befristet von Praktikum zu Praktikum hechelnd/Hinzuf. W.F.) und in Prozessen der Verunsicherung unter ständiger Existenzbedrohung schaffen" (Beck 1997b, 390, 2006, 50f.). Heutige Lebensgefühle werden im ersten Jahrzehnt des 21. Jahrhunderts mit dem Lieblingswort „Prekariat" umschrieben und diagnostiziert. Nahezu alles scheint prekär geworden zu sein - Beschäftigungsverhältnisse jenseits des alten Normalarbeitsverhältnisses, Beziehungen, Freundschaften, Zukunftsorientierung, Lebensmittelpunkte und Lebenssinnorientierungen, Wohnorte (vgl. Lehnartz 2005, 215). Auf der Grundlage von kurzfristigen Zeitverträgen lässt sich das Leben nur schwer planen.

Es kann - und dies gehört zweifellos zu den Schattenseiten der Globalisierungs- und Individualisierungstendenzen - im Zuge der Qual der Wahl zu erheblichen Desorientierungen und Stabilitätsverlusten kommen. Individualisierungs- und Globalisierungsschübe liefern in diesem Sinne in einer Gesellschaft von „Einzelgängern" (Imhof 1988, 294) die jugendlichen Menschen im Zuge der zu beobachtenden „Turbu-lenzen der Mangelverteilung" (Beck 1993) an eine eher marktvermittelte, kommerzialisierte und indirekte „Außensteuerung und -standardisierung aus", die die ehemals noch direkt herrschaftsdurchtränkten, mit einem hohen Konformitätsdruck und hoher Kontrolldichte ausgestatteten, oftmals aber auch kuscheligen Nischen und Wärmestuben traditio-neller sozialbindender Lebensmilieus (Familie, Kirche, Nachbarschaft, Dorf, Vereinsstruktur etc.) so nicht kannten (Beck 1986, 212).

Aufwachsen nach der ersten Dekade des 21. Jahrhunderts „bedeutet nur für einen verschwindend kleinen Teil", in personen- und ortsgebundenen direkten und „dichten sozialen Kontrollnetzen mit geschlossener weltanschaulicher und religiöser Sinngebung, eindeutigen paternalistischen Autoritätsverhältnissen und eingelebten Pflichtenkatalogen (etwa im Sinne des Senioritätsprinzips) groß" zu werden. Die technischen Entwicklungen (Verkehrsmittel, neue Medien, Computer-Technologien, Digitalisierung, Internet, Videos, DVDs, Websites, Homepages, Internetforen wie Facebook, YouTube, E-Zines, die elektronische Variante der Fanzines) und die Kommerzialisierung der Lebensverhältnisse haben zu einer Universalisierung heterogener Sinnangebote geführt. Die größere Mobilität hat die individuell zu verantwortenden Entscheidungen für Bekannte, Freunde, Partner und jugendliche Gemeinschaften, für Interessen, für politische Weltbilder und Parteien, „für Ausbildung und Beruf, für Sinnfindung", Präferenzen für Medien, Mode, Sport, Kultur und Konsumgüter sowie Präferenzen auch - im Sinne des Reflexivwerdens - für den eigenen Lebensweg und -erfolg gefördert. Es ist eine Tendenz zur Selbstindividualisierung mit viel Spielraum für individuelles Handeln oder anders ausgedrückt eine Tendenz zur *Biographisierung der Jugendphase* zu beobachten, gleichwohl die historisch relativ junge Kompetenz, lebenswichtige Entscheidungen mit zunehmen-der Wahlfreiheit „eigenständig zu treffen, (...) in einem Spannungsverhältnis zu der verlängerten Abhängigkeit das Jugendlichen von Eltern und Lehrern" steht. Und diese Abhängigkeitsphase auch noch als separierten Schonraum zu betrachten, scheint der wohl „zunehmenden Verantwortlichkeit" zu widersprechen, „die durch die Notwendigkeit der Weichenstellungen für dem weiteren Lebensweg entstanden ist" (Mitterauer 1986, 40). Dennoch: Obgleich sehr wohl gesellschaftliche Sozialisations- und Kontrollinstanzen wie Medien, Konsum, Werbung, Jugendidole und Stars im Sport, TV, Film und Musik und Gleich-altrigengruppe im Binnen- und Innenraum agieren und oftmals an die Stelle der elterlichen Autoritäten und den Autoritäten von Lehrern, Poli-zisten und Politikern getreten sind, federn diese selbstsozialisatorischen inneren Kontrollen die eigene Biographie, das eigene Leben nach außen ab (Beck 1997c, 212). Im Zuge der Selbstgestaltung des eigenen Lebens muss, wie Fend es ausgedrückt hat, „innere Kontrolle" die „fehlende äußere Kontrolle ersetzen" (1988, 295).

3. Zur Differenzierung des Jugendbegriffs

Obgleich es in allen historischen Epochen und Kulturen jugendliche Menschen und mindestens seit der Antike auch Lebensalterseinteilungen oder Lebensaltersstufen gab, wurden verschiedene begriffliche und nicht immer eindeutige Klassifikationen verwendet. Im alten Griechenland bildeten sich drei-, vier- und siebenteilige Altersstufen heraus, so etwa bei Hippokrates: „vom Kind (paidíon) über den Knaben (pais), den Jüngling (éphebos), den „Jungmann" (neanískos), den Mann (anér) und den Alten (presbytes) zum Greis (géros)", während im römischen Denken eine Drei- bzw. Vierteilung der Lebensalter überwog. Dagegen war das europäische Mittelalter von einer Einteilung in sechs Lebensaltersstufen (im Spätmittelalter von sieben bis zu zehn Altersstufen) geprägt. Die Einteilung sah etwa folgendermaßen aus: „infantia (bis 7 Jahre), pueritia (bis 14 Jahre), adolescentia (15 bis 28 Jahre), iuventus (28 bis 49 Jahre), senectus (50 bis 77 Jahre), senium (bis zum Tode)" (Horn 1998, 12; Hermsen 1998, 123f.). Im Zusammenhang der vorgestellten mittelalterlichen Lebensaltersstufen fällt auf, dass für den „Begriff *Jugend* zwei Altersphasen, nämlich adolescentia und iuventus, angegeben wurden, die in ihrer altersspezifischen Ausdehnung vom 15. bis zum 49. Lebensjahr reichten. Bedenkt man die geringe Lebenserwartung und die hohe Mortalitätsrate des Mittelalters, so dürften die meisten Menschen nicht über ihre *Jugend* hinausgekommen sein" (Hermsen 1998, 124).

In der frühen Neuzeit galt im „gelehrt-akademischen Sprachgebrauch" das Jugendalter zwischen dem 14. und 21. Lebensjahr. Dagegen wurden in der Alltagskultur die Begriffe Kind, Jüngling, Jugend (puer, adolescenc und iuvenis, iuventus) oftmals synonym verwendet. „Die Lebensalterseinteilungen waren also keineswegs genormt". So gesehen gab es gerade auch in der Vormoderne eine verwirrende Begriffsvielfalt von *Jugend*. Zu fragen wäre also, inwieweit die antiken und mittelalterlichen Begriffe und Charakteristika von *Jugend* überhaupt etwas mit dem modernen Kriterien und dem heutigen modernen Verständnis von *Jugend* zu tun haben. Festhalten dürfen wir, dass die Lebensalterseinteilungen und Begriffe von *Jugend* selbst kontext-, d. h. zeit- und kulturgebunden waren und sind. Und begriffsgeschichtliche Analysen allein sind selbstverständlich nicht ausreichend für die moderne sozialhistorische und soziokulturelle Rekonstruktion jugendlicher Lebenswelten. Eine „epochen- und kulturübergreifende, allgemeingültige Antwort auf die Frage, was *Jugend* sei, wird man wohl auch kaum mehr erwarten" können (Horn 1998, 15).

Erst seit dem Ende des 19. Jahrhunderts wurde der moderne, neuzeitliche *Jugendbegriff entdeckt, erfunden* bzw. *konstruiert,* „aber *Jugend* gab es auch schon vorher" Horn (1998, 15), wie wir gesehen haben, in vormodernen Zeiten. Oder anders ausgedrückt: Der *Jugendbegriff* setzte sich als biologisch und entwicklungspsychologisch begründbare *eigenständige Lebensphase* durch (vgl. etwa im Zusammenhang der sozialhistorischen Rekonstruktionsdebatten über die *„Entdeckung der Jugend"*: Hall 1904; von Trotha 1982; Kett 1977; 1988; Gillis 1980; Roth 1983; von Bühler 1990; Ferchhoff 2000a; 32ff.; Farin 2001, 27ff.) Dieses moderne, klassisch-traditionelle Definitionsmuster von *Jugend*, das mit der Institutionalisierung der Jugendforschung an der Wende zum 20. Jahrhundert entstand, und das sich noch heute, zirka 110 Jahre später, in zahlreichen sozialwissenschaftlichen Lehrbüchern findet, scheint angesichts der vielen heutigen Aufweichungstendenzen der Jugendphase - über die verschiedenen *„Zäsuren der Jugendphase"* (Mitterauer 1986), über die *„Entstrukturierung"* bzw. *„Destandardisierung der Jugendphase"* und den *„Strukturwandel der Jugendphase"* (Ferchhoff/Olk 1988; Heitmeyer/Olk 1990). - auch nicht mehr gültig zu sein (vgl. zu den folgenden Überlegungen auch: Ferchhoff/Neubauer 1997, 109ff.; Ferchhoff 1999, 68ff.).

Jugend wurde seit dem Nachdenken über einen „theoretisch ambitionierten" *Begriff der Jugend* (Bernfeld) um die Jahrhundertwende zum 20. Jahrhundert vornehmlich unter biologischen und anthropologischen Gesichtspunkten und vor allem auch unter phasen- und entwicklungsspezifischen psychologischen Dimensionen betrachtet. Die phasenspezifischen Übergänge vom Kind zum Erwachsenen standen im Mittelpunkt der Erörterungen (Dudek 1993, 307). Nach diesem traditionellen modernen Muster wurde *Jugend* als *kollektive Statuspassage* etwa folgendermaßen definiert:

Sie fängt mit der (inzwischen zeitlich vorverlagerten) Pubertät (körperliche, psychische und sozialkulturelle Entwicklungs- und Reifungsprozesse) an und endet, wenn man nicht nur juristische, nicht nur anthropologische und biologische und nicht nur psychologische, sondern auch soziologische Maßstäbe anlegt, mit dem Eintritt in das Berufsleben und/oder mit der Heirat. Zumeist wurde und wird *Jugend* als eine bestimmte Altersphase mit vielen differenzierten, teilweise „entritualisierten Teilübergängen" (Mitterauer 1986, 92f.) und mit vor allem nach hinten ausgedehnten, unscharfen Rändern bezeichnet - in der Regel altersspezifisch ausgedrückt von 13 bis zirka 27 (zuweilen auch im Zuge der postadoleszenten Verlängerung der Jugendphase bis 29 oder 35) Jahren (vgl. bspw. Jugendwerk der Deutschen Shell 1992 oder für Jugendliche oder junge Erwachsene während des Übergangs von der akademischen Ausbildung in den Beruf im Rahmen der sogenannten „Quarterlife Crisis" oftmals in den Mitzwanzigern (vgl. Robbins/Wilner 2004)..

Wenn auch im Rahmen der Thematisierung von *Jugend* nicht nur das Problem der puren kalendarischen Altersabgrenzung besteht, sondern stets der Gegenstand und seine Bezeichnung verschwimmen, scheint freilich eines mittlerweile unverkennbar zu sein: Die *Jugendphase* besitzt in der Regel keinen einheitlichen Abschluss, zeichnet sich durch viele Ungleichzeitigkeiten und asynchrone Entwicklungen aus, wird als Phase *vielfacher Teilübergänge*, unterschiedlicher *rechtlicher, politischer und kultureller Mündigkeitstermine* sowie *verschiedener Teilreifen* in sexueller, politischer und sozialer Hinsicht aufgefasst (Mitterauer 1986, 44ff.) und dehnt sich zudem nach Ansicht der meisten Jugendsoziologen immer weiter aus. Zwischen Kindheit und *Jugend* haben sich die sogenannten Kids geschoben, die Jugendphase selbst hat sich intern weiter untergliedert (*frühe, mittlere und späte Jugendphase*; vgl. Hurrelmann 2004, 39) und „nach oben schließt sich an das Ende des Jugendalters nicht die

Erwachsenheit, sondern die *Postadoleszenz* oder der/die junge Erwachsene" (Jugendwerk der Deutschen Shell 1985; Hornstein 1998, 33). Und als Lebensstil oder als Placebo ist *Jugend* quasi altersübergreifend „fast so etwas wie ein Markenzeichen von moderner Identität geworden" (Abels 1993, 37).

Im Zuge einer solchen doppelseitigen Ausdehnung der Jugendphase vornehmlich durch verlängerte Schul- und Ausbildungszeiten, durch die tendenzielle Entkopplung von Bildung, Ausbildung und Berufstätigkeit sowie durch veränderte Ablösungsprozesse vom Elternhaus und veränderte Heirats-, Lebensbeziehungs- und Familiengründungsmuster sind zwischen Jugendzeit und Erwachsenheit psychosoziale Neuorientierungen festzustellen, die in bestimmten Bereichen der Jugendforschung unter dem Stichwort *Postadoleszenz* seit 20 Jahren lebhaft diskutiert werden. *Postadoleszenz* kann als biographische Lebensphase charakterisiert werden, in der sich in unterschiedlichen Lebensbereichen (Wohnen, Beruf, Partnerschaft, Familiengründung etc.) eine wachsende Verselbständigung junger Menschen vollzieht und Korrelate des Erwachsenenstatus erworben werden (z.B. durch Ausbildungsabschluss, Berufseintritt, Partnerbindung etc"; Buba 1996, 351).

Mit Postadoleszenten ist eine wachsende Gruppe von Menschen gemeint, die kulturell, politisch sowie freizeitbezogen in der Gestaltung ihrer Lebensformen und in der Wahl ihrer Lebensstile, sieht man einmal von der kultur- und konsumindustriellen Herstellung ab, weitgehend autonom sind, als auch keiner „pädagogischen Betreuung und Kontrolle" mehr bedürfen. Beruflich und ökonomisch sind sie weiterhin vom Elternhaus bzw. von - inzwischen erheblich reduzierten - sozialpolitischen Alimentierungen abhängig und damit auch im Rahmen der Durchsetzung ihrer längerfristigen Lebensplanungen offen, unbestimmt und noch nicht festgelegt, aber dennoch nur partiell selbständig. Ein großer Teil des Lebensunterhaltes der Postadoleszenten wird durch unterschiedliche Zuwendungen von den eigenen Eltern (teilweise auch Großeltern) bestritten. Es kommt allerdings in diesem Zusammenhang auch immer mehr zu einer Art Einkommens-Patchwork, in dem viele Jugendliche und junge Erwachsene selbst versuchen, neben der Ausbildung, Schule und Hochschule berufstätig zu sein und Einkommen zu (etwa in Form von Praktika, Honorar- und Teilzeitjobs) erzielen und „verschiedene Einkommensquellen kombinieren" (Zinnecker/Silbereisen/Vaskovics 1996, 12; Beck 2006). Elemente des Jugend- und Elemente des Erwachsenenstatus werden auf diese Weise zusammengefügt. So gesehen sind jugendtypische Erlebnis- und Lebensformen inzwischen für Menschen noch weiter verbindlich, die noch vor einigen Jahrzehnten eindeutig als Erwachsene definiert worden wären. Neben dem „Lebensalter spielen private Statuspassagen, der Aufbau gegengeschlechtlicher Beziehungen und manchmal auch die Ablösung vom Haushalt der Herkunftsfamilie eine entscheidende Rolle, ob man sich als Erwachsener fühlt" (Silbereisen/Vaskovics/Zinnecker 1996, 11).

Während sich im Westen Deutschlands das „Modell einer postadoleszenten Jugendstruktur" als verlängerte Jugendphase vor dem Hintergrund der labilisierten und komplizierten, häufig aber auch bewusst aufgeschobenen, manchmal auch nicht gewollten, immerhin aber individuell zu gestaltenden Übergänge in den Erwachsenenstatus (Heirat, Beruf, eigene Wohnung etc.) zumindest in der Tendenz für sehr viele Jugendliche schon seit Jahrzehnten durchgesetzt hatte, waren bis zur gesellschaftlichen Umbruchsituation 1989 im Osten Deutschlands die Übergangsverläufe in den Erwachsenenstatus durch ausgeprägte Altersnormierungen und durch hohe soziale und institutionalisierte Einbindungen weitgehend geregelt, so dass Heirat und die Übergänge in Ausbildung und Beruf altersspezifisch relativ früh erfolgten. Von daher konnten sich unter den alten DDR-Bedingungen im Vergleich zu ihren westdeutschen Altersgenossen kaum postadoleszente Strukturen herausbilden. Seit mehr als 15 Jahren erfuhren aber auch viele ostdeutsche (spätestens seit Mitte und Ende der 90er Jahre auch viele westdeutsche, seit 2009 ändert sich dies allerdings) Jugendliche, dass die traditionell vorgestellten, erwarteten und gewünschten biographischen Übergänge in Ausbildung, Beruf und Erwachsenenwelt arbeitsmarkt-spezifisch erheblich blockiert wurden. Es kam für sie etwa durch prekäre Übergänge in den Arbeitsmarkt oder qua Arbeitslosigkeit zu einer meistens nicht gewollten und belastenden künstlichen Verlängerung der *Jugendzeit*, der gerade nicht nur *positive* postadoleszente Aspekte wie: Nutzung von Spielräumen, Autonomie, Selbststeuerung, Eigenverantwortung, Teilhabe an ökonomischen Ressourcen auch ohne Arbeit, dem Glücks- und Konsumversprechen und anderer Verheißungen der erlebnisorientierten, individualisierten Gesellschaft etc. abgewonnen wurden (vgl. Jugendwerk der Deutschen Shell, Band 2, 1992, 127ff. u. 395ff.; Schumann 1993, 324f.; Junge 1995; Jugendwerk der Deutschen Shell 1997; Walther 2000; Deutsche Shell 2002). Einige Enddreißiger verlängerten (oder waren gezwungen) ihre *Jugendzeit* in einer Art „Übergang auf Dauer" (Walther1996) etwa in Form von Deklassierungskarrieren bis in den Vorruhestand (zu verlängern), den es allerdings angesichts arbeitsmarktspezifischer Blockierungen und altersdemographischer Gesichtspunkte auch immer weniger - allenfalls auf Sozialhilfeniveau - geben wird.

Nichtsdestotrotz: In den hochentwickelten postindustrialisierten und erlebnisbezogenen, modernen Arbeits-, Wissens- und Dienstleistungsgesellschaften wird meistens eine bestimmte Altersphase mit unscharfen Rändern zwischen Kindheit und Erwachsensein im Lebenslauf als Jugendphase gekennzeichnet Mit dem Begriff *Jugend* werden so gesehen in der Regel die Heranwachsenden (adolescents) gekennzeichnet, die nicht mehr Kind, auch nicht mehr Kids und noch nicht vollends mündig-selbständige Erwachsene sind. Die Jugendphase wird von daher durch die mehr oder minder scharf umgrenzte oder bewusste Auswahl einer Mehrzahl von menschlichen Subjekten, die einer bestimmten demographischen Klasse von Altersjahren angehören, charakterisiert.

Zu fragen wäre allerdings sofort, ob eine solche Wahl chronologisch gemessener Altersjahrgänge, als Ausgangspunkt zur definitorischen Bestimmung von *Jugend* überhaupt sinnvoll ist. Denn: mit welchem Recht werden bestimmte Altersbegrenzungen bspw. physiologisch-biologischer Art gewählt? Macht es Sinn, in der - historisch und kulturell sich veränderten - Phase der Pubertät (heute also etwa von 10-12 von Kids oder von 12 bis 18) von Jugendlichen zu sprechen? Oder gehören auch noch die 18-21jährigen zu den Jugendlichen? Oder sind gar noch 30 bis 35jährige als sogenannte postadoleszente Jugendliche zu bezeichnen? Das in Jahren gemessene Lebensalter zur Kennzeichnung von *Jugend* bleibt relativ vage und unbestimmt - gleichsam wie die Verwendung von Altersnormen etwa im Rechtssystem. Wenn auch in den „letzten Jahrzehnten" viele der zivil- und strafrechtlichen „Mündigkeitstermine vorverlegt worden sind" (Mitterauer 1986, 44ff.), so kann man dies sicherlich nicht dahingehend interpretieren, dass die Jugendzeit selbst kürzer geworden ist. Eher ist das Gegenteil festzustellen.

Rechtliche Zäsuren oder Mündigkeitsstufen wie etwa: Volljährigkeit, Wahlberechtigung, Geschäfts-, Delikt- und Prozessfähigkeit oder Strafmündigkeit werden lebensaltersspezifisch gesehen mittlerweile erreicht, „noch lange bevor die Jugendphase abgeschlossen ist" (Mitterauer 1986, 71; vgl. hierzu zusammenfassend: Ferchhoff 1985, 46ff.).

Wäre es nicht sinnvoller im Rahmen eines „Komplexitätszuwachses des Erwachsenwerdens" (Walther 1996, 32), etwa soziale bzw. soziologische Definitionen und (Teil)Zäsuren wie bspw. Eintritt in die Erwerbsarbeit nach einer Lehrzeit, ökonomische Verselbständigung durch Berufsausübung und eigenes Einkommen, Eheschließung, Gründung eines eigenen Haushalts, einer eigenen (Zeugungs-)Familie, Geburt des ersten Kindes, aktives Wahlrecht, vor allem Führerscheinerwerb usw. als Endpunkt und Abgrenzungskriterium der Jugendphase zu nehmen? Weil das chronologisch gemessene Lebensalter, obgleich gerade dies historisch zu einer Ausdifferenzierung der Altersphase *Jugend* geführt hat, mittlerweile so unscharf geworden ist, wird eher von einer Relativität des *Jugendbegriffs* gesprochen. Die Jugendphase „franst per definitionem aus". Eindeutige lebensaltersspezifische Abgrenzungen in bezug zum Status des Erwachsenen sind zwar im Alltagsverständnis genau angebbar, nur werden sie in der Jugendforschung zumeist „durch zusätzliche Informationen wie Berufstätigkeit und Verheiratetsein ergänzt (Horn 1998, 10).

Versucht man, sich von Altersangaben zu lösen, gibt es Möglichkeiten, das mit *Jugend* Gemeinte auf einer eher strukturellen Ebene zu bestimmen.

In soziologisch strukturfunktionalistischer Perspektive wird *Jugend* als - mit gesellschaftlichen Funktionen ausgestattete - Übergangszeit zwischen Kindheit einerseits und Erwachsensein andererseits betrachtet (vgl. dazu w.u.). Der transitorische Charakter von *Jugend* scheint so betrachtet unumstritten. Darüber hinaus zeigt sich, dass der Terminus *Jugend* eine Fülle umgangssprachlicher Assoziationen an sich bindet. Gemeint sein kann sehr Verschiedenes:

- eine bestimmte Altersgruppe oder -kohorte mit eigenen Bedürfnissen;
- eine ontogenetische Entwicklungsphase, wobei es um die Bewältigung von Reifungsprozessen oder im Zuge des Coping um die Bewältigung von gesellschaftlich vordefinierten Anforderungen und Entwicklungsaufgaben geht - insbesondere auch was Zeitpunkt und Abfolge betrifft;
- eine Altersperiode, die ihren Abschluss findet, sobald das Subjekt aus der Altersschicht in einen allokativen, gesellschaftlich höheren Status überwechselt, der durch seinen Beruf, sein Einkommen, seine Erziehung" etc. bestimmt wird (Havighurst 1972; Parsons 1964);
- das Gewinnen eines stabilen Selbstbewusstseins bzw. von *Ich-Identität*, die im Rahmen krisenhafter Auseinandersetzungen mit der inneren Natur, dem sozialkulturellen Wertsystem und der äußeren Umwelt Innen- und Außenwelt funktional zusammen bringt;
- ein potentiell krisengefährdeter Lebensabschnitt, der gesellschaftlich-institutionell durch pädagogische Hilfestellungen und Schonräume in einer Art *pädagogischen Provinz* abgesichert aber auch kontrolliert und sanktioniert wird;
- ein institutionalisiertes psychosoziales Moratorium bzw. ein gesellschaftlich organisierter pädagogischer Freiraum, indem der „zweite Schritt ins eigentliche Leben", die „zweite Geburt" des Menschen (Rousseau) mit pädagogischen Maximen über das Erfahrungswissen hinaus planmäßig etwa durch Bildung und Ausbildung auf Zukunft vorbereitet wird;
- das Akzeptieren der eigenen körperlichen Entwicklung und Erscheinung;
- die Aufnahme von Peer-Beziehungen und intimer Beziehungen;
- das Entstehen eigener Wertorientierungen und Zukunftsplanungen;
- die Ablösung von der Herkunftsfamilie und die prozessuale Hinwendung; zur eigenen Familienrolle.
- eine soziale Gruppe, Gang, Bande, Clique, Szene oder Gegen-, Teil- oder Subkultur mit bestimmten *auffälligen Merkmalen*;
- eine im Rückblick häufig emotional aufgeladene Phase des eigenen Lebenslaufs;
- eine dynamisch-bewegungsfreudige Komponente des Menschseins, altersunabhängig verstanden als *Jugendlichkeit;*
- eine individuelle Entwicklung einer *normalen Biographie* und zugleich eine „individuelle Reaktion auf die sozialen Umstände von Entwicklung" (Abels 1993, 23).

Historische, ökonomische, kultur- und sozialhistorische Analysen haben uns darauf aufmerksam gemacht, dass es zu allen Zeiten und in allen Kulturen der Menschheitsgeschichte zwar hochgradig verschiedene, aber immer „institutionelle Formen und Riten gegeben (hat), die symbolisch die Übergänge ins Erwachsenenalter regelten". Und wir können heute davon ausgehen, dass die Bedingungen des Aufwachsens gesellschaftlich mindestens mitbedingt und historisch wandelbar sind. „Das gesellschaftliche Sozialsystem begrenzt historisch jeweils auch die Optionen und Lebenshorizonte Heranwachsender, bestimmt ihre soziale Lage, das Spannungsfeld verschiedener Sozialisationsinstanzen (Familie, Schule, Arbeitswelt, Gleichaltrigengruppe) und variiert die zeitliche Dauer, den Verlauf, die Struktur, die Autonomie und selbst die biologischen Determinanten (Geschlechtsreife, Körperwachstum, Körperkraft) jener Lebensphase, die wir *Jugend* oder *Adoleszenz nennen*" (Dudek 1993, 306).

Nach dem ersten Jahrzehnt im 21.Jahrhunderts wird, wenn sozialhistorische Perspektiven und Analysen zugrundegelegt werden, der Wandel *von Jugend* besonders deutlich. Man kann zweifelsohne von einer qualitativen Veränderung der Jugendphase sprechen, die sich terminologisch allein schon durch die in den letzten Jahren viel verwendeten Metaphern *Strukturwandel der Jugendphase, Ent- bzw. Destrukturierung und Entstandardisierung der Jugendphase* (vgl. w. o.) ausweist. Es ist zu einer deutlich zeitlichen Vorverlagerung der Pubertät gekommen. Längenwachstumsschübe, Gewichtszunahme und genitale Reifung haben sich etwa im Vergleich zum 19. Jahrhundert um mehrere Jahre vorverlegt. Aber auch bestimmte jugendtypische Erlebnisformen werden heute schon im Kindesalter wahrgenommen. Ähnlich sieht es mit bestimmten kognitiven Aspekten, mit der Selbstreflexivität und dem Autonomiestreben aus - auch sie sind ins Kindesalter eingewandert. Und neben der beiderseitigen Ausdehnung der *Jugend* - insbesondere aufgrund der gestiegenen Verweildauer in den verschiedenen Organisationen des Bildungssystems (durch Prozesse der Scholarisierung und Pädagogisierung fängt *Jugend* eher an und ist zugleich länger geworden) - ist es zu einer *Entritualisierung der Statusübergänge* sowie zu einer *Differenzierung der Jugendzäsuren* (und dies nicht nur bei rechtlichen Regelungen von Mündigkeitsterminen) gekommen. *Kindheit, Jugend und*

Erwachsensein werden als Phasen durchlässiger, aber auch fragiler, gehen zuweilen ineinander über und vermischen sich dabei auf paradoxe Weise.

Die *Jugend*zeit ist heute so gesehen für die meisten Jugendlichen angesichts längerer Schul- und Ausbildungszeiten, durch permanente Warteschleifen, Zweit- und Drittausbildung, durch längere Phasen von Arbeitslosigkeit etc. so weit ausgedehnt worden, dass sie selbst den Charakter als verlängerte Warte-, Übergangs- oder Reifezeit weitgehend verloren hat. Die Jugendphase hat sich mehr oder weniger von einer „relativ sicheren Übergangs-, Existenz- und Familiengründungsphase zu einem offenen, oftmals diffusen Lebensbereich gewandelt" (Böhnisch/-Müller 1989, 305). Und eine Sichtweise, die davon ausgeht, dass ein schrittweises Hineinwachsen von Jugendlichen über einzelne, gesellschaftlich akzeptierte Teilreifen oder Teilmündigkeiten teleologisch in den sogenannten vollendeten oder *vollreifen* Erwachsenenstatus stattfindet, den man „erwirbt und dann fürs Leben hat" und auch beibehält (Schäfers 1989, 15), ist problematisch geworden. Dennoch werden immer wieder - selbst eingedenk der Entritualisierung und Differenzierung der verschiedenen Jugendzäsuren sowie der eher offenen und fließenden Übergänge - kalendarische Abgrenzungen benötigt, um Verteilungen solcher Definitionsmerkmale ermitteln zu können.

Zudem ist immer wieder notorisch darauf hingewiesen worden, und alle am Jugenddiskurs Beteiligten wissen es: *die Jugend gibt es nicht* und *Jugend ist nicht gleich Jugend*. Und von daher sind alle „undifferenziert verallgemeinernden" Aussagen über *die Jugend* „irreführend" (Herrmann 1987, 148). Alle Versuche, *die Jugend* auf einen „gemeinsamen Nenner zu bringen, sind von vornherein zum Scheitern verurteilt" (Farin 1997b, 309; 2001, 27). Jeder Gesamtüberblick über *die (Sozial- und Ideengeschichte der) Jugend* hätte daher außer der Tatsache, dass dabei vor allem die männliche *Jugend* (zunächst die bürgerliche, vornehmlich städtische Jugend und später auch die Arbeiterjugend) im Blickpunkt stand und die Entwicklung der weiblichen *Jugend* („ein terra incognita der historischen Jugendforschung"; Herrmann 1987, 149) nur (wenn überhaupt) gestreift und (meistens) gegenüber der männlichkeitsfixierten Norm als defizitär betrachtet wurde (Dudek 1990, 45), drei Aspekten besondere Aufmerksamkeit zu schenken:

- zunächst einmal, des zugleich eigenständigen und transitorischen Charakters von *Jugend* (Horn 1998, 16) - zwischen Moratorium und Übergangs- bzw. Durchgangsphase;
- zum zweiten, der prinzipiellen Vagheit, Uneindeutigkeit, Unbestimmtheit und Relativität des Begriffs *Jugend* (Trommler 1985, 20)
- und schließlich drittens, dass sich Feststellungen zur *Jugendphase* nur im Kontext gesamtgesellschaftlicher Entwicklungen und sozialhistorischer Wandlungen des „Lebenszyklus im ganzen" und seiner klassen-, schicht-, bildungs-, milieu-, lebensstil-, regional-, kultur- und geschlechtsspezifischen Erscheinungsformen im jeweiligen Familien- und Kinderleben, im Freizeit-, Peer-, Schul-, Bildungs- und Arbeitssystem (Herrmann 1987, 149) - eben im Rahmen heutiger globaler (riskanter) Entwicklungen moderner individualisierter Arbeits- und Wissensgesellschaften (Aufwachsen und Leben mit Ambivalenzen, Brüchen und Risiken in unübersichtlicher werdenden Gesellschaften) treffen lassen.

Auch die erheblichen Wandlungen und Veränderungen bezüglich der „gleichgerichteten oder gegenläufigen Intentionen und Wirkungsweisen" der unterschiedlichen Sozialisationsagenturen wie Familie, Schule, Medien, Gleichaltrigengruppen, Arbeitsplatz, Verein, Freizeit- und Konsumorte sowie die daraus „entstehenden Dissonanzerfahrungen und die Ergebnisse ihrer Verarbeitung" (Herrmann 1987a, 374) hätten im Zentrum solcher Rekonstruktionen zum *Strukturwandel der Jugendphase* zu stehen. Wenn man also über *Jugend* reflektiert, dann hat man stets zu berücksichtigen, dass es sich in einer je spezifischen historischen Periode um verschiedene Jugendphänomene handeln kann, wobei „Ausdehnung, Struktur und Autonomie der historischen Jugendphasen sich im einzelnen sehr unterschiedlich darstellen" lassen (Baacke 1989a, 800).

Alle bisher herangezogenen Bestimmungsmomente, *Jugend* im Kontext einer fest umrissenen Statuspassage zu definieren, scheinen angesichts der vielen kontingenten Wandlungen, der zeitlichen Verschiebungen und Entkoppelungen von Übergangsereignissen und angesichts der vielfältigen und zugleich diskrepanten Verhaltens-anforderungen, aber schließlich auch angesichts des Nachlassens der Zielspannung erwachsen zu werden nicht mehr weiter zu helfen. Alle diese Überlegungen, so plausibel sie auch waren, stehen derzeit zur Disposition.

In funktional differenzierten, pluralen und individualisierten Gesellschaften unseren Typs werden zahlreiche kontingente Verlaufsformen der Jugendentwicklung erzeugt. Deshalb nimmt eine sozialwissenschaftlich orientierte Jugendforschung heute nicht nur Abschied von normativen entwicklungsbezogenen und epochaltypischen Vorstellungen, die jugendliche Entwicklung im Rahmen der Entfaltung eines *Lebensplans* (Spranger) verstehen, sondern es findet darüber hinaus auch eine Abkehr von nur teleologisch-transitorischen, etwa an der Theorie von Entwicklungsaufgaben (vgl. Kapitel 4 in diesem Band) orientierten und auch eine Abkehr von einem oftmals enggeführten Moratoriumskonzept Jugend hervorhebenden soziologisch strukturfunktionalistischen Auffassungen statt, die, wie Parsons und Eisenstadt, davon ausgingen, dass die funktionale Aufgabe der *Jugend* darin bestehen soll, in der hohe Autonomie bei der Gestaltung der jugendlichen Lebensweise betonenden Übergangszeit von der Kindheit ins Erwachsenenleben vor allem über Gleichaltrigengruppen zwischen den eher spezifischen, affektiv-emotionalen Orientierungen der Herkunftsfamilie und den eher universalistischen, affektiv-neutralen der Gesellschaft zu vermitteln. Oder, so noch Eisenstadt im Original, die Aufgabe der *Jugend*zeit besteht darin, den Übergang von der Orientierungs- bzw. der Herkunftsfamilie („family of orientation") zur eigenen Fortpflanzungs- bzw. Zeugungsfamilie („family of procreation") zu schaffen. Insofern ist heute in einer solchen Betrachtungsweise eher von einer „Defunktionalisierung" der Vorbereitungs- und Übergangszeit *Jugend* zu sprechen, weil auf der einen Seite die Anfänge und insbesondere die Endpunkte von *Jugend* immer uneindeutiger und unklarer werden. Auf der anderen Seite wäre die Leistung von Freundschaftsbeziehungen, Gleichaltrigengruppen und Jugendkulturen darin zu sehen, wenn man trotz defunktionalisierender Aspekte dennoch funktionale Äquivalente zur Begründung mit heranzieht, dass jugendliche Praktiken als Ausdruck einer Auseinandersetzung oder gar eines „Kampfes um Anerkennung und Subjektivität" zu „interpretieren sind, in dem es darum geht, unter Bedingungen einer (diffusen und) fragmentierten Sozialität das Gefühl subjektiver Kohärenz und eigener Handlungsfähigkeit herzustellen bzw. aufrechtzuerhalten.

Die Problematik gegenwärtiger Heranwachsender liegt", so etwa eine zentrale These von McDonald (1999), darin, vor dem Hintergrund einer tendenziellen Enttraditionalisierung sozialer Lebensverhältnisse „in einer Phase der Aufweichung von Institutionen, eines Kaleidoskops von Mikrokulturen (ebenda, 1) und der dadurch bedingten Ungewissheit der subjektiven Bedeutung von Erfahrungen den vielfältigen Erfahrungen Sinn abzugewinnen und diese in eine halbwegs kohärente Selbstbildung zu integrieren" (Scherr 2004, 211). Schließlich gilt es auch Abschied zu nehmen von einer - sich erst zu Anfang des 20. Jahrhunderts durchsetzenden - einheitlich strukturierten Lebensphase *Jugend*.

Statt dessen sprechen wir mittlerweile im 21. Jahrhundert im Zuge einer mehrperspektivischen Kombination von jugendspezifischen Übergängen und Schonräumen, von Transition und Moratorium (vgl. zu den beiden Grundkonzeptionen für die Gestaltung der Lebensphase Jugend: Reinders 2003; Hurrelmann 2004, 42ff.) von einer De- bzw. Entstrukturierung, Biographisierung oder Individualisierung der Jugendphase. Es ist nicht zu erwarten, dass vor dem Hintergrund der Differenzierung, Pluralisierung und Individualisierung von *Gesellschaft* und *Jugend* eine Rückkehr zur „bürgerlichen Normalbiographie" erfolgen wird. Das Jugendalter ist in dem „Maße verschwunden, wie sich Jugendleben als Lebensform *fragmentiert* hat" (Herrmann 1996, 51). Die jüngste historische Entwicklung läuft auf ein „biographisches Paradox" hinaus: Die Lebenszeit, die von den meisten Jugendlichen vor dem Eintritt ins Erwerbsleben und der Familiengründung gelebt wird, ist immer länger geworden, während in der Jugendphase. (ehemals erwachsenbezogene) Unabhängigkeit und volle Gleichberechtigung angestrebt wird. „Persönliche Altersdefinition und gesellschaftlich zugeschriebene Altersrolle treten scherenförmig auseinander" (Zinnecker 1997, 489).

4. Entwicklungs- und Lebensbewältigungsaufgaben von Jugendlichen neu definiert – ein anderes Verständnis von fragiler (Patchwork-)Identität

Im Zusammenhang der Differenzierung, Pluralisierung, Globalisierung und Individualisierung von Lebensstilen und Sinnorientierungen im Rahmen gegenwärtiger gesellschaftlich-kultureller Lebensbedingungen darf man fragen, ob es nach der ersten Dekade des 21. Jahrhunderts noch gerechtfertigt ist, von individueller und sozialer Identität im strengen Sinne via Authentizität, Konstanz, Kohärenz, Eindeutigkeit und Einzigartigkeit zu sprechen - vor dem Hintergrund der eher kontingenten „Diskursarena Identität" (Keupp 1997a, 11ff.; 2005, 60ff.) der eigentlich prinzipiellen Unabgeschlossenheit heutiger tendenziell fragiler bzw. prekärer (post)moderner Patchwork-Identität. Vorstellungen einer „stabilen Identität, deren Entwicklung zu einem bestimmten biographischen Zeitpunkt" etwa des Erwachsenensein abgeschlossen ist „und die einer eindeutigen sozialen Verortung des Individuums entspricht," (Müller/Calmbach/Rhein/Glogner 2007, 137), wurden schon in den klassischen Identitätskonzeptionen des Symbolischen Interaktionismus (Mead, Goffman) aufgeweicht (vgl. zusammenfassend etwa Krappmann 1969). Schon dort wurde eine „Essentialisierung von Identität" bezweifelt. Sichtweisen und Balanceakte von Identität zwischen Fragmentierung und Kohärenz waren so gesehen schon im Symbolischen Interaktionismus angelegt und wurden Wegbereiter für historisch spätere poststrukturalistische und postmoderne Betrachtungen von Identität als Dezentrierung und Fragmentierung des Subjekts. Und inzwischen scheint es noch mehr als seinerzeit in der Identitätsdebatte um die Aufweichung oder Überwindung eines „Eindeutigkeitszwangs" und die „Ermöglichung von neugieriger Exploration von Realitätsschichten" zu gehen, die einer verkürzenden instrumentellen Logik unzulänglich sind" (Keupp 2005, 85).

In einer eher psychologisch orientierten Jugendforschung ging man lange Zeit relativ ungeachtet der soziologischen Thematisierung und Rekonstruktion über den globalisierten Strukturwandel der Arbeitsgesellschaft respektive der individualisierten, auch erlebnisorientierten Dienstleistungsgesellschaft und ungeachtet der mit diesem Wandel einhergehenden, strukturell erzwungenen Ausweitung und qualitativen Veränderung der Jugendphase (Böhnisch/Müller 1989, 305) etwa in bestimmten Varianten der Entwicklungspsychologie weiterhin davon aus, dass im Jugendalter zwar nicht nur endogen vorstrukturierte Triebdynamiken und idealisierte Vorstellungen von Reifungsprozessen (aufgefasst als Wachstum nach einem inneren, angelegten Plan, psychische Prozesse in den Dimensionen Kognition und Emotion als Bestandteil menschlicher Entwicklung) in den Mittelpunkt der Betrachtung gestellt werden, sondern seit einigen Jahren zusehends auch soziologisch angehauchte „exogenistische Sichtweisen" Eingang finden. Es wird also nicht mehr nur davon ausgegangen, dass *Entwicklung* ein innerpsychischer organischer „Reifungsprozess ist, der auf ein zumeist übersteigertes ideales Ziel hinausläuft" (Abels 1993, 40), sondern Entwicklung hängt maßgeblich von sozialökologischen Kontexten, von Sozialisationseinflüssen und von Rollenanforderungen und -erwartungen der Gesellschaft ab (ebenda, 348). In diesem Zusammenhang werden insbesondere auch subjektbezogene und handlungsrelevante sozialökologische Einflussgrößen im Rahmen der sozialen Interaktion zwischen „Person- und Umweltveränderungen" thematisiert. In diesem Sinne werden Kinder und Jugendliche betrachtet, die zwar motivationale Grundstrukturen und Handlungsimpulse etwa innerpsychisch selbst hervorbringen. Die psychischen Prozesse sind aber nicht per se als Ablaufschema verstehbar, sondern erfahren, bearbeitet und verwirklicht werden diese immer nur in Rückkopplung, aktiver Auseinandersetzung und Verbindung mit ihren jeweiligen Umwelten. Seit den späten 60er Jahren werden gerade auch in den entwicklungspsychologischen Ansätzen die allzu subjektiven und altersnormativen Tendenzen der Reifungs- und Entwicklungstheorien kritisiert. Stattdessen kam es jenseits lebensphasenspezifischer Erwartungen zu einer differentiellen Betrachtung der traditionellen Entwicklungs- und Reifungs- bzw. Mündigkeitskonzepte. *Reife und Mündigkeit* wurden als (Teil-)Zäsuren der Jugendphase (Mitterauer 1986, 46ff.) *dynamisiert, pluralisiert* und *destandardisiert, in soziale Teilreifen oder Teilmündigkeiten* (etwa Religionsmündigkeit, Schulreife, Berufsreife, religiöse Reife, Geschäftsfähigkeitsreife, Film- oder Kinoreife, Führerscheinreife, Wahlreife etc.) zerlegt, die zu verschiedenen Lebensjahren zugerechnet werden können, und nicht mehr als das „Ergebnis irgendeiner epochalen Beschleunigung oder Retardierung in der psychischen oder somatischen Entwicklung" aufgefasst, sondern die differenzierten Sozialisationsaspekte wurden zu entscheidenden Reifevariablen. Und Entwicklung wurde als „individuelle Entwicklung in einem spezifischen Kontext" von ganz heterogenen, komplexen sozialen und gesellschaftlichen Anforderungen gesehen (Abels 1993, 326 u. 361).

Darüber hinaus werden im Anschluss an die und im Umfeld der entwicklungspsychologischen Heroen Piaget und Kohlberg „konstruktivistische Stadientheorien" bevorzugt, die ihrerseits davon ausgehen, dass im Kontext einer komplexen Entwicklungslogik, in die Selbst- und Fremddefinitionen ebenso eingehen wie die soziale und psychische Verarbeitung der Triebdynamiken, Wünsche, Bedürfnisse und Vorstellungsbilder, und die von Stufe zu Stufe immer höherwertiger erfolgt, lebensphasenspezifische Entwicklungsaufgaben aktiv und produktiv vom Kind und vom Jugendlichen zu bewältigen sind. Dies geschieht im Anschluss an Piaget im Zusammenhang der Ausbildung von differenzierten und vielfältigen *Schemata* — in anderen (etwa sozialphänomenologischen) Theoriebezügen würden wir von *Typiken* oder *Deutungsmustern* sprechen. Während im Sinne Piagets die *Schemata* die Bedeutung auf Ereignisse der Umwelt durch *Assimilation* übertragen, werden sie im sogenannten *Akkomodationsprozess* gemäß der jeweiligen Bedeutung von Umweltereignissen verändert. Beide Dimensionen, die der *Assimilation* und der *Akkomodation*, weisen Aktivität und Prozessualität auf und bestimmen die Entwicklung jedes einzelnen in Form fortwährender *Adaption*. Und dieser *Adaptionsprozess* stellt eine zentrale handlungsbezogene Strategie des Subjekts in Beziehung zur Umwelt dar.

Entwicklung wird nun in neueren entwicklungspsychologischen und quasi sozialisationstheoretischen Ansätzen im Zusammenhang des interaktiven Verständnisses von *coping* noch stärker als bei Piaget oder Kohlberg fast soziologisch-handlungstheoretisch oder soziologisch-interaktionstheoretisch als „aktiv-prozessuale Handlung im Kontext" (Silbereisen 1986; Henneberger/Deister 1996, 19ff.) verstanden. Mit dieser theoretisch-kategorialen Vorstellung von und Hinwendung zu einem „produktiv realitätsverarbeitenden Subjekt" (Hurrelmann 1983; 1994; 2002; 2004, 26ff.; Hurrelmann et al. 1986; Hurrelmann/ Neubauer 1986) werden in diesem revidierten Subjektmodell der Entwicklung Jugendliche als - freilich in gewissen Grenzen - aktiv und kompetent Handelnde aufgefasst, die als „Akteure ihrer eigenen Entwicklung" (Lerner 1982), als „Gestalter ihrer eigenen Zukunft" (Ewert 1983, 54) und ihrer „Entwicklungsoptionen nicht nur als Nutzer vorgefundener Chancen" (Silbereisen 1996, 3) agieren und gerade nicht nur passiv auf vorhandene, vorstrukturierte, vordefinierte und vorgegebene starre Bedingungskonstellationen und *Entwicklungsaufgaben* antworten und reagieren. Hier geht es um eine partielle „Umschichtung von Prozessen der „Fremd"- hin zur Selbstsozialisation" (Zinnecker 2002; Lange 2003, 115). Jugendliche werden in einer Art dynamisierten „Selbstbildung" bzw. „Selbstsozialisation" als „Organisatoren ihrer eigenen Entwicklung" und „Lebensführung" gesehen (Zinnecker 2000, 272ff.; Griese/Mansel 2003, 29; Grundmann 2004, 21).

Auch das von der Psychoanalyse beeinflusste entwicklungspsychologische Modell von Erikson, das Jugend als Krise im Lebenslauf thematisiert und dabei einen normativen Zielpunkt der Jugendentwicklung voraussetzt bzw. annimmt - namentlich eine *gelungene Ich-Identität* herauszubilden -, betont den Anteil der aktiven Subjekt-leistungen in den krisenhaften Auseinandersetzungen. Eine solche letztlich teleologisch-erlösungsversprechende Logik, über *Urvertrauen* und *Autonomie* zur *Ich-Identität* zu gelangen, weist in Umrissen soziologisch-handlungstheoretische Bezüge auf. Ob jemand im Erikson`schen Sinne *Ich-Identität* erworben hat, bemisst sich vornehmlich auch an der Fähigkeit, dass in soziologischer Perspektive interaktives Rollenhandeln eingeübt worden ist und gekonnt wird. Das meint, dass man auf der einen Seite im Prozess des sogenannten „role-taking" gesellschaftlichen Rollenerwartungen nachkommen und gleichzeitig auf der anderen Seite eine prinzipiengeleitete und eine reflexive Distanz zu diesen Normen und Regeln gewinnen kann, um diese dann im Prozess des sogenannten „role-making" auch aktiv wiederum verändern zu können. Darüber hinaus geht man in einer solchen entwicklungs-psychologischen Perspektive davon aus, dass in der Jugendphase „mehr als jemals zuvor und nachher im Lebenslauf deutlich wird, dass Entwicklung nicht etwas ist", was sich gewissermaßen ohne Beteiligung und Zutun des Subjekts von selbst vollzieht.

Jugendliche sehen sich so gesehen in ihrer Biographie expliziten Entwicklungs- oder Moratoriumsaufgaben (verstanden als Entwicklungschancen und -behinderungen zugleich) gegenüber, die inter-aktiv angegangen und - wenn sie gelingen sollen - auch noch produktiv-sinnbezogen verarbeitet werden müssen (Henneberger/Deister 1996, 19). Das nicht nur auf individuelle Entwicklungen reduzierbare Modell der Entwicklungsaufgaben hat auch dazu beigetragen, dass die traditionellen idealistischen Reifungstheorien und ihre normativen Hintergründe, wo *Jugend* so etwas „wie das Substitut des idealen Selbst der Erwachsenen sein sollte" (Abels 1993, 21), endgültig zurückgedrängt wurden.

Schließlich sorgen auch Erwachsene und verschiedene Sozialisationsinstanzen und -agenturen in der heutigen Phase „plurizentrischer Sozialisation" (Rosenmayr 1989, 17) - so die Logik des klassischen entwicklungspsychologischen Modells der „sukzessiven Bewältigung von Entwicklungsaufgaben" - dafür, „dass solche Aufgaben (wie auch immer) bewältigt werden" (Oerter/Montada 1987, 276; Silbereisen 1996, 3), vor allem um den Status eines Erwachsenen einnehmen zu können..

Während für das frühe Kindheitsalter in entwicklungs-psychologischer Perspektive der „Aufbau des seelischen Vertrauens" („Urvertrauen"), des „sozialen Bindungsverhaltens, der Entwicklung der sensumotorischen Intelligenz und des vorbegrifflichen Denkens sowie die Entwicklung grundlegender motorischer Fähigkeiten und symbolischer und sprachlicher Ausdrucksfähigkeiten charakteristisch sind, sind es für die späte Kindheit die Entwicklung von Wissen, Moral und Wertorientierungen, der Aufbau von Konzepten und Denkschemata, grundlegenden Fertigkeiten in den Kulturtechniken und erste Schritte zur sozialen Kooperation von Altersgenossen" (Oerter 1985; Hurrelmann 2004, 27).

Für die Jugendphase und für den Übergang zum Erwachsenen als idealtypische Struktur in westlich orientierten Kulturen charakteristisch sind nun im Anschluss an Havighurst (1972) und Dreher/Dreher (1985) die folgenden alterstypischen (inzwischen aufgrund der Defunktionalisierung, Destandardisierung und Entkopplung der Übergänge in der Jugendzeit ein wenig in die Kritik geratenen) Entwicklungs- oder besser: Handlungsaufgaben, die freilich gesellschaftlich-normative Erwartungen beinhalten:

1. Akzeptanz der eigenen „körperlichen Erscheinung und effektive Nutzung des Körpers: Sich des eigenen Körpers bewusst werden. Lernen, den Körper in Sport und Freizeit, aber auch in der Arbeit und bei der Bewältigung der täglichen Aufgaben sinnvoll und angemessen einzusetzen.
2. Erwerb der männlichen bzw. weiblichen Rolle: Der Jugendliche muss seine individuelle Lösung für das meistens stereotype geschlechtsgebundene Verhalten und für die Ausgestaltung der Geschlechtsrolle auf der Basis des Anpassungsdrucks von Eltern und Peers finden.
3. Erwerb neuer und reiferer, zuweilen romantischer Beziehungen zu Altersgenossen beiderlei Geschlechts: Hierbei gewinnt, was die Integration angeht (Silbereisen 1996, 9), die Gruppe der Gleichaltrigen an Bedeutung" (Oerter/Montada 1987,. 276).
4. Lockerung, Ablösung und Gewinnung emotionaler Unabhängigkeit von den Eltern und anderen Erwachsenen und die Hinwendung zu tendenziell frei ausgewählten Peers: „Für die Eltern ist gerade diese Entwicklungsaufgabe schwer einsehbar und oft schmerzlich. Obwohl sie ihre Kinder gerne zu tüchtigen Erwachsenen erziehen wollen, möchten sie die familiäre Struktur mit den wechselseitigen Abhängigkeiten" möglichst lange aufrecht erhalten. Dieser Prozess der Umstrukturierung des sozialen Netzwerkes kann innerfamiliär zu Konflikten führen. „Konfliktstoff ist vor allem die Ausübung und das Ausmaß elterlicher Kontrolle, die sich auf folgende Bereiche erstreckt: Häufigkeit und Dauer des Weggehens, Umgang mit Peers, Orte der Peers, Relationen, Wertvorstellungen, Kleidung, Accessoires und Aussehen sowie Verwendung des Geldes" (Lenz 1988, 17).
5. Qualifikationsbezogene „Vorbereitung auf die berufliche Karriere: Lernen bzw. Qualifikationserwerb im Jugendalter zielt direkt (bei berufstätigen Jugendlichen) oder indirekt (in weiterführenden Schulen) auf die Übernahme einer beruflichen Tätigkeit und die soziale Platzierung im Gesellschaftsgefüge ab.

6. Vorbereitung auf Beziehungen, Heirat und Familienleben: Sie bezieht sich auf den Erwerb von Kenntnissen und sozialen Fertigkeiten für die bei Partnerschaft und Familie anfallenden Aufgaben. Die sogenannte postadoleszente Verlängerung der Lernzeit bis häufig weit in das dritte Lebensjahrzehnt macht im Zusammenhang mit dem säkularen Wandel von Beziehungs-, Arbeits- und Familienrollen allerdings auch neue Lösungswege notwendig.
7. Gewinnung eines sozial verantwortungsvollen Verhaltens: Bei dieser Aufgabe geht es darum, sich – zwischen den „Polen Individualität und Gemeinschaft" (Grundmann 2004, 32) und bei aller Autonomie und Persönlichkeitsentwicklung – insbesondere auch für das Gemeinwohl zu engagieren und sich mit der politischen und gesellschaftlichen Verantwortung des Bürgers auseinander zu setzen.
8. Aufbau eines stimmigen und lebbaren Wertesystems und eines ethischen Bewusstseins als Richtschnur für eigenes Verhalten: Die Auseinandersetzung mit Wertgeltungen in der umgebenden pluralen Kultur soll in diesem Lebensabschnitt zum Aufbau einer eigenständigen internalisierten Struktur von Werten als Orientierung für das Handeln führen" (Oerter/Montada 1987, 276).

Dreher/Dreher (1985) fügten diesen Entwicklungs- bzw. Handlungsaufgaben noch drei weitere hinzu, die ihrer Meinung nach zum entwicklungspsychologischem Verständnis der gegenwärtigen Lebenssituation von Jugendlichen abgemessen und notwendig sind:

1. Über sich selbst im Bilde sein (und auch bei widersprüchlichen Handlungsanforderungen und Handlungserwartungen ein relativ „stabiles Selbstkonzept" auszubilden), wobei Triebe und Affekte im Rahmen der Selbstkontrolle zu beherrschen sind und Mündigkeit als Persönlichkeitsentwicklung an Bedeutung gewinnt".
2. Aufnahme intimer und emotionaler Beziehungen zum Partner/zur Partnerin (Sexualität, Intimität). „Es ist darauf hinzuweisen, dass heterosexuelle Beziehungen (in einigen Fällen auch homo-erotische und homosexuelle Beziehungen (Hinzuf.: W. Ferchhoff) von Jugendlichen eine breite Streuung aufweisen und nicht mit genitaler Sexualität gleichgesetzt werden sollten.
3. Entwurf eines Lebensplans auf der Basis mehr oder weniger institutionalisierter Ablaufmuster von Lebensläufen. Entwicklung einer Zukunftsperspektive, die gern in eigene Regie genommen würde" (Dreher/Dreher 1985, 64).
4. Eine weitere, bisher noch nicht erwähnte Entwicklungsaufgabe, könnte etwa auch darin bestehen, dass Jugendliche ihre jugendspezifische und nonkonformistische „Lizenz zur Aufmüpfigkeit" zum Zwecke der gesellschaftlichen (Weiter-)Entwicklung und auch der gesellschaftlichen Adaption, Eingliederung und Integration aufgeben.

Es bestehen nun gesellschaftlich erwartbare und lebensmilieuspezifisch differierende Vorstellungen darüber, in welcher Zeitspanne diese altersstufenspezifischen Anforderungen und Aufgaben von den Jugendlichen bearbeitet und bewältigt werden müssen. Und erst im Anschluss an eine solche aktive ‚Bewältigung' ist im Sinne eines vollsozialisierten Subjekts ein gelungener Übergang in das Erwachsenenalter möglich. In dieser entwicklungspsychologischen Prozesslogik ist so gesehen der endgültige Übergang in das Erwachsenendasein erst dann möglich, wenn alle jugendaltersspezifischen Anforderungen bewältigt und zugleich die psychodynamischen Veränderungen sowie der Prozess der „inneren Ablösung" vom Elternhaus abgeschlossen sind. Auf der Grundlage solcher Annahmen kann einerseits gezeigt werden, dass beim Nichtgelingen der Koordination und Bewältigung von Entwicklungsaufgaben es durchaus zu belastenden Stresssymptomen und psychosozialen Kosten in der Jugendphase kommen kann (vgl. Neubauer 1990). Andererseits lassen solche Ansätze auch den Schluss zu, dass Jugendliche in der Regel häufig sehr innovativ mit den gesellschaftlichen Bedingungen und Anforderungen umgehen und sie für ihre Bedürfnisse auch (um)gestalten können (Coleman 1984; Offer 1984).

Obwohl das erörterte Modell der Entwicklungsaufgaben soziologische und sozialisationstheoretische Züge aufweist im Zusammenspiel zwischen sozialisierten subjektbezogenen Bedürfnissen und sozialen Erwartungshaltungen, sind diese entwicklungs- und sozialpsychologischen Überlegungen zur Jugendphase bei aller Relevanz für das heutige Aufwachsen von Jugendlichen immer noch zu enggeführt. Soziale Strukturen, materielle Lebensbedingungen und auch lebenswelt- und zeitbezogene Dimensionen werden nicht genügend berücksichtigt. Die Nähe und die affinen Einblicke in die komplexen Lebensverhältnisse der Jugendlichen zu Beginn des 21. Jahrhunderts fehlen. Und auch die (nicht nur geschlechts- und milieuspezifischen) ambivalenten und kontingenten Differenzierungen und Pluralisierungen heutiger jugendspezifischer Lebenslagen und Lebenswelten geraten nur ansatzweise ins Blickfeld. Noch bedeutsamer ist allerdings, dass selbst eine — um soziologische Dimensionen angereicherte - entwicklungs-psychologische Perspektive von Entwicklungsaufgaben den heutigen destandardisierenden, entstrukturierenden und entsubstantialisierten Tendenzen einer individualisierten, patchworkartigen Jugendphase nicht voll gerecht werden und somit dem soziologisch diagnostizierten Phänomen des Strukturwandels der Jugendphase (vgl. hierzu vor allem Kapitel *neun* in diesem Band sowie die tabellarische Übersicht zu den traditionellen und neuen Konzepten von Identität am Schluss dieses Kapitels) zu wenig Aufmerksamkeit schenken kann. Denn die strukturelle Aufweichung normativer Altersvorgaben und die flexible und zugleich fragile Identitätsentwicklung lässt neben der pädagogischen Stufung des jugendlichen Lebenslaufs auch die tendenziell chronologische Fixierung von Entwicklungsschritten, -abfolgen und -aufgaben im Kindes- und Jugendalter nicht unberührt (Zinnecker 1997, 493).

In der Jugendphase konstituiert sich erst das, was gemeinhin auch als sozialkulturelle Handlungsfähigkeit gekennzeichnet werden kann. D.h., dass es sich im Zuge genereller gesellschaftlicher Individualisierungsschübe und -tendenzen sowie damit zusammenhängend auch im Zuge der in den letzten Jahrzehnten zugenommenen „Vielfalt der Wahl- und Entfaltungsmöglichkeiten" (Jaide 1988, 258) in der Jugendphase um einen Lebensabschnitt handelt, der erst den mitwirkenden Entscheidungsspielraum für selbstsozialisatorische Prozesse, etwa für die Schul- und Berufslaufbahn, für die Beziehungsdynamik, für die Ehe und den Familienlebenszyklus, für die Wahl des Freizeit-, Medien und Konsumverhaltens, für die Wahl der Freundschaftsbeziehungen, der Arbeitsstelle, der Wohnung, des Wohnortes, der politischen, religiösen und alltagspragmatischen Einstellungen etc. eröffnet. Diese Individualisierungstendenzen haben allerdings oftmals auch einen hohen Preis; denn Jugendliche werden heute für ihre Verortung im sozialen Gefüge, für ihre Lebenskarriere weitgehend selbst verantwortlich gemacht.

Würde man die sozialkulturelle Handlungsfähigkeit in systemtheoretischer Perspektive als Persönlichkeitssystem auffassen, so handelt es sich, wie Rosenmayr konstatiert, „in der *Jugend* in stärkerem Maße um (ich-bezogene Verselbständigungstendenzen und) systeminterne Rückkoppelungen auf Grund von Umwelt-Kontakten, während in der Kindheit die Steuerung durch systemexterne Reglergrößen dominiert und die systeminterne Rückkopplung auf Verarbeitung der vorgegebenen (weniger selbstgewählten) beschränkt bleibt" (1969, 9). Silbereisen/ Eyferth/Rudinger (1986) gehen in ihrem Forschungsansatz „Entwicklung als Handlung im Kontext" der Frage nach, wie Jugendliche vorhandene Umwelten und Räume (Schulen, Kaufhäuser, Straßen, Freizeit- und Sporteinrichtungen und sonstige Areale) für sich im Entwicklungsprozess nutzen. Die Autoren haben qua Feldforschungen in „dichten Beschreibungen von Alltagskommunikationen" auf empirischer Basis bspw. mit Hilfe systematischer Beobachtungen und offener Interviews in Discotheken und Kaufhäusern herausgefunden, dass Jugendliche diese kontextbezogenen Settings dazu nutzen, um die Komplexität von Entwicklungsanforderungen zwecks lebenspragma-tischer Bewältigung zu reduzieren. Sie gehen also stärker von der Motivationslage und den gesellschaftlichen Konstruktionsleistungen der Jugendlichen - ohne die gesellschaftlichen Grundierungen zu leugnen - aus und weniger von der Annahme, dass Jugendliche von den vorfindbaren Normierungen und Strukturen allein abhängig sind. Hinzu kommt, dass die Idee von der „teleologischen Strukturierung" durch die anthropologische Einsicht gebrochen und relativiert wird, dass Subjekte als nicht-instinktgeleitete und daher umweltoffene, soziale Lebewesen in der Lage sind, gesellschaftlichen Erfahrungen und sozialen festgezurrten Vorstrukturierungen und Traditionen flexibel und lebenskompetent in aktiven Auseinandersetzungen im Hinblick auf Umgestaltungs- und Veränderungsmöglichkeiten zu begegnen.

Jugendliche können so gesehen in gewissen Grenzen durchaus als produktive Gestalter ihrer Entwicklungsaufgaben betrachtet werden. Sie können also diese nur dann *sinnvoll* erfüllen, wenn sie fremdsozialisatorische gesellschaftliche Bedingungen und Strukturen für sich jenseits „übergeneralisierter Individualisierungstendenzen" (Scherr 2004, 231) in einer Art gefühlten „subjektiven Kohärenz" oder „Lebenskompetenz" (Keupp 2005) ein Stück weit eigeninitiativ, selbstgesteuert, handlungskompetent und persönlich im Kontext tendenzieller Handlungsfreiräume erschließen.

Traditionelle Identitätskonzepte	Neue Identitätskonzepte
Relativ stabile gesellschaftliche Entwicklung mit tendenziell homogener nationaler Kultur in einer traditionellen Gehorsams- und Verzichtgesellschaft; relativ stabile soziale Verortung in einem „stahlharten", durch die moderne kapitalistische Wirtschaftsordnung vorgegebenen Identitätsgehäuse (Max Weber): Einbettung in geschlossene, verbindliche und festgelegte Systeme und Rollenstrukturen: Familie, Religion, Nachbarschaft, Vereine, Klasse, Schicht, Milieu etc.	(Post-)moderne (Arbeits-)Gesellschaften im Umbruch: Differenzierung, Pluralisierung, Individualisierung und Globalisierung, Flexibilität, Mobilität gehören immer mehr zu Normalerfahrungen in der Gesellschaft. Dynamische Arbeitsmärkte, Auf-weichung und Enttraditionali-sierungsprozesse von Familien-, Klassen-, Lebenslagen- und Lebensmilieustrukturen, Aufweichung traditioneller unverrückbarer Sozial- und Bindungsstrukturen. Pulverisierung kollektiver Solidarität
Normative Idee eines autonomen, selbstbestimmten, mit sich selbst identischen, kohärenten Subjekts.	Bastel-Identität, Patchwork-Identität, Dezentrierte Identität, Kontingente Identität, Chamäleon-Identität.

Traditionelle Identitätskonzepte	Neue Identitätskonzepte
Identität: Lebenslang gültiges Selbstkonzept auch durch alle Wechselfälle des Lebens hindurch; Einheitlichkeit, Eindeutigkeitszwang, Stabilität, Kohärenz, Kontinuität; Endprodukt eines kognitiven, psychischen und sozialen Entwicklungsprozesses von der frühen Kindheit über die Kindheit und über verschiedene Zäsuren der Jugendphase zum Erwachsenensein, der zumeist alters- und aufgabenspezifisch in bestimmten Phasen oder Stufen verläuft, die ihrerseits in der Regel alle mehr oder weniger chronologisch durchlaufen werden müssen.	Identität als aktiver, offener, vieldeutiger und reflexiver Prozess der Auseinandersetzung mit der Umwelt, mit den Strukturen und Systemen; ein ständiger Interpretations- und symbolischer Konstruktionsprozess, freilich nicht unabhängig von Strukturen sozialer Ungleichheit. Identitätsarbeit als permanente Eigenleistung und subjektive kreative Konstruktionsaufgabe im Lebens-vollzug. Zugewinn an indivi-dueller Gestaltungskompetenz; ständiges Aushandeln von Regeln, Normen, Wegen und Zielen, Verknüpfung und Kombination multipler Wirklichkeiten; individuelles Passungshandeln von äußeren und inneren Realitäten mit dem Ziel, im Kontext selbstreflexiver Prozesse Lebensentwürfe zu erproben, eigenen, „authentischen Lebenssinn" vor dem Hintergrund vielfältiger Sinnstiftungs- und Identitätsangebote zu entwickeln und ein „Gefühl der Kohärenz" zu finden (Keupp 2005, 89; Scherr 2008, 130).

Traditionelle Identitätskonzepte	Neue Identitätskonzepte
Homogenität über verschiedene Lebenswelten, Kontexte, Situationen, Strukturen und Systeme.	Fragmentiert, kontingent, hybrid, kurzfristig, kontextualisiert, eigene Ingroup und Kultur versus andere, fremde Kulturen, aber auch kulturelle Melange, Grenzüberschreitungen, Transformationen.
Nationalstaat mit tendenziell homogener Nationalkultur - mit lokalen Bezugselementen: Familie, Verwandtschaft, Freunde, lokale Netze, Peergroups.	Kulturelle Globalisierung durch medialen und virtuellen Austausch von Symbolen, Szenen und Identitätsschablonen, allerdings lokalisiert: Stichwort: Glokalisierung (Robertson).
Grundlage der Identität: Direkter Kontakt und direkte persönliche Erfahrungen, psychische Befindlichkeiten, innere Werthaltungen, interpersonale Kommunikation.	Ästhetische Stilisierung und Inszenierung Ausbildung und Ausdifferenzierung unterschiedlicher Lebensstile, Nutzung von Medien als symbolische Ressourcen, biographische Erzählungen und virtuelles Spielen in elektronischen digitalen Welten und Online-Portalen mit Identitäten (Ferchhoff 2009).

Tabelle 1

Zentrale Eigenschaften traditioneller und neuer Identitätskonzepte (ich orientiere mich in den Grundzügen vor allem an die Übersicht, wie sie Bucher/Bonfadelli 2007, 226 vorgelegt haben, erweitere diese um einige Gesichtspunkte).

5. Pauschale Jugendbilder und epochale Generationsgestalten

Noch zu keiner Zeit haben die „jüngeren Generationen" den häufig nur wenig reflexiv werdenden Lebenseinstellungen und oftmals auch mit einem Pathos oder Mythos versehenen Wunschvorstellungen der „älteren" entsprochen. Auch an den Jugendlichen nach dem ersten Jahrzehnt des 21. Jahrhunderts gibt es von vielen Seiten (und dies gilt nicht nur für die Eltern und die professionellen Pädagogen, Erzieher von Beruf und Ausbilder) gerade auch im Rahmen einer gut gemeinten unterstützenden Fürsorge und Anwaltsperspektive vieles auszusetzen mögen sich quasi fatalisierungs oder beschleunigungsrhetorisch die wehleidigen Klagen und Problemzuschreibungen auch notorisch wiederholen und zugleich verstärken. Man kann den Eindruck gewinnen, dass immer mehr und immer öfter in der Logik des „zunehmend mehr", des „immer problematischer, immer belastender, immer trostloser, immer krisenanfälliger, immer bedrohter, immer verunsicherter, immer pathologischer und kränker, immer gewalttätiger, immer süchtiger, immer schlechter werdend" verfahren und argumentiert wird.

Ob nun die jungen Menschen im 21. Jahrhundert in der Gesellschaft unseren Typs als von offensichtlich werdenden oder schleichenden Lebens und Zukunftsungewissheiten oder Sinnentleerungen bedroht oder als im großen und ganzen zuversichtlich gestimmt und als karriere und erfolgsorientiert bezeichnet werden, hängt in aller Regel am wenigsten von den Jugendlichen selbst ab. Ob sie als jugendliche Menschen angesehen werden, die sich für Autonomie, Kreativität und Individualität einsetzen, die tagtäglich versuchen müssen, über die Runden zu kommen und sich selbst zu behaupten (Böhnisch/ Münchmeier 1987, 51) oder die in Resignation, Gleichgültigkeit, Rausch und Gewalt versinken, liegt nicht so sehr an ihrem tatsächlichen jeweiligen Verhalten selbst.

Vielmehr kommt hier nicht zuletzt die in der gesellschaftlichen Öffentlichkeit und in den Massenmedien verbreitete Sicht der Beobachter *der Jugend* zum Vorschein zumeist noch Sichtweisen, die allzu bruchlos an die Selbstdeutungen, Weltbilder und die eigenen Jugenderinnerungen der *Beobachter* anschließen. Definitionen und Deutungen zur *Jugend* sind stets überformt von Etikettierungen und Jugendlichkeitsmythen der Erwachsenengesellschaft und sind heute vor allem sehr stark mitgeprägt durch eine eher spektakuläre, grelle und auf „auffällige Sonder- und Randgruppen" fixierte schnelllebige Medienberichterstattung. Die Urteile über Jugendliche sind so gesehen vielfach gefilterte Vorurteile und schlichte, problematische Projektionsfolien und Verallgemeinerungen, von denen sich Erwachsene selbst durch die Nähe zu und den täglichen Umgang mit Jugendlichen nicht so leicht abbringen lassen.

Wie ist aber *die Jugend* oder treffender: wie sind die *jugendlichen Lebenswelten oder Lebensmilieus nach der ersten Dekade des 21 Jahrhundert* wirklich? Können wir oder müssen wir gar von einer sozialwissenschaftlich orientierten Jugendforschung verlangen, dass sie jenseits von Pauschalierungen und Klischeevorstellungen im Kontext einfühlsamer Nähe und zugleich Distanz wahrend zu vorurteilsfreien und analytisch gehaltvollen sowie vor allem „gegenstandssensiblen" Deutungen und Aussagen über Jugendliche und deren Lebenslagen, Lebensbedingungen und -formen, deren Symbolwelten und -kulturen, deren Lebenseinstellungen, deren Hoffnungen und Ängste kommt? Um es pointiert zu formulieren: Kennt die inzwischen mit aufwendigen biographischen, ethnographischen und alltagsweltlich qualitativen und komplexen quantitativen empirischen Methoden arbeitende und von schnelllebigen Zeitströmungen abhängige sozialwissenschaftliche Jugendforschung eigentlich die *Jugend* bzw. die *jugendlichen Lebensstile, Lebenswelten, Szenen* und *die Jugendbilder*, die sie untersucht? Ich meine trotz der weiter oben formulierten Zweifel und Kritiken, um es vorweg zu sagen, in aller Regel, ja!

Das grundlegende Dilemma, das sich im Zusammenhang mit der Erforschung der alltäglichen Lebenswelten und der Selbstdeutungen der jungen Menschen ergibt, also dass wir das vorfindliche, kontextspezifische Geschehen, den Bedeutungsgehalt der Interaktionen und den sinnverstehenden Sachverhalt aus „der existentiellen Innensicht" der zu Untersuchenden - geleitet durch das theoretische Forschungsinteresse einer „künstlichen Quasi-Natürlichkeit oder Alltäglichkeit" im Zusammenhang eines offenen, flexiblen nicht hypothesengeleiteten Einlassens etwa qua Partizipation an Teilen der alltäglichen jugendlichen Sinnwelten (Honer 1996, 51f.) - erschließen, scheint neben der manchmal unzulänglichen Rekonstruktion des sinnhaften *Aufbaus der konstruierten Wirklichkeiten* von verschiedenen jugendlichen Lebenswelten und -milieus insbesondere auch in der Verwendung und Verwertung der Jugendforschungsergebnisse zu liegen. Anstatt zu differenzierter und pluraler Betrachtung und Deutung anzuregen, wie es die der Komplexität der Jugendphänomene meistens gerecht werdenden wissenschaftlichen Jugendstudien nahe legen, ist immer wieder zu beobachten, dass die auf anthropologischer, historischer, ökonomischer, kultureller, psychologischer und soziologischer Basis gewonnenen Ergebnisse der Jugendforschung medien und konsumwirksam multi-pliziert sowie politikgerecht vereinnahmt, verballhornt und zu neuen problematischen Verallgemeinerungen und Schlagworten reduziert, funktionalisiert und zurechtgestutzt werden.

Es bleibt nicht wirkungs- und folgenlos, wenn etwa auf der Grundlage des sich Berufens auf vermeintliche Expertenaussagen eine gesamte Generation von Jugendlichen pauschal als *skeptisch, altruistisch, unbefangen, kritisch, überzählig, pessimistisch, verunsichert, verwöhnt, hedonistisch, bindungslos, privatistisch, misstrauisch, zerstreut, egoistisch, unpolitisch* etc. definiert und damit verzeichnet und abgestempelt wird. Solche modischen Diagnosen, Etikettierungen und Stigmatisierungen von Jugendbildern beeinflussen oftmals ohne kritische Hinterfragung wiederum die öffentlichen Diskussionen und wirken sich schließlich auch im virtuellen und vor allem im direkten pädagogischpraktischen Umgang mit Jugendlichen aus. Dabei scheint neben der Nähe der Jugendforschung zu „medialen Verwertungs und Popularisierungstendenzen, zu politischem Legitimations und Kontrollhandeln" die theoretische, methodologische und institutionelle „Gemengelage, die eine kosmopolitisch enggeführte Jugendforschung in der Bundesrepublik Deutschland prägt, ... nicht ganz unschuldig an der immer schnelleren Erzeugung von Jugendbildern bzw. an der Auszeichnung immer neuer Generationen in kürzeren Abständen" (Dudek 1990, 11).

Dennoch: Spätestens seit den 80er Jahren des 20. Jahrhunderts ist im tendenziellen Gegensatz zu den allgemeinen Vermutungen, Dramatisierungen, Empörungen, Überhitzungen und Missbräuchen von Jugendforschungsergebnissen freilich nur auf Seiten der Jugendforschung selbst, aber gerade nicht bei deren Abnehmern in Politik, Wirtschaft, Medien und Öffentlichkeit eine den Verwendungs und Verwertungsaspekt in den Mittelpunkt des Forschungsprozesses selbst rückende vornehme Zurückhaltung geradezu augenfällig, was etwa Pauschalierungen und/ oder Generalisierungen zur *Jugend als homogene Sozialgruppe* betrifft. Wissenschaftlich seriöse Jugendforscher hüten sich, die auf sozialwissenschaftlicher Basis durch behutsame Einblicke in die vielen fremdgewordenen Lebenswelten der Jugendlichen und Szenen der Kids gewonnenen Deutungen und Ergebnisse stereotyp über einen Leisten zu schlagen. Nach dem ersten Jahrzehnt des neuen Jahrtausends zeichnet sich mehr denn je *kein* eindeutig abgerundetes Gesamtbild der *jungen Generation* ab, obgleich trotz vermehrter sozialwissenschaftlich vieldeutiger und vielgesichtiger Sensibilisierungen weiterhin gängige und schubladengriffige Generationstypologien über *Jugendliche* wuchern: *Postmoderne Schickimicki-Generation, postalternative Generation, Multimediale Generation, um ihre eigene Zukunft betrogene Generation, Cybergeneration, Yuppie-Generation, verwöhnte Generation, freizeit- und erlebnisorientierte Schonhaltungsgeneration, markenorientierte und markenbewusste Konsumgenration, fun- und thrillorientierte Erlebnisgeneration, individualisierte Generation, moralische Generation, enttradionalisierte und entritualisierte Generation, Generation Golf I und II, Generation Berlin, Generation Internet, Generation SMS, Generation @ Generation Praktikum und Generation Zeitvertrag, Generation?* u.v.m. Die in Deutschland seit 1994 in Mode gekommenen Termini *Generation X, Generation Y und Generation Z* deuten immerhin auf die Schwierigkeiten, die bei der Verwendung des Generationenbegriffs auftauchen. Allerdings zeigt sich auch bei diesen trivialen Generationskonstruktionen sehr schnell, dass hier die das öffentliche Bewusstsein und die öffentliche Wahrnehmung besonders stark beeinflussende Gruppierungen beschrieben werden, deren Haltungen generalisierend und stereotypisierend als allgemeine behauptet werden. „Solche von den Medien gern aufgegriffenen und aus ökonomischen Gründen ebenso gern verbreiteten Charakterisierungen beinhalten aber i.d.R. nichts anderes als nach jeweiligem Marktbedarf schnell wechselnde Generationsbilder" (Liebau 1997, 23f.).

Die Geschichte der westdeutschen bundesrepublikanischen Jugendforschung hat übrigens sehr deutlich gemacht, dass in der Regel Jugendforschung, wenn es um eine wirklichkeitsnahe, anschauliche Deutung und lebendige Erklärung von Jugendphänomenen, Jugendproblemen und Jugendkulturen ging, zeitlich mit ihren Ergebnissen immer weit hinterherhinkte. Ihre häufig in allzu abstrakten Termini ermittelten Befunde waren manchmal schon bei der ersten Veröffentlichung veraltet, was aber nicht dem mangelnden empirischen Instrumentarium der Forschungsdesigns anzulasten war. Die Jugendlichen waren stets ‚weiter' bzw. woanders und damit der jeweils aktuellen, ohnehin weitgehend nur politischadministrativen bzw. verbands und organisationsbezogenen Jugendforschung enteilt. Jugendliche Alltagskulturen und tatsächlich sich artikulierende jugendkulturelle Phänomene zeigten sich so gesehen oftmals ganz anders, als bspw. zeitgenössische Pädagogen, Soziologen und Philosophen darüber gedacht hatten, oder wie sie wollten, dass Jugend ist (Mitterauer 1995, 563), und wie Jugendpsy-chologien, Jugendsoziologien, Jugendanalysen bzw. studien vermeinten herausgefunden zu haben. Die Beiträge und (vermeintlichen) Erkenntnisse und Ergebnisse verschiedener wissenschaftlicher Diszipli-nen liefen häufig ins Leere.

Ungeachtet dieser hier exemplarisch am Fall der *Jugend* nur angedeuteten hoffnungslosen Überforderung von sozialwissenschaftlichem Wissen, wenn es darum geht, im Zuge der *primären Verwissenschaftlichung* sozialtechnologisch unmittelbares, voreilig anwendungsorientiertes oder unmittelbar handlungsanleitendes (etwa zur Bearbeitung, Behebung und Beseitigung von Jugendproblemen) Rezept oder

Problemlösungswissen für die politische, administrative oder pädagogische Praxis bereitzustellen, hat es stets Versuche gegeben, Jugendforschungsergebnisse auch ohne direkte außerwissenschaftliche Trägerbindung in politischer, verbandlicher, ökonomischer und heute auch vorwiegend in massenmedialer Absicht zu funktionalisieren. Distinkte Forschungsergebnisse über *Jugend* können aber im Kontext seriöser Forschungen kein direktes Handlungswissen in dem Sinne produzieren, indem sie etwa funktional zur direkten Lösung von Jugendproblemen eingesetzt werden. Die Logik der wissenschaftlichen Forschung ist eine andere als die der ökonomischen, politischen oder pädagogischen Praxis. Und dies hat zweifelsohne Auswirkungen auf den komplizierten Transfer von Wissenschaft und Praxis. Wie kann wissenschaftliches Wissen in der jeweiligen Praxis *verwendet* werden. Jugend-forschungsergebnisse können schon gar nicht dazu *verwendet* werden, Jugendlichen vorzuschreiben, wie sie ihr Leben gestalten und meistern sollen. Sie können allenfalls in dem Sinne *problemdeutende* Leistungen erbringen, indem sie zum Verständnis beitragen, weshalb Jugendliche so leben, „wie sie leben" (Heitmeyer 1986, 36). Und ungeachtet der Tatsache, dass wir im Zuge einer „sekundären Verwissenschaftlichung" in einer immer schon „soziologieerfahrenen Gesellschaft" (Beck/Bonß 1984) leben, in der auch sozialwissenschaftliche Erkenntnisse über *Jugend* nicht zuletzt via Medien „alltäglich" permanent aufgesogen und dabei als wissenschaftliche Erkenntnisse veralltäglicht, entdifferenziert, entwertet und zugleich unkenntlich werden, hat es insbesondere dann, wenn klassische Problemlöser wie Technik, Politik, Verwaltung, Polizei, Justiz, Religion, Pädagogik und Wissenschaft widersprüchliche „Lösungsangebote" bereitstellen und insbesondere dann, wenn ungeschriebene „Generationsverträge" fraglich und brüchig zu werden scheinen und wenn Jugendliche nicht mehr selbstverständlich und weitgehend problemlos in vorgegebene und vordefinierte erwachsene Lebensrollen, formen und zusammenhänge hineinwachsen, immer wieder viel beachtete sogenannte PanoramaStudien oder repräsentative Jugendstudien, empirisch-qualitative und alltagskulturelle Beschreibungen sowie theoretischökologische Erklärungsfolien des Jungseins als zeitgeschichtliche Momentaufnahmen jugendlichen Trendverhaltens gegeben.

Hinzu kommt, dass Jugendforschung in der Vergangenheit nicht nur viel zu wenig den Entstehungskontext, die Produktion, sondern vor allem auch den Verwendungszusammenhang, also die „Verwertung und Abnehmer ihrer Ergebnisse etwa durch politische Parteien, Jugendverbände, Industrie, Marketing und Werbung, Medien, Schulen, Kirchen, Wohlfahrtsverbände, Gewerkschaften, Bundeswehr, Institutionen der Erwachsenenbildung, Sportverbände etc. reflektiert hat" (Hornstein 1988, 35ff.).

So hat es bspw. in den über 60 Nachkriegsjahren der alten Bundesrepublik Deutschland paradigmatisch mindestens *zehn* (und als mediale und kulturelle Mythenbilder weit mehr) auch in der Öffentlichkeit bekannt gewordene zeitdiagnostische und epochaltypische Generationsgestalten bzw. Generationsbilder, die zuweilen universalisierend zum Typus einer ganzen Generation und zu einem nicht ganz unproblematischen „Wir-Gefühl" stilisiert wurden, im Rahmen von Jugendforschungsdebatten gegeben (vgl. hierzu auch *Kapitel sechs in diesem Band*).

Solche Mythen und Generationsstilisierungen, die sich die Gesellschaft immer wieder von ihrer *Jugend* machte, hatte es allerdings auch schon früher gegeben. Diese Phänomene sind den Historikern bekannt und stehen im Zusammenhang mit dem Aufkommen der „bürgerlichen Gesellschaft" im 18. Jahrhundert. Sie müssen von daher nicht auf den relativ kurzen Zeitraum etwa der (alten) Bundesrepublik Deutschland begrenzt werden. Die Konstruktion resp. die Charakterisierung epochaler Generationsgestaltungen geschah zumeist im Kontext von Generationen-Konflikten in einem komplexen Vermittlungsprozess spätestens „seit der Mitte des 18. Jahrhunderts immer wieder unter dem Eindruck herausragender realgeschichtlicher Ereignisse oder im Zusammenhang mit geistesgeschichtlichen Transformationsprozessen, die seismographisch die Spannungen zwischen den Lebensformen und Zukunftserwartungen der „älteren" und der „jüngeren Generation" deutlich werden ließen, freilich zumeist von Spannungen und Alternativen, die von der „jungen Generation" pointiert artikuliert wurden. So geschah es (vgl. zum folgenden Herrmann 1996, 42):

- durch die *Sturm- und Drang-Generation* im letzten Drittel des 18. Jahrhunderts, mit ihren enormen Problemen, von der Universität aus die Einmündung in eine „bürgerliche" Existenz zu finden (mit der Zwischenstation des Hauslehrers und wie etwa bei Hölderlin den Krisen und Schicksalen, die damit verbunden sein konnten);
- durch die *Generation der Befreiungskriege* zu Anfang des 19. Jahrhunderts und ihre Enttäuschungen in der reaktionären Politik der Ära Metternich;
- durch die die *BohémeGeneration (die 1848)* im europäischen Vormärz;
- an der Wende zum 20. Jahrhundert durch die *jugendbewegte* (sie nannte sich zum ersten Mal selbst so) romantisch-völkische *Generation der Wandervögel*, geboren zwischen 1880-1900, die sehr stark vom bildungsbürgerlichen Wertehorizont und Habitus des Wilhelminischen Kaiserreichs sowie von den fortschrittsoptimistischen wie technik- und zivilisationskritischen Vorstellungen, Denkströmungen und Fin-de-siècle-Stimmungen (Reulecke 1996a, 11; Mogge 2001, 307ff.; Herrmann 2006, 15ff; vgl. vor allem auch das *erste Kapitel* in diesem Band) beeinflusst war. Die paradoxale Struktur in der Wilhelminischen Ära beeinflusste auch die Wandervögel: In den diffusen Protestformen standen nebeneinander: der Antimodernismus und die „Hinwendung zur Moderne, kaiserliche Kunstpolitik und Sezessionen, Militarismus und Friedensbewegung, Technikbegeisterung und Wissenschaftskritik, Weltläufigkeit und borniertes Nationalismus, volkstümliche Sehnsucht in die Vergangenheit und Avantgarde, Frauenemanzipation und Minderheitendiskriminierung, Faszination der Großstadt und Sehnsucht nach „Natur", ästhetisches Raffinement und Sehnsucht nach dem „Echten", nihilistische Relativismus und Sehnsucht nach dem „Wahren", Irreligiosität und Suche nach den letzten „Wahrheiten", Spießbürgerlichkeit und Libertinage, Autoritätsfixierung und Anarchismus" (Herrmann 2006, 36). Am Ende ihrer Jugendzeit mussten die Wandervögel - ihrem inneren, schwärmerischen Streben folgend und vom idealistisch überhöhten Glauben und Wollen übermannt - erleben, zumindest was ihren männlichen Teil anging, dass in den „Schützengräben und Materialschlachten des Ersten Weltkriegs" ein grauenhaftes *Stahlgewitter* (so der 1998 verstorbene Ernst Jünger) über sie einbrach (Reulecke, 1996a, 12), während die *Jahrhundertgeneration,* geboren zwischen 1901-1912, als *Bündische Jugend* das Erbe des Wandervogels, das auch die „Kriegserfahrung nicht hatte zerstören können" (ebenda, 12), in der Weimarer Republik übernahm;
- und schließlich am Ende der Weimarer Republik durch eine „junge Generation", die in einer Zeit politischer Polarisierungen zwischen konservativer Revolution, Nationalsozialismus und Kommunismus und ökonomischer Krisen vor allem im Treibhausklima der späten 20er Jahre mit geistigen Berührungspunkten und Verstrickungen zur *Bündischen Jugend* und zur *Hitlerjugend* ihre einzige Möglichkeit, die Aussichtslosigkeit zu überwinden, darin sah, die ihnen, von manchen demagogischen Verführern zugewiesenen Utopien und überspannten Weltverbesserungshöhenflügen von einer *Generation der Enterbten zu einer heroischen Generation der Berufenen und Erwählten* (so Ernst Günther

Gründel, 1932) sendungsbewusst revolutionär in die eigene Hand zu nehmen; deren zündende Devise (von Gregor Strasser) lautete: „Macht Platz, ihr Alten!" (Muchow 1962; Hornstein 1966; Schock und Schöpfung 1986; Herrmann 1987a, 364; 1996, 42 und 46; 2006, 62ff.; Hafeneger 1995, 16ff.; Reulecke 1996a, 19ff.).

Der Generationenbegriff wurde dabei in der Regel nicht analytisch genug, eher *theoriearm*, zu *deskriptiv* und zu *pauschal* etikettierend verwendet, während die zeitliche Abgrenzung von Generationen sowie geschlechts, klassen, milieu- und geschlechtsspezifische Dimensionen im Rahmen einer umfassenden Theorie gesellschaftlichen Wandels kaum reflektiert wurden. Auch an das Reflexionsniveau, das der Generationsansatz im Anschluss an Dilthey (1883) und Mannheim (1928) bereits ereicht hatte, wurde nicht oder nur selten angeknüpft.

Für Mannheim bspw. war das in „empirischen Einheiten" zu fassende Generationskonzept noch eng an die Jugendfrage gekoppelt. Es ist so gesehen weder eine anthropologische Konstante oder biologische „Gegebenheit noch eine bevölkerungsstatistische Kategorie", sondern ein durch ein Geburtsdatum oder die „Nähelage der Geburten" bestimmtes soziales Konstrukt, eine Funktion gemeinsamer kultureller Symbole und zeitgeschichtlichsozialer Lagerungen. *Generationslagerung* (d.h. die Zugehörigkeit der einander verwandten Geburtsjahrgängen angehörenden Individuen zu demselben historischsozialen Lebensraum), *Generationszusammenhang* (d.h. die Partizipation an den gemeinsamen, oftmals schicksalhaften historischsozialen Problemen) und *Generationseinheit* (d.h. in einer sensiblen Prägephase die „gemeinsame Verarbeitung der historischen Erlebnisse und Erfahrungen dissonanzerzeugende Schlüsselereignisse und erlebnisse in weltanschaulich und politisch kohärenten Gruppen; vgl. Mannheim 1928, 170ff.; Fogt 1982; Liebau 1997, 20ff.) bilden die Grundbegriffe seines Konzeptes" (Krüger 1988, 213). Entscheidend für Mannheims Generationenkonzept ist nicht „die bloße *objektive* Zugehörigkeit zu einem Geburtsjahrgang bzw. einer Altersgruppe, entscheidend ist vielmehr die auch subjektive Zugehörigkeit zu einer Erlebnisgemeinschaft", die individuelle Sinnstiftung und Selbstverortung mit einem gemeinsamen „Generationenbewusstsein" (Liebau 1997, 20/21; Reulecke 1996a, 15). Zu den Voraussetzungen, dass sich Generationseinheiten herausbilden können, gehören etwa besondere

Kommunikationsnetze, „geschaffen durch entsprechende Organisationen und gemeinsame Treffen, Medien, Mitteilungsblätter, Zeitschriften, Kultbücher und häufig auch eigene Symbole, Rituale, Stil- und Sprachformen, „Begrifflichkeiten, besondere Arten der Traditions-bildung, spezielle Umgangsformen" (Reulecke 1996a, 16).

Auf diese Weise kann der Begriff der Generation etwa folgendermaßen definiert werden: einer Generation zugehörig ist die Gesamtheit von Menschen, die überregional über Primärgruppen hinaus in einem größeren Sozialverband durch ein gemeinsames Generationsbewusstsein, gemeinsame oder verwandte verhaltensprägende Erfahrungen mit biographischen Langzeitwirkungen, Wertvorstellungen, Einflüsse, Erlebnisse, Einstellungen etc. in einem sogenannten „kritischen Lebensalter" (in der Regel die „Prägephase" zwischen dem 16. und dem 25. Lebensjahr; vgl. Herrmann 1987a, 366) „miteinander verbunden sind und sich von einer älteren und/oder jüngeren Generation deutlich unterscheiden" (Schäfers 1989, 13f.). Eine Generation kann auch klassen, geschlechts und milieuübergreifend im Rahmen einer gesellschaftlich und sozial institutionalisierten Zeitlichkeit (Matthes 1985, 368) aufgefasst werden als „die Summe aller ungefähr Gleichaltrigen eines Kultur und Lebenskreises, die auf Grund ihrer gemeinsamen historischgesellschaftlichen Situation" zwar über unterschiedliche, zugleich aber auch über nahezu ähnliche *persistente cognitive maps*, Einstellungen, „Erwartungen, Motivstrukturen, Orientierungen", Deutungsmuster, Wertvorstellungen, Generationsgedächtnis usw. verfügen" (Griese 1982, 73).

Obwohl man zumindest in den Kreisen, die sich in seriöser Absicht mit wissenschaftlicher Jugendforschung beschäftigten, sehr genau wusste und auch regelmäßig nicht nur in den Vorworten zu den einschlägigen Jugendstudien darauf hingewiesen wurde (Dudek 1993, 305), dass es im pauschalierenden Sinne *die Jugend* gar nicht gab, versuchte man gegenüber allen klassen und schichtspezifischen, geschlechts-spezifischen, raum und lebensmilieubezogenen sowie gegenüber allen sozialkulturellen Differenzierungen dennoch freilich jenseits von Kausalableitungen und Determinationsverhältnissen universelle, den Geist und den Trend der Zeit repräsentierende Gesittungs-, Gesellungs- und

Ausdrucksformen sowie die natürlichen Weltbilder vornehmlich im Lichte einer „Anthropologisierung sozialhistorischer Tatbestände" (Krüger 1988, 208) von Jugendlichen als gegenüber früheren, zumeist dreißigjährigen Rhythmen kürzere historische und beschleunigte Abfolge von Generationswechseln - etwa von 10 bis 15 Jahren - zu kennzeichnen. Welche Dimensionen und Faktoren zur heutigen produktiven *Abkehr vom Generationskonzept* führen oder mindestens zum vorsichtigen *Gebrauch* ermahnen können, wird zusammenfassend von Jaide (1988) prägnant geschildert:

- „die Durchschlagskraft der Geschichte gegenüber dem Generationswechsel, der Jahrhunderttrends gegenüber den Dekadenwellen (strain of consistency) und zugleich die Unbrauchbarkeit von linearen Fortschrittsmodellen - Widerlegung des Fortschrittsoptimismus - mit eindeutigen Schritten und Folgen;
- die multivariate, mehrdimensionale und differentielle Lagerung der Jahrgangskohorten innerhalb ihrer Zeit und Gesellschaft;
- die Differenzen der soziostrukturellen Gliederungen und der Randgruppen innerhalb der universellen Systemstrukturen;
- das funktionale Wechselspiel zwischen jeweils Führenden, Folgenden, Resistenten, Indifferenten und Abseitigen sowie zwischen Eingliederung und Emanzipation;
- die Interferenzen und Antagonismen von Aufbrüchen und Bewahrungen und Beharrungen, Veränderungen und Regenerationen, Sättigung und Abbruch, Tradition und Innovation innerhalb derselben Kohorten, wobei die vielerlei Beweglichkeiten nicht oder nur selten zu einer Bewegung werden"; ohnehin scheint das Element der *Bewegung*, vor allem das Element des *Rebellischen* überbetont zu werden;
- die Instabilitäten und Inkonsistenzen in Einstellungen und Lebensweisen im Rahmen eher längerfristiger Tendenzen;
- die Macht der individuellen, lebenslauf- und lebensstilentscheidenden Schicksale bereits im Jugendalter;
- die zunehmende Entleerung von *Jugend* als Massenphänomen;
- die Fragwürdigkeit von holistischen, reifizierenden Konstrukten, wogegen Menschen und Gruppen aller Altersstufen und -klassen die Dynamik des Kohortenwechsels betreiben", und dass *die Jugend* insgesamt an der generationsspezifischen Stimmungslage teilhat;
- „der Missbrauch des Generationenkonzeptes durch Medien, Funktionäre oder andere Interessenten von Lehrmeistern, Erziehern und Ratgebern;
- das oftmals zugrundegelegte lückenlose Kausalitäts und teleologische Evolutionskonzept" (Jaide 1988, 294/295) und
- eine tendenzielle Umkehr des „pädagogischen Verhältnisses und der Generationenbeziehung" (Münchmeier 1997, 122).

Dennoch können jenseits dieser aufgelisteten Einwände mit aller Vorsicht und reflexiven Einsicht (was Erklärungs- und Prägungskraft, Reichweite und Verwendungskontext betrifft) Konzeptionen von Generationszusammenhängen, Generationseinheiten und Generationsgestalten, deren Angehörige sich in den Phasen sensibler Prägung durch ähnliche oder gleiche habituelle Lebensgefühle verbunden fühlen, relevante Ordnungsprinzipien darstellen, um die Vielfalt der Erscheinungsweisen von *Jugend* in einer historischen Epoche konzis zu bündeln und auf den Begriff bringen.

Die immensen „Beschleunigungsphasen des Generationenumschlags" (Knoll 1982; Weber 1987), die nicht nur *GenerationsFolklore* anzeigen, wie man- che Kritiker mutmaßen (Jaide 1988, 275), und in denen stets neue Generationseinheiten, Generationstypologien und Generationsstile einander ablösen, lassen sich hierzulande sehr gut infolge wechselnder, jeweils sich verändernder alltagskultureller Lebensformen und Lebensstile rekonstruieren, die freilich wiederum auf das Individualisierungstheorem verweisen. Die Generalvorstellung ist etwa die, dass in bezug auf das Aufwachsen sozialhistorische Veränderungen im Laufe der letzten Jahrzehnte vermehrt ein Prinzip zunehmender Wahlfreiheiten in fast allen Lebensbereichen und Möglichkeitsspielräume für Individualisierungs und Selbstverwirklichungstendenzen der Heranwachsenden nicht zuletzt angesichts der „Deinstitutionalisierung und Entritualisierung des jugendlichen Gemeinschaftslebens" (Mitterauer 1986, 236/237) eröffnet haben (vgl. Fend 1988, 167). *Jugend* scheint zu einer Phase zentraler „persönlicher Entscheidungen" geworden zu sein. Politischweltanschauliche Angelegenheiten, Schul, Berufs und Lebensstilentscheidungen wären sozialhistorisch betrachtet in diesem Kontext an erster Stelle zu erwähnen (Mitterauer 1986, 39). *Individualisierung bzw. Biographisierung von Jugend* ist ein nicht zu unterschätzender Grund, weshalb der *Generationsansatz* fragil zu werden scheint.

6. Jugendgenerationen in der Bundesrepublik Deutschland – revisited

Auch wenn Tücken und Unzulänglichkeiten in Bezug auf die höchst unterschiedliche Verwendung von Generationskonzepten bei Jugendlichen ausgemacht werden, kann es jenseits der infragegestellten Betrachtung der Einheitlichkeit der Jugend dennoch sehr aufschlussreich sein, die zentralen Jugendgestalten und Generationsbilder nach dem 2. Weltkrieg (vgl. etwa zu den Jugendgestalten vor dem 2. Weltkrieg; Ferchhoff 2000a, 32ff.; 2006, 117ff.; 2007a, 25ff.; 2009a, 71ff.) die über die innerwissenschaftlichen Debatten der deutschen, vornehmlich bundesrepublikanischen Jugendforschung hinaus eine bemerkenswerte Rolle gespielt haben, in periodisierender, historisch-chronologischer Folge noch einmal in Erinnerung zu rufen. Generation hier verstanden etwa als soziale „Formation bestimmter Geburtsjahrgänge, die durch spezifische Prägungen, Denk- und Handlungsmuster sowie durch ein vages Gefühl der Zusammengehörigkeit miteinander verbunden waren" (Siegfried 2003, 26). Dieser Durchgang (acht in Westdeutschland und drei prägende in der DDR, die *(Gründer- bzw. FDJ-)Aufbaugeneration,* die weitgehend mit einem miefigen Gefühl des Wohlseins und der Übereinstimmung des Systems ausgestatte *Integrierte Generation* und die nicht protestierende, sondern eher sich den hehren Werten der sozialistischen Gesellschaft verweigernde *Distanzierte Generation;* vgl. bspw. Lindner 2003, 33; Bude 1999, 14) wird uns nach der ersten Dekade des 21. Jahrhunderts im Medium und Spannungsverhältnis von vielen unterschiedlichen, selbsterzeugten symbolischen Subjektleistungen und der meistens imaginären Bearbeitung von strukturellen Konflikten (vgl. bspw. auch Stauber 2004) zu einem Crossover oder Szenenmix unter Einschluss immer neuer Retrowellen und Neos (Rink 2002, 3) mit fließenden Übergängen von postalternativen, patchworkartigen jugendkulturellen Lesarten und so betrachtet auch zu den globalen und zugleich lokalen Pluralisierungen, Differenzierungen und Individualisierungs-, Kulturalisierungs- und Selbstinszenierungs- bzw. Selbstbehauptungstendenzen von Jugend führen, hinter die man im 21. Jahrhundert nicht mehr zurückfallen kann.

Im Anschluss an die *Generationseinheit der Flak- bzw. Luftwaffenhelfer*, die noch in der Hitler-Jugend sozialisiert wurden (vgl. Schörken 1984; 1986, 326ff.; 1990; Wasmund 1986; Bude 1987; Ferchhoff 2007a, 33ff.; 2009a, 71ff.), sprach man in der unmittelbaren Nachkriegszeit schlaglichtartig vornehmlich im Zuge des nicht verarbeiteten, meistens nur abgelegten Nationalsozialismus (zumal die eingeschliffenen Strukturen der nationalsozialistischen Mentalität unsichtbar weiter wirkten; Schörken 1990, 148) und der verheerenden Kriegsfolgen und Nachkriegswirren zuerst von einer *Jugend ohne Jugend* bzw. von einer *suchenden und fragenden Generation* (Theodor Litt und Eduard Spranger), die aus verständlichen Gründen danach fragte, wie die unmittelbare Lebensnot zu überwinden und das (Über)Leben überhaupt weitergehen sollte. Deren Leben wurde im Endstadium des Dritten Reichs und auch nach der Zäsur 1945 bis zur Währungsreform 1948 wesentlich durch verheerende Kriegsfolgen und Nachkriegswirren geprägt. Sie lebten quasi in einer permanenten Ausnahmesituation, in der die Sorge um das bloße Überleben fast alle Kräfte band (Hunger, Zerstörung, Flüchtlingstrecks, etc.; Peukert 1989, 11f.).

Vor dem Hintergrund der Befreiung durch die Alliierten und totalen Niederlage Nazi-Deutschlands erlebten viele von ihnen ein rasches und lautloses In-Sich-Zusammenfallen des Führermythos und der zugleich engstirnigen und heroischen Weltsicht (Schörken 1990, 45) und waren vor allem - im Anschluss an ihre zumeist jugendliche Faszination für das faschistische System - enttäuscht und verbittert darüber, um ihre Kindheit und Jugend betrogen und von einem verbrecherischen System skrupellos funktionalisiert und ausgenutzt worden zu sein (Dudek 1993, 325). Sie flüchteten schließlich in einen entheroisierten, politikabstinenten geschichtslosen Pragmatismus (Bude 1987, 69). Die Not und Kargheit der ersten Nachkriegsjahre nötigte zahllose Trümmerkids früh dazu, sich jenseits geringer Beaufsichtigung durch Erziehungs- und Kontrollinstanzen durchzuschlagen und in vielen Bereichen quasi selbständig-erwachsene Rollen einzunehmen. In jenen Jahren gab es zunächst Lehrstellenmangel und hohe Arbeitslosigkeit, obgleich genug aufzubauen war. Es gab kaum funktionsfähige Schulen und vor allem männliche Erziehungsberechtigte fehlten oftmals, weil sie entweder auf den Feldern der Ehre gefallen oder verstümmelt, deprimiert, kaputt und unnütz zu Hause saßen. Zehntausende von Mädchen und Jungen lebten in Notunterkünften, ehemaligen Bunkern und Baracken. Für das tägliche Überleben wichtig waren Hamsterfahrten, Schwarzmarkthandel, Kohleklau und viele andere Arten halblegalen Organisierens (Lindner 1996, 34ff.). Relativ unumstritten und eindeutig war in jenen Jahren in politischer Hinsicht zunächst nur entweder eine zumeist nur institutionalisiert oktroyierte, antifaschistische politische Neuidentifikation mit dem Sozialismus für wenige im Osten oder eine grundständige Loslösung trotz alliierter Umerziehungsprogramme und demokratischer Ideologisierungsbemühungen von einer politischen Fremdbestimmung für viele im Westen. Das Misstrauen gegenüber der amtlichen Politik und die Abwehr alles Politischen (Dudek 1993, 323) war während der Besatzungszeit groß. Im Zuge eines umfassenden Autoritäts-, Sinn- und Vertrauensverlustes (Jugendliche ohne erwachsene, vornehmlich männliche Vorbilder) galt es für die meisten Jugendlichen nun endgültig vom glückverheißenden Missionsgedanken der Jugend Abschied zu nehmen. Der Traum vom „politischen Einsatz der jungen Generation" war zu Ende (Paetel 1960, 168). Und von politisch durchsättigten höheren Mythen, Weihen und Verheißungen der Jugend, die im Zuge der Restabilisierung des Glaubens an das Gute und Wahre (Abels 1993, 138) vor allem als pädagogisch und geisteswissenschaftlich-psychologisch ambitionierte hehre, wahrhaftige und teleologische Vorstellungen und Bestimmungen sich durch die gesamte erste Hälfte des 20. Jahrhunderts hindurchzogen, wollte mindestens im Westen Deutschlands von den Jugendlichen kaum einer mehr etwas wissen, obgleich viele Psychologen und Pädagogen sich nach dem 2. Weltkrieg geradezu anklagend wieder einmal auf jugend-verpflichtende, zeitlose, gefühlsintensive und schwärmerische

Ideale beriefen und den - von ihnen diagnostizierten - im Prinzip unjugendlichen jugendlichen Nihilismus bekämpfen wollten. Das sendungsbewusste Ansinnen und die Aufforderungen, eine neue, an idealistischen Idealen sich orientierende Jugendbewegung möge sich der „Wiedergeburt der deutschen Seele" annehmen, blieben übrigens in den Nachkriegsjahren auch weitgehend bei jenen jugendlichen Gruppierungen ohne große Wirkung, die noch tendenziell in den alten und übrig gebliebenen jugendbündischen, pfadfinderbezogenen oder jugendbewegten Milieus lebten (Klönne 1991, 97; König 2006, 263ff.; Krolle 2006, 294ff.).

Es gab in Westdeutschland nach 1945 kaum noch jugendbewegte bündische Lebensmilieus Die kleinen verschiedenen Restgruppen solcher Lebensmilieus gewannen zumindest keinen besonderen gestalterischen Einfluss auf die Leitbilder und Verhaltensformen von Jugendlichen in Westdeutschland. Auch eine Würdigung der Jugendopposition im „Dritten Reich" gab es in den großen Jugendverbänden kaum (Klönne 1991a, 305). Der Faschismus in Deutschland hatte gewissermaßen durch die Verwandlung der Jugendbewegung in eine totalitäre Staatsjugend auch die sozialen Grundlagen seiner oppositionellen Jugendbewegungen (Edelweiß-piraten, Swing-Jugendliche usw., die bis 1945 vom bestehenden Staat etwa im Rahmen nonkonformer und illegaler jugendbündischer Umtriebe als Pflichtverletzer und Wehrkraftzersetzer galten) weitgehend abgebaut.

Der deutsche Sonderweg des Wandervogels bzw. der bündischen Jugendbewegung überlebte direkt in den Nachfolgegruppierungen nach dem 2. Weltkrieg nur noch in einigen wenigen jugendkulturellen Randbereichen und Nischen. Ein letzter Versuch, die traditionellen bündischen Lebensgefühle, wiederum vornehmlich von Oberschülern und Studenten getragen, (Natursehnsucht, Zivilisationskritik, Wiederentdeckung des Volkstumhaften, Erlebnisgemeinschaft der Gruppe und autonomes Gruppenleben, Lagerfeuerromantik, romantischer Jugendkult, freigewähltes Beisammensein und Lebensgemeinschaft von Altersgleichen, inklusive der Selbstbestimmung der Leitung, die sich qua Leistung resp. besonderes Können zu legitimieren hatte, Autonomie gegenüber äußeren Einflüssen etc; vgl. Mitterauer 1986, 223.) im klassischen Sinne noch einmal in einer Art Neubestimmung zwischen „Fernweh und eigener Geschichtlichkeit" aufleben zu lassen, waren die - US-amerikanischen Folk-Traditionen aus Newport und die politischen Chansons aus der Kampagne gegen die Notstandsgesetzgebung und der Ostermarschbewegung aufnehmenden - Folk-Festivals in den 60er Jahren auf der Burg Waldeck (Knoll/Schoeps 1988, 7; König 2006, 275).

So gesehen konnte nach 1945 in Westdeutschland die bürgerliche Jugendbewegung nicht mehr ihre ehemalige Faszination und Ausstrahlungskraft entfalten. Eigentlich war ihr Ende schon nach der NS-Machtübernahme mit dem Verbot der Bündischen Jugend 1933 eingeleitet. Eine weitere große Zäsur erlebte sie dann noch einmal in den gesellschaftlichen, quasi überbündischen Umbrüchen („Festivals Chancon - Folklore" auf der Burg Waldeck und der späteren Studentenbewegung) in den 60er Jahren, gleichwohl der Streit um das Erbe im Kontext des Hohen Meißner direkt nach dem Kriege entfacht wurde und 1947 gegen Gustav Wynekens und Knud Ahlborns Vorstellungen, eine politisch dezidierte sozialistisch orientierte Freideutsche Jugend ins Leben zu rufen, zur eher lockeren Institutionalisierung ohne eindeutiges politisches Programm und Bekenntnis des Freideutschen Kreises aufflammte (vgl. Seidel 1996, 31ff.). Auch die organisierte(n) Arbeiterjugendbewegung(en) konnten - allen Revitalisierungsversuchen zum Trotz - nach dem Kriege nicht mehr jene dynamische Kraft und Ausstrahlungskraft zurückgewinnen, die sie quasi bis zum Ende der Weimarer Republik besaßen (Dudek 1993, 322). Allerdings gab es auch während der gesamten Zeitspanne unter nationalsozialistischer Herrschaft jenseits der Hitlerjugend und jenseits der Wehrmacht immer wieder Außenseiter und „kleine bündisch orientierte Gruppen: Katholische, jungevangelische, nationalrevolutionäre und proletarische Jugendgruppen, die im politischen Raum der „Illegalität", zuweilen auch des Widerstands auftauchten - bis die Gestapo sie unschädlich machte" (Paetel 1960, 146). Hinzu kamen immer wieder auch einige freizeitbezogene, informelle Jugendgruppierungen und Cliquen, die vor allem im Rahmen ihres leidenschaftlichen Freiheitsdrangs tiefe Abneigungen gegenüber dem disziplinierten schematischen Schulungs- und Drillbetrieb der Hitlerjugend hatten (ebenda, 144). In diesem Zusammenhang tauchte stets auch als Fremdetikettierung für die unorganisierten, wilden und rauen jugendlichen Gesellungen die Bezeichnung bündisch auf. Freilich hatten die Cliquenangehörigen lebensmilieuspezifisch und auch personell betrachtet kaum Beziehungen zur traditionellen bündischen Jugendbewegung (vgl. Kenkmann 1996, 343; 2002, 405ff.), obwohl verschiedene alltagskulturelle Stilmittel wie Kleidung, Liedgut, Embleme, Accessoires etc. sowohl aus dem Kontext und Repertoire der bündischen Jugendbewegung - z. B. des Nerother Wandervogels - aber auch der Arbeiterbewegung entlehnt wurden. In den Jahren 1937 bis 1941 wurde das Etikett *bündisch* in einer diskriminierenden Etikettierung zur dominierenden Außenbeschreibung für jugendliche Angehörige einer sozialmilieuspezifischen Jugendsubkultur vornehmlich im tiefen Westen im regionalen großstädtischen Arbeitermilieu, die außerhalb des offiziellen HJ-Betriebes in illegalen jugendlichen Cliquen in betont lässiger Kleidung auf Fahrt gingen, illegal zelteten, aufmüpfige Lieder sangen, in den Städten HJ-Pimpfe beschimpften und immer wieder in handfeste Auseinandersetzungen und Schlägereien mit den eigens auf sie angesetzten HJ-Streifendiensten gerieten. Festnahmen waren an der Tagesordnung. Im Kaiserreich und in der Weimarer Republik waren sie noch als Halbstarke und Wilde Cliquen und im ersten Drittel der NS-Herrschaft in den 30er Jahren als Navajos und Kittelbachpiraten in der Öffentlichkeit bezeichnet und von offizieller Seite ob ihrer Provokationen, Normabweichungen und Normverletzungen immer auch diskriminiert worden. Ab 1941 setzte sich dann im gesamten Rhein-Ruhr-Gebiet die Außen- und Selbstbezeichnung Edelweißpiraten durch (Kenkmann 1996, 356), die auch in der Nachkriegszeit bis zur Währungsreform 1948 beibehalten wurde (Kenkmann 2002, 405ff.). Die Auflehnung, die die informellen Gruppen der Edelweißpiraten, die sich unverändert aus der Arbeiterklasse rekrutierten, „gegenüber den Nazis beseelte, wandelte sich beinahe über Nacht" im Sommer 1945 gegen die alliierten Streitkräfte und „Besatzungsbehörden" (Kenkmann 1996, 271f.). Und neben den „Alliierten avancierten besonders die osteuropäischen und polnischen „Displaced Persons" zu ihren Gegnern, weil sie diese als Konkurrenten im Milieu der Bahnhöfe, Straßen und Plätze wahrnahmen." (Breyvogel 2005, 37). Mit dem Territorialprinzip, dem autoritären Machismoverhalten und der körperlichen Geschicklichkeit und Risikobereitschaft blieben die Edelweißpiraten in den traditionellen Bahnen und Strömungen der jugendlichen Arbeiter(sub-)kulturen. Indem sie auch „moralische Kontrollen der Rügebräuche gegenüber Mädchen einnahmen, die sich mit alliierten Soldaten befreundeten" (Kenkmann 1996, 301f.), schlossen sie an jugendspezifische Formen der Rügebräuche an (eine Art sitten-richterliche Tätigkeit jenseits der offiziellen Gerichtsbarkeit im Rahmen traditionaler Landgemeinden, die bspw. das „sexuelle Verhalten der Mädchen" überwachte und bei Abweichung nicht nur symbolisch verhöhnte und sanktionierte; vgl. Mitterauer 1986, 174). die sich historisch etwa in den lokalen ländlichen Jugendgruppen bis ins Mittelalter in Zentraleuropa zurückverfolgen lassen. Bei den Edelweißpiraten tauchte auch als Symbol schon die „Ziffer 88" auf, die in der Nachkriegsgeschichte des Rechtsradikalismus im Namen bestimmter rechter Skinhead-Milieus und vor allem im Kontext der Neo-Nazi-Szenen eine - den Nationalsozialismus bejahende - bedeutsame Rolle spielen sollte Die 8 steht in der Reihenfolge des Alphabets für das H und die 88 für das doppelte H. H. -„Heil Hitler" (Breyvogel 2005, 37).

Allerdings hatten die sozialmilieuspezifischen Jugendsubkulturen der Kittelbach- und Edelweißpiraten mit den schon ansatzweise amerikanisierten Jazzkompositionen, Swingmelodien und Hot-Jazz-Rhythmen vor und im Kriege und direkt nach dem Kriege kaum etwas zu tun (Kenkmann 1996, 358). Von daher stieß bei den Edelweißpiraten die in anderen Jugendkulturen wie beim Swing, Bebop, Rock`n`Roll etc. immer wichtiger werdende populärkulturelle Amerikanisierung an Grenzen.

Der Stil des frühen Jazz war vornehmlich mit der Bezeichnung New-Orleans-Jazz und u. a. auch mit dem Heroen „Louis Armstrong, and his Hot Five" verbunden, während Duke Ellington mit einer bestimmten Spielart des Jazz, einer rhythmisch stärker durchgebildeten

Swing-Musik bekannt wurde. Duke Ellington konnte allerdings als schwarzer Musiker mit seiner Swing-Musik die Rassenschranken noch nicht durchbrechen. Dies gelang erst, unterstützt durch Radio, Film und Schallplatte im Rahmen einer international sich durchsetzenden populären Unterhaltungsmusik, dem „King of Swing", dem weißen Benny Goodman in den dreißiger Jahren (vgl. Kater 1998; Breyvogel 2005, 20ff.). So gesehen kann im Gegensatz zum Wandervogel und zur bündischen Jugendbewegung, aber auch im Gegensatz zum zwar international ausgerichteten Scoutismus bei der aufkeimenden städtischen Swing-Jugend im nationalsozialistischen Deutschland von einem ersten internationalen Stil-, Mode- und Medientransfer pop- und jugendkultureller Machart gesprochen werden. Die (ausleihbaren und tauschbaren) Schallplatten und das Grammophon traten an die Stelle des Buches und wurden zu wichtigen gruppenspezifischen Erkennungszeichen. Mit diesen neuen Medien und dem modernen amerikanischen Rhythmus änderten sich auch die Lebensgefühle und Stimmungen dieser jungen Leute. Heute würden wir von Lebensstilen und Kultgegenständen sprechen. Die Swing-Jugendlichen im deutschen Faschismus rekrutierten sich insbesondere aus den gehobenen Gesellschaftsschichten oder den neuen städtischen Mittelschichten. Mädchen waren im eigenen Sprachgebrauch als „Hot Girls" nahezu den „Hot Boys" gleichgestellt. Hotten galt als eine übliche Bezeichnung des bevorzugten Tanzstils der Swing-Jugend, der auch schon mit der Aufweichung des Paartanzens Elemente individualisierter Tanzformen späterer Jugendkulturen vorwegnahm. Die typischen Swing-Cliquen präsentierten sich durch exzentrische, elegante Verweigerungsformen und ästhetische Provokationen (herabwallende Haartracht der Mädchen, Lidschatten, Augenbrauen nachgezogen, gefärbte Lippen, Fingernägel rot lackiert, lässiges Auftreten und mit (weiblichen) Reizen spielen; männliche Haarlänge bis 27 cm, man trug anglophile Kleidungsstücke, lange, karierte englische Jacken, auffallende Schals, Schuhe mit dicken, hellen Kreppsohlen, einen Regenschirm über den Arm gelegt bei jedem Wetter, einen Unger-Diplomaten-Hut; Peukert 1980, 203; Müller-Münch 1984, 1) öffentlich sichtbar in städtischen Räumen (Lokale, Kinosäle,

Plätze, Cafès), trafen sich bspw. vor und während des Krieges nicht nur im *Alsterpavillon*, im *Cafe Heinze* und dem *Trocadero* in Hamburg, dem *Melodie Club* und dem *Cafe Imerator* in Berlin, sondern auch in Freibädern, Stadtparks, auf Eislaufbahnen und in Privatwohnungen („Hausfeste"/„surprise parties"). Dort wurden, wie übrigens auch während des Fliegeralarms im Luftschutzkeller, auf dem (tragbaren) Grammophon von den Swing-Fans die begehrte englische und amerikanische Musik gehört. Für die Sicherheitspolizei der Nazi-Diktatur waren diese Swing-Jugendlichen allein wegen ihres snobistischen Benehmens sittlich und charakterlich verwahrlost - und somit „illegal". Beliebt waren Varianten des amerikanischen Jazz und Swing auch bei den sehr jungen 15- bis 16-Jährigen Luftwaffenhelfern, die zwar in den rigiden totalitären Organisationsstrukturen und Wertesystemen der Nationalsozialisten etwa der Hitlerjugend aufwuchsen und sozialisiert wurden, aber in dem ebenfalls sehr rigiden militärischen Ordnungssystem unter nationalsozialistischer Prägung während des militärischen Drills und mitten im "Totalen (Bomben-)Krieg" vom Frühherbst 1944 an einen nicht nur pubertären, lässigen und lockeren Anti-Stil" entwickelten, der unter sehr ungünstigen Bedingungen kleine jugendeigne Freiräume, Amüsement und Ausdrucksformen (längere Haare, Halstücher in gelb und rot kombiniert mit der Uniform, Entfernung des Hakenkreuzes von der Mütze, verbotene Anstecknadeln etc.) ermöglichte und kaum noch etwas mit der paramilitärischen stumpfsinnigen HJ-Mentalität, den pathetischen Parolen und dem HJ-Liedgut zu tun hatte. Der - verbotene - Jazz und die - gleichfalls verbotene - Swing-Musik spielten dabei als „Leitwährung" eine zentrale Rolle. Ebenfalls verbotene deutsch-sprachige BBC-Sendungen und die englischen propagandistischen „Soldatensender Calais" und „Gustav Siegfried Eins" waren die entscheidenden Medien, die den vornehmlich amerikanischen Jazz und Swing (Tommy Dorsey, Louis Armstrong, Benny Goodman, Glenn Miller, Lionel Hampton, Louis Prima u.v.a.m.) verbreiteten und von den Luftwaffenhelfern begierig aufgenommen und begeistert gehört wurden - selbstverständlich auch als willkommene

Entlastung vom alltäglichen Dauerdruck und den Zukunftssorgen (vgl. Schörken 1986, 326ff.; Lange 1986, 320ff; Pohl 1991, 241ff.; Arnu 1995, 10). Vom amerikanisch beeinflussten Jazz- und Swingstil führten im Genre der tendenziell klassenübergreifenden und populärkulturellen Stil-Zeichen und Unterhaltungsmusik deutliche international-globale Linien in die sich anbahnenden Freizeitgesellschaften der Nachkriegs-zeit. Nach dem 2. Weltkrieg trat der ohnehin schon seit den 20er Jahren jugendkulturell international wirksame us-amerikanische Jazz in allen Spielarten nicht zuletzt durch die US-Siegertruppen seinen weltweiten (vor allem in Westeuropa inklusive Deutschland) Siegeszug an. Amerikanische Radiosender, Clubs und Musikveranstaltungen verbreiteten den Jazz im größeren Stil - freilich überwiegend in den polierten Varianten der „Bigband-Sounds" und des Dixieland - als demokratieaffine Musik der Freiheit und des lässigen „American Way of Life", während die tendenziell intellektuellen Varianten des „Modern"- und „Cool"-Jazz vorzugsweise in den frühen 50er Jahren des 20. Jahrhunderts in den kleinen, aber feinen existentialistisch geprägten Studenten- und Gymnasiastenmilieus Eingang gefunden haben Nicht nur in Paris der 50er Jahre traten in einer Art antibürgerlicher Aufmachung und Haltung jugendliche Intellektuelle in den Espresso Bars, Hot-Clubs, Jazz-Kellern und Jam-Sessions auf den Plan, die mit Stoppelhaarfrisur/Cäsarenschnitt in einer unheimlich coolen, antispießigen Haltung als Existentialisten mit Camus, Greco, Sagan und Sartre, teilweise auch schon mit der amerikanischen Beatliteratur im Arm, Cool-Jazz in den Ohren sowie vornehmlich schwarz in schwarz, schwarze Rollkragenpullover, schwarze Hose, manchmal schon Jeans, Armee-Parka oder Duffle Coat, und schwarze dickrandige Brille trugen und Pfeife oder selbstgedrehte schwarze Zigaretten nach dem Vorbild des *Quartier Latin* rauchten. Mädchen in den boheme-orientierten Existentialistenmilieus bevorzugten kurze Haarschnittformen wie Jean Seberg, Pferdeschwanz oder einen Zopf auf der einen Seite oder Ponyfrisuren und trugen oftmals Ballerinaschuhe.

Etwa zur gleichen Zeit (in den 50er Jahren) breiteten sich in den USA - im Anschluss an einige wichtige Vorläufergestalten der sogenannten „White Negros" (Norman Mailer): die „Hipster" - weitere gegenkulturelle Strömungen aus. Für Mailer waren die Hipster amerikanische Existentialisten, die bspw. als Hobo oder Gammler in der Haltung von Mobilität zwischen Güterwaggons, von aktivem Widerstand aber auch latenter Rebellion einen extremen Nonkonformismus lebten. Insbesondere in den Boheme-Vierteln der alltagskulturell lebendigen Großstädte der Nachkriegszeit in San Francisco und New York, Chicago und New Orleans, aber auch in Paris und London war dies in der Melange zwischen schwarzer Kultur, Bohemienkultur und verschiedenen gestrandeten, buntscheckigen jugendlichen Abweichlern und Delinquenten zu beobachten.

In den USA und speziell in New York und San Francisco kristallisierte sich aus den diversen gegenkulturellen Strömungen eine sich selbstverwirklichende und das System herausfordernde und provozierende, vornehmlich weiße Gegenkultur in den frühen 50er Jahren heraus: die legendären - in der Geschichte der globalen Jugendkulturen, mit vielen Umwegen und zunächst auch Verzögerungen, sehr wirksamen - Beatniks. Mit den Protagonisten Allen Ginsberg, William S. Burroughs, Neal Cassady und Jack Kerouac zelebrierten die Beatniks vornehmlich von den Rhythmen des Bebop und den Blues-Gesängen inspiriert in Gedichten und Prosa einen, oftmals mit Alkohol und anderen Drogen unterstützt, gegenkulturellen Entwurf mit jugendlichem Elan zur Leistungsgesellschaft, zur Konsummentalität und zum schnöden Gewinnstreben. Mit Abenteuerlust und Freiheitsbestreben gegen die bürgerlich biederen, seriösen, verklemmten und spießigen (moralischen) Klischees, Konventionen und Verpflichtungen der kommerziellen Erwachsenen-welt in der Nachkriegsgesellschaft setzten sie sich mit Intensität und Ekstase einer Bewusstseinsrevolution, gerade nicht mit Musik und auch nicht mit großen politischen Demonstrationen zur Wehr. Und anders als bei allen späteren amerikanischen globalen Protestbewegungen (Rock`n`Roll, Rocker-, Studenten-, Flower-Power- resp. Hippie-bewegung, amerikanische Punk-, Grunge-, Hip-Hop- und Techno-Kulturen), die jeweils sofort im Anschluss an ihre jeweilige Genese nach Europa schwappten, dauerte es eine Zeit lang, bis die

Botschaft der Beat-Generation in Europa etwa in den (stark französisch geprägten) bürgerlichen Existentialistenmilieus und viel später vereinzelt etwa im Rahmen der nicht weit verbreiteten Gammlerbewegung Anfang der 60er Jahre ankam.

Helmut Schelsky's bahnbrechende soziologische Analyse zur Jugend im Anschluss an die deutsche Katastrophengesellschaft in den 50er Jahren gipfelte im Gegensatz zu der gesamten Pädagogenzunft seiner Zeit, die stets Jugend aus einer idealisierten Spekulation bzw. normativ-wünschbaren Ideologien etwa im Medium von psychologischen Reifetheorien und deren pädagogische Instrumentalisierungen und nicht im Rahmen gesellschaftlicher Wirklichkeitsverhältnisse betrachtete (Schelsky 1957, 101ff.), darin, dass er damals in einer *zweiten Jugendgenerationstypik* jenseits der kleinen Existentialistenmilieus (auch die amerikanische *Beat Generation, die Prototypen der „White Negros"*, wie Norman Mailer diese weißen Hipster später nennen sollte, hatte bis auf wenige Ausnahmen im Existentialistenmilieu in den frühen 50er Jahren kaum bzw. nur einen marginalen Einfluss auf die deutsche Jugend) vor allem für die berufstätige Jugend zwischen 14 und 25 Jahren von einer *skeptischen Generation* sprach, die sich zwar immer noch im Kontext des zwar zu Ende gegangenen, aber mentalitätsgeschichtlich nicht aufgearbeiteten, statt dessen verdrängten Nationalsozialismus und der Kriegsfolgen, allerdings schon mit eines(r) allgemein einsetzenden, in erster Linie wirtschaftlichen Aufbaus und bescheidenen Aufbruchstimmung der Nachkriegszeit jenseits von Politik und politischer Ideologien als im Riesmanschen Sinne außengeleitete Entpolitisierung und Entideo-logisierung des jugendlichen Bewusstseins (Schelsky 1957, 84) ausdrücken sollte. Mit deutlichen Absagen an die typisch idealisierte Jugendgestalt („sittliche Idealität der Person und Lebensführung" (Schelsky 1957, 62) der deutschen Jugendbewegung/*die „Generation der Jugendbewegten"* und an die monopolistische, kollektivistisch ideologische Sozialform der politischen (Hitler-)Jugend trat die *„Skeptische Jugendgeneration"* auf den Plan. Die „jungen Arbeiter und Angestellten" und gerade nicht die Oberschüler oder Studenten waren die strukturbildenden und verhaltensprägenden Figuren dieser Jugendgeneration

(Schäfers 2003, 34). Skepsis, Misstrauen, Kritik, illusionslos und nach außen orientierte Nüchternheit tauchten als Gegenbegriffe zur kompromisslosen Befolgung eines überhöhten Ideals und seiner Anforderungen, zur jugendbewegten selbstlosen Identifikationsbereitschaft, zur heroisch-heilsbringerischen Aufopferung und zur romantischen Innenweltorientierung auf. Auch hier lautete die Devise: bloß keine volksgemeinschaftlichen Mythen, keine moralisch-ideellen Weltanschauungen und Ideologien mehr! Der hohe Wirklichkeitssinn und die pragmatische Handlungseinstellung der *skeptischen Generation* waren durch sehr harte und glücklicherweise seltene Lebenserfahrungen erkauft: durch Krieg, Zerstörung, Not, Hunger, Vertreibung, vor allem aber via Ausbeutung ihres Idealismus durch ein ideologisches politisches System. Es entstand eine neue Jugend, die tendenziell in sozialer Sicherheit aufwuchs und Kriege und Gewalt nur literarisch oder via Medien kennen lernte. Einstellungen, die die wirklichkeitsfremde Weltverbesserung gerade im Sozialen und Politischen im Visier hatten, wurden erst in den 60er Jahren wieder aufgenommen (Abels 1993, 221).

Im Zusammenhang des Zusammenbruchs vieler sozialer Ordnungen wurde der Familienzusammenhang als letzter Stabilitätsrest und sozialer Halt in einer offenkundig sich auflösenden Welt empfunden (Schelsky 1957, 128), und so entstand eine den privaten Bereich und die aktive Lebensbewältigung betonende, politisch desillusionierte, ernüchterte, gründlich abgetörnte, zum Teil nicht nur bei Flüchtlings-jugendlichen Erwachsenenrollen übernehmende (vgl. Roeßler 1957, 439) und in ersten Ansätzen schon deutlicher und dezidierter als in den 20er Jahren (vgl. Kapitel 1 in diesem Band) eine, die existentielle Jugendnot hinter sich lassende Jugend des deutschen Wiederaufbaus, aber auch schon eine, jenseits von Autoritätsfixierungen und -strukturen die Selbständigkeit und Unabhängigkeit betonende, von Mode, Musik, Medien und Massenkultur mitbestimmte kommerzialisierte Jugend (Seewald 1988). Immerhin kündigte sich im Anschluss an die Swingjugend mit dem Auftauchen der Teenager- und Halbstar-kenkulturen in den 50er Jahren (die Entdeckung bzw. Erfindung des Teenagers fand allerdings schon 1944 in den USA durch Marketingprofis statt, denn Jugendliche zwischen 14 und 18 Jahren wurden, wie der amerikanische Kulturwissenschaftler und Medienjournalist Jon Savage in seiner detailgenauen kulturellen historischen Analyse von 1875-1945 in dem Band: „Teenage. Die Erfindung der Jugend 1975-1945" im Jahre: 2008 rekonstruiert hat, als neue attraktive wirtschaftliche Zielgruppe wahrgenommen) im Lichte von Mediatisierung, Kommerzialisierung, Technisierung und Internationalisierung, aber auch im Zuge der Aufwertung „kultureller Schlüsselobjekte" wie Musik, Medien, Sport, Fahrzeug, Tanzhalle etc. sowie im Zuge einer generellen Aufwertung der „alltagskultureller Gegenstände" wie Aussehen, Kleidung, Frisur, Körperhaltung etc. eine schrittweise Ablösung der moralisch-pädagogischen Codes - vor allem unterstützt durch amerikanische Idole der Populärkultur (zunächst Frank Sinatra als erster Superstar der amerikanischen, vornehmlich weißen weiblichen Teenager - 1944 kam in den USA das erste Magazin nur für Teenager „17" auf den Markt -, ein wenig später James Dean, tendenziell klassenübergreifend, Little Richard, Elvis Presley, Buddy Holly, Fats Domino, Bill Haley) - durch freizeitorientierte, spaßbetonende, hedonistische Lebensgefühle an (Lindner 1986, 282; Doderer 1988, 580; Lindner 1996, 45; Zinnecker 2002, 474; Breyvogel 2002, 446). Vor allem mit dem populär- und massenkulturell wirksamen amerikanischen Rock'n'Roll, aber auch mit den britischen Teds und den deutschen Halbstarken (ebenfalls Rock'n'Roller) erschienen gerade in nicht bohèmehafter, in nicht intellektueller und in nicht avantgardistisch-bürgerlicher Weise im Kontext massenmedialer und konsumorientierter Verbreitung weitere Sendboten „einer global wirksamen, kapitalistisch befeuerten Kulturrevolution", welche zunächst die jugendlichen Bewohner vorwiegend aus dem Arbeitermilieu der „westlichen Hemisphäre" - und in den 50er Jahren noch nicht über alle Sozialmilieugrenzen hinweg - nach-haltig „dauerverjugendlicht" haben (Lehnartz 2005, 72). Der Stil der Rock'n'Roller, der Teds und der Halbstarken war - wie bspw. schon in den proletarischen „Wilden Cliquen" der 20er Jahre, wie bei den Navajos, Edelweißpiraten, Meuten usw. in den 30er und 40er Jahren, angelehnt an bestimmte Traditionen der Arbeiterkultur - „ausgeprägt machistisch. Aber selbst in den

Erscheinungsformen des Rock`n`Roll (Tanz- und Kleidungsstile, Habitus) ließen sich immerhin schon „Züge einer androgynen Aufweichung oder Facettierung harter Männlichkeit ausmachen" (Maase 1992, 120). In den sich vornehmlich aus der Arbeiterklasse sich rekrutierenden proletarischen Jugendcliquen selbst spielten die Mädchen, wenn sie überhaupt zugelassen wurden und auftauchten, eine noch untergeordnetere Rolle als in den zeitge-össischen, eher bürgerlichen Jugendkulturen. Sie waren Anhängsel und auch Statussymbole der männlichen Anführer (vgl. Kuchert/Schilde 1985, 186). In den Rock`n`Roll- und Halbstarken-kulturen – und auch ein wenig später in den Rockerkulturen - wurden die mitwirkenden Mädchen in einer eindeutig subalternen und manchmal auch sexistischen Einstellung als *„Moped-Bräute", „Stammzähne"* oder *Sozius-Miezen"* bezeichnet und diskriminiert (Maase 1992, 134).

In der Mitte der 50er Jahre setzten sich neue Organisationsstrukturen von Jugend durch. Mit den Halbstarken und Teenagern wurde Jugend „im institutionellen Kontext von Freizeit- und Kulturindustrie organisiert." Zwei Typen von Großveranstaltungen erhielten Leitfunktion: Kinopaläste und die sich entwickelnde jugend-spezifische Musikszene. Auf Groß-Konzerten konnten Tausende von (Halbstarken-) Fans ihre Musik-Idole live erleben (Zinnecker 2002, 472). Während der oder im Anschluss an diese Rock`n`Roll-Veranstaltungen kam es wie bei den einschlägigen Kinofilmen oder im Umfeld der Rummelplätze von 1956-1958 zu jugendlichen emotionalen Ent-ladungen. Ausschreitungen, Straßen-Krawallen und vor allem sozialen Protestformen (vgl. etwa Kurme 2006) ohne dezidiert politische Pro-grammatik im lokalen öffentlichen Raum. Die Aktionsräume der Halbstarken blieben trotz aufkommender Mobilität durch Mopeds und Motorräder im Vergleich zu den heutigen auch überörtlichen Jugend-kulturen in der Regel regional und tendenziell wohnortsbezogen begrenzt. Die subjektiv eingeschätzte Programmatik der Halbstarken, die sich ausnahmslos aus den (groß-)städtischen Quartieren und tradi-tionellen territorialen Gesellungsformen der Arbeiterjugend (vornehm-lich Arbeiter und Lehrlinge, oftmals aufgewachsen ohne Väter; vgl. Krüger 1983, 79;

Grotum 1994, 110ff.; Zinnecker 2002, 468ff.) rekrutierten, bestand bspw. darin, im Anschluss an einen Kultfilm der Halbstarken („Außer Rand und Band") mal selbst in einer Art „emotionalen Entfesselung" „außer Rand und Band zu sein" (Breyvogel, 2002, 449: 2005, 40). Sie wollten jenseits des in ihr Alltagsleben stark eingrei-fenden und abhängigkeitsorientierten familiären und arbeitweltlichen Bezugs in der hoch- und wertgeschätzten Freizeit frei, mobil und hedonistisch sein.

In politischen Metaphern gesprochen handelte es sich um die sogenannte *unpolitisch-demokratische Adenauer-Generation* (Schelsky 1957, 451; Fogt 1982), um eine, sich der neuen demokratischen Wirklichkeit aufschließende, *pragmatisch desillusionistisch orientierte und politische Gleichgültigkeit neuen Stils praktizierende Generation* (Riesman 1958, 179), einer *Ohne-Mich-Generation* bzw. *Ohne-Uns-Haltung* - allerdings nur was den öffentlichen Bereich der möglichen Pflichten anging. Zudem hatte sich diese Jugendgeneration allein schon wegen der eigenen und auch der familiären ökonomischen Existenzsicherung lebensaltersspezifisch relativ früh ohne lange eigenständige Jugendwelt in beruflicher Perspektive den Organisationen der Arbeitswelt zu stellen (ca. 80% der 15-24jährigen waren in den 50er Jahren berufstätig). Somit fand eine zu jener Zeit unhinterfragt gebliebene nüchtern-pragmatische Anpassung an die wirtschaftliche Entwicklungsdynamik entfaltenden gesellschaftlichen Arbeits- und Lebensverhältnisse statt. Insofern war es auch nur konsequent, dass von den Jugendlichen im Funktionszusammenhang der modernen Gesellschaft, so etwa Schelsky (1957), ein wirklichkeits- und sachadäquates Rollenverhalten auf Erwachsenenniveau verlangt wurde. Die Grundeinstellungen zur Arbeit und zum Beruf waren nicht mehr nur klassenspezifisch ideologiedurchsättigt, sondern eher funktional und bestanden vornehmlich darin, dass Jugendliche nicht die totalen Sinnerfüllungsansprüche, sondern eher partikular die teilspezifischen Aspekte der Erwerbsarbeit im Rahmen ihres Lebensganzen betonten. Arbeit diente aber auch dazu, ihre fraglose Notwendigkeit anzuerkennen, freilich auch Zwecke und Mittel für Lebensziele und -bereiche außerhalb der Arbeit in Betracht zu ziehen. Es dominierten privater Rückzug, funktionales Arbeits- und Berufsinteresse, weniger inner-seelisches Berufensein zur und weniger Heroisierung der Arbeit, persönliches Fortkommen und Freizeitbezug. Der lebensprägende und stilbildende Typus der Jugend des bundesrepublikanischen Wiederaufbaus war nicht mehr der Gymnasiast, dem es in einer Art Privilegienstruktur vergönnt war, zwischen der Kindheit und der von Arbeitszwängen bestimmten Welt der Erwachsenen eine längere eigene Lebensperiode jenseits der Erwerbsarbeit, die seit der Jugendbewegung stets als pädagogisch wertvoll von den Pädagogen gefordert und unterstützt wurde, wahrzunehmen, sondern - ein wenig anders als in der DDR - der gegenüber totalitären Ideen der vergangenen Art immune, entideologisierte, auch nicht mehr klassenbewusste junge Arbeiter bzw. die junge Angestellte, die allerdings viel früher als die Jugendlichen aus den Mittelschichten in ihren arbeitsfreien Zeiten ein Bündnis mit der vor allem US-amerikanisch beeinflussten Kultur-, Freizeit- und Medienindustrie eingingen. Verbesserte materielle Lebensbedingungen und verringerte häusliche Verpflichtungen, Zunah-me von arbeitsfreier Zeit und verfügbarer Kaufkraft, nachlassende Bindewirkung proletarischer und bildungsbürgerlicher sowie tradierter ideologischer Milieus angesichts stetig wachsender kommerzieller Freizeitangebote (Maase 1992, 96) wie (Privat-)Partys mit Musik und Tanz, Kino, Kneipe, Eiscafé, Milchbar, in denen Gleichaltrige relativ unkontrolliert zusammenkamen (ebenda, 206), bildeten die Voraussetzung dafür, dass sich die Umrisse eines auch gegenüber der Weimarer Republik historisch neuen, eines generalisierten, quasi lebensmilieutranszendierenden Typs von Jugendkultur (ebenda, 96) abzeichneten. In puncto Medien (Schallplatten, Kofferradios), Kleidung (Petticoat, körperbetonte, enge schwarze Hosen, Schlabberpullover, Parka, Duffle Coat, Jeans, flache Schuhe), Frisur (Pferdeschwanz und Pony bei Mädchen, pomadisierte Künstlichkeit der Elvis-Tolle und des Entenschwanzes bei Jungen im zumeist unterschichtsbezogenen Halbstarken- resp. Rock'n'-Roll-Milieu und verschiedene Kurzhaarschnitte/ Bürsten/Stoppelfrisuren im Jazzkeller-milieu der Existentialisten und Cool- und Modern-Jazz-Fans bei Jungen), Tanzformen (Rock'n'Roll), Fan-Clubs, Körperlichkeit, Kosmetik (Make-up) und lässige Haltungen (ebenda, 205) bildete sich eine Teenagerästhetik des Flotten und Schicken heraus. Vor allem deutsche Musik- und Filmstars wie Freddy Quinn, Catharina Valente, Peter Kraus und Conny Froboess, aber auch internationale Ikonen wie Liz Taylor, Marylin Monroe, Sophia Loren, Claudia Cardenale und Brigitte Bardot, die einfach männlich und weiblich und nicht so fad waren wie die Mädels und Jungen von nebenan, wirkten zumindest latent erzieherisch. Und wenn Kirmes in der Stadt war, zog man in den unteren Klassen und Schichten zur Raupe, wo die neuesten Hits gespielt wurden, und wartete auf die Verdeck-Minute, zu der man hoffentlich den gewünschten Partner neben sich sitzen hatte und Erotik ins Spiel kam - oder man zog weiter mit - oder ohne - Kreidler zum Auto-Scooter oder zur Schiffschaukel, wo sich ein Mann noch wie ein Mann vorkommen konnte.

Eine *dritte* jugendspezifische Generationsphase wurde zu Anfang bzw. in der Mitte der 60er Jahre mit der von Viggo Graf von Blücher diagnostizierten *Unbefangenen Generation* umschrieben, die sich ihrerseits in sozialer Harmonie und Partnerschaft mit den inzwischen materiellen gesellschaftlichen Errungenschaften und den auf relativ hoher Stufenleiter sich vollziehenden, weiter ausdifferenzierenden Konsumgewohnheiten kulturaffirmativ nahtlos arrangierte, sich mit dem Normallebensentwurf von Familie, Arbeit, Freizeit, Leistung und Konsum problemlos identifizierte, zudem die gesellschaftlichen und politischen Zustände im großen und ganzen als demokratisch gerecht und als nicht grundsätzlich veränderungswürdige akzeptierte. Hierbei handelte es sich noch mehr als in den 50er Jahren um eine Generation, die das pragmatisch orientierte Bündnis zwischen Jugend, Schule und Beruf und der sich weiter entwickelnden kommerziellen Kultur- und Freizeitindustrie einging und dabei noch mehr als die Konsumpioniere der 20er und 50er Jahre den Eintritt in die kommerzielle Populär-, Jugend- und Freizeitkultur probte und dann auch lebte (Zinnecker 1987, 41). Viele Jugendliche entwickelten symbolisch-expressive Verhaltens-formen, um sich von der „Normalkultur" abzugrenzen, manchmal auch abzusetzen (Mühlberg 1999, 176ff.). Man wähnte sich zweifellos viel stärker in der Bundesrepublik Deutschland als in der Deutschen Demokratischen

Republik politisch und teilweise auch geistig-moralisch gesehen ideologiefrei, gegenwarts- und zugleich zukunftsorientiert und bediente sich unbefangen der zahlreichen Chancen und Möglichkeiten einer Wohlstandsgesellschaft auf allen Gebieten, ohne sich einseitig oder über Gebühr politisch und sozial zu engagieren (von Blücher 1966, 403).

Support und common sense gingen vor Skepsis und Emanzipation - bei starker Indifferenz bzw. privater Absorbierung. In Familie, Schule, Betrieb, Freizeit, Gesellschaft und im politischen System lebte man weitgehend - freilich nach wie vor mit erheblichen geschlechts-, milieuspezifischen und nach wie vor auch kulturellen Differenzen - auffällig unauffällig angepasst. Es war vornehmlich jenseits der Arbeit, teilweise auch außerhalb der Schule und Hochschule eine Lebejugend entstanden, die die materiellen Werte wie Verdienst, beruflich-gesellschaftlicher Erfolg im Rahmen der gesamten Lebensführung favorisierte. Sie hatte ihre Lebensvorstellungen und -erwartungen mit der Zuwendung zum Vergnügen und der Lust am Konsum sowie an dem unverkrampften Spaß an der Freizeit, Mode und den Medien (Kino, Jugendzeitschriften, Kofferradio, Plattenspieler, Fernsehen) gebunden. Schon Anfang der 60er Jahre beeinflussten Jugendliche qua konsumfreudiger Massen- und Populärkultur die jugendliche Züge aufweisende Kultur der Erwachsenen, so dass Friedrich Tenbruck (1962) von einem „Puerilismus der Gesamtkultur" sprechen konnte. Auch die relativ frühe Ablösung von der Herkunftsfamilie erfolgte zusehends über informelle jugendliche Gruppen und Cliquen und den lustbetonenden Freizeitbereich. Jugendliche Gruppierungen Jugendzeitschriften, Filme, Musik und Jugendmode wurden lebensstilprägend, schufen im Rahmen einer Vielfalt von Rollen neue Wert- und Normvorstellungen, ergänzten und ersetzten in größerem Ausmaß die ehemals gültigen Vorprägungen, Vor- und Leitbilder, Bindungsgefüge, Erziehungsvorstellungen und Deutungsmuster, die bisheriges Alltagswissen, Erziehung, Traditionen und Konventionen geliefert hatten (Luger 1991, 229). Aber noch ganz im konventionellen Sinne bestimmten und funktionierten dennoch vor allem in Schule und Arbeitswelt die sogenannten Sekundärtugenden wie Disziplin, Gehorsam, Fleiß, Pünktlichkeit, Anstrengung usw. Tüchtigkeit ging vor

Nichtstun, Integration vor Kritik, Konsens vor Konflikt, Zukunftsoptimismus vor Zukunftspessimismus (Jaide 1988, 315).

In der ersten Hälfte der 60er Jahre entstand *viertens* eine wiederum aus den USA und auch aus Großbritannien importierte Jugendkultur, die zunächst auf ihren Gitarren Rock'n`Roll Songs von Elvis Presley, Chuck Berry, Chubby Checker, Fats Domino; Bill Haley und Little Richard, aber auch den Mersey Beat der Beatles, (die weltweit zu Anfang der 60er Jahre, von 1963-1966, eine bis dahin, zumindest in der Größenoirdnung unbekannte musik- und popkulturelle sogenannte Beatlemania bei jungen, vornehmlich weiblichen Fans auslösten), Gery & the Pacemaker, Swinging Blue Jeans, Small Faces, The Who (die Kultband der Mods), Kinks, Rolling Stones etc. und auch der deutschen Gruppen wie The Lords, Rattles, German Bonds usw. in vielen Amateurgruppen nachspielten (Ferchhoff 2005, 422ff.; Rumpf 1996, 21) und in einigen Exemplaren als Gammler etwa im Rahmen der Schwabinger Krawalle 1962, auch in Leipzig gab es 1965 auf einer illegalen Kundgebung Auseinandersetzungen mit der Polizei zum Lizenzentzug von Amateurbeatgruppen (Wierling 1997, 223ff.), später dann in der zweiten Hälfte der 60er Jahre als Hippies und Flower-Power-Bewegung/Blumenkinder mit ihren inszenierten, nonkonformistischen Happenings in der Öffentlichkeit und auch schon in den Medien zu sehen waren. Mit ihrer Langhaarigkeit, ihrer wenig aggressiven Musik etwa von Grateful Dead, Janis Joplin, Pink Floyd und Jefferson Airplane, ihrem demonstrativen Nichtstun, ihrer, in der Öffentlichkeit zur Schau gestellten Konsumkritik und Konsumverweigerungshaltung, ihrer spezifischen, bewusstseinserweiternden Musik- und Drogenkultur – die Selbstfindung, das Versprechen und Suchen nach Entgrenzung, Sinnlichkeit, nach metaphysischer Erfahrung und Transzendenz - und ihrem Rückzug aus dem dominierenden bestehenden Gesellschafts- und Kultursystem schockierten und kritisierten diese jugendkulturellen Szenen allein mit ihrem Auftreten, zuweilen auch qua alternativer Musik-, Medien-, Konsum- und Alltagskulturen die herrschenden Norm- und Wertvorstellungen sowie die, mit krassen Heucheleien durchsetzten materiellen Errungenschaften einer aufkeimenden und sich auch durchsetzenden Wohlstands-gesellschaft (vgl. bspw. sehr dezidiert und in dichten Beschreibungen hierzu: Siegfried 2006; 2008). Zur gleichen Zeit und vor dem gleichen gesellschaftlichen Hintergrund keimte noch eine andere kritische, in ihrem Selbstverständnis reflexive, politisch ambitioniertere und dezidiertere jugendkulturelle Szene auf. Die maßgeblich von der außerparlamentarischen Studentenbewegung und Gymnasiasten beeinflusste *vierte Nachkriegsgeneration*, namentlich die *politische und protestbewegte* und wiederum an neuen, systemverändernden Weltverbesserungsideen, Gesellschafts- und Lebensutopien sich orientierende *kapitalismus-kritische Generation* oder anders ausgedrückt: die *68er-Studenten-Bewegungs-Generation* (Fogt 1982) war autoritäts- und systemkritisch, war an einer radikalen Aufklärung der Verdrängungsmechanismen der Väter-Generation im Nationalsozialismus beteiligt, orientierte sich in ihrem Protestverhalten zunächst an den antikolonialen und antiimperialistischen Unabhängigkeits- und Befreiungsbewegungen und lieferte sich mit den legendären, selbstberauschenden Ho-Ho-Ho-Chi-Minh!-Sprechchören und revolutionsromantischen Plakaten von Che Guevara (Bart, Basken-mütze, roter Stern) rituelle Straßenschlachten mit der Polizei. Zudem rekonstruierte sie von ca. 1967-1975 ideologiekritisch unter Zuhilfenahme der Kritischen Theorie und des Neomarxismus die Herrschafts-, Entfremdungs- und Verdinglichungsphänomene in allen Lebensbe-reichen. Vor allem wurde der Fetischcharakter sämtlicher Warenverhältnisse tiefenstrukturell aufgedeckt - hinein bis in den Fetischcharakter der Mode, der Musik und in die Regression des Hörens, gleichwohl es auch eine musikalische Protestkultur gab, die vornehmlich von amerikanischen politischen Folksängern wie Pete Seeger, Bob Dylan, Joan Baez, Phil Ochs, Tom Paxton und auch westdeutschen Lieder-machern aus dem Umfeld der Ostermärsche gegen die Atombewaffnung und aus dem Umfeld der überbündischen, politisch-jugendbewegten Festivals (Folk und Liedermacher) auf der Burg Waldeck von 1964-1969 wie Franz-Josef Degenhardt, Dietmar Süverkrüp, Hans Dieter Hüsch, Hannes Wader usw. (vgl. etwa Arbeitsgemeinschaft Burg Waldeck 2005, 313ff.), die wiederum auch das Ostberliner-Festival des politischen Liedes (inklusive der Ostberliner Hootenannies mit dem wohl bekanntesten Titel im Anschluss an den amerikanischen Song: „Which Side Are You On"; „Sag mir, wo du stehst" und der Singebewegung in der DDR in den 60er Jahren) beeinflussten (Kirchenwitz 2003, 6ff.). Schließlich attackierte die 68er Generation im Rahmen vieler unterschiedlicher politischer Aufklärungskampagnen die nach wie vor bestehenden krassen gesellschaftlichen Interessensgegensätze, sozialen Ungleichheiten und Ideologien sowie die in der Struktur des Gesellschaftssystems (Wirtschaft, Politik, Verwaltung, Medien, Familie, Kultur, Sexualität, Erotik, Konsum etc.) eingelagerten Zwangs-, Macht- und Herrschaftsstrukturen, die eine an der Bedingung der Möglichkeiten gemessene kollektive und zugleich auch individuelle freiheitliche Entwicklung und Selbstbestimmung der Menschen verhinderten. Attackiert wurden zudem das Biedermeierische der Wirtschaftswunderrepublik Westdeutschlands, die Tabuisierung des Körpers, die repressive Sexualmoral und die überlieferten konventionellen Lebens- und Wohnformen, die bürgerlichen Tugendkataloge sowie insbesondere die in ihren Vorstellungen biederen konventionellen Konzeptionen von Ehe und Familie. Nicht mehr der im Arbeitsprozess stehende junge Mensch, sondern der, vor allem von Pädagogen erzeugte und mit der Bildungsreform auf den Plan getretene, pädagogisch geschützte, schulisch Lernende mit gefiltertem, ja ge-bremstem Wirklichkeitskontakt wurde Modellfall jugendlichen Verhaltens (Schelsky 1975, XV). So gesehen fand im Zuge der Wirklich-keitsentfremdung nicht zuletzt aufgrund von moralischen Impulsen eine tendenzielle Rückkehr dieser Jugendgeneration wie schon in der gesamten ersten Hälfte des 20. Jahrhunderts zum politisch Ideologischen und Utopischen statt. Ein derartige Vision von einer neuen, verwandelten und besseren Welt sowie ein romantisierender, präbürgerlicher Traum vom Glück ohne Konkurrenz- und Leistungsdruck reichte vom Wandervogel über die bündische Jugend bis zu den Blumenkindern und den späteren ökologischen Bewegungen, Alternativbewegungen und Friedensbewegungen in den 70er und 80er Jahren, also den sogenannten neuen Sozialen Bewegungen (vgl. zusammenfassend: Roth/Rucht 1987). An die Stelle der romantisch verklärten

Welt aus Watte mit hypertrophierter pädagogisierter Unterstützung wurde dann allerdings die Revolution aus Büchern und manchmal aus Puddingattentaten, später dann auch aus Brandbomben und Maschinengewehren gesetzt (Schelsky 1975, XX). In den gesellschaftsbewegten Aufbruchstimmungen revoltierender Studenten mit den notorisch grünen Parkas, den Amikutten mischten sich auch psychedelisch durchtränkte Blumenkinder/Hippies mit Klamotten in grellen Farben, mit scheckigen Hosen und Hemden, mit bestickten Blusen und Westen sowie Afghanenmäntel aus Schaffell und Schmuck an den Fußgelenken (Poiger 2003, 23).

Im prinzipiellen Gegensatz etwa zu damaligen, vorwiegend die Jugendsoziologie stark beeinflussenden kriminalsoziologischen Auffassungen, in denen Jugend vornehmlich als Abweichungspotential oder schlichtweg als gesellschaftlicher Störfaktor betrachtet wurde, setzten sich allmählich statt dessen auch Auffassungen, Ansichten und Betrachtungsweisen durch, die Jugend im Zusammenhang eines gegenüber Erwachsenen gleichberechtigten Subsystems mit spezifischen jugendkulturellen Eigengesetzlichkeiten und Spielräumen des Eigenlebens als - wiederum jugendmythologisch überhöht - „Garant bzw. Avantgarde der Zukunft" oder als Schrittmacher sozialen Wandels anerkannten (Rosenmayr 1970, 224ff.).

Als die Ideologisierung der APO (außerparlamentarische Opposition) Ende der 60er und Anfang der 70er Jahre voranschritt und die Kapitalismuskritik philosophisch, ökonomisch und politisch holzschnittartiger und engstirniger wurde, traten verschiedene marxistisch-leninistische, stalinistische und maoistische Strömungen auf den Plan, die im Eisbad des rüden Poststalinismus jeweils im Medium verschiedener größenwahnsinniger Personenkulte um die absolute Wahrheit stritten und bis hin zur terroristischen Roten Armee Fraktion (RAF) bestimmte idealkommunistische, auch - zuweilen den real existierenden Sozialismus transzendierend - gewaltaffine Heilslehren (gegen Sachen und Personen) vertraten. Die ehemals hoffnungsvollen, zu neuen politischen Ufern strebenden, theoriegeleiteten praktischen Aufbruch-stimmungen der Protestjugend wurden dann spätestens seit circa Mitte der 70er Jahre praktisch vom Katzenjammer solcher politisch-radikalen Emanzipations- und überschäumenden Revolutionshoffnungen eingeholt. Im Zusammenhang des gesellschaftlichen Rückzugs zur alltags-kulturellen Innerlichkeit, Privatheit, Weinerlichkeit, Subjektivität, Ich- und Selbst-Bezogenheit etikettierte man *fünftens* die Jugend gegen Ende der 70er Jahre - ähnlich wie zwanzig Jahre später - sehr schnell als illusionslos, privatistisch, politisch abstinent oder einfach als selbstverliebt-narzisstisch. Im Zeitalter des Narzissmus (Lasch) war schnell der *neue Sozialisationstypus* (NST) kreiert (Ziehe 1975).

In der *sechsten Phase* der Nachkriegsgenerationen, etwa seit Ende der 70er Jahre wurde wieder einmal von einer krisengeschüttelten und problembeladenen bzw. problembelasteten Jugend gesprochen, die im Kontext massiver gesamtgesellschaftlicher Krisenszenarien zwar einerseits sehr stark von gegenkulturellen, alternativen und ökologischen Lebensvorstellungen und Lebensstilen (Alternativ-Generation) beeinflusst und geprägt, aber auch andererseits zugleich von Arbeitslosigkeit bedroht und von außerordentlichen hohen Zukunfts-belastungen und -sorgen, von Verunsicherung, Sinnverlust und Orien-tierungslosigkeit in allen Lebensbereichen geplagt wurde. Daher sprach man von einer verunsicherten oder geschockten Generation (Sinus-Institut 1983; Abels 1993, 428ff.). Verunsichert oder geschockt waren die Jugendlichen durch Erfahrungen wie Jugendarbeitslosigkeit, Numerus Clausus, durch den Streit um Kernenergie und Technik und durch die Konflikte um die Nachrüstung (Abels 1993, 434).

Jugend wurde gesellschaftlich in jener Perspektive dann und in dem Maße zum Problem, wenn und insoweit die in der Erziehung und Sozialisation vermittelten Orientierungen und Normen als subjektive Wertsysteme nicht mehr übereinstimmten mit den konkreten Erfahrungen (insbesondere auf dem Arbeitsmarkt), die Jugendliche hinsichtlich ihrer schwierigen Allokationsprozesse (von der Schule bzw. nach Abschluss der Lehre in den Beruf) machten.

Denn nach wie vor schien jenseits schulisch-laufbahnspezifischer und geschlechtsspezifischer Unterschiede für die meisten Jugendlichen, so wurde und wird bis heute zumindest von jenen sogenannten arbeitszentrierten (im Gegensatz zu den jugendkulturellen) Jugendforschern immer wieder festgestellt, Arbeit bzw. Beruf eine nicht zu unterschätzende Dimension und Prägekraft im Rahmen ihres gesamten Sozialisationsprozesses zu besitzen. Viele Jugendliche merk(t)en auf der einen Seite, wie entscheidend gesellschaftlicher Status und das Ausmaß der Teilhabe am materiellen und immateriellen Konsum immer noch weitgehend von der beruflichen Stellung abhängig war, die jemand erreichte. Sie wussten allerdings auch, dass auf der anderen Seite „die Trauben höher gehängt wurden, sprich: zum Erreichen einer interessanten Berufstätigkeit mehr individuelle Anstrengungen erforderlich waren und das Scheiternsrisiko selbst bei hohem Lern- und Ausbildungseinsatz gestiegen" war (Baethge 1988, 30). So gesehen waren nicht die Jugendlichen problematischer geworden, sondern schon eher die segmentierten und hierarchisierten Arbeitsmärkte und die gesellschaftlichen Lebensbedingungen, mit denen sich Jugendliche seit den 80er Jahren bis heute existentiell auseinandersetzen mussten. Viele von ihnen konnten von daher schon keine alternativen Lebensmuster herausbilden und arbeitsjenseitige Flausen im Kopf haben. In musikalischer Hinsicht war bspw. der geniale Dilettanten-Punk, der in der Anfangsphase mit wenig professioneller, einfacher, ungehobelter Live-Musik und aggressivem Pogo-Dancing aufwartete, im Gegensatz zu dem manierierten Pop und dem virtuosen Bombast-Rock in den späten 70er Jahren Ausdruck eines düsteren und kalten Lebensgefühls des No Future für viele Jugendliche. Zumindest jenseits von The Jam und The Clash, die nicht nur mit sägenden Gitarren, Abbrüchen, Satzfetzen und polternden Beats arbeiteten, sondern wirklich ausgefeilte Songs zustandebrachten (Rumpf 1996, 143), wurden die sagenumwobenen Rockgiganten und Rockklassiker entmystifiziert (Lau 1992, 59). Der Punk stellte ein wenig später in einer stilisierten Ästhetik des Hässlichen, der Armut und der Schäbigkeit noch einmal auf seine kraftvoll raue und rüde und die meisten Geschmacksnormen verletzende Art in demonstrativer Absicht die Perspektivlosigkeit der vermeintlichen Errungenschaften der Konsum- und Wohlstandsgesellschaft an den Pranger (vgl. Spengler 1985. 118f.). Die gespielten und gelebten anarchoaffinen Punknormen provozierten, faszinierten, karikierten und die Dampf ablassenden Fans suhlten sich zuweilen im subkulturellen Schmuddel atmosphärisch, mit warmen Flaschenbier, mit viel Schund, Müll- und Plastikaccessoires eines Wergwerf-Marktes. In ekstatisch-gelebter, respektlos-kritischer Absicht wurden das ideologische Werbedesign und der schöne Schein der Waren- und Konsumgesellschaft (vgl. Soeffner 1986, 334ff.; Greverus 1995, 196; Rumpf 1996, 135ff.) nicht nur im Umfeld der aufrührerischen Aktivitäten und Szenen der Hausbesetzer in den späten 70er Jahren und zu Anfang der 80er Jahre demontiert. Indem die Punks in den Fußgänger- und Hauptverkehrszonen der Innenstädte lagerten, provozierten sie die zivilisatorische Vernunft und zeigten sehr eindrucksvoll nicht nur an den Chaos-Tagen in Hannover seit den frühen 80er Jahren, die bis in die späten 90er Jahre reichten, wie schnell diese zu zerreißen war.

Die sogenannte *jugendliche Problemgeneration* der 80er Jahre hatte in großen Teilen wenig Grund zu optimistischen Lebensentwürfen, weder beruflich, noch politisch, noch privat. Große Teile der Jugendlichen, vor allem Haupt- und Sonderschüler und ausländische Jugendliche, erlebten in Westdeutschland sehr hautnah und drastisch, dass viel zu viele von ihnen da waren, dass zumindest der Arbeitsmarkt nicht alle aufnehmen konnte, dass sie überzählig waren und gesellschaftlich nicht gebraucht wurden. Aber auch andere jugendliche Gesellschaftsmitglieder mussten bittere Erfahrungen machen, dass selbst hohe Bildungsabschlusszertifikate keine Garantie mehr auf einen adäquaten und sicheren Arbeits- oder Ausbildungsplatz waren. Die prinzipielle Marginalisierung und Chancenlosigkeit bestimmter Altersjahrgänge gegen Mitte der 80er Jahre kann sehr gut exemplarisch anhand folgender biographischer Passage nachempfunden werden: „Geboren bin ich kurz vor dem Pillenknick, im Kindergarten gehörte ich zu den geburtenstarken Jahrgängen, in der Schule war ich ein Schülerberg, bei der Ausbildungsplatzsuche als Mädchen eine besondere Problemgruppe, an der Universität eine Überlast, auf dem Arbeitsmarkt zählte man mich zu den sogenannten unechten Arbeitslosen - zusammengefasst gehörte ich auch noch zu einer schwierigen demographischen Entwicklung. Kurz, wer immer außer meinen Eltern (wenn überhaupt) freut sich eigentlich, dass es mich gibt?" (Der Spiegel, Heft 6/1987 - ähnliche biographische Konstellationen stellen wir auch noch nach mehr als 20 Jahren später fest, obwohl von Bergen kaum noch die Rede sein kann; denn demographisch gesehen hat der Anteil der Jugendlichen an der Gesamtbevölkerung immer weiter abgenommen - seit Mitte der 90er Jahre bis heute 2010) werden in einem Altersjahrgang nur noch zwischen 650.000 und 700.000 Kinder in Deutschland geboren gegenüber 1.300.000 in den 80er Jahren).

Von daher konnte man auch etwa in der Mitte der 80er Jahre pointiert *siebtens* von einer *überflüssigen, heterogenen, unübersichtlichen* oder adäquater: von einer *gespaltenen Generation* sprechen - zumal ja nicht alle Jugendlichen auf Abstellgleisen in den bildungsorientierten Jugendherbergen, in den vielen Warteschleifen und Umschulungskursen und in ungesicherten Arbeitsverhältnissen ihr Dasein fristen mussten. Jugend wurde aber allemal und nicht nur im demographischen Sinne als ein Verteilungsproblem behandelt. Jugendliche wurden ganz so wie Kohle, Butter und Fleisch - in der EG-Überflusssprache - auf Halde produziert. Den marginalisierten Bodensatz des sogenannten Jugendberges bildeten Heimkinder, Sonderschülerinnen, Jugendliche mit fehlendem oder „schlechtem" Hauptschulabschluss, Jugendliche ohne abgeschlossene Berufsausbildung, vornehmlich ausländische Mädchen und türkische Jungen, behinderte Jugendliche etc. Die Jugendphase wurde für viele mit dem Erleben von hohen Anforderungen, beinharter Konkurrenz und Leistungsdruck jeder gegen jeden in Familie, Schule, Studium und Berufsausbildung zur Problembelastung, zur prekären unmittelbaren Lebensbewältigung und zur Selbstbehauptungsquelle schlechthin (Böhnisch/Schefold 1985, 111).

Gegen Mitte und Ende der 80er Jahre schien sich aber auch noch ein anderer, gegenläufiger Trend bemerkbar zu machen: die Zahl der Mausgrauen schien nicht nur als Medienereignis abzunehmen. Man sprach spätestens seit dem Ende der 80er Jahre *achtens* auch von einer *(post)modernen Schickimicki-Generation* oder *Yuppie-Generation*, die wenigstens in persönlicher, gegenwartsbezogener kurzfristiger Lebensperspektive Optimismus trotz nicht selten de facto No Future (Allerbeck/Hoag 1985, 148ff.; Ferchhoff/Neubauer 1997) verbreitete und auch verkörperte. Diese alerten Jugendlichen schätzten ihre eigene Zukunft - auch wenn sie über die möglichen Probleme ihrer zukünftigen Berufsfindung und Lebensperspektive sehr genau informiert waren und Bescheid wussten - optimistischer als die allgemeine ein. Die seinerzeit schon relativ hohen Arbeitslosenquoten brachten sie keineswegs in Panik; sie setzten auf Karriere, individuelle Leistung und Durchhalte-vermögen im Wettbewerb und trauten sich im Rahmen ihrer Möglichkeiten etwas zu. Sie entwickelten auch eine bewusste Neigung zu mehr Kompetenz und Qualität. Design und Stil gewannen an Bedeutung (Höfer 1987, 143). Die *Schickimicki-Generation* hatte sich dagegen aufgelehnt, zum doppelten Opfer degradiert zu werden - Probleme zu haben und auch noch ständig darunter leiden zu müssen. Sie hatte kein Vertrauen mehr in die großen prophetischen Würfe und Utopien - seien es welche der Marke Aufschwung. Apokalypse, heile Familienwelt, Endzeitstimmung oder ökologisch-nachhaltige Gesellschaft (Horx 1985). Es schien eben selbst für ökologisch durchtrainierte Moralisten und Aktivisten keine ‚Patentlösungen für alle Lebensfragen, keine Fahrstühle in die Glückseligkeit' (Höfer 1987, 43) zu geben. So konnte Schelsky`s Diagnose von der *skeptischen Generation* gegen Ende der 80er Jahre paradoxerweise Wirklichkeit werden. Denn die *Nach-68er- und Alternativgeneration*, die schließlich in die politische Institutionalisierung der Grünen mündete, war ja nur auf dem einen Auge skeptisch - sie war zudem auch ideologiedurchsättigt und glaubend, zutiefst in Utopien, große Gesellschaftsentwürfe, kollektive Emphasen und in eine zuweilen auch abgrundtiefe Moral verliebt. Und der vielbeschworene, manchmal auch gescholtene modische Narzissmus, so auch bei denjenigen, die ohne zu zögern vom Marxismus zum Hedonismus konvertierten, entpuppte sich bei näherem Hinsehen vielleicht nicht nur als trendsetzender Konsumrausch, sondern insbesondere auch als ein schlichter Mangel an visionärer Begeisterung, gepaart mit der Erkenntnis, dass vorangegangene Jugendgenerationen viele Erfahrungs-, Provokation-, Protest- und Sinnfelder schon besetzt hatten - denen man also nur um den Preis des Plagiats nacheifern konnte. Die einschlägigen rebellischen und schockierenden Gesten, Rituale und Krawalle waren schon ausprobiert, lagen schon vor, waren schon sattsam bekannt. Auch die Freiheiten und Freiräume gab es schon als vorfindbare Geschenke. Sie mussten nicht mehr erkämpft und erobert werden. Sie waren schon da. Vieles wurde aber auch schneller, hektischer, zerfahrener, robuster, materialistischer, zum Teil auch egoistischer.

In den seinerzeit schon coolen 80er Jahren gelangten die großflächig angelegten Reformentwürfe und Weltverbesserungsbotschaften an ein vorläufiges Ende (Faulstich 2005). Die großen sozialen Utopien waren nahezu verblasst, gleichwohl auch in den 80er Jahren des 20. Jahrhunderts es nach wie vor größere Restbestände *gegenkultureller, kritisch-engagierter jugendlicher Szenen* (Lenz 1986; 1988, 113ff.) gab, die auch nach dem ersten Jahrzehnt des 21. Jahrhunderts nicht vollends von der Bildfläche verschwunden sind. Mit ihren typischen bekenntnishaften, rousseauistischen Selbstdarstellungsformen, Verhaltens- respektive Lebensweisen, die nicht zuletzt auch durch die „körpersensiblen Eigenschaften" von (Textil)Materialien wie Leinen, Jute und Baumwolle sowie den „rauen, haarigen und fusseligen" Wollkleidungsstilen (vgl. Mattenklott 1988, 245) unterstützt wurden, bremsten in ihren alltäglichen Netzwerken und Mikrowelten den ansonsten in allen Lebensbereichen sich durchsetzenden totalen Siegeszug des einseitigen homo oeconomicus. Besonders auffallend waren in diesen kritisch-engagierten gegenkulturellen jugendlichen Lebensmilieus eine hohe verantwortungsbewusste lebensphilosophische Wertschätzung, teilweise aber auch Überhöhung des Guten, Vollwertigen, Gerechten und Sozialverträglichen: Hinzu kamen die pädagogisierenden Gebote, Belehrungen und Bekehrungen - manchmal sogar im diktatorischen Gewand. Umwelt (Umwelt-, Nahrungs- und Klimakatastrophen), Frieden, Überlebensprobleme, Betroffenenkultur, Radikalisierung des demokratischen Prinzips, kreative Lebenspraxis, Selbstorganisation und Selbstverwirklichung in Arbeit, Leben und Wohnen etc. stellen hier zentrale Dimensionen und Lebensperspektiven dar, obgleich die scharfen Konturen und Zäsuren eines *alternativen Lebens und Arbeitens* sich aufzuweichen begannen. In diesen vollbiologischen jugendkulturellen kritisch-engagierten Lebensmilieus für Öko-Ästheten kam es zu einer wärmespendenden neuen Sinnbezugs im Einfachen oder auch zu einer luxuriösen Bescheidenheit (der Konsum wurde nicht selten gerade auch im Medium eines selbstbewussten Verbraucherverhaltens munter weiter betrieben, nur *korrekt* umweltfreundlich und ökogerecht musste er eben sein). Puritanismus, Authentizität, Ganzheitlichkeit, Spontaneität, Überlebensprobleme, Emanzipation, echter Gemeinsinn und Befreiung des Menschen und immer mehr Bewahrend-Schützendes und Präventives für gesundes Ambiente, immer mehr Energiesparendes, immer mehr Kompostiertes und Recyceltes standen in der alltäglichen Lebenspraxis, die ihrerseits häufig ganz bewusst dem Druck der Selbst- und Dauerreflexivität ausgesetzt wurde, genau so hoch im Kurs wie ökologische Erbauung, kuschelsanfte und körpersensible Eigenschaften von Textilmaterialien wie Leinen, Jute, Wolle und Baumwolle, wie Erdgeruch, Handgestricktes, Biowindel, Rapunzel-Naturkost, Demeter-Wiezenkleie, Ahornsirup u.v.a.m., biologisch-dynamisches Wurzelziehen und Vereigentlichungszwang ökologisch und postmaterialistisch gewendeter Lebenssinnfragen. Hinzu kam in manchen dieser Kreise eine immer noch Nähe suggerierende und vermeintlich zu sich selbst findende Betroffenheitskultur, wo ständig versucht wurde, wehleidig und überpädagogisierend in den anderen einlullend hineinzukriechen. Diese Kulturreise in den emotionalen Innenraum des Ich' war nun keineswegs nur noch eine „Spielwiese für alternde Provinzhippies und immerwährende Alternativmütter", im Gegenteil, sie war inzwischen erheblich diffundiert und „mitten im Herzen der Alltagskultur der Gutmenschen angelangt" (Horx 1991, 87). Mittlerweile scheinen jenseits von Greenpeace, Attac, Robin Wood und No Logo diese *kritischengagierten Milieus* zu „vergreisen"; ihre, aus einer Mischung von diffus links, christlich-moralisch entrüstet, weihevoll und esoterisch bestehenden Protagonisten sind heute zum größten Teil die alten Kämpfer, die Birkenstockschuhe und wetterfeste Fjall-Räven-Jacken tragen, für die konventionelle Kosmetikindustrie längst verloren-gegangenen und fernsehabstinenten Öko-Papis und Müsli-Muttis der Bewegung - ihre

Kinder und Enkelkinder sind oftmals längst in anderen jugendkulturellen Milieus untergetaucht. Für sie wurden bspw. die kleinen Lebenswelten in einem ganz anderen Sinne als bei ihren Müttern und Vätern hochgeschätzt. Der Weg ging nicht selten von der Tiefen- zur Oberflächenstruktur. Oberfläche, Schein und Design wurden im Sinne von „Look und Trug" (Hoppe 1993, 16) wichtiger als das Sein. Lebensstile, Mode, Kleidung, Medien, Musik, Kosmetik, Styling, Accessoires, Selbstemblemisierungen aller Art und ein von Misstrauen gepanzerter Narzissmus schienen zumindest bis an das Ende des 20. Jahrhunderts bei dieser adretten, gut gekleideten *postalternativen Jugendgeneration* inzwischen jenseits mythologisch überhöhter Lebenssinnfragen lebensbedeutsamer und entscheidender zu sein als gesellschaftspolitische Problemstellungen, Analysen und Program-matiken (welcher Couleur auch immer), die sie nur anwiderten und langweilten.

Seit den 80er Jahren wurden große Teile der Jugendlichen immer mehr zu Freizeit-, Medien-, Musik- und Konsumprofis - und dies in weit größerem Maße als in den vorangegangenen Jahrzehnten des 20. Jahrhunderts. Das körperbezogene Outfit wurde euphorisch gefeiert. Gehätschelt und zum Fetisch wurde der kraftvolle, fettfreie, sonnengebräunte und spargelschlank-fittgestylte Waschbrett-Body, der zudem eine Art soziales Make-up garantieren konnte. Lebensstil, Fassade, Ich-AG und Ego-Placement mussten stimmen und dienten zur Image- und Prestigesteigerung. Inszeniert wurden und werden bis heute in nahezu allen Lebensmilieus und Lebensstilgruppierungen Eigentlichkeitsmarken, Authentizitätssignale und auffällige Duft- und Flaggensignale im Rahmen symbolischer Selbstdarstellungsformen (Soeffner 1997, 340). Ohne schulisch-beruflichen Erfolg, ohne fröhlich-optimistische Grundstimmung und ohne szenenspezifische und stilgemäße, extravagante und schicke Klamotten und Accessoires, wobei auch der Schmuddel und Ethnolook der frühen 70er Jahre im Edeldesign, aber auch im recycelten Design in den 90er Jahren getragen werden durfte, bist du nichts wert. Die *postalternative Fun-Generation* wollte einfach genießen und Spaß haben, sich selbst in Szene setzen. Sie verwies in ihren Ausdrucksformen auf sich selbst. Der Ausdruck der Freude und des Spaßes wurde radikal selbstreferentiell (Baacke 1999, 119). Sie war und ist es auch satt, einem Konsumverzicht oder einem moralisch-ökologischen Rigorismus des Alltags der Eltern, der Rübezahls und Naturapostel folgen zu müssen. Denn gerade auch das angstrhetorisch besetzte, gesundbetende, überfütterte und moralingeschwängerte ökologische Alltagshandeln der alternden Müslis und Alternativen, das in alle Poren des Alltags eingewandert und in bestimmten, bildungsaffinen Lebensmilieus generalisierend zur Grundmaxime des Handelns geworden war, verblasste und wurde von vielen Jugendlichen als neue penetrante Zwangsnorm - oftmals im Gewande von Freundlichkeits-Offerten - ihrer Eltern, Pädagogen, Politiker oder sonstigen Sinnvermittler und Sinnlieferanten erlebt. In den postalternativen Jugendszenen traten auch Diskurse und logische Argumentationsketten als Monopole der Sinnvermittlung in den Hintergrund. Sinn wurde uneinheitlicher, befristeter, aber viel intensiver über Tempo, Lebensart, Darstellung, Musik, Outfit, Symbole, Stile, Accessoires, Mode und Habitus ausgedrückt.

Auffällig war, dass dieser uneinheitliche Sinn auch noch anders vermittelt wurde - als wir es traditionellerweise gewohnt waren. Nämlich nicht mehr über aufklärerische Appellfunktionen wie Diskurs, Traktat, Diskussion, Demonstration etc., sondern zumeist über diskontinuierliche Geschmackskulturen und Ausdrucksformen wie Stilisierung, Inszenierung, Collage usw. In diesen *manieristisch-postalternativen Jugendkulturen* vermittelten sich i.d.R. auch nur kurzfristige fragile „Montage-, „Bastel- oder Patch-Work-Identitäten" (Ferchhoff/Neubauer 1997; Keupp u. a. 1999). Das idealtypisch formulierte Modell des „psychosozialen Moratoriums" im Sinne eines entwicklungsgemäßen Durchgangsstadiums zu einer „gelungenen" Identitätsentwicklung schien seine ungebrochene und allgemeingültige Passform zu verlieren. „Für eine immer größere Anzahl von jungen Erwachsenen zeichnete sich kein Ende des Moratoriums ab". Sie konnten von daher etwa in der Lesart von Erikson keine „reife" und „konsistente Identität" aufbauen und so gesehen „nicht erwachsen werden" (Keupp 1992, 103). Identität als ich-zentrierte Vergewisserung des eigenen Selbst und als Entwicklung zu einer abgeschlossenen und reifen Persönlichkeit schien nicht auf Dauer angelegt zu sein (Abels 1993, 553). Identitäten waren mehr als nur wechselnd-prozessuale Rollensegmente. Sie waren sind heute mehr denn je jenseits eines Synthesezwangs prinzipiell unabschließbar, höchst prekär konstruiert, werden kontextrelativ montiert und auch wieder abmontiert. Deshalb kam es in den Vorstellungsgehalten einer gelingenden Identitätsbildung auch eher zu einer Herausbildung einer postkonventionellen Identität, deren Verständnis darin gipfelte, dass jenseits vorgefertigter, korsettaffiner Identitätspakete inzwischen von Augenblicksidentitäten, von Identitäten für heute, von Identitäten bis auf wieteres (Bauman 1992, 694) sowie von einer produktiven, fragmentarischen Patchwork-Identität bzw. Vervielfältigung der Identitäten, resp. einer Erweiterung der Ich-Grenzen (vgl. etwa Keupp 1997, 291ff.; 1997a, 11ff.; 1999; Ferchhoff/Neubauer 1997; vgl. auch Tabelle 1 in Kapitel *vier* in diesem Band) ausgegangen wurde.

Nicht nur das *Innere*, das *Höhere* oder die *Tiefe* des unverwechselbaren Subjekts stehen hier im Zentrum, sondern das im gewissen Sinne durchaus *emanzipatorische Subjekt*, das sich eingedenk der Vorläufigkeit seiner Entscheidungen, es könnte ja auch anders sein (andere mögliche Entscheidungen werden im unmittelbaren Akt der Entscheidung zunächst ausgeschlossen, bleiben aber im Horizont der nicht getroffenen, unerschöpflichen Wahlmöglichkeiten stets präsent), als wandlungsfähige und variationsreiche Oberfläche präsentiert. Lebenssinn, Orientierungen und Selbst-Identität sind nicht mehr „abrufbar", sondern müssen ohne traditionell immer abgestützt zu sein in eigener Perspektive situationsbezogen erzeugt werden. Sie bleiben relativ, vorläufig und „stets revidierbar" (Helsper 1993, 354). Die Metaphern Oberfläche, Formen (statt Inhalte) und Stile (statt Wesen) sind so gesehen keine philosophischen Dünnbrettbohrer und Schimpfworte mehr. Was wirklich zählt, sind die marktwirtschaftlichen und Werbemedien des Designs. „Design oder Nichtsein"! Paul Valerys Ausspruch: das „Tiefste am Menschen ist seine (einsehbare) Haut", könnte noch am ehesten diese jugendphilosophischen Welt- und Leitbilder auf einen gemeinsamen Nenner bringen.

Ganz wie es gefällt, bediente und bedient sich bis heute diese hedonistische, postalternative Jugend - auch wenn sie in der ersten Dekade im dritten Jahrtausend durchaus, was Schule, Studium und Arbeit angeht, in der Mehrzahl leistungsbereit und leistungsorientiert ist – ungeniert aus dem differenzierten und reichhaltigen Arsenal und Warenkorb der Wahlmöglichkeiten und dem gigantischen Supermarkt der Stile in allen Lebensbereichen. Durch raffiniertes Arrangement, Kombinieren und Zitieren von historisch unterschiedlichen Stilrichtungen wurde und wird z. T. versucht, das prosperierende Ich-Finish aufzupolieren.

Selbst wenn ein großer Teil der Jugendlichen auch im Osten Deutschlands (sie verließen vor allem die jungen Frauen einfach den Osten gen Westen) schnell begriffen hatte, wie die für sie neuen, entnormierten, insbesondere die patchworkartigen und individuali-sierten Anforderungen (Schul-, Berufswahl, Lebensstil und Beziehungs- und Freizeitwahl) nach der politischen Vereinigung in den verschiedenen Lebensbereichen pragmatisch am besten zu bewältigen waren und bis heute sind (vgl. etwa Palentien/Pollmer/Hurrelmann 1993, 3ff.; Melzer 1992; Bolz/Griese 1995), konnten und können nach der ersten Dekade des 21. Jahrhunderts nicht alle Jugendlichen gleichermaßen an den Glücksversprechen und Verheißungen der individualisierten, - freilich immer noch jenseits spaßgesellschaftlich medialer Konstruk-tionen und jenseits vieler Ernüchterungen vermeintlich unbegrenzter Möglichkeiten - arbeitszentrierten Erlebnisgesellschaft teilhaben. Denn viele Jugendliche erlebten mehr als 20 Jahre nach der Wiedervereinigung - nicht nur - im Osten Deutschlands, wenn sie ihn - wie sehr viele - nicht gen Westen verlassen hatten, nach wie vor und meistens noch mehr als ihre Altersgenossen im Westen den Kampf um gesellschaftliche, soziale und persönliche Anerkennung, Zugehörigkeit und Identität im Rahmen einer hochambivalenten Mischung von Risiken und Chancen im Zusammenhang des Abschmelzens traditioneller orts- und sinn-bezogener Lebens- und Anerkennungszusammenhänge. Sie erlebten und erleben bis heute eine zuweilen enorme Diskrepanz zwischen den Wünschen und selbstgestellten Ansprüchen an ihre eigene Lebens-führung und Lebensstilwahl und den ihnen eingeräumten Möglich-keiten (biographiebezogene ökonomische Dauerkrise, immer noch hohe Arbeitslosenquoten, in vielen Regionen Deutschlands Lehrstellen- und Arbeitsplatzmangel im ersten Arbeitsmarkt, Konkurrenz- und Leistungsdruck wurden und werden als schwere Hürde und Last empfunden), diese Ansprüche und Erwartungen auch tatsächlich einzulösen.

Gegen Anfang der 90er in den USA und gegen Mitte der 90er Jahre nach Deutschland transportiert und herübergeschwappt entstand ein Phantombild einer *verzweifelten* und *verlorenen Generation ohne Gestalt, eine Generation X oder XY ungelöst* (Meyer 1997, 388). Vor allem durch den Roman *Generation X - Tales for an accelerated Culture* (1991) des Kanadiers Douglas Coupeland wurde ein bestimmtes, ultimatives sympathisches Looser-Lebensgefühl von Jugendlichen in der Öffentlichkeit und in den Medien vermittelt. Diese vermeintlichen und manchmal inszenierten coolen und hippen, unglücklich-depressiven Stimmungen der typischen jugendlichen Verlierer, die in sogenannten MC Jobs, worunter Gelegenheitsarbeiten bzw. einfache Hilfsarbeiterjobs auf unterstem sozialem und finanziellem Niveau zu fassen sind, ihr Lebensdasein fristen müssen und sich dabei paradoxerweise noch selbst verwirklichen, fand vornehmlich auch in den musikalischen Strömungen des Grunge etwa via MTV ihren Ausdruck. Mit den weltweit bekannten und Kultstatus erlangenden, häufig elegischen Songs, die vor allem jugendliche Arbeitslosigkeit, Armut, fehlende Zukunftsperspektiven, Gewalt, Drogen, Suizid, aber auch die kleinen Annehmlichkeiten und Statussymbole der Konsumgesellschaft thematisierten, traten Musikgruppen in der Tradition und Nachfolge des Punk-Rock aus Seattle wie Nirvana mit Nevermind oder Smells like teen Spirit, wie Alice in Chains mit Junkhead, wie Pearl Jam mit Alive und Soundgarden nicht nur in die grungespezifische Öffentlichkeit. Zudem sollte mit dem unspezifischen X u.a. darauf hingewiesen werden, dass hier das X als unbekannte Variable dienen (Epstein 1998, 19ff.) und signalisieren sollte, dass jenseits eines festgeschriebenen Typus von Identität sich „diese Generation auf eine andere Art generierte, als erwartet wurde" (Meyer 1997, 391). Unkalkulierbarkeit und Unbe-rechenbarkeit wurden dann auch den jungen, unheimlichen Konsu-menten der *Generation X* von hippen Trend-Scouts, Marketingexperten und Medien- sowie Lebensstilforschern zugeschrieben.

Nicht zuletzt angesichts vieler wechselseitiger Beeinflussungen und Überschneidungen etwa in Lebensstil- und Lebensmilieufragen ließen sich eindeutige Jugend- und Generationszuordnungen zu Anfang des 21. Jahrhunderts kaum noch ausmachen, gleichwohl sich in Umrissen am Horizont ein zarter empirischer Trend abzeichnete, der bei zunehmender Abgeklärtheit, Freundschaft, authentischem Umweltbewusstsein, Gesundheit, Verantwortungs- und Leistungsbereitschaft und moralischen Unbedenklichkeitsprüfungen (Stichwort: Nachhaltigkeit) die vagen optimistischen Lebensgefühle etwa zwischen „Wohlstand und Wohlbefinden" (Opaschowski) - auch wenn die ganz großen ideologisch-visionären Lebensentwürfe, wie wir sie in vielen jugend-kulturellen Strömungen im gesamten 20. Jahrhundert immer wieder ausmachen konnten, fehlen - beibehält.

Immerhin werden (nach dem 11. September 2001, nach den Schulattentaten am 26. April 2002 in Erfurt, im Herbst des Jahres 2006 in Emsdetten, im Frühjahr 2009 in Winnenden, nach dem Irakkrieg im Mai 2003, nach der Tsunami-Katastrophe Weihnachten 2004 in Südostasien, nach den Terror-Attentaten von radikalen Jugendlichen muslimischer Herkunft in Vorortzügen von Madrid (2004) und der Untergrundbahn in London (2005), der Metro in Moskau (2010) sowie dem Libanon-Krieg im Jahre 2006, im Anschluss an die weltweite Finanz- und Wirtschaftskrise in den Jahren 2009 und 2010, die mittlerweile auch schon wieder verschwunden zu sein scheint, und vor allem in Anschluss an die vielen spektakulären Naturkatastrophen etwa allein im Jahre 2010: Erdbeben in Haiti, Fluten in Pakistan, Waldbrände in Russland, Ölpest im Golf von Florida etc.) wieder vermehrt existentielle Werte- und Lebenssinnfragen gestellt. Moralische Unternehmen mit Sinnbezug scheinen neben *klugem Egoismus*, zuweilen auch *neuer ökonomisch-ökologischer Gemeinwohlorientierung, neuer Enthaltsamkeit* (nicht zuletzt auch im Kontext der boomenden, eine Mischung aus Mystik und Herzschmerz, zum Sexverzicht vor der Ehe aufrufenden und vor allem weibliche Vampir-Fans anziehende Twilight-Serie/New Moon-Saga) und *Sicherheitsaspekte* durchaus im Trend zu liegen. Postmoderne gleich-gültige und so gesehen auch gleichgültige Werte-Cocktails sind auf dem Rückzug. Und auch die familiäre Nest- und Herdwärme zumindest der befristeten Solidarität im Hier und Jetzt werden ebenso wie die Sehnsucht nach intensiver wohlfühliger Gemeinschaft, Gemeinsamkeit und dichter Kommunikation, die auch virtuelle Züge beinhaltet, im Anschluss an die nachhaltige Erschütterung der Sicherung von Leib und Leben nicht nur auf Kirchentagen, bei Fußballweltmeisterschaften und christlichen Weltjugendtagen wieder hoch geschätzt. Die neue Nestwärme sowie die Suche nach innerem Frieden gehen keineswegs einher mit Konsumverzicht, Individualitätsaskese und egoismusarmem Engagement. Nur scheinen Leistungs-, Spaß- und Genussorientierung keine Gegensätze mehr zu sein. Es entstehen individuelle Patchworks von unterschiedlichen Wertorientierungen. Die von der Produktions-, Dienstleistungs- und Erlebnisindustrie angebotenen Güter und Götter werden nicht nur angesichts prekärer Lebensverhältnisse (in einem Arbeitsleben auf Widerruf") nicht mehr umstandslos und unhinterfragt akzeptiert, gleichwohl die spaßgesellschaftlichen Anteile des Lebens und Feierns keineswegs verschwunden sind.

Freilich werden nach wie vor im Zusammenhang der angedeuteten Werteverschiebungen bei aller Imagepflege von hochakzeptierten Kultmarken und -gegenständen im Supermarkt und Mix der Stile die nicht passenden, allzu platten, protzigen Statussymbole nicht kritiklos hingenommen sowie die allzu vordergründig materialistischen, ungeeigneten luxuriösen Lebensstile hinter sich gelassen.

Gegen Ende des 20. Jahrhundert schienen sich bei Jugendlichen die eher düsteren und eher zuversichtlichen Zukunftsvisionen zwischen Ego- und Sozialorientierung die Waage zu halten (Jugendwerk der Deutschen Shell 1997, 15), während in den nuller Jahren des 21. Jahrhunderts bei den Jugendlichen in Deutschland eine durchaus *positive Grundstimmung* mit persönlicher Leistungsbereitschaft („aufsteigen statt aussteigen"; Deutsche Shell 2002, 17; Shell Holding 2006) vor allem bei der Mehrzahl der weiblichen Jugendlichen vorzuherrschen. Der Egoismus der atomisierten Individuen trat teilweise zugunsten eines neuen, die traditionell aufgeweichten Verbandsformen des Engagements (Kirchen, Gewerkschaften, politische Parteien, Nachbarschaft etc.) hinter sich lassend, pragmatischen Gemeinsinns zurück.

Lebensstilmotto: - häufig in Kombination mit den neuen Formen der Hilfe und des sozialen Engagements auch ohne formale Mitgliedschaften - Less is more. Die klotzig-protzigen Lebensstildesigns konnten nicht mehr ohne Sicherheitsrisiko und Sozialneid überall ungeniert, allenfalls äußerst distinguiert ästhetisierend zur Schau gestellt werden und waren dabei, zumindest jenseits der tumben Prolls (übrigens auch eine sozialhistorisch geklebte Metapher von denjenigen, die meinen, etwas Wertvolleres, Besseres zu sein und dabei in überheblicher Absicht, bildungsgemäß und kulturell hierarchisierend und meistens abwertend Lebensstilbegutachtungen vornehmen - sowie eine offensiv ins Selbstkonzept übernommene Metapher derjenigen, die dezidiert das Prollige gegen alle Einwände besonders wertschätzen, stilisieren und lieben - nicht nur ehemalige Manta-Fahrer und Dieter Bohlen) aus der Mode zu geraten.

Luxus, fröhliche Verschwendung und beinharte Karriere (obwohl Leistung, Wettbewerb und ein Mix aus materiellem Wohlstand und postmaterieller(m) Bescheidenheit und Gutsein in vielerlei Hinsicht von den zu spät Geborenen zumindest bei denjenigen geschätzt wurden, die auch als „pragmatische Idealisten" gekennzeichnet wurden; Deutsche Shell 2002, 20; 160ff.) bekamen und bekommen in heutigen nach wie vor auch umweltverschmutzenden Krisenzeiten in vielen jugendlichen Lebensmilieus einen faden Beigeschmack. Die gravierenden Probleme der Sicherheit (Kriegsangst war und ist nicht nur rhetorisch vorhanden), der Umwelt, der Ökonomie, des Kapitalismus, der Arbeitswelt, die Krisen im Erwerbsarbeitssektor, Arbeitslosigkeit, Globalisierungsfolgen, Rationalisierung und Abbau oder Verlagerung von Beschäftigung und die gesellschaftlich unaufhebbare Ambivalenz risikoreicher Lebensbedingungen (eine Chance der selbstgestaltenden und -verantworteten Lebensführung und zugleich eine Überforderung dieses auch tatsächlich zu tun; Keupp 1997, 307f.) waren und sind inzwischen nicht mehr bloß Randbedingungen des Aufwachsens am Beginn der zweiten Dekade des

21. Jahrhunderts. Allerdings schienen und scheinen sich „Spaß haben wollen" und (begrenzt konkretes soziales und politisches) Engagement zeigen nicht auszuschließen.

Man war und ist bis heute 2010 nicht nur in jugendlichen Lebensstilenklaven nach wie vor konsumrausch- und eventgemäß stets hungrig und gierig nach neuen Ereignissen und neuen Erlebnissen, die auch prompt häufig mit extrem kurzen Halbwertzeiten von den Erlebnisindustrien und Medien angeboten werden. Sie schienen und scheinen immer wieder getoppt werden zu müssen.

Starke Reize waren stets - nicht nur in den verschiedenen Medien, in urbanen Revieren und Räumen und Pistengängerszenen - vor allem am Wochenende oder an einem der zum Kult stilisierten Wochentage bis zum Frühclubbing in den diversen Discomilieus gefragt. Das galt und gilt nicht nur für Trip-Hop, Metal, Hardcore, Raggae, Soul, für Skater, Hip-Hopper, für House, Jungle und Trash, für die elektronische Musik-Party-Szene, für die Grufties und die seit 2007 allgegenwärtige Emo-Szene, für die erste virtuelle - ganz junge Jugendliche bevorzugen diese comicaffine Szene zwischen Gothic und Post-Punk:- namentlich für die Visuell-Kei-Szene, sondern auch für die in der Provinz stattfindenden drittklassigen Miss-Wahlen und für den prolligen Ballermann-Urlaub auf Mallorca sowie für den vermeintlich distinguierteren Szene-Urlaub auf Ibiza. Auf den Dancefloors der Clubs zeigten sich viele extrem dünne Tänzerinnen, die quasi spindeldürre Magersüchtigkeit zum Statussymbol erhoben hatten und genau zu wissen schienen, welche Schönheitsvorzüge sie präsentieren konnten. Exhibitionismus und obszöne Selbstdarstellungen pur, ohne Wenn und Aber.

Wer zu Beginn des 21. Jahrhunderts hip sein wollte, musste in einer Art pragmatischen Haltung bei aller Werteveränderung und -verschiebung sowohl Erfolgs-, Leistungs- und Anpassungsorientierung (Deutsche Shell 2002, 152ff.), Zurückhaltung und Besonnenheit zeigen. Gleichzeitig musste man auch einen hedonistischen Hang zur Selbstverliebtheit, Selbstinszenierung, Selbstbehauptung, zur Spaß- und Eventkultur haben und diesen auch - sowohl männlichkeits- als auch weiblichkeitsspezifisch mit unbegrenztem Koma-Saufen und Kampf-

Trinken auf so genannten Flatrate-Partys nicht nur in den biederen Locations der „Jugend auf dem Lande" in Schwedt, Angermünde, Ludwigsfelde, Finsterwalde, Zittau, Anklam, Grimma, Mitweida, Wittenberg, Aue, Cloppenburg, Braunlage, Heide, Rendsburg, Fritzlar, Bad Nauheim, Meschede, Blankenheim, Trossingen, Waldshut, Edenkoben, Pirmasens, Zweibrücken, Marktredwitz und Viechtach oder - im Rahmen permanenter Zurschaustellung körperlicher Aggressivität in den kultigen rechten kameradschaftlichen Einstellungen - ausleben. Nach wie vor wollte man in fast allen jugendlichen Kreisen Cool- und Hip-Sein, nur äußerte es sich teilweise anders als noch vor einigen Jahren. Der new realism des Cool-Seins bestand darin, gerade jenseits des Außergewöhnlichen, jenseits des Sub oder Anti alltagsästhetisch das Spießige mit ein klein wenig Ironie im Mainstream zu goutieren und zu hofieren (so entstand 1995 im Osten Deutschlands in Sachsen eine von Schülern produziertes Jugendmagazin „Spiesser", das bis heute größte kostenlose Jugendmagazin mit 300.000 Auflage in Ostdeutschland ist; vgl.: Das Parlament vom 31. Oktober 2005, 5; Der Tagesspiegel vom 16. Januar 2006, 27; im Jahre 2010 sind überraschenderweise in der Jugendmode die biederen Nerds zurückgekehrt; vgl. Kapitel 8 in diesem Band). Dies mochte als Ausverkauf des Protestes und Subkulturellen erscheinen (Baacke 1999, 118) - war es aber nur zum Teil (vgl. etwa Roth/Rucht 2000).

Schon im Deutschen Herbst vor 13 Jahren 1997 schmückten sich nicht nur auf den Höhenzügen und den Gipfeln des Neuen Marktes die ehemals protestmilieuspezifischen, aufbegehrenden subversiven Subkulturen mit den kitschig-konformen „Insignien des Biedersinns" (Hecht 1997, 8). Hochgeschätzt wurde von den jugendlichen Dancern, Schwärmern und Romantikern am Ende des 20. Jahrhunderts nach langen avantgarde- und revolutionsaffinen Ausflügen in randständige Sphären des Underground das ehemals Betulich-Biedere in den „Niederungen scholastischer Geradlinigkeit" (ebenda). Bad Taste und Trash waren jenseits von missionarischem Revolutions- und Reformeifer Kult und gleichsam so etwas wie „zweckfreie Freude". Mit Acrylanzügen und karierten Miniröcken, mit Afri-Cola und Orangina-Limonade und

Vorläufern der heute hochgeschätzten variationsreichen Mix-Getränke reanimierten Trashies vornehmlich die siebziger Jahre, kopierten (Spiegel special, Deutschland bei Nacht. Szene, Piste, Milieu, Heft 8/1998, 63) und zelebrierten manchmal stilecht oder haarscharf daneben den Geschmack ihrer Eltern. Im Rahmen exzentrischer Nostalgiephasen war nicht nur mit den weichgespülten Hits der Sechziger und Siebziger und Bert Kaempferts Easy Listening Start zu machen. Mit der Rehabilitierung des Spießig-Biederen waren sogar Bowle schlürfen, Plastik-Klumker, ähnlich bunt wie aus den Kaugummiautomaten, Drei-Streifen-Turnschuhe und Plateausohlen, Cord-Schlaghosen und palmolivgrüne Hemden mit spitzen Kragen und Blümchenhaarspangen nicht einmal verpönt. Selbst der kollektive Genuss des pensionierten Derrick und die altbackenen Hitparaden von Dieter Thomas Heck und Ilja Richter waren in einigen Jugendszenen zur echten Coolness avanciert. In den seifigschnulzigen Schlagerwelten zum Mitsingen (vor allem Rex Guildos Hossa!) eines Dieter Thomas Kuhn (seinerzeit auch als singende Fönwelle bekannt, ein Comeback im Jahre 2005) oder eines kultigen - „ich hab Euch alle lieb" - Guildo Horn (der langhaarige und zugleich fast kahlköpfige Schlagerschreck und vermeintliche Retter des deutschen Schlagers und die selbsternannte Reinkarnation des verstorbenen Schlagerstars Roy Black) schienen für einen freilich nur kurzen Zeitraum die letzten dekadenten, frechen und ironisch-satirischen Anspielungen des deutschen Schlagers zu verschwinden. Die Revivals des deutschen Schlagers tauchten - anders als im Kontext der Neuen Deutschen Welle zu Anfang der 80er Jahre (und auch anders als in der zweiten neuen Neuen Deutschen Welle seit 2005), die zwar auch schon mit frischfetzigem Elan, Unbekümmertheit und Fröhlichkeit, herrlichem Nonsens und interpretativen Ausflügen ins Experimentelle den Muff der deutschen Schlagerszene etwa mit „Ich steh auf Berlin" oder „Mit Deinen blauen Augen" von Ideal hinwegfegte (vgl. Rumpf 1996, 147ff.) - in gestrenger und todernster Seriosität eines trivial-konformen und zugleich arroganten, avantgardistischen Bewusst-seins (Hecht 1997, 8) auf. Die Begeisterung für Kitsch, Spießertum, Trivialität und vor allem auch für eine völlig abgedrehte, richtungslose Absichtslosigkeit teilte am

Ende des 20. Jahrhunderts das jugendliche Massenpublikum längst mit den jugendlichen Intellektuellen.

Die in den 50er Jahren vorhandene und in den 70er Jahren des 20. Jahrhunderts noch spürbare, aber schon abgeschwächte Demarkationslinie zwischen Bildungs- und Kleinbürgertum - freilich immer noch mit enormen kulturellen Geschmacksdifferenzierungen und Lebensstildifferenzierungen - schien im Medium der romantischen Schlagerwelten am Ende der 90er Jahre, die bis heute anhalten, fast verschwunden zu sein. Die nicht nur jugendlichen Adressaten schätzten mainstreamgemäß diese trällernden postmodernen Könige des Kitsches als prima Laune verbreitende, unbeschwerte und unanstrengende Stimmungsmacher freilich stets auch im Szenenmix anderer Lebens- und Musikstile. Die deutschen Schlager wollten, so die Selbstinszenierung der damaligen - auch schon längst wieder der Vergangenheit angehörenden Interpreten, nicht mehr hörschadenverdächtig mit einem avantgardistischen Entwurf einer ironischen Stahlgewitter-Poesie mit Provokation, Krach, Geschrei, Getöse und vor allem Industrielärm provozieren wie noch die von Lou Reed, Nick Cave und John Cale inspirierten wildesten Heroen der Neuen Deutschen Welle: Blixa Bargeld mit seinen Einstürzenden Neubauten (Rumpf 1996, 156). Sie wollten „auf ihrem Kreuzzug der Zärtlichkeit" in einer Art „ekstatischen Absichtslosigkeit" (Baacke 1999, 118) gerade nicht verändern, so der ehemals erfolgreiche Kulturkritiker Guildo Horn. Und sie wollten etwa mit Katja Ebsteins Wunder gibt es immer wieder in der gefühlten Katastrophenstimmung, in der vermeintlich krisenreichen Gegenwart und im Un-Sinn der Lebensverhältnisse temporäre Illusionen schaffen. Schlager besangen eine heile Welt, die wir zu Zeiten der großen Natur- und Sozialkatastrophen, der Strukturkrisen der Ökonomie und der Arbeitsgesellschaft sowie am Sterbebett der wohlfahrtstaatlichen nationalen Vollkaskogesellschaft nicht mehr haben. Wer Schlager hörte, und wem sie auch noch Spaß bereiteten, konnte wenigstens für eine kurze Zeit der beinharten Flexibilität und Mobilität entkommen und ein wenig spielerischer und leichter durchs Leben gehen und temporär in eine Art Trash-Traumwelt abtauchen. Die ehemaligen Daseinsdilettanten, Trash-Heroen oder

Galgenvögel der nicht nur nach dem Börsencrash und dem Zusammenbruch des Neuen Marktes im Jahre 2000, nach dem 11. September 2001 und spätestens nach dem zweiten Irakkrieg 2003, nach dem Pisa Schock und im Zuge der weltweiten Finanz- und Wirtschaftskrise seit dem Jahre 2009 (die allerdings im Jahre 2010 schon wieder überwunden scheint) sich ein wenig zurückhaltenden Spaßgesellschaft sowie die vielen Rund-um-die-Uhr-Talkmaster inszenierten dies vor allem in den späten 90er Jahren an der Wende zum 21. Jahrhundert zu den Hochzeiten der *Wachstumsträume des Superkapitalismus* (Reich 2008) auf besondere Weise:

1. wie vor allem das enfant terrible der Schlagerbranche: der Schwabbel-Meister Guildo Horn, der uns erlaubte, Schlager zu hören, und uns gleichzeitig davon zu distanzieren,
2. aber auch wie die - eine positive, eigentümliche, zur Selbstveralberung neigende Aura des perfekt Unperfekten ausstrahlende - postfeministische Erotik-Queen und braunhaarige Schönheit Verona Feldbusch - heute verheiratete Pooth und bekennende traditionelle Mutter -, eine Art ohne Punkt und Komma quatschendes, stotterndes, piepsiges und frivoles Comic- bzw. Wondergirl, personifiziertes Püppchen der Barbiewelt und Sinnbild einer infantilisierten Medien- und Ballermann 6-Gesellschaft,
3. oder wie der zweckfreie, stets nur andeutende, montierende und nichtssagende, keiner oder kaum noch einer Sinndeutung mehr zugängliche (Sprach-)Ironiker Piet Klocke, ein noch größerer Könner des Sprach- und Satznonsens pur wie seine vielen - oftmals immer noch nach manchmal unappetitlichen Grenzüberschreitungen, Provokationen, Witzen und Pointen stochernd, zuweilen verkrampft und anstrengend, oftmals aber auch genial wirkenden - Satire-, Humor-, Ulk-, Kalauer- und Blödel-Vorfahren wie Otto; (Otto Walkes bekannte sich zu Heinz Erhardt als Vorbild, der sich wiederum auf Morgenstern, Ringelnatz und Kästner als Vorbilder berief, und sich mit nassforschem Tonfall, Lausbubencharme, und Tollpatschigkeit oftmals als Biedermann und Trottel inszenierte und dafür geliebt wurde). Bis Ende der 80er Jahre blieb Otto der erfolgreichste komische Deutsche vor Loriot, Hallervorden und Harald Juhnke. Die Texte lieferten Mitglieder der „Neuen Frankfurter Schule" des Humors mit den Zeitschriften „Pardon" und später mit „Titanic"- allen voran der Lyriker Robert Gernhardt. Ottos Einsatz auf der Bühne war und ist anders als bei Kurt Valentin und Heinz Erhardt - kindsbezogen, ungeduldig, hektisch, nervös, zappelig, kasperhaft, sportiv und körperbetont, er schneidet Grimassen, hüpft und ist in ständiger Bewegung. Ottos Texte waren nicht so literarisch wie bei Valentin, obwohl der Ideengeber und Ghostwriter Robert Gernhardt die literarische Qualität eines Valentin besaß; Mertenstein 2006, 31); der verstorbene Altmeister Rudi Carell, Karl Dall, Mike Krüger etc. oder auch die späteren Fernsehcomedians, Humoristen, Ulk-, Klamauk- und Spaßmacher wie: Die Doofen mit Wigald Boning, Dieter Nuhr, Gaby Deckers,

Rüdiger Hoffmann, Badesalz, Stefan Raab, Elton, Oliver Pocher, Atze Schröder, Hans Werner Olm, Herbert Knebel, Michael Mittermeier, Harald Schmidt, Cindy aus Marzahn, die dem Prekariat, milieugerecht inszeniert, mit grellem Witz Würde gibt, Olli Dittrich (alias Dittsche, der geniale Eimsbütteler - an der Grenze zu Eppendorf - Imbissbuden-Philosoph als Stammgast und Hartz IV Bezieher in Bademantel mit Aldi-Tüte, der die Differenz zwischen Wirklichkeit und Fiktion quasi aufzuheben scheint) oder die Multitalente Helge Schneider und Hape Kerkeling als Ober-Faker, der Lebensmilieus und Perspektiven wechselnde, sehr differenzierte, mutige, allerdings deeskalierend wirkende Verkleidungskünstler, also kein kasachisch-deutscher Borat wie der britische Sacha Baron Cohen (finnischer Rapper, litauischer Fußballtrainer, iranischer Schachgroßmeister und die Ösi-Tucke Brüno), sondern zuletzt als rückengeplagter, provinzieller Grevenbroicher Lokaljournalist Horst Schlämmer, der mit fettgrauer Tolle, mit schiefen Schneidezähnen im grauen, zu kurz geratenen Knittermantel, Herrenhandtasche und rheinisch schnarrendem Akzent als Kunstfigur auch in der Wirklichkeit und vor allem auch in der Glitzerwelt mit den Ikonen der Moderne (selbst mit den Politikern („Isch kandidiere") als Kanzlerkandidat für den der Herzen mehr als zurechtkommt; vgl. bspw. Gäbler 2007, 34; Schulz-Ojala 2009, 19) oder der Kabarett-Geheimtipp: Florian Schroeder; der extrem unterhaltsame, mit einem breiten Repertoire an Prominenten-Imitationen im ständigen Wechsel aufwartet (Dieter Bohlen, Horst Köhler, Ulrich Wickert, Roman Herzog, Johannes B. Kerner, Mathias Richling usw.), die eigene Zunft nicht außen vorlässt und so gesehen die gesamte Klaviatur von politischer Satire zu intelligentem Comedy beherrscht, u. v. a.,

4. oder wie das seit einigen Jahren aufgelöste Power Quartett des schönen Quatschs, das den Ritualen des deutschen Fernsehens in der Wochenshow mit tiefer Ironie und hohem Nonsens nachkam: Der Bielefelder Ingolf Lück, die Baden-Badenerin Anke Engelke, der Schweizer Marco Rima und die Bonner Bastian Pastewka sowie das Riesenbaby, der schwergewichtige Markus Maria Profitlich (später mit eigenem Sendeformat: "Mensch Markus") lagen mit ihren typischen Wochenshow-Gags zwischen dem intellektuellen Unsinn von Harald Schmidt, „minus dessen Zynismus" und den Stegreif- und Straßendadaisten älterer Provenienz

5. und wie schließlich die Veralltäglichung des Jedermann-Stars in den vielen Casting-Shows, etwa in der mehrmonatigen medialen musikalischen Inszenierung - „Deutschland sucht den Super-Star", ein Mix aus Exhibitionismus, Voyeurismus: und adäquater Dramaturgie: erster Sieger *Alexander Klaws*, zweite Siegerin: *Elli Ehrl*, Sieger der dritten Staffel: *Tobias Regner*, vierter Sieger: *Mark Medlock*, Gewinner der fünften Staffel: *Thomas Godoj, Daniel Schumacher*: Sieger der sechsten Staffel und schließlich der Sieger der siebten Staffel der gebürtige Iraner Mehrzad Marashi von DSDS - immer noch sehr erfolgreich mit zirka 6-7 Millionen Zuschauern (2009/2010) in der siebten Ausgabe bei RTL; bis zur, die öffentlichen Gemüter erregenden und magersüchtig verdächtigen *Parade der Hungerhaken*: Heidi Klums Model-Show: „Germany`s Next Topmodel" bei Pro 7 - im Jahre 2010 ist die fünfte Staffel beendet: mit dem Opfer-Image der Models (Konkurrenzkampf, Neid, Missgunst und Zickenkrieg sind vorprogrammiert).

Immerhin schienen nicht nur mit „Veronas Welt" und „Deutschland sucht den Super-Star und den vielen anschließenden Pop- und Model-Castings" Banalität, Kitsch, Zynismus und Nonsens den Immunschutz der Gesellschaft vor dem massiven Nichtsinn ihrer Verhältnisse zu bilden, die im Medium der globalen Ökonomie und des *einzig wahren* neoliberalistischen Weltbildes beinhart die Entbehrlichen, Ausgeschlossenen und Deklassierten (Assheuer 1998, 47) aus ihrer Mitte entließ und entlässt und manche Jugendliche bis heute erst gar nicht hineinlässt. So genannte bildungsferne Jugendliche ohne Schulabschluss, ohne Lebens- und Zukunftsperspektiven und/oder mit schlechtem (Hauptschul-)Abschluss, viele Jugendliche mit Migrationshintergrund, selbst wenn sie einen deutschen Pass besitzen, fanden immer weniger reguläre Lehrstellen und Arbeitsplätze und wurden spätestens an der zweiten Schwelle des Berufseinstiegs nach der Lehre ins gesellschaftliche abseits gedrängt.. Auch die Vision einer neofeudalen Dienstbotengesellschaft, die das Ideal des Dienens beschwor und einklagte, sollte „vom Alptraum der arbeitslosen Vollbeschäftigungsgesellschaft befreien" (Beck 1998, 11), tat es aber nicht.

Zwischen globaler, krisengeschüttelter, geprellter, prekärer, gespaltener, pessimistischer und optimistischer, abgeschotterter und in künstliche Medienwelten flüchtende sowie deukischer (eine Mischung aus deutsch und türkisch) Generation changierten am Anfang des 21. Jahrhunderts hochambivalente Generationsbilder zur Jugend. Jugend-liche mit unterschiedlichem Migrationshintergrund (Türken, Araber, Bosnier, Kroaten, Serben, Albaner, Libanesen, Afghanen etc..) mussten seit Jahren erkennen, dass ein beträchtlicher Teil von ihnen in den - durch keine Aussicht auf einen Job, durch hohe Arbeitslosigkeit, Drogen, (Klein-)Kriminalität und manchmal durch rivalisierende Jugendbanden (im Jahre 2010 in bestimmten Bezirken Neuköllns,. im Soldiner Kiez am Gesundbrunnen im Wedding und in bestimmten Arealen in Kreuzberg bspw. „Weserboys", „36-Juniors", „Neuköllner Killer Boys", „Herrmannboys", „Neuköllner Arabian Boys", „Jokers 44", „Spinne" etc.) gekennzeichneten - gewaltaffinen Milieus und Ghettos der Armut, bewaffnete Überfälle, Handyraub mit Messer, Nötigung, Körperverletzung usw.) mit oftmals hohen Ausländer- und Aussiedleranteilen überleben mussten. Insbesondere im Osten Deutschlands, wo vergleichsweise nur wenige Jugendliche mit Migrationshintergrund aufwachsen, gab und gibt es - mittlerweile ein wenig abnehmend, weil die rechtsextremen Glatzen für die Mehrzahl der Jugendlichen etwa im Vergleich zu den hiphop-affinen Skateboardern oder im Vergleich zu den vielen, ihrer Lieblingsbeschäftigung nachgehenden, shoppenden Jugendlichen „einfach uncool" geworden sind - von Neonazis beherrsch-te sogenannte national befreite Zonen der „kulturellen Hegemonie", denen mit Kampftrinken, viel Dosen- und Flaschenbier und Springer-stiefeln mit schwarzen oder weißen Schnürsenkeln und Baseball-schlägern in manchen Regionen die Gegner ausgegangen waren (Schröder 1997). Die Ghettos der Armut und die Zeichen der Verwahrlosung waren und sind bis heute in Deutschland, selbst wenn man Weddinger-, Neuköllner- und Lichtenberger-Areale und andere Problem-Quartiere nicht nur in Berlin in Rechnung stellt, allerdings nicht, was die Lebensbedingungen und das Ausmaß des Gewaltpotentials angeht, mit den chronisch heruntergekommenen, isolierten und segregierten französischen Immigranten-Vorstädten, den „Banlieues", den „quartiers sensibles", den „Orten der sozialen Exklusion", mit den Einwanderern aus dem Maghreb und Schwarzafrika zu vergleichen. Jugendliche aus den französischen Banlieues sind so deklassiert, dass sie die ebenfalls gegen soziale Deklassierung protestierenden Studenten bekämpfen, bestehlen und prügeln, weil sie wirklich so deklassiert sind, und es keine Solidarität der Deklassierten gibt. Viele Jugendliche der „prekären Generation Zeitvertrag" und „Generation Praktikum" protestierten in Deutschland im Gegensatz zu Frankreich nicht; dennoch merkten sie, dass jenseits der ohnehin nahezu chancenlosen Jugendlichen mit niedrigem und schlechtem Schulabschluss oder gar ohne Schulabschluss und ohne Berufsausbildung selbst gute Schul-, Hochschulbildung und gute Ausbildung zur Investition ohne sicheren Ertrag (Walter R. Heinz) geworden war und Angst um den Arbeitsplatz und ihre persönliche Zukunft hatten und wiederum in Teilen den sicherlich auch fragwürdigen Lebensstandard ihrer Eltern (wenn sie nicht zu den nicht einmal wenigen privilegierten Erben gehören) nicht wird halten können. Man konnte vielleicht etwas vereinfacht auch von einer gespaltenen Generation sprechen - diejenigen Jugendlichen, deren Lebens- und Zukunftsperspektiven eindeutig durch strukturbezogene Armutsrisiken (Arbeitslosigkeit, Scheidung der Eltern, Arbeitslosengeld II, Hartz IV-Einkommen, Alleinerziehende, Migrationshintergrund, ohne, mit niedrigem und schlechtem Schulabschluss etc.) erheblich eingeschränkt waren („40% der Jugendlichen, die sich pro Jahr bewerben, fanden keine reguläre Lehrstelle und landeten in den Abschiebe-Ghettos berufsvorbereitender Maßnahmen"; so Martin Baethge, zit. nach: Der Tagespiegel vom 30. Januar 2007, 15), sowie diejenigen bildungsprivilegierten Jugendlichen, deren Armutsrisiken geringer und deren Lebensressourcen höher zu veranschlagen waren und die - gleichwohl die Furcht vor dem Abrutschen und dem sozialen Abstieg für viele auch in der Mitte der Gesellschaft beunruhigend wirkte und die Wohlstandszuwächse in Deutschland vorbei zu sein schienen - optional mit den heutigen gesellschaftlichen Anforderungen einer krisengebeutelten globalisierten Wirtschaft und Welt (Fach-, Schlüssel- und Lebensbewältigungskompetenzen) sinnadäquat zurechtkamen, immer noch im gesellschaftlichen „Klima einer allgemeinen Verunsicherung" (Heinz Bude) mit (bescheidenem) Wohlstand rechnen durften und dezidiert bessere Lebens- und Zukunftsaussichten besaßen.

So gesehen gab es in den nuller Jahren des 21. Jahrhunderts *jugendliche Generationsbilder*, die trotz prekärer Arbeits- und Lebensverhältnisse und trotz gravierender persönlicher Zukunftsängste (Verlust des Arbeitsplatzes oder die Furcht, keinen Ausbildungs- und Arbeitsplatz zu bekommen) dennoch Zuversicht und Optimismus ausstrahlen. Ein nicht einmal geringer Teil der Jugendlichen geht ganz pragmatisch mit den unsicheren Berufs- und Lebensperspektiven um. Die inzwischen nicht mehr ganz aktuelle 15. Shell-Jugendstudie aus dem Jahre 2006 (Shell Holding 2006) brachte diese Weltsicht prägnant auf die Formel: *„Eine pragmatische Generation unter Druck"*. Leistungsbereitschaft und -orientierung in Schule, Hochschule, Verwaltung und Betrieb sind für viele Jugendliche keine Fremdwörter. Und Zuversicht, Selbstvertrauen und Zukunftsoptimismus nehmen bei aller Genervtheit und Verunsicherung wieder zu. Viele Jugendliche arrangieren sich mit den wirtschaftlichen Gegebenheiten und stellen sich ihnen. Pragmatik und Leidenschaft müssen sich nicht ausschließen. Herzblut, Leidenschaft und auch spielerische und trainingsaffine Lernbereitschaft insbesondere in eigener Regie sind vor allem im nicht nur passiven Umgang mit den Neuen Medien in und noch mehr - in außerpädagogischen Räumen - jenseits der Schul- und Arbeitswelt zu beobachten. Deshalb etikettiert man die heutigen, von den virtuellen Oberflächen, der multimedialen Realität und vor allem der Digitalisierung der Medien- und der Entmaterialisierung der Musikkultur faszinierten Jugendlichen in diesem Sinne pointiert etwa als *Mediengeneration* oder als *Generation Internet,* als *Generation iPod,* als *Generation @* (Opaschowski 1999) als *virtuelle Generation,* als *Generation My Space,* als *Generation YouTube,* als internetbasierte und nachrichtenbeschleunigende *Generation Twitter* mit sehr guten medientechnischen Kenntnissen, mit veränderten Wahrnehmungen, mit veränderten Seh- und Hörgewohnheiten und kompetentem Umgang. D. h.: auch beim Mediennutzer und bei der Medienrezeption liegt bereits auf der basalen Ebene ein aktiver, mit alltagsweltlichem Sinn versehener „Prozess der Bedeutungskonstitution", eine so genannte konkreative „Mitkonstruktion von Bedeutung und Anschlusshandlung" vor, die auch nichtmediale Kommunikationsformen der Kultur, des Sports, der Mode usw. einschließt (Zinnecker/Barsch 2007, 295), mit Digital-, Breitwand/Plasma-Fernsehen, MTV, VIVA, Multimedia-PC, Internet, Cyber-Space, Video-Clips, iPod, iPhone (eine multifunktionale Kreuzung aus Mini-Computer, MP3-Player und Handy), MP3-Player, Podcasts, Tracks, internetbasiertem Handy, Blackberry, Skype, den vielen Chatrooms und Internetforen wie bspw. YouTube, Facebook, Myspace, SchülerVZ, StudiVZ etc. (vgl. Kapitel 9.14 in diesem Band).

Die medialen Bilder waren und sind immer wieder durchsetzt mit allerlei nicht nur virtuellen lebensweltlich-ästhetisierten vernetzten Zeichensystemen, mit vielen Hedonismen und Banalitäten, mit good vibrations: Stilcklcktizismen, Remixing und semiotischem Sampling,

Revivals und Retrospektiven. Dies reichte nicht nur von der Jugendkultur-Musik vom spacigen Star Trek bis zu den Popdiven Britney Spears, Mariah Carey, Lady Gaga, Alicia Keys, Beyoncé und bis zu den Pop Heroen Robbie Williams und Justin Timberlake, bis zum Britpop von Blur, Oasis aus Manchester mit den Manchester-City Fans und Brüdern Noel und Liam Gallagher, mit Prollgehabe, Großmäuligkeit und ihren Super-Hits wie „Supersonic", „Wonderwall", „Don`t look Back in Anger", (2008) mit dem siebten Album: „Dig Out Your Soul", Pulp oder von Natalie Imbruglia in den 90er Jahren; von der New-Britannia-Welle und New Wave Revivals im 21. Jahrhundert von Darkness (eine Rückbesinnung auf den Glamrock), The Strokes, Bloc Party mit dem sehr erfolgreichen Debütalbum „Silent Alarm" und dem mitreißenden Indierock und Hits wie „Banquett" und „Helicopter", die zu Tanzflächenfüllern wurden, und dem 2007 erschienen Album „A Weekend in the City", das musikalisch melancholischer angelegt ist und in den Texten zu einer neuen politischen Nachdenklichkeit anregt, Kaiser Chiefs, Coldplay und Franz Ferdinand mit der faszinierenden Hymne: „Take Me Out", mit „You could have it so much better" sowie mit dem dritten Album: „Tonight" im Jahre 2009; oder gar die Arctic Monkeys, eine hyperaktive und fröhlich tanzbare Spielart des Brit-Pop, deren Musik zunächst ohne traditionelle Vertriebswege wie ein digitales Lauffeuer nur aus dem Internet von Fans geladen werden konnte - ein Hype war geboren; vom Acid House als Geburtsstätte der Rave-Kultur, deren treibende massenkulturelle Kraft - wie auch verschiedene streetartaffine Graffiti-Styles der Hip-Hop-Szenen - in das zeitgenössische Graphikdesign der Werbung, Kunst und Literatur Eingang gefunden hat, über den seichten und leicht verrosteten Post-Punk von den Ärzten, mit damaligen Hits wie „Männer sind Schweine", mit „Westerland", mit „Geschwisterliebe", die gelegentlich auch bei Geheimkonzerten im Berliner Kiez - wie andere Punkgruppen auch; vgl. Kapitel *Sieben* in diesem Band - unter Pseudonymen wie *Invasion der Gurkenmöpse, Paul* oder *Die Zuspäten* und den - immer noch Mäzenen von Fortuna Düsseldorf - Toten Hosen bis zu den post-punkigen Pseudo-Irokesen-Frisur eines David Beckham bei der Fußballweltmeisterschaft im Jahre 2002 in

Japan und Süd Korea. Das dezidiert Metrosexuelle eines *David Beckham* wurde allerdings erst ein wenig später vor und nach dem Wechsel von Manchester United zu Real Madrid betont. Mittlerweile hat fußballerisch für den alternden, inzwischen auch in der englischen Nationalmannschaft ausgemusterten (auch wegen Verletzung nicht für die Weltmeisterschaft in Südafrika 2010 nominierten) Star ein Wechsel (2007) von Madrid nach Kalifornien in die viertklassige amerikanische Fußball-Profiliga stattgefunden, bevor, wiederum im Jahre 2008/2009 und in 2009/2010 ein Ausleihgeschäft zum AC Mailand zustande kam. Young Urban Metrosexual hatten, wie jede andere Szene auch, ihren eigenen Code und Style und übernahmen - ohne Schwulsein anzuzeigen - von Sport-, Film- und Musikidolen männlich innovative Formen, Körperbilder und Körperpraktiken wie den makellosen, glatten, haarlosen Körper, „Waschbrettbauch und den trainierten, Kraft suggerierenden, muskulösen Oberkörper, der durch enge T-Shirts akzentuiert" wurde, während der männliche Unterkörper jenseits des potenzprotzenden HipHop meistens unsichtbar blieb. Neben Hairstyle (Gel im Haar schon für Kinder), Cremetöpfen, Anti-Faltenmitteln und anderen Kosmetika waren Ohrringe oder Brillanten im Ohr (Stil-Attitüden aus dem HipHop) erlaubt. Allerdings gab es keine ästhetischen Anleihen an femininen, weichen Körperformen, die Androgynität ausdrücken und repräsentieren könnten. Das Bodysampling - eine bricolage aus homo- und heterosexuellen Formen - bestand darin, das traditionelle Rollenverständnis eines Macho-Bildes aufzuweichen und freilich innerhalb klar gezogener Grenzen männlichkeitsspezifischer Art mit „ästhetisch schwulen" Formen ohne Schwulsein anzureichern (Richard 2005, 238f.). Das Bild des Metrosexuellen sprach und spricht vornehmlich sportlich und an modischen Outfits interessierte männliche Durchschnittsjugendliche an, die gemäßigte Szenegänger sind, mit Stileklektizismen, -mixen und -emblemen kreativ umgehen und nicht eindeutig einem spezifischen männlich dominierten subkulturellen Genre des Unzivilisierten, Rauen, Ungepflegten etc. zuzurechnen sind, gleichwohl etwa schon im Jahre 2006 von Trendforschern wieder eine leichte Abkehr von den allzu selbstverliebten metrosexuellen Typen festgestellt wurde. Es geht wieder moderat in die maskuline Richtung der „Alpha-Männer" (Miriam Salzmann). In der Mode-Werbung tragen Männer robuste Kleidung, die nicht nur an Angel-, sondern insbesondere an Jagdpartien erinnert oder kommen im Anzug als Beschützer oder Gentlemen daher. Mixformen sind aber nach wie vor angesagt. Dieses Sampling, Remixing, diese Revivals, diese Retrospektiven reichten auch jenseits der metrosexuellen Erscheinungen von der Love-Parade über die Kolorierkultur der Dance-floor-Szene, die darauf verzichtete, ethnische Herkunft und Zugehörigkeit zu betonen, über die verschiedenen, übrigen auch nachlassenden Hip-Hop-Kulturen, die neben den brillanten Stilmix-Techniken der DJs. und neben den kreativen musikalischen Sprechgesängen das trainingsintensive und leistungssportaffine Breakdance als akrobatischen Körperausdruck und das hochkomplexe, anspruchsvolle und erlebnisintensive Graffiti-Malen als optischen Ausdruck zuweilen in nichtbezahlter Nachtarbeit bei unzureichender Arbeitssicherheit an häufig sehr gefährlichen Arbeitsplätzen unter großem Zeitdruck mit Grenzerfahrungen hochschätzen, über die ironische Wiederauferstehung der skurrilen Kunstprodukte und Glitterszenen des bizarren und androgynen und metrosexuellen Glam-Rock (Garry Glitter, Sweet und Slade), der die Grenzen zwischen Mann und Frau, zwischen Homo und Hetero, zwischen Wahrheit und Fiktion und zwischen Zukunft und Vergangenheit schon weit vor den Diskursen über Metrosexualität aufgeweicht hatte, und dem mit dem Film Velvet Goldmine ein Denkmal gesetzt worden war, bis zur Wiedergeburt der kitschig-trivialen deutschen Schlagerszene jetzt auch mit und jenseits der *„neuen"* „Neuen deutschen Welle" für Kluge und nicht nur für Ältere. Beim Grand Prix Eurovision de la Chanson des europäischen Schlagers landeten die deutschen Schlagerinterpreten im den letzten Jahren meistens - wie die deutschen Balltreter, im Gegensatz zu den letzten *drei* relativ erfolgreichen Fußballweltmeisterschaften 2002 in Japan/Südkorea, 2006 in Deutschland und 2010 in Südafrika sowie der letzten Vize-Europameisterschaft 2008 in Österreich/Schweiz, in den Europapokalen des Fußballs (Champions League und Uefa-Cup/Europa League/Ausnahmen in den sehr erfolgreichen Jahren 2009 und 2010) - auf den hinteren Plätzen - etwa in Birmingham, Göteburg, und Riga. Immerhin erreichte noch im Jahre 2000 Stefan Raab nach seinem eigenen Auftritt mit dem Blödelsong *Wadde-hadde-Dude-da* - wie schon vorher der ebenfalls von *Raab* produzierte Schweiß- und Nusseckenmeister Guildo Horn den siebten Platz, während *Max Mutzke* 2004, gleichfalls - allerdings erstmals ohne Parodie und Ulk - ein Protagonist von Stefan Raab, noch auf Platz acht in Istanbul kam. *Mutzke* war auch noch im Jahre 2009 als Pop-Sänger (mit *Marie*) sehr erfolgreich und zumindest in der Deutschpopszene bekannt. Dagegen landete Gracia beim – umbenannten - Eurovision Song Contest in Kiew 2005 weit abgeschlagen auf dem vorletzten Platz. Und selbst der in Deutschland *kultige Dittsche* (alias *Olli Dittrich*) erreichte mit seiner Country-Combo *Texas Lightning* im Jahre 2006 beim Eurovision Song Contest in Athen nur einen der letzten Plätze. Schließlich landete auch der Swing-Sänger *Cicero* im Jahre 2007 in Helsinki ebenfalls abgeschlagen auf Platz 19. Ein noch größeres Desaster erlebten die *No Angels* in Belgrad im Jahre 2008 - sie wurden gnadenlos auf den letzten Platz gevoted. Auch der 20. Platz von 25 Teilnehmern der deutschen Formation in Moskau von „*Alex sings, Oskar swings*" (*Alex Christensen* und *Oscar Loya*) mit der Burlesque-Tänzerin: *Dita von Teese* im Jahre 2009 war wiederum zum wiederholten Mal sehr enttäuschend. In Oslo 2010 begann mit dem grandiosen Sieg von *Lena Meyer-Landrut* eine neue Zeitrechnung für Deutschland. Im Anschluss an eine nationale Aufgabe wurde im Kontext eines seriösen Castings ohne Drama und Krawall beim Bundesvision Song Contest: „Unser Star für Oslo" bei Pro7 und ARD mit *Stefan Raab* und stets wechselnden Jurymitgliedern der musikalischen Elite Deutschlands wie bspw. Marius Müller-Westernhagen, Jan Delay, Peter Maffay, Joy Denalane) mit der Siegerin und Abiturientin *Lena Meyer-Landrut* aus Hannover präsentiert; die wirklich eine phänomenale, eine quasi natürliche Ausstrahlung ohne choreographischen Firlefanz und ohne allzu große Kostümierung besitzt, herzerwärmend singen kann, Publikum, Jury und Feuilleton mit dem Titel - in nicht deutscher Sprache - *Satellite* und auch mit ihrem Debütalbum *My Cassette Player* (Popmusik für die breite Masse) schon vor und insbesondere nach ihrem Triumph bei der europäischen Musikmeisterschaft am 29. Mai 2010 entzückt und begeistert hatte. Auch dies ist wiederum längst Vergangenheit: Denn der neue Song von Lena: *Touch A New Day* ist kein Knaller. Der deutsche Schlager ist international 30 Jahre nach der Neuen Deutschen Welle - nur Nena und Nina Hagen haben überlebt - und acht Jahre nach den ironischen Zuckungen eines Dieter Thomas Kuhn, eines Stefan Raab und eines Guildo Horn weitgehend unbedeutend geblieben und wieder dort, wo er traditionell in den letzten 70 Jahren immer beheimatet war. Auch der ehemalige Kanzlerimitator Elmar Brandt (bis November 2005 in der damals sehr erfolgreichen „Gerd Show"; danach in der Hauptrolle „Angie" alias Anne Onken in der Rolle der Kanzlerin-Imitatorin oder die *„Die von der Leyens"*). Und selbst der in der deutschen Publikumsgunst im Gefolge: „Deutschland sucht den Superstar" wieder auferstandene Anführer der Juroren, das Schandmaul und der Pop-Titan, der zugleich wert- und nicht-wertgeschätzte Dieter Bohlen konnte jenseits von Modern Talking reüssieren. Immerhin ist schon die siebte Staffel 2009/2010 der Pop-Nachwuchssuche gelaufen. Und die Mutter aller Casting(s)-Show(s) mit talentierten und weniger talentierten Kandidaten ist in der Publikumsgunst im Jahre 2010 mit immer noch durchschnittlich 6 Millionen Zuschauern trotz diverser Coverversionen sehr erfolgreich. Gleichwohl die Sieger und Siegerinnen der ersten fünf Staffeln: Alexander Klaws, Elli, Tobias Regner. Mark Madlock und der ehemalige Hartz IV Empfänger Thomas Godoj (im Jahre 2008) kaum noch - allenfalls Mark Madlock - in der Öffentlichkeit im Jahre 2010 präsent sind. Den Siegern von 2009 Daniel Schumacher und 2010 Mehrzad Marashi scheint Ähnliches zu widerfahren. Aber auch die heutigen national und z. T. auch international bekannten blonden und langhaarigen Popikonen können wie bspw. Sarah Connor, Jeanette Biedermann, Christina Aguilera, sowie die kolumbianische Latino-Popsängerin Shakira („Whenever, whereever" „Waka, waka") oder Paris Hilton, die als „Blondine von Welt" und „Prinzessin der Posen" es wie keine andere versteht, in der „Kunst der Oberflächlichkeit" (Der Tagesspiegel vom 29. Mai 2005, 32) sich als „Nichts zu inszenieren", und auch die - nicht immer - talentierten Boy- und Girlgroups (wie etwa die durchaus bis heute geschätzten Backstreet Boys, wie „O-Zone", „Blue", „Overground", wie „N`Sync", „Bro`Sis" „O-Town" oder wie bspw. die dreiköpfige Mädchenband „Monrose", die bei der Sendereihe „Popstars" von Pro 7 nur für ganz junge Mädchen und manchmal auch für nicht so coole, biedere Jungen auf den Thron gehoben wurde) nicht viel weiter helfen.

Der Schlager wurde in Deutschland vor allem in den krisengeschüttelten Jahren 2009 und 2010, wo nach der Verabschiedung des „Ganzjahreskarnevals" und der „coolen Gleichgültigkeit" die Hinwendung zum visionsarmen Pragmatismus und die Rückwendung zu konservativen Werten der Vergemeinschaftung (Ferchhoff 2011), der Verlässlichkeit, des Augenmaßes und der Bescheidenheit allerorten zu beobachten war, insbesondere von Frauen hoch geschätzt, die in der Regel - selbst wenn man ein enorme postadoleszente Ausdehnung der Jugendphase in Rechnung stellt - das Jugendalter schon eine Weile überschritten haben dürften. Mit *Wolfgang Petry, Udo Jürgens, Andrea Berg* (im Jahre 2009 mit dem Album: (*„Zwischen Himmel und Erde"*) und der ein Comeback feiernde *Howard Carpendale* sowie schließlich - vermeintlich ein wenig anspruchsvoller im Kontext der deutschen Popmusik - mit den ebenfalls nicht mehr jugendlichen *Westernhagen, Pur, den Prinzen, BAP, Grönemeyer* (bspw. mit dem im März 2007 erschienenen Album „12" und der sofort auf Platz eins der Charts schnellenden, ausgekoppelten Single „Lied 1-Stück vom Himmel"), mit *Udo Lindenberg* (im Jahre 2008 wieder auferstanden und erfolgreich), mit *Marius Müller Westerhagen und Peter Maffay, mit Nena*, aber auch mit *Rosenstolz*, die zunächst im Rahmen ihrer „musikgewordenen Lebenshilfe und Gefühlslyrik" bspw. mit *„Liebe ist alles"* und zwei Jahre später im Jahre 2006 mit: *„Ich bin ich"* oder mit: *„Anders als geplant"* sowie im Jahre 2009 mit *„Blaue Flecken"* einen großen Einfluss auf die Neuerfindung des deutschen Schlagers als Deutschpop besaßen, u.v.a. ist die deutsche Schlager- und Popmusik zumindest, was die Verkaufszahlen und die Begeisterung der Nichtjugendlichen angeht, gut bestückt. Bemerkenswert ist auch die Rückkehr einer der umstrittensten deutschen Rockbands, die zu Hochzeiten - des mit ironischen Verweisen in die Uneigentlichkeit aufwartenden Diskurs-Pop - der Hamburger Schule belächelten Schweine-Rocker unter dem German Grunge-Etikett: *Selig* mit *Jan Plewka* als Sänger. Neben den ehemaligen Punkgruppen wie die *„Toten Hosen"* mit Sänger *Campino* und die *„Ärzte"* mit Sänger *„Farin Urlaub"* wären in diesem Deutschpop-Zusammenhang auch die gar nicht rockigen *„Ich + Ich"* mit ihren im Herbst 2008, 2009 und 2010 erschienen Singles: *„Wenn ich tot bin", „Pflaster" von dem* Album *„Gute Reise"* und *„Universum"* sowie die melancholische Musik von *Tomte* mit Sänger *Thees Uhlmann* etwa auf der Platte *„Heureka"* (2008) zu erwähnen. Auch *Unheilig* ist mit dem Album: *Große Freiheit* im Jahre 2010 sehr erfolgreich. Allenfalls ist ein Teil der deutschsprachigen Rap-Musik etwa im Jahre 2010 in der Lage, vornehmlich im Mainstream des drittgrößten Musikmarktes der Welt ein wirklich jugendliches Publikum zu bedienen, manchmal auch zu begeistern. Neben international bekannten Rap-Stars wie *50 Cent, Eminem,* die seit einigen Jahren qua Krise in der gesamten Musikindustrie, aber auch qua intellektuell politischem Niedergang und stilistischer Verarmungen doch erhebliche Umsatzeinbrüche zu verzeichnen haben und nicht mehr Topseller sind, oder *Missy Elliott,* der einzigen Frau im HipHop der Superstars zwischen all den verhaltensauffälligen, narzisstisch verengten Macho-Rappern (vgl. vor allem auch das siebte Kapitel in diesem Band) und vielen anderen fasziniert im Mainstream auch eine deutsche Rapszene. Die deutschsprachige Rap-Musik wurde in der Vergangenheit (in den 80er Jahren) mit der Rödelheimer Szene (mit *Moses Pelham* und mit *Sabrina Setlur*), zuweilen auch mit den in der Szene oftmals kritisierten geistreichen Allerweltsweisheiten wie die in die Charts stürmenden *„Die da", „Sie ist weg"* der *Fantastischen Vier* (aus Benztown in den 90er Jahren) in Verbindung gebracht. Der deutsche HipHop reüssierte vornehmlich nach der Jahrtausendwende schon eher freilich nur noch als lose Klammer in einem vielschichtigen musik- und popkulturellen Stilmix etwa zwischen Soul, Discopunk, Gitarrenpop, Krautrock, Neuer Deutscher Welle und Rummelplatz-Techno mit *Xavier Naidoo,* den *Söhnen Mannheims* und immer noch mit den Berufsjugendlichen *Smudo, Thomas D, Michi Beck und And.Ypsilon, den Fantastischen Vier* und ihren selbstreferentiellen diskursiven Texten von ernstem Anliegen und ironischer Überzeichnung - etwa im Jahre 2010 mit ihrem achten Studioalbum: *Für Dich immer noch Fanta Sie*. Hinzu kamen lustige, amüsante und ebenfalls geistreiche HipHop-Songs aus dem Hamburger und Stuttgarter Gymnasiasten/Pennäler-Milieu, die seit den 90er Jahren mit viel Alltagspoesie und Spaßpop (wie bspw. *„Fettes Brot"* mit *„Nordish by Nature"*, *„Schwules Mädchen"*, *„Emanuela"*, *„Soll das alles sein"* und im Jahre 2008 mit *„Bettina - zieh Dir etwas an"*, dem Song über den TV-Striptease nächtlicher Verkaufssendungen) ebenso Karriere machten wie die ehemalige HipHop-Band *Deichkind,* die spätestens seit dem Jahre 2009 als Sauf- und Partyband *mit „Remmidemmi"* und vor allem mit *„Hört ihr die Signale"* sowie mit *„Arbeit nervt"* eine Mischung aus Elektro, Pop und Rap präsentieren, wie *Fettes Brot, Sammy Deluxe* und *Freundeskreis u. a.* Hinzu kam die Berliner Rap-Avantgarde der Härte, der Fäkalartistik, des Toilettenhumors wie etwa die Kreuzberger Rap-Crew *K.I.Z.*, die gegen die wachsende Humorlosigkeit angeht, Kiez-Gangster, sich selbst und Mallorca Prolls veralbern. .Darüber hinaus schien die Avantgarde des Hässlichen, eine Art schwulen- und frauenfeindliche Musik aus dem Ghetto und von der Straße, ein deutscher schockierender Proleten-, Porno-, Horror- und Gangsta Rap mit *Fler, Azad, B-Tight, Massiv, Spezializtz, Kool Savas,* King of Rap und der Urvater des Berliner HipHop, *Sido (Paul Würdig)* und *Bushido* (Anis Mohamed Youssef Ferchichi), der mittlerweile zusammen mit seinem Kollegen Fler als Duo „Sonny Black & Frank White" und mit dem gemeinsam eingespielten Album „Carlo, Cokxxx, Nutten 2" auftritt, eine durchaus zeitgemäße Form des deutschen Schlagers (Wagner 1999, 243) im Rahmen ihrer drastischen, die Brutalität des Alltagslebens thematisierenden HipHop-Musik - zwischen Allmacht und Ohnmacht, über Geld, Konsum, Asozialität, Sex und Drogen - zu präsentieren. Inzwischen scheint der alte Berliner Gangsta Rap mit dem dicht gemachten, vermeintlich nicht mehr zeitgemäßen Label Aggro Berlin auf einem absteigenden Ast. Die nächste Rapper-Generation, die eine Art Spaß-Rap mit unbeschwertem Lebensgefühl und Mixvarianten des Rap, Techno und Ska wie bspw. *Schlagzeiln,* die schon Arrivierten *Manny*

Marc und *Frauenarzt*, die ehemals verpönten Studenten-Rapper: *Die Atzen* bevorzugen, scheint, wenn auch nicht ganz so kommerziell erfolgreich, ihren Platz gefunden zu haben und sich durchzusetzen (vgl. Der Tagesspiegel vom 1. Juni 2010. 16)..

Bei vielen ist die ehemalige Derbheit und das Rüpel-Image aufgeweicht worden und inzwischen ist eine Tendenz zum Mainstream, zur Verbürgerlichung, ja sogar zur Verspießerung zu erkennen: (bspw. bei Sido: statt Totenkopfmaske randlose Brille, zugleich im Jahre 2008 Juror bei der Castingshow „Popstars"). Immerhin: Mittlerweile singt man in großen Teilen der deutschen Popkultur unverkrampft, wertgeschätzt und vor allem auch erfolgreich (jenseits und trotz Globalisierung wieder) deutsch.

Mehr als 30 Jahre nach *Ideal, Extrabreit, Fehlfarben und DAF* macht(e) der Begriff von der neuen „Neuen Deutschen Welle": die Runde. Neben den Alten wie die wieder erfolgreiche *Nena*, wie die auch im angelsächsischen Raum erfolgreichen, mit verquasten Texten der Kälte, des Mysteriums und der Finsternis aufwartenden Brachialrocker *Rammstein*, wie die alten Punk-Rocker und Fortuna Düsseldorf-Fans: die *Toten Hosen*, wie die tief ins Schmalztöpfchen greifenden, ein Meer von Wunderkerzen herausfordernden und mit eingängigen Popsongs ein breites, vornehmlich Frauen beglückendes Publikum befriedigenden: *Pur*, wie die „musikgewordene Lebenshilfe" betreibenden und durch seelenlebendige Balladen Herzenswärme ausstrahlenden: *Rosenstolz* und wie, die den deutschen HipHop in den Mainstream des Pop einführten, *Die Fantastischen Vier* preschten neue heimischen Interpreten und Gruppen vor allem seit der zweiten Hälfte im Jahre 2004 und bis heute (2010) anhaltend in die Charts und in die Gunst eines jüngeren, man kann schon sagen: jugendlichen Publikums.

Rock und Pop heimischer junger Bands im Anschluss an Gruppen wie *Rosenstolz*, wie *Wir sind Helden* mit der Frontfrau *Judith Holofernes* aus Berlin, wie *Sportfreunde Stille* und *2raumwohnung*, wie *Silbermond* aus Bautzen (im Jahre 2009) mit ihrem dritten Album: *„Nichts passiert"* und wie die Berliner Göre *Mieze* mit ihrer Band *Mia* schwammen bis zur Tsunami-Katastrophe in Südostasien Weihnachten 2004 auf der von *Juli* aus Gießen (mit *Eva Briegel*) präsentierten „perfekten Welle". Sie kamen jenseits flacher Kitschigkeit und überzeugten mit frechen Texten und ehrlicher Musik nach dem Casting-Trubel überdrüssiger Fans wie bspw. auch *Annett Louisan* mit ihrem Lied „*Das Spiel*" und ihrem Album *Boheme* in die Charts und in die Radiosender - auch ohne Radioquoten für deutsche Musik. Hinzu kamen - die durch Jugendmagazine wie „Popcorn", „Star Flash" und „Bravo" - in den Jahren 2005, 2006, 2007, 2008 und 2009 intensiv unterstützten sehr erfolgreichen Boygroups nur für Mädchen: die Teenieschwarm-Popper als Stars für pubertierende 7 bis 14-jährige Mädchen wie *Tokio Hotel* mit dem „süßen" *Kajal-Bill* und *Tom* mit den Dreadlocks aus Magdeburg mit den Alben „*Schrei*", „*Durch den Monsun*", „*Übers Ende der Welt*" und „*Zimmer 483*" und wie die vom Godfather (*Lou Perlham*) aller Boygroups (vorher schon „Backstreet Boys", „N`Sync" oder „O-Town") geschickt gecastete deutsch-amerikanische Boygroup „*US 5*" (mit dem blonden *Chris* aus Köln), die ebenfalls hochfahrende und vielfältige Phantasien von (vor-)pubertierenden jungen Mädchen anregen kann. Allerdings überleb(t)en Bands wie beispielsweise „*Echt*" in den 90er Jahren oder wie „*Tokio Hotel*", „*U-5*", „*Sunrise-Ave*" oder „*Monrose*" in der Mitte des ersten Jahrzehnts im 21. Jahrhundert die Euphorie bzw. den Hype, die sie für junge Mädchen entfessel(t)en, nicht lange. Vielleicht können ja einige Jungen in der deutschen Schlagerszene jenseits der knallharten Raps mit einer wie *Jeanette Biedermann*, die einen für viele irritierenden Imagewechsel vollzogen hat, oder mit einer wie *Lena Meyer-Landrut* gewonnen werden.

7. Jugendkulturelle Stile und Szenen im 21. Jahrhundert

Wer nun nach dem ersten Jahrzehnt des 21. Jahrhunderts ein *Bild der Jugend* zu schildern versucht, der kommt sowohl in nationaler als auch in transnationaler und weltglobaler Betrachtung (so machen Ulrich Beck und Elisabeth Beck-Gernsheim dezidiert darauf aufmerksam, dass die heutige Jugendforschung methodologisch den antiquierten nationalen Blick verlassen muss, den sie stets explizit und implizit eingenommen hatte und hat, um in einer kosmopolitischen und transnationale Wende das Aufwachsen von Kindern und Jugendlichen zu betrachten; 2007, 55ff.), aber auch in familien-, schul-, arbeits- als auch in kulturorientierter Perspektive nicht umhin, der Vielfalt der Lebensstile in Familie, Schule, Ausbildung, Freizeit und Gleichaltrigengruppe, dem bunten Kaleidoskop oder der Atomisierung verschiedener Lebens, Lern und Arbeitsformen, dem Mosaik von Gruppen, Grüppchen, Szenen und Cliquen, dem Stiltransit der (Zeichen-), (Sprach-)Codes und Moden, der Differenzierung, Pluralisierung, ja der Tribalisierung aber auch der Polarisierung von Jugendgestalten und kulturen Rechnung zu tragen. Es gibt im Zuge der Entstrukturierung und Entstandardisierung der Jugendphase (vgl. bspw. Hornstein 1988, 1998; Schröder 1995; Ferchhoff 1997; 1998; 2000; 2003; 2006, 2007; 2008; 2009; Farin 2001) sowie im Rahmen der Heterogenität von Erscheinungen des Jugendlebens in dem widersprüchlichen Durcheinander und undurchsichtigen Konglomerat - Ein- und Zuordnungen sowie Klassifizierungen fallen schwer - kein *Gesamt-Bild der Jugend*. Paradoxien durchziehen oftmals wenig komplexe Jugendbilder von heute: „Das Ende der Jugend" wird ebenso proklamiert wie das „ewige Jungsein" (Müller 2006). Die sechs Buchstaben, die *Jugend* ausmachen, lassen sich freilich auf ein „paar Millionen junge oder sich jung fühlende Menschen beziehen", auf „angepasste und ausgestoßene, hedonistische und leidenschaftslose, politisch interessierte und unaufmerksame, unauffällige und nicht weiter zugängliche, die allerdings oft nicht viel mehr gemeinsam haben als eine Fahrt in der U-Bahn - aber die eben wohin wollen" (Farkas 1997). Was hiermit ausge-drückt werden soll, ist u.a. der Hinweis, „dass *Jugend* heute nichts mehr ist, das gleichsam auf einen Begriff zu bringen ist, sondern dass sie zersplittert und ausgefasert ist" (Hornstein 1998, 23; Hurrelmann 2004, 21ff.). Im Zusammenhang der Debatte über die „Auflösung eines klar umrissenen Jugendstatus" ist der „Widerspruch zwischen *Jugend* als einem immer weiter fortgeschriebenen gesellschaftlichen Programm einerseits und den sie verflüchtigenden sozialen Strukturen und Selbstdefinitionen Jugendlichen" andererseits herausgearbeitet worden (Hornstein 1989, 121; 1998, 23).

Nicht nur in den eher qualitativ orientierten Ansätzen zur Jugendforschung (wie wir noch w.u. sehen werden), sondern auch in den populären, eher mit standardisierten Fragebögen arbeitenden quantitativ orientierten Forschungen zeigen sich solche Verflüchtigungstendenzen. Klasse, Schicht, Religionszugehörigkeit, soziale Herkunft, Bildungs- und Kulturhierarchien, Milieu, Lebensstil bspw. lassen sich zwar noch auf der empirischen Ebene feststellen, weichen und lösen sich allerdings in dem Erkenntnismodell zusehends auf und machen Platz für die manchmal hektische Suche nach Variablen, die die erklärte Varianz erhöhen sollen. So gesehen individualisieren und pluralisieren sich konsequenterweise auch die variablen Erklärungsmodelle und tragen somit selbst auf der Methodenebene der - freilich meistens nationalen - modernen Pluralität Rechnung.

In den 90er Jahren des 20. Jahrhunderts hatten sich nicht zuletzt in der modernen Gesellschaft mit zunächst (post-)modernen Zügen auch vor dem Hintergrund eines paradoxen ästhetisch garnierten, erlebnisgesellschaftlich angehauchten Individualisierungsprozesses gegenüber den 80er Jahren die diversen Jugendszenen und Jugend(sub-)Kulturen (Baacke/Ferchhoff 1994; 1995; Ferchhoff/Baacke 1995; Ferchhoff/Sander/ Vollbrecht 1995; Ferchhoff 2000; 2005, 411ff. 2005a, 111ff.; 2006, 124ff. 2007, 188ff.; Farin 2001; Hitzler/Bucher/Niederbacher 2001; Hitzler/ Honer/Pfadenhauer 2008, Zinnecker/Behnken/Mascke/Stecher 2002; Zinnecker/Barsch 2007, 279ff.; Neumann-Braun/Richard 2005; Breyvogel

2005, 9ff.) noch einmal beträchtlich vermehrt und vielfältig ausdifferenziert, so dass es in der ersten Dekade des 21. Jahrhunderts eine kaum mehr überschaubare Pluralität und Zersplitterung von unterschiedlichen jugendlichen Verhaltensweisen, Orientierungen, Haltungen, Lebensstilen sowie inhomogenen jugendkulturellen Einstellungen, Ausfächerungen und Stilisierungen vagabundiert. Es ist bei aller *erweiterten Normalität*, die bei aller Szenendifferenzierung nicht vergessen werden sollte, insgesamt zu einer größeren Anonymisierung und Fluktuation von Jugendkulturen gekommen. Jugendliche können mittlerweile zwischen Dutzenden von Musikrichtungen, Szenen, Lebensstilen und (Sub-)Kulturen zappen. Das sogenannte *Wir-Gefühl* in einer alles umspannenden Jugendbewegung - etwa als *Logik kollektiven Handelns* bspw. im Rahmen einer *sozialen Protestbewegung* - scheint es jenseits bestimmter rechtsextremistischer Jugendgruppen, jenseits einiger Aussiedlergruppen und jenseits der vor allem durch Prozesse der heroischen Fremd- und Selbstethnisierung marginalisierten Jugend-lichen ausländischer Herkunft bzw. mit Migrationshintergrund (Heit-meyer 1998, 18) sowie mancher neoreligiöser Jugendbewegungen kaum noch zu geben.

Eines kann, was freilich nicht überrascht, festgehalten werden. *Jugend* als eigenständige und zugleich abgeschlossene Lebensphase scheint nicht bzw. nicht mehr zu existieren. Vielleicht hat sie auch nie - weder in der Moderne, obgleich dort *Jugend* als eine von der Gesellschaft abgesonderte und vor allem mit pädagogischen Aufgaben in Verbindung gebrachte Lebensphase, weitgehend unbelastet von ökonomischen und gesellschaftlichen Zwängen, konstruiert, entdeckt und mit eigenem Recht wahrgenommen wurde, noch in der in der alteuropäischen Gesellschaft der Vormoderne, die freilich auch Kenntnisse von unterschiedlichen Lebens- und Altersphasen besaß - oder allenfalls in den konstruierten Bildern über *Jugend* existiert. Wir haben gesehen (vgl. vor allem *Kapitel drei*), dass die moderne Jugendphase sich in „erheblichem Maße durch Ungleichzeitigkeiten und asynchrone Entwicklungen auszeichnet" und „per definitionem ausfranst". Von daher sind auch eindeutige Abgrenzungen zum Erwachsenenstatus nicht möglich. (Horn 1998, 11; Zinnecker 1997, 488ff; 2005, 176ff.).

Zu den vornehmen Aufgaben der Sozialwissenschaften sollte es eigentlich gehören, sich - nicht nur im Medium gekonnter, den zu untersuchenden *Gegenständen* nicht immer angemessener Methoden - alltagsnah und dicht an die jugendlichen Lebensmilieus heranzuwagen, die untersucht, beobachtet, befragt, interviewt, interpretiert, gedeutet, beurteilt, bewertet und etikettiert werden, ohne freilich im allgemeinen vorwissenschaftlichen subjektbezogenen Vorurteilsrecycling des Alltags stecken zu bleiben. Dennoch: die Forschungslage ist eher verwirrend. Kultursoziologische Vermessungen, Deutungen, Interpretationen und Diagnosen zur *Jugend* und zu verschiedenen Jugendkulturphänomenen scheinen nicht nur immer kurzatmiger und unübersichtlicher zu werden, sondern die Vielfalt der Lebenspraxen auch innerhalb eines Milieus, einer Szene wird nicht zuletzt angesichts besche*idener Datenerhebung und Datenlage* häufig gar nicht zur Kenntnis genommen. Die Qualität der zu erhebenden *natürlichen Daten* lässt via - wie auch immer durchgeführte und angelegte - beobachtende Teilnahme zu wünschen übrig, zumal bestimmte Gruppen von Jugendlichen wie bspw. Jugendliche mit Migrationshintergrund gar nicht oder nur randständig in einer Art bipolaren und monokulturellen Blick zwischen biederer Kiezidylle und heroischer Übertreibung angesichts einer zugeschriebenen wachsenden Verrohung der Ghettokids und Straßengangs vorkommen. Und alle Daten durchlaufen ex post einen Vertextungsprozess - *die LebensWelt als Text*. Im Rahmen einer solchen hermeneutisch-interpretativen Analyse sind häufig Zuordnungen und Antworten wenig differenziert und erweisen sich allzu oft als inkompetente, illusionäre und problematische Vereinfachungen. Komplexe, differenzierte und auch ambivalente Narrationen und Bilder zur *Jugend*, die adhoc in theoretischen Schnellschüssen, in häufig medial aufbereiteten, vordefinierten Problemwahrnehmungen und meistens wenig sensitiv empirisch ermittelt werden, können kaum noch strukturell auf etwas Gemeinsames hin gebündelt werden. Zuweilen ist allerdings auch die alltagsphänomenologische Vorliebe für das faszinierende ästhetische Detail so groß, dass größere Strukturzusammenhänge gar nicht mehr in Betracht gezogen werden und damit ganz aus dem Blickfeld verschwinden. *Spektakuläre singuläre Erscheinungen und Entgleisungen* werden allzu oft „unzulässigerweise verallgemeinert" (Helsper 1998, 5). Zugegeben: Konventionelle Jugendforschung stößt hier sehr rasch an Grenzen. Denn häufig wird gerade in umgekehrter Perspektive eine unter dem legitimen Dach der wissenschaftlichen Mindeststandards der Validität, Realibilität und Objektivität allzu große Distanz zwischen Forscher und Untersuchungsgegenstand eingezogen, insbesondere dann, wenn Lebensmilieus den Forschern sehr fremd erscheinen und/oder ihnen Angst bereiten - Skinheadmilieus, rechtsradikale Milieus, sendungsbewusste religiöse Milieus nicht nur bei ethnischen Gruppen etc. Der jugendliche Alltag wird dann zwar nicht recycelt und verdoppelt, sondern durchaus wissenschaftszentriert transzendiert. Nur wenn man binnenperspektivisch nichts mehr oder kaum noch etwas in der Logik der zu untersuchenden Jugendlichen erschließt und versteht, kann man eigentlich auch sicher sein, dass außenperspektivische *sozialwissenschaftliche Konstruktionen und Rekonstruktionen zweiten Grades* an der Sache *Jugend und Jugendkulturen* vorbeigehen bzw. am Gegenstand *Jugendkulturen* vorbeizielen müssen. Deswegen heißt es ja zuweilen auch ein wenig resignierend: „Wir liegen in unseren Deutungen und Ergebnissen konsequent immer haarscharf daneben" (taz vom 27. Juni 1997, 13), weil wir auch in gutgemeinten empirischen Forschungsprozessen unsere eigenen Jugend- und Jugendkulturerfahrungen und vor allem unsere Erwartungs- und Wunschvorstellungen zu den heutigen Jugendkulturen zu wenig einklammern (vgl. Griese 2000, 45). Wer allerdings lediglich in einer Art Forscher-Wagenburgmentalität Datenberge auf Festplatten, Providern und über Inter-views, Beobachtungen usw. nur sekundär vermittelte, verschriftlichte Aussagen zur *Jugend und zu den Jugendkulturen* vor sich hat, bleibt *fade* im wissenschaftlichen Umgang mit jugendkulturellen Phänomenen. Es fehlen subtile und differenzierte „Einblicke und vor allem Einsichten in komplexe, transnationale, oftmals sehr (zuweilen, wie etwa bei den *arabischen Flüchtlingsjugendlichen*, aber auch kaum) durchlässige, offene jugendliche Lebenswelten" und Szene-Codes (Ferchhoff/Sander/Voll-brecht 1995; Bohle 1998; Ferchhoff 2000; 2005a, 111ff.; 2006, 124ff.; Eckert/Reis/Wetzstein

2000; Hitzler/Bucher/Niederbacher 2001; Stauber 2004). Selbst empirisch erfahrene und lebensweltlich einfühlsame Feldforscherinnen und -forscher sind häufig der Vielfalt, dem Dschungel und insbesondere den biographischen Übergängen oder den jugend-kulturellen Stildifferenzierungen und Szenen meistens nicht gewachsen. Dichte, problemnahe Beschreibungen, systematische, methodisch kon-trollierte Erkundungen und Beobachtungen sowie mehr- und multi-perspektivische Perspektiven und Zugangsweisen zu den jugend-kulturellen Erfahrungs- und Lebenswelten, die in den inszenierten Subjektleistungen der verschiedenen jugendkulturellen Ausdrucks-formen in den kleinen Lebenswelten gleichsam auch tentativ interpre-tationsoffene Vermittlungen und Transfers zu gesellschaftlichen Rah-mungen, Einbettungen, Konflikten, Integrationsbemühungen, Anforder-ungen, Erwartungen, Bewältigungsstrategien etc. erspüren, wären unbe-dingt vonnöten. Zentrale binnenperspektivische Informationszugänge zum Beispiel über szenen-spezifische Wirklichkeitskonstruktionen von Körperlichkeit, Medien, Musik, Mode, Rituale, Gesten, Embleme, Stile, Inszenierungen usw. sind für die sich Mühe gebenden Forscherinnen und Forscher oftmals außer Reichweite. So gesehen werden dann häufig abstruse Aussagen und Ergebnisse etwa über Emos, Autonome, Skinheads, Hooligans, Kickboxfans, Gothics, Dark Waves, Jugendliche mit Migrationshintergrund, Deutsche-Schlager-Fans, über boy- und girl-groups, über Horrorfilme, über Video- und Computerspiele, über Internetportale wie *YouTube, SchülerVZ etc.*, über Jugendzeitschriften wie dem über 50jährigen Dauerbrenner *Bravo*, aber auch über *Bravo Girl, Bravo Sport, Young Miss, Joy, Yuno*, etc. sowie über Fanzeit-schriften/Fanzines, über Seifenopern wie *Gute Zeiten, Schlechte Zeiten, Die Simpsons, Unter uns, Verbotene Liebe, Marienhof*, über Telenovelas wie „Verliebt in Berlin", „Lotta in love", „Sturm der Liebe", „Julia - Wege zum Glück" usw., über die vielen Castingshows wie „Deutschland sucht den Super Star" (Gewinner:2010: Mehrzad Marashi), „Germanys next Supermodel" (Gewinnerin 2010: Alisa Ailabouni), über die Türken-Sitcom: „Alle lieben Jimmy" mit der beliebten Viva-Moderatorin Gülcan als Leyla, über Musikclip-Sender wie bspw. VIVA, Bravo TV und MTV oder über Jugend-Radiosender wie etwa NDR *N*-

Joy, WDR *Eins-Live*, ORB *Fritz*, MDR *Jump* oder kommerzielle Musikformatsender wie *KissFM* u.v.a.m. produziert.

Hinzu kommen die vielen Instrumentalisierungsansinnen: Gerade nicht nur die alltagsweltenthobene traditionelle Politik, sondern die diffundierenden globalen und lokalen Waren-, Werbe- und Kulturmärkte sowie die diffuse Medienöffentlichkeit sind es vor allem, die sich „in nahezu stereotyper Weise für die facettenreichen Vor-stellungen, die die jüngere Generation sich von der gesellschaftlichen und der eigenen Zukunft macht", interessieren (Zinnecker 1993, 96).

Viele der präsentierten Theorien und Forschungsbefunde zur Jugend und zu den Jugendkulturen sind in der Regel schon vor dem Hintergrund eigener biographischer und lebensweltlich-sozialisatorischer Jugenderfahrungen, eigener Vor-Urteile", eigener, häufig nicht kontrollierter Interessen - bspw. um Definitionshoheit oder Forschungsmacht im gesellschaftlich-wissenschaftlichen Diskurs zu erringen - und eigener, nicht eingeklammerter Weltanschauungen „vorwissenschaftlich ideologisch oder metatheoretisch entschieden" (Griese 2000, 43). Hinzu kommt, dass wir die komplexen realen jugendkulturellen Lebenswelten in der Regel sehr vereinfachend nur inadäquat rekonstruieren. Die zentrale Forschungsfrage - wie ist in einer Art ethnologischer Perspektive wertneutral binnen- und außenperspektivisch intersubjektiv-kontrolliertes Fremdverstehen bei sehr viel Unbekanntem, Provokativem, Abweichendem, Unberechenbarem, Unverständlichem, Sperrigem und Fremdem überhaupt möglich? - wird immer nur unzureichend beantwortet. Aus komplexen Hypothesen und Fragestellungen werden schnelle monokausale Antworten, aus ambivalenten, uneindeutigen und widersprüchlichen Erkenntnissen wird ein - nicht immer reflexiv werdendes - selektiertes und allzu funktionalisierendes Schubladenwissen bereitgestellt (vgl. Farin 2001, 13ff.). In diesem Sinne ist selbst trotz aller Komplexität und Ausdifferenzierungen die w.u. präsentierte, weitgehend funktionalisierungsresistente Analyse zur Artenvielfalt der Jugendkulturen im 21. Jahrhundert zu sehen.

Neuerdings gibt es jenseits der zumeist eher deskriptiven Analyse zu der heutigen ungeheuren Ausdifferenzierung und Vervielfältigung der Jugendkulturen und jenseits strenger, gewissermaßen apriorisch festgelegter Grenzen zwischen vorwissenschaftlich-alltäglichen Betrachtungen des sogenannten gesunden Menschenverstandes und wissenschaftlichen Analysen der reinen Erkenntnis im Rahmen einer sozialwissenschaftlich orientierten Jugendforschung empirisch gesättigte Versuche und Vorschläge, Jugendliche und Jugendkulturen - eingedenk aller erwähnten Unzulänglichkeiten und Funktionalisierungsansinnen - sehr behutsam, spurensichernd und permanente Revisionsmöglichkeiten eingeschlossen, auf der Basis unterschiedlicher Lebensstile, Szenen, Lebens-milieus und Teilzeit-Lebenswelten typologisch - freilich auch hier mit fließenden Übergängen, Durchlässigkeiten und offenen Rändern - zu unterscheiden.

In einer gleichsam deskriptiv und zumindest in der Binnenperspektive alltagsweltlich und sozialphänomenologisch angelegten Typisierung, die sowohl auf empirischen Sekundäranalysen als auch auf eigenen, explorativen, vornehmlich aus der Tradition der qualitativ-hermeneutischen Sozialforschung stammenden Datenerhebungen beruht, die manchmal sogar partikular das „Urerlebnis des Dabeiseins" mit den zu „Untersuchenden" teilen, lassen sich - trotz aller methodisch-empirischen Probleme, Verunreinigungen, unzulässiger lebensweltlicher Abstraktifizierungen, Vergröberungen und Verdinglichungstendenzen, die solchen Klassifizierungen und Typologisierungsversuchen stets inhärent sind - folgende jugendkulturelle *Inszenierungen* und *Antworten* als Verarbeitungs- und Bewältigungsmuster in bezug auf die rekonstruierten heutigen - zugleich globalisierten und regionalen/lokalen, nicht für alle Jugendlichen - prekären Lebenslagen und Lebenssituationen unterscheiden. Obgleich die Lebenslagen und alltäglichen Lebenswelten von Jugendlichen in den alten und neuen Bundesländern nach der ersten Dekade des 21. Jahrhunderts mehr als 20 Jahre nach der Wiedervereinigung immer noch Unterschiede aufweisen (bspw. sind die Anteile der Jugendlichen an der Gesamtbevölkerung in den neuen Bundesländern noch erheblich geringer als in den alten, der Anteil der Jugendlichen mit Migrationshintergrund ist in den Ostländern vergleichsweise sehr gering; ähnliches gilt für junge Mädchen) zumindest jenseits der Verbreitung und Intensität *bestimmter rechtsextremistischer Skinheadmilieus* (etwa der *Hammerskins* sowie der in Deutschland verbotenen *Blood- and Honour-Bewegung/Blut- und Ehre-Bewegung)* und jenseits anderer *rechtsradikaler Phänomene (etwa der frauen- und ausländerfreien Zonen der militanten Neonazis/und Fascho-Kameradschaften, Rudel und Männerbünde, die praktisch mit ihrer, seit Jahren auch erlebnisweltorientierten Cliquenpräsenz und ihrem hyperaggressiven Auftreten in vielen Landkreisen Ostdeutschlands ordnungspolitisch im Rahmen „national befreiter Zonen" wirksam sind, Bürgermeister herausfordern, bestimmte Plätze, Tankstellen, Schulhöfe und Jugendzentren besetzen, kontrollieren und dominieren;* vgl. Farin 2001, 201; Staud 2005, 103; Glaser/Pfeiffer 2007) keine allzu großen Differenzen in den jugendkulturellen Grundorientierungen zwischen den Jugendlichen in Ost und West (mehr) festzustellen (vgl. Jugendwerk der Deutschen Shell 1992; 1997; Deutsche Shell 2002; Shell Deutschland Holding 2006; 2010).

Wenn man nun nach der ersten Dekade im 21. Jahrhundert kultursoziologisch, ethnographisch, hermeneutisch und sozialphänomenologischalltagsweltlich interessiert - Vor-Urteile kontrolliert und einklammert - mit *hellwachen* Sinnen zunächst deskriptiv in einer lebensweltaffinen szene-surfenden Art durch die Straßen, die überdachten Malls, die offenen Plätze oder Center Parks und durch die Club- und Kneipen-Szene, durch die vielfältige Diskotheken- und Kinolandschaft und durch die Sportarenen einer beliebigen bundesrepublikanischen deutschen Großstadt geht, in Stadtzeitschriften und Szeneblättern blättert, an einigen jugendspezifischen musik-, tanz- und sportkulturellen Events teilnimmt und sich in verschiedenen Portalen der digitalen (Lebens-)Welten bewegt, sich noch gelegentlich, wenn man, ohne als szenenfremder Spießer enttarnt zu werden, an den machtvollen und strengen Gesichts-, Zeichen- und Dresskontrollen von Türstehern vorbeikommt, sich in Jugendkneipen, In-Discotheken, Clubs und Boutiquen traut, sich mindestens einen Teil der kaum noch überschaubaren, wiederum szenespezifisch unterschiedlichen Plakaten, Aufklebern, Booklets (Beilagen), Comics, Flyer, Fanzines, Websites, Homepages und unterschiedliche Varianten jugendlicher Kult-Sendungen anschaut, Computerspiele verschiedenen Genres - und in virtuellen Welten - spielt, an computervermittelten Kommunikationen online etwa in Chat-Rooms im Internet sich einloggt, eigene Homepages erstellt, an der Web 2.0 im Internet aktiv und kreativ teilnimmt, die Internetplattformen Youtube, Facebook und Myspace nutzt, in verschiedene Jugendmagazine reinschaut und sich ein wenig gegenstandssensibel in der Topographie realer jugendkultureller Locations, Räume, Orte und Plätze qualitativempirisch in aller deutenden Offenheit umschaut, dann fällt einem zuerst bei allen *erweiterten Normalitätsvorstellungen* (die Abweichung von ästhetischen Normen ist selbst zur Normalität geworden) die gesellschaftliche und jugend-kulturelle Heterogenität sowie sozialhistorisch betrachtet das kulturelle Nebeneinander, die permanente Renaissance von Stilformen jugendlicher Alltagswelten, der Szenenmix und die vielen sehr durch-lässigen Mainstream-Kulturen für sogenannte virtuose Szene-Surfer auf.

Und praktisch keine der *alten* Jugend(sub-)kulturen wie etwa die der Teds oder Teddyboys und Rockabillys aus den 50er Jahren, der Mods, Skinheads, Rocker und Hippies aus den 60er Jahren, der Anarchound Post-Punks, der Autonomen, der Heavy-Metal-Szene, der Glamrock- und Glitterszenen und der Scooterboys, die es auch schon als eine Variante der Mods in den sechziger Jahren gab, aus den 70er Jahren sowie die Schwarze Szene etwa der Gothics mit den Sub-Genres, der Dark-Waves, der ausdifferenzierten Metal-Szenen wie Death-, Trashund Black-Metal, Grindcore sowie keine der vielen enttraditionalisierten hedonistischen und individualistisch-manieristischen Jugendkulturen wie bspw. die Popper aus den 80er Jahren sind vollends von der Bildfläche verschwunden (vgl. etwa Horx 1989, 38; Farin 2001; 2006). Hinzu kommt allerdings, dass alles, schon allein durch die vielen Imitationen und Revivals immer mehr, immer widersprüchlicher, (binnen-)differenzierter, variantenreicher, flexibler, gemixter und gesampelter wird. Die Jugendkulturen haben sich seit den 80er Jahren sprunghaft entwickelt. In einzelnen Jugendkulturen haben sich Unterabteilungen und Stämme (house, tribes) (rück-)gebildet, deren Lebens-, Sprachen- und Artenvielfalt selbst Kenner oder Trend-Scouts der Jugendszenen oder binnenperspektivisch ausgewiesene Journalistinnen und Jugendforscher. manchmal sogar Szenegänger selbst nicht mehr erschließen und überblicken, geschweige denn wissenschaftlich-analytisch rekonstruieren und überblicksartig zuordnen können. Die herkömmlichen Muster von Cliquen- und Szenebildung in den jeweiligen jugendlichen Lebensmilieus konnten die Vielfalt, die Zersplitterung, die Schnelllebigkeit, den Eklektizismus, die Ambivalenzen, die Binnendifferenzierung und den Mix jugendkultureller Szenen und Stile nicht mehr reflektieren.

Vor dem Hintergrund der komplexen Phänomene - selbst Jugendliche kennen sich meistens nicht aus, was sie allerdings auch von sich wissen - wuchs die Erklärungsnot der Scouts, Soziologen und Journalisten allenthalben, selbst wenn man 1994 noch meinte, die verbindende diffuse Klammer *Jugend-Generation X* oder im Jahre 2006/2007 - *ohne Aussicht auf feste Jobs und im Moment nicht erreichbar* - die vagabundierende Klammer: *Jugend-Generation Praktikum* bzw. der *Glanz und das Elend einer blassen Generation (Müller 2006, 21),* im Jahre 2007 die *Generation global* (Beck/Beck-Gernsheim 2007, 25ff.) oder im Jahre 2010 *Generation YouTube* bzw. *Digital Natives* und - paradox genug - zugleich *Null Blog-Generation* bzw. *Generation Porno* bis auf den letzten Tropfen ausgemolken zu haben.

Hinzu kommt, dass viele (nicht alle) jugendkulturelle Stile und Szenen seit den 70er und 80er Jahren bis heute ihre ehemals eindeutigen Grenzziehungen zu anderen Stilformationen gelockert und ihre festgefügten Polarisierungen gegenüber anderen Szenen aufgegeben haben.

Ohnehin steht der jugendkulturelle Szenebegriff, zumindest wie er heute - angesichts der durch die erörterten Pluralisierungs- und Individualisierungsprozesse bedingten Strukturveränderungen im jugendlichen Erfahrungsraum - bspw. von Hitzler/Bucher/Niederbacher (2001) und Hitzler (2008, 55ff.) idealtypisierend definiert wurde, für eine neuartige, vor allem posttraditionale, freizeitbezogene Sozialform jugendlicher Vergemeinschaftung, die auch das „Miteinander in herkömmlichen Gemeinschaften" (Hitzler 2008, 57) verändert hat. Die Gesellungsform Szene basiert auf einem partikularisierten, labilen sozialen und kulturellen Netzwerk von Gruppen, die lose miteinander verknüpft sind. Die Szene steht bei aller thematischen Fokussierung gerade nicht für Geheimgesellschaft, sondern schon eher für Durchlässigkeit, Offenheit und Transität. Die Stärke des Szenebegriffs besteht darin, dass er vor dem Hintergrund eines Strukturwamdels der Gesellschaft den veränderten und pluralisierten Lebenslagen, -formen und -stilen Rechnung tragen kann.

Szenen als posttraditionale Gesinnungsgemeinschaften beruhen nicht mehr auf Teilnahmeverpflichtungen, beziehen sich nicht mehr *nur* auf gemeinsame Lebenslagen und bieten den unterschiedlichen Akteurstypen verschiedene Teilnahmeformen und -foren an. Sie sind als partikulare Teilzeitgesellungsformen keine stabilen, klar umrissene Gebilde, sondern „wolkige Formationen. Sie sind themen-, treffpunkt-, erlebnis- und eventorientiert, ständig in Bewegung und ändern ständig ihre Gestalt... Abgrenzungen erweisen sich als äußerst diffus, die Ränder überlappen sich mit anderen Szenerändern und erstrecken sich ... in heterogene Publika hinein" (Hitzler/Bucher/Niederbacher 2001, 21). So gesehen bestehen jenseits bestimmter Organisationseliten in der Szene für die Szenegänger und Szenesympathisanten keine scharfen Innen- und Außengrenzen.

Es ist inzwischen - bis auf wenige Ausnahmen etwa in männlichkeitsfixierten dichten Kumpel- bzw. Kameradschaftsnetzen zur „kommunikativ geselligen Alkoholvernichtung" (Möller 1997, 128), in rechtsextremen, nationalrevolutionären und neonazistischen Strömungen nicht nur der Skinhead-Szene (vgl. bspw. Häusler 2002, 276) oder in sektenähnlichen, fundamentalistischen und ontologischen Sinnverortungen etwa der verschiedenen religiösen oder politischen Fundamentalismen nicht nur von Jugendlichen mit arabischen, türkischen, serbischen, bosnischen, kroatischen und albanischen Migrationshintergrund - möglich geworden, stil- und szene-surfend mehrere Stile parallel zu *inszenieren*, zuweilen auch in mehreren Szenen gleichzeitig zu *leben* oder in rascher Folge die nicht mehr nur *homogen, identitätsfixiert* und *ganzheitlich* wirkenden Lebensstile zu wechseln: Gemeint sind jugendliche Szenegänger, die freiwillig Szeneorte aufsuchen, sich aber nicht total mit „Haut und Haaren" dauerhaft oder gar lebenslang festlegen wollen, die eigentlich ständig unterwegs sind, die mehrere Heimaten gleichzeitig besitzen, die selbst das Bewältigen, was nicht „zu vereinigen ist" (Krappmann 1997, 88) und Gegensätze virtuos unter einen „Identitätshut" (Farin 2001, 194; 2006, 5) sowie „nicht zueinander passende Teile ausbalancieren und in Übereinstimmung" (Pörnbacher 1999, 189) bringen können. Bei den heutigen Jugendkulturen kommt es zu einem unüberschaubaren und varian-tenreichen „gleichzeitigen Nebeneinander", wobei die verschiedenen jugendkulturellen Szenen nicht unbedingt untereinander konkurrieren müssen (Lau 1997, 29).

Welche tendenziell *uniformierten* Ausdrucksformen der Szenen und Facetten der Jugendkulturen sieht man dennoch? Und was kann legitimerweise noch unterschieden werden vor dem Hintergrund der lebensweltlichen Umwälzungen, Ambivalenzen und vielen Paradoxien der veränderten „riskanten Lebensführung" in der modernen globalisierten Arbeitsgesellschaft? Hier wird das Verhältnis von Arbeit und Freizeit zugunsten der Arbeit neu definiert (Nolte 2006) - freilich mit den alten „vertikalen Ungleichheiten" und „neuen Spaltungen" (Berger/ Vester 1998, 9ff.), respektive der Polarisierungen und der lebenssinnschwierigen individualisierten modernen, mit lauter Events durchsetzten Stress- resp. Erlebnisgesellschaft (vgl. Ferchhoff/Neubauer 1996; 1997; Fritzsche 1998). Und dies geschieht alles im Umfeld von wohlfahrtsstaatlichen Aufweichungsprozessen, bei fortschreitender Entpolitisierung und zuweilen lähmenden pessimistischen Grundstimmungen. Entstanden sind Bühnen zur Selbstpräsentation und Eigeninszenierung, Erlebnisorte mit Gleisanschluss, öffentliche Plätze und Orte zwischen Konsumprotz, Happeningcharakter und Tristesse. Hinzu kommen Medienkonzerne, Boutiquen, Discotheken, Supermärkte, Fast-Food-Ketten, Sonnenstudios, Kino-Center, Vergnügungsparks und Tankstellen zwischen Kriminalitätsanimation und großer Überwachungsdichte und viele andere popkulturelle Verhübschungen, Festivalisierungen und Life-Style-Inszenierungen. Schließlich hat - bis auf wenige Ausnahmen - eine allseitige jugendkulturelle Relativierung und Abnutzung der Ästhetik der Provokation und Anarchie stattgefunden.

Die Zeiten der großen, einheitsbezogenen und generationsspezifischen jugend(sub)kulturellen Bewegungen scheinen vorbei zu sein. Was seit Jahren beobachtet werden kann, ist Folgendes: Auf der einen Seite hat ein Wandlungsprozess von den sozial-milieuspezifischen Jugendsubkulturen zu den posttraditionalen, eher individualitätsbezogenen Jugendkulturen und Jugendszenen stattgefunden, die sich ihrerseits enorm ausdifferenziert haben und vermehrt alltagskulturelle Stilvermischungen nicht nur in virtuellen Onlinebezügen und medialen Parallelwelten zulassen. Auf der anderen Seite verschwimmen ehemalige Grenzziehungen von Jugendkulturen nicht zuletzt durch immer schnellere mainstreamaffine Vermarktung aber auch deshalb, weil vornehmlich ästhetische Zeichen, Symbole und Codes spezifischer Jugendkulturen von Erwachsenen übernommen, besetzt und damit auch entleert werden, denen schon allein durch ihr Lebensalter oftmals der inhaltliche Bezug und der wirklich adäquate Zugang zu den Jugendkulturen fehlen.

Vorab erlaube ich mir noch darauf hinzuweisen, dass auch der hier vorgelegte jugendkulturelle Einordnungs- bzw. Typologisierungsversuch eine querschnittbezogene Momentaufnahme skizziert und von daher in der Gefahr steht, den Jugendkulturen, die in immer schnelleren Zyklen wechseln, hinterherzulaufen. Daran zu erinnern ist auch, dass das Reden über und das Untersuchen und Beschreiben jugendkultureller Phänomene von Erwachsenen über Nicht-Erwachsene nur selten verstehensaffine Ergebnisse produziert, die über einen längeren Zeitraum *gültig* sind. Und es scheint so, dass in Hochzeiten der Jugend- bzw. der Jugendkulturforschung insbesondere auch die „Krisen des Erwachsenenseins" - wenn auch selten bedacht - zum Ausdruck kommen (so schon Lenzen 1991, 41). Mit der folgenden Thematisierung und Differenzierung ist zudem nicht beabsichtigt, etwa Jugendkulturen (wie häufig im gesamten 20. Jahrhundert geschehen) im Zuge eines übersteigerten revolutionären und pathetischen Jugendkults zu mystifizieren - *Jugend* als Orakel zu befragen oder gar *Jugend* als Chiffre für Lebenserneuerung zu missbrauchen. Darüber hinaus ist schließlich auch nicht beabsichtigt, Jugendkulturen ausschließlich reduktionistisch als *Opfer* bestimmter *objektiver*, sozioökonomischer und konsumkapitalistischer Lebensbedingungen oder im Zusammenhang eines herrschaftspolitischen Zugriffs auf *Jugend* als „Marionetten von erwachsenen Drahtziehern und Ideenlieferanten" (Reulecke 1986a, 3) aufzufassen. Beabsichtigt sind auch nicht voreilige medizinische, therapeutische oder gar psychiatrische und kriminalisierende Codes etwa im Rahmen einer allzu engmaschigen Rasterfahndungsforschung, die zuweilen manchen jugendkulturellen Erscheinungen einfach klischeehaft von verschiedenen Seiten in der Öffentlichkeit vorschnell übergestülpt werden.

Schließlich geht es hier auch nicht um einen naiven pädagogischen Impetus, der Jugendkulturen häufig vorschnell unter herrschenden Norm- und Wertkontrollen betrachtet sowie vornehmlich gesellschaftlich legitimierbare Passformen und Integrationsbezüge anstrebt – spätestens dann kommt Pädagogik und Erziehung zum Zuge, wenn andere Instanzen wie Gesellschaft, Markt und Politik versagt haben.

Statt dessen versuche ich den „Eigen-Sinn" im Rahmen einer differenzierten ethnographischen, lebensweltnahen Analyse und eines sensitiv-erschließenden Nachvollzugs von jugendkulturellen Alltagspraxen - soweit dies sozialwissenschaftlich eben auch mit exterritorialen Urteilen geht - die historisch spezifischen, gleichwohl eng begrenzten distinkten Konstruktionsleistungen, aber dennoch in gewisser Hinsicht doch auch tendenziell selbstbestimmten jugendkulturellen Ausdrucksformen und Differenzierungen im Kontext von Alltagsbedingungen dahingehend zu ergründen und zu betrachten, wie sich der mittlerweile prekäre, uneindeutige und statusinkonsistente Prozess des Erwachsenwerdens im Lichte der *Entstrukturierung der Jugendphase* unter den gegenwärtigen ökonomischen, gesellschaftlichen, kulturellen und sozialen Bedingungen und Restriktionen als sensibler Prozess aktiver Ausein-andersetzung mit den Lebensverhältnissen in seinen Widersprüchlichkeiten, Brüchen und ambivalenten Konstellationen abspielt. Angesprochen sind damit die vielen Paradoxien und je nach Perspektive die verschiedenen Anteile der Fremd- und Selbstsozialisation.

Hinzu kommt, dass sich jenseits des ehemals notorischen Zwangs und der Verpflichtung zu einer einheitlichen Identitätskonstruktion in der Wirklichkeit heutige jugendkulturelle Einzelidentitäten angesichts der vielen kulturellen Enttraditonalisierungen und Freisetzungen und der Erfahrung von Pluralität und Wahlmöglichkeit selten trennscharf präsentieren (können). Zudem entziehen sich „im Spiel der inkonsistenten Pluralität" und im Medium der Sinn-Bricolage insbesondere kulturalistische Jugendphänomene und -szenen nur allzu leicht der Festlegung mittels wissenschaftlicher Systematiken. Die auf einem hohen Abstraktionsniveau angesiedelten „Typologien und Idealisierungen" können schließlich kaum einem einzelnen Jugendlichen gerecht werden. Dennoch besitzen die folgenden wissenschaftlich konstruierten, *synthetischen* Typen Alltagsrelevanz für junge Menschen, namentlich in vielerlei Hinsicht als gerade nicht defizitäre, disponible und arrangierbare *Ich-Bausteine* im Rahmen vorübergehender, aber augenblicklicher Verdichtungen und patchworkartiger, fragmen-tarischer, *multipler Identitäten* (Ferchhoff/Neubauer 1997; Keupp 2005; vgl. auch *Kapitel vier* in diesem Band).

Eingedenk aller definitorischen jugendkulturellen Unschärfen und szenenspezifischen Ausdifferenzierungen und praktizierten Stilvermischungen von Jugendkulturen nach der ersten Dekade des 21. Jahrhunderts wird dennoch die folgende - stets unvollständig bleibende - tabellarische Übersicht gewagt.

Tabelle 2

Jugendszenen, Jugendkulturstile und posttraditionale Gemeinschaften ... eine stilistische Vielfalt - Grenzziehungen, Übergänge, Auseinanderdriften jugendlicher Lebenswelten, gewagte Kategorisierungsversuche und Schubladen, jugendkulturelle Durchlässigkeiten und Vermischungen, Patchwork, Szenenmix und Szenesurfer sowie tendenzielle Beliebigkeit als goldene Regel im 21. Jahrhundert (vgl. hierzu Vorarbeiten: Ferchhoff 2000; 2003; 2005; 2006; 2006a; 2007; Farin 2001; Hitzler/Honer/Pfadenhauer 2009)

- *Autonome Szene:*

  Kurzcharakterisierung: Der Ursprung der autonomen Szene ist im Kontext eines autonom-anarchistischen Selbstverständnisses jenseits offizieller Hierarchien in den 70er Jahren des 20. Jahrhunderts anzusiedeln. Sie verstand sich und versteht sich bis heute als vernetzte, aber als nicht fest organisierte, freilich durchaus konflikt- und auch gewaltbereites gesellschaftliches Protestpotential einer undogmatischen Linken. Sie demonstrieren (oder nutzen den Resonanzboden der ansonsten friedlichen Demonstrationen etwa beim Nato-Gipfel im April 2009 in Straßbourg, beim Klimagipfel im Dezember 2009 in Kopenhagen, bei den vielen ritualisierten Mayfeiern und Krawallen am 1. Mai (im Scheunenviertel in Hamburg und in Berlin Kreuzberg und Friedrichshein) gewalttätig insbesondere auch in sonstigen friedlichen Demonstrationen nicht selten verkleidet (d. h. vermummt) und in sogenannten schwarzen Blöcken gegen Globalisierungsfolgen der Finanzjongleure der als ungerecht empfundenen Weltwirtschaftsordnung, gegen Militarismus, Rechtsradikalismus, Polizeigewalt und Überwachungsstaat. Sie zünden nicht nur Edelkarossen an, attackieren Szenelokale und werden im Kampf der Lebensstile zuweilen gewalttätig gegen feine Schnösel, gegen Yuppisierungen, Gentrifizierungen und gegen Luxussanierungsfolgen der alteingesessenen Bevölkerung städtischer Kiezareale.

Ausdrucksformen/Kultgegenstände, Devotionalien: In der Regel unauffällige Kleidung – vermummt, zumeist in schwarz oder grau, nur bei gewalttätigen Protestformen und Straßenschlachten mit der Polizei; manchmal auch die schwarz-rote Fahne der Anarchisten und das eingekringelte A für Anarchie.

- *Boygroups/Girlgroups:*

Kurzcharakterisierung: Alle Jahre wieder werden nicht nur durch Jugendzeitschriften, die allerdings wie Bravo, Bravo Girl, Bravo Sport, Mädchen, Popcorn, Sugar, Yam und verwandte Jugendzeitschriften; drastische Verkaufsrückgänge (nur die nicht mehr ganz so jugendaffine Zeitschrift Neon mit mittlerweile über 200.000 im Jahre 2007 Auflagenstärke, deren Zielgruppe allerdings bildungsnahe ältere Jugendliche und junge Erwachsene um die dreißig sind, und vor allem das ostdeutsche Jugendmagazin „Spiesser" aus Dresden, eine Art Neon für jüngere Leser, mit einer Auflage von 300.000 im Jahre 2007, das nun auch im Westen Deutschlands ausgeliefert wird, boomen) zu beklagen haben (mit den süßen Boygroups: „Tokio Hotel" und „US 5"- inklusive der jeweiligen Online-Seiten und *Mädchen-TV* im Versuchsstadium - sich im Jahre 2006 ein wenig erholen), (audiovisuelle Jugendmedien wie die Video-Clip-Kanäle MTV/VIVA/Bravo/TV etc. oder Audio-Medien wie Radio Kiss, Radio Fritz, Jump, EinsLive und vor allem Musik aus dem Internet (Internet Lifestream) und Podcasts für diejenigen Jugendlichen, die mit den gängigen juvenilen Musikprogrammen nicht mehr zufrieden gestellt werden) zur Laborwerkstatt und auch zum Schwarm vieler sehr junger Mädchen hochgepuscht. Schon 8-bis-12-jährige kreischende weibliche Fans vergöttern Boy Groups und Girl Bands, erproben in den Fankulturen durchaus gesellschaftskonform sowohl nachahmende (Kleidung, Frisur, Tanzformen, Gesten, Stile, Haltungen usw.) als auch aktive Weiblichkeitsentwürfe und persönlichkeitsentwickelnde und identitätsrelevante Ablösungsprozesse vom Elternhaus, Freiräume und Wege in die Jugendphase, werden bei sehr hoher Identifikation und Fan-Leidenschaft auch manchmal ohnmächtig, wenn die entsprechende Boygroup nach nächtelangem Warten endlich live auftritt.

Auch bei den 2005 erfolgreich gecasteten und mit einer grandiosen Marketing-Maschinerie - unterstützt durch Jugendmagazine wie „Popcorn", „Star Flash" und

„Bravo" - in Gang gesetzten Boygroups und Teenieschwarm-Popper wie *„Tokio Hotel"* mit dem „süßen" Kajal-Bill und Tom mit den Dreadlocks, dem kein Plastik-Image anhaftenden Quartett aus Magdeburg mit den Hits: *„Durch den Monsum"*, *„Übers Ende der Welt"*, *„Schrei"*, *„Ich bin nicht ich"*, *„Zimmer 483"* usw. und wie die vom Godfather (Lou Perlham) aller Boygroups (vorher schon „New Kids on the Block", „Take That", „Caught in the Act"; „East 17", „Backstreet Boys", „N`Sync" oder „O-Town") geschickt gecastete deutsch-amerikanische Boygroup „US 5" (mit dem blonden Chris aus Köln) sind oftmals Trostspender für Teenager-Dramatiken und zugleich phantasieanregend für fast jedes (vor-)pubertierende Mädchen zwischen acht und vierzehn Jahren. Kreischende, hysterische Mädchen fielen und fallen in Ohnmacht, tapezierten und tapezieren ihre Zimmer und den Gesichtern der Bandmitglieder. Erstaunlich ist, dass Tokio Hotel es in den Jahren 2007, 2008 und 2009 geschafft hat, über den deutschen Musikmarkt hinaus auch international (etwa in Frankreich, Japan, Israel und selbst im wichtigsten Musikmarkt der Welt, in den USA mit einem englischsprachigen Album „Scream") befruchtend zu wirken. Spätestens mit der Verleihung des MTV-Video-Awards im Herbst 2008 in Los Angeles nahm die internationale Karriere weiter Fahrt auf. Von den jungen Mädchen kreischen nicht nur alle, sondern Heulkrämpfe werden ausgelöst, einige pubertierende Mädchen fallen vor oder während der Konzerte - wie schon vor vierzig Jahren bei den *Beatles* oder vor 20 Jahren bei *New Kids on the Block* aus Boston (auch sie starteten 2008 gealtert ein Comeback) oder vor 17 Jahren bei *Take That*, aus Manchester (die in der dortigen hochkarätigen Musikszene mit sehr kreativen und bedeutenden Rock- und Popbands wie Joy Division, New Order, The Smiths, Oasis, The Verve und die Charlatans immer mit ihren allzu poppigen Liebesliedern umstritten waren, und die auch schon ohne Robbie Williams bspw. mit der Hitsingle „Patience" ein glänzendes Comeback feierten und mit Robbi Williams ebenfalls ein möglicherweise einmaliges Comeback in 2011 feiern wollen) in Ohnmacht. Im Anschluss an die von Musikmanagern 1965 erfundene erste amerikanische Retorten-Boygroup „The Monkees" - eindeutig ein Plagiat der britischen Beatles - waren die wohl prägendsten Boygroups, Schwarm und intime Vertrauenspersonen vieler Mädchenherzen und mit schnulzig erfolgreich aufwartenden Songs in den späten 80er Jahren und zu Anfang der 90er Jahre „Take That" mit Robbie Williams sowie in den frühen 90er Jahren die „Back Street Boys" (auch heute noch berufsmäßiger Mädchenschwarm; Großverdiener in der Musikbranche und sehr aktiv) oder „NSync" und „Boyzone". Den Casting-Agenten kam und kommt es bei der Suche nach den „total süßen Jungs" weniger auf das Musiktalent, die Musikalität oder Sangeskraft an, als auf holzschnittartige Charaktere der einzelnen Bandmitglieder (Feinheiten der romantischen Liebe bei Boygroups, Vorbildfunktionen wie Selbstbewusstsein, Aufmüpfigkeit, Verführungskunst etc., ähnlich einer großen Schwester, bei Girlgroups) und vor allem poppige Liebeslieder, gutes Aussehen und Bildschirmtauglichkeit. Inzwischen (2010) müssen Boygroups als Teenie-Idole mit ihrem Kuschelrock nicht mehr rebellisch sein, sie dürfen ohne Alkohol und ohne Drogen christliche Wertvorstellungen verkörpern und auch keusch sein - wie etwa die süßen *Jonas Brothers* aus New Jersey. Als bekannteste Girlgroups wären immer noch die - seit

Jahren aufgelösten, mittlerweile auch wieder auftretenden - britischen „Spice Girls", in jüngeren Varianten die „No Angles", "Destiny,s Child" und *Monrose* zu nennen. Ausdrucksformen/Kultgegenstände, Devotionalien: Fanposter, Sammelordner mit Zeitungs- und Zeitschriftenausschnitten und Bildern, Autogrammkarten oder Gegenstände, die von den Stars resp. Idolen berührt wurden, immer wieder Kuscheltiere.

- *Computerkids:*

Kurzcharakterisierung: Kinder und Jugendliche, die - auch zu mehreren - quirlig und hyperaktiv Schnelligkeit präsentieren, Lust am Tüfteln und an Computerspielen ganz unterschiedlicher Couleur besitzen. Hinzu kommt, dass die virtuelle Welt, insbesondere die Online-Spielwelt mit schneller Anerkennung lockt. Online-Computerspiele, die häufig im Fiktiven jenseits echter Erfahrungen kompensatorisch als Gegenstück zum Realen in sogenannten Scheinwelten negativ bewertet werden, können neben multiplen Medienauffälligkeiten und suchtähnlichen Tendenzen (etwa 5% der aktiven Online-Spieler werden als spielsüchtig eingeschätzt) durchaus auch attraktive soziale und kommunikative Erlebnisräume bieten. Es kann eine Differenzierung der Computer-, Online- und Konsolenspiele vorgenommen werden: Denk-Simulation (Schach, Sudoku, *Mah-Jogg, Die Sims*)-, Jump&Run-, Action (*Battlefield, Resident Evil, Tomb Raider, Counterstrike*)-, Abenteuer-, Sport (*Fußballmanager, FIFA*)-, Adventure (z.B. *Gothic; New Super Mario*)-, Strategie- bzw. Rollen (*Anno 1701, Warcraft, Starcraft II*, wie schon das legendäre Starcraft I vor allem in Südkorea eine Art Volkssport)-, Autorennen (Need for Speed, DTM-Race)-, Ego-Shooter-, Simulations- und Musikvideospiele (bspw. *Guitar-Hero* oder *Disney Star Suite*). Seit 2010 sind Bewegungs- und Sportspiele im 3D-Format der absolute Renner. Hier werden für Jugendliche virtuell Anregungen gegeben, um dem Bedürfnis nachzukommen, sich musikalisch auszudrücken - etwa zum Erlernen echter Instrumente). Geschlechtsspezifische Unterschiede sind - was Intensität und Zeitbudget angehen - vornehmlich bei Strategiespielen, Action- und Shooterspielen sowie noch stärker bei Autorennen am Computer festzustellen. Diese werden von männlichen Jugendlichen der Unter-20-Jährigen eindeutig bevorzugt. Die Ego-Shooterspiele (auf dem Bildschirm sieht man die virtuelle Hand und die Schusswaffe) wie beim Genre-Klassiker, das legendäre, martialische *Doom* mit der Jagd auf Monster. *Splinter Cell* und auch *Counter Strike* werden vornehmlich von Jungen im Alter von 15-25 Jahren bevorzugt. Diese und andere virtuellen - etwa 18-plus (nur nach vorheriger Altersprüfung) - Ballerspiele wie *Red Steele* und *Half Life 2 Classic, Grand Theft Auto IV* und *Call of Duty*, während das besonders brutale *Manhunt* in Deutschland nicht verkauft wird, werden nicht nur von Dauer-Gamern mit Waffen, Gewalt, Agenten, Soldaten und Terroristen häufig gemeinsam auf sogenannten Netzwerk-Partys oder in „E-Sports-Ligen" im Internet gespielt. Es gibt noch vergleichsweise wenige Spiele, bei denen nicht das Abenteuer, Rennen, Kämpfen und Killen (etwa *Metin 2* im Jahre 2010 das größte Mehrspieler-Onlinegame in Europa mit 8 Millionen aktiven Spielern), sondern das Kuscheln, die Liebe zu Tieren oder Tierpflege, das Feiern (wie das Partyspiel *Singstar*) und das

Soziale wie *Meine Tierpension, Die Reitakademie; Dein Pferdecamp, Julias Reiterland, Mein Pferdehof* oder *My Boyfriend* und *Die Sims* ins Zentrum rücken. Diese Spiele werden traditionell eher von Mädchen geschätzt. Downloads von Spielen, Filmen, Videos, Musik etc. und zuweilen nächtelang den Lichtschein des PCs etwa auf LAN-Partys oder beim kreativen Erstellen von Websites zu genießen, sind, von wenigen Ausnahmen abgesehen, nach wie vor eine Domäne von Jungen und jungen Männern. Sie gelten als Helden und Heroen im Cyber-Space. Eine weitere Variante von Computerspielen sind die sogenannten Online-Rollenspiele mit Eintrittsgebühren wie *Warcraft*, wo Spieler Monster bekämpfen und in Kreuzzüge ziehen. Dagegen kann man mit *Second-Life* ein anderes virtuelles „Alter ego", mit Atavaren eine „zweite Identität" einnehmen. Hier wird in der virtuellen Welt eine eigene parallele Wirklichkeit erzeugt - mit Landschaften, Gebäuden, Geschäften, Aussehen, Körperbau, Kleidung etc. Diejenigen, die in *Second-Life* identitätswandelnd verkehren und leben, werden Teil einer neuen - auch ökonomisch geprägten, investierenden, gewinnerzeugenden und arbeitenden - Gesellschaft. Verbindungslinien zwischen zweiter und erster Welt werden gezogen. „Die *„zweite"* kopiert die *„erste,* unsere Welt" (Scheffler 2007, 32).

<u>Ausdrucksformen/Kultgegenstände, Devotionalien:</u> Lara Croft (gewalttätig, perfektionierter weiblicher, sehr sexy aussehender Körper; Balance zwischen Heldenhaftigkeit und Erotik) als erste weibliche Hauptfigur auf einem Feld, das lange Zeit von Karikaturen der traditionellen Machos wie Terminator beherrscht wurde - männliche Spieler haben bei Lara drei Subjektpositionen zur Auswahl: Begehren, beschützen und identifizieren mit der Heldin; diverse Computer-Zeitschriften, Spiele-Konsolen und spezifische Spiele und Spielvariationen.

- *Emos:*

<u>Kurzcharakterisierung:</u> Das Wort Emo steht für emotional und wurde in den 80er Jahren des 20. Jahrhunderts zur Kennzeichnung für eine neue Variante des Hardcore-Punks verwendet. Emotional und Hardcore wurden oftmals von außen durch den Begriff Emo wörtlich und sinngemäß zusammengebracht. So gesehen ist Emo eine Kurzform von Emotional Hardcore. Obwohl diese musikalische Emo-Jugendkultur schon in den späten 80er und zu Anfang der 90er Jahre(n) entstand, tauchte der Begriff Emo im Kontext jugendkultureller Phänomene erst nach der Jahrhundertwende und eigentlich vor allem als modische Jugendkultur erst seit 2005 in der (medialen) Öffentlichkeit und zögerlich seit 2007 und 2008 in der wissenschaftlichen Debatte auf (vgl. bspw. Klockowski 2009). Man übernahm in der Hardcore-Punkszene die Grundideale von Punk und Hardcore - wie etwa die tendenziell linkspolitische und unkommerzielle *Do it Yourself Ethik* („DIY-Ethik") - ersetzte die zynischen und destruktiven Botschaften des „No Future" und des exzessiven Drogenkonsums jedoch durch positive. Der Verzicht auf Tabak, Alkohol und andere Drogen wurde zum Charakterzeichen der Straight-Edge-Bewegung. Der Verzicht ging oftmals sogar noch weiter, indem bspw. Koffein, Fleisch, Milch und Käse (Vegetarismus, Veganismus) und auch wechselnder Geschlechtsverkehr verweigert wurden. Das schwarze X auf dem Handrücken wurde zum Identifikationssymbol von Straight Edge etwa im

Anschluss an ein Cover der 1980 erschienenen „Minor Disturbance E.P" der Band: *The Teen Idles*. Dieses X ist bis heute in verschiedenen Varianten für viele (nicht für alle) Erkennungs-, Symbol-, Vergemeinschaftungs- und Identitätszeichen der Szene. Straight Edge und Hardcore gingen ein Bündnis ein. So gesehen kam es in den 80er Jahren zu einer neuen Lebenseinstellung, die weit über das Musikalische hinauswies, für viele Jugendliche im Hardcore (vgl. zu diesen historischen Entwicklungen, vielschichtigen Verlaufsformen sowie szenemöglichen Grundprinzipien und Ausdifferenzierungen der Lebensstilkonzepte in der amerikanischen Hardcoreszene bis in die Gegenwart durch Straight Edge: Wood 2006; Calmbach 2007; Mulder 2009 und sehr kenntnisreich, detailliert und Musik-, Mode-, Lebensstil- und Kommunikationstexte rekonstruierend: Draws 2010). Sowohl Bandnamen und Albentitel als auch bestimmte Songs fielen durch alternative, oppositionelle politische und sozialkritische Strömungen und Themen auf (bspw.: *Swing-Kids, Four Hundred Years of Slavery* etc.). In musikalischer Hinsicht galten jenseits von Straight Edge die Bands *Rites of Spring, Embrace, Fugazi* und *Minor Threat* gegen Mitte der 80er Jahre als Wegbereiter des Emotional Hardcore, die mit melodiösen Einsprengseln und subjektiven Themen wie Liebe, Gefühle, Trauer, Schmerz, Freude etc. den traditionellen machismogeprägten Hardcorebereich neu justierten. Hinzu kamen Indierockkontexte, in denen ebenfalls emoaffine, melodische Parts Eingang fanden wie bspw. in dem 1994 erschienen Album „Diary" von *Sunny Day Real Estate*. In Deutschland setzte sich Anfang der 90er Jahre das sogenannte *Screamo*, ein Subgenre des Emo durch, das allerdings als Begriff seinerzeit noch nicht verwendet wurde. *Screamo* ist nur teilweise us-amerikanisch (sich allerdings auf die us-amerikanischen Wurzeln des Hardcore berufend und einer gewissen Verwandtschaft zum Grindcore) und von daher nicht indie-orientiert, steht für interpretenzentrierten *Schrei-Emo*, für den dynamischen Wechsel zwischen sanften, schnellen und chaotischen Stellen. Es wird geschrieen, gebrüllt, gesprochen und geflüstert. Die bekanntesten deutschen Bands dieses Sub-Genres sind *Yage, Escapado* und *Kill.Kim.Novak,* seit 2007 *andorra~atkins* mit gewissen kommerziellen Erfolgen.
Die Grundstimmung der Emos ist ähnlich wie in der Gothic- und auch in der Visual-Kei-Szene, unterstützt durch Kosmetikprodukte und Schminke, um zuweilen lolitahaft, düster auszusehen, melancholisch bis verzweifelt. Sie verstehen sich vor allem als dezidierte Gegenbewegung zur Hip-Hop-Szene. Ihr Musikstil kann als Emotional Hardcore charakterisiert werden - eine Mischung aus Punk, Hardcore und Melodramatik Ihre Lieblingsbands sind heute etwa *Jimmy Eat World* und *My Chemical Romance.*

Ausdrucksformen/Kultgegenstände, Devotionalien:
Im Zuge der ersten Vertreter der Emos gab es noch keine szeneneinheitlichen Dresscodes. Ihre Kleidung ist seit der Mitte der ersten Dekade im 21. Jahrhundert häufig von der Musikszene unabhängig Street look -like - und durch Anleihen aus anderen Jugendkulturen (insbesondere Gothic, Pop-Punk) -vornehmlich schwarz; kombiniert mit pink. rot und grün. Sie tragen Röhrenjeans, nicht selten auch in Karottenform, Hinzu kommen Kettchen mit und ohne Anhänger, Schweißbänder, Stulpen, Haarreifen, Haarspangen mit Karo-, Herz- und Totenkopfmuster, Haargummis, Broschen Ohrringe, Nietenarm-

bänder, enges Top, Totenkopfhalstücher, pinke Nietengurte und geschnürte Stoffturnschuhe, vornehmlich Chucks; Jack Purcells, Oldschool-Vans und verschiedene Sneaker-Variationen. Während bei den Jungen die androgyne „Zelda-Frisur" (Konsolen Spielfigur) vorherrscht, erinnern die weiblichen Frisuren an Stilelemente der Rockabillys oder an die Gothic-Szene und sind oftmals inspiriert durch Betty Page (Fotomodell der 50er Jahre) und Emily The Strange" (Comicfigur) und Hello-Kitty-Accessoires mit düsteren Symbolen. Die Haarfarbe ist meistens dunkelbraun oder pechschwarz gefärbt; die Haare selbst sind in der Regel kurz und fransig geschnitten mit Seitenscheitel und Pony quer über der Stirn.

- *Fantasy-Fans:*

    <u>Kurzcharakterisierung:</u> Jugendliche, die einen großen Teil ihrer Frei-Zeit mit Rollenspielen nicht nur auf Burgen in mittelalterlichen Gewändern und Ausrüstungen verbringen. Zentrale Spiele sind Brett-, Karten-, Pen-&-Paper- und Live Action-Rollenspiele. Der Begriff Fantasy bereichert das Rollenspiel um etliche Facetten. Er erweitert das Spektrum der fiktiven Spielorte und Gegner. Fantasy hat ihre Wurzeln in alten Mythen und Sagen. Sie schöpft ihre Motive und Erzählstrukturen aus diesen uralten Sagen und Heldenepen, in denen frühere Gesellschaften und Kulturen die Geschichten ihrer Götter, Halbgötter und Helden festhielten - etwa Homers Ilias, das Nibelungenlied oder den Sagenkreis um König Arthur. Aus diesen Sagen gingen auch Phantasiewesen wie Trolle, Einhörner, Elfen, Orks etc. hervor. In der modernen Fantasy kommen auch neue Sagen hinzu - wie etwa *Der Herr der Ringe* (Tolkin) oder *Die Chroniken von Narnia* (Lewis). In Live-Rollenspielen stellen die Spieler ihre Spielfigur, die auch Charakter genannt wird, frei improvisierend physisch selbst dar - mit und ohne Zuschauer. Live-Rollenspiele finden zumeist an Spielorten statt, deren Ambiente dem Szenario der Spielhandlung entspricht, und die Charaktere werden mit einer entsprechenden Gewandung kostümiert. Dagegen verwenden Pen- & Paper-Rollenspiele ein umfangreiches Regelwerk, das mit einfacher Mathematik und Würfeln oder seltener mit Karten arbeitet. Meistens übernimmt ein Spieler die Rolle der Spielleitung. Der Spielleiter beschreibt die Umgebung, die Reaktion der Umwelt auf Aktionen der Spieler und schlüpft in die Rolle von Freunden oder Gegnern der Gruppe. Der Spieleiter überlegt sich, was und wie gespielt werden soll, und welche Abenteuer von der Spielgruppe bewältigt werden müssen. Zudem sorgt er dafür, dass die festegelegten Spielregeln in fiktiven Spielhandlungen vornehmlich mit Würfeln auch eingehalten werden.

    <u>Ausdrucksformen/Kultgegenstände, Devotionalien:</u> Kartenspiel: Bspw. „*Magic*", Fantasy-Spiele: bspw. *Midgard* und *Das schwarze Auge*. International sehr bekannt ist bspw. *Dungeons* und *Dragons*.

- *Fußballfans:*

    <u>Kurzcharakterisierung:</u> Ob FCK, Bayern, 1860, Schalke, Werder, HSV, VfB, Arminia, Hansa, BVB oder KSC und VfL Borussia - viele Jugendliche, besonders Jungen, zunehmend aber auch Mädchen im Kids-Alter von 10-16 Jahren bringen in die Schule, Jugendgruppe oder manchen informellen Jugendtreffs Trikots, Schals, Mützen

oder andere Accessoires ihres Lieblingsvereins und spätestens seit der Fußballweltmeisterschaft im Jahre 2006 in Deutschland auch Schwarz-Rot-Gold-Fahnen in allen Varianten und viele andere Devotionalien, die übrigens nicht nur die (Fußball-)Nationalmannschaft betreffen, mit. In den Bundesligastadien sind verschiedene Fangruppen zu beobachten. Am auffälligsten sind die eher harmlosen, oftmals in Fan-Projekten organisierten Kuttenfans, die kostümiert und maskiert nahezu alle Kleidungsstücke in den jeweiligen Vereinfarben in die Stadien tragen. Hinzu kommen seit einigen Jahren die Ultras oder Supporters, deren Erscheinungsbild in der Regel durch das Tragen weniger oder - als dezidierte Gegner von Kommerzialisierungsprozessen - keiner offiziellen Fan-Artikel (Schal, Mütze oder Fanclubanstecker) dezent ausfällt. Sie entstammen zumindest in ihrer Mehrheit aus der Gruppe der - für sie zu langweilig gewordenen - Kutten-Fans. Die Ultras sind im Jahre 2010 (über 10.000 werden in Deutschland geschätzt; http//www.jugendszenen.com.de/ Aktualisierungsdatum: 21.01. 2010) die aktivste und auffälligste Fußballfangruppe. Sie sind erlebnisorientiert, öffentlichkeitswirksam vornehmlich durch Online-Aktivitäten im Internet (die Websites, eigene Homepages und auch Videoplattformen wie Youtube sind zur virtuellen Arena geworden) und realer Stadionpräsenz mit zelebrierten spektakulären Aktionen, verstehen sich als exklusive Avantgarde des gesamten Stadienpublikums (vgl. Schwier 2007, 151ff.), besuchen möglichst alle Heim- und Auswärtsspiele und auch die Spiele der jeweiligen Amateur- und Jugendmannschaften. Sie sind *Allesfahrer* und halten sich für die eigentlichen, stimmungsaktiven, rebellischen (etwa gegenüber unsinnig empfundenen Regelungen der offiziellen Vereinsführung) und zugleich treuesten und kreativen Vereinsfans. Sie führen (Schein-)Gefechte gegen abstruse Anstoßzeiten, gegen abstruse Stadionnamen, gegen nicht adäquate Trikotfarben und beklagen den Verrat an Traditionen. Sie sind nicht nur Fans, sie empfinden leidenschaftlich: *"Fußball ist Religion und unser Leben"*, *"wir sind der Verein"* (vgl. Spannagl 2006, 3) und dokumentieren, stilisieren, inszenieren und zelebrieren dies telegen mit eigenem Logo, Infoflyer und eigenen Fanzines, mit Choreographien (auf Papptafeln, Stoffbahnen, Schwenkfahnen etc.) und kreativen Kommunikationsformen und ästhetischen Hilfsmitteln (Sprüche, Gesänge, Haltungen etc.) in nicht vollends komplett bestuhlten Fanblöcken und Fankurven (wie etwa in England), wenn der *Lärmterrorismus* qua fettem *Kirmes-Techno* und *Europop-Gedudel* aus den Boxen in den Stadien nicht alles übertüncht. Die anderen Zuschauer/Fans, das nicht selten fachfremde Eventpublikum, das von den Verantwortlichen in den Vereinen als kaufkräftige und hochpreisige Kundschaft umworben und mit vielen Privilegien ausgestattet und wertgeschätzt wird, werden von den in einer Art kollektiven Massenverdichtung auftretenden Kurven- und Stehplatzfans in der Regel naserümpfend betrachtet, und sie sprechen gelegentlich hierarchisierend in einer Art *Alleinvertretungsanspruch* deren Fansein ab. In einer schmalen Gratwanderung zwischen Leidenschaft, Stimmung und Chaos, zwischen Euphorie und Gewaltandrohung sind sie in einigen Exemplaren keine Weichspüler, politisch inkorrekt und auch situationsbedingt im und jenseits des Fußball(s) gewaltbereit. Manche haben sogar rechtsextreme Einstellungen. Darüber hinaus gibt es viele sehr junge

„erlebnisorientierte Fans", die - wie in anderen Bereichen der heutigen Popkultur (Festivalkulturen, Public-Viewing-Veranstaltungen etc.) - manchmal distanzlos gierig nach Emotionen sind und einen institutionalisierten Kontrollverlust im Rahmen partikularer kollektiver Erlebnisse (zuweilen unterstützt durch stimulierende Substanzen und durch inszenierte ritualisierte Spektakel) wertschätzen. Neben dem Erlebnis Fußball wird auch die Party danach gefeiert. Dies teilen sie historisch und gegenwartsbezogen gleichermaßen mit vielen Jugendlichen in und jenseits von Jugendkulturen und beim und jenseits des Fußball(s) etwa in Kneipen, Bahnhöfen, Zügen sowie vermehrt auch umsonst und draußen in Parks, auf Plätzen, Brücken, Tankstellen und in anderen, oftmals umgedeuteten öffentlichen Straßenräumen. Schließlich gibt es nach wie vor einige, wenig organisierte und zumeist in die Jahre gekommene gewaltsuchende oder gewaltbereite Hooligans, die ein Fußballspiel vornehmlich zum Zwecke der inszenierten Gewaltausübung besuchen (siehe auch zur differenzierten Betrachtung der Hooligans weiter unten). Insbesondere bei den Fußballweltmeisterschaften 2006 und 2010, der Fußballeuropameisterschaft 2008, aber auch bei der Handballweltmeisterschaft 2007 und der Eishockeyweltmeisterschaft 2010 haben sich neue, eher temporäre, vornehmlich auch weibliche Party-Fan-Typen nicht nur im Stadion, sondern insbesondere auf den kilometerlangen Fanmeilen qua Public Viewing (Gucken, Spaß, Singen, Feiern, Rudelbildung und die Möglichkeit, sich von dem Anlass (Fußball-)Spiel zu lösen und sich selbst zeitlich weit über das Spielende hinaus zu feiern, Jubel über den Jubel vor riesigen Leinwänden) in den öffentlichen Räumen als eine Art temporäre, mit authentischem Feeling ausgestattete Erlebnis- und Begeisterungsgemeinschaft der Innenstädte herauskristallisiert. Durch Kostümierung und Choreographierung versichern sich - ähnlich wie im Stadion auch - alle im Rahmen einer simulierten Nähe zum Stadion ihrer Gemeinsamkeit, ihrer situativen, unmittelbaren symbolträchtigen Vergemeinschaftung (Fahnen, Wimpel, Flaggen vor allem auch an Autos, Farben, Trikots, Schals, Blumenketten, Hula-Kränze, Sommermärchenkostüme und Schminke in Nationalfarben. Weltoffener, gastfreundlicher, positiv-unverkrampfter, entspannter, fröhlicher, freudiger und popkultureller sowie konsumorientierter Partyotismus mit nationalen Symbolen statt dumpfer oder dezidierter volksgemeinschaftlicher, martialischer und chauvinistischer Patriotismus. Im Rahmen der unalltäglichen erlebnisintensiven Sinnstiftung qua Fußball konnten wir eine Art genussvolle Faszination oder *Religion der Freude* (Richard Harder) beobachten. Die Kulturen, Bühnen und Inszenierungen des Feierns in den heutigen Arenen und dichte Atmosphären erzeugenden Aufführungsstätten des Fußballs (auch beim Frauenfußball, zumindest bei der Fußballweltmeisterschaft in China im Herbst 2007, in anderen Sportarten wie bspw. beim Biathlon und insbesondere beim Handball während der Weltmeisterschaft im Wintermärchen Deutschland 2007, bei der Fußballeuropameisterschaft 2008 in der Schweiz und in Österreich und zuletzt im Sommer 2010 bei der Fußballweltmeisterschaft in Südafrika waren ähnliche Phänomene zu beobachten) sowie auf den Fanmeilen vor den Großleinwänden, in den Stadien, wo gerade nicht gespielt wurde, in den Kneipen, Restaurants, Cafés etc. erinnerten nicht puristisch an Fußball, sondern eher - allen Millionentransfers und gigantischen Ökonomisierungstendenzen und allen mediatisierten virtuellen Öffentlichkeiten zum Trotz (vgl. Bolz 2006, 21, Kaltenbrunner 2010, 6) - an andere, authentisch und räumlich erfahrbare, postreligiöse, partikulare und tendenziell patchwork-orientierte Sinn- und Gemeinschaftserfahrungen: an authentische feier- und popkulturelle Open-Air-Festivals, an andere, in städtischen Räumen stattfindende live acts und Großevents, an Kultur und Sportereignisse wie City-Marathon, Inline-Skating, Beach-Volleyball, an gigantische Rock- und Popkonzerte, an Karneval, Love Parade, Karneval der Kulturen, Christopher-Street-Day oder Weltjugendtag. (vgl. Ferchhoff 2011). Deshalb schienen auch so viele gutgelaunte Partygänger (auch zahlreiche weiblichen Geschlechts), die gegnerischen Fans und teilweise auch eine beträchtliche Zahl der in Deutschland lebenden Fans mit Migrationshintergrund einschließend, die Fanmeilen und Innenstädte kommunikationsfördernd, in heiterer Stimmung singend, flanierend, trötend (seit 2010 auch mit den südafrikanischen Vuvuzelas) und hupend zu bevölkern, die in der Vergangenheit nicht gerade vom Fußball fasziniert und durch Fußballsachverstand und Fachsimpelein aufgefallen und ausgewiesen waren. Jenseits dieser nicht für möglich gehaltenen Partystimmungen und Fan-Begeisterungsszenarien für den Fußball der Nationalmannschaft(en) wird freilich auch der Vereinsfußball von unterschiedlichen, insbesondere auch jungen weiblichen Zuschauern popkulturell unterstützt und getragen. Ihr Anteil in den Bundesligastadien beträgt inzwischen nahezu 30%. Und sie sind es vornehmlich, die einige *süße* Spieler wie Popstars verehren. Im Rahmen der gesamten Fußballfanszene gibt es mit den und jenseits der weiblichen Zuschauer(n) eine breite Palette von zumeist machistischen und oftmals lebensstilbezogenen Fanorientierungen und Einstellungen. Zunächst gibt es neben den vielen - mit unterschiedlichen Graden der Distanz zur *eigenen* Fußballmannschaft aufwartende - Fans (die - wie manche meinen - im strengen Sinne vielleicht gar keine Fans sind) rituell und kollektiv geprägte Fanorientierungen, die eine hohe Identifikationsbereitschaft meistens (übrigens nicht immer) mit dem regionalen Verein aufweisen. Dem eigenen Verein wird durch zuweilen phantasievolle Übertreibungen und Stilisierungen oftmals magische Qualität zugewiesen. „BVB ist Religion", „Schalke unser" oder: „Die Sechziger sind mein Leben". Auch die jeweilige Gegnerschaft ist wie ihr Pendant, die zum anderen Verein gepflegte Treue und Solidarität, durch historische Wettkampfrituale etwa im Rahmen rauer und martialischer Sprachspiele festgelegt: „Tod den Bayern", „BVB und HSV - ewige Freundschaft". Diese Fankulturen (häufig Fanclubs mit Vereinssatzungen, Vereinslokalen, Präsidenten etc.) wirken nach innen als integrationsbezogene Macht- und Ordnungsfaktoren. Andere Fan-Varianten im Fußballbereich sind aggressiver. Diese reichen von der Zurückhaltung und Furcht vor körperlicher Gewalt über verschiedene Problemfans bis zur (aggressiven) Selbstbehauptung und extremem körperlichen Gewaltbereitschaft - „gewaltsuchend" (Fankategorie C) bzw. „Gewalt neigend" (Fankategorie B; in Deutschland rechnet man zirka 9.000 Fans zu den Kategorien B und C). Sie reichen von bloß verbaler Inhumanität in Sprechchören bis zu Körperverletzungen auch Unbeteiligter; von gelegentlicher, anlassbezogener Ausschreitungsbereitschaft bis zum risikobereiten und funbezogenen Ausschreitungssport von *jugendlichen Hedonisten* und *kämpfenden Eliten* etwa im Hooligan-Bereich (vgl. w.u.).

Hinzu kommen seit einigen Jahren die sogenannten Ultras, die sich in ihrem Selbstverständnis als die „eigentlichen", *wirklichen* und dauerhaften, mit *Haut und Haaren* und *Leib und Seele*, mit *Liebe und Leidenschaft* den jeweiligen Vereinen verbundenen Fans betrachten. Einige von ihnen nutzen in Form kreativer theatralischer Inszenierungen den Vereinsfußball als Schaubühne. Eine Ultra-Bewegung, die nur wenige italienische Original-Anleihen macht, hat sich in Deutschland seit den 90er Jahren in den Fußballbundesligen als ausdrucksstarke, stimmungsvolle, selbstmediatisierte, avantgardistische, erlebnis- und spaßorientierte, zuweilen auch als gewaltbereite Fan-Kultur durchgesetzt, die eine gewisse sichtbare männlichkeitsspezifische (mit weiblichen Einsprengseln) Dominanz im Fußballstadion im Zentrum der Fanblöcke ausübt - was öffentlichkeitswirksame Aktionsformen etwa mit unerlaubten pyrotechnischen Effekten und Atmosphäre betrifft. Einpeitscher mit Megaphonen stehen und sitzen mit dem Rücken zum Spielfeld - so gesehen wird die Performance wichtiger als der puristische Fußball. Dabei sehen sich die Ultras als Alternative zu den konventionellen Zuschauer-, Fan- und Konsumentenrollen. Sie wehren sich gegen die zunehmende, vermeintlich fußballfremde, puristischen Elemente des Fußballsports verletzende, nur noch marketing- und erlebnisbezogene Kommerzialisierung (bspw. *Versitzplatzung, Vips und Logen*) des Fußballsports. Die Ultras, die vornehmlich in Italien großen Einfluss bspw. mit Devotionalienhandel, mit eigenen Fan-Artikel-Läden und Fan-Shops auf die Vereinspolitik nahmen und nehmen (und insbesondere bei Vereinen wie Lazio Rom, Catania Calcio, SC Neapel und US Palermo aus der Serie A und B von gewaltbereiten und gewalttätigen Randalieren und politischen, oftmals rechtsradikalen Scharfmachern (Mussolini-Fans der „Forza Nuova" oder „Ordine Nuova" unterwandert sind; berüchtigt sind speziell die offenen rassistischen und faschistischen Haltungen der *„Irriducibili"*/die *„Unbeugsamen"* von *SS* Lazio Rom), feiern in Deutschland oftmals - ohne immer gewalttätig zu werden, sich aber auch nicht immer von Gewalt zu distanzieren - die eigene Mannschaft und vor allem sich selbst, häufig sogar ohne das Geschehen auf dem Spielfeld zu verfolgen (Schwier 2007, 159). So etwa in Form der legendären kreativen Choreographien, Spruchbänder und Aktionen etwa der Ultras aus Frankfurt, Dortmund, Gelsenkirchen, Stuttgart, Nürnberg, Karlsruhe, Hannover, München, Hamburg oder Bremen. Sie machten und machen Furore; bspw. bezogen auf die HSV Fans: „Ihr seid das Tor zur Welt - aber wir haben den Schlüssel" dichteten die Werder Ultras in Anlehnung an das Bremer Stadtwappen. Nicht selten zeigt die Verehrung für den Verein, aber auch für einige Spieler kulthafte, quasi religiöse (Fußballgott), zuweilen auch emotionalschwärmerische Züge bis ins hohe Alter - „einmal Hertha immer Hertha"; „einmal Eintracht immer Eintracht Braunschweig/Frankfurt"; „einmal Dynamo immer Dresden", bis in die dritte und vierte, fünfte und sechste Liga. Hier gibt es einzigartige vereinsbezogene Verkörperungen: Intensität, Hingabe, Begeisterung, Leidenschaft, Verehrung, Anbetung, Mitfiebern, Mitleiden mit den Spielen und Spielern, vor allem aber mit dem Verein. Die bürgerliche Identität wird vorübergehend im Schema einer nicht reflexiv werdenden Heroisierung eines Idols bzw. Stars - „eine popkulturelle Mischung aus Sportler, Idol und Model" (Böhme 2006a, 33) - oder im Kollektiv der Mannschaft und des, gegen jede Kritik immunisierten, Vereins eingeschmolzen und entflexibilisiert. Darüber hinaus ist aber auch daran zu erinnern, dass bei allen Sicherheitskontrollen und Bemühungen der Vereine, Fanbetreuungen und Selbstregulierungstendenzen der Hooliganismus bei den Fußballfans nicht nur ein „Auslaufmodell" (Günter A. Pilz) ist, gleichwohl in den heutigen Bundesligastadien der Ersten, Zweiten und Dritten Liga nur noch wenige gewaltaffine Hooligans auftauchen. Allerdings sind selbst offener Antisemitismus, offener Rassismus und Gewaltszenarien wie in der gesamten Gesellschaft auch nicht vollends vor und aus den (deutschen und vor allem italienischen, spanischen und osteuropäischen) Fußballstadien verschwunden. Dabei handelt es sich in der Regel um Minderheiten der Ultra-Szene wie bspw. im Februar und März 2010 bei den Spielen VfL Bochum-1.FC Nürnberg (Ultras aus Nürnberg), Hertha BSC Berlin-1.FC Nürnberg (Ultras aus Berlin) und im Mai 2010 bei den Spielen VfL Bochum-Hannover 96 (Ultras aus Bochum) und vor allem Fortuna Düsseldorf und Hansa Rostock (Ultras aus Rostock) in der Zweiten Bundesliga. Eskalationen der Gewalt beim Fußball finden allerdings vor allem jenseits der Ersten, Zweiten und Dritten Bundesliga und übrigens nicht nur in Ostdeutschland (Halle, Zwickau, Magdeburg, Jena, Aue, Chemnitz, Leipzig, Dresden, Rostock und Berlin) in den unterklassigen Ligen statt (vgl. w. u.).

Ausdrucksformen/Kultgegenstände, Devotionalien: Schals, Trikots, Poster. Bettwäsche, Autogrammkarten, Fan-Zeitschriften wie *Schalke unser* und Bücher, manchmal auch die gesamte Palette des vereinsbezogenen Merchandising und vor allem viele unterschiedliche Varianten der Internetforen.

- *Grunge:*

Kurzcharakterisierung: Schon in den 90er Jahren des 20. Jahrhunderts tummelten sich in den Grunge-Szenen die zumeist nicht mehr ganz jugendlichen, herumhängenden, durchaus qualifizierten und reflexiven, manchmal aber unterbeschäftigten und zuweilen auch arbeitslosen oder zumindest an chronischem Geldmangel leidenden jungen Leute, die als sogenannte Slacker (benannt nach einem von Richard Linklater 1991 erschienenen Film gleichen Namens) den *Grunge (von Soundgarden, Pearl Jam, Nirvana u.a.* hörten und wertschätzten sowie ein durch Langeweile, Weltschmerz, Gleichgültigkeit und Beliebigkeit gekennzeichnetes und oftmals ein auf MTV- bzw. Sub-Pop Label-Niveau amorphes Revoluzzertum an den Tag legten. Im Umfeld des Grunge und Post-Punk gab es *in Deutschland die Hamburger Post-Punk-Kultgruppen Tocotronic und Blumfeld. Dirk von Lowtzow und Jochen Distelmeyer zelebrierten in ihren, die vermeintliche Wirklichkeit beschreibenden Texten "die Wucht des Negativen".* Nach 20-jähriger Erfolgsgeschichte haben sich Blumfeld im Juli 2007 aufgelöst (Jochen Distelmeyer hat allerdings anschließend eine Solo-Karriere - quasi anknüpfend an die musikalische Logik von Blumfeld - begonnen), während Tocotronic mit ihrem furchterregenden achten Album „*Kapitulation*" im umstellten Neoliberalismus gegen die „herrschende Visuel-Kei und Emo-Kultur" gerade nicht kapitulierten, sondern trotzig weitermachten (Peitz 2007, 16). Mittlerweile ist 2010 das neunte Album „Schall & Wahn" erschienen und Tocotronic ist von den Königen der linksalternativen, dekonstruktivistischen Slacker-Slogans zu einer Breitwand-Indie-Rockband geworden, die durchaus populäre Musik machen. Allerdings scheint es heute kein Platz mehr für ein kritisches linkes Bewusstsein zu geben, zwischen autonomer martialischer Gewalt bspw. von den militanten Linken etwa der „Autonomen Stinktiere", die 2009 in Friedrichshain und Neukölln die (vermeintliche) Verdrängung, die Gentrifizierung und Yuppisierung der traditionellen Kiezkulturen gewalttätig randalierend bekämpften, und „altlinker Phraseologie", zwischen altgrünem Kulturkarneval, Henna-Hippies und den stets „gutgelaunten prekären Selbstausbeutern" in der heutigen deutschsprachigen Popmusik, zwischen Grönemeyer, den Naidoos und all den anderen bestverkauften ich- und herzwärmenden Nationalsinnstiftern wie *Tomte, Madsen, Jennifer Rostock, Kettcar, Wir sind Helden, Juli, Die Sterne* und *Silbermond*. In der alten Grunge-Szene wurde seinerzeit vornehmlich Kaffee und Bier getrunken. Die Grunger fühlten sich durchaus in den depressiv-melancholischen Zügen wohl, schätzten den Schmutz nicht nur unter den Fingernägeln (der Kids von Seattle), lagen fast den ganzen Tag im Bett, glotzen TV und bohrten nicht selten genussvoll in der Nase. Diese eher düsteren inszenierten melancholischen Stimmungen wurden auch durch die Mode der Grunge-Szene vermittelt. Es wurden dezidiert als Gegenbewegung zu den blauen Eddie-Bauer-Freizeitjacken des ehemaligen Yuppietums mehrere Bekleidungsstücke, z. T. weite T-Shirts und häufig überdimen-sionierte karierte Flanelloberhemden der Holzfällerart salopp übereinander geschichtet und mit einem weiteren Kleidungsstück über die Hüfte gebunden. Oder es wurden mehrere lange Röcke übereinander getragen, dazu fleckige T-Shirts, zerschlissene und zerrissene Jeans und kaputte Turnschuhe oder sehr klobige Schuhe. Die Haartracht war in der Regel filzig, ungewaschen und lang - ebenfalls eine Antwort auf die Kurzhaarschnitte der damaligen Yuppies, aber auch eine Gegenbewegung zur Hard-core-Szene. Lebensdevise der Slacker: „Klar geht es mir beschissen. Aber wenigstens muss ich dafür nicht auch noch arbeiten" (zit. nach: Böpple/Knüfer 1996, 55). Obgleich schon ein wenig Patina angesetzt, wird bis heute immer noch von einigen Epigonen der Grunge-Szene die Anfang der 90er Jahre wegweisende, den Weltschmerz der Seele thematisierende und den Soundtrack für die *„Generation X"* liefernde Gruppe Nirvana mit dem legendären Kurt Cobain hochgeschätzt, dies gilt auch für „Mudhoney" etwa mit „Touch me, I`m Sick" sowie für die auch noch im Jahre 2010 legendären und immer noch melancholisch traumatisierten Schmerzensmänner von „Pearl Jam" - vor zehn Jahren im Jahre 2000 kamen beim Pearl Jam Auftritt beim dänischen Roskilde-Festival zehn Fans im schlammdurchtränkten Gedränge ums Leben. Vornehmlich die Grunge-Gruppen aus Seattle lieferten die Musik zu dem Lebensgefühl des „I m a looser, baby. So why don´t you kill me". Mit „Nevermind" und "Smells Like Teen Spirit" brachte auch Kurt Cobain, der sich - wie schon vorher andere mit 27 Jahren früh verstorbene Rockstars (Jimi Hendrix, Janis Joplin, Brian Jones, Jim Morrison) - als 27-Jähriger vor 15 Jahren erschossen hat, die Enttäuschung der Zu-Spät-Geborenen auf den Punkt. Verweigerung gegenüber den yuppiehaften Zügen war nicht nur in Seattle (von hier aus trat auch Starbuck und die Antiglobalisierungsbewegung ihren Siegeszug durch die Welt an) angesagt. Ähnlich wie in der ästhetisierten, kunstorientierten Punkszene, ohne allerdings deren intellektuellen Diskurs zu teilen, wurden und werden Variationen des Punk-Sounds sowie das Ritual und das die Nähe zum Publikum anzeigende „Stagediving" (wie auch schon bei den Mods in den sechziger Jahren und bei den späteren Skinheads) bis heute hochgeschätzt. Mittlerweile ist die inzwischen stark geschrumpfte Grunge-Szene zu Anfang des 21. Jahrhunderts schon längst nicht mehr diejenige, die sie Anfang der 90er war. Und auch die Grunge-Musik des ehemaligen Undergrounds in Seattle existiert schon seit mehr als einem Jahrzehnt nicht mehr in ihrer puristischen „Ursprungsform" (Schwendter 1995, 12). Die hohe Zeit von Grunge war spätestens zum Ende des Jahrtausends vorbei. Ehemalige Grunge-Bands wie Limp Bizkit, Linkin Park, Korn, Pennywise, Smashing Pumpkins u. a. wurden musikalisch schneller, härter und brutaler und trafen damit den Nerv der Jüngeren. Dennoch sind Restelemente der *„Grunge-Philosophie"* in der heutigen Musikszene (bspw. bei Vines, Weezers, Silverchairs, Muse, Beck und Nickleback), aber auch in der alltäglichen jugendkulturellen Lebenspraxis von einigen wenigen Gruppen von Jugendlichen nach wie vor präsent, selbst wenn sie keine *Slacker* mehr sind und das inszenierte schmerzaffine Traurigsein hinter sich gelassen haben.

<u>Ausdrucksformen/Kultgegenstände, Devotionalien:</u> Kleidung, insbesondere Flanellhemden und Converse-Turnschuhe durften zerfetzt, zerschlissen sein und auch so aussehen; die Haare strähnig; Schmuddelkinderimage; Legendäre, unsterbliche Kurt Cobain Poster.

- *Hooligans:*

<u>Kurzcharakterisierung:</u> Die Hooligan-Fan-Szene besaß und besitzt in der Regel nur geringe formale Strukturen. Es handelte sich im Zusammenhang ihrer Entstehungsgeschichte eher um lockere Gruppierungen von bestimmten männlichen Jugendlichen und jungen Erwachsenen, die gerade nicht nur aus sogenannten problembelasteten und perspektivlosen *unteren* Lebensmilieus, sondern quasi aus allen Teilen der Gesellschaft stammten, häufig eine gewisse Affinität zum Fußball besaßen, an kommerziellen Symbolen und nicht selten an Markenkleidungsstilen orientiert waren, um damit eine gewisse Aura des Besonderen anzuzeigen, und instrumentelle Orientierungen sowie patchworkartige Rollenflexibilitäten in ihrem Verhaltensrepertoire aufwiesen und aufweisen. Gleichwohl sind die polizeilich gut kontrollierten und überwachten (Bundesliga-)Stadien schon lange nicht mehr die Orte der Gewaltausschreitungen, sondern schon eher die Plätze davor, manchmal die Innenstädte. Schon häufiger sind fußballentfernte Räume Austragungsorte, man nennt sie auch Drittortauseinandersetzungen. Man bekannte und bekennt sich bspw. in den Hooligan-Szenen seit cirka Mitte der 80er Jahre zur *geilen* Gewalt als Freizeithobby, als spaßbereitendem, erlebnisorientiertem ultimativem Kick für den Augenblick. Nicht selten lautete das Motto: *Randale und Gewalt machen Spaß und sind schöner als jede Droge und jeder Geschlechtsverkehr.* Die verbliebenen gewaltbereiten Hooligans reisen heute meistens jenseits der Stadien und häufig fernab der Städte im Rahmen einer Drittort-

auseinandersetzung zur sogenannten „dritten Halbzeit" möglichst unauffällig nüchtern (um aktionsfähig zu bleiben) an, die sich nur noch konspirativ (per Handy, per SMS etc.) planen lässt, „um nicht schon vor Erreichen des Ziels von der Polizei aus dem Rennen genommen zu werden" (Farin 2001, 186). Die vereinzelt immer noch gewaltsuchende und gewaltbereite Szene der Hools ist inzwischen mit der Türsteherszene und mit den Boxclubs vernetzt (vgl.: Der Tagesspiegel vom 30. März 2006, 3). Die Szene ist nur noch ganz selten auf dem Wege von den Bahnhöfen in die Fußballstadien. Die Hooligan-Szene ist nicht auf bestimmte Orte und Zeiten (dennoch im weitesten Sinne in Italien, Holland, England, Deutschland und vor allem Russland, Polen, Serbien, Kroatien und Tschechien, die in der russischen, ukrainischen, polnischen. kroatischen, serbischen und tschechischen Liga Angst und Schrecken verbreiten) auf den Fußball bezogen - vor allem auch jenseits der Stadien bzw. in Deutschland in den Stadien der dritten, vierten, fünften und sechsten Liga (manchmal auch noch in der ersten und zweiten Liga) bspw. im Jahnstadion/-Prenzlauer Berg bei Fußballspielen zwischen BFC Dynamo Berlin und Union Berlin, zwischen Hertha BSC II und immer wieder BFC Dynamo Dresden II und Lok Leipzig (im Jahre 2007 bspw. zwischen FC Pforzheim und Waldhof Mannheim, zwischen Preußen Münster und Arminia Bielefeld II und zwischen FSV Zwickau und FC Sachsen Leipzig im Jahre 2006, zwischen FC Lok Leipzig und Erzgebirge (ehemals Wismut) Aue II im Jahre 2007; im Jahre 2009 zwischen dem FC Gütersloh 2000 und dem SV Lippstadt in der Westfalenliga). Die ausgeübte, i.d.R. regelgeleitete und nur auf die Szenen bezogene *geile* Gewalt, die manchmal aber auch als Lynchatmosphäre empfunden wird, erleben die Beteiligten im Medium außeralltäglicher Erlebnisse und Gefühle als temporären Kick. Die *Zoff-Aktivisten* und *Randaletouristen* treffen sich verabredungsgemäß situativ an bestimmten Orten, die der Polizei nicht immer bekannt sind. Es sind keine vollzeitliche Angehörige eines Kollektivs, und sie trainier(t)en auch für die Fußballweltmeisterschaft 2006 - kamen dort aber zumindest in den offiziellen Medien kaum - gelegentlich nur im Spiel Deutschland gegen Polen in Dortmund - zum Zuge. Nicht mehr jugendliche Alt-Hools (Rädelsführer) traten auch bei Auslandsspielen der Deutschen Nationalmannschaft, die zumeist in den deutschen Bundesligastadien mit Stadienverboten belastet sind, bspw. in Tschechien 2007, der Slowakei und in Polen 2006 gewalttätig in Erscheinung. Nach den bürgerkriegsähnlichen Krawallen vor allem von Hooligans und von entfesselten, verfeindeten links- und rechtsextremen sowie vornehmlich auch von den unpolitischen Ultras in Italien in den letzten Jahren (im Jahre 2007 gab es im Zusammenhang des Fußballs drei Tote und Hunderte von Verletzten) fürchten selbst eingefleischte Tifosi schlicht um ihre körperliche Unversehrtheit im und jenseits der Stadien, die im europäischen Vergleich (freilich jenseits von Osteuropa/Weißrussland, Ukraine, Polen, Bulgarien, Rumänien und Russland usw.) ein wenig *veraltet, heruntergekommen* und unbequem erscheinen und nicht mehr die *allerschönsten* sind. Neben dem großen Manipulationsskandal im Jahre 2006 in Italien und neben den komfortlosen Stadien und vergleichsweise teuren Eintrittskarten haben insbesondere auch die gewalttätigen Auseinandersetzungen um den Fußball, die permanenten Schlägereien und die Unsicherheiten in den italienischen Stadien dazu geführt, dass das Verhältnis vieler Italiener zum Fußball sich kulturell nachhaltig verändert hat. Der italienische Fußballsport der Serie A ist tendenziell zum Fernsehsport geworden und beginnt sich erst zögerlich wieder zu erholen - immerhin gewann Inter Mailand (allerdings ohne italienische Spieler im Team) im Jahre 2010 die Champions League und entschädigte die Fans ein klein wenig für das sehr bescheidene Abschneiden, mit dem Aus in der Vorrunde bei der Weltmeisterschaft in Südafrika.

Während in den Stadien zumindest jenseits der Topclubs wie Inter Mailand, AC Mailand, Juventus Turin, AS Rom und Lazio Rom, deren Spiele nur noch selten ausverkauft sind, vor allem in der Provinz oftmals gähnende Leere herrscht (bspw. das Spiel FC Empoli-Cagliari Calcio im Jahre 2007 vor 800 zahlenden Zuschauern; die Serie A hatte in den letzten Saisons nur einen Zuschauerschnitt von cirka 20.000; vor 20 Jahren betrug dieser noch 35.000), feiert der privatisierte und entpassionalisierte Fußball im Pay-TV Zuschauerrekorde (bspw. Juventus-Inter: 2,6 Millionen; vgl. Schönau 2008, 29).

<u>Ausdrucksformen/Kultgegenstände, Devotionalien:</u> Häufig Designer-Klamotten, ansonsten in den Kleidungsstilen und Accessoires eher auffällig *unauffällig*.

- *Kellys:*

<u>Kurzcharakterisierung:</u> Die Kelly-Familie soll immer noch junge - gemeint sind vor allem weibliche Kids - und auch Ältere, mehrheitlich Frauen anziehen, die auf große *„heile Familie"* stehen.

<u>Ausdrucksformen/Kultgegenstände, Devotionalien:</u> Poster, Sammelordner.

- *Junge Christen und viele Religions-Bricolagen/Mix-Religionen:*

<u>Kurzcharakterisierung:</u> Erweckungserlebnisse - einen tiefen spirituellen persönlichen Lebenssinnmittelpunkt anstreben, einen gott- bzw. jesuszentrierten Angelpunkt im Leben haben und mit der Kraft des Heiligen Geistes auch Verantwortung für sich und andere übernehmen. Zu unterscheiden wären die sozial, manchmal auch noch die politisch motivierten Christen und die frommen, spirituellen. Manchmal auch quasi fundamentalistische Kreise - ähnlich wie bei den jungen Moslems -, die - bspw. in geistlichen Gemeinschaften oder auf Pilgerreisen - ein wiederbelebtes Gemeinschaftsleben und im Rahmen christlicher Innerlichkeit die unmittelbare Beziehung zu Christus fasziniert. Fasten, beten und kein Sex! sind Lebensmaximen in einem fest umrissenen Weltbild der Frömmsten der Frommen. Obwohl sie eigentlich nicht zu den jungen Christen gehören und ihnen zuzurechnen sind, kann man sicherlich im weitesten Sinne auch diverse religiöse jugendliche und nicht-jugendliche Strömungen nennen, die nicht nur fernöstlich geprägte Religions-Bricolagen in Kombination mit dem Christentum praktizieren. Es gibt auch nach wie vor letzte Reste und verschiedene ganz kleine, *heilsversprechende psychokultische Gruppierungen* sowie quasi fundamentalistische religiöse und weltanschauliche Gemeinschaften, die in der Nachfolge der sogenannten Jugendsekten der 70er Jahre des 20. Jahrhunderts stehen. Neben

einigen fundamentalistischen Strömungen in und außerhalb der Amtskirchen scheinen vor allem im Kontext heutiger lebenssinnsuchender Prozesse facettenreiche privatisierte religiöse Sinnangebote und Religions-Bricolagen vorzuherrschen (vgl. hierzu ausführlich: Helsper 1997, 186ff.; Ferchhoff 1999, bes. 252ff.). Dies liegt vornehmlich daran, dass es im Rahmen unserer Gesellschaft in den letzten Jahrzehnten auch zu einem Formwandel der Religion gekommen ist. Religion ist wie auch Kultur und Bildung enttraditionalisiert und entritualisiert worden. Und in den Sog dieser Enttraditionalisierung sind freilich auch die ehemals festgefügteren und gemeinschaftsbildenden christlich-konfessionellen, religiösen Lebensmilieus geraten. Religion wurde immer unbestimmter, immer unsichtbarer, immer hintergründiger, vor allem aber auch immer vielfältiger, unübersichtlicher, widersprüchlicher, multikultureller und individueller. Von daher löste sie sich auch stärker aus der (amts-)kirchlichen und konfessionellen Definitionshoheit. Die sichtbare, institutionell verfasste, kirchenbezogene christliche Religion verlor gleichzeitig ihre allumfassende soziale Bestimmtheit und ihre gesellschaftliche Integrationskraft. Sie eröffnete stattdessen in einem - die Religiosität mit einschließenden - umfassenden Freisetzungsprozess von Autonomie und Individualität optionale Spielräume für informelle, frei floatende Religionsausübung mit „individuellen Strickmustern" (Gabriel 1990; Helsper 2000, 280).

Zweifellos bedeutet ein solcher Formwandel der Religion auch im Verhältnis von Jugend und Kirche kein Ende der kirchlich verfassten, christlichen Religion. Es ist aber zu dramatischen Verschiebungen und zum Teil auch zu einer, von den Kirchen nicht immer gewünschten Entdogmatisierung der christlichen Lehren und damit zu einer - in den Lehren des Christentums immer im Zuge der Heiligung der individualisierten Autonomie" (Thomas Luckmann) schon angelegten - Subjektivierung des Religiösen gekommen(Helsper 2000, 281). Folglich sind Elemente der religiösen Sinnstiftung in die Privatsphäre abgewandert. Religion ist bis auf einige Varianten christlich-fundamentalistischer Provenienz und fundamentalistischer Strömungen im Islam zumindest in westlichen Gesellschaften weniger vorstrukturiert und greift weniger prägend in das Leben junger Menschen ein. Im Zusammenhang einer insgesamt merklich schwindenden Bedeutung tradierter religiöser Institutionen und Normen und „konfessionell gebundener Religion" (Helsper 2000, 285) sowie dem „unspektakulären" Verdampfen des Christentums in der Öffentlichkeit (Barz 1992, 225) wird seit einiger Zeit von einer „unsichtbaren Religion" (Luckmann) gesprochen, die dem mehrdeutig, aber auch diffuser werdenden Gegenstand des Religiösen im diesseitigen und jenseitigen Sinnkosmos Rechnung trägt. Religiöse Offenheit, Pluralität und Vielfalt haben sich durchgesetzt, und „eine religiöse Bastelei", eine „Religionsbricolage", ein „religiöser Synkretismus" scheinen sich im Mix- bzw. Patchwork-Trend modernistisch (bspw. die „Jesus-Freaks"), antimodernistisch aber auch individualisierungsgemäß veralltäglicht zu haben. Unter dem Dach der neuen „Mix-Religionen" haben neben den vielen weniger auffälligen, undramatischen und stillen religiösen, quasi-, pseudo- und krypto-religiösen Sinn- und Suchbewegungen außerhalb und innerhalb christlicher Lebenszusammenhänge, inmitten und jenseits der traditionellen Amtskirchen (wobei seit einigen Jahren eine tendenzielle „Umkehr des langfristigen Trends zur Säkularisierung" mindestens bei einem Teil der („kirchennahen") Jugendlichen im Westen Deutschlands zu beobachten ist; Jugendwerk der Deutschen Shell, Band 1, 1992, 238) diejenigen ihren Platz, die den konventionell institutionalisierten religiösen „monomanischen Absolutheitsansprüchen und schlüsselfertigen Sinngebäuden" misstrauen.

Vor dem erörterten Hintergrund sind folgende jugendkulturelle religiöse Dimensionen möglich: (vgl. zum folgenden: Helsper 1997, 186-188):

1. eine neue ontologisierende, lebenssinnsuchenden Frömmigkeit in den Amtskirchen, die ein kuscheliges, gesteigertes Harmoniebedürfnis *„befriedigen"* kann; es handelt sich hier um eine eher „ontologisierende Beheimatung", die trotz Modernisierungsrisiken eine „abschließende Seinsgewissheit" (Helsper 2000, 303) präsentieren kann, etwa im Sinne spezifischer Sondermilieus eines religiös-konventionellen Traditionalismus:

2. ein eher *„antiinstitutioneller Protest-Okkultismus", inklusive* einer „okkult-religiösen Intensitätssuche", die auch ehemals nicht religiöse, bspw. mystisch-außeralltägliche Themen, Riten, Praktiken usw. sowie erlebnisgeladene Bewusstseins- und Intensitätserfahrungen in den Horizont des Religiösen rücken;

3. schließlich eine *„privatisierte Religions-Bricolage"*; hier werden bspw. in imaginierten *posttraditionalen Vergemeinschaftungen Sinn-Collagen* betrieben. D. h., es werden unterschiedliche religiöse Rohstoffe, Komponenten und Praktiken zur Gestaltung eines religiösen Feelings, einer „individuellen Religion" nicht nur mit anderen, etwa vorchristlichen Kulten, Naturreligionen und östlichen Philosophien, sondern auch mit religionsäquivalenten, kulturellen, ästhetischen, musikalischen und sportiven, quasireligiösen Sinnkomponenten flexibel zusammengesetzt.

Ausdrucksformen/Kultgegenstände, Devotionalien: Christliche Symbole (zumeist keine Devotionalien), eher Szenekennzeichen.

- *Heavy Metal; White-, Black-, Dark-, Trash-, Death Metal, Satansrock:*

Kurzcharakterisierung: Historischer Bezugspunkt (vgl. etwa Langebach 2003, bes. 41ff.) in allen Subgenres des Speed-, Black-.Dark-, Trash- und Death-Metal bleibt der Heavy Metal (vgl. zum Heavy Metal und Metal auch w. u.). In diesen Szenen ist es - wie in vielen anderen Szenen und Milieus auch - vor allem die Musik, die den Fokus der Szene ausmacht. Vornehmlich Bands wie Black Sabbath, Led Zeppelin, Deep Purple, Judas Priest, Kiss, AC/DC, Alice Cooper und Motorhead standen in den 70er und frühen 80er Jahre (vorher schon semantische Anklänge im damaligen Hardrock bei Steppenwolf 1968: „Born To Be Wilde" und 1969 bei Iron Butterfly: „Heavy") für den Heavy-Metal-Stil. Schon seinerzeit setzte ein bis heute nicht abgeschlossener Prozess der Diversifizierung ein. Es gab im Heavy Metal okkulte, satanische, vampiristische, anti-christliche und rechtsextremistische musikalische Themen, die auch später in den 80er Jahren in den ausdifferenzierten und verschiedene Erlebniswelten repräsentierenden Subgenres auftauchen sollten. Ein zentraler Wegbereiter des Speed-Metal wurde bspw. die kalifornische Band Metallica aufgrund einer extrem schnellen Rhythmik. Die Geschwindigkeit in der Musik und die Härte der

Texte und der Musik waren es vor allem, die die Ausdifferenzierungen, Richtungen und die verschiedenen Strömungen der Metal-Szenen mit in Gang setzten. Äußerst harte Musik, mit einem tiefen kehligen Gesang, wie sie von der kalifornischen Band Slayer präsentiert wurde, galt als Wegbereiter des Trash Metal, während der Death Metal mit gleichfalls schneller Musik und ebenfalls kehligem Gesang mit zutiefst pessimistischer Weltsicht (Kriegs-, Untergangs- und fiktive Splatter-Horror-Szenarien) aufwartete. Eine nochmalige Steigerung der rhythmischen Geschwindigkeit wurde im Grindcore vollzogen, dessen musikalische Wurzeln aus dem Punk und Hardcore stammen – freilich auch sehr viele Gemeinsamkeiten mit dem Death Metal aufwiesen und aufweisen. Die Black-Metal-Szene, die sich in den Musiktexten und Kreischgesängen – wie in den anderen Metal-Szenen auch - mit dem Aufblähung zum Göttlichen betreibenden Satanismus, Teufel, dem Tod, der Zerstörung und der Hölle, in den nordischen Varianten (Viking-, Pagan-, Heathen- und Symphonic Metal wie die finnische Gruppe Nightwish mit „Dark Passion Play") auch mit Fabelwesen und diversen mythischen Parallelwelten, etwa den nordischen Göttermythologien aus vorchristlichen Zeiten und Walhalla auseinandersetzen (Langebach 2003, 43). Eine düstere, eher depressive, untergangsbezogene, manchmal misanthropische und teilweise pessimistische Weltsicht wird auch durch den oftmals dämonischen, todessüchtigen Endzeitstimmungs-Sound transportiert. Gewaltverherrlichung, Sexismus und schwarze Magie klingen an. In den so genannten Schwarzen Messen, abgeleitet von den schwarz gefärbten Rübenleibern, die als Hostienersatz fungieren, finden qua verwendeter Betäubungsmittel und narkotischer Drogen wie Bilsenkraut, Nachtschatten, Belladonna und Eisenhut im Sabbatrausch Verhöhnungen der christlichen Liturgie statt (Fromm 2007, 152). Extreme Richtungen neigen zu verschiedenen Strömungen den Satan und den blutsaugenden Vampyrismus verehrender Musik. Im Dark-Wave, der zweifellos als eine düstere Variante der Gothic-Szene thematische Berührungspunkte zum Black-Metal aufweist, und in Teilen der Black-Metal-Szene sind nicht nur im Zuge des sogenannten Hatecore auch rechte, nationalsozialistische Töne zu hören. Unter der Genrebezeichnung NSBM (National-Socialist-Black-Metal) werden nationalsozialistische, paganistische und odistische Bands (wie bspw. die sehr umtriebige Thüringer Band „Absurd") charakterisiert, die nationalsozialistische arische Musik sowie Themen und Texte (sozialdarwinistische Feindbildmarkierungen, ethischer Nationalismus, Antisemitismus, Vertreibung und Ermordung von Migranten) präsentieren (vgl. Langebach 2003, 123). Ein patchworkaffines Aufeinanderzugehen von bestimmten Personen, Bands und Magazinen der braunen und schwarzen Szene findet jenseits von Funktionalisierungen statt. Immerhin besteht eine kulturkritische Affinität der „dynamischen Neuen Rechten" zur - für nationale Themen empfängliche Personen in der - Dark-Metal und auch Dark-Wave-Szene (vgl. Dornbusch/Raabe/Speit 2002, 195ff.). Bestimmte Bands aus dem Rechtsrockbereich wie *Landser* werden auch teilweise von neonazistischen Black-Metal-Szenegängern gehört (Hartmann 2003, 123f.). Die Grenzen zwischen den Richtungen werden aber von den kleineren Gruppen von Jugendlichen bewusst gezogen, gleichwohl auch die Grenzen zu Hardcore und Punk fließend (vgl. w. u.) sind. Frauen und junge Mädchen sind in allen männerdominierten Metal-Szenen eindeutig unterrepräsentiert. Internationale Open-Air- Festivals wie jedes Jahr seit 1990 im August das *Woodstock für Schwermetaller* im dörflichen nordfriesischen Wacken (jedes Jahr pilgern zirka 75.000 Besucher zwischen Underground-Veranstaltung und Mainstream-Event bei aller Kommerzialisierung und chaotischem Charme der frühen Jahre in immer noch sehr familiärer und harmonisch-friedlicher Atmosphäre dorthin) mit Slayer, Mötley Crüe, Iron Maiden, Nightwish, Immortal, Soulfly, Alice Cooper, Anthrax, Gojira und Motörhead besitzen seit einigen Jahren in Deutschland Kultstatus. Der einzige deutsche weibliche Star einer Metal-Macho - Gesellschaft ist Doro Pesch, Frontfrau bei Warlock.

Ausdrucksformen/Kultgegenstände, Devotionalien: Undifferenzierte Verwendung der satanistischen Faust (gespreizter Zeige - und kleiner Finger); martialische Embleme und Insignien; schwarze Leder)Kleidung mit Aufdrucken mythischer, esoterischer und satanistischer Symbole, Eisenringe und -ketten, Patronengurte, Nietenbänder, Beile, Kettensägen, Schwerter; Bilder von Schlangen- und Totenköpfen, Hundegebisse etc.; Metaphoriken des Destruktiven und Andeutungen von Opferszenen, die insbesondere auch Kultbands verwenden, Tätowierungen von Heptagrammen, Pentagrammen (auch als Drachenfuß bezeichnet), von umgedrehten Kreuzen, Teufelsköpfen mit Hörnern und Thorshämmern, aber auch Dämonen, Teufel, Hexen, Wikinger, Phantasiefiguren, Götter aus der nordischen Mythologie etc.; Kommunikations-Medien sind neben Magazinen und Fanzines vornehmlich Internetforen, Chaträume und Gästebücher im Internet.

- *Mainstream Pop/ Rock:*

Kurzcharakterisierung: Discos, Clubs, teilweise auch die Video-Clip-Sender wie MTV oder VIVA, (Jugend)Radios, Podcasts und vor allem das Internet liefern den Musikgeschmack für die, die ab und zu die der in Krisenzeiten besonders boomenden Konzert- und Festivalbranche Freude bereiten, und die sicherlich am Wochenende, aber ansonsten keine eingefleischten Pisten-, Club- und Szenegänger sind;. In der ersten Dekade des 21. Jahrhunderts ist auch die inzwischen (2010) wieder leicht abebbende neue „Neue deutsche Welle" sehr beliebt. Hierbei handelt es sich um die ganze Palette und die differenzierten Genres der jeweiligen Hitparadensongs. Internationale Alt-Stars und durchglobalisierte, ehemalige Hardrock- oder Bombastrockbands, inzwischen weichgekochte und weitgehend elektronikfreie Konsensrockbands treten in der Krise des Tonträgermarktes vermehrt live auf (endlose Retrowellen dominieren), wie *Pink Floyd, U2* mit Sänger *Bono* aus Irland und der längst vergangenen Ära des *Grunge* mit rollenden Bassläufen und schnellen Gitarrenriffs, *Santana, The Rolling Stones, Genesis* mit *Phil Collins, Police, David Bowie, Led Zeppelin, Axl Rose* von *Guns N`Roses*, die Ende der 80er Jahre in der letzten Blütezeit des Hardrock auf dem Spuren von Aerosmith und Alice Cooper ironiefrei machistische und sexistische Sex- and Drugs-and-Rock`n-Roll-Nummern spielten, der alte, Selbstzerstörungen inszenierende Punk-Leguan *Iggy Pop* mit der Reaktivierung der *Stooges, R.E.M.* (seit Anfang der 90er Jahre eine sehr erfolgreiche Konsensrockband (von *Out of Time* bis *Accelerate*), mit deren Protestpotential sich gut leben lässt), *Lenny Kravitz,*

Robbie Williams; *Michael Jackson*, der im Juni 2009 - kurz vor seinen Comeback-Konzerten in London - verstorbene *King of Pop*, ein vermeintlich ruinierter, ausgebrannter, gebrochener und abgedankter globaler Superstar, ein zwischen den Rassen, den Geschlechtern, den Generationen fluoreszierendes und faszinierendes Wesen, ein Kind-Mensch, der schon als Kind, als jüngster Spross der *Jackson-5* im legendären Detroiter Motown-Stall des Soul Labels seit 1969 sehr viel musikalischen Erfolg, aber keine Kindheit hatte, einer, der mit den Zombies tanzte (*Thriller* - das weltweit meistverkaufte Album der Musikgeschichte), und sich mit einer für Popstars ungewöhnlichen schauerlichen Morbidität umgab; *Madonna*, die überdauernde weltweite Mega-Star-Ikone schlechthin, die ehemalige Disco-Queen, Rollenspielerin mit permanenten Imagewechsel und einem untrüglichen Gespür für Musik- und Mode-Trends (Queen of the Pop, Trendsetterin im Mainstream-Pop, etwa im Jahre 2008 Inszenierung im alten Image einer tabulosen Domina sowie als musikalische Zitatpop-Produktion - *Hard Candy*- mit dem amerikanischen grenzenlosen Superproduzenten *Timbaland* ;*Timothy Zachery Mosely*; der nuller Jahre für unterschiedlichste Musikgenres und seinem Zögling *Justin Timberlake*), *Kylie Minogue*, *Nelly Furtado*, *Pink* u.v.a. In Deutschland gab und gibt es nur ganz wenige Weltstars, die in der Hard-Rock-Musik wie bspw. die aus Hannover stammenden *Scorpions*, die in den letzten vierzig Jahren im eigenen Land oftmals verspottet, aber dennoch weltweit als erfolgreichste deutsche Band nicht nur mit dem Überhit *Wind of Change* sehr geschätzt wurden. Ähnliches gilt für die nur im deutschsprachigen Raum bekannten, auftretenden und reüssierenden Stars wie etwa die wichtigste Ostrockband die *Puhdys*, der aus Gronau stammende *Udo Lindenberg*, der Alt-Bochumer Herbert Grönemeyer, *Annett Louisan*, *Wir sind Helden* mit der personifizierten natürlichen Frontfrau *Judith Holofernes*, (zuletzt im Jahre 2010 mit dem Comebackalbum: *Bring mich nach Hause*), die - wie andere Gruppen auch - manchmal bei Geheimkonzerten bspw. im Kreuzberger Kiez Tarnnamen - verwenden (für *Wir sind Helden* wird der Bandnahme *Wo sind Helmet*, ausgeliehen; im Original eine kalifornische Post-Hardcore-Band, die insbesondere bei ihren Live-Auftritten für ihre gitarrenspezifischen Lärmattacken berüchtigt sind), das Duo *Rosenstolz* (zuletzt im Jahre 2009 mit dem Superhit: *Blaue Flecken*), das seit Jahren in ihren Songs mit viel Pathos, Gefühlsseligkeit, Zusammengehörigkeitsgefühl in einer Art musikalischer Gottesdienst für die gesamte Familie; aufwarteten und - weit über die Schwulen- und Lesbenszene hinaus - mit seelenlebendigen Balladen Herzenswärme ausstrahlten und musikgewordene Lebenshilfe betrieben. Herzwärmende Sehnsuchtsmelodien werden bspw. auch vom deutsch-norwegischen Popquartett *Whitest Boy Alive* angeboten. Auch sie rückten ins kollektive Bewusstsein des Mainstreams. Mehr als 35 Jahre nach den, mit deutschsprachigen Texten aufwartenden musikalischen Hymnen und Hochzeiten von Ton Steine Scherben mit *Rio Reiser* (etwa mit *Keine Macht für Niemand*) im Zusammenhang der politisch emanzipatorischen Jugendzentrumsbewegung und 30 Jahre nach Ideal, Fehlfarben, Extrabreit und DAF macht(e) der Begriff von der neuen „Neuen Deutschen Welle": die Runde. Neben den Alten wie die wieder erfolgreiche Nena mit ihrem 2009 erschienen Album *Made in Germany*, wie die auch im angelsächsischen Raum sehr erfolgreichen, mit verquasten Texten der Kälte, des

Mysteriums und der Finsternis aufwartenden Brachialrocker Rammstein, wie die alten Punk-Rocker und Fortuna Düsseldorf-Fans: die „Die Toten Hosen" (Tarnname beim SO 36 Konzert: *Essen auf Rädern*), wie die tief ins Schmalztöpfchen greifenden, ein Meer von Wunderkerzen herausfordernden und mit eingängigen Popsongs ein breites, vornehmlich Frauen beglückendes Publikum befriedigenden: *Pur* und wie die, die den deutschen HipHop in den Mainstream des Pop einführten: *Die Fantastischen Vier*, preschten neue Gruppen vor allem seit der zweiten Hälfte im Jahre 2004 und bis heute (2010) anhaltend in die Charts und in die Gunst eines jüngeren, man kann schon sagen: jugendlichen Publikums wie bspw. auch die Berliner Band „*Britta*", die mit ihrem 2006 erschienenen Album: „*Das schöne Leben*" (Flittchen Records/Indigo) in der Rolle der Habenichtse den Ich-AG-Kapitalismus in einer „Suada" attackiert, die sich gegen „Alte Zausel, Indieboys, Neocons, Mutanten, Junge Spießer, Prada- und Guccifrauen und ihre Anverwandten: Höhere Töchter, Bessere Söhne" (Der Tagesspiegel vom 11. April 2006, 23) usw. wendet. Es gab bspw. im Jahr 2006 mit der Berliner Band NM Farmer und ihrem Album: „Das Gesicht" auch wieder Anschlüsse an den mit kühlen und monotonen Tönen aufwartenden postpunkigen Diskurspop bzw. deutschen Gitarrenrock der 90er Jahre mit den damaligen Protagonisten der Hamburger Schule wie *Cpt. Kirk, Die Sterne, Tocotronic, Blumfeld, Ostzonenwürfelmachenkrebs*. Jenseits eines diffus-linken Lebensgefühls und jenseits einer herrschenden vermeintlich Authentizität versprechenden, vor allem vom Herzen kommenden (brachialen) *Emo-Kultur* wird ähnlich wie schon bei *Tocotronic* und von *NM Farmer* das Konstruktivistische hervorgehoben. Betont wird der ironische Verweisungszusam-menhang auf das Uneigentliche, das Ambivalente, das Paradoxale, das Zersplitterte, das Diskursgerede wird selbst notgedrungen parodiert. „So raffiniert wie...sie wirft sich keine andere Popband derzeit auf das Ungefähre ungeklärter Lebenslagen. Sie liefern den Soundtrack für die Generation der urbanen Penner... Also jener kreativen Elite, die durch ihren niedrigen Lebensstandard die Stadtkultur prägt, aber weder beruflich noch privat weiterkommt. Und die zunehmend verärgert auf ihre Risikobiographien reagiert. Wir sind hier!" (Müller 2006, 29). Im Gegensatz zu diesen gerade nicht im heutigen Mainstream verankerten nüchternen konstruktivistischen und dekonstruktivistischen Lesarten müssen vornehmlich auch die vielen subjektiv emotionalen, sinnstiftenden musikalischen Lebensratgeber in einer, Authentizität versprechenden *Emo-Kultur* genannt werden, wie sie etwa Tomte, Madsen und Kittcar präsentieren. Auch nationale Sinnstifter fallen hierunter. *Die Sportfreunde Stiller* aus Germering bei München, die vor allem während der Fußballweltmeisterschaft 2006 in Deutschland mit ihrer WM-Hymne „54, 74, 90, 2006, 2010" deutschlandweit Furore machten. Zu erwähnen in diesem Zusammenhang ist freilich auch die mit authentischen Gefühlen aufwartende Österreicherin *Christine Stürmer* mit ihrem aktuellen Album: „*In dieser Stadt*" und dem Erfolgshit: „*Ist mir egal*". Darüber hinaus sind erwähnenswert: die Gießener Band *Juli*, die Kölner Gruppe *Klee* etwa 2008 mit dem Hit „*Berge versetzen*", *Silbermond* aus Bautzen mit dem Erfolgshit: *Irgendetwas bleibt* aus dem dritten Album: *Nichts passiert* (2009), die Berliner Gruppe *Cobra Killer*, die *Söhne Mannheims* mit *Xavier Naidoo*, *2raumwohnung* alias Tommi Eckart mit I*nga Humpe* (Clubhit: *36 Grad* auch in kubanischer Version oder mit den Hit-Singles: *Wir werden sehen* und *Rette mich später*) sowie *Ich + Ich* (Adel Tawil und *Annette Humpe*, die Ex-Ideal-Sängerin aus Berlin) mit *Vom selben Stern* und *Gute Reise* und der Single: *Pflaster*, zudem der *Bohlen* Protagonist *Mark Medlock*, schließlich auch *Peter Fox*, derzeit wohl der populärste *Stadtaffe* (so auch der Name des erfolgreichsten Albums in Deutschland im Jahre 2009) und Berliner Musiker mit *Haus am See, Aufstehn, Dickes B, Schwing dein Teil*. Noch mehr Furore machten zumindest für die ganz jungen Jugendlichen forsche Teenie-Bands, die mit Spaß, Weltschmerz, Liebeskummer; Charakterschwächen, Kindesmissbrauch usw. den Soundtrack (etwa einschneidende Rockmusik mit Teenie-, Gothic-, Manga- und Metal-Elementen) der Schulhof-Debatten liefern, wie die *Killerpilze* aus Dillingen oder wie die mittlerweile dreimalige Echo-Gewinnerin und „Herrscherin der Kinderzimmer im frühen Schlampenlook von Madonna, im Rammstein-Look, aber auch als Kinderprinzessin oder Engelchen mit frechem, kompromisslosem und drastischem Teenie-Vokabular (gesungen wird bspw.: „*Heul doch*", das dritte Album: „*Ring frei*" mit: „*Pisst du mir ans Bein/ Dann piss ich zurück*, „*Du kleines Stückchen Dreck, ich wünsch dir fiese Pickel ins Gesicht*", „*Die Schlampe ist so link, dass es bis zur Hölle stinkt*": oder „*Prinzesschen*") auftretende *LaFee* aus Augsburg, die eigentliche Christina Klein heißt. Sie kamen jenseits flacher Kitschigkeit und überzeugten mit frechen Texten und ehrlicher Musik nach dem Casting-Trubel überdrüssiger Fans wie bspw. auch *Annett Louisan* mit ihrem Lied *Das Spiel* und ihrem Album *Boheme* in die Charts und in die Radiosender - auch ohne Radioquoten für deutsche Musik. Vielleicht können ja einige Jungen in der deutschen Schlagerszene jenseits der knallharten Raps mit einer wie *Jeanette Biedermann*, die einen für viele irritierenden Imagewechsel vollzogen hat, gewonnen werden.

Zum Mainstream gehören zweifellos auch in globaler internationaler Perspektive: The Bands mit ihrer authentischen Pop- bzw. Rock-Musik aus Großbritannien und den USA: *The Vines*, *The Strokes*, *The White Stripes*, *Coldplay*, *James Blunt* und vor allem die Gitarrenpopband *Maximo Park*, Herzbeschleuniger und nach einem kubanischen Revolutionär benannt, aus Newcastle mit ihrem charismatischen Frontmann *Paul Smith*, mit ihren tumultösen Konzerten sowie mit ihren drei sehr erfolgreichen Alben: *A Certain Trigger, Our Earthly Pleasures* und *Quicken the Heart*, The Kooks, das Britpop-Quartett, nach einem David-Bowie Song benannt, Jungspunde und Senkrechtstarter mit dem Sänger und Liebling der weiblichen Fans *Luke Prichard* des Jahres 2006 aus Brighton und insbesondere *Franz Ferdinand*, das schottische kunstsinnige Glasgower Quartett mit einer Flut von Einfällen, Geistesblitzen, mit abrupten Tempowechsel, mit zackigen, abgehackten Rhythmen und stilistisch-distanziertem Gesang, die mit ihrem damaligen unbetitelten Debütalbum 2004 England mit der New Britannia-Welle", die mittlerweile wieder abzuebben scheint, auf die Popkarte zwischen Rock`n`Roll und Tanzmusik der Welt zurückgeholt haben. Hinzu kommen Indie-Rock Bands wie *Bloc Party*, die *Kaiser Chiefs* und *The Ting Tings* mit - für ihre wilden Auftritte bekannte - *Katie White*; die Elektro-Clash-Ikone: *Peaches*, die blonde englische Soul-Sängerin mit der schwarzen Südstaaten Mama-Stimme *Joss Stone*; wie auch die schon mit 24 Jahren zur Soul-Ikone und zur rüpelhaften *Ladette* stilisierte Engländerin *Amy Winehouse* mit

Bienenkorbfrisur aus den 60er Jahren, die noch mehr Schlagzeilen mit ihren Alkohol-, Drogen- und Beziehungsproblemen produzierte als mit ihren fünf Grammys, die sie im Jahre 2008 für ihre Musik bekam, wie die ehemalige Frontfrau von *Destiny`s Child*, Schmusesoul-Diva, Wonder Woman und das Spiel mit wechselnden Identitäten liebende: *Beyoncè Knowles* mit ihren Superalben *B`Day* und *I am ... Sasha Fierce*; wie der Frauenschwarm: *Justin Timberlake*, der ehemalige Kopf der Softboyband *N`Sync*, der mittlerweile schwarze Musik (R&B) mit knalligem Disco-Sound für weiße Jungs mixt; wie aber auch der sogenannte Feel-Good-Pop, ein Britpop Stilmix aus Reggae, R`n`B und Grime-Elementen von der Britin *Lily Allen*. Sie war 2005 eine der ersten, die durch das Internet, durch MySpace zum internationalen Popstar wurde. Ihr Song im Jahre 2009: beispielsweise ihre feuchtgebietsaffine Provokationspoesie in *It`s Not Me, It`s You* ist nicht geschliffen, nicht weichgespült worden. Ein perfektes und erfolgreiches *Role-Model* einer digitalisierten Welt in der Dämmerung des Gutenberg-Zeitalters ist zweifellos auch die im Jahre 2009 durchgestartete futuristische Bühnendiva und exzentrische New Yorkerin *Lady Gaga (Madonna 2.0)*, die als Klosterschülerin noch Stefanie Germanotta hieß und in die gleiche Schule ging wie Paris Hilton und relativ privilegiert auf der Upper West Side von Manhattan aufwuchs. In einer Art *warholaffinen* Shock-Art-Performance und postironischem Selbstbewusstsein - aus einem Mix von Erotik-Irritationen, die auch an die Sängerinnen *Peaches* und an die schwergewichtige *Beth Ditto* von der Kultband: *The Gossip* erinnern, die sehr selbstbewusst ihre sexualisierten Körper inszenieren, von ordinärer Schlampe, Roboter und Burlesque-Tänzerin - inszenierte und skandalisierte sie ihre eigene Bisexualität und stürmte mit Mieder, Latex, Leopardentangas und vor allem - nachdem sie zuvor schon Stücke für Britney Spears und die Pussycat Dolls geschrieben hatte - mit eingängigem *Elektro-Disco-* bzw. *Trashpop* (mit ihrem Debüt-Album: *The Fame* 2008 und ihren Singles: *Just Dance* 2008, *PokerFace* 2009, *Love Game* 2009 und *Alejandro* 2010) in die Charts. Auch die mit Lady Gaga als Vorprogramm auftretende Band *Cinema Bizarre* mit dem Album *Toyz* war im Jahre 2009 auch jenseits der *Visual Kei-Szene* bei Jugendlichen sehr beliebt. Sie erinnern in ihrem außergewöhnlichen Outfit sehr an *Tokio Hotel* und ihre Musik changiert irgendwo zwischen Pop und Glamrock.
Mainstream ist auch der Top Hit: *Wonderful Life* im Jahre 2010 von der Elektropop Band *Hurts* aus Manchester und „zweifellos auch spätestens seit 2009 der kanadische sehr junge, 16-jährige Sänger und Teenie Schwarm: *Justin Bieber*, der mittlerweile schon seine pralle Lebensgeschichte als Autobiographie, was sehr ungewöhnlich für das Lebensalter ist, hat schreiben lassen und im Februar 2011 als 3-D-Format ins Kino kommt. Auch bei dem schönen Teeniestar kreischen viele Mädchen, wenn Bieber *Somebody to Love* singt. Zum heutigen Mainstream gehört zweifellos auch der TripHop - manche spotten: es handelt sich im makellosen Klangkosmos um eine *Fondueabendmusik*. In den 90er Jahren entstand im Südwesten Englands, in Bristol eine neue Bewegung - ein seinerzeit neues Genre, der Trip-Hop, ein makelloser, wohlklingender popinnovierender Elektrosound. Stilprägende Alben waren vor allem: *Dummy* von *Portishead*, *Blue Lines* von *Massive Attack* und Maximquaye von *Tricky*. Über zehn Jahre später sind bspw. *Portishead* mit ihrem dritten Album *Third* unter dem Einfluss von

knallenden Stakkato-Beats und von Doom-Metal-Bands und auch Krautrock-Avantgardisten wie *Can, Kraftwerk, Einstürzende Neubauten* etc. musikalisch schneller, härter sperriger und unvorhersehbarer geworden. Vor allem dekonstruierten sie ihren eigenen Wohlklangmythos (vgl. Lange 2008, 22).

Ausdrucksformen/Kultgegenstände, Devotionalien: Poster, Mainstream-CDs und DVDs, Blue-ray; insbesondere auch im Lichte und Strudel der digitalen Revolution online: das inzwischen zwar kostenpflichtige, freilich nicht wirklich zu kontrollierende „Downloaden" von Musikdateien aus dem Internet, ehemals auch in einer Art freien, illegalen Tauschware „Napstern" genannt; gängige Jugendmodemarken aus Modegeschäften oder Clubwearläden – auch von H&M, Zara, Mango etc.

- *Metaller:*

Kurzcharakterisierung: Jugendliche und Jüngere Erwachsene (vor allem männliche), die gerne ursprünglichen und handgemachten „Harten Rock" hören - Übergänge zum Hardcore sind vorhanden (vgl. auch weiter oben). Ein auf monotoner Wiederholung angelegter Grundrhythmus, der Verlässlichkeit und Echtheit suggeriert. Besonders beliebt in Deutschland waren seit den späten 80er Jahren Bands wie die slowenische Band Laibach, deren Musik neben Heavy Metal wahlweise auch als Industrial-, Gothic-, Elektro- oder Technomusik klassifiziert wurde, und deren Ästhetik von *Opus Dei* aus dem Jahre 1987 bis zu *Volk* aus dem Jahre 2006 stets mit - das angloamerikanische Entertainment und die angloamerikanische Popindustrie - herausfordernden und irritierenden totalitären, faschistischen und kommunistischen Elementen arbeiten, sowie vor allem auch die Laibach nachahmende deutsche und auch international erfolgreiche, mit kalkulierenden Tabubrüchen (Gewalt, Sexualität, Pornographie, Masochismus, Sittlichkeit etc.) aufwartende, das Spiel mit dem Feuer anheizende und dabei in der Mitte der Gesellschaft angekommenen Brachialrock- und Epigonen-Band *Rammstein* (bspw. mit ihrem 2009 indizierten Nummer *Ich tu dir weh* oder auch mit ihrer CD/DVD-Life-Anthologie *Völkerball* (Hesselmann, 2006, 26) - archaisch, brachial, monsteraffin, provokativ, zuweilen auch mit faschistischen Symbolen in Leni Riefenstahl Ästhetik spielerisch, schockierend und verführerisch, ironisierend umgehen und zugleich, was insbesondere die entkontextualisierte Ästhetik der „neuen deutschen Härte" betraf, mainstreamgemäß sehr wertgeschätzt; vgl. bspw. Lindke 2002, 231ff., der die beabsichtigte Entmystifizierung des Ästhetikverständnisses - das Spielen mit tabuisierten faschistischen Symbolen, Zeichen und Emblemen - scharf kritisiert und zurückweist), *Sepultura, Motorhead*, aber auch die sich im Jahre 2008 auflösende, eine Philosophie der Hässlichkeit und Abartigkeit stilisierende Berliner Radaubande *Knorkator* und immer noch - das Vorbild für ganze Generationen von Metal-Bands - *Metallica* mit dem sehr erfolgreichsten Album: *Whatever I may roam* und dem Super-Hit *Unforgiven*, mit *Master of Puppets* und neueren Datums mit *St. Anger*, gleichwohl ehemalige Dresscodes und Frisurvorschriften für die alten und neuen Fans nicht mehr gelten, manchmal auch die sehr umstrittenen *Böhse Onkelz*.

<u>Ausdrucksformen/Kultgegenstände, Devotionalien:</u> Martialisches Aussehen; meistens lange Haare, schwarze Lederkleidung und Shirts in unterschiedlichen Variationen mit dem Logo der Lieblingsband; Kutten mit Rückenaufnäher, Anhänger, Anstecker, Tattoos; Zeigefinger und kleiner Finger zum Metal-Gruß abgespreizt.

- *Punks/Punkrock:*

<u>Kurzcharakterisierung:</u> Die Punkszene fiel als eine Art *Do it yourself- Bewegung* nicht nur qua ästhetischer Negation des Konsumterrors und der beinharten Leistungsgesellschaft und nicht nur durch demonstratives Nichtstun und Nicht-Konsumieren auf; es ging immerhin auch als gelebte Gesellschaftskritik gegen (spieß-)bürgerliche Lebensformen und -normen - *rebellisch, hasserfüllt, rücksichtslos und gewaltandeutend*. Image war u. a. eine Infragestellung aller Autoritäten, ein zerfranstes Aussteigerimage; zerzauste, oft farbige Haare, auch harte, teilweise monotone Beats und düster mäandernde Sounds, Musik mit rauen und derben Texten, die ironische Tiefschläge andeuteten und manchmal blanken Zynismus verkörperten, und dilettantischem Gestus mit Feuer und Leidenschaft präsentierten. *Schnorren*, das in der Szene nicht als betteln galt und gilt, war und ist nicht nur in den Fußgängerzonen angesagt. Obwohl die legendären Chaos-Tage in Hannover schon einige Jahre zurückliegen, gibt es nach wie vor immer wieder Jugendliche nach vielen Totsagungen, die mit einigen Altpunks als Vorbilder der Punk-Szene - auch als Revival oder stets beliebt als Retrowelle - etwas abgewinnen können. Neben den bunten, eher kommerziellen, designorientierten Lifestyle-Produkten und den zelebrierten Kunstszenen des Punk und des stets schon modisch hippen, designorientierten New Wave (auch in den Spätsiebzigerjahren gab es eine oftmals unüberbrückbare Kluft zwischen Straßen- und Art-Punk als Ausdrucksform des Nihilismus, Dadaismus und Anarchismus).

Meistens findet heute nur noch eine latente Provokation und Aggressivität etwa der Straßenkids statt. Äußerst selten stellt man sich wirklich pöbelnd vor die Spiegelglasfassaden der Banken und Konsumtempel von gestern mit den schwarzen Hunden beim Schnorren und Saufen (Bier, vor allem Hansa und Oettinger oder regional auch Paderborner) und Kiffen in den Fußgängerzonen und an den Bahnhofsvorplätzen. Dann wird man immer wieder in den Fußgängerzonen von Kontrollkameras oder den schwarzen Sheriffs der privaten Ordnungsdienste polizeiüberwacht. Die eigenen Terrains und Areale, in denen man sich aufhält, und die man teilweise auch geschaffen hat, sind stets gefährdet. Es gab in der Vergangenheit z.T. auch Übergänge zur Hausinstandbesetzerbewegung, zu den *linken Autonomen*, zum *New Wave*, dem *Grunge* und dem amerikanischen *Hardcore* (inklusive der *Straight Edge-Szene*, die z. T. alkohol- und drogenfrei und vegan lebt), später auch zur sogenannten *Düsseldorfer Szene* (bspw. die Gruppen: *Male, Mittagspause*, dann *Fehlfarben* und *DAF*), auch zur *Neuen Deutschen Welle* und nicht zuletzt auch zum sogenannten *Post-Punk* in Deutschland etwa in den späten 80er Jahren und zu Anfang der 90er Jahre, wo *Blumfeld*, die 2007, weit weg vom Post-Punk, sich aufgelöst und ihr Abschiedskonzert in Hamburg gegeben hatten, und *Tocotronic*, deren vorletztes Album bezeichnenderweise *Kapitulation* hieß, in den letzten 20 Jahren die „beständigsten und populärsten

Träger" dessen (waren), was man „kritisches linkes Bewusstsein in der deutschsprachigen Popmusik" genannt hatte (Peitz, 2007, 16). Wo ist heute noch Platz, fragt Dirk von Lowtzow, der ehemalige Intellektuellen-Popper und Sänger von Tocotronic, zwischen all den wohlmeinenden Gutmenschen und den beinharten Neoliberalen, „zwischen Grönemeyer, Demo-Clowns und Henna-Hippies, die ja mindestens ein ästhetisches Problem haben mit ihrem kreativen Dagegensein, wo ist Platz zwischen autonomer Gewalt und altlinker Phraseologie, zwischen dem an seiner eigenen Buntheit besoffenen altgrünen Kulturenkarneval und den gutgelaunt prekären Selbstausbeutern und ihrer Laptopisierung allen öffentlichen Raums" (ebenda). Mittlerweile sind viele (Stil-)Vermischungen und Übergänge sowohl (als *Siff-Punks*) zur Obdachlosen-, Berber-, Penner- und Alkiszene, als auch manchmal zur linken autonomen Szene und zu Teilen der Skinheadszene zu beobachten. In Berlin randalierten im November 2008 junge, nostalgische Punks mit überkommenen Gesten im Hauptgebäude der Humboldt-Universität, die mit „Bildung für alle Plakaten" die Exponate einer Ausstellung im Foyer zerrissen und anzündeten, die an die Enteignung jüdischer Unternehmer in der Nazizeit erinnerte. Sie demonstrierten damit, wie „dümmlich" und „blind" inzwischen die Punkbewegung geworden ist und wie „sehr diese Jugendbewegung mittlerweile „auf den Hund gekommen ist (Die Tageszeitung vom 14. 11. 2008). Selbst traditionell nie für möglich gehaltene und ehemals fundamental widersprechende Beziehungen zu Nazi-Szenen sind inzwischen im ersten Jahrzehnt des dritten Jahrtausends möglich - freilich immer noch sehr randständig. Hinzu kommen ästhetisierende Einsprengsel des Hässlichen mit ätzendem Zynismus gegen Spießertum, gegen den (vermeintlich) alltäglichen Wahnsinn, den wir im Mainstream der Normalität stehend ja i.d.R. für vernünftig halten, und für Tabu-brüche, Regelverletzungen, ja für Anarchie mit Mitteln der Unvernunft. Neben den Veteranen und Altpunkern gibt es viele neue Mitläufer und experimentierende Fun-Punker, schließlich auch einfach nur medienkonstruierte Neo-Punks, die als lauter kleine Klone von *Johnny Rotten* und *Sid Vicious* herumlaufen. Zu guter letzt gab es junge Dröhner und sehr erfolgreiche Epigonen-Bands des Punk-Rock wie *Green Day* mit *Billy Joe Armstrong* als Sänger, *Offspring*, *Weezer* oder *Rancid*, die musikalisch gesehen nicht mehr ganz so nicht-könnerhaft, brachial und ungestüm dilettantisch auftraten. Mittlerweile haben Green Day ihr neuntes Studioalbum *21st Century Breakdown* aufgenommen, deren Songs aktuelle, ambitionierte kapitalismuskritische Verfallserscheinungen anprangern und Krisenkommentare repräsentieren. Und *Green Day* gelten, obwohl auch sie Millionen Dollars eingespielt haben, in den USA als antibürgerliche Entsprechung zum Staatskünstler *Bruce Springsteen*. Auch heute gibt es im Jahre 2010 eine *Neo-New-Wave-Szene* zumindest in musikalischer Hinsicht. In Deutschland gehören bspw. *Mia* mit der Sängerin *Mieze Katz* zu den an *Ideal* erinnernden, umstrittenen, aber durchaus erfolgreichen *Neo-New-Wave-Gruppen*, die mit *Alles neu*, *Stille Post* und ihrem Album *Zirkus* Elektropunk, Neue Deutsche Welle-Gitarren und trotzig poetische Texte mischten. Mit ihrem Album: *Willkommen im Club* (2008) verließen *Mia* den rotzigen Sound früherer Jahre und näherten sich einem tanzbaren, geschliffenen Pop und erinnern an ihre heutigen Artverwandten wie *Klee*,

2Raumwohnung, Paula etc. In die Fußstapfen der alten rotzigen frühen *Mia*-Tradition trat bspw. die Elekropunkband *Die Toten Crackhuren im Kofferraum*. Parallelen zur *Riot Grrrl-Bewegung* (Punkattitüde und feministische Anleihen gegen die männliche Dominanz in der Musikwelt) der neunziger Jahre sind unverkennbar. Allerdings ist ihre Rebellion etwa gegen Brandenburger Prolls (solariumgebräunte Dorfdödels, die den ganzen Tag mit tiefergelegten Autos an Tankstellen herumhängen) und gegen gängige Schönheitsideale in den Castingshows eher spielerisch und tritt in einer Art ironischen Trash-Maskerade auf.

Ausdrucksformen/Kultgegenstände, Devotionalien: Punk-Look in Kleidung und Haartracht/Irokesenschnitte, Springerstiefel oft mit roten Schnürsenkeln, no future-Sprüche, Kultbands sind immer auch noch die mythenumwobenen ersten britischen Punkbands wie *Sex Pistols*, *The Clash* (mit *„London Calling"* und *„Sandinista"*, den Meilensteinen der Punk- und Rockmusik), *Damned*, *Eater*, *Vibrators*, *Laughter and The Dogs* sowie die legendären *Stooges*, *Ramones* aus New York oder die deutschen wie PVC, die seit 1977 mit ihren Konzerten und ihren direkten, schnellen kurzen Songs (wie bspw. *„Berlin By Night")* in den legendären West Berliner Auftrittsorten für Furore sorgten. Der Punk wanderte sehr schnell von Charlottenburg nach Kreuzberg. vom „Kant-Kino" über das „Punkhouse" nach „SO 36". Zudem verkörperte und repräsentierte der Punk in den späten 70er Jahren den perfekten Soundtrack der grauen Mauerstadt. Neben PVC re-präsentierten Punk-Gruppen wie Malaria, F.S.K., Palais Schaumburg, Einstürzende Neubauten, Der Plan, Die Tödliche Doris usw. den Punk gerade nicht als Mode, sondern Punk war immer leidenschaftliche, vornehmlich gegen Spießer und Althippies gerichtete Geisteshaltung mit einem besonderen antibürgerlichen, antikapitalistischen und anti-kommerziellen Habitus. Die West-Berliner Punkgruppen-Szene war anders als etwa die kommerziell erfolgreichen deutschen Punkbands wie *Die Ärzte* oder *die Fortuna Düsseldorf-Anhänger* auch in der Regionalliga (mittlerweile wieder in der 2. Bundesliga angelangt): *Die Toten Hosen* und auch *Commando* aus Berlin. 30 Jahre später scheint der Punk noch lange nicht tot zu sein. Heute wären im Punk-Kontext paradigmatisch etwa die britischen *Babyshambles* etwa mit *Fuck Forever, Killamangiro, Sticks and Stones* oder *What Katy Dis Next*, eine wunderbare *Kate-Moss-Liebeserklärung*, zu erwähnen, die zwischen Punk, Reggae und Kollaps-Wave anzusiedeln sind, mit dem vermutlich unzuverlässigsten Popstar *Pete Doherty* - eine räudige Ausgabe von *David Bowie*.

- *Hip-Hopper/Rap-(Text)/DJing(Musik)/Graffiti(Bild)/Break-dance (Tanz):*

Kurzcharakterisierung: Die Hip-Hop-Szene kann auf eine mittlerweile über 30-jährige, insbesondere afroamerikanische Geschichte zurückblicken und scheint im Zuge der Globalisierung und Medialisierung weltweit die erfolgreichste und langlebigste jugendliche Populärkultur zu sein, die - wie keine Jugendkultur zuvor - mit vielen (freilich nicht mit allen wichtigen) szenespezifischen Zeichensystemen, Moden, Mimiken, Gesten, Haltungen, Körper- und Bewegungssprachen, Sprechweisen und Begrüßungsszenarien nachhaltig und universalisierend, freilich nicht homogenisierend in die generelle Alltagskultur von Jugendlichen insbesondere auch jenseits des Hip Hop eingewandert ist (vgl. Klein/Friedrich, 2003, 14; Klein, 2006, 29ff.). Erst in den letzten Jahren scheint es jugendkulturell eine zaghafte Abkehr von hiphop-affinen kulturellen Elementen zu geben, gleichwohl - ähnlich wie beim Techno - viele Elemente des HipHop (Musik, Tanz, Mode, Malen etc.) habituell in die gesamte Popkultur eingewandert sind.

Neben New York, der Geburtsstätte des afroamerikanischen Rap und HipHop-Kultur gilt Los Angeles als Geburtsstätte des Gangster-Rap mit den legendären, mittlerweile erschossenen Tupac Shakur und mit Christopher Wallace/The Notorius BIG (ebenfalls erschossen - mit dem Hit und Verkaufserfolg „You `re nobody til somebody kills you") sowie anderen umstrittenen, freilich rebellisch-authentischen Rap-Stars wie Ice-T, Ice Cube, Dr. Dre und Snoop Doggy Dog die - sich manchmal im Rahmen von Drogen, Sexprotzereien, Gewalt, Gewaltphantasien und Gegengewalt - in ihren coolen Streetgangs gegen andere Szenen im Straßenkampf mit Schusswaffen oder auch nur im street(basket)ball mit Kampfanzügen, Kapuzenpullis oder *Hoodies*, sogenannte Kapuzenjacken, in Tarnfarben, mit sackartigen, auf halbem Hintern aufruhenden, rutschfreundlichen und überdimensionierten Beinkleidern, Baggy-Jeans, mit Carhattstiefeln, Basketballstiefeln der Marken Airwalk, Vans oder Homeboy, mit Snooties, Baseballkappen und Baseball-Schlägern bewähren müssen. Die Musik von Snoop Doggy Dog, der gerade nicht die 80er Jahre Hits recycelte, galt und gilt bspw. selbst bei wohlwollenden Erwachsenen als zu brutal, zu sexistisch und auch als politisch extrem unkorrekt. Es wurde sogar in szenenahen Kreisen zuweilen vom Kauf der CD: „Da Game is to be Sold not to be Told" abgeraten. Es gab und gibt aber auch in den USA die „schmusig-groovigen Rappertypen" der sanften Tour wie Puff Daddy alias Sean Combs, der jenseits des „Bösen" mit einer Prise Ghetto-Mentalität im Mainstrem als Hip-Hop-Mogul Millionen mit dem Rap und der so genannten urban wear (auf jedem T-Shirt und jedem Hemd, auf jeder Jacke und jeder Hose war der Schriftzug „Sean Joan" angebracht) verdiente. Der „Herr des Hip-Hop" schien ökonomisch gesehen alles erreicht zu haben. „Seine Firma Bad Boy Entertainment" erwirtschaftete mit einem Police-Sample wie „I'll Be Missing You", das zu einem „Welthit" wurde, Millionen und versuchte verschiedene musikalische Stilrichtungen - bspw. „eine Nirvana-Melodie, einen Metallica-Song oder Soundgardens: 'Black Hole-Sun' zu kombinieren". Die Visionen eines kommerzialisierten HipHop mit den glorifizierten Markenartikeln der Hip-Hop Mogule wie Combs, Jay-Z, Russel Simmons, 50Cent und Kanye West waren in den ersten Jahren des 21. Jahrhunderts so weit vorangeschritten, dass zukünftig, so mutmaßte man, das Zusammenspielen von „Film, Musik, Fashion, Merchandising und Politik erstligareif und vergleichbar mit IBM und Coca Cola sein würde (Musik-Express, Februar 1998, 35). Immerhin war das Geschäft mit Urban Wear der erwähnten HipHop-Szene zumindest bis zum Jahre 2003 sehr erfolgreich und weltweit trendsetzend zu einem weitverbreiteten massenwirksamen Jugendstil geworden, der zunächst den coolen Jungs auf der Straße gefiel und der - wie manche andere Jugendstile auch - Protest und Anpassung zugleich repräsentiert(e). Inzwischen finden viele der ehemaligen Stammkunden der Street-wear-Marken der Rapper nicht zuletzt angesichts der massenhaften Verbreitung diese Label und Logos als zu kommerziell, zu uncool und zu unsexy, so dass in den Schulen, auf den Basketballcourts und Pisten andere Labels getragen werden. Im Jahre 2010 scheint in den kommerzträchtigen Modewelten der verschiedenen afroamerikanischen Rapper-Szenen kaum noch einer an die straßenkulturellen politischen Botschaften und Visionen des Hip-Hop und an die einigende und sinnstiftende Kraft ihrer Break-Beats und Sprechgesänge zu glauben. Die idealistischen Zeiten sind längst vorbei, wo man noch meinte, dass der Hip-Hop vielen schwarzen Jugendlichen die Möglichkeit bot, aus dem Teufelskreis der Bandenkriminalität auszusteigen und zu rappen, statt zu dealen. Obgleich die gewaltverherrlichenden Texte und nihilistischen Botschaften - erörtert wurden vor allem Themen der Prostitution, der Vergewaltigung, der Waffen- und Raschgiftgeschäfte etc. - von den vielen Kritikern etwa des Gangsta Rap angeprangert wurden, ging die *Ästhetisierung der Gewalt* und auch die „Vermarktung der Toten" (Frankfurter Rundschau vom 13. August 1997, 3) freilich nur in bestimmten afroamerikanischen Hip-Hop-Kulturen weiter, während in Europa - die französischen Vorstädte und die Jugendlichen aus dem Maghreb einmal ausgenommen - und vor allem in Deutschland die afroamerikanischen Botschaften, weder in Marzahn und im Märkischen Viertel, weder bei dem gelernten Lackierer Bushido (japanischer Künstlername: „Weg des Kriegers" und dessen umstrittenes Album „Von der Skyline zum Bordstein" etwa 2007 vom Berliner Landgericht an der Verbreitung gehindert wurde) weder bei Sido: „Mein Block") noch bei Fler (alle starteten ihre Rapper-Karriere bei dem Berliner Aggro-Label, das mit Universal zusammengeschlossen wurde) kaum puristisch wirken konnten und können und geradezu zwangsläufig in der Logik des afroamerikanischen Rap sozial und kulturell abgeschliffen und verfremdet werden mussten. Als musikalische Vorläufer des HipHop galten Ska, Reggae, Soul und Gospel. Traditionell war der HipHop eher - in politischer Semantik und als Klischeebild über Jahrzehnte hinweg tauglich - schwarz, ghettoaffin, habituell körperbetont, männlich (selbst wenn es mittlerweile einige international prominente queens oder bad girls von Rapperinnen wie Foxy Brown, Lil Kim, Sister Soulja, Queen Latifa, und Missy Elliott im weiblichen HipHop gibt, die mit den männlichen Zuschreibungen und Bildern von Weiblichkeit weiblich selbstbewusst, subversiv, spielerisch und ironisch umgehen (Klein/Friedrich 2003, 205ff.), straßenkulturell, gesellschaftskritisch und alltagspolitisch eher *links* orientiert. Danach fand weltumspannend und lokal, allerdings teilweise jenseits eines vermeintlich *echten* und *realen* HipHop, eine Vergötzung eines exzessivhedonistischen Mainstream-Lebensstils statt, insbesondere dann, wenn die Nicht-Ghetto-Szene und deren Fans zumindest in Deutschland oftmals weder Rassismus, Armut, Arbeitslosigkeit und Kriminalität aus eigener Anschauung kannten. Gleichwohl ein Teil der deutschen Hip-Hop-Szene provozierte gezielt mit extrem männlichkeitsfixierten, sexistisch-homophoben, schwulenfeindlichen, aggressiven, gewaltverherrlichenden und nazistischen Metaphern und pflegte zuweilen einen inszenierungspraktischen und ironischen Umgang mit dem Straßenschmutz. Die Avantgarde der deutschen Hip-Hop-Szene kam in der zweiten Hälfte der ersten Dekade im 21. Jahrhundert aus Berlin. Es war eine Avantgarde der inszenierten

vulgären Härte, die die Grenzen des *guten* Geschmacks mit gezielten antibürgerlichen Ressentiments, die weit über den Punk hinausgingen, austestete. In diesem Sinne war eine Art *Grob-Hop*, ein vermeintlich *böser* Rap von Heimkindern und Migrantensöhnen, der allerdings in den Lebenswelten der Pitbullhalter und Vorstadtaraber existentiell längst nicht so hart, hasserfüllt, bedrohlich und bahnbrechend war, wie der algerisch-marokkanisch-arabisch-französische HipHop in den Banlieues. HipHop verarbeitete seit den 70er Jahren von Anfang an in den USA und vornehmlich auch in den französischen Vorstadtghettos nicht nur Strukturen der Deindustrialisierung („musealisierte Innenstädte", verlassene Industriekomplexe und „urbane Wüstenlandschaften"), der gesellschaftlichen Exklusion, der Arbeitslosigkeit, Gewalt, Verbrechen und des Sexismus, sondern es kam wie im November 2005 in Frankreich und bis heute 2010 auch immer wieder zu Überschneidungen mit der individuell zu verarbeitenden trostlosen Wirklichkeit. Die gelegentlichen Scharmützel mit Zensurbehörden in Deutschland wirk(t)en dagegen wie im seinerzeit (bis in die erste Hälfte der ersten Dekade im 21. Jahrhundert) sehr erfolgreichen amerikanischen Rap bei den globalen Popstars der Hip-Hop-Szene wie 50 Cent, Talib Kweli, Jay Z, Kenye West oder Nelly trotz Lebenserfahrung der sozialen Marginalisierung und krimineller Vergangenheit ein wenig künstlich ritualisiert. Die dem HipHop nachgesagte *Street.Credibility* schwindet allerorten - die HipHop-Stars sind ihren einstigen Lebenswelten längst entfremdet. Hinzu kommt die Krise, die mit dem Bedeutungsverlust physischer Tonträger die gesamte Musikindustrie in den letzten Jahren erfasst hat. Zweifellos ist der amerikanische Hip-Hop etwa in der Variante des Gangsta-Rap davon besonders betroffen. Der tendenzielle kommerzielle Niedergang lässt sich vor allem schon an den 2007 erschienenen Platten, die nicht mehr an die ökonomischen Erfolge vorangegangener Platten anschließen konnten, der beiden erfolgreichsten Hip-Hop-Solokünstler der letzten zehn Jahre: *50 Cent* (das Image eines geläuterten Ghetto-Gängsters (mit „*Curtis*": gespiegeltes Klischee als Bad Boy mit monotonen Sprechgesängen und düsteren Tracks, die cabrio- und klingeltontauglich scheinen) und *Kanye West* (das Image eines intellektuellen Nerds mit „*Graduation*": gespiegeltes Klischee als Intellek-tueller mit innovativen Soundcollagen und selbstironischen Texten; vgl. Wunder 2007, 29).
Ein Großteil der deutschen Hip-Hop-Szene (vornehmlich aus Hamburg, Mannheim und Stuttgart) wurde seit Mitte der 90er und in den späten 90er Jahre(n) zum erfolgreichen, eher aufgeklärten, spaßorientierten bürgerlichen Mittelstandsprojekt und somit im Medium der (rohen, aber gegenüber dem originalen HipHop entauratisierten und zugleich gefühlsorientierten) Poesie der Sprache zum jugendkulturellen Massenphänomen - spätestens seit es eine „deutsche, serbokroatische und türkische Hip-Hop-Welle" mit witzigen, wortakrobatischen, oftmals in Reimkunst vorgetragenen Texten gab. Die Texte gerade auch jenseits der „Fantastischen Vier" etwa von „Fünf Sterne Deluxe", „Deichkind", „Dynamate Deluxe", „Eins-Zwo", „Doppelkopf", „Absoluten Beginner", „Afrob", „Die Massiven Töne", „Fettes Brot" (mit Uralt-Klassikern wie *Silberfische und Definition von Fett* aus den 90er Jahren, mit *Nordisch by Nature, Schwule Mädchen, Soll das alles sein* und *Lass die Finger von Emanuela, Hamburg geht unter*; zuletzt mit ihrem Album *Sturm und Drang* mit der ausgekoppelten Single

über den TV-Striptease nächtlicher Castingshows und Verkaufssendungen: *Bettina (pack deine Brüste ein, zieh dir bitte etwas an)* und „Freundeskreis" waren und sind durchaus mit Pennälerhumor und Alltagspoesie ausgestattet, lebensweltbezogen, allerdings insbesondere was die lebensweltlichen Dimensionen und Aspekte der Oberschüler betrifft. Sie repräsentierten manchmal sogar soziologisch präzise, scharf geschliffene Sozialanalysen und vor allem Lebensgefühlstimmungen und wiesen und weisen Affinitäten zu den gesampelten Informationen der Multi-Media-Welt auf. Eingefleischte, mit einem virilen männerbündisch Habitus ausgestatteten Rapper trafen und treffen sich zu Hip-Hop-Jams; zuweilen Musikveranstaltungen (Sprechgesang), in denen spontan aus dem Stegreif freestyle gemäß gerappt wird. Legendär in Deutschland ist bspw. das „Flash" - ein lebensweltnahes Hip-Hop-Festival in Chemnitz, das eine über 10-jährige genuine Hip-Hop-Tradition aufweist und Hip-Hop-Größen wie Samy Deluxe, Curse und Jan Delay bspw. im Jahre 2006 auch zur Unterstützung ohne Gage aufgetreten sind (vgl. Der Tagesspiegel vom 3. November 2006, 16). Ein zentrales Stilelement bei den oftmals ungefilterten verbalen und rhythmischen Wortgefechten (Battles) ist häufig eine deftige, rüde, mit markigen und wortgewaltigen machistischen Sprüchen aufwartende Sprache, die Kraft und Faszination ausstrahlen kann. „Statt zu prügeln, misst man sich bei verbalen *Battles* - nicht nur mit Können, sondern immer schon mit Beleidigung, Großmäuligkeit und Angeberei" (Handke, 2007, 21). In bestimmten Neuköllner-, Reinickendorfer-, Weddinger-, Lichtenberger- und Kreuzberger Hip-Hop-Szenen tauchten im Jahre 2006 im Kontext des Berliner Aggro-Label bei Fler, B-Tight, Tony D, Sido und Bushido und Kool Savas in den Texten - ähnlich wie schon bei Eminem, der ehemals eine Glorifizierung der eigenen Ghetto-Herkunft inszenierte - gewaltverherrlichende Sprüche, Gossenreime und Frauen erniedrigende, verachtende, sexuelle Missbrauchs-Elemente im ironisch-provokativen verbalen Kampfsport-Spiel mit (alltags-)kulturellen Stereotypen (*schwul, behindert, nuttig etc.*) auf. Dies im deutschen Grob Hop auftauchenden Symbole und Bilder waren aber nicht wirklich vergleichbar mit den legendären, schon lange verebbten und mit blutigen Exzessen aufwartenden kriegsaffinen Auseinandersetzungen im afro-amerikanischen HipHop zwischen den West-Coast-Gangsta-Rappern und East-Cost-Gangsta-Rappern. Mitte der 90er Jahre erreichten diese Auseinandersetzungen ihren Höhepunkt mit tödlichem Ausgang - etwa auf der einen Seite in Los Angeles zwischen Tupac Shakur, der 1996 im Kugelhagel starb, Dr. Dre und Snoop Doggy Dog, der sich später nur noch Snoop Dog nannte, und auf der anderen Seite die New Yorker Gangsta-Rap-Szene mit Notorius B.I.G., der ein wenig später ebenfalls bei einer Schießerei ums Leben kam. Im deutschen aggressiven Wortduell-HipHop gab und gibt es wie in manchen anderen Jugendkulturen auch deutschtümelnde Textzeilen wie: „Das ist schwarz, rot, gold/hart und stolz" oder „Geld, Sex, Gewalt und Drogen, Ich bin geboren für das Leben ganz oben" und: „Du musst gut aussehen in Berlin, sonst wird,s stressig/ Guck dich um, alle Versager sind hässlich", stammen von Fler und Sido. Auch der Titel von Tony D und B-Tight: „Indexgefährdet", strotzte nur so von Berliner Härte und machte der Bundesprüfstelle ein unmoralisches Angebot. Dagegen ist in den schwarzen Ghettos von Los Angeles in den letzten Jahren ein neuer Ghetto (Tanz-)Stil Krump entstanden, der mit extrem schnellen, harten, rohen, athletischen und ruckartigen Bewegungen noch aggressiver wirkt als der bisherige HipHop: eine Choreographie und Kreuzung zwischen HipHop und afrikanischen Stammestänzen. Im alten HipHop gab und gibt es - wie in anderen Jugendkulturen auch - jugendkulturell eigensinnige, sehr athletische, sehr sportive Tanzformen und -stile. Insbesondere die verschiedenen artistischen und akrobatischen Varianten des Breakdance (bspw. Headspins - ein symbolisch-spielerischer Kampf der besten Figuren, Styles und Moves - und auch die eher tänzerischen, nicht mehr ganz so sportiven choreographischen Elemente des Breakdance finden im Kontext innerszenischer Gemeinschaftsrituale und Distinktionslinien statt und werden als wohlfühlig *hip* und durchaus als kommunikations- und gemeinschaftsfördernd erlebt. Eigentlich hatte sich - analog zu anderen gesellschaftlichen und kulturellen Entwicklungslinien - auch in den Modetänzen des 20. Jahrhunderts eine tendenzielle Individualisierung des Tanzes und Tanzens angedeutet. Indem die Partner beim Tanzen sich voneinander lösten, wurde das Paartanzen allmählich aufgeweicht. Tanzen und Tanzstile traten zur unmittelbaren Umwelt in Distanz, wurden „selbstbezüglicher und dieser Individualismus fand seinen ersten Höhepunkt in dem Disco-Narzissmus der 1970er Jahre, so wie ihn John Travolta so unübertroffen vorführte. In den 1980er verwandelte sich die Selbstbezogenheit in Selbstversunkenheit" - ein einsames „Vor-sich-Hin- und In-sich-Hineintanzens" (Klein/Friedrich 2003, 181). Ähnlich wie schon beim Pogo-Tanz der Punks und Skinheads wurden die hochgradig individualisierten, Distanz anzeigenden Elemente des Tanzens beim HipHop umgekehrt. HipHopper tanzen - die Individualisierungstendenzen aufhebend - gemeinschaftsbildend in kommunikativer Absicht, in der Regel in kleineren Gruppen. Auch die verschiedenen Graffiti-Szenen sind mindestens musikalisch gesehen im weitesten Sinne sehr häufig dem HipHop-Milieu zuzurechnen. *Writer, Sprayer* und *Maler* sind beim legalen und vor allem illegalen Sprühen zwischen Kunst und Protest voller Leidenschaft, besetzen symbolisch (etwa durch die Frechheit der Ortswahl und durch Grenzerfahrungen) mit ihren - für Außenstehende oftmals schwer lesbaren Chiffren oder Zeichen=Tags (bspw. Geburtsdaten, Postleitzahlen oder Hausnummern) Lebensräume, Reviere und Territorien; sportive, ästhetische, kreative, aber auch drogenaffine Seiten. Und Ansprüche können beim *Lackieren mit Sprühdosen und auch beim Scratchen (Zerkratzen von Scheiben in Bussen, Bahnen etc.)* befriedigt werden.

Ausdrucksformen/Kultgegenstände, Devotionalien: Hip-Hop-Magazine
wie bspw. „Juice": „Backspin" und Stylefile" behaupten sich seit Jahren. Szenekleidung mit extra weiten Hosen, Baseball-Shorts, Wollmützen und Baseballcaps und T-Shirts, schiefen Kappen, klobigen Turnschuhen (zum Tanzen, aber notfalls auch bei den Graffiti-Malern zum Weglaufen) verschiedener bekannter und eher unbekannter Marken- und Sport-Labels, zuweilen auch dicke Silberketten, früher auch Goldketten mit eigenem Namen oder der Name der Crew; Platten von kleineren Independent- oder Ghettolabels wie Aggro, Universal, Motor nicht nur aus den USA. Extrem weite, herunterhängende Bullerhosen, zumeist ohne Gürtel sind hip-hop- und ghetto-affin, nicht zuletzt deshalb, weil der Verzicht auf Gürtel und Schnürsenkel in

den Sneakers an den Mythos der HipHopper erinnern soll, die im Knast (Selbstmordgefahr) saßen. Größen unter XL kommen auch bei den Pullovern, Jacken und den hochgeschätzten Kapuzzenpullovern, die nicht nur als Arbeitsjacken der Maler (um den Kopf beim illegalen Sprühen zu verhüllen) dienen, nicht in Frage. Bekannte Labels, die in der Szene getragen werden, sind bspw. Southpole, carharrt, Ilmatic Designz, Jonny Blaze NYC, Muchostylez, die ihrerseits (vermeintliche), in der Szene selbst wertgeschätzte Authentizität versprechen.

- *Rave/Techno:*
Kurzcharakterisierung: Man schätzte, dass im ausgehenden 20. Jahrhundert mindestens drei bis vier Millionen junge Leute allein Deutschland die Techno-Szene zumindest als temporäre Gelegenheits-Raver bevölkerten. Die ehemals zumeist unter oder knapp über 20jährigen sind mittlerweile nicht nur 10 Jahre älter geworden. Die meisten von Ihnen tauchen auch nicht in der - ohnehin nicht mehr *ravenden Gesellschaft* auf. Jüngere wachsen im zweiten Jahrzehnt im 21. Jahrhundert in der inzwischen sehr klein gewordenen Szene kaum noch nach. Auffällig war, dass seinerzeit in den Hochzeiten des Techno höhere Altersklassen weitgehend fehlten, deren Vertreter ansonsten die Bars der Diskotheken mit den Jüngeren bevölkerten. Das Phänomen Techno war Mitte der 90er Jahre und im ausgehenden 20. Jahrhundert mainstreamgemäß zu einem jugendkulturellen Massenphänomen geworden. Sie bewegten sich - oberflächlich betrachtet - auf den alten Spuren der Beatniks und Hippies, ohne allerdings deren *Aussteigermentalität* und *utopischen Ideen* der gesellschaftlichen Emanzipation" zu teilen. Sie waren meistens nur freizeitbezogen am Wochenende in Sachen Techno unterwegs und *standen* am Montag *wieder auf der Matte*. Technoanhänger waren im Berufsalltag biedere Schülerinnen, brave Industrie- und Bankkauffrauen, solide Krankenpfleger, normale Verwaltungsangestellte, pfiffige (damals noch) KFZ-Mechaniker, ganz gewöhnliche Gelegenheitsarbeiter und wissbegierige Studentinnen etc. Die Technoszene wurde musikalisch unterstützt durch ihre spezifischen High-Tech-'Bretter', so nannten sie ihre Platten. Eine große Rolle spielten in diesem Zusammenhang des Technosounds die DJ-Heroen, die als etwas ältere Twens wie bspw. Marc Spoon, Laurent Garnier, Marc Olbertz, The Prodigy, Sven Väth, Marusha und West Bam, Lenny D. und viele andere Regional- und Lokalgrößen aneinandergekoppelte, computermanipulierte, gescratchte, monoton-meditative und ohrenbetäubende, monoton-rhythmisierte Klänge aus donnernden Bässen, jaulende und immer schneller pulsierende und aufpeitschende Sequenzen (das Stakkato der beats) entstehen ließen und hervorbrachten. Um ein *gutes* und *richtiges* Techno-Feeling – eine „rauschhafte Glückempfindung" (Vogelsang 2001, 274) - zu erreichen, wurde der Sound zuweilen unterstützt durch die sogenannte Harmonie-, Erlebnis- bzw. Designerdroge XTC (Ecstasy, in der Szene selbst teilweise auch einfach als „E", „Cadillac" oder „Adam" bezeichnet; van Rossum 1996, 208), die in den ersten Zeiten als Droge sehr verharmlost wurde. Aber auch andere synthetische 'smart drugs', auch Partydrogen genannt, setzten sich in der Technoszene durch, nicht zuletzt weil sie häufig auf diversen Rave-Parties und in einschlägigen Diskotheken und Clubszenen

zur aufputschenden Leistungssteigerung genommen wurden, um auch noch die beliebten Chill-out- oder After-Hour-Parties der Technoiden abfeiernd wippend und schwitzend im Taumel der Gefühle wachhaltend durchzustehen, obgleich die Klangcollagen der Techno-Musik nicht nur allein in der psychodelisch orientierten Goa-Variante eine trance-ähnliche außeralltägliche Verzauberung des Alltags sowie – unterstützt durch ekstatische Tanzvariationen - starke psychoaktive, z. T. durch die Ausschüttung von Endorphinen euphorische und ekstatische Wirkungen hervorrufen konnten. Auch andere Drogen waren in der Szene verbreitet. In einer Art Drogen-Mix wurden psychoaktive Energy-Drinks wie Red Bull und Vitamin-Pillen, Amphetamine, synthetische Drogen sowie vor allem Speed geschluckt. Seit Mitte der 90er Jahre wurden verstärkt auch Kokain (seit 2009 auch als Kokainersatz die nicht ungefährliche und seit 2010 illegale Partydroge: Mephedron) und LSD eingepfiffen. Selbst Haschisch, Cola und Kaffee waren szenegemäß zugelassen. Im ausgehenden 20. Jahrhundert wurde - bis heute 2010 - selbst das ehemals in der Szene verpönte Bier als Mixform geschätzt. Neben der gesampelten Musik, der bearbeiteten Tracks und dem Drogen-Mix spielte - wie auch in anderen Jugendkulturen - vor allem das designisierte, ebenfalls gesampelte, patchwork-gestylte Outfit in den Technoszenen eine bedeutsame Rolle. Haar- und Kleidungsoutfit fielen besonders auf: Auch hier kam es zu einem Bekleidungs-, Haarschnitt- und Accessoirepluralismus. Insbesondere grelle Farbfrisuren wurden bevorzugt: Neongelbe, grüne (apple green), blaue und rote Haarschöpfe, zuweilen auch gebleichte Haare, anrasiert, angespitzt, geflochten, gezwirbelt, kahl, gebündelter Resthaarschopf, Kinnbehaarung und Spitzbart. In dem vielfältigen Arsenal an Bekleidungsstücken fielen Narrenkappen, Woll-, Pudel- und Zipfelmützen, kahle Köpfe, Pippi-Langstrumpf-Zöpfe, zerrissene Jeans, mit floralen oder ornamentalen Mustern bedruckte T-Shirts, vornehmlich Workwear Shirts und Clubwear, manchmal auch Streetwear (Niemczyk 1997, 32) in den späten 90er Jahren auf. Getragen wurden auch schweres und hohes Schuhwerk, Federboas, Sonnenblumen, in den ersten Jahren auch Gasmasken, Teesiebe als Sonnenbrillen, fluoreszierende Straßenfeger- oder Müllarbeiterwesten. Mitgeführt wurden insbesondere immer wieder Trillerpfeifen, Wasserpistolen und Gletscherbrillen allen Kalibers. Mit überdimensionierten Sonnenbrillen in Gelb, Grün und Rot schwirrten die Mädels wie Libellen durch die Nacht. Hinzu gesellten sich glitzernde Büstenhalter, Bustiere, Bikinioberteile, Badeanzüge, Bodys, winzige Lackhöschen, Miniröcke und körperbetonte, hautenge und manchmal durchsichtige synthetische Lackhöschen und Latexhosen, Schlabbershirts mit aufgedruckten roten Herzen und T-Shirts, die mit Kult-Firmen-Logos bedruckt waren, allerdings zugleich durch karikierend-ironische Zeichen entwertet wurden, Wegwerf-Overalls, hohe Stiefel mit Plateausohlen - als Accessoires bzw. als Körperschmuck - künstliche und kunstvolle Tattoos/Tätowierungen, Schnittverletzungen und Narben sowie Piercing/Durchbohrungen der Haut etwa am Bauchnabel und/oder an der Nase, um besondere, vornehmlich aus Silber bestehende Schmuckstücke an bestimmten Körperteilen zu tragen. Durchgängiges Kleidungsprinzip der technophilen Mädchen war zweifelsohne, dem Girlie-Look abgeschaut und parftiell immer noch bis heute modisch wegweisend, viel und wohlproportionierte Haut gekoppelt mit

Zeichen, Symbolen, Emblemen und Signalen. Präsentiert wurde ein „hypersexualisiertes Erscheinungsbild", das allerdings in der Vergangenheit oftmals „durch Schnuller, Pfeife und Lutscher symbolisch versiegelt" wurde. Der zumeist schlanke, fitte und vitale „Körper sollte vor „Invasion" geschützt werden. Dies wurde in der schweren Arbeitsschutzkleidung der weiblichen und männlichen Fans im deutschen Techno am deutlichsten" (McRobbie 1997, 201). In den Techno-Szenen wollte man zumindest für einen begrenzten Zeitraum sich den gesellschaftlichen, individualisierungstheoretisch begründeten Entbindungen, den Autismus- und Vereinzelungstendenzen widersetzen. Dies fand seinen Niederschlag in einem inszenierten ganzheitlich-ausgeprägten Harmoniebedürfnis (Schwier 1998, 25). Und Ausdruck eines solchen inszenierten und lose vernetzten, posttraditionalen gemeinschaftlichen Lebensgefühls (Hitzler/Pfadenhauer 1997, 7ff.; Hitzler 2000, 19ff; 2008, 55ff.) auf Zeit waren etwa das keineswegs brandneue „Friday- and Saturday-Night-Fever", der Spaß bereitende Spaß bspw. im Medium von einprägsamen Metaphoriken wie: *Let the Sun Shine in your Heart, Hard Times, Big Fun, One Love, One World, We are one Familiy, Planet Love, Peace on Earth, Friede, Freude, Eierkuchen, Let the Sun Shine in your Heart* nicht nur beim „Mayday" (bspw. 1998: „Save the Robots") in der Dortmunder Westfalenhalle, dem „Tunnel of Love" in Frankfurt oder auf der wärmespendenden Love-Parade und kühl-berechnenden „Raff-Parade" im Dancefloor-Mekka des Kurfürstendamms und der Straße des 17. Juni jeweils am ersten oder zweiten Juli-Wochenende in Berlin mit jeweils mehr als einer Million Besuchern in den späten 90er Jahren vor der Jahrhundertwende bis zur Absage im Jahre 2004. Hinzu kamen verschiedene Locations in entsprechenden Hallenkomplexen wie bspw. die „Rave-City" auf dem Gelände des ehemaligen Flughafen München-Riem oder als Open-Air. Dabei handelte es sich zumindest jenseits der intimeren - und raumabschließenden - Club-Szenen häufig um riesige Partylandschaften, namentlich die ehemaligen größten Kultstätten des Techno wie das *Powerhouse* in Hamburg, das *E-Werk* und der *Tresor* in Berlin und das legendäre *Omen* sowie das *Dorian Gray* in Frankfurt/Main. Techno-Events wurden hochkommerzielle, mit millionenschwerem Sponsoring der Getränke-, Tabak- und Bekleidungsindustrie ausgestattete und spaßerlebende Veranstaltungen mit hohen Eintrittspreisen, mehreren tausend Teilnehmern und Teilnehmerinnen, mit aufwendigem technischen Equipment (Stroboskope, Scanner, Nebelmaschinen mit der Produktion von Kunstnebel, hohe Licht- und Tonwattzahlen für flackernde Lichtspiele und monströses Brummen) und schnellem, metallischem Rhythmus und stampfendem 150 Beat pro Minute/beim niederländischen Gabber sogar 250 bpm. Insbesondere die kreischende Lautstärke und die Dauer der Beschallung schienen für austobendekstatische Stimulans zu sorgen und für das Wohlbefinden mancher Partygänger zentral zu sein. Diese Techno-Partys wurden ebenso wie der zugehörige Tanzstil als Rave ('to rave' = phantasieren, irrereden, rasen, toben, ausgelassen feiern, im Delirium von sich geben, überschwängliches Toben, Schwärmen) bezeichnet. Die Raserei und Schwärmerei - treffender vielleicht: Lebensgier ('raven' = gierig sein) - äußerte sich in einem Tanzmarathon bei zuweilen geringer Sauerstoffzufuhr und hoher Luftfeuchtigkeit, der sich am Wochenende bis zu 48 Stunden hinziehen kann - oft bis zur totalen

Austrocknung und Erschöpfung der Tanzenden. Für einige schien der Tanz analog der unterschiedlichen Disco-Szenen das „entscheidende Medium der Rave- und Club-Szene zu sein, nicht zuletzt deshalb, weil die „Tanzkultur" als „Body Talk der Raver den Musikstil etwa qua Dialog zwischen den DJs und den Tanzenden bestimmte (Klein 1997, 67ff.). Legale Energiedrinks wie Red Bull, Flying Horse und Purdeys halfen wie die illegale, in der Szene selbst aber akzeptierte Droge Ecstasy mit ihrer aufputschenden Wirkung, häufig gemixt mit anderen Party-Drogen, die mit dem Rave verbundenen körperlichen Anstrengungen in der Freizeit entgrenzend, trance- und rauschaffin, intensiv erlebend, nicht selten betäubend und quasi malochend durchzuhalten. Techno schien jenseits von Diskursobsessionen und trotz Betonung der quasi-familialen, posttraditionalen Gemeinschaft (Rufer 1995, 235) die ideale, mit Glücksgefühlen durchsetzte Verkörperung einer zugleich leistungsbezogenen, erlebnisorientierten, individualisierten und spaßbetonten sowie hedonistischen Freizeitkultur der 90er Jahre zu sein, die - ähnlich wie die bewegungsorientierten Skater-, Streetballszenen und wie bestimmte Fun-Sportarten - dem langweiligen und verpönten Alltagstrott vermeintlich entkam, aber dem unverblümten Totalanspruch folgte: *Glücklich-happy-sein, Spaß haben* (Niemczyk 1997, 30) und den eigenen Körper spüren (Meueler 1997, 247) bis zur glückseligen *Kollektiverschöpfung („durchtanzen", „durchhängen", „durch sein", „durchmachen"; Werner 2000, 34)* und *Weltmüdigkeit* (Hitzler/ Pfadenhauer 1997, 8). Von den Hippies übernommen wurde - etwa oberflächlich betrachtet - das Leitmotiv von *love, peace and unity* - nur nicht so emphatisch ideologisch und provokativ-subversiv. Denn „Techno richtete sich gegen nichts und niemanden". Es fehlten wie bei früheren Jugendkulturen, die sich immer auch „über Oppositionen bildeten", einfach die „Gegner" und „Feindbilder" (Lau 1997, 31; Klein 1999, 74; Hitzler 2000, 29). Im Unterschied zu vielen anderen Musikkulturen hatte Techno zumindest im adressatennahen Underground lange Zeit mit den freilich unverwechselbaren Szenen-DJs keinen Mega-Star-Kult entwickelt. Der DJ selbst galt als eigener Interpret und häufig auch als Produzent der Musik. Jeder, der wollte und die computerunterstützten Mixverfahren der Montage und Collage der elektronischen Musik beherrschte, konnte selbst mittels technischer Verfügbarkeit zum Musikproduzenten des instrumentell-elektronischen Sounds zumeist ohne Text, Gesang und abstrakte Video-Collagen werden. Die technischen Möglichkeiten der DJ-Pulte mit dem Mixen, Scanning, Scratching und Sampling verschiedener Musikpassagen durch Computer und durch die wieder an Wert gewonnenen, hochgelobten Vinylplatten (Nolteernsting 1998, 280) hatten dennoch den publikumsenthobenen „DJ zum eigentlichen Mittelpunkt der Musikproduktion gemacht. An seinem bzw. ihrem Gespür lag es, ob ein Track (Musikstück/Song/Tonspur) an der richtigen Stelle, zum richtigen Zeitpunkt der Stimmung auf der Tanzfläche eingesetzt wurde, um dessen Kommunikationswirkung voll zu entfalten" (Pesch 1995, 203). Insofern übernahm der DJ im Rahmen seiner zumeist gemixten relativ eigenständigen Tracks (Poschardt 1995, 250) zum Teil die Leitfunktion in der Szene, die im konventionellen „Star-System des Pop den Musikern zugedacht wird" (Schwier 1998, 23; Poschardt 1995, 305ff.). Techno lebte vom gelungenen, situativen Augenblick, von einer außeralltäglichen bzw.

antialltäglichen „Maximierung des Jetzt", aber auch von den gekonnt eingesetzten musikalischen, modischen und graphischen Reizen der DJs (Meueler 1997a, S. 57). Mit der Entwicklung zur jugendkulturellen Massenszene wurden die DJs in der Technoszene mehr und mehr wieder als professionelle Stars verehrt, nicht zuletzt deshalb, weil kommerzialisierte Jugendkulturen ohne Identifikationsfiguren kaum solche weitverbreiteten Entfaltungskräfte entwickeln könnten. Neben der Ausdehnung und Ausdifferenzierung der Technoszene wurde auch die Technomusik in diverse Stilrichtungen differenziert (z.B. Hardcore, eine Mischung aus Punk und Heavy Metal, Gabber-Techno/ultrahart, Trance/weicher und meditativ, Acid, eine Kombination aus House, Jazz und HipHop, Deep House, House, Tribal, Intelligent, Jungle, ein Konglomerat aus Reggae, Techno und Minimal Music, klangsinnliches Ambient, TripHop, behäbige und entspannte Rhythmik, gemächliche Tempi und Betonung der Bassschwere, der heutige Minimal-Techno (2009) Berliner Provenienz in den Club-Szenen des Undergrounds und den vielen Schleifen des Immergleichen, um etwa über eine lange Strecke hinweg einen meditativen Sog zu entfalten, der sogenannte Kirmestechno wie die bis heute (2010) auftretenden alten Herren der Band: *Scooter* mit H. P. Baxter und mit Hits *wie Hype-Hyper, Jigga Jigga* und *Maria (I like it loud)* etc.). Und Techno war - wie andere Musik- und Popkulturen auch - keineswegs „independent", wie manche Techno-Veteranen und -Aktivisten-Fans glaub(t)en, sondern wurde - wie die Szene selbst - vornehmlich seit 1992 verstärkt kommerziell vermarktet - „independent" und „underground" wurden – wie quasi alle Jugendkulturen - auffällig unauffällig zum „Mainstream". Endgültig zum Mainstream wurde Techno durch die vielen Coverversionen von Kinder- und Schlagermelodien, die mit Technobeat unterlegt wurden und hohe Platzierungen in den Charts verbuchen konnten. Diese Art von Techno wurde in der *eigentlichen* Szene naserümpfend - wie immer in solchen Fällen die Wege vom ursprünglich Gegenkulturellen zum Massenkulturellen, zur vollkonformistischen Durchkommerzialisierung gehen (vgl. bspw. Farin 2001, 126ff.) - und ein wenig stigmatisierend als *peinlicher* Deppentechno bezeichnet (Laarmann 1997, 258). Techno war popularisiert nicht nur in das „urbane Repertoire einer metropolistischen Zerstreuungskultur", die quasi jeden erreichte, nahezu unabhängig von der Milieuherkunft (Baacke 1999, 120). Zumeist auf Independent-Labels erschienen gegen Ende der 90er Jahre wöchentlich bis zu 500 so gut wie textfreie und sprachlose Neuerscheinungen.

Zu den wichtigen Vordenkern der Elektro-Pop-Projekte und auch der Techno-Kultur gelten nicht zuletzt die in den 70er Jahren international sehr erfolgreiche deutsche Band Kraftwerk, die selten live aufgetreten ist und ihren ersten großen Hit *"Autobahn"* 1974 feiern durfte, und die mit dem damaligen neuesten Stand der Studio-Technik und mit ihren selbst konstruierten Instrumenten und Effekt-Geräten ein bis dahin ungehörtes Sound-Universum entwarf und mit ihrer „industriellen Volksmusik" eine Tür für die Musik der folgenden Jahrzehnte eröffnete – so auch für einen New Yorker Discjockey mit dem Namen Afrika Bambaataa. Er war insbesondere von Kraftwerks Platte „Trans Europa Express" mit den vier arischen Robotern, die kaum einen Muskel bewegten, so fasziniert, dass er die Platte bei seinen DJ-Sets zu einem Endlos-Mix verlängerte. Das daraus entstandene Stück „Planet Rock" gilt gemeinhin – neben anderen Strömungen - als Initialzündung des Techno. Neben dem legendären „Warehouse" in Chicago, wo Anfang der 80er Jahre aus verschiedenen elektronischen Musikrichtungen ein tiefer Beat zwischen 120 und 135 bpm als Housemusik gemixt wurde, und neben Detroit, wo gegen Mitte der achtziger Jahre elektronische Tanzmusik, die man seinerzeit schon Techno genannt hat, produziert wurde, waren die Techno-Vorläufer in Europa die sogenannte britische Club-Szene in den 70er Jahren („mixing all kinds of styles on the same dance floor", wobei unterschiedliche subkulturelle Genres, Lebens- und Musikstile, die ansonsten nur in den gängigen ausdifferenzierten Spartendiscotheken vorkamen, für eine Nacht auf einer Veranstaltung, auf einem Tanzboden zusammenkommen konnten; Lau 1995). Hinzu kam die Acid House Bewegung in England, die seit Mitte bzw. Ende der 80er Jahre gerade jenseits von festen Clubs so genannte illegale Acid- bzw. Warehouse-Partys veranstalteten. Diese fanden zumeist in den alten deindustrialisierten, heruntergekommenen, leerstehenden Industrie-, Fabrikhallen, Lager- und Bürohäusern statt, die für eine Nacht besetzt wurden. Zunächst gab es nur kleinere Partys mit 100 bis 500 Besuchern. Später kamen dann spontan über Mund zu Mund Propaganda (Flyers) Hunderte oder Tausende von Jugendlichen zusammen, während die spätere ausdifferenzierte Szene über eigene Medien, zahlreiche Labels, Vertriebseinrichtungen, Läden, Clubs, Fanzines, Flyer und Techno-Zeitschriften (bspw. Frontpage 120.000 Auflage, die allerdings nach der Öffnung zum konventionellen Zeitschriftenmarkt seit 1997 nicht mehr gedruckt wird und Raveline) als Kauf- und Konsumleitfäden verfügte. Obgleich die Wurzeln des Techno musikalisch noch weiter zurückreichen (Schönberg, Stockhausen, erste Syntheziser in den 70er Jahren mit Steve Reich, Can, Tangerine Dream, Kraftwerk etc.; freilich in der elektronischen Klangerzeugung immer noch als Spezialisten und Eliten gesehen), hatte Techno neben den erwähnten Strömungen darüber hinaus auch seinen Ursprung via *Electronic Body Musik* in der amerikanischen *House-Musik*, die sich - wie oben beschrieben - in England im Gefolge des Hippie-Revivals und des tanzbar gemachten Psychodelicrocks zum *Acid-House* wandelte. Obgleich die erwähnten historischen Vorläufer nur selten als solche wahrgenommen werden (Lau 1995), ist Techno eine Synthese aus *Acid-House, Industrial* und *Electronic Body-Music*: eine synthetisch erzeugte und gesampelte Instrumentalmusik, die vor allem in der Abkehr von der herkömmlichen Songstruktur und dem weitgehenden Verzicht auf Gesang von ihrem spezifischen monotonen elektronischen Grundrhythmus getragen wird. In Deutschland setzte sich zunächst die *Acid House Bewegung* nicht auf breiter Basis durch. Erst die eigene deutsche Richtung des *Hardtrance* machte Techno zu Anfang der 90er Jahre (vor allem seit 1992/1993) zu einer auch kommerziellen, wirtschaftlich bedeutsamen Massenbewegung in Form der genannten Mega-Raves und des Pop-Technos. Für viele überraschend avancierte Techno in den 90er Jahren zur wohl größten jugendkulturellen Massenbewegung in Europa, zumal noch Anfang der 90er Jahre eine breitere Öffentlichkeit und auch die Wirtschaft und die Massenmedien kaum Notiz vom Techno nahmen. Es gab freilich seinerzeit schon zahlreiche Symbiosen mit anderen (Musik)Szenen und Stilmischungen waren ebenfalls an der Tagesordnung (Frontpage 5.02.- 9.95, 14ff.). Die damalige Unauffälligkeit resultierte vermutlich daraus, dass diese Szene seinerzeit weder eine milliardenschwere Zielgruppe im Rahmen des Jugendmarketing darstellte noch einen politischen oder kulturellen Konsens störte - mal abgesehen vom Drogenkonsum eines Teiles der Szene, den man den meisten Jugendkulturen ohnehin unterstellt(e) - und gewaltträchtigere Szenen die Schlagzeilen beherrschten. Im Vergleich zu anderen Im Vergleich zu anderen, „eher anonym tätigen Vertretern" dieser Berufsgruppe besaß der Techno-DJ (der gelegentlich auch eine sie sein kann) im Gesamtgeschehen in mehrfacher Hinsicht eine zentrale Position. Die DJs wurden „namentlich in Magazinen, auf Plakaten und Flugblättern zu den jeweiligen Veranstaltungen angekündigt. Die Kleidung, die Frisur und die Verwendung von Accessoires wurden von den tanzenden Gästen oftmals als modische Hinweise aufgenommen, was dadurch erleichtert wurde, dass die DJs nicht mehr - wie ihre Vorgänger - im Halbdunkel am Rand des Szenarios tätig, sondern relativ gut sichtbar in räumlicher Nähe zu den Tanzenden positioniert waren. Von dort steuerten sie nicht nur die technische Ausrüstung, sondern - unterstützt durch gestische und vokale Elemente - das Publikum" (Lau 1995, 12). Hinzu kam, dass in den technoiden Dancefloor-Discos „die Räume stark abgedunkelt wurden, damit die grellen Lichteffekte besser zur Geltung kommen konnten. Es gab nur sehr reduzierte farbige Lichteffekte; stattdessen viel weißes Licht und Stroboskopgewitter. Die komplizierten Lichteffekte waren computergesteuert, und es gab spezielle Lichtteams, die mit Licht den Raum immateriell gestalteten. Die Reduktion des Farbenspektrums entsprach hierbei der Musik" (Richard/Krüger 1995, 97). Musik und Farben wurden zu einer Einheit. Techno setzte zwar jenseits des Paartanzes (Poell/Tietze/Toubartz 1996, 131) die Universalisierung und Globalisierung jugendlicher Tanzformen fort, war aber - anders als beim Pogo der Punks und bestimmten Varianten der Skinheads - ein offener, durchaus Streicheleinheiten verteilender, körperbezogener, aber dennoch fast berührungsfreier, pluraler Tanzstil, bei dem es keine zwingend vorgeschriebenen Elemente gab und der mehr Raum für individuelle Erfindung und Improvisation ließ als etwa der Breakdance, der freilich mehr trainingsaffine, akrobatisch-sportive Könnenselemente voraussetzte. Allerdings gab es selbstverständlich auch hier bestimmte immer wiederkehrende Elemente, wie spezifische Armbewegungen, die ständig in die Luft gereckt werden und vordergründig an eine Massen-Aerobic-Veranstaltung erinnerten. Die Techno-Tanzszene übernahm Elemente des Smurf, die weißen Handschuhe und die pantomimischen Gebärden, die aber keinen bestimmten Vorgang mehr darstellten. Die Tänzerinnen übernahmen in ihren Hand- und Armbewegungen z. B. Elemente von traditionellen indischen oder balinesischen Tänzen (Ahrens 1995, 43f.). Das mechanisch-rhythmisch-hüpfende, fast ekstatische Auf-der-Stelle-Treten, der *Techno-Jog* oder *Hamster im Laufrädchen*, wurde den afrikanischen Stammestänzen entlehnt. Die bis dahin immer durchgehaltene Trennung von Tanzfläche und übrigem Raum wurde mit Techno zum ersten Mal in der Geschichte der jugendlichen Tanzkulturen durchbrochen. Die permanente Bewegung der Tänzerinnen führte zur Mobilisierung des gesamten Tanzraumes. Die Grenzen zwischen Tanzfläche und den übrigen Bereichen verschwanden. Alles wurde zur Tanzfläche. Überall wurde getanzt. Und alle durchquerten tanzend den Raum. Der Tanz eroberte den gesamten Raum. Er ließ sich nicht mehr auf ein kleines Quadrat auf dem Boden einengen. Die maschinenartige Gleichmäßigkeit des Tanzes wurde nur durch die allseits hochgeschätzten Trillerpfeifen oder die ekstatischen Schreie durch der Tänzer und Tänzerinnen, z.b. bei langsameren musikalischen Passagen unterbrochen" (Richard/ Krüger 1995, 97/98). Techno-Tanz bestand außerdem in einer permanenten narzisstischen Pose und in exzentrischer Selbstdarstellung und Selbststimulation (Meueler 1997, 248) aller, „wobei sich die Wirkung aufhebt, weil sich kein Einzeltänzer mehr aus der tanzenden Masse herausheben" konnte (Richard/Krüger 1995, 98). Techno-Raves dehnten die Zeit aus, weichten die Zeitordnungen der Arbeitsgesellschaft auf, schufen einen ekstatischen, bewusstseinsverändernden Trance-Zustand durch Körpereinsatz (Schwendter 1995, 11ff.; Klein 1997, 67ff; Sterneck 1997, 316; Schwier 1998, 24f.), überwanden angesichts des Durchbrechens des Schlaf- und Wachrhythmus physikalische Grenzen und schufen schließlich eine neue virtuelle, durch Musikmixing, Computerbilder und Video-Clips unterstützte Ästhetik und „kollektive Leiberfahrung" (Jahnke/Niehues 1995, 149ff.; Klein 1997, 69). Techno schien eine dezidiert medial *gesampelte,* die erste konsequent *eklektizistische,* vielleicht sogar eine *postmoderne* Jugendkultur (Schwier 1998, 25) zu sein, die eine auffällige Ich-Zentrierung, eine Erlebnis- und Gegenwartsorientierung, den Spaß an dem Mix unterschiedlicher Stilelemente und einen vermeintlich „selbstverständlichen Umgang mit Pluralität und Differenz" (ebenda, 25) aufwies. Die „traditionell empfundenen, propagierten und theoretisch ausgearbeiteten Gegensätze zwischen Wirklichkeit und Schein, Kommerzwelt und Authentizität, Glücksverlangen oder Konfliktorientierung, Originalität oder Zitat, Alltäglich-sein oder Besonders-sein, Heimat oder Heimatlosigkeit" (Baacke 1999, 124) schienen sich aufzulösen, so dass auch im jugendkulturellen Diskurs eine „Grenzüberschreitung stattgefunden hatte. Im Techno fand bricolagegemäß paradigmatisch „alles noch einmal, nur cooler und nur in temporären, posttraditionalen Mitgliedschaften statt: die Emphase der Hippie-Bewegung in Trance und Ekstase vornehmlich durch die esoterische, LSD-getränkte, sich zu weichem Trance wiegende Goa-Variante, die Buntheit der Kleider, Haare und Accessoires der Flower-Power-Zeit in fraktalen und tanzenden Mustern, der erotische Exhibitionismus und die Nabelschau der Disco-Zeit, der rebellische Narzissmus der Tanzfläche. Rebellieren, Affirmation und Anpassen" zugleich (Horx 1995, 77). Waren für Beatniks, für Hippies, für Ökos, selbst teilweise noch für Punks und Skinheads und andere jugendkulturelle Rebellen der hoffnungsfrohe Spaß am anderen Leben im vermeintlich schlechten gegenwärtigen Leben kontrafaktisch immer so eine Art Vorgeschmack auf eine bessere Zukunft, so waren für die verschiedenen Stilrichtungen der Raver die strikt hedonistischen Partys zugleich ihr temporäres Leben und ihre temporäre Zukunft (Hitzler/Pfadenhauer 1997, 11; Hitzler/Bucher/Niederbacher 2001). Techno schien bis zum Jahre 2000 - danach keineswegs mehr - neben den wiedererstarkten Hip-Hop-Szenen nicht nur eine der populärsten Jugendkulturen, mit stark abnehmender Tendenz, sondern auch die affirmative und zugleich subversive Antwort auf die Entwicklung einer Gesellschaft zu sein, die mit den häufig rationalistisch überzogenen, sinnentleerten Maßstäben des Leistungsdenkens und gigantischer Technologisierung vielen Jugendlichen wie der alberne, sinnlose Tanz um eine leere Wertmitte erschien. Diese Kritik war für Jugendkulturen nicht neu - neu war nur der Modus, in dem die Kritik vorgebracht wurde. Während die *Hippies* in den 60er Jahren ideologiekritisch, wertwandelbezogen, den Mainstream-Konsum ablehnend und gegenkulturell gegen das Establishment die große Verweigerung zu leben versuchten und später in den 70er Jahren die *Alternativen* in beinharten lebensasketischen Diskursen und manchmal lebenspraktisch mit Öko-Aktionen nach Greenpeace- oder Attac-Art quasi fundamentalistisch eine öko-moralische, korrekte Rückbesinnung der Gesellschaft einforderten, wendete sich Techno als subjektzentrierte, jugendrevoltierende *Party-Partei* mindestens implizit gegen die machtvollen „diskurserfahrenen und diskursverwaltenden Erziehungs- und Sozialisationsinstanzen" (Lau 1995, 12). Dies geschah vornehmlich durch das manchmal sprach- und textlose subversiv-ironisierende Mittel der diskursentweihenden Dekonstruktion der durchaus vorhandenen konsumkulturellen Zeichen sowie durch die schweigende, aber sich bewegende, fröhlich-laute Übersteigerung ins (Bewegungs-)Groteske. Das zuweilen laszive, mitunter ironisch gebrochene „Gutmenschentum der Partygänger ließ sich ... auch als eine sprachloser Protest gegen die realen gesellschaftlichen" Lebensverhältnisse deuten (Schwier 1998, 27). „Die Welt schien ohnehin kaputt, was bleibt uns außer Tanzen"; oder: „Wir unterwandern die Gesellschaft" (so vor 15 Jahren, quasi dem Höhepunkt der Techno-Szene, Front-Page-Verleger Laarmann); die „Welt geht unter, aber wir kommen durch" (Spiegel vom 14. 8. 1995, 160. Die „Raver wollten nichts von der Öffentlichkeit, sie stellten keine Forderungen. Mit ihren Demonstrationen wollten sie in einer *Konsumgemeinschaft* ihre Lebenslust via „symbiotischer Samplings" in einer durchaus geschätzten „Konsumgesellschaft" zur Schau stellen" (Spiegel, Heft 29/1996, 94), selbst wenn die Zukunft für viele Jugendliche angesichts von Sinnzerrissenheit, drohender Arbeitslosigkeit und/ohne Lebensperspektive nicht immer besonders rosig aussah. Wenn dem fremdbestimmten Stress der Leistung in Familie, Schule und Arbeit sowie der technischen Reizüberflutung und medialen Umzingelung nicht zu entkommen war, dann konnte man immer noch in bestimmten Zeiträumen und an bestimmten Orten eigeninitiiert oder auch qua professioneller Veranstaltungsarrangements, sich fröhlich und partygemäß den Frust vom Leibe tanzen und vergnüglich respektive erlebnisorientiert Spaß haben. Der Bezug auf sich selbst, auf das eigene Vergnügen: „Enjoy yourself" schien kraftspendendes Lebensmotto zu sein. Techno war in dem Sinne jenseits von Avantgarde und Massengeschmack, jenseits von Kultur, Kunst und Kommerz und jenseits von Underground und Mainstream virtuell kulturoptimistisch resp. kulturaffirmativ, indem die sich rasch wandelnde moderne Gesellschaft als Spielfeld auch für kommerziell mitgeprägte „flirrende Identitäten" (Poschardt 1995, 144) und für „bruchstückhafte und fragmentarische Lebensentwürfe" gerade nicht im Medium des Defizitären und Scheiterns (vgl. Keupp 2005, 81ff.) *genutzt* wurde. Dabei wurde der Gesellschaft ein Spiegel, manche meinen, zur Reifikation von Macht und Herrschaft beitragender Zerrspiegel, zwischen *Millionenerfolg und Authentizität* (Poschardt 1995, 144), zwischen hochprofessioneller Kommerzialisierung und vermeintlicher Echtheit vorgehalten, der nicht aus dem trüben Glas eines ideologiekritischen, aber auch folgenlosen Kulturpessimismus geschliffen war. Techno-Kultur war nicht nur „Spiegel jüngerer Trends der Individualisierung, Globalisierung und Enttraditionalisierung, der Ästhetisierung und Medialisierung, sie war auch Vorreiterin kultureller Praxisformen, in denen Ästhetisches und Technologisches keine Gegensätze mehr darstellten, sondern eine Synthese eingegangen waren" (Poschardt 1999, 218). Techno schien freilich bei aller horizontalen und vertikalen Distinktion und selbst bei den auch hier - wie in anderen Jugendkulturen auch - vorhandenen Inklusions- und Exklusionsprozessen dennoch eine friedfertige, liberal-pluralistische, demokratische und vielschichtig-tolerante Jugendkultur zu sein, die zumindest in ihren Oberflächenstrukturen „nichtnationalistisch, -rassistisch, -sexistisch und -gewalttätig" war und - jenseits der großen Eventkulturen des Techno der Loveparaden zwischen Ballermann und Public Viewing in den weniger werdenden Varianten, die es heute noch gibt, nicht ist (Walder 1995; zit. nach Fricke/Groß 1995, 16; Farin 1997c, 313; Hitzler 2001, 18ff.): Auffällig war und ist, dass es im Rahmen des zusammen Feierns, Tanzens und Spaß haben als oberste Maxime keine oder kaum Feinde und Feindbilder gab und ein quasi latenter anthropologischer „Glaube an das Gute im Menschen" vorherrschte (Poschardt 1995, 328). Während bspw. die Punks und auch 10 Jahre später die Grunge-Szene noch dezidiert gegen die Kommerzialisierung der Rockmusik und gegen die herrschenden Regeln des Business und die Hippies gegen das bürgerliche Establishment rebellierten, wehrten sich Techno-Fans im Medium der Transzendierung und Verzauberung des Alltags (Hackensberger/Herrmann 1995, 22) allenfalls gegen die *Langeweile* und den *Alltagstrott*. Dies teilten und teilen sie freilich mit nahezu allen Jugendkulturen (Horx 1995, 77). Techno stand neben einer tendenziellen „Ortlosigkeit" (Pesch 1995, 204) auch für das wahnhaft übersteigerte Fortschreiten einer bloß instrumentell-technischen Vernunft, die wir deshalb nicht mehr ablehnen konnten, weil die Ideen und Optionen der Ablehnung nicht mehr vorhanden waren und sind. So gesehen probte Techno den Overkill der technischen und technokratischen Möglichkeiten - symbolisiert im alles überdeckenden Soundteppich der synthetischen Klanggeneratoren und im Irrlicht der Light-Shows, Laser- und Nebelkanonen. Im Unity-versprechenden Involvement des Raves fand sich stunden-, zuweilen auch tageweise die virtuelle individualisierte Spaßgemeinschaft und Erlebnisgemeinsamkeit der „Teilzeit-Stylisten" als Produzenten, Nutznießer und auch der Opfer allumfassender Rationalität und Technisierung. Diese waren wie im richtigen Leben auch im Rave schon vor der Massenhysterie im Tunnel bei der möglicherweise finalen Loveparade in Duisburg 2010 nicht ganz risikolos, der für einige Tänzer und Tänzerinnen im Overkill ihres körperlichen Leistungsvermögens enden konnte. An den Folgen der (Drogen-)Exzesse und des Dauerrausches („Koks am Morgen, Valium am Abend, zwischendurch Talcid mit Wodka"; Blasberg 2006, 68) der 90er Jahre starb im Januar 2006 einer der erfolgreichsten Frankfurter DJ-Heroen und einer der wenigen damaligen Popstars in der Techno-Szene, der ehemalige König und Entertainer der legendären, im Jahre 2000 geschlossenen Flughafen-Disco: Dorian Gray: *Mark Spoon* alias Markus Löffel. In den ersten Jahren des 21. Jahrhunderts war nach der unterbrochenen Love-Parade im Jahre 2003 der Rausch und die ganz große Zeit des Techno vorbei. Immerhin galten in der jüngeren Vergangenheit die Dauerfeiern der Mainstream-Raves (Mega-Parties/Events wie der „Summer of Love" in London 1988, das nach wie vor (2008) erfolgreiche Technofestival „SW4" (benannt nach der Postleitzahl) im Südwesten der britischen Hauptstadt, die legendäre internationale Berliner Loveparade und die osteuropäische „*freie Republik Kazantip*" - ein *Woodstock des Ostens* auf der Halbinsel Krim) als ein quasi sakrales Ereignis wie es Woodstock in der Hippie-Kultur war. Von 1989 bis 2001 besaß die Love Parade einen Status als politische Demonstrationsveranstaltung. Nachdem die Love Parade ihren politischen Demonstrationsstatus verloren hatte, galt sie in den Jahren 2002 und 2003 als rein kommerzielle Veranstaltung, was sie im Grunde genommen auch immer schon vorher war. Weder 2004 noch 2005 fanden sich, nicht zuletzt weil auch die Mega-Zeiten des Techno vorbei schienen, nicht genügend Sponsoren, um die Kosten einer solchen großen Hype-Veranstaltung zu decken, so dass in diesen beiden Jahren keine Love-Parade stattfand. In diesem Zeitraum kam es vor allem in der Hauptstadt Berlin im Technobereich zu einer Renaissance muffiger, aber spiritaffiner Szeneclubs (back to the roots), die sehr exklusiv, über Türsteher selektierend und elitär waren. Es kam aber auch zu Clubschließungen ehemaliger Kultstätten des Techno in Berlin. Im Jahre 2003 wurde der Club *Ostgut* und im Jahre 2005 wurde der legendäre *Tresor* in der Leipzigerstraße in Berlin geschlossen, wo die unterschiedlichen Techno- und Mix-Szenen noch zusammen kamen. Neue Clubs eröffneten, die das Kultur- und Partyleben auch jenseits des Techno weiter belebten, wie bspw. das *Berghain* zwischen Kreuzberg und Friedrichshain oder das *Astra Kulturhaus* - auch DJ Paul von der Dyk ist im Jahre 2009 mit seiner Party-Reihe *Vandit Night* vom Kesselhaus der Kulturbrauerei ins Astra umgezogen - auf dem ehemaligen RAW/Reichbahnsausbesserungswerk-Gelände in der Revaler Straße zwischen Warschauer Brücke und dem gentrifizierten Szeneviertel an der Simon-Dach-Straße in Friedrichhain. Und im Mai 2007 wurde an einem neuen Ort im alten Heizkraftwerk Mitte mit einigen Déjà-vu-Erlebnissen der legendäre Tresor mit dem Star-DJ Sven Väth als Zugpferd wiedereröffnet. Techno-, House- und Trance-Fans pilgerten 2007 und 2008 zum Gipfeltreffen der beiden international sehr erfolgreichen Ausnahmekünstler und DJ-Weltstars Westbam und Paul van Dyk in die Treptower Arena. Und der „unbekannte Weltstar" Paul von Dyk (nach *Vanity Fair*) wurde vom Szenefachblatt *DJ Mag* zweimal hintereinander in den Jahren 2006 und 2007 zum besten DJ der Welt gekürt, der mit seinem sehr erfolgreichen Album: „In Between" freilich in den Musikmetropolen der Londoner und New Yorker Rave-Szene alles andere als unbekannt war und ist. Zu einer Wiederbelebung und Neufassung der Loveparade unter dem Motto: „*the love is back*" mit den DJ- und Love-Parade-Veteranen Westbam und Paul van Dyk und mit einer breitgefächerten elektronischen Tanzmusik, aber ohne Dr. Motte kam es schließlich im Jahre 2006, gesponsert von einem Besitzer einer Fitnessstudiokette. Auch die mitgebrachten Accessoires der über eine Million Techno-Jünger lagen voll im Retro-Trend: Trillerpfeifen, Buffalo Schuhe, T-Shirts mit mehr oder wenigen witzigen Sprüchen, Kuhfell Outfits, knallbunte Stachelfrisuren, Polyesterhosen und rudernde Tanzbewegungen. Im Jahre 2007 („Love is Everywhere") feierte die Loveparade ihre Premiere mit ebenfalls 1,5 Millionen Besuchern im Ruhrgebiet in Essen (manche meinten: *war besser als die Cranger-Kirmes in Herne*), zog dann 2008 weiter auf der vielbefahrenen Bundestrasse 1 unter dem Motto; „Highway to Love" nach Dortmund mit 1,6 Millionen Teilnehmern, während 20 Jahre nach der ersten Love Parade im Jahre 2009 das vorgesehene Spektakel am 20. Juli in Bochum aus Sicherheitsaspekten und aus Angst vor dem nicht zu bewältigenden Massenandrang abgesagt wurde. In Duisburg wurde am 24. Juli 2010 die Loveparade zur Todesfalle für 21 (und zur Verletztenfalle für über 500) Teilnehmer. Zum ersten Mal in der Geschichte der Loveparaden kam es im Lichte von hypertrophem Vermarktungswillen, Profitinteressen, totalem Größenwahn, organisatorischer Unfähigkeit, Selbstüberschätzung und völlig unzureichenden Sicherheits- und Raumaspekten der Macher zu einer unkontrollierten Massenpanik in einem viel zu engen und überfüllten Tunnel. Der von den Offiziellen völlig unterschätzte, nicht erwartete Massenandrang (1, 4 Millionen Besucher waren auf dem Weg, das umzäunte Veranstaltungsgelände war allerdings nur für 350.000 Teilnehmer ausgelegt) der eigentlich sehr friedlichen Loveparade (sie stand ja auch unter dem Motto: „The Art of Love/Parade der Liebe") führte zu einer Katastrophe unvorstellbaren Ausmaßes und wurde der Loveparade zum Verhängnis. Der Franzose David Guetta und Tiesto aus den Niederlanden sind ebenfalls weltweite DJ-Superstars der Techno- bzw. der House-Musik-Szene, die bis heute 2010 auch in Duisburg die Feierkulturen der großen und kleinen Events (legendäre Ibiza-Partys, Loveparade und bspw. beim House-Festival: *Dream-Berlin* auf dem ehemaligen Flughafen Tempelhof) bereichern. Die nach wie vor spektakulären, partykulturellen und hochkommerzialisierten Großevents der popkulturellen Techno-Veranstaltungen konnten und können aber nicht darüber hinwegtäuschen, dass in jugendkultureller Hinsicht der genuine Technobereich, der sich allerdings auch in den 90er Jahren schon in zahlreiche Subgenres von Technostämmen ausdifferenziert hatte, erheblich geschrumpft war und schon längst nicht mehr die technospezifische Strahlkraft der späten 90er Jahre besaß. Immerhin: Die erheblich kleiner gewordene Nischenkultur der Techno- resp-Rave-Szene, in der sich die ehemals Jüngeren austoben durften, hatte sich aufgeweicht. Sie diffundierte bis zur Totalverprollung immer mehr - wie auch die gesamte elektronische Tanzmusik -, während die Nischenkultur in kleineren Clubs florierte und nach wie vor floriert. Es kam und kommt oftmals sogar zu geheimen, teilweise improvisierten, illegalen Party- und exklusiven Club-Szenen (qua Informationsverknappung an ungewöhnlichen Orten/in Berlin bspw.: *Ringbahnpartys, Reclaim the Sparkasse-Partys*, ohne Werbung, keine Flyer, keine Plakate, ohne Facebook- oder Myspace-Seite und keine Internetpräsenz etc.), in der Sehnsüchte nach dem Undergroundgefühl der 90er Jahre ausgelebt werden durften und dürfen (vgl. bspw. Heymann/Graf 2007, 14ff). In diesen Nischenbereichen kann die gute alte Popdistinktion von einigen älteren postadoleszenten Jugendlichen und jungen Erwachsenen jugendkulturell betrieben werden. Dem eigenen Selbstverständnis dürfen sich in den Räumen einer tendenziell exklusiven Clubkultur Techno-

Hipster und Raver, die sich schon seit Jahren indigniert von dem Ballermann-Image der vermeintlich stumpfsinnigen Loveparaden abwandten, nach wie vor als ästhetische Avantgarde des Undergrounds fühlen. Dennoch haben die auch schon in ihren Anfängen weitverzweigten und facettenreichen Technokulturen ihre Spuren in der gesamten (Musik-, Tanz- und Pop-)Kultur hinterlassen. Techno mit seinen angeschlossenen Szenen und vielen Spielarten ist allgegenwärtig. Techno steht für „Hedonismus, Freizügigkeit und ein gesteigertes Körperbewusstsein, für Ekstase, Feierschweinereien und das Glück auf Tanzflächen, er gilt vor allem aber auch weiterhin als Metapher für die gesellschaftliche Modernisierung, für ein Leben in und mit der digitalen Welt, für die Cyborgisierung des Menschen." Die klaren und schnörkellosen Techno- und Housebeats dominieren große Teile der Mainstream-Popkultur. Aus vielen heutigen Popgenres wie „Rock, Indie-, HipHop oder R&B ... sind Technobeats nicht mehr wegzudenken. Da funktionierten Anfang der nuller Jahre Remixe (der alten dekonstruktivistischen Hamburger Schule; vgl. hierzu w.o.) von Tocotronic- oder Blumfeldsongs genauso wie plötzlich ganz New York mit Gitarrenbands wie The Rapture und Radio 4 oder LCD Soundsystem tanzen wollte. Und da braucht man nur einmal auf ein Konzert der einst als Hip-Hop-Gruppe firmierenden Black Eyed Peas zu gehen und fühlt sich wie auf einer Technoveranstaltung - oder man hört das neue Album der R&B-Sängerin Kelis. Techno ist überall" (Bartels 2010, 25).

Ausdrucksformen/Kultgegenstände, Devotionalien: Club- und House Wear, Flyer von Clubs und Raves als Codes, die nicht nur Gebrauchs-, Sammler- und Kunstwert, sondern auch Distinktionswert (graphisches Design und sprachliche Gestaltung) besitzen; besonders Pullover oder enge Hemden, Platten von kleinen, sogenannten independent Labels; differenzierte Palette von Accessoires.

- *Serienfreaks:*

Kurzcharakterisierung: Kult- und Reality-Serien, Soaps, Castingshows, insbesondere (aber nicht nur) für Mädchen und junge Frauen im Fernsehen gibt es auf vielen Sendern inzwischen massenweise jugendaffine Kultserien im Medium alltäglicher und außeralltäglicher Beziehungsphänomene. Einfache und zugleich faszinierende Serien und Casting-shows mit Talent zur Quote sind als moderne Märchen, teilweise schon historisch, etwa: „Berlin, Berlin", „Gute Zeiten-schlechte Zeiten", "Verbotene Liebe", „Marienhof", „Ally-McBeal", „TV-Total", "ehemals auch Big Brother" in mittlerweile sechs Staffeln, (letzte Staffel: lebenslänglich); „Dschungel Camp", „Ich bin ein Star - holt mich hier raus", „The Swan", „Big Boss", „Popstars" inzwischen (die siebte Staffel, ohne wirklich jemals wirklich Popstars hervorgebracht zu haben, beendet) mit dem Street-Credibility verlierenden, stattdessen massentauglichen Soft-Schocker: *Sido* als Jury- Mitglied; *„Deutschland sucht den Superstar"*(inzwischen ist die sechste Staffel gelaufen mit immerhin noch über sechs Millionen Zuschauern) mit Charming- und Pop-Titan, Sprücheklopfer Dieter Bohlen und seit 2008 mit Volker Neumüller und Nina Eichinger in der Jury auch bei allen Demütigungen der Teilnehmer als *gelebtes Integrationsprogramm;* "Germany`s Next Topmodel", Castingshow als perfekte Werbeplattform von und für *Model-Mutti Drill-*

Instructor und *Werbe-Ikone* Heidi Klum, während die Siegerinnen, der bislang fünf medial sehr erfolgreichen Staffeln (bspw. Lena Gercke 2006, Barbara Meyer 2007, Jennifer Hof 2008 und Sara Nuru 2009 und zuletzt im Jahre 2010 die Österreicherin Alisa Ailabouni) zwar mit verschiedenen Werbeverträgen im Modelgeschäft tätig waren und sind, aber nie wirklich echte Topmodels geworden sind; „Supertalent", „Die Super Nanny"; „Erwachsen auf Probe" (Teenager mit Leihbabys), „Sex and the City", „Lipstick Jungle", „Desperate Housewives" (Fernsehen, gemacht für junge Frauen; es geht vornehmlich um Schuhe, Champagner, Sexabenteuer und Männer). Hinzu kommt der mindestens seit 2010 in Deutschland, also seit dem Gewinn von Lena Meyer-Landrut wieder sehr beliebte Eurovision Song Contest. Darüber hinaus erreichte der ‚ähnlich wie Lena, Natürlichkeit und Straßenglaubwürdigkeit ausstrahlende bekannteste Imbissbudenphilosoph im Bademantel aus Eimsbüttel: *Dittsche*, alias Olli Dittrich Kultstatus. Zu erwähnen sind auch - in einem anderen Genre - die nachmittäglichen „Gerichtsserien" (Straf-, Familien- und Jugendgericht, Richterin Barbara Salesch, Richter Alexander Hold, Oliver Geissens Nachmittagsshows) sowie die globalen Herzilein und Schmerzilein Trostmaschinenformate, die Serien-Schmonzetten mit garantiertem Happy-End: die nur Gut und Böse kennende Welt der Telenovelas wie: *Verliebt in Berlin*, vor allem auch: *Sturm der Liebe* (die erfolgreichste Serie Deutschlands mit über 1.100 Sendungen bis zum Jahre 2010), *Hanna - Folge deinem Herzen, Alisa, Braut wider Willen, Bianca - Wege zum Glück, Türkisch für Anfänger, Verbotene Liebe, Lena . Liebe meines Lebens* etc.

Schließlich wäre auch noch die ehemalige MTV-Kult-Moderatorin Sarah Kuttner zu erwähnen, die erfrischend unverkrampft und ihrer kesspolternden Art mit ihrem „unorthodoxen Kamikaze-Entertainment" zur Leitfigur vieler geworden ist, aber auch die - permanent ohne Punkt und Komma quatschende an die junge Verona Feldbusch erinnernde - Viva-Moderatorin Gülcan Karahanci, die in einer Türken-Sitcom: „Alle lieben Jimmy" als Leyla mit einem Hang zu exklusiven Klamotten und Make-up nicht unbedingt Vorbild für türkische Mädchen sein möchte.

Ausdrucksformen/Kultgegenstände, Devotionalien: Poster, Zeitschriften zur Serie, Autogramme und andere Merchandising-Produkte.

- *Skater/Surfer/Snowboarder:*

Kurzcharakterisierung: Körperbezogene, sportive, kunstvolle, bewegungskönnerhafte und spaßorientierte Skateboardfahrer, die möglichst viele und schwierige Tricks und Sprünge sehr leistungsorientiert qua mehrstündiger Übung am Tag beherrschen wollen, (Free- und Streetstyle mit der größten Popularität, manchmal auch Vert-Skating-Halfpipe-Fahren in Skate-Hallen und Skateparks; Inliner - ohne Altersbegrenzung und hier haben auch Mädchen und Frauen Zugang - haben in der Regel keine dezidierte Szeneeinbindung) oder Snowboarder mit Neigungen zum HipHop. Es gibt aber auch wenige Raver oder einige Normalos, die besonders die Surferszene und noch dezidierter die Snowboardszene nicht nur in Neuß und Bottrop anzieht. Oftmals findet in diesen eindeutig jungenspezifischen Domänen (Mädchen sind meistens in der Rolle des Publikums und haben eine zuschauende, anfeuernde und bewundernde

Funktion) eine Umfunktionalisierung von Räumen, die in der Szene Spots genannt werden, - über die offizielle genehmigten hinaus - statt. Skater leben in urbanen (Lebens)Welten und bearbeiten mit ihren Skateboards zweckfremde Gegenstände bzw. leblose Objekte (schräge Rampen, Absätze, Treppenstufen, Geländer, Beläge etc.). Die zentralen Lebensstilaspekte für *echte* Skater sind neben bestimmten Kleidungs- und Musikstilen - historisch bei den Old-School-Skatern) zunächst Punk, dann Hardcore und seit einigen Jahren bei den New-School-Skatern HipHop - vor allem sportive Beweglichkeit, Freiwilligkeit, Selbstverwirklichung, Leistung, Kreativität, Spaß und Party.

Ausdrucksformen/Kultgegenstände, Devotionalien: Kultboards, die quasi monatlich gewechselt werden müssen, einschlägige Szenezeitschriften wie bspw. *Limited Skateboard Magazine* oder *Monster Skateboard Magazine,* zu jedem Contest. Contests sind formelle (der wichtigste Contest ist inzwischen die Weltmeisterschaft der Skateboarder /Worldchampionchip in Münster, ehemals Monster-Mastership) und auch informelle Events und Wettkämpfe: es gibt unterschiedlich aufwendig gestaltete Flyer und Plakate; Streat-Wear, die insbesondere nach funktionalen und ästhetischen Gesichtspunkten ausgewählt wird, sehr markenbewusst nicht nur beim sehr wichtigen Schuhwerk; die ehemals Arbeiterkleidung produzierende und mit stabilen Stoffen arbeitende amerikanische Marke Carhartt aus Michigan besaß und besitzt Kult-Status in der Szene; aber auch Labels wie Lakai, Reell Jeans, Asics Sportstyle, Fenchurch, Matix, Onitsuka Tiger sind ebenso wie das Können beim Live-Act der Skateboard-Legende Tony Hawk bspw. auf der Skatermesse: „bright" 2010 in Berlin zu bewundern; weit geschnittene Kleidung, Schlabberlook, Woll-Mütze.

- *Bürgerliche Jugendliche:*

Kurzcharakterisierung: Obwohl heutige Bürgerlichkeit mit dem Bürgertum im klassischen Sinne kaum noch etwa zu tun hat und keine verbindliche Lebensform mehr ist, gibt es dennoch einige Indikatoren, Attribute und Assoziationen, die freilich unter veränderten Lebensbedingungen in den Traditionsströmungen des Bürgerlichen anzusiedeln sind. Der heutige Habitus kommt in manchen Alltagsgewohnheiten, Normen und Tugenden zum Ausdruck wie Ordnung, Korrektheit, Aufgaben- und Pflichterfüllung, Verantwortungsbewusstsein, gewisse Kleidungsstandards,, Ausstrahlung von Stabilität und Verhaltenssicherheit, schließlich auch sie Rücknahme und der Abschied von vielen kulturrevolutionären Verhaltensweisen der 68er. Bei den bürgerlichen Jugendlichen handelt es sich um junge Deutsche meistens ohne Migrationshintergrund, Es sind Kinder von bürgerlichen Eltern, die gerade nicht gegen ihre Eltern opponieren und sich für traditionelle Werte und Ideale interessieren; Leistungs- und Karriereorientierung, Durchhaltevermögen, feste Regelstrukturen, Ordnung, Traditionen, Heirat, Familie, Leistung, Geld, ewige Treue, von der designerhaften Gestaltung der eigenen Häuslichkeit bis zur designerhaften Verhübschung der eigenen Person, selbst Bausparverträge werden geschätzt, Musikschulen werden besucht und klassische Musikinstrumente werden erlernt und gespielt - alles das, was noch vor einigen Jahren als spießig definiert wurde, ist hip.

Ausdrucksformen/Kultgegenstände, Devotionalien: Konventionelle Kleidungsstile, vermeintlich exklusive Markenkleidung für Erwachsene wie bspw. Kenzo, Dolce & Gabbana, Amor & Psyche, Yumi, Love Moschino, Bogner, Ralph Lauren, Armani, Calvin Klein, Ermenegildo Zegna, Aeronautica und Lacoste werden getragen und manchmal wird sogar Polo gespielt. Marken werden auch zum Zwecke der Karriere bevorzugt, das Sozialprestige soll qua Marken aufpoliert werden.

- *Splatters:*

Kurzcharakterisierung: Die Fangemeinde schart sich um blutige Horrorfilme, die, illuminiert von Explosionen, kosmischem Grauen, Poltergeistern, Spuk, Gräbern, Menschenleibern, Leichen und anderen Gewaltformen, die aus den Grüften steigen, den abgeklärten Nervenkitzel und den Kick über den Bildschirm zelebrieren und schätzen (splatter=verspritzen).

Ausdrucksformen/Kultgegenstände, Devotionalien: Kultvideos, die im offiziellen Handel oft nicht erhältlich sind.

- *Trekker/Trekkies:*

Kurzcharakterisierung: Verehrer der legendären Science-Fiction-Star-Trek-Serie (schon 1966 gegründeter Fernsehmythos und erfolgreichste, Kultstatus erlangende Weltraum-Soap aller Zeiten mit 726 Folgen und elf Kinofilmen) um das Raumschiff Enterprise, um die Raumstation DS9 und das Raumschiff Voyager. Es fanden zahlreiche internationale Kongresse der ebenfalls internationalen Fan-Gemeinde statt. Captain Kirks und Jean-Luc Picards Erben sind mittlerweile in den USA abgeschaltet worden und die Trekkies müssen Trauer tragen. Mittlerweile wächst die dritte Generation der Trekkies heran. Weltweit treffen sich Hunderttausende online in Internetforen, zum Computerspielen und in überregionalen Conventions, oftmals eingekleidet in enge Raumanzüge kommunizieren sie in der Kunstsprache Klingonisch und debattieren über die besten Episoden.

Ausdrucksformen/Kultgegenstände, Devotionalien: Ausuferndes Merchandising: Bettwäsche, Wecker, Poster, Standbilder aus Pappe, Symbole als Button, Communicator, Star Trek Kartenspiele, Computerspiele, Lebensratgeber, Sammlung alter gedrehter Serien und Filme.

- *Skinheads, die nicht nur rechts orientiert sind, und rechte Jugendkulturen:*

Kurzcharakterisierung: Es gibt verschiedene Varianten von Skinheads, die nicht nur das *„Böse"* und *„Prollige"* verkörpern und nicht nur als *Symbole für Neofaschismus* und *Ausländerfeindlichkeit* gelten. Bei den Skinheads handelt es sich um die vermeintlich gegenwärtig letzten proletarisch-männerbündisch dominanten, stolzen, kultigen (Farin 2001, 103) und mit „viriler Selbstbehauptung" (Schneider 1997, 112) aufwartenden rebellisch-provozierenden Jugendkulturen in ihren verschiedenen Exemplaren, die mittlerweile jenseits Ostdeutschlands nicht mehr ganz so zahlreich in der Öffentlichkeit auftauchen und in Erscheinung treten (Farin/Seidel-Pielen 1993;

Farin 1996; 1997; 2001): Es gab und gibt Red-Skins, die aus der Punk-Bewegung und aus der jamaikanischen und westindischen schwarzen Kultur (Skinheads und Rude Boys: schwarz und weiß gemischt) der nicht-rassistischen Ska-Szene (Sammelbegriff aus en 60er Jahren für frühen Reggae, Rocksteady und Blue Beat) hervorgegangen sind. Hierbei handelte es sich bspw. um Mitglieder von RASH („Red And Anarchist Skinheads"), die immerhin auch noch heute auf Demonstrationen zu sehen sind, Hinzu kamen die ebenfalls nicht-rassistischen *SHARP-Skins* (1988 in New York: Zusammenschluss von „Skinheads Against Racial Prejudice", die allerdings im Jahre 2006 nur noch die Aufnäher tragen), die es seinerzeit leid waren, immer nur pauschal als Faschisten gelabelt zu werden, und politisch eher links standen (Lebensstilmotto allerdings: Eher keine Politik: „Wir wollen weder Führerhauptquartiere noch Politbüros. Die Frage, die uns wirklich tief beschäftigt, ist: Wo ist die nächste Party?"; Skintonic 8; zit. n. Farin/Seidel-Pielen 1993, 133); oder: „Lieber mal eine Prügelei als ständige Schleimerei"; Farin 1997, 10; 2001, 105). Darüber hinaus gab es die *Oi-Skins*, die, politisch eher gespalten, Oi-Musik (legendär bspw. Skrewdriver, im Zusammenhang mancher ehemaliger Punk/Oi!-Bands Verbindungen zur Heavy Metal Musik und zum Hardcore) hörten und häufig überhaupt nicht standen, weil sie in der Regel dafür als tumbe Suff-Prolls durch ihr Koma-Saufen zu besoffen waren und sich eine Glatze zulegten, weil ihre Haare nichts mehr unter der Schädeldecke vorfanden, worin sie hätten sich festkrallen können" (Farin/Seidel-Pielen 1993, 136). Zwar waren nicht alle jungen Leute, die eine Glatze trugen, Skinheads. In großen Teilen der jugendlichen Skinheadszene galten neben traditionellen „Insignien der Arbeiterklasse früherer Jahrzehnte" (Farin 2001, 106) die (Gefängnis-)Glatze und die Heroisierung körperlicher Arbeit sowie die „Pflege traditioneller Männlichkeitsrituale" (Farin 1997, 24) lange Zeit als ein „starkes Zeichen". Die Skinheads der ersten Generation in Großbritannien in den späten 60er Jahren waren leidenschaftliche Fußballfans und quartiersbezogen auf Schlägerein aus. Die „Nassrasur des Schädels folgte einem puritanischen Design, und diese Askese des Haarschmucks" hinterlies wie ihre Musik, ihre Stiefel und klobigen Bergarbeiterschuhe, ihre Lonsdale-Shirts, ihre Hosenträger, ihr geselliges Alkoholvernichten, Komasaufen und Raufen, ihre Feindbilder vor allem gegen Spießer, Hippies und verweichlichte Mods, ihre raue Sprache, ihre Gemeinschaften, ihre Gewaltriten und -erlebnisse sowie ihre Tätowierungen „reine Marken des Männlichen" (Schneider 1997, 113). Schließlich gibt es rechte Rüssel-Skins oder Nazi-Skins. Seit den späten 80er Jahren gibt es auch eine ausdifferenzierte Palette von weit über 100 martialisch lauten und volksverhetzenden skinheadorientierten „Rechtsrock-Bands" mit eindeutig nazistischen Namen wie bspw. Landser, Zillertaler Türkenjäger, *Doitschtum, Endsieg, Elbsturm, Kahlkopf, Gestapo, Zyklon B, Volksverhetzer, Waffen SS, Hauptkampflinie, Einherjer, Spreegeschwader* oder mit anderen, nicht immer eindeutig nazistischen Bezeichnungen wie *Bierpatrioten, Schlagabtausch, Pöbel und Gesocks, Westsachsengesocks*. Vor allem die inhumanen, menschenverachtenden Liedtexte von Landser (mit Bandleader Michael Regener, später mit neuem Bandnamen: *Lunikow-Verschwörung*), aber auch die musikalischen Spaßproduktionen der Zillertaler Türkenjäger" repräsentierten die rechten Skinheadkulturen in den 90er Jahren.

Inzwischen „treten die Neonazi Bands *Kommando Freisler* und die so genannten *Weißen Jäger* in die Fußstapfen der braunen Fun-Kultur" (Fromm 2007. 205). Vorherrschend in allen Skinheadkulturen sind Machismo, eine männlich proletarische Variante; Imagination und historische Rekonstruktion von Männlichkeit, Mythos und Stolz auf die physische Manneskraft und auf die hypermaskuline weiße Arbeiterkultur,: Saufrituale, bestimmte, körperbezogene Tanzformationen, ähnlich wie beim Punk, der Pogo-Tanz. Die Skinheads kommen bis heute in großen Teilen aus dem Arbeitermilieu, zumindest werden Bezüge zum legendären Spirit of 1969, dem Widerstandsmythos der working claas in Großbritannien hergestellt. (vgl. Breyvogel 2005, 60).

Weibliche Skinheads, die es - zwar unterrepräsentiert - freilich auch meistens im Schatten der männerdominierten Szene gibt und oftmals von *echten* Männern und harter Musik fasziniert sind, „unterteilen sich in sogenannte „Renees" und „Torten", wobei die „Torten" als Bräute der Skinheads fürsorglich und meistens blond sind und szenespezifisch feminin als *hübsch* gelten, oftmals Dauerwellen, Bomberjacken, aber selten Springerstiefel tragen, Discotheken und Clubs aufsuchen und sich nicht in körperlichen Auseinandersetzungen prügeln, während die „Renees" i.d.R. ihre Haare abschneiden und nur ein paar Strähnen stehen lassen, zuweilen im Zusammenhang ihrer robusten und ruppigen Umgangs- und Erscheinungsformen als *„fett und hässlich"* gelten, die Mädchencliquen auch mit Gewalt traktieren, kontrollieren und dominieren und sich zudem zur Selbstbehauptung von den berüchtigten männlichen Schlägern nichts sagen lassen (Schröder 1997, 85; El-Nawab 2007, 129). Freilich schien gerade auch im Gegensatz zu den ersten Skinheads in den 60er Jahren im historischen Verlauf nichts begreiflicher als die „Feindschaft der Skins gegen lange Haare, gegen aufwendige, manieristische Semiotisierungen des Gesichts, gegen die androgyne und metrosexuelle Vertauschung der Geschlechtscharaktere". Die Skin-Gruppe *Endstufe* verdeutlichte dies prägnant: „Frauen mit Schwänzen, Männer mit Fotzen, das sind Transvestiten und die find ich zum Rotzen" (ebenda, 121).

Manchmal gibt es fließende Übergänge zur Rechtsradikalen-Szene mit vielen Prügeleien und Hetzjagden gegenüber Asylanten, Ausländern und Migrantenjugendlichen. Viel Alkohol und extensives Alkoholvernichten sind immer im Spiel. Hinzu kommt eine weitverbreitete Stimmungslage der informellen, „freien", „lokalen Kameradschaften" - mit einer dumpfem Mischung aus Nationalismus, Arbeiterstolz, Ausländerhass, Fremdenfeindlichkeit, Gewalttätigkeit, Aggression und Zukunftsangst. Die militanten und gewaltbereiten *Boneheads* oder *Fascho-* bzw. *Scheitel-Skins* stehen i. d. R. mit dem Heben der rechten Hand zum Hitlergruß und zuweilen mit dem gesungenen Horst-Wessel-Lied sowie dem nicht selten ironisch gebrochenen Hass, mit manchmal indizierten Texten, die neben Rassenwahn auch „Straßenlyrik" über Sex und Liebe, Partys und Freundschaften, Fußball und die Randale danach, über Arbeitslosigkeit und Ärger mit den Staatsorganen" (Farin 1997a, 240) beinhalten, ganz weit rechts. Der skinheadorientierte Rechtsrock, obwohl in erster Linie immer noch Message-Rock, schien allerdings in seiner Mehrheit seit den späten 90er Jahren nicht mehr ganz so barbarisch, „weniger schockierend, weniger spontan" (ebenda, 235), wie noch einige Jahre vorher, zu klingen. Es hatte im Anschluss an die staatliche

Repressionswelle von 1992 und 1993 ein Mimikry vom rebellischen Aufbegehren gegen die Obrigkeit im Rahmen einer „nationalen Revolution zum quasi staatstragenden Blockwart und *kleinbürgerlichen Spießerwelt* der rechten Musik-Szene stattgefunden: *Anpassung im öffentlichen Auftreten*, ohne traditionelles Skinhead-Outfit, Verbreiterung des musikalischen Spektrums, nicht nur knallharter Hardcore und aggressive Texte, sondern auch Balladen wurden etwa vom *nationalen Barden Frank Rennicke* für die *schmachtenden Herrenmenschenherzen* (ebenda, 240) präsentiert. Rechtsrockorientierte Skinheadkonzerte waren und sind in der Regel im Sinne und Selbstverständnis der Beteiligten *familiäre Ereignisse* und sind bis heute im ersten Jahrzehnt des 21. Jahrhunderts, wenn ihre Message-Konzerte offen nationalsozialistisch sind, nur unter „strengster Abschirmung" möglich (ebenda, 230). Untereinander kennt man sich. Die Rechts-Rock- und Skinheadbands konnten und können allerdings nicht von ihrer Musik leben. Von daher besitzt der skinheadorientierte Rechtsrock - wie auch der Mehrheit der nicht-rechten Oi!-Musiker, wie immer noch viele Punk-, Hardcore- und auch andere Milieu-Bands - eine gewisse authentische und antikommerzielle *Bodenhaftung*. Die Musiker sind meistens männliche *Stars zum Anfassen* und stammen aus ähnlichen Lebensverhältnissen wie ihre ebenfalls zumeist männlichen „Fans. Sie sind keine Stars. Sie leben, denken und sprechen wie sie, trinken mit ihnen, beantworten ihre Briefe und E-Mails, verschicken ihre Platten auf szeneeigenen Plattenlabels und Konzertdaten oft höchstpersönlich. MTV, Viva und die etablierte Musikpresse boykottieren ihre Musik. Interviews mit ihnen liest man nicht in der Bravo, im Musik-Express oder im Rolling Stone, sondern im Internet und in szeneeigenen Fanzines" (ebenda, 240; Farin 2001, 122ff.). Selbst wenn der Rechtsrock inzwischen in weiten Teilen auf dem „Weg zur Mitte der Gesellschaft" sei und die Grundhaltung eines kleinbürgerlichen Spießers eingenommen haben soll, der „sich eine ordentlichere, besser aufgeräumte, männlichere Gesellschaft ohne Fremde, Kritiker und Problemgruppen wünscht" (ebenda, 230), trat und tritt man etwa via *Kraft durch Froide, Commando, Pernod, Endstufe, Skrewdriver (mit dem 1993 tödlich verunglückten einzigen Popstar der Rechtsrockszene Ian Stuart), Schlachtruf, Triebtäter, Sturmwehr, Rheinwacht, Sperrzone, Kahlkopf, Nordwind, Radikahl, Sturmgesang, Störkraft, Volkszorn* und via anderer (z. T. rechtsextremer) Skinhead-Bands „nicht nur gelegentlich „national-gesinnt gegen alles Nicht-Doitsche" (Kersten 1997, 97) auf und bspw. für die „White-Power-Bewegung" in England an. In den rechtsorientierten Skinheadszenen malträtierte man *Aussiedler, Schwule, Linke, Behinderte, Kanaken* und *Ausländerjugendliche* und zündete Asylantenheime an. Hinzu kamen die verschiedenen, das „rebellische jugendliche Potential" abschöpfenden, sich mehr und mehr vor allem im Osten Deutschlands breitmachenden Gruppierungen der aus England stammenden neonazistischen „Blood and Honour-Bewegung" sowie der aus den Vereinigten Staaten stammenden, ebenfalls neonazistischen „Hammerskins", die sich als „Elite-Organisation mit rassistischer Ausrichtung" (Wehner 1998, 10) verstehen, und die nicht nur das „Gefühl genießen", und Spaß daran haben, gehasst zu werden (Farin 1997, 9; 2001, 125). Sie spielen und kokettieren nicht nur mit den Symbolen der Nazizeit, sondern signalisieren schon eher männlichkeitsbezogene aggressive

Dauerbereitschaft, initiieren und provozieren - wie SA-Sturmtrupps, unterstützt durch die *verbotene* Musik von *Ostseefront, Kraftschlag* oder *Landser* im Rahmen geschlossener rechter und faschistoider Weltbilder und dem ganzen Gedankenschrott des Dritten Reiches - gewaltförmige Aktionen und betreiben auf diese in ihrem Sinne eindeutige Weise praktisch wirksame ideologisch-rassistische Propaganda in Form von übersichtlichen, gewalttätigen Auseinandersetzungen. In einigen Orten und Kleinstädten Ostdeutschlands sind viele Kneipen, Clubs und auch Jugendeinrichtungen sowie wichtige einsehbare Orte und Plätze (Farin 2001, 201) von den neonazistischen Skinheadgruppierungen erobert, so dass man sogar in den „Wir-Gefühlen" der Kameradschaften und der ritualisierten und ordnungsliebende Männerbünde von ausländerfreien, „von befreiten Zonen" spricht, die von den Rechtsradikalen und den erwähnten Skinheads nahezu vollständig - manchmal ohne Gegenwehr - ideologisch und alltagspraktisch sozialräumlich wirksam besetzt und kontrolliert werden (Heitmeyer 1998, 18; Farin 2001, 201). Und für viele Jugendliche in Ostdeutschland schien es offensichtlich bis in das 21. Jahrhundert hinein normal, *rechts* zu sein. Auch die populistischen Stimmungen in der Bevölkerung schienen ebenfalls zumindest diffus *rechts* zu sein. Der verbohrte und rassistische Hass bezog und bezieht sich in den Augen der Neonazis auf alle Menschen, die als Ausländer, Flüchtlinge, Asylsuchende und Einwanderer eine *falsche* Hautfarbe haben, die *sexuell abweichend, obdachlos, behindert* oder auch nur als *Zecken* oder *Punks* eine linke Gesinnung besitzen. Beweggründe für diese Feindbilder waren und sind Neidgefühle und eigene diffuse Ängste. Im Falle der Ausländer gibt es bis heute in den rechtsradikalen Ideologiebildern drei zentrale Vorwürfe: Erstens: Ausländer werden als hochgradig kriminell definiert - vor allem im Drogendealerbereich und was den „sexuellen Missbrauch" angeht. Zweitens: Ausländer werden zudem beschuldigt, dass sie als Flüchtlinge, ALG II- bzw. Hartz IV-Empfänger und Arbeitslose, ohne zu arbeiten, *unser* Geld einheimsen und auf Kosten der Deutschen vergleichsweise luxuriös leben können. Darüber hinaus werden drittens Ausländer verdächtigt, die deutschen Frauen anzumachen, um ihre eigenen zu *schonen* und den Deutschen die Frauen, Wohnungen und vor allem die Arbeitsplätze wegzunehmen (Farin 1997a, 227). Die zuweilen losen, ohne feste Organisationsstrukturen, manchmal aber auch stärker vernetzten neonazistischen Szenen in den neuen Bundesländern (der Verfassungsschutz schätzte schon vor über zehn Jahren die unorganisierte gewaltbereite rechte Szene in Gesamtdeutschland auf insgesamt 7600 Personen, nahezu ausschließlich männlichkeitsspezifisch, davon sollen allein in dem kleinen Bundesland Mecklenburg-Vorpommern 800 leben; Wehner 1998, 9) begreifen sich selbst als alltagskulturelle, sozialisatorisch wirksame soziale Bewegung und normative Kraft bzw. als nationalpopulistische Avantgarde (Schröder 1997, 245), als vollstreckender „Ordnungsfaktor in direkter Konkurrenz zur Polizei" und versuchen den „Eindruck zu erwecken, dass sie die Bevölkerung eher vor den vermeintlich schädlichen Folgen *massenhafter* Zuwanderung", die allerdings empirisch gesehen etwa im Vergleich zu den alten Bundesländern eher bescheiden ausfällt, und „den Reibungen zwischen diversen kulturellen Traditionen schützen könnten als die politischen Entscheidungsträger" (Schröder 1997, 19, Farin 2001, 195ff.). In der neonazistischen Szene nicht nur Ostdeutschlands ist seit einiger Zeit festzustellen, dass das ehemals skinheadaffine obligatorische und klischeehafte Outfit: Glatze, Bomberjacke und Springerstiefel nur noch beim minderjährigen Nachwuchs anzutreffen ist. Der Körperkult und das Outfit der Skinheadszene waren - ein wenig anders als in der ultrarechten Neonaziszene - lange Zeit eindeutig proletarisch und vor allem gegen das herrschende tendenziell androgyne Schönheitsideal - schlank, knackig, ohne Fettröllchen und Waschbrettbauch - gerichtet. Die nackten, immer nur männlichen Oberkörper mit Bierbäuchen der *hässlichen Deutschen*, „wie sie bei Skinheadkonzerten hundertfach zur Schau gestellt wurden und beim Tanzen, beim *Pogen*, unterstützt durch hammerartige Rhythmen, „verschwitzt aneinander rempeln, waren der elementarste Ausdruck des Skinhead-Vitalismus" (Hillenkamp 1997, 205). Seit der Jahrhundertwende ist es neben einem leichten Abebben der Skinheadwelle (auch das traditionelle, stets aus der alltagskulturellen Mitte der Gesellschaft heraus diffamierte und stigmatisierte Outfit der Skinheads ist nur gelegentlich noch zu sehen, oftmals aber einem, aus anderen aktuellen Jugendkulturen entliehenen Outfit gewichen) zu einer tendenziellen Entpolitisierung und Ausdifferenzierung der Skinheadkulturen gekommen. Spaßkulturen wie „Saufen, Partys, Pöbeln und Sex" sind - im Sinne „back to the roots" - wieder zentraler geworden. Mittlerweile ist neben heidnischen Sonnenwendfeiern, Runenkult, Germanenmystik auch in den rechten Jugendkulturen - wie in anderen Jugendkulturen - ein Patchwork aus Musik, Sprache und Kleidung festzustellen. Rechte Jugendkulturen der Neo-Nazis haben vornehmlich auf dem flachen Land und in den Kleinstädten im Osten Deutschlands mit pop-, spaß-, wohlfühl- und erlebniskulturellen Elementen der vielseitig kombinierbaren Mode- und Musikstile weite Teile der Jugendszenen erobert. Sie stellen zwar selten die Mehrheit, aber sie geben in einer Art der kulturellen Hegemonie den Ton an, indem sie Räume, Plätze, Orte und Gebäude einnehmen, die von anderen gesellschaftlichen Gruppierungen dann gemieden werden. Neben aktiven Parteikadern, welcher Couleur auch immer, und neben einem „dumpfen Ressentiment gegen „linke Zecken", das wie die Neonazis immer noch die meisten Skinheads hegen" (Hillenkamp 1997, 208), sind auch pazifistische, offen homosexuelle, intellektuelle, kiffende und drogenfreie Straight-Edge-Skins in den Skinheadkulturen zu finden. Immerhin ist das alleinige Bild vom „Skin als gewalttätige Inkarnation des Neonazismus" (Hillenkamp 1997, 208), wie es vornehmlich von den meisten Medien produziert wurde und bis heute produziert wird, mindestens jenseits der neuen Bundesländer in den Hintergrund getreten. Obgleich die Mehrzahl der Skins zumindest ein diffuses rechtradikales Weltbild besitzt, und die Zahl der gewaltbereiten Skins vor allem in Ostdeutschland in den vergangenen Jahren auf einem vergleichsweise hohen Niveau stagniert (Wehner 1998, 9), scheint dennoch ein großer Teil der Skinheadszene wie auch der Rechtsrock mit den erwähnten textlichen und musikalischen Glättungen der letzten Jahre sowie mit dem Anknüpfen etwa an den Hip-Hop-Sound oder an die „aktuelle Schlagerretrowelle" auf „dem Weg zur Mitte der Gesellschaft" (Farin 1997a, 236; Farin 2005, 5). Inzwischen gibt es auch neue, eher undogmatische, „aktionsorientierte" Erscheinungsformen des

Rechtsextremismus; die neonazistischen „Autonomen Nationalisten", die im Gegensatz zu den eher spontan zuschlagenden Skinheads durch gezielte Angriffe auffallen und im äußeren Erscheinungsbild zuweilen kaum von den linken Autonomen oder kaum von Mainstream-Jugendlichen zu unterscheiden sind. Darüber hinaus gibt es auch „diskursiv-orientierte Rechtsextremisten", die als Anwalt der Ausgemusterten, Vergessenen und Ausgegrenzten quasi zivilgesellschaftlich auftreten und zuweilen auf demokratischen (Wahl-)Veranstaltungen ihre politischen Gegner lautstark durch sogenannte „Wortergreifungsstrategien" verunsichern wollen. Vielleicht kann man sogar sagen, ohne zu verharmlosen, dass inzwischen Teile der ohnehin nicht so großen Skinheadszene so verschieden wie der „ganze Rest der sogenannten *normalen* Leute" sind. „Vielleicht verstehen sie auch nur", Spaß zu haben und „besser zu feiern" (Farin 1997, 64).

Ausdrucksformen/Kultgegenstände, Devotionalien: Fanzines; Poster, bestimmte, manchmal indizierte Musik-Label; Kleidungsstil: Traditioneller Skinhead-Stil mit smarter proletarischer Ästhetik aus den 60er Jahren, mit Hosenträgern, Button-Down-Hemden von Ben Sherman mit Knopf am Kragen, Jacken von Harrington, in den rechten Skinheadszenen werden inzwischen auch linke Life-Styles-Codes genutzt, ehemals und auch heute noch eher Bomberjacken, liebevoll B-Jacken genannt, New-Balance-Turnschuhe angesichts des großen „N" Erkennungszeichen der nationalen Jugend, Lonsdale, Helly- Hanson Winterjacken, die auf das HH Logo abzielen, Pullover, Doc-Martens, Springer-Stiefel-Look, zuweilen auch kurzärmlige Fred Perry-T-Shirts und Polohemden, mit dem eingravierten Lorbeerkranz, die seit Jahrzehnten als urbritische Stilikonen von verschiedenen britischen Jugendkulturen, von modeaffinen Anhängern so verschiedener Musikrichtungen wie Ska (schwarz-weiß karierte Hosen und T-Shirts) und Raggae der *Rude Boys* und historisch viel später im Britpop (so auch von Alex Turner, dem Sänger der Arctic Monkeys, der wie eine Reinkarnation des Ur-Mods aussieht) wertgeschätzt,
und die auch schon in den späten 50er und frühen 60er Jahren von den Mods und in den 60er Jahren von den frühen Skinheads getragen wurden, die seinerzeit die kurzhaarige und kurzärmelige Mode bei den westindischen und jamaikanischen Einwanderern in den Londoner Arbeitervierteln abgeschaut hatten (vgl. Casati 2006, V; Schröder/Thönnissen 2009, 24) und auch deren Musik, den Reggae und den Ska hörten; vor allem aber auch die patriotische Kleidung als Haute Couture der Gesinnungsmarke „Thor Steinar" mit Runen-Logos (germanische Mythologie, Tyr-Rune und Wolfsangel der SS), aber auch in den smarteren Varianten etwa von den „Ska-Allnightern" bevorzugt:
Mini Rock und Netzstrümpfe oder weiße Tennissocken bei den Madels sowie Anzug und Pork-Pie-Hütchen oder Jeans-Jacken bei den Männern, gleichwohl heute in den rechten Jugendszenen auch oftmals auf Bomberjacken in olivgrün, schwarz, bordeaux und blau, Springerstiefel und Glatzen dezidiert verzichtet wird.

- *Grufties/Gothics (im Anschluss an die schauer-romantische englische Literaturgattung des 19. Jahrhunderts, in den zwanziger und dreißiger Jahren im 20. Jahrhundert auch expressionistische Schauerfilme/ Nosferatu von F.-W. Murnau, Dracula, Frankenstein, später Horrorfilme):*
Kurzcharakterisierung: Die Gothic-Szene entstand in den späten 70er Jahren des 20. Jahrhunderts im Zuge der Punk-, New Wave und New Romantic-Bewegung. Die radikalen Punks waren den Gothics viel zu aggressiv und in ihren Ausdrucks- und Lebensformen schienen sie ihnen zu ungepflegt und hässlich. Koma-Saufen und das auf der Straße mit den schwarzen Hunden rumlungern schien nicht ihrem nach innen gerichteten und Weltschmerz verkörpernden Lebensgefühl zu entsprechen. Gleichwohl kleidete man sich schwarz, griff bei den Kleidungsstilen in das Reservoir vergangener Epochen (vor allem Mittelalter, Barock und Rokoko) zurück - schwerer Brokat, Spitzenapplikationen, Damastverzierungen, flatternd wehende Mönchskutten oder knöchellange Priestergewänder, Reifröcke, Korsetts, Rüschenhemden, schminkte sich vornehmlich schwarz-weiß, hatte eine Vorliebe für das Melancholische und Morbide, schätzte eine romantisch, spirituelle, düstere Ästhetik, interessierte sich für den Vampirkult, ließ die schwarzen Seiten des Lebens zu, sah aber auch Licht im Schatten, nährte sich aus den Tabus und Verdrängungen der Mehrheitsgesellschaft (Tod, Trauer, Magie, Satanismus, Sadomasochismus, Körperschmuck wie bestimmte Tattoos, besonderes Piercing usw.), schmückte sich mit okkulten Symbolen (Todessymboliken wie Sensemann. Totenkopf, Knochen usw. Verwendung fanden und finden Tiersymboliken wie Tiere der Unterwelt, Nebelkrähen bzw. Raben als Symbole der Untoten, Drachen als gottfeindliche Mächte und Herrschaften des Schreckens. Hinzu kommen Fledermäuse als Vampirmythen, Spinnen, Schlangen, Kröten, Eidechsen etc.; darüber hinaus kommen Kreuzsymbole - christliche, ägyptische und keltische Kreuze -; Zahlensymbole wie die Zahl 666, die den Antichristen aus der Offenbarung des Johannes 13. 14. Psalm 18 darstellt, und die abergläubische Unglückszahl, vornehmlich Freitag der 13, zum Einsatz. Mystische und mittelalterliche Symbolgegenstände und -geschöpfe - wie Runenschriftzeichen in Metall, Knochen oder Holz geritzt - werden als Schmuck getragen; sie sollen Energie, Stärke, Mut und Eroberungswillen anzeigen; Schwerter und Äxte werden als Zeichen der Macht gedeutet. Verschiedene Edelsteine wie Türkies, Topas und Lapislazuli sollen beschützend wirken. Schließlich werden Anhänger mit Fabelwesen und Lichtgestalten wie Elfen, Feen, Einhörnern, Engeln hochgeschätzt (vgl. Meisel 2005). Es findet eine poetische Stilisierung und Inszenierung statt und „bringt männliche und weibliche „schöne" Todesengel nach romantischen Idealen des 19. Jahrhunderts hervor" (Richard 1997, 134). Als Schönheitsideal bevorzugen Frauen entgegen heutiger gängiger gesellschaftlicher Vorstellungen einen blassen Teint und Gebrechlichkeit, Die schwarze Szene verwendet sehr viel Zeit, Detailliebe und Kreativität für das passende Outfit (wallende Kleidung, Kutten, Talare, Frisur, Accessoires etc.) und greift dezidiert

sinnorientiert die Schattenseiten des Lebens in einer Art „dunklen Poesie" (vgl. Nicodemus 2007, 29; 2009, 66) auf, die von Sehnsucht, Liebe, Morbidität und Tod erzählen, und die für viele Gesellschaftsmitglieder negativ empfunden werden. Mittlerweile treten in einigen Varianten der schwarzen Gruftie-Szene die ehemals düsteren, introvertierten und resignativen Seiten von Punk und New Wave (aus denen die Gruftie-Szene entstanden ist) oder von Dark Wave und Heavy Metal (zusammengenommen auch als Black Metal bezeichnet), also die Depressionen, Melancholien und okkult-mystischen Texten, aber auch die elegischen auf. Erwähnt werden auch die, das gewisse sanfte Frösteln, Verletzlichkeit und Weltschmerz symbolisierenden Songs von *The Cure* (mit dem extravaganten, androgynen Bandleader und Sänger mit der Elektroschockfrisur Robert Smith, der Lippenstift und Schminke wie schon vorher andere Kultgruppen der Mods aus den 60er Jahren oder die wie die legendären Roxy Music aus den 70er Jahren auch für Männer hoffähig machte), eine Kultband der 80er Jahre, die Charts, große Hallen und Stadien stürmte und auch nach über dreißig Jahren der Gründung mit ihrem 13. Album „4: 13 Dream" „kalte Klanglandschaften" mit hitverdächtigen Dauerbrennern hervorbringen und „hypnotische Energien" freisetzen, die - musik- und jugendkulturell etwa mit ihren Klassikern *„Boys don`t cry"* und *„Fridey I`m in love"* wegweisend - gleichsam mehrere Lebensstile beeinflussten und wahlweise den Punk einfrosteten, den New Wave (musikalisch-heroisch etwa qua *B-52s*) ermöglichten und veredelten und den alternativen Rock sowie die Gothic-Szene befruchteten, gleichwohl Robert Smith mit dem Trauerkult der schwarzgewandeten Grufties nichts zu tun haben wollte (vgl. Reichert 2008, 9). The Cure waren auch Wegweiser für viele noch jüngere Bands wie Bloc Party, The Rapture und Interpol. Hinzu kommt Christian Death (eine kalifornische Gruftie-Band der 80er Jahre, die ebenfalls wie die englische dämonische Punk- Prinzessin Siouxie als Frontfrau der Banshees zur Genese der Gruftie-Szene beigetragen hat) oder Depeche Mode (ebenfalls eine - bis heute etwa mit dem Album: *Sounds Of The Universe* im ersten Jahrzehnt des neuen Jahrtausends sehr erfolgreiche - Elektroblues-Kultband aus den 80er Jahren. Depeche-Mode klingen mit ihren antiken Synthesizern wie ihre eigene Coverband; sie sind musikalisch den 80er-Jahren treu geblieben - eine Mischung aus Schwermut und Maschinengroove, aus dunkler Sehnsucht und Selbstzweifel) und Joy Division (eine Kultband der 90er Jahre) in den Hintergrund. Statt dessen sind in einigen Gruftie-Szenen im Medium lebensbejahender Stimmungen geile Lack-, Gummi- oder Kunst-Lederklamotten mit Strapsen, Sadomaso-Spielen, „Industrial-Deathmetal" mit harten Rhythmen etwa in den bekannten Bochumer Gruftie-Szene-Lokalen sowie in alten Kirchen, Ruinen, U-Bahn-Schächten und Friedhöfen angesagt. Die Grufties mit hohem Frauenanteil in der Szene sind eigentlich kein *street style,* weil häufig in einer Kultur der lebenssinnsuchenden Versenkung abgeschiedene Orte oder Privatsphären, die sich auratisch durch Stille, Trauer, Tod, Düsternis, Dunklem, Geheimnisvollem und Verbotenem auszeichnen, aufgesucht werden. Die „Schwarzen", wie sie sich selbst gern nennen, machen nicht nur auf ihrem jährlichen internationalen Wave-Gothic-Treffen in Leipzig mit ihren Verkaufsständen (esoterische Schriften, Poesie, Schwarzer Humor, Theatralik,

Kleidung, Mode-Accessoires wie Ringe, Ketten, nordische Mythen, Runenkunde, Kreuze mit heidnischen und religiösen Motiven (die Auseinandersetzung mit dem Tod und der Reinkarnationsgedanke sind stets präsent) und mit Runen verzierte heilige Steine und Ornamente; Farin 2001, 161), mit ihren zuweilen apokalyptischen Vorstellungen und Bildern auf die dekadenten und desolaten Seiten der Welt aufmerksam und wehren sich symbolisch und zeichenhaft gegen die soziale Verdrängung des Todes und erinnern zumindest in ihrem Sinne auf der ästhetischen Ritualebene an die sozialen Defizite der Gesellschaft, die Tod und Trauer aus dem unmittelbaren Lebensalltag herausgenommen und in eigene Räume separiert und ghettoisiert hat. Mit den bunten, schrillen und lautstarken Welten, den Public-Viewing-Fanmeilen und den Höhepunkten kollektiver Massenevents und –verdichtung anderer Jugendkulturen haben bei aller Lebensfreude, etwa ihren Körper zu umhüllen und gleichzeitig in Szene zu setzen, allerdings die Gothics nichts zu tun. Sie widersprechen im Rahmen ihrer schwarzen altertümlichen Ästhetik allein durch ihre Präsenz der „bunten Vielfalt der Warenwelt" und vor allem auch den gängigen attraktiven „Jugend-, Schönheits- und Körperidealen" (Farin 2001, 165), gleichwohl ein bestimmter ästhetisch extravaganter *Schock-Schick* (blasser Teint, zerbrechliche Statur, totes Styling etc. Nicodemus 2009, 67) sich in manchen schwarzen Strömungen durchzusetzen scheint. Es scheint gerade auch die ausgesprochen friedliche Toleranz zu sein, die in der schwarzen Szene vorherrscht, die sie zum Sammelbecken für viele Anhänger gesellschaftlich tabuisierter und verpönter Lebensweisen wie den unterschiedlichen Fetischen, werden lässt (Fromm 2007, 32). Es sollte aber auch nicht unerwähnt bleiben, dass an den Rändern und in den Grauzonen dieser Szene durchaus zu Problemen kommen kann: Jugendgefährdung, Einsamkeit, Isolation, Wirklichkeitsflucht, Extremismus, Gewalt und sexuelle Abweichungen. Man lässt sich in der differenzierten Gothic-Szene ungern (und macht auch dezidiert darauf aufmerksam) - wie in vielen anderen Jugendszenen auch - in ein System pressen.

<u>Ausdrucksformen/Kultgegenstände, Devotionalien:</u> Bekannte Szenemagazine sind: Orkus, Zillo und Sonic Seducer. Getragen wird alles, was vornehmlich schwarz und nicht immer alltagstauglich ist, zur düsteren, extrovertierten Ästhetik und vor allem zur individualisierten, kreativen Inszenierung beitragen kann; hinzu kommen Schmuckstücke mit Todessymbolik, oft edles Outfit, mit stundenlanger Mühe hergerichtete Frisuren und Make-ups, Accessoires: Spitzenfächer, Sonnenschirme, Silberschmuck, Fledermausapplikationen, Drachenuhren; Kultbands, historisch vor allem The Cure und Christian Death, aber auch die kantigen, melancholisch-kitschigen, düsteren, sakralen Synthie-Pop-Sounds und Soundtracks von (aus dem Post-Punk, der New Romantic- bzw. der New Waver Szene kommenden) Depeche Mode, die Hohepriester des schwarzen Pop, mit den bis heute stets grübelnden, leidenden und in der Abgründe gefallener Seelen sich wühlenden Martin Gore (Mastermind und geniale Songschreiber) und Dave Gahan (Stimme und Körper der Band); melancholisch, hymnisch stimmungsvolle Kultalben wie „Black Celebration". „Music for the Masses", und „Violator" bis hin zu den 2005 und 2009 erschienenen Alben: „Playing the Angel" und „Sounds of the Universe") dem wohl ersten metro-sexuellen Mann; ansonsten

differenzierte Musikstile, (düsterer) Industrial, Electronic Body Music, Metal bzw. Neo-Folk.

- *Stinos:*
  Kurzcharakterisierung: Hierbei handelt es sich um die große Mehrheit der - zumeist für die Medien und Öffentlichkeit uninteressanten und wenig spektakulären, *auffällig unauffälligen - Normalos* resp. *Stinos und weitgehend institutionell integrierten Jugendlichen.* Sie schaffen es in der Regel, den freilich erheblich ausdifferenzierten unterschiedlichen gesellschaftlichen Rollenansprüchen und Rollenerwartungen nachzukommen und diese mit den Interessen ihrer (ebenfalls erweiterten und erhöhten Ansprüche an die) Individualität auszutarieren und mit ihrer persönlichen Lebensführung in Einklang zu bringen. Diese Jugendlichen setzen im Rahmen ihrer eigenen Lebensgestaltung auf vorwiegend bekannte, traditionelle und oftmals ritualisierte, von den meisten Erwachsenen kaum unterscheidbare Wertvorstellungen, Lebens- und Arbeitsmuster, Normalitätsvorstellungen und -standards, obwohl auch an ihnen die strukturellen Globalisierungs-, Individualisierungs-, Enttraditionalisierungsprozesse und Lebensmilieuaufweichungen nicht spurlos vorübergegangen sind. Man wohnt so lange wie möglich bei den Eltern und ist dennoch selbständig. Die Familienbeziehungen werden in den meisten Fällen als harmonisch und tendenziell bis auf kleinere Reibereien konfliktfrei erlebt. Die Familie scheint aufgrund der *sozialkulturellen Entflechtungen und Entschärfungen im Binnenraum des familialen Generationenverhältnisses* ihren *Schrecken als Hüter der Unselbständigkeit und Abhängigkeit* längst verloren zu haben und die Lebensbindungen an die Herkunftsfamilie sind seitens der Jugendlichen relativ groß und nicht nur funktional. Aber auch umgekehrt bemühen sich die Eltern im Zuge der nicht nur materiellen Förderung und Respektierung kindheitsspezifischer Wünsche und Bedürfnisse ihre Kinder möglichst lange, zuweilen mit sanftem Druck (auch im Rahmen einer starken Gefühlsbasis) an die Herkunftsfamilie zu binden. Elterliche Kontrollformen (Ausgang, Freundinnen, Freunde, Clique, Aufenthaltsorte, Aussehen, Kleidung, Sexualität usw.) werden in der Regel mit den Jugendlichen diskursiv ausgehandelt. Die Herkunftsfamilie wird so gesehen im Sinne einer Art „pragmatischen Koexistenz der Generationen" weitgehend auch in ihrer Vorbildfunktion anerkannt. Schule wird zumeist mit oder ohne Nachhilfe als relativ unproblematisch und ohne große Brüche erfahren. Diese Gruppen von Jugendlichen sind weiterhin im Rahmen verschiedener, zumeist noch lokaler Verbands- und Vereinsmilieus organisiert (Sport-, Musik-, Feuerwehr-, Schützen-, Tanz-, Faschings-, Alpenvereine etc.) und treffen sich bei den Pfadfindern, Naturfreunden und der Deutschen Landjugend, in Musikschulen, Blasorchestern, Volkstanz- und Laienspielgruppen sowie nach wie vor in kirchlichen, gewerkschaftlichen und sogar in politischen Jugendgruppen.
  Es handelt sich jeweils um Einrichtungen, die von Erwachsenen organisiert und mitkontrolliert werden und insofern am ehesten noch das bewahrende und schützende Moment einer durchschnittlichen Jugendformation fortsetzen. Diese stinknormalen institutionell integrierten Jugendlichen haben vornehmlich als Mädchen Ballett-,

Blockflöte-, Klavier- und Reit- oder Voltigierstunden, häufig auch Nachhilfeunterricht nicht nur in Mathematik, sind als Jungen in Knaben-, Posaunenchören, Bistros, schulbezogenen Arbeitsgemeinschaften und Fußball-, Handball-, Radsport-, (Eis-)Hockey-, Basketball- und Turnvereinen zu finden und sind koedukativ in Schrebergärten-, Schwimm-, Tischtennis- und Tennisvereinen zu Hause, sind zuweilen in den Städten und Dörfern mit Inline-Skatern zu sehen, gehen auch schon mal zum Jam oder zu einem Streetball-Event, sind manchmal auch noch bereit, mit ihren Eltern zu verreisen und besuchen zwischendurch auch einmal die Netzwerke, Treffpunkte und Locations der - anderen - Szenen und Jugendkulturen. Diese Gruppen von Jugendlichen sind meistens durch die verinnerlichten alten, konventionellen Tugenden der Arbeits- und Leistungsorientierung aufstiegsorientiert, sicherheitsbestrebt und haben trotz vieler Strukturrisiken und Unwägbarkeiten immer noch relativ *klare* Vorstellungen über ihren eigenen zukünftigen Lebenslauf und beruflichen Werdegang. Diese *stinknormalen, familienorientierten* und *institutionell-integrierten Jugendlichen* definieren sich selbst ebenfalls als weitgehend *normal*, fallen in der Öffentlichkeit kaum durch *Alltagsflips* und Regelverletzungen auf, grenzen sich häufig von den sogenannten *auffälligen* Jugendlichen in ihrem Sinne positiv ab. Freilich: Auch diese Normalität dieser Jugendlichen bleibt stets fragil. Im Rahmen ihrer vornehmlich sozial privatisierten und überwiegend gleichgeschlechtlichen kleineren Freundeskreise suchen diese Jugendlichen, sowohl Mädchen als auch Jungen, Geselligkeit, Orientierung und Geborgenheit und versuchen darüber hinaus im Zusammenhang ihrer institutionalisierten Netzwerke und Treffpunkte zumeist ganz konventionell und pragmatisch, den sich einfach stellenden Lebens- und Leistungsanforderungen, den Entwertungen allgemeiner und beruflicher Bildungsbemühungen, den Statusbedrohungen sowie den gesellschaftlichen Herausforderungen und auch Zumutungen zugleich gerecht zu werden. Oftmals findet aber auch eine nur strategisch berechnende, selektive Art des Umgangs mit den vorwiegend institutionellen Anforderungen der Erwachsenengesellschaft statt; d.h.: *sich - nur soweit - einlassen*, wie es unvermeidlich und unter lebenspragmatischen Nützlich-keitserwägungen auch zweckmäßig erscheint. Mit der Schule *leben* oder in ihr *parken*, eine Berufsausbildung oder ein Studium anfangen, abbrechen oder zu Ende bringen, noch ein Praktikum, noch eine Berufsausbildung bzw. eine Zweit- oder Dritt-Qualifikation mitnehmen, mit den Eltern zurechtkommen und ihnen regelmäßige Geldzuwendungen und insbesondere den Müttern zeitsparende Dienstleistungen (Wäsche waschen und bügeln etc.) abluchsen. Immer häufiger genießen Töchter und vor allem Söhne so lange wie möglich die elterliche Vollpension. Das ist bequem und senkt vor allem die Kosten, das eigene Budget wird geschont. Auf diese Weise bleibt Geld für wichtigere Dinge übrig. Auch das sich Zurechtmachen und der Spaß am Schönsein sind nicht verpönt. Allerdings gibt es auch hier keine allgemeingültige und -verbindliche Definition von Schönheit. Viele Varianten sind möglich. Man konzediert (zwar) der Schule, dass sie notwendig und auch nützlich ist, dass man sie braucht, aber sie soll einem nicht abverlangen, dass man „nur für sie lebt" (Böhnisch 1992, 115). Zudem fließen immer mehr szenespezifische und jugendkulturelle Elemente in das Schulleben ein, vor allem in den Zwischenzonen und räumlichen

Umwelten. Mit jugendkulturellen Elementen wird die Schule angereichert, aber auch nicht nur in den Pausen subjektiv erträglicher gemacht. Es handelt sich hierbei also um die vielen stinknormalen, pragmatisch arbeitsuchenden, weniger sportiven, aber auch intensiv Sport treibenden, leger und nicht allzu auffällig gekleideten, dennoch modisch orientierten Jugendlichen, die weder ganz angepasst noch außergewöhnlich rebellisch, sondern ganz einfach mit zuweilen kleinen Alltagsflips heutige ausdifferenzierte und individualisierte Normalität leben, ihren Hobbys nachgehen, manchmal familienzentriert, als Mädchen durchaus ein Freiwilliges Soziales Jahr in Erwägung ziehen oder sich befristet bei Attac beteiligen, als Mädchen und als Jungen auch mit den zahlreichen Revivals des Deutschen Schlagers spaßbereitend und sinnsuchend im Zusammenhang einer entweder vereins- und verbandsbezogenen oder auch kommerzialisierten Medien- und Freizeitkultur arrangieren. Diese Jugendlichen scheinen darüber hinaus ob ihrer in der Regel Unkompliziertheit, Angepasstheit und guten Erreichbarkeit Freude jeden Erziehers. Pädagogen können sich hier noch zu Hause fühlen. Hier können zumindest Lernangebote noch auf relativ stabile Traditionen rekurrieren und hier können die (mittlerweile allerdings auch uneindeutiger werdenden) Maßstäbe und Normen der Erziehung auf fruchtbaren Boden stoßen und zwar dann, wenn die Angebote als Ressourcen für die alltägliche Lebensbewältigung etwas taugen sollten, wenngleich auch hier der erzieherische Sinn als Vermittlungsinstanz zum späteren Leben immer uneindeutiger und prekärer wird. Freilich sind bei diesen Jugendlichen in der Regel pädagogisch-psychologische Lebenshilfe und Prävention gar nicht notwendig. Dennoch lassen sie häufig die pädagogischen Angebote aus Tradition, Höflichkeit, aber auch aus Mitleid einfach gewähren oder entziehen sich ihr, freilich ohne dass die Erziehungswilligen ihr Gesicht verlieren. Ihre *Normalität* lenkt sie jedoch ohne Zutun in die *gewünschte* und *richtige* Bahn.

- *Girlies:*

Kurzcharakterisierung: Nichts scheint bei großen Teilen der jungen Mädchen, bei den *postfeministischen Girlies* seit den 90er Jahren des 20. Jahrhunderts verpönter zu sein als der Feminismus, denn in postfeministischen Zeiten litten viele Töchter der Emanzipation nicht mehr an den (Macht-)Unterschieden der Geschlechter. Im nach wie vor währenden Geschlechterkampf etwa um Unabhängigkeit, um Abtreibung, um Hausarbeit, Kindererziehung, Untreue, Geld und Karriereverzicht, um Chancengleichheit am Arbeitsplatz und um die Frauenquote im Beruf, in der Politik, Schule und Hochschule wurden auch von manchen Teenis die Emanzen von einst als „weibliche Machos" aufgefasst. Denn viele Mädchen sind im 21. Jahrhundert trotz nach wie vor bestehender Machtdomänen vieler Männer in einigen Lebensbereichen auf dem Vormarsch. Sie übernehmen jenseits politischer Wühlarbeit gegen das Patriarchat - etwa nach dem Motto: „Wer sich nicht wehrt, bleibt immer am Herd" und zumeist ohne dezidiert frauenpolitisches Engagement - ganz selbstverständlich die freilich immer noch nur bescheidenen Errungenschaften der Frauenemanzipation (Autonomie und Gleichberechtigung in zentralen Lebensfragen) etwa in Partnerschaft und Beruf, obgleich der dreifache Rittberger zwischen Karriere, Kindern und Küche erst einmal gelernt und insbesondere gelebt sein will, Selbstbewusstsein, pragmatisch, erfolgsorientiert, gleicher Lohn für gleiche Arbeit, finanzielle Unabhängigkeit, Bohrmaschinengebrauch, Motorradfahren, Fußball, Boxen, Bodybuilding etc.), ohne deren politische Theorien und Ideologien zu teilen. Bei den unter 25jährigen haben die Frauen seit langem die besseren Schulabschlüsse. Sie stellen mittlerweile die Mehrheit der Abiturienten und Studenten sowie die Minderheit der Hauptschul- und Sonderschulabgänger. Es schien sich für die Mädchen, sprich - von Medien und geschwätzigen Trendforschern so konstruiert - *Girlies* oder *Babes* wieder zu lohnen, ohne verbissenen Männerhass - vornehmlich unterstützt durch die inzwischen hochgeschätzte neurobiologische und genetische Suche nach dem jeweiligen essentiellen „Wesen des Geschlechts" - geschlechtsspezifische Differenzen im Sinne einer Aufwertung des postpubertären Weiblichen zu betonen. Mädchen konnten und durften auch in postfeministischen Zeiten wieder von traditionellen Hochzeitsriten wie Hochzeit in weiß, mit Kutsche und Pferden, kirchliche Trau- und Festrituale usw. träumen. Diese neuinszenierten Ritualisierungen durften auch praktiziert werden. Auch Teile der Frauenbewegung entdeckten die *neue Weiblichkeit* oder die *neue Mütterlichkeit* und propagierten die von Natur aus freundlichere, friedlichere und vor die den Männern überlegene Frau. Und trotzig wurde schon vor zehn Jahren von einigen, der Frauenbewegung unverdächtigen Madels diagnostiziert: Es „war nie ein Nachteil", ein Mädchen zu sein. Die damalige und auch heute noch zutreffende gegenwartsbezogene, selbstbewusste Devise lautet(e): „Das machen und schaffen wir schon ... Wir können küssen und kopfrechnen" (Stern, Heft 7/1996, 64). Die Chefsessel wurden und werden nicht mehr nur für Männer hergestellt und die Küchenstühle nicht mehr nur für Frauen. Frau zeigt, was sie hat und kann. Emmas Töchter ließen und lassen sich zuweilen sogar in drittklassigen Miss- und Model-Wahlen auch jenseits von Männerdomänen ihren Körper bewerten. Auch Hübschsein ist nicht von vornherein verdächtig, und Schönheit darf selbstbewusst und model-like gezeigt werden. Sie setzten seit den späten 90er Jahren etwa im Modebereich auf den *Ugly Look*, der das ausgezehrte *Kaputtsein* wie Magersucht, Drogensucht und Gewalt gegen Frauen als Schönheitsideal nobilitierte, oder auf die neue femin-romantische, kurvenbetonende Linie, die Taille, Beine und manchmal auch Busen hochschätzte. Glitzerndes, Glänzendes und Transparentes mach(t)en den Girlie-Look oder den Schulmädchen-Stil aus und pass(t)en zu den martialischen boots oder zu den oft gigantischen schwarzen Hochplateaupumps, zu den kurzen oder halblangen weißen und schwarzen Jacken zumeist aus Kunstleder, zum inzwischen nicht mehr getragenen kindlichen Pippi-Langstrumpf-Zöpfchen und Trägerröckchen, zum gelegentlich tief dekolltierten Top sowie insgesamt zum nach wie vor getragenen überkurzen, nabelfreien und hautnahen Outfit der *Bravo-Girl, der VIVA- und MTV Generation*. „Tank Girl", ein Comic-Mädchen aus England, das ehemalige Super-Model Kate Moss als hagere, fast magersüchtige Kindfrau mit der bleichen Haut, dem görenhaften Blick, der Hühnerbrust und dem - nicht einmal so großen, weil sie es sich als hochdotiertes Rennpferd von erfolgreichen Couturiers leisten kann - Mut zum Makel und die ehemals blonde, mädchenhafte Heike Makatsch von VIVA und BRAVO-TV mussten seinerzeit als Vorbilder für die

Girlies herhalten. Feminin einfühlsam, sexy und gleichzeitig egoistisch, stark, beredt, klug und schlau zu sein, wurde von den Mädels nicht als Widerspruch erlebt. Vor zirka zehn Jahren traten in den Modeszenen die sogenannten *waifs* („herumstreunende junge Dinger") oder Skelett-Silhouetten a la Stella Tennant oder Kirsty Hume in den Vordergrund, die mit ihren Zombie-Blicken und „Fastnichts" aussahen, als hätte man sie mit einer fiebrigen Grippe aus dem Bett gezerrt und dringend zum Arzt müssten, mit verwirrtem Blick, verwuseltem Haar, schwarzen Augenringen, Haltungsschäden und knochigem Rippenkäfig. Seit einigen Jahren ist zu Beginn des 21. Jahrhunderts diese Knochen- und Drogenästhetik in den Model- und Modeszenen zwar nicht ganz verschwunden. Sie wird allerdings immer wieder durchmischt mit etwas klassisch-romantischen, crossover, multi-kulturellen (Folklore-Ethnolook), nach wie vor betont schlanken, freilich das naive Kind- und Mädchenhafte zurücknehmenden Formvarianten. Immerhin: Mädchen leiden nicht mehr umstandslos an den Unterschieden und unterschiedlichen Bewertungen der Geschlechter. Sie können sich nicht um alles kümmern, und sie wehren sich, in eine Defizit-Ecke gestellt zu werden. Sie feierten nicht mehr nur in der Männerdomäne der Mode jenseits des Gammel-Look der Schlabbersäcke à la Grunge und jenseits mancher verstaubter HipHop- und Hippie-Moden in XXL-Large-Größen der weiten Hosen - so groß wie Müllbeutel, Daunenjacken, so dick wie Schlafsäcke, und Kapuzenpullis häufig mit plastikartigen, z. T. mit High-Tech oder Metallic-Effekten (etwa mit Electricblue, Apfelgrün, Sonnengelb), mit dezenten Naturtönen (braun, beige und Sand) etc. durchsetzt. Ähnliches galt auch für Flanell, Samt-, Seide- und Cashmere-Materialien, die durchaus als ästhetisches Unbehagen in Konkurrenz und auch in Ergänzung zum ewigen Weiß, Schwarz, Dunkelblau gesehen werden konnten. Auch Jeans durften endlich wieder heil – ohne Löcher - sein, nur die Waschung musste stimmen. Auch dunkelbraun gemixt mit modischen geheimnisvollen Silber-, Platin-, Creme-, Beige- und - von den urbanen Straßen und Häusern inspirierten - Grautönen, vom hellen Silbergrau bis hin zu Anthrazit, ergänzt durch allerlei Romantik-Stil, Retro-Look, Worker-Romantic, Ethno-Look, Flower Power, Jäger-, Angler,- Golf- und im Jahre 2007 immer wieder Marine-Look nicht nur für die vielen Accessoires, Handtaschen in allen Stil- und Edelvarianten (als Markenhandtaschen der Hype seit einigen Jahren), Füße waren für Mädchen und junge Frauen trendsetzend. Und viele weibliche Jugendliche gehen nicht nur sehr selbstbewusst mit der Mode um. Sie schätzen alles zugleich: Verwöhnt und umschwärmt zu sein, ihre eigene kultische, glamourhafte Vorstellung und (die zumeist von anderen definierten) klischeehaften Niedlichkeitsattribute von Weiblichkeit mit viel Spaß, Humor, manchmal auch mit viel Witz und Ironie zu präsentieren und inszenieren..„Weil ich ein Mädchen bin", sang schon vor 10 Jahren Lucilectric; „get fit, get rich, get laid", verkündete die ehemalige Meisterin der Tabubrüche und mit sehr vielen Stilvariationen aufwartende Madonna. „Ich finde mich schön; ich kann (fast) alles; ich habe Erfolg", gerade weil „ich ein Mädchen bin". Wurden noch vor einiger Zeit - zumindest in sehr jungen, vor allem von Pickeln, Liebeskummer und anderen Beschwernissen geplagten Mädchenkreisen - in einer Art Teenager-Raserei verschiedene Boygroups resp. Retortenbands wie Backstreet Boys, East 17, 'NSync, Caught in the Act, Worlds Apart, Boyzone, Bed & Breakfast und Tokio Hotel mit den juvenilen „Pin-up-Typen" angehimmelt, kam und kommt es auf dem Musikmarkt gleichzeitig zu Girlie-Attacken. Girl-Bands wie - die in der Vergangenheit immer für Schlagzeilen guten - Tic Tac Toe, Funky Diamonds und die britischen Spice Girls und All Saints mit dem Top-Hit *Never Ever* brachten auch ganz junge „verwegene Mädels" in Rage. Das „Brave-Töchter-Muster" wurde bspw. vor 10 Jahren allenfalls noch in sehr jungen Jahren auf dem Markt der Idole für Mädchen durch die „singende Altkleidersammlung" der *Kelly Family* repräsentiert (Richard/Krüger 1997, 536ff.). Inzwischen dienen bspw. Fabelwesen im Stil der Comicfiguren aus den japanischen Mangas als Vorbilder für manche junge Mädchen. Ansonsten können Mädchen und junge Frauen durch kommunikationsfähige, selbstbewusste und auch *körperbewusste bauchnabelfreie Frechheit rotzig zur Sache kommen*. Um den eigenen Weg zu finden, werden vornehmlich von ganz jungen Mädchen im Übergang von der Kindheits- in die Jugendphase Jungen (wie schon immer) noch angehimmelt – zuletzt Tokio Hotel – , häufig auch eher pragmatisch ausgenutzt und als nützliche, begleitende Komparsen in das eigene Leben integriert. Viele Mädchen dürfen heute fast alles; nur wollen einige nicht bloß nur nett sein. Manche bad girls schienen noch bis vor einigen Jahren die neuen unverschämten Heldinnen wie bspw. Courtney Love zu sein. Sie waren und sind gerade nicht angepasst, sie sind cool, geil, unabhängig, smart und auch eigensinnig schlampig; haben Spaß dabei und sind überhaupt nicht daran interessiert, everybody´s darling zu sein. Denn: „Gute Mädchen kommen in den Himmel, böse überall hin". Sie lassen sich, paradox genug, selbst bei aller Apartheid von Mann und Frau, nicht ihre gute Laune verderben, auch wenn viele von ihnen – obwohl sie sich es sehr wünschen - noch keinen Beruf und keinen festen Partner haben.

- *Unbekannte, nicht entdeckte Jugendkulturen:*

Kurzcharakterisierung: Hierbei handelt es sich um diejenigen vielen binnendifferenzierten Jugendkulturen, die ganz dezidiert *independent, xy-ungelöst* bleiben wollen und die es einfach stört und es satt sind, in einer Art *ethnologischer Anatomie* jugendkulturell gelabelt, eingebunden, eingruppiert, stereotypisiert und schubladisiert zu werden. Mit ausdifferenzierten stilistischen und Kombinatoriken kleinster Details und einer teilweise bewusst inszenierten vermeintlichen ästhetischen Unauffälligkeit wird darauf hingearbeitet, dass die Codes auf der Ausdrucks- und Handlungsebene und die winzigen ästhetischen Differenzen nicht mehr von der (medialen) Öffentlichkeit und nicht mehr von außen, sondern nur noch von wirklich Eingeweihten innerhalb der Eigengruppen entschlüsselt werden können (vgl. Müller/Calmbach/Rhein/Glogner 2007, 142). Gewarnt wird nicht nur vor den medialen, ökonomischen und öffentlichen Etikettierungen, Stereotypisierungen und Vereinnahmungen, sondern auch vor den exterritorialen Wahrnehmungen, Beobachtungen und Urteilen etwa der quantitativ orientierten Jugendforscher, die zumeist als Erwachsene von *außen* kommen, kaum oder keine Kontakte zu jugendkulturellen Szenen haben, in der Regel nur wenige *Fremdheitserfahrungen* mit Jugendlichen machen und kaum ihre Schreibtische, Rechner und ihre Datenberge verlassen, sondern auch vor den exotisierenden, ethnologischen Zooblicken der grübelnden, trendigen und sich in die Szenen und Events einschmeichelnden trendscoutaffinen Jugendforschern, die immer *am Ball* sind und die Nase im Wind haben. „Versucht nicht, uns zu verstehen. Ihr könnt uns untersuchen, befragen, interviewen", empirische Sozialforschung mit hohen Qualitätsstandards betreiben, größere Stichproben wählen, Forschungsinstrumente, selbst mit unserer Zustimmung konstruieren und Statistiken über uns aufstellen, sie auswerten, interpretieren, verwerfen, Theorien etwa über Modernisierungsprozesse, Risiken, Integration und Desintegration, Globalisierung, Individualisierung, Normalität und Abweichung und über Subkulturen entwickeln und diskutieren, wissenschaftliche Hypothesen über das Selbstverständnis der Jugendkulturen bilden, Vermutungen anstellen, Schlüsse ziehen, Sachverhalte klären, „Ergebnisse verkünden, sogar daran glauben. Unseretwegen. Aber ihr werdet uns nicht verstehen" (König 1993, 1), selbst wenn ihr den aktuellen präsentierte Symboliken und „traits" der Jugendkulturen folgen würdet, denn ihr habt keine Ahnung von dem – den Verstehenshorizonten entzogenen - *Jugendkulturellen*, was ihr wissenschaftlich aufarbeiten möchtet (vgl. bspw. Farin 2001, 194). *Uns gefällt es, weil es uns gefällt.* Und ihr Interpreten der Jugendkulturen könnt die vielen Zeichen und die vielen ästhetischen Differenzen sowie die sich immer wieder verändernden, explodierenden Stilvariationen, Stilkombinationen und Dresscodes plündern und in immer wieder neue stereotypisierte Schubladen stecken - nur sind die aufgemachten Schubladen nicht die unsrigen.

Ausdrucksformen/Kultgegenstände, Devotionalien: Keine typisch erwartbaren Stilisierungen und Dresscodes; vorübergehende ästhetische Unauffälligkeit.

8. Idealisierung und Individualisierung von Jugend : Mode und Sport

In der alten Bundesrepublik Deutschland hat im Anschluss an die Hippie- und Studentenbewegung gegen Ende der 60er und zu Anfang der 70er Jahre für Jugendliche in nahezu allen Lebensmilieus eine massenmedial unterstützte deutliche sexuelle Enttabuisierung eingesetzt (vgl. hierzu insbesondere auch den *12. Punkt im 9. Kapitel* in diesem Band; vgl. zum folgenden auch Brinkhoff/Ferchhoff 1990, 90ff.; Brinkhoff 1992, 66 u. 105ff.; Ferchhoff/Neubauer 1997; Ferchhoff 2002, 283ff.), die das bildungsbürgerliche Reformprojekt *Jugend* in den bis dahin diese Lebensphase wesentlich mitkonstituierenden Bereichen von körperlicher Askese und antisexueller Aufklärung grundlegend verändert hat. Waren noch vor 50 Jahren Erotik, Sexualität und voreheliche Paarbeziehungen traditionelle Tabuzonen, denen man sich allenfalls zum Ende der Jugendphase sehr vorsichtig, rigiden und geschlechtsspezifisch (ob der Doppelmoral) differenzierten Regeln folgend, nähern konnte, zählt heute, selbst wenn wir die Gefahren von Aids in Rechnung stellen, die lebensaltersspezifisch gesehen sehr frühe Eröffnung erotischvariantenreicher, sexueller Möglichkeiten gewissermaßen zu den „Zugewinnen" der modernen individualisierten Jugendphase. Eine, im Zusammenhang vieler anderer Normaufweichungstendenzen stattgehabte deutlich spürbare Lockerung und Liberalisierung von ehemals allzu repressiven sexuellen Verhaltensstandards vollzog sich. Dem im klassischen, bildungsbürgerlichen Sinne auch körperasketischen Moratorium *Jugend* eröffnen sich nun „neue", von weiten Kreisen der Erwachsenen tolerierte Erfahrungsräume, die nicht ohne grundlegende Folgen auf „alternative" Beziehungsformen, aber auch auf Bewegungs- und Körpertechniken geblieben sind. Im Gegensatz zu den etwa vor 1968 Geborenen, deren Aufwachsen noch mit vergleichsweise repressiven Formen von triebstruktureller und sexueller Körperunterdrückung durchsetzt war, gehen seit den 70er Jahren die meisten Jugendlichen mit den erkämpften „Errungenschaften" der massenkulturell weit verbreiteten erotischen sexuellen Liberalisierung heute ganz souverän um. Sie haben es nicht mehr nötig, - wie in vielen anderen Lebensbereichen auch - für die „sexuelle Enttabuisierung und Befreiung" zu kämpfen oder in voyeuristischer Perspektive durch das Schlüsselloch zu schauen. Die eine ist ihnen auch massenmedial und warengemäß kommerziell in manchmal übersättigten Variationen beschert und präsentiert worden; die andere finden sie ganz einfach vor.

In den nuller Jahren des 21. Jahrhunderts scheint es in vielen Jugendszenen neben der Zeige- und Schaulust pur, hautnah dran und dennoch abgeschottet zu sein - eingewoben in narzisstisch einsamer Coolness - in einigen Szenen wesentlich mehr um die Möglichkeit ganzheitlicher, erotisch-ästhetisch und stilisierter Körpererfahrungen zu gehen, die nicht nur auf die *plane, pure* und *nackte* Sexualität reduziert sind. Auch auf die Erscheinungsformen und Sinnzuweisungen des Jugendsports blieben diese Entwicklungen nicht ohne Folgen. Während traditionelle und konventionelle sportliche Aktivitäten - wie hartes Arbeiten (vornehmlich Leistungsbereitschaft, Disziplin, Ausdauer, Frustrationstoleranz und Verzicht auf unmittelbare Bedürfnisbefriedigung) und vor allem abstraktes Lernen - früher, zumindest in der bildungsbürgerlichen Lesart vieler Erwachsener, neben anderen in der Regel geschätzten Wirkungen nicht unwesentlich zur Sublimierung sexueller Triebe und Bedürfnisse Jugendlicher dienten und in entsprechend rigider Form orientiert an den Standards von Militär- und Arbeitszucht (vgl. Zinnecker 1989, 153) durchgeführt wurden, scheinen nunmehr insbesondere die neuen sportbezogenen Körper- und Bewegungstechniken im und vor allem auch jenseits des Vereinssport(s) für viele Jugendliche und junge Erwachsene willkommene Formen, die „körperlich attraktiven, freizügigeren Dimensionen" mindestens, wenn sie denn dem gültigen Ideal von attraktiver, gelegentlich mit sexuellem Understatement aufwartenden sexueller Körperlichkeit entsprechen, darzustellen.

In zeithistorischer Perspektive kann man den Eindruck gewinnen, dass Sport bei aller Binnendifferenzierung und Vielfalt - Vereinssport, vereinsunabhängige Bewegungskultur, Breitensport, Leistungssport und auch der direkte und mediale Konsum von Sportereignissen etc. – insgesamt gesehen ein Teil der jugendspezifischen Altersnorm geworden ist. Auf der einen Seite hat neben einer - zumeist jugendsoziologisch vernachlässigten - immer wichtiger werdenden „körperbezogenen Jugendphase" (Hübner-Funk 2003, 67ff.; Frohmann 2003, 144ff.; Griese/Mansel 2003, 28) eine „Versportlichung der Jugendbiographie" stattgefunden (Brinkhoff 1998, 129), wenngleich auch auf der anderen Seite gegenläufige Tendenzen zu beobachten sind (Bewegungsarmut und Übergewicht von Jugendlichen). Auf diese Weise können durchaus im Rahmen immerhin zögerlich wachsender Aufweichung geschlechts-spezifischer Stereotype weibliche und männliche Jugendliche auf der Basis eines allgemein anerkannten Sportcodes die gezeigte sportive Attraktivität an sich und in der Wirkung auf andere erfahren. Hinzu kommt auch, dass bis in die weite Sportlandschaft von Jugendlichen der stärker individualisierte Lebensstil etwa durch verschiedene Varianten der Körpermodellierung und Körperthematisierung (der „physische Körper" wird insbesondere im Jugendalter zum „sozialen Körper" (Griese/Mansel 2003, 24) wie auch der Bedeutungsgewinn der informellen Gleichaltrigengruppen vor allem im Zusammenhang jugendlicher Freizeitgestaltung Spuren hinterlassen hat (Brettschneider/Brandl-Bredenbeck 1997, 28; Brinkhoff 1998, 237f; Frohmann 2003, 146; Ferchhoff/Hugger 2010, 89ff.).

Im Rahmen individualistischer Körperübungsprogramme und nicht selten erotischer, erotisierender Bewegungsformen und (-kulturen), verbunden mit allerlei an Outfit, Mode, Design, Accessoires, Emblemen, Schmuck, Make-up und Gesichtspeeling, entdecken nicht nur Jungen und junge Männer, sondern seit den 80er Jahren zunehmend auch Mädchen und junge Frauen: „Die neue Lust am Körper" (Fuchs/Fischer 1989, 160), der insbesondere auch jenseits von sexueller Anzüglichkeit und auch jenseits nach wie vor stattfindender sexueller Übergriffe qua Abhängigkeiten als eine *Identität á la carte* präsentiert werden darf. Der klassische Gegensatz zwischen sportlicher Fremd- und Eigendisziplinierung und sexueller Freizügigkeit tritt in den Hintergrund. Zusehends dringen erotische Elemente in viele Bereiche des Jugendsports ein, werden dort mit Hilfe bestimmter Medien, wie z. B. Musik und Mode entsprechend begleitet, inszeniert und stilisiert und im Lichte der freilich nur metaphorischen generellen Verjugendlichung der Gesellschaft nicht selten von „jung-bleiben-wollenden" Erwachsenen kopiert. Hinzu kommt, dass im Zusammenhang der Veränderung der Geschlechterrollen (Tendenzen der Androgynität, Metrosexualität und der sanft-harten männlichen Erotik) die freilich nicht ganz aufgehobenen geschlechtsspezifischen Separierungen in vielen Lebensbereichen zurückgetreten sind. Sportive Praxis schließt Jungen- und Mädchenkörper nicht mehr zwangsläufig gegeneinander ab. Ein als erotisch-ästhetisches Ereignis reformierter Sportbetrieb eignet sich mittlerweile als Ereignisbühne für beidgeschlechtliche Begegnung, Anziehung und Werbung" (Zinnecker 1989, 155). Dies geschieht vor allem häufig via der „Entstrukturierung der Sportrollen" (Rittner 1998, 39ff.) vornehmlich jenseits des Schul- und Vereinssports - paradigmatisch in den immer schon jugendkultur- resp. szenekompatiblen und oftmals auch portvereinsabstinenten hiphopaffinen Streetball-, Surfer-, Snowboard- und Skaterszenen. Und in Teilbereichen des Sports sind - fast wie in bestimmten Sparten der Popmusik, in bestimmtem Internetforen und in manchen TV-Serien - neben wiedererstarkten bipolaren stets auch androgyne resp. metrosexuelle Tendenzen zu beobachten. Immerhin kommt es selbst im Medium des Erhalts bipolarer Geschlechtlichkeit zu einer tendenziellen - freilich stets facettenreichen ambivalenten - Entpolarisierung von männlichen (zwischen Gigolo und Softie) und weiblichen (zwischen Geliebter und Kumpel) Lebenswelten und Identitäten.

Mädchen, junge und junggebliebene Frauen sind es auch, die mit steigendem sportlichen Engagement etwa in den Fitnessstudios in den, insbesondere auch jenseits der Sportvereine(n), zu einer deutlichen Erweiterung sportiver Praxen geführt haben. Wenn heute von sportiven Praxen gesprochen wird, dann ist das Sporttreiben gerade nicht nur auf die „Beteiligung an die in Sportvereinen organisierten Sportarten eingeschränkt" (Brettscheider/Brandl-Bredenbeck 1997, 68), sondern gemeint sind vor allem vielfältige Variationen von Fitness-, Fun-,

Erlebnis- bzw. Extremsportarten. Hier dominieren im Medium jugendkultureller Ästhetisierungen, Stilisierungen und Selbstdarstellungen vor allem in Kombination mit sportiven und modischen Accessoires und sportlich modischem Kleidungsambiente (Brinkhoff 1998, 136). In diesem Sinne sind Jugendliche Schnäppchenjäger - und zwar überall dort -, wo „sich Neues ankündigt: aktuelle Moden und Trends in der Bekleidungs-, (Sport-) und Musikindustrie" (Zinnecker 2005, 189). Der Kleidungsstil war und ist neben Varianten der puristischen Körperbetonung insbesondere durch die dominierenden Einflüsse des HipHop häufig *oversized* und konnte als ein „ironischer Reflex auf die traditionellen Formen der textilen Einordnung" gedeutet werden (Rittner 1998, 39). Neben den auf beinhartes Training, konkurrenzbezogenem Wettkampf und manchmal lustfeindlicher Askese ausgerichteten traditionellen *alten* Sportformen gewannen gerade bei jungen Frauen und Mädchen jene vornehmlich vereinsjenseitigen Mode-Sportarten an Beliebtheit, die durchaus im Lichte der Ästhetisierung und Erotisierung von Lebensstilen in lustvoll, ästhetischer Verpackung ohne direkten Kontrahenten auf besondere Weise genussvoll und erlebnisorientiert das Körper-Selbst-Verhältnis thematisieren - eine *Ästhetik des Schönen und Erhabenen mit Anmut, Perfektion und Kraft.*

Aber auch Sportarten, wie Bodybuilding und Wrestling - ehemals außerhalb bestimmter Milieus sozial verachtet (Fuchs/Fischer 1989, 160) und nicht selten mit Attributen wie vulgär, exhibitionistisch, narzisstisch, künstlich, monströs, unästhetisch naserümpfend negativ etikettiert - werden seit einigen Jahren - zwar immer noch männlichkeitsfixiert - speziell auch für Mädchen und junge Frauen attraktiv und zugänglich. An den verschiedenen Geräten im Fitness-Center werden für jeden Muskel in endlosen Wiederholungen Gewichte gestemmt und gedrückt. An den immer neue und größere Widerstände entgegensetzenden Maschinen gleicht die Bodybuilderin dem Flipper-Spieler. Sie verliert immer, wenn sie die manchmal qualvolle Anstrengung nicht „von sich aus abbricht. Ehe sie aufgibt, ehe sie also erschöpft und grundsätzlich überanstrengt pausiert oder zum nächsten Folterinstrument wechselt, keucht und fleucht, röchelt und stöhnt sie, einsam inmitten anderer ächzender und japsender Kraftakteure; ein tragischer Sisyphus des Industriezeitalters, eine heroische Kämpferin gegen die widerspenstige Natur ihres Organismus. Den Körper als materialisierter „Bezugspunkt für Sinnhaftigkeit" gilt es wieder zu erobern gegen eine degenerierte Umwelt, gegen eine zermürbende Zivilisation" (Honer 1995, 183), gegen die „schwindenden Seinsgewissheiten und Festlegungen", gegen die „Unübersichtlichkeit und den Sinnverlust der Welt" (Handschuh-Heiß 1996, 198), „gegen einen allzu bequem gewordenen Alltag" (Honer 1995, 183). Sehr unterschiedlich können die Motive sein, an der Gestaltung und Ausstaffierung des an Jugendlichkeit orientierten und gestylten Körpers mitzuwirken. „Abgesehen von der Bereitschaft, sich dem Oktroy von Gesundheit, Fitness und Leistungsbereitschaft zu unterwerfen und gegen die Ursachen des Sterbens, etwa mit „Unsterblichkeitsphantasien gespeist", anzugehen, sind eine Über-Kompensation für Minderwertigkeitsgefühle ..., der Zwang und die Sucht nach Kontrolle ..., Abhilfe von Spannung und Langeweile durch *thrill* ..., die Suche nach Entspannung und Erholung, die Suche nach seelisch-geistiger Läuterung" Handschuh-Heiß 1996, 175), nach „Authentizität, nach nicht entfremdeter *Natürlichkeit*, nach kreatürlicher Unmittelbarkeit" (ebenda, 176), nach Weltentrückung, dem Erleben von Unabhängigkeit und Freiheit sowie der Wunsch nach sozialen Kontakten zu nennen" (ebenda, 175). Der durch Krafttraining und Bodybuilding sich bemerkbar machende „Schmerz, der die Überforderung signalisiert und damit anzeigt, dass der Wille wieder einmal stärker war als der müde Geist und das brennende Fleisch, der Schmerz kündet von Erfolg: Die Muskeln wachsen. Und darum ist es der Bodybuilderin zu tun, nur darum, alldieweil sie wuchtend, klammernd, beugend und streckend sich bemüht. Sie schindet sich, wie kein Schwerstarbeiter mehr, für einen Spitzenlohn. Und nicht nur, dass sie ihre Freizeit im Mief der dampfenden Leiber abarbeitet, sie bezahlt auch noch dafür, an den .... Maschinen schuften" und an der Rehabilitation des ansonsten oftmals mit Ekel in Verbindung gebrachten durchdringenden Schweißgeruchs mindestens im Kraftraum oder Studio mitwirken zu dürfen. So herrscht im schweißdurchtränkten „Trainingsraum gemeinhin eine musikberieselte Atmosphäre nahezu sprachlos reger und konzentrierter Betriebsamkeit. Über Bauchmuskelbrett, Calfmachine, Roman Chair, Hackenschmidt- und Wadenmaschine, über Hantel- und Bizepscurling-Bank, über Turm und Lattismus-Zuggerät liegt eine Stimmung, fast als hätte sich die Idee der frühindustriellen Manufaktur und der meditative Geist des Zen-Klosters mit der effektiven Zweck-Mittel-Rationalität des Taylorismus zur Optimierung des Fitness-Outputs vereint" (Honer 1995, 183). Eine kontinuierliche Weiterentwicklung der Muskulatur durch investierte Anstrengungen, die in eigener Regie kontrolliert werden können, um das body image zwecks Leistungssteigerung zu verbessern, ist nicht nur das ästhetische Ziel und Schönheitsideal des Bodybuilders. Bodybuilding, Jazz-dance, inzwischen auch wieder Breakdance nicht nur in den Hip-Hop-Szenen, Fitness-Training, Jogging, Nordic Walking und alle Formen weitgehend naturgebundener Gleichgewichtssportarten wie Surfen und Ski-, Snow- und Skateboardfahren sowie die vielen neuen Fun- und Abenteuer-Sportarten dringen, manchmal zwar noch mit einem männlichkeitsspezifischen bias, dennoch geschlechtsübergreifend immer weiter in die insgesamt sportiver werdende *Freizeit-* resp. *Alltagskultur* nicht nur von Jugendlichen vor.

Alltagsgegenstände bzw. -handlungen werden dabei immer mehr durch allerlei an sportlichem Beiwerk und Outfit ergänzt oder ersetzt. Eine zunehmende Versportung zwischen Uniformierung und Individualisierungsanforderungen ist in nicht wenigen jugendlichen Lebensmilieus zu beobachten, die längst über die ehemals engen Grenzen des Sports hinausgewachsen sind. Sportspezifische Adidas-, Puma-, Nike-Varianten, kombiniert mit anderen Kleidungsstücken wurden über die Jugendphase hinaus lebensstilprägend. Vor dem Hintergrund so genannter „Customization-Programme" - wie bspw. das „mi adidas" - wurde die standardisierte, serielle Massenproduktion mit der individuellen Maßanfertigung und dem Namen des Kunden vereinigt, so dass sich die Markensportschuhe an der „Schnittstelle zwischen Uniformierung und Individualisierung" im und auch jenseits des Sport(s) bewegen können (Jenß 2005, 31). Surfer-Trikotagen und Accessoires, freilich nicht nur von Eddie-Aikau, Stüssy und Tommy Hilfiger, wurden neben Sportschuhen von Adidas, Puma, Nike und Chuks als kulturelle Zeichensysteme - bei aller Uniformität der aktuellen und von den Gleichaltrigengruppen akzeptierten Styles und Labels - mit eigenen Bedeutungen und gerade auch im Kontext der „Entstrukturierung von Sportrollen" jenseits des Sports auf der Straße getragen, in der Schule den Gleichaltrigen vorgeführt und im Szeneclub auf den vielen dancefloors subjektbezogen und individuell präsentiert. Sie können als Passwörter den Zugang zu bestimmten Jugendkulturen und –szenen ermöglichen und erleichtern. Sie signalisieren bspw.: Seht her, ich bin auch *TrendSurfer, TrendSkater, TrendSnowboarder, TrendRapper* oder *TrendDancer.* Hier verbinden sich dann Körperstyling, -inszenierung und -schönheit, Geschicklichkeit, Rhythmik, Risikobereitschaft, Modebewusstsein und ein Höchstmaß an Ästhetik zum neuen jugendlichen - auch außersportlichen - Sportidol. Die Trendszenen deuten zuweilen im Gegensatz zum *Typus* einer Vereinsgeselligkeit darauf hin, dass a) eine langfristige Sportsozialisation mit traditionellen Vereinsbindungen an die Sporttradition entbehrlich wird, dass b) eine stilinszenierte und erlebnisintensive „Präsentation des eigenwilligen Selbstausdrucks" stattfinden kann, wenn denn der gesellschaftliche „Tauschwert" des Jugendkörpers groß genug ist (Frohmann 2003, 148, dass c) eine situationsbezogene Augenblicks- bzw. Gegenwartsorientierung vorherrscht und prämiert wird, und dass d) mit dem Spaß an der originellen, individuellen Darstellung und Präsentation und dem „Genuss an der eigenen Subjektivität" zugleich auch die „soziale Ausdrucksform des Sporterlebens verändert wird" (Rittner 1998, 43).

Die den attraktiven Körper betonenden sportiven Kleidungsstile mit relativ wenig Stoff und viel durchtrainiertem Körper sowie die verschiedenen sportiven Symbole und Accessoires dienen im und auch jenseits des Sport(s) wie andere Kleidungsformen auch zur subtiler werdenden Distinktion und werden habituell lebens- und sportstilgemäß sowie vor allem auch individuell mit unterschiedlichen Form-, Farb- und Stilvariationen milieuspezifisch eingesetzt. Die zu szene- und milieuinternen Distinktionsgewinnen eingesetzten und getragenen *angesagten* Marken, Ausrüstungsgegenstände und Sportgeräte werden für ein „sportives Auftreten" insbesondere auch „in außersportlichen Situationen genutzt" und gestatten immerhin vielen einen „sportlichen Schein" der symbolischen Teilhabe und Zugehörigkeit (Bette 1989, 109). Dabei haben seit dem ausgehenden 20. Jahrhundert die „kleinen Zeichen, die Details und die feinen Unterschiede die großen Zeichen" und Schriftzüge abgelöst (Poschardt 1998, 470). Es kommt zu einer Art „Personal Style", zu einer „Entuniformierung und Personalisierung des Rohmaterials" (Jenß 2005, 22).

Das jeweils *richtige*, sportive und figurbewusste jugendliche Körperbild, in der Regel kein wabbelnder Bauch, keine schlappen Oberschenkel, verbunden mit einer entsprechenden Habitualisierung und Stilisierung des eigenen milieuspezifischen Sportzugangs, prägen sowohl Sport- als auch Modeszenen. Und alle Formen von Street-, Casualwear, Jugend- und Sportkleidung tendieren dazu, dass sie zuweilen in vestimentären Botschaften oder im bewegungsbetonten, körpersprachlichen *Modern Talking* geradezu bekennerhaft eine Haltung, einen Stil bzw. Habitus zum Ausdruck bringen wollen. Aber auch Bekleidungsmix, Sampling, Stilbruchinszenierungen (selbst Jogging-hosen, die noch vor einigen Jahren in Kombination mit bekleckerten Feinrippunterhemden als formlose Fetzen und vor allem als Berufsuniform arbeitsloser Dauertrinker oder biederer Rentner galten, sind inzwischen im Jahre 2010 nicht nur von so unterschiedlichen Popstars wie Madonna, Bushido und Eminem und nicht nur von Mitte-Hipstern in den Clubszenen etwa anlässlich der *Fashion Week* inklusive *Bread & Butter* sowie unter ihrem Dach etwa die mit Nachhaltigkeit, Umweltfreundlichkeit und einem ganzheitlichen Lebensstil aufwa-rtenden Ökomessen oder die Skate- und Streetwear-Messe Bright in Berlin stilsicher - freilich jenseits der „fatman trousers" der Komikerin von Cindy aus Marzahn - aufgewertet worden) und immer wieder Neuinszenierungen von Retrostilen (etwa Jeansstoffe mit allerlei romantischen und verspielten Verzierungen, High Heels vor allem klobig, Militärlook) haben bis heute Konjunktur - so z.B. als, in verschiedene Rollen schlüpfende, multiple Persönlichkeit (romantisches Blumenmädchen, Pseudo-Soldatin, Surfergirl) oder als demonstrative Geschlechtsrollenkonfusion per Kleiderkomödie, als Entmilitarisierung der Stiefel, indem sie bei den Madels unterhalb eines Blümchenrocks und engst anliegender Klamotten mit extrem hohen Absätzen bzw. Plateau-Sohlen auftauchten (Boehncke 1996, 233). Allerdings gibt es nicht immer nur willkürliche historische Rückgriffe auf unterschiedliche Stilmittel. Gerade nicht nur das Mixen verschiedener ethnischer Bekleidungsstile oder der Mode unterschiedlicher Epochen erzeugt mittlerweile einen neuen Stil. Indem das Ungleichartige und die ambivalenten androgynen Vielfältigkeiten zu einer neuen Symbolik bspw. von der exzentrischen, kopierfreudigen englischen Modekünstlerin und ehemaligen Punklady *Vivienne Westwood,* von *Martine Sitbon,* von *Christopher Bailey* für die wieder erstarkte ganz große Marke für Fashion Addicts Burberry, der es wie keiner der Burberry-Designer vor ihm, die zwei ikonischen und zutiefst britischen Symbole des Labels, das Karo und den Trenchcoat stets neu zu verwandeln und alltagsbegehrlich zu machen, von den holländischen Humoristen Victor & Rolf, vom ghanaisch-britischen *Ozwald Bouteng,* der die Herrenlinie für das Pariser Haus Givenchy entwarf, von *Hedi Slimane* von Dior Hommes, vom belgischen Dreamteam der Designerszene *Filip Aricks* und *An Vandevorst,* vom belgischen Designer und Newcomer *Kris von Assche,* vom belgischen Designer-Künstler *Raf Simons,* der die *Jil Sander* Kollektion neu kreierte, vom italienischen *Diesel* Gründer *Renzo Rosso* und von dem britischen Exzentriker *John Galliano,* der - wie schon vorher *Karl Lagerfeld, Alexander McQueen* und insbesondere Gaultier - mit diversen straßenkulturellen Eklektizismen und Elementen des Hip-Hop, Techno und anderen Popkulturen im Hause *Dior* aufwartete, zusammengeführt wurden, entstand und entsteht ein neuer Stil. Eine Vielzahl von individuellen Kombinationsmöglichkeiten zwischen Materialien, Formen und Stilvarianten sind - kombiniert mit einem hybriden Mix aus einem unendlichen Pool an vergangenen Modestilen - in der ersten Dekade im 21. Jahrhundert als Megatrend zu beobachten. Komplexität, Paradoxien, Widersprüchlichkeiten, Vernunftwidrigkeiten und immer wieder neu aufgelegte Retrotrends bestimmen - ähnlich wie in anderen Lebenszusammenhängen - auch die heutige Mode. Selbstinszenierungen und diverse Retroelemente „vergangener Jahrzehnte reanimieren in Kleidern der unterschiedlichen Stile von Swing und Rock`n`Roll, über Hippie und

Psychodelic bis zu Punkrock, Disco, New Wave, HipHop, Grunge, House und Techno, die in die aktuelle Urbanwear eingespeist und so modifiziert und weiterentwickelt werden können" (Jenß 2005, 27). Man kann den Eindruck gewinnen, dass *die Mode den Jetzt-Menschen vor allen mit den vielen Retro-Trends einen spielerischen Rückzug aus der beinharten Gegenwart - eine sublimierte Zukunftsangst – ermöglicht* .Im Jahre 2010 haben einige Jugendliche Spaß am Spießigen. Sie tragen nicht nur biedere Seidenschals, kleinkarierte Kostüme, Röcke und Blusen aus Schottland, sondern vor allem auch sehr spießige, hausbackene Klamotten. Inzwischen gelten solche spießigen Nerds als coole und hippe Typen. Ihr ultimatives Outfit (bspw. Seitenscheitel, Tüchlein in der Brusttasche, Strickkrawatte, graue Rentnerjoppen und dunkelumrandete Sehhilfen und Hornbrillen, wie sie schon Helmut Kohl getragen hat und heute auch Karl Theodor von und zu Guttenberg trägt, für Mädchen: Blümchenkleider, adrette Blusen, Ringelsöckchen, graues Kostüm mit weißer Rüschenbluse usw.) wirkt brav, ordnungs- und sicherheitsorientiert und wird gleichzeitig als Rückbesinnung auf traditionelle Wertvorstellungen und Lebenseinstellungen und als Abgrenzung gegenüber der Welt der Elterngeneration gedeutet.

Ein weiterer modischer Megatrend ist der, dass sich Moden zunehmend alltags- und straßenkultureller Elemente bedienen. Im Umkehrschluss heißt dies auch, dass die Models verstärkt von dort kommen - die Schönen sind nicht mehr die Superstars und so glamourös wie bspw. Cindy Crawford, Naomi Campbell, Claudia Schiffer, Kate Moss, Linda Evangelista noch in den 90er Jahren; sie bleiben heute namenloser (Gross 2007, 3).

Im Vergleich zu heute, wo immer mehr auf Kopier- und Tragbarkeit der Mode geschielt wird, war in der Vergangenheit das Ziel der Mode eher Unerreichbarkeit, Glamour, Perfektion und Luxus, nie praktische Tragbarkeit. Die Zeiten freilich, in denen hausbackene und biedere Fußballprofis Modetrends für einen großen Teil der männlichen Jugendlichen vorgaben und damit die *Szene* beherrschten, sind auch unter den heutigen, migrationsfreudigen, nicht nur sehr gut bezahlten millionenschweren brasilianischen, argentinischen, senegalesischen und nigerianischen Fußballidolen endgültig vorbei. Basketballer wie *Dirk Nowitzki*,

Leichtathleten wie *Usain Bolt, Hicham El Guerrouj* oder *Kenenisa Bekele*, Fußballer wie die Spanier *David Villa* und *Andrés Iniesta, Didier Drogba* von der Elfenbeinküste, der Kameruner *Samuel Eto`o*, die Engländer *Wayne Rooney v*on Manchester United, *David Beckham* zur .Zeit beim AC Mailand und *Frank Lampert v*on Chelsea, der Weltfußballer 2008 *Cristiano Ronaldo* aus Portugal zur Zeit bei Real Madrid und der argentinische Weltfußballer 2009 vom FC Barcelona *Lionel Messi*, der deutsche Mittelfeldspieler *Bastian Schweinsteiger*, Eishockeyspieler wie der Russe *Alexander Owetschkin* von den Washington Capitals, Surfidole wie immer *noch Björn Dunkerbeck*, Autorennfahrer wie der im Jahre 2010 ins Fahrerfeld der Formel 1 zurückgekehrte *Michael Schumacher* und seit 2009 auch *Sebastian Vettel*, Tennisspieler wie der Schweizer *Jacob Federer, Maria Scharapowa* und *Elena Dementieva aus Russland,* Snowboarder wie der Kalifornier *Shaun White* und andere Skisportler wie die Norweger *Petter Northug, Ole Einar Björndalen*, Emil Hegle Svendsen und *Marit Björgen, Lindsey Vonn aus den USA, Carlo Janka aus der Schweiz, Bode Miller, Ted Ligety aus den USA, Maria Riesch* und *Magdalena Neuner,* der Schwimmer *Paul Biedermann*. die Schwimmerin *Britta Steffen* sowie Radrennfahrer - trotz permanentem Dopingverdacht - wie *Alberto Contador* und der - zurückgetretene und seit 2009 wieder fahrende - sehr erfolgreiche, sechsmalige Tour der France Gewinner *Lance Armstrong* sind nun - weit über das ökonomisch und werbestrategisch Gigantische und sportlich Heroische hinaus - oftmals auch im Kontext vieler Marketingstrategien magisch und *modisch* aufgeladen, attraktiv, angesagt und für viele begehrlich und wegweisend. Sie symbolisieren ein Höchstmaß an sportlichem und außersportlichem Können, an Mut, Starkult, Coolness, Kommerzialisierung und ökonomischem Erfolg, aber auch bei allem nationalen Bezug an Globalisierung, Weltoffenheit, Fetisch, Identifikationssehnsucht, Exotik, modischem Styling, das von der Frisur über das T-Shirt, das Trikot, den Rennanzug, die Socken bis zum technisch hochgerüsteten Sportgerät (Stab, Fahrrad, Bob, Board, Schlitten, Ski, Motorrad, Auto, Yacht etc.) reicht und im Medium facettenreicher wandelnder Werbeflächen keine Grenzen zu kennen scheint. An die Stelle funktional geschnittener, weit flatternder, konturloser Sporthosen treten eng anliegende, aus Spezialstoffen und High-Tech-Materialien gefertigte Surf- bzw. Rennradhosen, die ähnlich wie die voll durchgestylten Rodel- und Bobfahreranzüge und die zwei- oder einteiligen X-Flat-Schwimm- und Gymnastikanzüge aus Lycra der jungen Frauen *aalglatt* und *hautnah* keine Geheimnisse mehr zu verbergen haben. „Das lesbare und zelebrierte Design bestimmt das Bewusstsein" und wagt sich bei aller Professionalität auch in Zonen des Unfassbaren.

Sportliche Orientierung - vor allem in bezug auf das „body styling" eines manchmal bauchnabelfreien Bodies, verbunden mit der Vorstellung eines jugendlichen, dynamischen wohlgeformten, beweglichen, geschickten und athletisch-attraktiven Körpers (Brettschneider/Brandl-Bredenbeck 1997, 246; Hartmann 1996, 80; Haubl 1998, 25) - und modische, z. T. atemlose und rauschhafte Stilisierung gehen ein immer engeres Bündnis ein. Erst in einer Form von hochgradiger, artifizieller Kombinatorik sind sie Ausdruck authentischer Körpererfahrungen und eines sportbewegten Lebensgefühls. Sport, Fitness, Gesundheit, Vitalität, Erotik, Kraft, Spaß, Schönheit, Jugendlichkeit und Körperkapital und vor allem Fun erfahren einen niemals zuvor erlebten Aufschwung und sind die Metaphern und Themen, die in dieser individualisierten, erlebnisorientierten und erlebnishungrigen Gesellschaft vor dem Hintergrund der *Versportlichung der Gesellschaft* - von der *Sportkultur zum Sportkult* - sowie der gleichzei-tigen Entgrenzung und „Entsportlichung des konventionellen Sports" Sport- und Jugendkulturen zusammenbringen.

Obgleich sich im Sportalltag der meisten Jugendlichen die medienwirksamen Trend-, Fun-, Risiko- und Erlebnissportarten noch nicht empirisch gesehen in der Breite durchgesetzt haben, wie oftmals vor allem medial behauptet oder unterstellt wird, bevorzugen vor dem Hintergrund neuerer empirisch ermittelter Daten zum Jugendsport zumindest in ihren Wunschvorstellungen viele Jugendliche facettenreiche Sportformen, die jenseits des traditionellen Schul- und Vereinssports liegen. Allerdings spielen nach wie vor vom ausgehenden 20. Jahrhundert bis zum Beginn des 21. Jahrhunderts viele Jungen, vornehmlich auch diejenigen mit Migrationshintergrund (deren Anteile von Jahr zu Jahr zunehmen) sehr gern in dieser Reihenfolge im und jenseits des Vereins und der Schule: Fußball, fahren Rad, gehen Schwimmen, joggen, spielen Basketball, Tennis, Tischtennis, Volleyball und Badminton und betreiben Kampfsportarten; bei den Mädchen kommen noch das Tanzen, Reiten und die Gymnastik hinzu (vgl. Brettschneider/Brandl-Bredenbeck 1997, 119; vgl. auch Brinkhoff 1998, 129ff.). In den traditionellen Sportvereinen - Mädchen kehren dem organisierten Vereinssport ab ihrem elften Lebensjahr vermehrt den Rücken - „dominieren, im Vergleich zum Sport außerhalb des Vereins, die Sportarten Fußball, Handball, Leichtathletik, die Kampfsportarten, insbesondere Judo und das Gerätturnen. Im Freizeitsport nehmen bei den Jugendlichen folgende Sportarten höhere Rangplätze ein als im Vereinssport: das Basketballspielen, das Schwimmen/Baden, das Fahrradfahren/Mountainbike-Fahren, die Rückschlagspiele wie Tennis, Tischtennis und Federball/Badminton, die Wassersportarten, insbesondere das Surfen, das sehr unterschiedliche Fitnesstraining - Gymnastik/Bodybuilding/Krafttraining -, das Tanzen, die Wintersportarten - Eislaufen, Skilaufen - sowie die sogenannten *weichen* Freizeitsportaktivitäten (Skateboardfahren, Rollschuhlaufen, Wandern, Minigolf, Billard). In etwa gleich häufig werden Fußball und Volleyball betrieben" (Brinkhoff 1998, 135).

Dagegen stehen im Zentrum heutiger Traumsportarten, die sich freilich in der Sportwirklichkeit der Jugendlichen bisher nur peripher durchgesetzt haben, dann sogenannte, mehrheitlich snobistisch angehauchte Fun-, Adventure- bzw. Erlebnissportarten mit vielen vitalen, risikoreichen, manchmal lebensgefährlichen Mutproben, Selbsterfahrungen und Kicks wie etwa Drachenfliegen, Motor- und Kampfsportarten, Surfen und nur - empirisch gesehen - in bescheidenem Maße: Bungee-Jumping, Freeclimbing, Snowboarding, Down-hill-Biking, Wellenreiten, River-Rafting, Paragdliding (Stach 1996, 316ff.).

Jenseits der ehemals klassischen jugendkulturellen Anti-Moden (König 1985) und jenseits der Frage ob Haute Couture oder Kleidung von der Stange oder Streetwear geht es einem Großteil der *Jugend* immer mehr darum, dem *individuellen look* das eigene finessenreiche *Ich-Finish* zu geben (Steinwachs 1986, 345). Nicht mehr *form follows functions* sondern schon eher *form follows fantasy* oder *form produce visions* lautet das (post-)moderne Credo eines personenbezogenen *corporate image* im Rahmen des Individualisierungs- und Selbstdarstellungsmoments. Quasi individuelle, unkonventionelle Selbstinszenierung, Life-Style-Transfer, demonstrativer Konsum und witzig gestylte Aufmachung, insbesondere seit 1992 im Medium amerikanischer Team- und Trendsportartensportarten und ihrer beliebten Accessoires schienen und cheinen in einer Art Styling Crash zum Bordgepäck einer hippen individualisierten Jugend streetstyle-gemäß (Beispiele: *Helmut Lang* mit einem seinerzeit avantgardistischen Minimalismus mit wenig Effekten, *Jean Paul Gaultier, Stüssy, Tommy Hilfiger, John Galliano* in den neunziger Jahren; etwa im Jahre 2006 für *Dior* mit seiner Gothic-Kollektion, in Deutschland bspw. das Aushängeschild etwa seit 2009 der *Bread &Butter* in Berlin *Michael Michalsky*) zu gehören.

Und in Abgrenzung zum Konsum- resp. Modediktat und zum Fetischcharakter der Waren gewinnen Jugendliche vornehmlich in jugendkulturellen Zusammenhängen, aber auch *kluge* Modeschöpfer wie bspw. Jean Paul Gaultier den unterschiedlichen Mode-, Kultur-, Musik-, Kunst- und Sportszenen für ihre Zwecke geeignete Aromastoffe ab. „Die Major Players im Modemarkt drängen nicht nur über Trendscouts in diese Strukturen ein, um dort Ideen und Inspirationen zu ziehen: Meist entstammen die von ihnen beschäftigten Designer selber den anvisierten Szenen oder stehen zumindest im engen Kontakt mit ihnen. Schließlich gab und gibt es innerhalb von Jugendkulturen immer auch Tendenzen zu einer Professionalisierung von Insiderwissen" (Jenß 2005, 33). Unter den Insignien einer Versportung der Kultur gewinnt auch die Ästhetik im Sport einen eigenen Spielraum (Rittner 1989, 361). Von dem abgedrehten „Surf-look" für europäische Großstadtkids, vom XXL-Baggy-Look der britischen Raver, von den ehemals biederen Marken aus der Segler- und Golf-Opa-Ecke wie Holly Hansen oder *Tommy Hilfiger*, dessen Mode direkt vom Laufsteg auf die Straße durchschlug und dessen adretter College-Stil vor mehr als 15 Jahren (ab 1994) mit Großstadtlässigkeit kombiniert in schwarzen Hip-Hop-Szenen auftauchte. Der amerikanische Rapper *Doggy Dog* hatte *Hilfiger* bei vielen schwarzen männlichen Jugendlichen aus den urbanen Ghettos populär gemacht. Von den unterprivilegierten urban Kids haben dann die weißen suburban Kids etwa seit 1996 auch verstärkt in Europa das Outfit übernommen und können sich wohldosiert in der lebensweltlichen Distanz zu den schwarzen Jugendlichen in den Ghettos der Innenstädte auch einmal so anarchistisch und unangepasst cool fühlen wie ihre schwarzen Altersgenossen.

Das Bedürfnis vieler Jugendlicher mittels Mode und gestyltem Körper als unverwechselbar individualisiert zu erscheinen, obgleich Mode erst dann zur Mode werden kann, wenn sie tendenziell uniformierend, zumindest von einigen anderen übernommen wird (Schnierer 1995, 13; Jenß 2005, 33), hat zu einer Inflation von Möchtegern-Snobs, -Madonnen, -Gecken, -Bohemien und -Dandys geführt, die in bemerkenswerter Mixtur mit Hilfe bestimmter Farb- und Formennuancen, bestimmter Accessoires oder anderer Flaggensignale ihren spezifischen Lebensstil bis ins Detail artikulieren und ähnlich wie schon in den 50er Jahren Ostergard (legendärer Moderschöpfer des Versandhauses Quelle) formulierte, fällt auch bei ihnen mittlerweile die Entscheidung bereits - für Außenstehende kaum zu erkennen - beim freilich veränderten Einstecktuch. „Mit diesem Drang zu exquisiteren Formen ist zugleich viel Spontanes und Provisorisches verlorengegangen, selbst Kinder spielen Sport nicht mehr ohne die 'richtige Ausrüstung'" (Kaschuba 1989, 156) bzw. ohne die sportspezifischen Zeichen- und Dress-Codes, die allerdings wiederum oftmals *strengen* Normen unterliegen.

Freilich sind die Zeiten, in denen vom Sportsystem und von den Ausübenden als „Sportsleute" noch Ideale der menschlichen Selbsterfüllung und Veredelung sowie Ideen der Werbe- und Konsumaskese kultiviert wurden, längst vorbei. „Was älteren *Olympiern* und *Amateuren* noch wie ein heraufziehendes Menetekel erscheinen wollte, ist inzwischen faktisch etabliert: die globusumspannende Verbreitung, Ökonomisierung und Mediatisierung des modernen Sports. Sein veritabler Welterfolg ging notwendig einher mit der flächen-deckenden Vermarktung, Vernetzung und Professionalisierung zentraler Sportarten. Entscheidende Vehikel dabei waren bekanntlich die Medien und die Medienvermarktung, insbesondere die elektronischen Medien. Ohne die von ihnen übermittelten symbolischen Transfers, etwa von Sportidolen, Sportleistungen, Sportevents und Sportvereinslogos auf Produkte, indem bspw. durch Image-Werbung und Merchandising, eben durch den Transfer von Schönheitsidealen und Life-Style-Inhalten die Grenzen zwischen Sport und Kommerz verschwimmen, „wären der heutige Spitzen- und Leistungssport und das ihn tragende vielfältig geknüpfte Alimentierungsnetz kaum mehr vorstellbar" (Matthiesen 1995, 168f.). Anstelle von hausbackener Kernseife und schlichter funktionaler Sportkleidung übernahmen in diesem Zusammenhang - unterstützt durch Sportsponsering in den Marketing-Mix und Merchandising und nur bezogen auf dieses Segment - Sportlotions, -gels, -cremes und - von Top-Designern kreiert - chic-gestylte Sportgewänder Image- und auch Ich-Pflege. Wer bei dieser neuen Form von sportiver Leistung, Life-Style-Transfer und Wettbewerb, dessen Maßstäbe sowohl in der Selbsteinschätzung als auch in der Außenwahrnehmung härter werden, mithalten will, kann sich nicht allein auf sein Talent verlassen, sondern muss auch schon im jungen Alter etwas tun und nicht nur im Spitzensport kontinuierlich *hart* trainieren. Insbesondere auch jenseits des Profisports kommt es im Rahmen der eigenen, sportlich angehauchten körperbezogenen Lebenspraxis zu vielen, zuweilen vergeblichen Versuchen, mit oder ohne Wettkampf den sportlichen Idolen nachzueifern. Der modisch-gestylte Körper oder der zärtlich-muskulöse, also zugleich maskulin und feminin klingende Body ist kein wohlgestaltetes Gottesgeschenk mehr, sondern nicht selten „das Ergebnis eigener Arbeit, Askese und Disziplin" (Drolshagen 1996, 251) und wird als „Resultat technisch umgesetzter Willensanstrengung" aufgefasst und gezüchtet. Das schwache, schwabbelige, weiche, träge und fette Fleisch soll zu hartem, muskulösem und kräftigem umgeformt werden (Honer 1995, 184). Der Körper bietet quasi das „Rohmaterial" (Fuchs/Fischer 1989, 166), an dem im Rahmen beständiger Selbstüberwindung und auf der Grundlage wissenschaftlich fundierter, hochfunktionaler Methoden in Beautyfarmen und Fitnessstudios nicht nur durch Muskeltraining, Stretching, Bodypainting, Tattoos und Piercen modelliert und stilisiert wird. Ich fühle und inszeniere meinen Körper, „*also bin ich*. Schönheitsbetont auffallen und gut aussehen um jeden Preis ist - dem gegenwärtigen Schönheitsideal entsprechend - angesagt. Jugendliche nutzen diesen „Körperboom, der ein Jugendbild idealisiert, das durch Fitness, Gesundheit und Schönheit geprägt ist, als ihre Artikulations-, Gesittungs- und Gesellungsform" (Frohmann 2003, 147). Und auch der jugendliche Frauenkörper soll mit einer „guten Figur" Kraft, Eigenständigkeit, Kompetenz, Können und in Grenzen Durch-setzungsvermögen ausstrahlen.

Noch nie wurde der Körper jenseits der Arbeit so leistungsbezogen perfektioniert, modelliert und manipuliert. Noch nie wurden so viele heroische Kämpfe in den verschiedenen *Folterkammern* mit unterschiedlichen Selbstkasteiungen gegen Adipositas (Fettsucht), Wohlbeleibtheit, Fettbäuche, Übergewicht, Speckfalten, Speckwülste und Rettungsringe um die Taille und Oberschenkel ausgefochten. Der fitte, fettfreie, jugendlich-dynamische Körper wird durchaus mit ökonomischer Leistungsfähigkeit und dynamisch-effizienter Arbeitsleistung in Verbindung gebracht. Er scheint auch in gewissen Grenzen demokratisch zu sein (denn Geld und Reichtum sind nicht immer entscheidend, gleichwohl Arme in Gesundheitsfragen benachteiligt sind und im Kontext eines „grassierenden, quasireligiösen Gesundheitswahn" nicht mithalten können), selbst wenn der Körper „als Mittel der Distinktion" seine Bedeutung hat und als „soziale Positionierung manchmal gezielt eingesetzt" (Brettschneider/Brandl-Bredenbeck 1997, 246f.) wird. Darüber hinaus fällt auf, dass etwa der aggressive, durchtrainierte männliche Körper selbst in traditionell nicht damit einverstandenen Milieus und Szenen so stark an Einfluss gewonnen hat, dass man den schlaffen, schlurfigen und bulimieaffinen Körper jenseits des in den späten 90er Jahren hochgeschätzten schwindsüchtigen ugly-look unter Naturdenkmalschutz stellen kann. Die weltweite Paarungskirmes treibt inzwischen auch die Männer in die Schönheitszwickmühle. Dennoch kann man den Eindruck gewinnen, dass trotz wiederholten Prokla-mierens des Endes der „Drogenästhetik", so bspw. auch der Modekosmopolit Wolfgang Joop, immer noch in den jugendlichen weiblichen Modeszenen eine Maskerade des romantischen flachbrüstigen Elends a la *Stella Tennant*; *Kate Moss, Nadja Auermann* und

Kirstin McMenamy insbesondere auch in den vielen Model-Castings etwa bei *Heidi Klum* (im Jahre 2010 bereits die fünfte Staffel) zu beobachten ist, die die 90-60-90 Ästhetik und noch mehr die sinnlich-weichen Marzipankörper wie die einer Kleidergröße 40/42 tragenden Monroe, Bardot oder Loren in Frage gestellt haben.

Darüber hinaus orientiert man sich meistens über alle Generations-, Milieu-, Geschlechts- und Ethnogrenzen hinweg zunehmend an manchmal zeitaufwändigen, kraftraubenden, aber machbaren Schönheitsidealen, die wesentlich vom globalisierten, vornehmlich westlichen normästhetischen Leitbild (nur ein Hauch Exotik ist erwünscht) einer unverbrauchten, körperlich starken, straffen *Jugendlichkeit mit Wespentaille, rundem Po, und langen Beinen* als Projektionsfläche gespeist wird (Karcher 2005, 78).

Auf der Basis eines enormen Bedeutungsgewinns von Visualität entwickelt sich Jugendlichkeit mit all ihren positiven Konnotationen nicht nur für Jugendliche selbst zum Richtpunkt latenter Selbstbewertung. Die Kraft, die vom Leitbild und Idealkörper Jugendlichkeit ausgeht, führt zu immer neuen Investitionen in Restitutionsprozesse, die maßgeblich dazu beigetragen haben, dass Bereiche wie Sport, Wellness, Mode, Kosmetik und Schönheitschirurgie seit Jahrzehnten beispiellos prosperieren.

Das Thema Mode war und ist soziologisch und sozialhistorisch betrachtet - etwa was den Zusammenhang zwischen Mode(Wandel) und Gesellschaft anging und angeht - seit dem 19. Jahrhundert auch weit über den Bekleidungsbereich hinaus hoffähig. Viele namhafte Soziologen, von *Herbert Spencer* über *Georg Simmel* und *Thorstein Veblen*, über *Edward Sapir* und *Alfred Kroeber* bis hin zu *Roland Barthes*, *Herbert Blumer* und *Pierre Bourdieu*, haben sich mit dem gesellschaftlichen Phänomen Mode auseinandergesetzt. Und vor allem *René König* war es, der als renommierter deutscher soziologischer Modeforscher der Nachkriegszeit in der zweiten Hälfte des 20. Jahrhundert der *Mode* einen zentralen, oftmals allerdings verkannten und unterschätzten Stellenwert im Kontext gesellschaftlicher Lebensformen und Auseinandersetzungen zuwies (König 1985, 63; Schnierer 1995, 11). Allerdings gehörte das Thema *Mode* keineswegs oder nur am Rande - freilich vornehmlich als *Antithese*, als *Ächtung*, als *unwürdig*, sich damit ernsthaft pädagogisch auseinander zu setzen - in den Stoffkanon pädagogischer Erörterungen. Erziehung diente im Sinne bewahrpädagogischer Tendenzen lange Zeit allenfalls dazu, Kinder und Jugendliche davor zu bewahren, unvernünftig Geld auszugeben, den Versuchungen der Werbung und den Handlangern der Modeindustrie „unkritisch" zu unterliegen. Pädagogen wollten in konventioneller bewahrpädagogischer Tradition präventiv wirken, weil sie stets die Gefahr witterten, dass Kinder und Jugendliche von der Mode, vereinnahmt, manipuliert, zu *Modenarren* oder gar modesüchtig würden. Noch in den 50er Jahren des 20. Jahrhundert galt bspw. unhinterfragt für Mädchen, dass das alleinige Tragen von „Hosen", nicht einmal nur Nietenhosen (Jeans) abträglich für das Lernen im Schulunterricht wäre. Mode stand in keinem guten Ruf und das seit jeher. Mode war und ist auch heute noch in pädagogischen Kreisen zumeist ein Anathema oder Abwehrthema. Ein nicht einmal vollständiger Mode-Katalog der Mode-Kritiken, die als quasi essentielle Eigenschaften oftmals mit der Mode assoziiert werden, könnte etwa folgendermaßen aussehen (vgl. Baacke 1988, 42f.; Ferchhoff/Neubauer 1996; Ferchhoff 1999, 151ff.; 2002, 383ff.):

1. Mode ist *unbescheiden*, unkontrolliert, hemmungslos, narzisstisch, individualitätsbezogen und führt zu einem haltlosen Egoismus; sie verletzt die Sozialität, weil sie i.d.R. nur den ökonomisch Kaufkräftigen, die auch das nötige „Kleingeld" dafür besitzen, zur Verfügung steht.
2. Mode ist *Verschwendung*. Ihre Grundlage ist vermeintlich „sinnloses" Geldausgeben. Damit ist sie im utilitaristischen Sinn, auf das einzelne Subjekt bezogen ökonomisch zutiefst nicht-zweckrational, eher unvernünftig, nicht solide. Wer bspw. für seine Kleidung viel Geld ausgibt, spart nicht und wacht nicht vernünftig genug über sein Konto - gleichwohl Mode nicht nur in ökonomischen Geldwerten aufgeht. Bedeutungen, Gefühle, Lüste, Phantasien, Imaginationen und Identifikationsmuster schwingen mit (Böhme 2006, 345). Dennoch gilt oftmals (in freilich allzu naiver kulturkritischer Perspektive) auch in charakterlicher Hinsicht: Wer zu modisch ist, kann keine Bedürfnisse aufschieben, hat keinen Tiefgang und wird i.d.R. als zu oberflächlich-extrovertiert, kapriziös, flatterhaft und hedonistisch definiert (Vinken 1993, 11).
3. Mode ist *auffällig* und nichts als dekorativ-sichtbare Oberfläche. Sie hat manipulatorischen Schein- und Warencharakter und überdeckt in der Nachahmung von Äußerlichkeiten den wahren, verborgenen, inneren Charakter, wenn er überhaupt

vorhanden ist. Sie ist erkaufte Besonderheit, die keinen Grund in Gesinnung, Leistung oder moralischen Werten besitzt: Mehrscheinen als Sein.
4. Mode besteht aus raschem Wechsel, aus nie ermüdendem Einfallsreichtum, ist hastig, flüchtig, *schnelllebig* und damit *vergänglich*. Mode ist keine „Ewigkeit, sondern der Moment... und der Moment negiert Zeit und Dauer: er löscht die Spuren der Zeit, um sich selbst absolut, selbstevident und makellos zu setzen, der vollkommene Moment als Vorschein von Ewigkeit" (Vinken 1993, 36). Mode bleibt strahlend, neu und jung; diejenigen, die sie kaufen und tragen, allerdings nicht, Treue, Solidität, Beharrlichkeit und Kontinuität sind im Zeichen der Mode nicht möglich. Sie kennt keine auf Dauer gestellte Verbindlichkeiten, denn die Mode hisst immer neue Flaggensignale der Zukunft. „Diejenigen, die in der Mode Erlösung suchen, erzwingen die Versicherung dort, wo es das, wogegen sie sich versichern, - Angst, Enttäuschung, Altern, Verletzung, Tod – nicht gibt. Daraus entsteht der fetischistische, illusionäre Charakter der Mode" (Böhme 2006, 475). Der *modische* Mensch scheint neben der Treuelosigkeit auf den Gebieten der Mode, wie schon Georg Simmel um 1900 feststellte, sich auch auf die Gebiete des Geschmacks, der Lebensstile, der Gesinnungen und der Lebensbezüge zu beziehen, Der moderne, modische Mensch scheint so gesehen nichts von Traditionen zu halten und soll keinen Sinn für Geschichte besitzen, obgleich historische Modestile im flottierenden Gewerbe qua Zitat, Selbsreferenz, Reinszenierung, Bricolage, Sampling und Crossover stets in jeweils aktuellen Modeströmungen eingehen.
5. Mode ist Zeichen von *Üppigkeit* und *Luxus*. Sie ist so gesehen nicht nur sinnlose Verschwendung, sondern darüber hinaus auch Verweichlichungstendenzen ausgesetzt. Leicht führt sie auch zur Laszivität und Sittenlosigkeit, weil im Medium des Verzichts die kraftspendende Lebensaskese nicht vorhanden sein soll.
6. Mode ist *künstlich, nicht natürlich* und damit wirklichkeitsentfremdet.
7. Mode ist wie ein Stück Torte, die manche gedankenlos nur runterschlingen.
8. Mode ist *dysfunktional*. Sie hat nur geringen praktischen Nutzen. Ihr tatsächlicher Gebrauchswert scheint gegen null zu tendieren, obgleich das alltagstauglich Zweckmäßige und Komfortable der Mode nicht zuletzt auch aus den Sportbereichen und den jugendkulturellen Szenen inzwischen immer mehr in den Mittelpunkt gerückt werden. Mode, zumindest in der Prêt-à-porter- Variante, so *Wolfgang Joop*, wurde in der letzten Zeit immer auch am Tragbaren und Nützlichen gemessen, gleichwohl Mode etwa in der Haute-Couture-Variante zur Inszenierung der „perfekten Illusion und Traumwelt" beitragen sollte (2001, 5).
9. Mode ist Ausdruck von *Unvernunft*. Sie besitzt Eigenschaften, die man nicht ernsthaft zum (Über-)Leben braucht (Binder 2002, 7); sie ist in diesem Sinne defunktionalisiert, weil sie keine vernünftigen Zwecke außer sich selbst hat.
10. Mode steht *jenseits der Arbeit*. Wer der Mode allzu sehr zugeneigt ist, scheint nicht die zentralen (protestantischen) Arbeitstugenden zu besitzen. Auf jeden Fall gilt er als unproduktiv. Und die Mode verdrängt, dass es Arbeit ist, die den Markt schafft und in Schwung hält - obgleich sie gleichzeitig diesen auch immer wieder in Gang setzt.
11. Mode ist *mit Lebensgefühlen und Leidenschaften emotional aufgeladen und von daher kognitiv unterbelichtet und so gesehen nicht-intellektuell und in gewisser Weise diskursresistent*. Wer

der Mode nachhängt, lebt im Hier und Jetzt, lebt im Augenblick und legt von daher eine ausgeprägte „Leichter-Leben- und Live-Now-Einstellung an den Tag" (Luger 1991, 259), anstatt vorauszudenken und zu planen. Obwohl es intellektuelle Moden gibt, kommt diesem Thema als Reflexion häufig nur eine wissenschaftshistorisch randständige Bedeutung zu. Es gilt selbst bei ausgewiesener Kreativität in der scientific community mindestens als *verdächtig, modisch* in der Theorie zu sein; denn die ornamentale Oberfläche des Wissens scheint für wissenschaftliches Arbeiten nicht hinreichend zu sein. Und *gute* Theorien sind auf Kontinuität, Verlässlichkeit und Bewährung, höchstens auf Falsifikation angelegt und können so gesehen gar nicht *modisch* sein.

12. Mode erzeugt *Innovation* und *Distinktion* im Kontext von Lebensstilen, produziert *Nachahmung, Prothesen* im Sinne einer bauchnabelfreien, körpernahen Erweiterung der Haut, die vor allem in den jüngeren Tendenzen der Jugendkultur „von Piercing und Branding über Plateauschuhe bis zu den kultigen bauchnabelfreien Tops und T-Shirts und den transparenten Kleidern", die quasi erotische Nähe zum Fleisch unterstreichen (Poschardt 1998, 470), und in einem späteren Stadium *Überdruss*. In einer „offenen, von Gütern aller Art gesättigten und mit Lebenssinnproblemen kämpfenden Gesellschaft sorgen schon die entsprechenden ökonomischen und kulturellen Bemühungen um Distinktions-, Absatz- und Erlebnissicherung für permanenten Modewandel (Schnierer 1995, 186). Veränderung scheint die einzige Konstante zu sein. Und auch die Produktionszwänge der Mode- und Medien- und Werbemärkte tun ihr übriges. Man muss - in der Logik der Modeproduzenten - ein Teil der hippen Modewelt sein, damit man auch von den entsprechenden Medien, Magazinen und in den Fashion-Blogs wahrgenommen und *gefeiert* wird. So gesehen befindet sich Mode in einer paradoxen Strukturlogik zwischen Kreativität und Rentabilität und zwischen hochgradiger Individualität und massenwirksamer Kollektivität.

Dass aber die Mode mehr als eine „Moderaserei", mehr als ein „Modediktat" und mehr als eine ausgeklügelte Werbestrategie der mit schlauen Raffinessen, Life-Style-Arrangements und Vermarktungsmechanismen aufwartenden Bekleidungsindustrie, sondern auch - mit weniger Häme bedacht - den unmittelbaren Gebrauchswert übersteigt und eine Sache des Geschmacks (heute würden wir sagen, eine Sache des Lebensstils) sein kann, wusste freilich schon Kant: Denn derjenige, der „außer der Mode einen vorigen Gebrauch anhängt, heißt altväterisch; ... besser ist es aber noch immer, ein Narr der Mode als ein Narr außer der Mode zu sein" (Kant). Und bekanntlich ist es für Pädagogen außerordentlich schwierig und auch nicht immer wünschenswert, Geschmacksurteile zu redigieren, Kleidungsstile zu zensieren und jugendmodische Attitüden grobkörnig und wenig variationsreich zu deuten. Mode scheint heute für viele Jugendliche und Erwachsene gleichermaßen trotz Abgrenzung und Einvernahme im erzieherischen Umgang zum allgemeinen kulturellen Gestaltungsprinzip sowie zur allgemeinen und auch selbstverständlichen Lebensform geworden zu sein. Während die *normale* Mode geradezu davon lebt, dass ihre Neuerungen allmählich sich so durchsetzen, dass sie im Zuge der Verbreitung und Evolution einem großen Publikum zugänglich werden und die meisten sie akzeptieren, lebt Jugendmode von der größeren Passion, Intensität und Quelle der Inspiration, den variantenreicheren und lebhafteren Ausdrucksmöglichkeiten, den oftmals geschlosseneren Stilwelten und vor allem vom rasanterem Wechsel und der Diskontinuität. Was heute *in* oder *hip* ist, ist einen Monat später schon *out*. Modell Fließband und ständiger Wechsel der Angebote - von der aktuellen Laufsteg-Mode auf Straßen-Niveau - nicht nur bei den amerikanischen (GAP), schwedischen (H&M) und spanischen (ZARA und MANGO) Ketten der (Jugend-)Klamotten-Mode. Angesichts ihrer relativ preiswerten Angebote in Bezug auf die Mode-Basics sind sie für Jugendliche eine ständige Konsumversuchung (Jenß 2005, 27). Ihre Schnelllebigkeit und ihre allgemeine Vereinnahmung (vornehmlich durch Kopien von Designermode auch durch Erwachsene) zerstört aber darüber hinaus ihren eigentlichen Zauber. Jugendmode muss sich gerade nicht nur homöopathisch wandeln. Sie ist deshalb zuweilen noch schneller und vergänglicher als die Mode der Couturiers und darum auch wirtschaftlich viel schwerer kalkulierbar. Kreisläufe von Moden liefen in der jüngeren Vergangenheit meistens so: Die großen Designer zeigten auf den großen Modeschauen der Welt, die sogleich von den Ketten wie H&M und ZARA kopiert wurden und dort in den Filialen hingen, noch bevor die ersten Designerstücke überhaupt in Produktion gegangen waren, gleichwohl das Ineinssetzen von exklusiver Designermode (hohe Schneidekunst und Beschränkung) und Massenmode nicht immer stattfindet und die Trendhoheit der Designerszene auch in stadtfeinen Sportklamotten in Grenzen zurückkehrt (Kruse 2006, 29). Immerhin über die Vielfalt und den raschen Wechsel der Jugendmode laufen heute neben den erörterten Stilbildungs- vor allem auch Distanzierungs- und Integrationsprozesse, die im Falle der Distanzierung in Frage stellen, was sonst nicht diskutiert wird. In diesem Sinne ist Jugendmode auch kein randständiges Thema der Pädagogik mehr.

Dass Jugendmode nicht nur im Rahmen des kulturell variierenden weiblichen Schönheits- und männlichen Stärkeideals insbesondere auch in androgynen bzw. metrosexuellen Szenen spezifisch ästhetisierende und lebensstilaffine Zwänge ausübt und neben aller Diskontinuität, Unkalkulierbarkeit und Kreativität auch ein Bestandteil eines systemrational gelenkten Konsumsystems ist - etwa in der ökonomischen Marionettenmodellogik: „die Mode als des „Kapitalismus liebstes Kind" (vgl. hierzu Schnierer 1995, 81ff.) oder in der Zyklenmodelllogik: der Modewandel unterliegt einer saisonalen Schwankung weit überschreitenden Regelhaftigkeit bzw. Zyklität (vgl. ebenda, 113ff.). Darauf habe ich hingewiesen. Jugendmode kann allerdings auch - und das ist die andere, soziologisch und pädagogisch bis in die 60er und 70er Jahre des 20. Jahrhundert häufig vernachlässigte Seite der Medaille - hautnah, phantasievoll und kreativ-produktiv angeeignet und erlebt werden. In gewisser Weise können Jugendliche selbst dort noch, wo die Marketingexperten, Designer, Konstrukteure, Drahtzieher; Scouts und Handlanger der Modeindustrie ihre Finger im Spiel haben, in eigener Regie über Mode verfügen. Mode ist Mittel und Technik, am Körper auch Identität zur Darstellung zu bringen. So gesehen bewegt sich Mode zwischen massenproduzierter Uniformierung und jugendkultureller Individualisierung, kann Einheitlichkeit oder Uniformität abstreifen und je nach Perspektive auch Differenz und Andersartigkeit markieren. Mode ist heute ein globalisiertes, kosmopolitisches Metier und ganzheitliches Phänomen, das nicht nur den Körper und die Kleidung des Menschen im ganzen, sondern auch - worauf schon René König hinwies - „seine sämtlichen Äußerungsformen zu ergreifen und umzugestalten vermag" (Schnierer 1995, 49).

Die heutige Jugendmode treibt dieses Prinzip gleichsam auf die Spitze. Hier sind die Jugendlichen die Quelle der Inspiration - bspw. in bestimmten subkulturellen Lebensstilzusammenhängen - manchmal auch die Modeschöpfer und „Identitätswegweiser in einer sich wandelnden Welt" (Schnierer 1995, 74), die einem - auch von ihnen nicht hergestellten - Produkt oder einem Symbol und Label *Kultcharakter* zuweisen und einer *Marke* und einer Modedesignerin oder einem Modedesigner zum großen Durchbruch verhelfen können, während den Älteren häufig nur die Zuschauer- oder allenfalls im Lichte einer stilistischen Verspätung die Nachzüglerrolle zugewiesen wird. Dies gilt in ähnlicher Weise auch für sogenannte Anti-Moden. Auch sie (etwa die *no-name-Produkte*) waren und sind - ohne modisch sein zu wollen - zweifelsohne Moden. Hinzu kommt, dass Sportswear sich seit mehr als fünfzehn Jahren in der Mode etabliert hat. Die Lässigkeit von Turnschuhen und die Bequemlichkeit von Kapuzenpullovern wurden von Designern aus den Sport- und Straßenkontexten aufgenommen und traditionelle Sportfirmen wie Puma, Adidas, Nike etc. produzieren vermehrt Bekleidung, die ausdrücklich nicht für das Sporttreiben gedacht ist.

Jugendmode begann, verstärkt zu Beginn des 20. Jahrhunderts mit dem Wandervogel bzw. der Jugendbewegung, übrigens als Anti-Mode. Seit jener Zeit enthielt Jugendmode immer wieder gerade als Anti-Mode Zeichen des Anderssein-Wollens und Protests gegen die Angepasstheit der Väter und Mütter. Statt industriell produzierter Massenware in einem globalisierten Warenverkehr werden - durchaus das Individuelle betonend - nicht nur seit Naomi Kleins Streitschrift: „No Logo" - von Hand gefertigte Unikate geschätzt.

Zudem suchen Jugendliche im Modekonsum nicht selten in Verbindung mit Medien, Musik und manchmal Sport vor allem auch das Jugendkulturelle: Gleichaltrigenbeziehungen, Geselligkeit, Originalität, Spaß, Genussmöglichkeit und übrigens auch Askese, Überhöhung und Selbststilisierung ihres manchmal allzu langweiligen Alltagslebens, Authentizität, Selbständigkeit, „Jemand-sein-wollen", um vor sich selbst und anderen anerkannt zu sein.

In dem Maße, in dem der Zusammenhalt der traditionellen Lebensmilieus schwächer wird, ist es bspw. bei Jugendlichen neben der individualisierten Selbstbehauptung des Einzelkämpfers die Gleichaltrigenszene, die die Lebensorientierung vieler mitprägt.

Nicht nur in den Familien und Schulen, sondern vornehmlich in den informellen und tendenziell *frei* gewählten Gleichaltrigengruppen erfahren Jugendliche heute Zugehörigkeit und Anerkennung, aber auch Ablehnung und Abhängigkeit. In diesem Zusammenhang leistet Jugendmode (unterstützt durch Werbung, Medien und insbesondere Musik) einen nicht zu unterschätzenden Beitrag. Über Mode lässt sich ähnlich wie beim Sport auf der Subjektebene ein Status erreichen oder zumindest individuell und lebensstilaffin demonstrieren. Mode kann vieles:

- sie kann Abwechslung anzeigen, initiieren, inszenieren, provozieren, schockieren;
- sie kann Aufmerksamkeit erheischen, faszinieren, Emotionen auslösen und Statements präsentieren;
- sie kann aber auch vergewissern, Angepasstheit, Integration und Gruppenidentität ausdrücken;
- sie kann Zugehörigkeit anzeigen und Distanz markieren,
- sie kann den eigenen Verkaufswert etwa auf dem Beziehungsmarkt steigern oder auch erniedrigen;
- sie kann Gradmesser von Eleganz, manchmal auch Elite selbst im asketischen identitätsstiftenden Minimalismus wie bei den heutigen - nicht immer jugendaffinen, aber zumindest Luxus und Jugendlichkeit versprechenden Modelabels von *Hermès, Dior, Prada, Gucci,* von *Armani, Versace, Dolce & Gabbana* (seit mehr als 20 Jahren Mailänder Glanz der Modedesigner), von *Helmut Lang, Comme de Garcons, Martin Margiela, Dries van Noten, Dirk Bickenbergs* (die belgischen Designer haben die Mode/Kleidung/Schnitte dekonstruiert und ent-armanisiert) oder von *Jil Sander* (inzwischen britisch) sein;
- sie kann Lebensstile kreieren, Lebensgefühle wecken, verkaufen und bestätigen, sie kann sogar ein ganzheitliches Sinnerlebnis vermitteln;
- sie kann die Figur und unbestreitbare Defizite kaschieren und korrigieren sowie Einzigartigkeit inszenieren oder vortäuschen;
- sie kann Langeweile bekämpfen,
- sie kann verschiedene Rollenmodelle inszenieren und unterstützen,
- sie kann sogar durch Konformität Unsicherheit nehmen;
- sie kann standardisieren, uniformieren, aber auch selbstvertiefend durchaus im Medium von Oberflächen mit der *Rückkehr zur Monade* wie etwa bei *Alexander McQueen* (im Jahre 2010 verstorben) individualisieren (Poschardt 1998, 184);
- sie kann etwa in der Nichtfarbe schwarz - in allen Jahrzehnten in unterschiedlichen, nicht nur Intellektuellen-Milieusund bei Punk, New Wave und Gothic immer wieder dominant (in den 20er, 50er, 60er, 70er und 80er Jahren bis heute waren das „kleine

Schwarze" stilbildend von *Coco Chanel* und der schwarze Rollkragenpullover, vorzugsweise aus Kaschmir, stilbildend; in den 90er gerade auch von der Antwerpener Schule, angeführt von *Ann Demeulemeester* und *Martin Margiela* in eleganter Melancholie präsentiert; Voight 2002, 58), - zeitlos, image- und identitätsbildend sein;
- sie kann schließlich grenzüberschreitend mit popkulturellen Elementen (Klein 2005) Lebensstillieferant von und für Jugendliche(n) sein, die im Kleiderschrank die letzten Reste ihrer Rebellion ausfechten.

Die Modemarken, ihre Accessoires und die Konsumprodukte, die man/frau sich leisten kann, können im Medium kleiner Aufschneider zur Schau gestellt werden und kurzfristige Zufriedenheit suggerieren und das Selbstwertgefühl (vermeintlich) steigern. Weil die meisten Menschen dies im kommerziellen Modebereich allerdings nicht immer finden, ist Modekonsum auch häufig mit Enttäuschungen gekoppelt. Das, was von der Mode und der Werbung versprochen wird, namentlich die Überwindung von Langeweile und Frustration, statt dessen Wertschätzung des Kreativen, Zufriedenheit, Glück, Freiheit und Selbstbestimmung, und was viele auch suchen, finden sie dort meistens nicht. Die über Kleidung und andere Lebensstildesigns (etwa über die bekannten, zuweilen hochgeschätzten und stilisierten sichtbaren, manchmal auch verdeckten Logos nicht nur von Sportswear) ausgedrückten Hoffnungen schwinden dahin. Die Vorstellung, dass es etwas Besseres, Tragfähigeres und Idealeres gibt als das, was man gerade hat, mag es sich nun um Sachen, Dinge oder gar um Personen handeln, ist typisch für unsere erlebnishungrige individualisierte Gesellschaft. Deshalb ist unser Konsum auch vom ständigen und immer schnelllebigeren Austausch der Produkte bestimmt. Im ungünstigen Fall können sich etwa im Kaufrausch freilich auch suchtähnliche Tendenzen einstellen, die sich wiederum auf diese (strukturell gesehen) immer-währenden und zugleich höhergeschraubten Scheinbefriedigungen und Enttäuschungen zurückführen lassen. Allerdings scheint der Modekonsum in den meisten Fällen in seinen Auswirkungen - wie man leicht sehen kann - doch harmloser als etwa der illegale Drogen- oder der gesellschaftlich akzeptierte Nikotin-, Medikamenten- und Alkohol-konsum. Diejenigen, die sich durch exklusive Modemarken ihre Individualität einkaufen (sich gegenüber anderen abgrenzen und Anders-Sein-Wollen als Kritik und zugleich (Szene-)Zugehörigkeit markieren und mit anderen, jugendkulturell Gleichgesinnten Gleich-Sein-Wollen), scheinen immer noch besser dran zu sein als diejenigen, die gesellschaftlich nicht akzeptierte illegale Drogen beschaffen und konsumieren, um ins *Tiefe* hinabzusteigen, oder sich in religiöses oder politisches Sektierertum begeben, um im fundamentalen Fanatismus Intensität zu erfahren. Wie barmherzig und freilassend ist dagegen doch Körpermanagement und Körperstyling qua Jugendmode. Ihre schillernde Oberfläche und auch ihre Kurzlebigkeit ist vielleicht manchmal der beste Schutz gegenüber schwerwiegenderen ideologisierenden Verführern sowie gegenüber der Brüchigkeit und den Leerstellen der eigenen Patchwork-Identität. In den situativen Augenblicken der Verdichtung kann Mode ungemein bereichernd wirken, Wohlbefinden anzeigen, Lebensfreude steigern und Glücksgefühle hervorrufen. Sie kann Überlebenshilfen anbieten und zugleich als Protest- und Genussmöglichkeit dienen. Dann ist es auch nicht so wichtig, ob Kleidung labelfrei, *von der Straße, von der Stange* oder von der *Haute Couture, mit oder ganz bewusst auch ohne Logo* gekauft und getragen wird. In diesem Sinne darf die Jugendmode auch einmal als äußerst komplexes Handlungsfeld, als ein - freilich immer strukturell fragil bleibender - Ort der intensiven „Erprobung" und „Mündigkeit" verstanden werden, wo jemand seinen Habitus und seine Attraktivität vor allem auch - selbstverständlich im Zusammenhang mit den anderen Ingredienzien des Auratischen wie Gestik, Mimik, Motorik, Rhetorik und Wissen (Poschardt 1998, 444) - über das komplexe und inzwischen in der Art der Codierung und Stilisierung noch feinsinniger werdende Kommunikationsmedium Kleidung ausarbeitet. Mode kann das *„simultane Fitting in* und *Sticking out"* ermöglichen und „verhilft damit nicht nur zur Herstellung personaler Identität, sondern vermittelt auch ein Gefühl der Stabilität und Zugehörigkeit und stiftet so Orientierungsmöglichkeiten und soziale Beziehungen" (Jenß 2005, 33f.).

Jugend wird zwar im Zuge der allseits geschätzten *Jugendlichkeit* auch über Mode, Sport und andere mediale Vermittler in quasi allen Altersklassen der Gesellschaft zumindest als Ideal und Idee hofiert und bisweilen sehr geschätzt, freilich nicht in ihren einzelnen Vertretern.

Davon gibt es, zwar immer weniger werdend und trotz empirischer Vergreisung der gesamten Gesellschaft, gemessen an Arbeits- und Ausbildungsplatzkapazitäten, immer noch zu viele. Diese sehr einseitige Idealisierung und Idolisierung von Jugendlichkeit verschafft den Älteren zumindest den Zugang zu einem freundlichen, harmonischen und aktiven Selbstbild, das in gewisser Hinsicht ein Optimum darstellt, das unsere Gesellschaft den Erwachsenen in den besten Jahren anzubieten vermag (Rosenmayr 1970, 222).

Jugendlichkeit wird dabei nicht selten zum Bindeglied zwischen den Generationen, indem die von Jugendlichen oder jungen Erwachsenen ins Leben gerufenen kreativen Innovations- oder Enttabuisierungsprozesse, sei es nun in den Bereichen Sport, Mode, Medien oder Sexualität, oftmals in gedämpfter bzw. verwässerter Form über den latenten Druck des Ideals Jugendlichkeit von den Älteren rezipiert werden (müssen). Besonders in den neuen Mode- bzw. Trendsportarten scheinen Jugendliche und junge Erwachsene den älteren Generationen auch gleichzeitig Mut zu machen, zumindest in diesem Sinne jung zu bleiben und Hand an die eigene, individuelle Jugendlichkeit zu legen. Verstärkend hinzu kommt, dass den Jugendlichen die Teilhabe am kulturellen Leben noch nie so leicht gemacht wurde, und dass ihre spezifische Aneignung von Kultur und der damit verbundene jugendkulturelle Habitus noch nie so verbreitet war wie heute.

Jenseits der Apparate und Standards der Offizialkultur werden immer wieder Wandlungen im alltäglichen Habitus der Jugendlichen sichtbar, die sich in neuen Formen des sich Kleidens und Gebens, der Aneignung von Sport, des Gebrauchs von Gegenständen der Alltagskultur oder neuen Formen des Vergnügens artikulieren. Inzwischen gibt es zusehends mehr Jugendliche, die nicht mehr nur wie noch ein Großteil ihrer Eltern und Großeltern von lustfeindlichen Schuldgefühlen geplagt oder gar gepeinigt werden, sondern im Gegenteil bisweilen sogar auf provokative Weise besonders gegenüber den alternativen und gegenkulturellen Jugendlichen und Erwachsenen auf eine griesgrämige Anklage des Massenkonsums verzichten, sondern diesen vielmehr auf kreative Weise pflegen (vgl. Ferchhoff/Neubauer 1997). Vom klangintensiven iPod oder MP3-Player beim Skaten oder Mountainbikefahren bis zum hochmodernen, voll ausgestylten Surfboard, das bisweilen sogar zweckentfremdet ausschließlich zu Demonstrationszwecken auf dem Dachgepäckträger eines prestigegerechten Klein-, Sport- bzw. Mittelklassewagen vornehmlich im Innenstadtbereich patrouillierend vorgeführt wird - geschätzt ist, was ankommt und anmacht.

Wer heute als Erwachsener noch in und damit den Idealen von Jugendlichkeit gerecht werden will, muss jenseits milieuspezifischer Traditionalismen zunächst einmal durch sportive Eleganz, body image, Harmonie und Dynamik, verbunden mit einem Höchstmaß an jugendlichem Habitus zu glänzen versuchen. Schlank, schön und sportlich scheint immer mehr mit Können, Leistungsstärke, Scharfsinn, Flexibilität, Geschicklichkeit und Beweglichkeit gleichgesetzt zu werden. Erfolg im 21. Jahrhundert wird wesentlich über diese Attribute definiert. Besonders die wachsende Anzahl von *postadoleszenten Enddreißigern* (vom *normalen* Studenten bis zur Yuppie-Version, die zuweilen ihre Adoleszenz bis hart an die Grenze des Vorruhestandes verlängern müssen) verkörpern und popularisieren die nicht unwesentlich von Werbe-, Marketing- und Kulturdesignern gepflegten und unterstützten Bilder von trendiger Jugendlichkeit. Im Rahmen von selbster-fahrungsbezogenen und erfahrungshungrigen Jugendlichkeitsmetaphern umstellt zeichnet sich dabei immer deutlicher eine, angeblich die Selbstverwirklichung fördernde, individuelle und gleichzeitig kollektive, grenzenlos bauchnabelfreie - nicht nur im Medium von Girlie-Manie und Boy-Group-Kult - Schau- und Zeigelust ab, die im Rahmen eines uiferlosen Exhibitionismus in der Öffentlichkeit zudem *einem Terror der Intimität* Vorschub leistet und eine folgenreiche Erosion des Privaten einschließt). Das *richtige* impression management und die damit verbundene permanente, zur Veröffentlichung freigegebene und kaum noch Distanz wahrende Mitteilungsbereitschaft nicht nur in Talk-Shows scheint keine Grenzen zu kennen. Jeder kann sowohl im Zuge des Fortschreitens der Selbstbeobachtung und Selbsterforschung seelen-sezierend innen und sportlich außen unter Berücksichtigung der entsprechenden Bedingtheiten an sich arbeiten.

Im Wettbewerb der grassierenden Lebensstile und Moden, der Überfülle von Zeichen, Symbolen und Accessoires geht es um eine extravagante selbstinitiierte Ästhetisierung der eigenen Existenz. In der Suche nach oder der Kampf um Anerkennung und Bewunderung triumphieren in einer Art alltäglichen Dauerinszenierung egozentrische, wichtigtuerische ästhetische Dimensionen. Körperliches Aussehen und Körperinszenierungen spielen bei den egozentrischen „Sinn-Scouts" eine ganz zentrale Rolle. Attraktivitätsmängel und -defizite werden beklagt, angegangen und/oder kaschiert (Brettschneider/Brandl-Bredenbeck 1997, 223).

Heute muss mit Schauspielern, Schauspielerinnen, Models oder Sportidolen wie Robert de Niro, Brad Pitt, Tom Cruise, Justin Timberlake, Julia Roberts, Michelle Pfeiffer, Kellan Lutz, Cindy Crawford, Nicole Kidmann, Carmeron Diaz, Julia Roberts, Lara Stone, Heidi Klum, Eva Padberg, Paris Hilton, Lady Gaga, Britney Spears, Magdalena Neuner und u.a. konkurriert werden, und nicht nur mit Anja und Sven aus der Cafeteria. Der strapaziösen erfahrungshungrigen und auch gelegentlich ruinösen physischen und psychischen Selbst- bzw. Außenthematisierung entspricht eine auf Jugendlichkeit und Schönheit trimmende und fitnessbewegte, bänder- und gelenkbelastende, freiwillige Selbstfolterung, die vom beinharten Stadtmarathon und Triathlon bis zur eisernen Jungfrau eines Bodybuilding-Centers reicht (Guggenberger 1986, 5). Auch der selbstauferlegte, oftmals heimliche, selbstquälerische Zwang etwa beim Sonnenbräunen, krebsrot, dem Kollaps nahe, unter allen Umständen in der Sonne auszuharren und sich von ihr wie in der Mikrowelle braten zu lassen, war für die Erben des protestantischen Arbeitsethos bis zum schwerfallenden „Abschied von der Bronzezeit" (hohe Dosis von UV-Strahlen, Hautkrebsgefahr) schon Anfang der 90er Jahre ein typisches Beispiel jenes Leistungscharakter annehmenden und gleichzeitig jugendliches Prestige verheißenden Zwangs zur Pflicht zum Genuss (vgl. Bourdieu 1982; Paris 1985, 3; Hallmayer 1993). Eine gewaltige fitnessbezogene und gesundheitsvisionäre Selbst- und Außenbespiegelung war allgemein geworden.

Das Jugendlichkeit versprechende Interesse für das subjektive Gesundheitsempfinden und für den *symbolischen Wert des Körperkapitals* ist zu Beginn des 21. Jahrhundert immer noch enorm. Gesundheit, Muskelkraft, Schönheit, körperliche Leistungsfähigkeit, Harmonie und Fitness, das sind durchaus auch jenseits eines manchmal zu engen künstlerischen und musischen Verständnisses *ästhetisch* und *kulturell* hochgeschätzte Werte, die weiterhin *hip* sind und nachgefragt werden, auch wenn sich in den späten 90er Jahren in einigen Szenen und Milieus am Horizont ein vorsichtiges Abrücken vom sonnengebräunten *Designer-Body* anzukündigen scheint. Ein idealer Körper, d.h. ein sportiv-durchtrainierter, fitter, fettfreier, jugendlich-dynamischer Körper ohne Pickel, Falten, Fettwülste und mit Waschbrettbauch ist immer noch vielerorts „die Eintrittskarte in ein Phantasieland der Schönheit" und des Erfolgs" - gleichwohl die körperlichen Kraftakte, also die *bloß physisch* bestimmbaren Elemente der Leistungsverausgabung einem *epochalen gesellschaftlichen Entkörperlichungstrend von Arbeit* zuwiderlaufen.

„Während Arbeitsmärkte und Berufsstrukturen" den „Leistungsdiskurs durch Abstraktifizierung, Generalisierung und Entkörperlichung ihrer Leistungskriterien abfangen", scheinen gerade die „produktionstechnisch obsoleten körperlichen Leistungen" und Facetten des körperlichen Habitus' in sportbezogenen Kontexten erfolgreiche Stile der Lebensführung zu markieren, die wiederum als *ästhetisch-sportspezifische Leistungssymboliken* vor allem auch Imagetransferleistungen im Rahmen einer hochgeschätzten versportlichten Alltagskultur zustandebringen (Matthiesen 1995, 175). Nicht nur von Jugendlichen wird der leistungsgetrimmte Körper als „Mittel der sozialen Distinktion", *zur sportiven Lebensführung*, zur sozialen Anerkennung und als Kapitalressource im Alltag verwendet (Brettschneider/Brandl-Bredenbeck 1997, 247). Nach wie vor gelten die in keiner Satzung stehenden, aber dennoch verordneten, quasi symbolisch Jugendlichkeit verheißenden vitalen, sportlich-attraktiven, wohlgeformten und dynamischen körper- und selbst-thematisierenden Lebensideale. Die Normen des *looking good* und *feeling great* scheinen allgegenwärtig und dem Individuum zumindest ästhetischen

Teilzeit-Sinn zu ermöglichen und zu vermitteln (Brettschneider/Brandl-Bredenbeck 1997, 246).

In dem Maße wie die *traditionellen Sinninstanzen* und die *konventionellen Lebensinhalte* wie Religion, Politik, Erziehung usw. unüberschaubarer und diffuser werden, gewinnt der Körper als überschaubares, sichtbares und kontrollierbares Ganzes an Bedeutung. Daraus folgt, dass die gesellschaftliche Bedeutung körperbezogener Merkmale wie z. B. körperliches Aussehen, Kleidung, Ess- und Bewegungsgewohnheiten im Medium von aufmerksamkeitsrelevanten Statussymbolen immer mehr zunimmt.

Der radikal verdiesseitigte *Sinn des Lebens* wird - in *kleinen Lebenswelten* durchaus quasi-religiös - zunehmend über körper-gebundene Symbole und Zeichen und über „nationale und kulturelle Grenzen hinweg", zuweilen via Medien (Model-Castings, Containerberühmtheiten) unterstützt, nach außen deutlich gemacht (vgl. Brettschneider/Brandl-Bredenbeck 1997, 254; Matussek 2004, 38ff.).

Im Zuge der grenzenlosen und zugleich vermeintlichen Freiheit sportiver Aktivitäten in und außerhalb von Vereinen und kommerziellen Studios hat man, eingedenk nach wie vor vorhandener sozialer Ungleichheiten und analog zu anderen Bereichen explodierender Optionsvielfalt, die Qual der Wahl: Tanzen, Gerätturnen, Rollerblading, Streetbasketball, Streetsoccer, Beach Volleyball, Badminton, Tanzen, Eishockey, Inlineskating, Downhillfahren, Tennis, Tischtennis oder Squash, Reitsport, Freies Gewichtheben oder eine der zahlreichen, hochfunktionalen Bodybuilding-Maschinen, Schwimmen, Laufen im Wald oder auf dem Endlosband, Radfahren im Freien oder stationär fixiert, Rudern, Kanu oder Segeln, Basketball, American Football, Baseball, Golf, Polo, Fallschirmspringen, Handball oder Fußball, Billard, Aerobic, Break- oder Jazzdance, Fitnesstraining, Gymnastik oder Skigymnastik u.v.a.m.

Auf der Suche nach den individuellen Orientierungen bzw. Möglichkeiten kommt es dabei neben überzeugenden Identifikationsversuchen auch zu mehr oder minder konsequenten bzw. sympathisierenden Annäherungen, bei denen ein (mögliches) Scheitern oft zu Schamgefühlen, Unsicherheiten und massiver Sozialangst führen kann.

Trotz dieser latenten Gefahr, die vom Leitbild *Jugendlichkeit* ausgeht, scheint die Faszination ungebrochen zu sein.

Auch die in diesem Zusammenhang insbesondere von kultur-kritischen Perspektiven nicht selten als Verteidigungsrede vorgebrachte Kritik am Leitbild *Jugendlichkeit* vermag insgesamt wenig zu überzeugen. So wird etwa im Zuge der traditionellen, aus der Kritischen Theorie stammenden Konsumkritik in besonderem Maße die Verdinglichungs- und Entfremdungsdimension der Warenanalogie herausgearbeitet.

Vor allem aus sozial-psychologischer Perspektive wird etwa *Jugendlichkeit* ab einem bestimmten *fortgeschrittenen Lebensalter* mit sozialer Infantilisierung, infantiler Egozentrik oder Regressivität gleichgesetzt. Und schließlich wird vor dem Hintergrund eines klassisch kulturkriti-schen Ansatzes *Jugendlichkeit* aufgrund fehlender Verar-beitungshilfen als Zerbröselung der Transzendenz und als Verdrängung des Todes enttarnt (Ziehe 1986). Trotz der Bedeutung und Ernsthaftigkeit der angedeuteten Argumente lässt sich, so scheint es, die zunehmende Faszination, die vom Bild der Jugendlichkeit in Mode und Sport ausgeht, nicht gänzlich durch den Rekurs auf die - ohne Zweifel erkennbaren - Prozesse massiver kulturindustrieller und sozioökonomischer Inan-spruchnahme neutralisieren. Hinter dem zunehmenden Bedarf an *Jugendlichkeit, manche sprachen sogar von nicht enden wollenden Wellen des Jugendwahn,* scheint sich viel mehr als das *Verschwinden der Erwachsenen* zu verbergen.

9. Aufwachsen heute: Veränderte Erziehungs- und Sozialisationsbedingungen in Familie, Schule, Beruf, Freizeit und Gleichaltrigengruppe

Im 21. Jahrhundert kommt es soziologisch gesehen auf der Grundlage veränderter Lebenssituationen in einem breiten Spektrum zu einer gleichsam veränderten Thematisierung von Jugendphänomenen und zu einer tendenziellen Neudefinition der gesellschaftlichen Rolle der *Jugend*. Es findet ein tiefgreifender ökonomischer, sozialer, politischer und kultureller Wandlungsprozess statt (vgl. besonders *Kapitel eins* und *zwei* in diesem Band), in dem Jugendliche eingebunden sind und auf den *Jugend* auf ihre Weise *antwortet*. Sie *unterwerfen* und *entziehen* sich, sind aber auch akteursmäßig beteiligt an diesen Wandlungs- und Umbruchprozessen. *Jugend hat* nicht nur ihre Geschichte, sie *macht* sie auch (Gillis 1980; Savage 2008; Hornstein 1985, 158; 1998, 22). In der *Jugend* „bündeln sich prismenartig" die zentralen Phänomene der Gesellschaft: „Fragen von Bildungschancen und sozialer Gerechtigkeit, Fragen zur Gestaltung des Generationsverhältnisses und zum weiteren Verlauf sowie Fragen zu den Folgen des demographischen Wandels, Fragen der Wertorientierung und –fundierung der Gesellschaft, der zukünftigen Entwicklung politischer Einstellungen und Orientierungsmuster" (Shell Deutschland Holding 2006, 451); Fragen zum Geschlechterverhältnis, Fragen zur Lern-, Arbeits- und Leistungsbereitschaft und Fragen zum Erziehungsverständnis, Fragen zum Medien-, Konsum-, Freizeit- und Moderverhalten, Fragen zur Ernährung, zur Sportbereitschaft sowie zum Risikoverhalten und Gesundheitsverständnis Insofern scheint *Jugend* heute doch ein wenig mehr zu sein als nur „sechs Buchstaben, die für nichts mehr stehen" sollen - „außer für eine kaufkräftige Zielgruppe" (Farkas 1997).

Wer nach der ersten Dekade im 21. Jahrhundert ein *Bild der deutschen Jugend* versucht zu rekonstruieren, der hat sich, um ein wenig mehr zu leisten als bestenfalls jugendliche Geschichtsschreibung zu betreiben, im Rahmen einer sozialwissenschaftlich globalen, interdisziplinär orientierten Forschungsperspektive damit auseinander zusetzen, die tiefgreifenden Umbrüche in den Sozialisationsbedingungen und Erziehungsbemühungen von Kindern und Jugendlichen entlang ihrer zentralen Lebensbereiche mehrdimensional nachzuzeichnen. Man kann dem komplexen Phänomen *Jugend* nur gerecht werden, wenn alle anthropologischen, biologischen, psychologischen, soziologischen, historischen und pädagogischen Dimensionen und Aspekte, die zur Deutung des menschlichen *Seins* grundlegend sind, herangezogen werden. Darüber hinaus sind Denktraditionen und Denkströmungen aus verschiedenen wissenschaftlichen Disziplinen zur Deutung heranzuziehen sowie Sachkenntnisse und Einsichten in die komplexen Lebensverhältnisse im 21. Jahrhundert vonnöten. Zwar sind verallgemeinernde Aussagen zur *Jugend*, wie sie bspw. in den Vorstellungen über anthropologische, biopsychische und kulturelle Grundbedürfnisse und Gesetzlichkeiten und über universale Konstanten, Entwicklungsprozesse, Reifegrade, Phasen- und Stufenfolgen in der menschlichen Entwicklung nahegelegt werden, sehr verführerisch. Nur sind solche oder ähnliche voreiligen Generalisierungen sachlich irreführend, weil sie - mit Ausnahme neuerer, sozialwissenschaftlich angereicherter entwicklungspsychologischer Perspektiven, die die Plastizität und Dynamik, aber auch die historische, gesellschaftliche und kulturelle (Umwelt)Bedingtheit des Subjekts hervorheben - i.d.R. etwa im Wechselspiel von inneren und äußeren Faktoren mit historisch und kulturell quasi-invarianten Annahmen arbeiten und dabei den historischen und vor allem den sozialkulturellen Differenzierungen zu wenig Beachtung schenken und eine generationsspezifische Einförmigkeit und universalistische Orientierung einer gesamten Altersgruppe unterstellen.

Auf diese Weise wird meistens, selbst wenn empirische Ergebnisse dies nahe legen, zu vorschnell eine generations- spezifische Einförmigkeit und universalistische Orientierung einer gesamten Altersgruppe unterstellt - bspw. im Jahre 2006 in der 15. Shell Jugendstudie eine *„pragmatische Generation"*, die zwar im Medium prekärer Lebensbedingungen

(Verunsicherung, Angst vor Armut, Arbeitslosigkeit, Zukunftsungewissheit, Perspektivlosigkeit und Sinnleere) und dem Auseinanderdriften jugendlicher Bildungs- und Lebenswelten. Auch hier ist daran zu erinnern, dass in der globalisierten Welt in den alten Wohlstandsdemokratien die Schere zwischen Reich und Arm auch im Kontext von *Kindheit* und *Jugend* immer weiter auseinandergeht. Ökonomische und soziale Herkunft entscheiden maßgeblich darüber, wie die Bildungs-, Berufs-, Arbeits- und Lebenschancen von Kindern und Jugendlichen verteilt, alte und neue soziale Ungleichheiten produziert werden. Teilhabe an, Zugehörigkeit zur und Status in der Gesellschaft werden *vererbt*. Jugendliche, mehr bildungswillige Mädchen als Jungen aus bildungsnahen, privilegierten Elternhäusern mit guten Schul-, Ausbildungs- und Hochschul-abschlüssen kommen auf der einen Seite mit den steigenden Leistungsanforderungen ganz gut zurecht, während auf der anderen Seite jugendliche Haupt- und Sonderschüler mit und ohne Abschluss, mehr Jungen als Mädchen, und viele Jugendliche mit Migrations-hintergrund sowie die meisten Jugendlichen aus bildungsfernen Milieus und aus Familien mit sozialer Benachteiligung in prekären Lebenslagen auf der anderen Seite unter erheblichem gesellschaftlichen Druck stehen - etwa zu gelingende Lebens- und Zukunftsperspektiven zu entwickeln. Immerhin: Mehr als die Hälfte der heutigen Jugendlichen besitzt eine *wertkonservative* optimistische Lebenseinstellung und Zukunftsperspektive und tritt - jenseits eines *Trivialhedonismus* - mit dem Lebensanspruch an, zielorientiert und moralisch einwandfrei die Lebenszukunft erfolgreich zu meistern (Shell Deutschland Holding 2006, 451). Irgendwie moralisch zu sein steht hoch im Kurs und wird wieder wertgeschätzt (Hitzler 2008, 64; vgl. vor allem auch *Kapitel vier* in diesem Band).

In der kürzlich erschienenen 16. Shell-Jugendstudie: Jugend 2010 bewerten – noch 10% mehr als vor vier Jahren – cirka 60% der deutschen Jugendlichen ihre Lebens- und Zukunftsperspektiven optimistisch. Die Jugend behauptet sich trotz Druck und Verunsicherung etwa qua Wirtschafts- und Finanzkrise, ist zuversichtlich und pragmatisch – sie ist aber auch sozial gespalten, so das zentrale Ergebnis der Shell-Jugendstudie (Shell Deutschland Holding 2010). So gesehen hängen Zufriedenheit und Zuversicht weitgehend davon ab, aus welchem sozialen Milieu (gute Ausbildung, positive soziale Netzwerke von Freunden und Gleichaltrigengruppen, liebevolle, fördernde und starke Eltern) die Jugendlichen kommen. Entsprechend düster blicken die meisten Jugendlichen aus den unteren sozialen Lebensmilieus in ihre Lebenszukunft, namentlich die Verlierer im Bildungssystem mit nur geringen Qualifikationen, die Kinder der Armen und Arbeitslosen, viele mit Migrationshintergrund. Sie fühlen sich schon in jungen Jahren, was die Stellung in der Gesellschaft, Motivation, Leistung, Aufstieg und Lebensoptimismus angeht, abgehängt.

In europäischen Gesellschaften und Kulturen gab es auch in historischer Perspektive seit vielen Jahrhunderten keinen einheitlichen Übergang vom Kind (vom Jüngling/Jugendlichen) zum Erwachsenen; insofern gab es auch keinen einheitlichen und schlagartigen Initiationsritus wie in anderen, in bestimmten nicht-europäischen Kulturen. Während in nicht-europäischen Gesellschaften der Übergang zum Erwachsenen durch - in unseren modernen Vorstellungen - *archaische* Initiationsriten meistens abrupt erfolgte, wiesen europäische Gesellschaften mindestens seit der Renaissance eine Tendenz zur *Individualisierung* (vgl. dazu w.u.) etwa in dem Sinne auf, dass der Auftrag der Jugendphase darin bestand, sich, historisch gesehen, in einer zunehmenden Differenzierung von Reifestadien (zunächst christliche sakramental durch Taufe, Erstkommunion und Firmung, später dann in säkularisierter Form) zu einer autonomen, individuell ausgeprägten Persönlichkeit zu entwickeln (Mitterauer 1986). In der traditionalen, ständischen Gesellschaft wurden verschiedene Altersgruppen und Lebensweisen durch relativ starre, überpersönliche Normenvorgaben geregelt. Die „Macht von Sitte und Glaube schuf eine Gemeinsamkeit, gegen die Individualität kaum zur Geltung gebracht werden konnte - und musste". Die Lebenswege und die Lebenslagen der Heran-wachsenden waren „zwar geschlechts- und standesspezifisch differenziert, allerdings mit geringer Kontingenz durch Stand und Status bestimmt" (Horn 1998, 5). Kleriker, Adelige, Handwerker und Bauern hatten ihre jeweils eigene Sozialisation

(Hermsen 1998, 126). Vormoderne Formen der *Jugend* waren insofern auch „standesspezifisch", dass im Medium von unterschiedlichen Initiationsriten der „Knappe auf den Ritter, der Lehrling auf die zünftige Form des Arbeitens, der Novize auf den Mönch usw." bezogen waren (Hornstein 1998, 33).

Obwohl die alteuropäische Gesellschaft sehr wohl eine Anschauung von unterschiedlichen Lebensaltersstufen besaß, in denen auch verschiedene Variationen von *Kindheit* und *Jugend* vorkamen und ihren Platz hatten - und das gesamte Leben gestaltete sich in der Vormoderne durchaus als „curriculum (vitae")" (Wiersing 1987, 21f.) -, wurde dennoch im modernen Verständnis d*ie Jugend* im Sinne einer pädagogisch planmäßigen Vorbereitung auf eine prinzipiell offene Zukunft „zur selben Zeit erfunden wie die Dampfmaschine. Der Konstrukteur der Letztgenannten war Watt im Jahre 1765, der Erfinder der Erstgenannten war Rousseau im Jahre 1762" (Musgrove 1964, 33), obwohl der Jugendbegriff, wie er sich als universaler Begriff erst 100 Jahre später seit dem Ende des 19. Jahrhunderts durchsetzte, eigentlich nicht vorkam (vgl. hierzu auch *Kapitel 1* in diesem Band).

Seit der Mitte des 18. Jahrhunderts tauchte dann der Begriff *Jünglinge* auf, die ebenfalls nur eine verschwindend kleine Gruppe von jungen Männern umfasste. Weniger als 1 Promille der betreffenden Altersjahrgänge konnte angesichts der Freistellung von Erwerbsarbeit überhaupt ein Jünglingsleben führen, „alle anderen waren Bauern-burschen, Gesellen, Soldaten" (Roth 1983, 25). Am Ende des 18. und während des gesamten 19. Jahrhunderts kam es immer wieder zu neuen Ausformulierungen von verschiedenen Jünglingskonzeptionen. Der Begriff *Jünglinge* hatte historisch somit starke Bedeutungswandlungen durchgemacht. Das von Pädagogen stets verwendete Bild vom *ewigen Jüngling*, das nahezu unverändert 150 Jahre überdauert und gegolten hatte, war weitgehend eine literarische Fiktion (Roth 1983, 135). Nur ungefähr 50 bis 70 Jahre soll es, so zumindest Roth, eine Zeit des deutschen Dichterjünglings - von der Mitte des 18. Jahrhunderts bis zu Anfang des 19. Jahrhunderts (von den *„Leipziger Jünglingen"* über die *„Göttinger Jünglinge"* des *Hainbundes* bis hin zu den *„Jünglingen des Sturm und Drang"*) -

gegeben haben. Weder im gesamten 19. Jahrhundert noch zu Anfang des 20. Jahrhunderts konnte man davon ausgehen, dass es so etwas wie einen Universalbegriff einer Altersgruppe gab, die alle Angehörigen einer Altersgruppe umfasst hätte. Einen *„Universal-Jüngling"*, wie ihn bspw. Eduard Spranger und Hans Heinrich Muchow für das 19. und für den Anfang des 20. Jahrhunderts ausgemacht hatten, schien es so empirisch gar nicht gegeben zu haben, obgleich selbst noch in den 20er Jahren des 20. Jahrhunderts der Mythos vom *ewigen Jüngling* mindestens bei sehr vielen Bildungsbürgern und Pädagogen außer-ordentlich beliebt war. Aber gerade in den 20er Jahren dieses Jahrhunderts entstand, wie wir noch sehen werden, ein merkwürdiges, ja man kann sogar sagen paradoxes Jugendbild: Ein „Spalt zwischen der *realen Jugend,* den *,Jugendlichen'* und der *idealen (Jünglings)-Jugend"* (Roth 1983, 133). Erschien nun der Begriff des *„Jünglings"* in der Pädagogik etwa zu Anfang des 20. Jahrhunderts, so hatten diese pädagogischen Vorstellungen und Äußerungen mit den realen Bedingungen des Jugendlebens nur sehr wenig zu tun, sondern gingen stets auf bestimmte Vorstellungen der Aufklärungspädagogik oder anderer konventioneller pädagogischer Äußerungen zurück.

An der Wende vom 19. zum 20. Jahrhundert gab es in Deutschland zwei Konzepte von *Jugend, d*as *Jünglingskonzept* und das *Jugendlichen-Konzept.* Beide Vorstellungen waren mehr oder weniger aus dem *pädagogischen* Alltagsleben gewonnen und hatten kaum eine - zumindest keine empirisch - wissenschaftliche Grundierung.

Das Konzept des *Jünglings* hatte wiederum zwei Ausprägungen: namentlich den *„deutschen"* und den *„christlichen"* und bezog sich empirisch gesehen vornehmlich auf die kleine Anzahl der männlichen Jugendlichen, die das Gymnasium besuchten. *Deutsche Jünglinge* sollten im Sinne des neu entstandenen Deutschen Reiches nach 1871 via Schule nicht nur wie vorher mit den *klassischen* humanistischen Bildungsidealen der Sittlichkeit, Wahrheit und Schönheit erzogen werden, hinzu kam ein nationaler vaterländischer Bildungsauftrag. So entstand eine „spezifische Gemengelage aus klassischen Unterrichtsstoffen sowie philologischer Tradition einerseits und Untertanenmentalität, Vaterlandsliebe, Ehre und

Militarismus andererseits". In diesem Zusammenhang entstand auch „jener Geist, den die Wandervögel später naserümpfend als „Hurra-Patriotismus" geißelten und um derentwillen sie 1913 die Teilnahme an der Völkerschlacht-Gedenkfeier in Leipzig ablehnten" (von Bühler 1990, 17).

Das *christlich-religiöse Jünglingskonzept* entsprang den Leitlinien und Leitbildern der Jünglingsvereine, der christlichen Jugendpflegevereine und der Inneren Mission. Christlich-bürgerliche Tugenden wie Arbeitsamkeit, Nächstenliebe, Frömmigkeit und Tatkraft bildeten den Hintergrund. Beide Konzeptionen betonten ethisch-sittliche Dimensionen wie Charaktererziehung, Willensstärkung und Prävention gegenüber vor allem sexuellen Verfehlungen und anderen vornehmlich bürgerlichen Normabweichungen. Freilich traten diese ethisch-sittlichen Vorstellungen der Jünglingskonzeptionen schon in den Anfängen des 20. Jahrhunderts allmählich in den Hintergrund - obwohl sie in bestimmten pädagogischen Kreisen und Sichtweisen bis in die 50er, teilweise sogar bis in die 60er Jahre des 20. Jahrhunderts nachwirkten - zumal die Mehrheit der Jugendlichen materialiter in ganz anderen Lebens- und Wirklichkeitsbereichen lebten, als es solche allzu *idealistisch* gefärbte und überzogene Konzeptionen vorsahen.

Schon in den ersten Jahren des 20. Jahrhunderts setzte sich empirisch und in einigen pädagogischen Kreisen ein neues Konzept allmählich durch und ersetzte zusehends mehr das alte *Jünglingskonzept*: das *„Konzept des Jugendlichen"*, obwohl es in den ersten zwei Dritteln des 20. Jahrhunderts immer wieder Versuche gab, die alten Jünglings-vorstellungen pädagogisch mit ihren bürgerlich christlichen Tugenden neu zu beleben. (von Bühler 1990, 21).

An der Wende zum 20. Jahrhundert waren in Deutschland die Jünglingskonzepte Begriffe bzw. Leitbilder für die Wenigen, namentlich für „die jungen Männer des Kleinbürgertums, des Mittelstandes und des Adels". Der *christliche Jüngling* und die *christliche Jungfrau* waren nach und nach in die ländliche Bevölkerung transportiert worden, aber wie sah es mit der großen Masse der jungen Arbeiter im Handel, im Handwerk und in der Industrie aus?" (Roth 1983, 92). Zuweilen wurde gar der Versuch unternommen, etwa das *christliche Jünglingskonzept* auf die gesamte heranwachsende männliche Bevölkerung auszudehnen. Allerdings ging eine solche Vereinheitlichung des *Jünglingskonzepts* auf alle Heranwachsende nicht auf. Klassen-, Schicht- und Milieugrenzen waren ersichtlich zu groß. Und dennoch gerieten diese ersichtlichen Grenzen zwischen Proletariern und Arbeitern auf der einen Seite und Mittel- und Oberschichten auf der anderen Seite oftmals nicht in das Blickfeld der offiziellen Pädagogik. Immerhin schien es aber zu Anfang des 20. Jahrhunderts nahezu aussichtslos, aus den jungen Arbeitern, der schulentlassenen Jugend zwischen der Entlassung aus der Volksschule bis zum Eintritt in die Kaserne oder in den Heeresdienst insgesamt *Jünglinge* machen zu wollen. Somit konnte man mit Fug und Recht sagen, dass soziologisch und historisch spätestens zu Anfang des 20. Jahrhunderts das *Jünglingskonzept* und auch alle Assoziationen zum *ewigen Jüngling* eigentlich geendet hatten. So gesehen hatte das Aufweichen bzw. allmähliche Verschwinden des ‚*(christlichen) Jünglings-konzepts'* mit einer zu geringen empirischen Reichweite einer solchen Vorstellung zu tun, denn junge Menschen zwischen 14 und 18 resp. 21 Jahren waren in der Mehrzahl keine Gymnasiasten oder Studenten, die man begrifflich noch mit *Jüngling* kennzeichnen konnte. Mehr als 95% der betreffenden Altersgruppen hatten eigentlich noch keine Sammel-bezeichnung. Sie waren weiterhin die jugendlichen Arbeiter, Knechte, Burschen, Handlungsgehilfen, Lehrlinge, Gesellen, Zöglinge usw. (Roth 1983, 140). Der Begriff des *Jünglings* wurde im ersten Drittel des 20. Jahrhunderts allmählich beiseite geschoben, obwohl er auch später nach wie vor ideologisch verwendet wurde.

Am Ende des 19. Jahrhunderts bildete sich auch in der Schul- und Hochschulpädagogik ein *neues Jugendkonzept* heraus, das in dem Ausdruck *der Jugendliche* seinen Begriff fand. Dies neue Konzept verdrängte in den ersten beiden Jahrzehnten des 20. Jahrhunderts weitgehend das Konzept vom *Jüngling*. Mit der Verabschiedung des Reichsjugendwohlfahrtgesetzes (1922) und mit dem Erscheinen von Eduard Sprangers *„Psychologie des Jugendalters"* (1924) war der Prozess des Wechsels sowohl der Worte als auch teilweise der Bedeutungen vollzogen.

In den 20er Jahren des 20. Jahrhunderts wurde auch u.a. durch eine medizinisch-psychologische Betrachtung des Jugendalters die überkommene begriffliche Einteilung von *Jüngling* und *Jugendlichem* überwunden. Der Begriff *Jugendlicher* wurde bspw. von Ernst Meumann als eher analytisch-neutraler, wissenschaftlicher Fachterminus für den Heranwachsenden einer gewissen Altersstufe eingeführt. Mit einem solchen Konzept wurde nun auch endgültig die Vorstellung des *jugendlichen Verbrechers* der Kaiserzeit verabschiedet. Gleichermaßen verabschiedet wurde auch die traditionelle Auffassung, dass „*Jugend eine Krankheit, die Pubertät gefährlich* und viele *Jugendliche Psychopathen* wären". Insbesondere entwicklungspsychologische Forschungen hatten darauf aufmerksam gemacht, dass man unter dem Jugendalter eine zwar „kritische, aber doch vorübergehende Phase verstand", welcher man in pädagogischer Perspektive nicht nur mit Strafe und Zwang zum Gehorsam, sondern am besten mit Toleranz, Verständnis und vor allem Geduld begegnen sollte. „Neu in den Blick war dabei auch gerückt, dass zum Jugendalter notwendig die Loslösung vom Elternhaus und von den elterlichen Idealen gehörte und dass daher jugendliche Sezessions-phänomene wie Trotz, Widerstand, Grobheit usw. als Normal-erscheinungen des Jugendalters zu gelten hatten" (von Bühler 1990, 409).

Und seit den 20er Jahren des 20. Jahrhunderts schien so gesehen das Wort *Jugendlicher* - bei aller klassen-, schicht-, milieu-, geschlechts- und lebensstilspezifischen Differenzierung von *Jugend* - einen tendenziell *wertfreien*, durchaus alltagspraktisch gebrauchsfertigen Eindruck zu machen, den es in universeller Perspektive bis heute im 21. Jahrhundert tendenziell beibehalten hat

In Analogie zu der These, die Walter Hornstein für das 18. Jahrhundert formuliert hatte - der Wandel vom *„jungen Herrn"* zum *„hoffnungsvollen Jüngling"* (Hornstein 1965) - lautete die These für das folgende Jahrhundert: Es gab im 19. Jahrhundert eine Entwicklung vom *Jüngling* zum *Jugendlichen"* (Roth 1983, 13).

Der Begriff des *Jugendlichen* hatte auch eine Vorgeschichte. Er war in der Rettungshausbewegung vorgeprägt worden: Der *Jugendliche* „war der Verwahrloste, Gottlose, Kriminelle, der Korrektionsbedürftige. Der neue Ausdruck dafür - *der Jugendliche* - kam in den 1870er Jahren zuerst in der Gefangenenfürsorge vor und breitete sich von dort im Laufe der folgenden Jahrzehnte auf alle Bereiche der Jugendfürsorge/Jugendpflege/Sozialarbeit/Sozialpädagogik aus" (Roth 1983, 157). Zur Vorgeschichte des *Jugendlichen* waren somit Vorstellungen und Berichte von Erziehern, Rettungshauspädagogen, Fürsorgerinnen und Wohlfahrtspflegern zu nennen, die allesamt über die Schulentlassenen im Rahmen von *Jugenderziehung* nachdachten. Bei diesem Nachdenken und vor allen Dingen dem pädagogischen Tun ging es stets um Einpassung, Anpassung, Unterordnung, Disziplinierung und Vereinheitlichung, selbst wenn sich das negativ-repressive Konzept, das vornehmlich noch vor dem Ersten Weltkrieg gegolten hatte, sich später in das des *jungen Staatsbürgers*, das eher *positiv* besetzt war, gewandelt hatte.

Es entstand zwar die *moderne Jugendphase* - ohne so bezeichnet worden zu sein -, die vor allem durch gesellschaftlich geplante und organisierte separierte Jugendräume (Verschulung, Konstruktion von Lern-, Schon- und Sonderräumen usw.) von der Erwachsenengesellschaft gekennzeichnet werden konnte, im Zuge der modernen Industriegesellschaft im späten 18. Jahrhundert bzw. an der Wende zum 19. Jahrhundert. Mit der modernen *Entdeckung* resp. *der Erfindung der Jugend* begann schließlich auch der *Kampf, die Konditionierung, und die Funktionalisierung um die Jugend* und somit auch um die Zukunft - *wer die Jugend hat, hat die Zukunft* - in den letzten beiden Jahrhunderten - ökonomisch, „politisch-, pädagogisch, ideologisch und mental" (Dudek 1996, 16). Diese, vornehmlich durch Prozesse der Pädagogisierung sowie durch die „Einrichtung spezieller Jugendinstitutionen" in Gang gehaltene mehr als zweihundertjährige Entwicklung von der Entdeckung der Jugendphase zur *Geschichte der Jugend* im Kontext der *Durchsetzung eines einheitlichen Konzepts von Jugend* wurde stets begleitet von einer „Vielzahl an Beobachtungen und Lebensbeschreibungen der Zeit-genossen, an Jerimiaden über die unerzogene, unerziehbare und bedrohlich freizügige *Jugend*, an Idealisierungen des bürgerlichen Jünglings- und Jugendbildes bis hin zur Mythisierung der *Jugend* als dynamischem Hoffnungsträger der neuen

Zeit in den zwanziger und frühen dreißiger Jahren" des 20. Jahrhunderts (Dudek 1996, 16).

Obgleich ein *Einheitskonzept einer universalisierten Jugendphase* von verschiedenen Kritikern auch im gesamten 20. Jahrhundert immer wieder in Zweifel gezogen wurde, schien und scheint spätestens seit den 80er Jahren des zwanzigsten Jahrhunderts dieses Konzept der abgesonderten Lebensphase und darüber hinaus der gesellschaftlich und pädagogisch zugewiesene Sinn des Jugendalters mindestens fragwürdige, ja prekäre Formen angenommen zu haben. Der ökonomisch grundierte biographische Sinn der Jugendphase und das „gesellschaftliche Programm" *Jugend,* die im wesentlichen in der „Vorbereitungsaufforderung" (Freisetzung, auch Verzicht, Askese, unterstützt durch Prozesse der Sozialdisziplinierung und sozialen Kontrolle) „und Lernaufforderung im Hinblick auf später einsetzende arbeitsgesellschaftliche Kompetenzen und Fertigkeiten bestanden" und nach wie vor bestehen, ist brüchig geworden (Jugendwerk der Deutschen Shell 1997, 13; Hornstein 1997, 13; 1998, 30ff.). Das gesellschaftliche Jugendmodell *Integration* durch *Separation,* das für die moderne *Jugend* kennzeichnend war und das weitgehend bis auf den heutigen Tag für die Institutionen, die Schule, die Politik, die Öffentlichkeit, die Vereine, die Verbände und die Medien, die sich mit *Jugend* beschäftigen, Geltung beansprucht, stimmt nicht mehr mit den Selbstdefinitionen und der Wirklichkeit der *Jugend* überein (Hornstein 1998, 32).

Mit der tendenziellen Verselbständigung der Jugendphase als einer eigengewichtigen Lebensphase im gesamten 20. Jahrhundert wird inzwischen die Jugendphase auch von den meisten Jugendlichen selbst nicht mehr so ohne weiteres nur als pädagogisch unterstützende, schonraumbezogene Phase der „Vorbereitung und des Übergangs von der Kindheit in das Erwachsenenalter betrachtet" (Hornstein 1997, 13), nicht zuletzt deshalb, weil die später im Erwachsenendasein erwartbaren Belohnungen wie Anerkennung, Sozialstatus, Lebensstandard etc. für viele Jugendliche in der heutigen, kaum noch auf einen terminologischen Begriff zu bringenden nachindustriellen oder modernen Gesellschaft mit postmodernen Zügen nicht mehr gewährleistet sind. Verschiedene, häufig widersprüchliche Teilzäsuren und vielfältige, ambivalente Übergänge zum Erwachsenwerden konstituieren *Jugend* im heutigen Verständnis (Mitterauer 1986). Nicht nur werden im Vergleich zu vormodernen traditionellen, sondern auch zu modernen industriellen und postindustriellen Gesellschaften mittlerweile die Grenzen und Grenzziehungen zwischen Jugend- und Erwachsensein immer uneindeutiger. Kindheit, Jugend und Erwachsensein gehen manchmal ineinander über und können sich auf paradoxe Art vermischen. Altersspezifisch beginnt das Jugendalter in der Regel sehr früh und endet sehr spät. Die ehemaligen Übergangszäsuren in das Erwachsenenalter verschwimmen immer mehr, weil die verschiedenen Grade von Selbständigkeit zu unterschiedlichen Zeitpunkten erworben werden (Deutsche Shell 2002, 32). Die arbeitsgesellschaftliche oder industriegesellschaftliche respektive postindustrielle *Definition von Jugend,* wie es Walter Hornstein vor einem Jahrzehnt ausdrückte, *„steht* im ausgehenden 20. Jahrhundert *in Frage"* (1997, 13; 1998, 30f.). Wenn generell die sinnstiftende Struktur der „Arbeitsgesellschaft zum Problem wird, dann muss auch die Jugendphase als Phase der biographischen Vorbereitung auf diese Gesellschaft zum Problem werden" (Jugendwerk der Deutschen Shell 1997, 13). Die *Lebensphase Jugend* hat ihren ehemaligen „Übergangscharakter ‚mit einem qualifikatorischen Zubrin-gerdienst zu den vollwertigen Erwachsenenpositionen tendenziell verloren. Die sozial- und arbeitsmarktpolitisch in die Länge gestreckte" *Lebensphase Jugend* hat zwar in vielen Lebensbereichen erhebliche Dimensionen der Eigenständigkeit dazu gewonnen. Die lange Zeit des Moratoriums wird allerdings häufig - vom wirtschaftlichen und beruflichen Leben abgekoppelt - zur, je nach Perspektive, quasi tendenziell *zweckfreien* oder *zwecklosen* Verweildauer in der „Gesellschaft, ohne eine feste Perspektive und ohne klare Verantwortung für gesellschaftliche Belange" (Shell Deutschland Holding 2006, 35). Aber nicht nur in arbeitsmarktspezifischer Hinsicht zeigt sich das prekäre, ambivalente *Moratorium der Jugendphase.* Der reduzierte Stellenwert der *Jugend* „zeigt sich auch ganz praktisch-politisch: Wenn *Jugend* nicht mehr so viel wert ist, dann darf sie auch nicht mehr soviel kosten; dann heißt dies auch Reduzierung von BAföG, der Ausbildungsplätze, der Kosten für Schulen und Studienplätze" (Hornstein 1998, 31). Die im europäischen und weltweiten Maßstab unterdurchschnittlichen staatlichen Investitionen in das Vorschul-, Schul-, Berufsausbildungs- und Hochschulsystem im Zusammenhang des demographischen Wandels können den steigenden Bedarf an hochqualifizierten Arbeitskräften schon heute ansatzweise und vor allem in naher Zukunft nicht befriedigen. *Jugend* scheint auch deshalb im 21 Jahrhundert nicht mehr so viel wert zu sein, weil ihr Anteil an der Gesamtbevölkerung immer weiter abnimmt. *Jugend* hat ihren *Mehrheitswert,* den sie noch im ersten Drittel des 20. Jahrhunderts zweifelsohne besaß, schon längst verloren und gewinnt an *Seltenheitswert* (Hondrich). In Deutschland sind nur noch zirka 17% der Bevölkerung unter 20 Jahre alt. Und ihr Anteil wird in den nächsten Jahren noch weiter sinken. Jugendliche werden immer mehr zu einer Minderheit in einer alternden Gesellschaft. Dieser Prozess der Altersklassenumschichtung würde sich noch erheblich schneller beschleunigen, wenn keine Zuwanderung stattfände und nicht die relativ vielen Jugendlichen mit Migrationshintergrund diesen Prozess freilich auch nur ein wenig aufhalten würden. Die Verschiebungen im Rahmen der gesellschaftlichen Altersgruppenverteilung haben zweifellos Auswirkungen auf alle - nicht nur jugendspezifische - gesellschaftlichen Lebensbereiche (Shell Deutschland Holding 2006, 443f.).

Jugendliche durchlaufen heute eine Vielzahl von Statuspassagen, die aber inzwischen immer mehr über institutionelle Verfestigungen und Einrichtungen (etwa über das variante Übergänge ermöglichende Bildungssystem, über globale Verschränkungen und mediale Verflüssigungen der komplexen Lebensverhältnisse) sehr abstrakt gesteuert und geregelt werden und keine direkte soziokulturelle und moralisch-pädagogische Einwirkung mehr leisten wollen oder können. Dabei haben sich traditionelle Initiationsriten, alte Rituale und traditionelle Verbindlichkeiten aufgeweicht, obgleich in vielen Lebensbereichen und Sozialisationsfeldern (Familie. Schule, Erwerbsarbeit, Medien, Konsum und Jugendkultur) Rituale nach wie vor sehr bedeutsam sein können, neu inszeniert und wiederentdeckt werden. Insbesondere in Zeiten ökonomischer, politischer, sozialer und kultureller Ungewissheit können verschiedenartige Rituale emotionale Sicherheit und soziale Verlässlichkeit in Gemeinschaften stiften. In Gesellschaften unseren Typs werden unterschiedliche soziale Praktiken, die zumeist aus dem Alltagsleben besonders herausgehoben werden, als Rituale bezeichnet: Besondere Ereignisse, die sich vom Hintergrundrauschen des alltäglichen Lebens abheben. Neben Liturgien, Zeremonien und Feiern lassen sich je nach Anlass unterscheiden: Übergangsrituale (Geburt, Initiation, Firmung, Konfirmation, Schuleintritt und Schulabschluss, Berufseintritt, Hochzeit, Tod usw.), Rituale der Transzendenz, der Institution oder Amtseinführung, Jahreszyklen (Weihnachten, Ostern. Pfingsten, Feiertage etc.); Rituale der Intensivierung (Feiern, Liebe, Sexualität); Rituale der Rebellion und des Widerstands (Friedensbewegung, Jugendbewegung, Jugendrituale), Interaktionsrituale (Begrüßung, Verabschiedung, Konflikte etc.; vgl. Wulf 2006). Im Vergleich zu den traditionellen Gesellschaften, in denen die Grenzziehungen zwischen Jugend- und Erwachsensein sehr statisch, klar und eindeutig geregelt waren, sind die heutigen Übergangszäsuren viel flexibler, aber auch verschwommener (Mitterauer 1995, 565).

Jugendliche Leitbilder strahlen - sicherlich durch den heutigen gesellschaftlich vermittelten Jugendkult unterstützt - mittlerweile in alle Altersklassen hinein. Es gilt also neben den institutionalisierten, aber unsichtbarer werdenden sozialen Übergängen zwischen Kindheit und Jugend und zwischen Jugend und Erwachsenensein, die nicht mehr nur lebenslaufbegleitend institutionalisierend kanalisiert und alters-klassenspezifisch geregelt sind, insbesondere auch die - im konven-tionellen Sinne eher - entritualisierten Prozesse der *selbstinitiierten,* biographischen Übergänge und entinstitutionalisierten Lebenslauf-perspektiven sowie vor allem die heutige lebensweltliche Vielfalt der jugendlichen Lebenslagen, Lebensformen und alltäglichen Lebensstile in Familie, Schule, Ausbildung, Betrieb, Freizeit und Gleichaltrigengruppe in den Blick zu nehmen.

Im Kontext der spezifischen sozialstrukturellen Bedingungen moderner Gesellschaften mit postmodernen Zügen ist auch die alltägliche Lebenswelt der Menschen „in nicht mehr sinn- und zweckhaft zusammenhängende Teil-Orientierungen und Zeitenklaven zersplittert.

D.h., das Individuum verortet sich tagtäglich mehr oder weniger freiwillig in allerlei sozial vororganisierten intermediären Sinn-Konglomeraten, von denen *keines* (mehr oder nur noch selten) einen *übergreifenden*, einen die Lebensführung insgesamt verbindlich bzw. verlässlich regelnden Sinn vermittelt" (Hitzler 1995, 160).

D.h., auch Jugendliche leben i.d.R. in einer Vielzahl und Ausdifferenzierung von Alltagen resp. alltäglichen Lebenswelten, die jeweils als *kleine Lebenswelten* bis zu einem gewissen Grade auch *eigensinnige* und jeweils *distinkte* Wissens-, Relevanz-, Interaktions- und Kommunikationsstrukturen aufweisen. Diese *kleinen Lebenswelten* sind in nicht mehr sinnbezogen zusammenhängende Teil-Orientierungen aufgesplittert und auf relativ abgrenzbare, „besondere Zwecke hin organisiert und unterliegen eigenen Mustern, Schemata und Regelmäßigkeiten" (ebenda, 160). Jugendliche leben nun - wie auch andere Individuen - gleichzeitig, aber ungleichgewichtig in solchen *aparten* Teilkulturen, Teilzeitwelten und Sinnkomplexen der Familien-, Schul-, Vereins-, Betriebs-, Sport-, Mode-, Beziehungs-, Medien- und Peergroup-Wirklichkeiten. Sie leben zwar in einem feinmaschigen Netz einer „erweiterten Sozialrealität und - dies übergreifend - in einer locker gefügten symbolischen Bedeutungswelt" sowie in den „kleinen sozialen Lebenswelten" einer Familien-, Schul-, Arbeits-, Konsum-, Marken-, Werbe-, Bilder- und Medienwelt mit ihren jeweils *eigensinnigen* typischen kulturellen Prinzipien und Ordnungen. So gesehen ist ein umfassender Lebens- und Sinnzusammenhang keineswegs mehr eindeutig etwa im Sinne eines lebenssinnorganisierenden Mittelpunktes von Familie, Schule oder Betrieb hierarchisierbar (Ziehe 1991, 143), obgleich die heutigen Krisen der Arbeitsgesellschaft im Erwerbsarbeitssektor und die unterschiedlichen subjektiven Verarbeitungsformen (*Jugend-)Arbeits-losigkeit*, prekäre Arbeitsverhältnisse, *Neue Sockelarmut, Hartz IV-Karrieren ohne Zukunfts- und ohne Lebensperspektiven, befristete Arbeitsverhältnisse, wirtschaftliche, kulturelle und soziale Ausgrenzung, Marginalisierung, Ohnmachterfahrungen* und *Verwahrlosung, Verringerung der sozialver-sicherungspflichtigen Beschäftigungsverhältnisse im Ersten Arbeitsmarkt, Globalisierungsfolgen, Anstieg des Niedriglohnsektors, Rationalisierung und Abbau oder Verlagerung von*

Beschäftigung, Sorge um Arbeits- und Ausbildungsplätze, wachsende Furcht und große, nicht nur ökonomische Sorgen vor Arbeitslosigkeit (Jugendwerk der Deutschen Shell 1997, 13; Shell Deutschland Holding 2006, 74ff.) nicht nur Randbedingungen des Aufwachsens nach der ersten Dekade des 21. Jahrhunderts sind. Der Aufweichung des ehemals normativ geteilten Bedeutungshintergrundes, dem veränderten und dem gleichzeitig erweiterten alltäglichen, aber nicht mehr alle alltäglichen Lebenswelten in einer *Supersinndimension* umspannenden Normalitätsverständnis, dem Kaleidoskop verschie-dener, nicht nur besonders *auffälliger* Lebens-, Stil-, Lern- und Arbeitsformen ist in qualitativ-explorativer Manier binnenperspektivisch - gegenstandsbegründet, gegenstandssensibel, *vorsichtig, umsichtig, nachsichtig* - zu folgen. Weil wir in der Regel die verschiedenen Lebensformen und Lebensstile der zu untersuchenden *Einheimischen* gar nicht kennen und verstehen, etwa die - uns scheinbar angesichts der arroganten Borniertheit der Commonsense-Gewissheiten *vertrauten*, dennoch meistens *fremden* - *basic facts* der durchlebten alltagskulturellen Arbeits-, Medien-, Konsum- und Popwelten, sind diesen komplexen Phänomenen ebenso wie dem nach wie vor nicht immer unproblematischen Einstieg von der Schule in Arbeit und Beruf, den veränderten Wahrnehmungs- und Erkenntnismaßstäben, dem Stil-transfer der Erziehung, des Politikverständnisses, der Freizeit, des Konsums, der Medien, der Moden, der Zeichen-, Dress- und Sprachcodes und des gesamten Outfits besondere Aufmerksamkeit zu schenken. Und schließlich ist der facettenreichen Pluralisierung, vor allem der doppelten, sprich ambivalenten und paradoxen Individualisierung, der Ausgrenzung und Ethnisierung sowie der veränderten

Vorstellung von Zukunft, aber auch mit geschlechts- und milieuspezifischen Differen-zierungen und Aspekten der Ambivalenz, Polarisierung, Zersplitterung sowie auch zusehends der friedlichen Koexistenz und den vielen Mixformen von und zwischen jugendkulturellen Szenen Rechnung zu tragen.

Nur wenn wir methodologisch offen und bereit sind, die zu explorierenden alltäglichen Weltsichten und die alltäglichen kleinen Lebenswelten in ihrer eigenen Dignität, alltagsethnographisch in der Logik und im

Erleben der Einheimischen als etwas Neues Um uns Fremdes zu entdecken, haben wir das Tor zum Fremdverstehen über die alltäglichen *Konstruktionen ersten Grades* zur sozialwissenschaftlich rekonstruktiven Begriffs- und Typenbildung zweiten Grades aufgemacht. Dies heißt aber zunächst, dass wir in einem ersten sozialwissenschaftlichen Schritt eine „voluntative Abkehr von der Borniertheit und Arroganz der fraglosen Gewissheit des gemeinen Alltagslebens etwa des *Denkens-wie-üblich*, des *Und-so-weiter* sowie der Vertauschbarkeit der Standpunkte" wagen. „Nur wenn wir uns darauf verständigen können, dass die Originalität der sozialwissenschaftlichen gegenüber der alltäglichen Weltsicht vor allem in ihrer *künstlichen Dummheit* besteht, darin also, die Commonsense-Gewissheiten eben *nicht* zu teilen und mithin vorsichtshalber immer erst einmal davon auszugehen, dass der andere Mensch", dem wir wo auch immer real und virtuell begegnen, trotz weltgesellschaftlicher, globaler Vereinheitlich-ungstendenzen und trotz Gemeinsamkeiten und Trennlinien zwischen virtuellen Bildwelten und vermeintlichen tatsächlichen Realwelten „in seiner eigenen Welt lebt, die eben nicht selbstverständlich auch die unsere und folglich prinzipiell erst einmal" (Honer 1995a, 46; vgl. auch Klein/Friedrich 2003, 112ff.) in der Logik ihres Verständnisses zu erschließen wäre.

aber auch mit geschlechts- und milieu-spezifischen Differenzierungen und Aspekten der Ambivalenz, Polarisierung, Zersplitterung sowie auch zusehends der friedlichen Koexistenz und den vielen Mixformen von und zwischen jugendkulturellen Szenen Rechnung zu tragen.

Nur wenn wir methodologisch offen und bereit sind, die zu explorierenden alltäglichen Weltsichten und die alltäglichen kleinen Lebenswelten in ihrer eigenen Dignität, alltagsethnographisch in der Logik und im Erleben der Einheimischen als etwas Neues Um uns Fremdes zu entdecken, haben wir das Tor zum Fremdverstehen über die alltäglichen *Konstruktionen ersten Grades* zur sozialwissenschaftlich rekonstruktiven Begriffs- und Typenbildung zweiten Grades aufgemacht. Dies heißt aber zunächst, dass wir in einem ersten sozialwissenschaftlichen Schritt eine „voluntative Abkehr von der Borniertheit und Arroganz der fraglosen

Gewissheit des gemeinen Alltagslebens etwa des *Denkens-wie-üblich*, des *Und-so-weiter* sowie der Vertauschbarkeit der Standpunkte" wagen. „Nur wenn wir uns darauf verständigen können, dass die Originalität der sozialwissenschaftlichen gegenüber der alltäglichen Weltsicht vor allem in ihrer *künstlichen Dummheit* besteht, darin also, die Commonsense-Gewissheiten eben *nicht* zu teilen und mithin vorsichtshalber immer erst einmal davon auszugehen, dass der andere Mensch", dem wir wo auch immer real und virtuell begegnen, trotz weltgesellschaftlicher, globaler Vereinheitlich-ungstendenzen und trotz Gemeinsamkeiten und Trennlinien zwischen virtuellen Bildwelten und vermeintlichen tatsächlichen Realwelten „in seiner eigenen Welt lebt, die eben nicht selbstverständlich auch die unsere und folglich prinzipiell erst einmal" (Honer 1995a, 46; vgl. auch Klein/Friedrich 2003, 112ff.) in der Logik ihres Verständnisses zu erschließen wäre.

Um uns Fremdes zu entdecken, haben wir das Tor zum Fremdverstehen über die alltäglichen *Konstruktionen ersten Grades* zur sozialwissenschaftlich rekonstruktiven Begriffs- und Typenbildung zweiten Grades aufgemacht. Dies heißt aber zunächst, dass wir in einem ersten sozialwissenschaftlichen Schritt eine „voluntative Abkehr von der Borniertheit und Arroganz der fraglosen Gewissheit des gemeinen Alltagslebens etwa des *Denkens-wie-üblich*, des *Und-so-weiter* sowie der Vertauschbarkeit der Standpunkte" wagen. „Nur wenn wir uns darauf verständigen können, dass die Originalität der sozialwissenschaftlichen gegenüber der alltäglichen Weltsicht vor allem in ihrer *künstlichen Dummheit* besteht, darin also, die Commonsense-Gewissheiten eben *nicht* zu teilen und mithin vorsichtshalber immer erst einmal davon auszugehen, dass der andere Mensch", dem wir wo auch immer real und virtuell begegnen, trotz weltgesellschaftlicher, globaler Vereinheitlich-ungstendenzen und trotz Gemeinsamkeiten und Trennlinien zwischen virtuellen Bildwelten und vermeintlichen tatsächlichen Realwelten „in seiner eigenen Welt lebt, die eben nicht selbstverständlich auch die unsere und folglich prinzipiell erst einmal" (Honer 1995a, 46; vgl. auch Klein/Friedrich 2003, 112ff.) in der Logik ihres Verständnisses zu erschließen wäre.

Zweifellos wachsen Kinder und Jugendliche im Zuge der Aufweichung der traditionalen Sozialformen, die ja nicht nur ein Ausbund an Stabilität, Geborgenheit und Aufgehobensein repräsentierten und nicht nur Gemeinsinn und Solidarität verkörperten und nicht nur schützend-bewahrende, sondern auch fremdbestimmte, intolerantrepressive Wirkungen hatten, im Durchschnitt heute angstfreier, selbstbestimmter, selbständiger, selbstzentrierter - manche meinen auch – *egotaktischer* (Deutsche Shell 2002, 33ff.) und geachteter auf als noch vor einigen Jahrzehnten. Allerdings ist entgegen einem einseitigen euphemistischen Mythos von *Jugend*Zeit als „Manifestation der Stärke", Ebenheit, Schönheit, Freiheit, Zukunft und Erneuerung auch eine „Zeit der großen Verunsicherung, möglicher Kränkung" und manchmal auch tiefer Enttäuschung und prekärer sozialer Ausgrenzung sein kann (Fritzsche 1998). Jugendliche können auch an ihrer *Jugend* leiden. So gesehen ist mindestens darauf hinzuweisen, dass im Zusammenhang der erörterten strukturellen Individualisierungsschübe Jugendliche insbesondere auch heute allerlei Erwartungs- und Drucksituationen, Dauer-Belastungen, Problemlagen und Bedrohungen ausgesetzt sind, für die es nicht immer genügend und geeignete Ventil- und Pufferzonen gibt. Und nicht nur bildungsferne Jugendliche ohne Schulabschluss, Sonder- und Hauptschüler sowie viele (insbesondere männliche) Jugendliche mit Migrationshintergrund, die nach wie vor - bei aller definitorischen Unschärfe von Armut - in ökonomischer, kultureller, bildungsbezogener und sozialer Armut (über-)leben müssen und/oder mit *Erziehungs- Qualifikations-* und *Bildungsdefiziten* in Familie (Überforderung, Vernachlässigung, häusliche Gewalt mit rigiden Verhaltenskontrollen und drakonischen Bestrafungen, geringe elterliche Kompetenz zur gewaltlosen Konfliktbearbeitung etc.) und Schule (Mobbing durch professionelle Pädagogen, aber vornehmlich auch durch Gleichaltrige und auch in der virtuellen Cybervariante) befinden sich in sozialen, schulischen und insbesondere durch das Fehlen zumindest in vielen Regionen Deutschlands von geeigneten Ausbildungs- und Arbeitsplätzen bis heute in schulischen und beruflichen (Endlos-)Warteschleifen und Problemsituationen und suchen nicht selten nach - von der Mehrheit der Bürger und der Politiker und

Pädagogen nicht immer geschätzten - jugendkulturellen, manchmal auch abweichenden und devianten Auswegen. Ein beträchtlicher Teil der Jugendlichen will *Anerkennung*, will dazugehören, will *beachtet* werden und begegnet uns als Eltern, als Pädagogen, als Jugendforscher nicht nur als *Leidtragende*, sondern auch als *Leitzufügende*. Die erweiterten Möglichkeiten und Gestaltungsräume sowie die jugendkulturell inszenierte stilbildende Geltung von Medien, Mode, Konsum etc. deuten eben nicht nur auf die Sonnenseiten der Selbstverwirklichung, Originalität, Kreativität, Souveränität etc., sondern enthalten neben alltagskulturell-attraktivem, modelartig-modischem Styling und Flair neben dem gefühlten Stress um den schönen Schein - hässlich, unmodisch und ungepflegt aussehen, fürchten viele wie Pickel - immer auch Marginalisierungs- und Desintegrationsprozesse, Schattenseiten und Grenzbereiche der Verweigerung, Hilflosigkeit, Not, Finsternis, Verzweiflung, Ausweglosigkeit und Selbstzerstörung. In diesem Zusammenhang wären nicht nur die vielen unterschiedlichen Gruppen von gesellschaftlich desintegrierten, benachteiligten Jugendlichen zu erwähnen, die ohne ausreichende Qualifikation, Bildung und Ausbildung am sozialen Rand der Gesellschaft ohne Aufstiegsmöglichkeiten und ohne Zukunfts- und Lebenssinnperspektiven ihre Dasein fristen müssen. Hierbei handelt es sich nicht nur um die vergleichsweise vielen straffällig gewordenen männlichen Jugendlichen mit Migrationshintergrund. In Berlin wurde im Jahre 2005 bspw. jeder dritte nichtdeutsche Jugendliche straffällig (vgl. Der Tagesspiegel vom 8. März 2006, 8). Diese Jugendlichen wachsen quasi mit einer latenten integrationsunwilligen Ignoranz deutscher Rechtsnormen in den in den letzten Jahren viel diskutierten und viel diskriminierten und ethnisierten parallelgesellschaftlichen Ausländerghettos mit eigenen ökonomischen, sozialen und kulturellen Normen, Wertvorstellungen, Sprachgestaltungen und Netzwerken auf (vgl. Kaschuba 2007, 8). In den subjektiven Verarbeitungsformen geschieht dies manchmal sogar mit stolzem Bewusstsein, wobei ein diffuser, aber in der subjektiven Einschätzung und Bewältigung des Lebens wichtiger gefühlter Ehrenkodex insbesondere für männliche Jugendliche sehr bedeutsam sein kann. Man kann auch sagen: Sie können in diesem Sinne kompensatorisch ihre gesellschaftlichen Herabsetzungen und Deklassierungen, ihre fehlenden Schulabschlüsse, Arbeitslosigkeit und fehlende Jobchancen zuweilen gewaltförmig ausleben. Hinzu kommen immer mehr gesellschaftlich ausgegrenzte Jugendliche, für die es keine oder nur geringe Möglichkeiten gibt, der dauerhaften - von Generation zu Generation *vorgelebten* und *vererbten* - Sozialhilfe/Hartz IV zu entkommen - *White Trash* und das *Ethnoproletariat* der Vorstädte und be-stimmter Stadtregionen (vgl. Der Tagesspiegel vom 16. Oktober 2006, 4). Schließlich müssen in diesem Zusammenhang auch die drogen-gebrauchenden, drogengefährdeten, devianz- und kriminalitäts-bedrohten Kinder und Jugendliche im Trebegänger-, Stricher-, Prostituierten- und Obdachlosenmilieu (Pfennig 1995, 383ff.). erwähnt werden. Heute scheinen manche jugendliche City-Szenen nicht nur zentraler Flucht- und Überlebensort, sondern die Alternative *Straße* ist für viele der sogenannten exkludierten und desintegrierten, am Rand der Gesellschaft lebenden *Jugendlichen* ohne Grundsicherung und ohne Grundsicherheit zugleich auch stabilisierender *Erlebnisort* und *attraktiver Marktplatz* mit einer starken Sogwirkung jenseits von Familie und Schule sowie jenseits des verdampfenden Drohpotentials der Jugendhilfe.

Darüber hinaus gibt es vielfältige Hinweise und Indizien und viele medizinische, psychiatrische, psychologische und sozialwissenschaftliche Befunde sprechen dafür, dass ein hoher Anteil von Kindern und Jugendlichen schulische Leistungs-, Lern- und Konzentrationsschwierigkeiten, Verhaltensauffälligkeiten, dauerhafte Schulmüdigkeit und permanentes Schulschwänzen aufweist. Lustlosigkeit der Schüler, frühe Kapitulation vor schwierigen Aufgaben und geringe Frustrationsschwellen werden festgestellt und beklagt. Eltern, Erzieherinnen, Lehrerinnen und Lehrer aller Schulstufen haben es nicht zuletzt durch verantwortungslose und verantwortungsdiffuse sowie eine strukturell induzierte ozeanische Permissivität in Erziehungsfragen und durch die neuen Vorbilder in der beinharten globalen Arbeits-, Leistungs- und zugleich multimedialen, unterhaltenden Erlebnisgesellschaft mit allerlei Erziehungsfallen zu tun und klagen bei eigener Hilf- und Orientierungslosigkeit über Konzentrationsschwierigkeiten und Lernabneigungen sowie über einen Anstieg von nervösem, zappeligem, hyperaktivem und aggressivem, manchmal auch gewalttätigem Verhalten bei Kindern und Jugendlichen. Bei einigen (etwa 1% der 13-16jährigen) Mädchen richten die selbstverletzenden Aggressionen sich gegen den eigenen Körper. Diese Selbstverletzungen haben viele Gesichter: Neben dem Ritzen, Schneiden und Verbrennen der Haut-(Oberfläche) mit Rasierklingen und Scherben (man will den eigenen Schmerz spüren) gehören auch verschiedene Varianten der Essstörungen, Drogen und wahllose Sexualkontakte dazu. Männliche Jugendliche fallen weniger durch Ritzen auf; sie zeigen aber auch selbstschädigendes Verhalten. Jungen zeigen eher risikoreiches Verhalten, lassen sich eher verletzen und machen eher andere dafür verantwortlich (Tucker 2007, 18). Psychosoziale und psychosomatische Belastungen und Gesundheitsrisiken aller Art sowie langandauernde schulische Leidensgeschichten mit Insuffizienzgefühlen werden diagnostiziert (Hurrelmann 1993, 44ff.; 2004, 157ff.). Und nicht nur an den Rändern der Jugendkulturen finden sich zunehmend Jugendliche, die mit den Vereinzelungs-, Unsicherheits- und Ohnmachterfahrungen nicht zurechtkommen; arbeits- und wohnungslose jugendliche Trebegänger, die an den aufreibenden Familien- oder Beziehungskonstellationen, aber auch an der distanzlosen Harmoniesucht ihrer Eltern oder an den Hürden der Schule und des Arbeitsmarktes gescheitert sind, Jungen und auch immer mehr Mädchen, die sich an den *Endstationen Bahnhof* und *Straße* durch Schnorrertum, (Klein-)Diebstahl und -kriminalität, Betrügereien, Prostitution, Straßenstrich, illegales Dealen von ganz unterschiedlichen Drogen und Drogenhandel im kleinen Maßstab durchs Leben schlagen (wollen und müssen). Auch die Zahl alkoholabhängiger Jugendlicher wird immer größer, das Einstiegsalter ist niedriger, das Koma-Saufen (auch bei jungen Mädchen) ist in vielen jugendlichen Milieus attraktiv, ritualisiert und eine Lebensform von Mutproben. Und wieder sind es die jugendkulturellen Milieus und Szenen, „die als erlebnisintensiv und attraktiv - gegenüber anderen Möglichkeiten - eingeschätzt werden, in denen viele dieser halben Kinder Aufnahme finden und in denen auch ihr fragiles Ansehen und Selbstbewusstsein gestärkt werden kann. In diesen City-Cliquen und Milieus ist der Alkoholkonsum (wie andere Drogen) gerechtfertigt durch den Gestus der Verweigerung, wobei die häufig (gefürchtete Vereinzelung) sowie die dahinterstehende Verzweiflung (und Resig-nation) leicht übersehen wird" (Baacke 1993, 185). „Brutal im Trend" scheint auch das sogenannte „Happy Slapping" zu sein, das für die nicht einverstandenen Gefilmten nun wahrlich kein lustiger Scherz ist: „Prügelorgien" (Buntrock//Leber 2006, 10) mit häufig wehrlosen Opfern, die mit dem Handy gefilmt werden. Sie gelten - makaber genug und mindestens ethisch-moralische Grundsätze verletzend – selbstwertsteigernd als Trophäen und werden in den Gleichaltrigengruppen von Handy zu Handy z. B. mittels kostenlosem Bluetooth oder ebenfalls kostenlosen Infrarot-Schnittstellen oder qua Internetportalen versendet. Der Austausch der Bilder und Videos von Handy zu Handy kann aber auch - allerdings kostenpflichtig - per MMS (multimedia-messaging-service) erfolgen.

Immerhin liegt es auf der Hand, dass die Jugendphase heute in einer tendenziell singularisierten (modernen Arbeits-, Leistungs- und Erlebnis-)Gesellschaft, die allerdings nicht zwangsläufig zu einem ungezügelten, dekadenten und grenzenlosen Egoismus führen muss, vor dem Hintergrund der skizzierten gesamtgesellschaftlichen Wandlungen im ökonomischen, sozialen und kulturellen Bereich und angesichts der erörterten vielen Entstrukturierungs- und Enttraditionalisierungs-prozesse in fast allen Lebensbereichen sowie vor dem Hintergrund der beschriebenen generellen Aufweichung von Traditionsbeständen und institutionell „zugelassenen normativen Deutungsmöglichkeiten" (Ziehe 1991, 59) neu definiert und vermessen wird. Freilich führt ein solcher gesellschaftlich ambivalenter und doppelbödiger Individualisierungs-prozess im Zusammenhang des Aufwachsens zu vielen Fragen, häufig auch zu plausiblen Hypothesen, allerdings zu wenigen, analytisch gehaltvollen und empirisch validen Befunden und noch weniger zu sicheren pädagogischen Antworten. Wenn es auch beim Räsonieren und Sprechen über heutige *Jugend* geeigneter wäre, von *Jugend im Plural*, von *Jugenden* zu reden, die sich etwa in wirtschaftlichen, sozialen, regionalen, kulturellen, ethnischen, religiösen, aber auch geschlechtsspezifischen Lebensmilieus und Lebensformen voneinander unterscheiden, gibt es dennoch im Wirrwarr der Kulturen und Szenen gemeinsame historische Trends, die im popkulturellen Sinne qua globaler ökonomischer und medialer Entwicklung, überindividuell, generalisierend und homogenisierend alle übergreifen. Schaut man einmal vornehmlich auf die letzten sechs Jahrzehnte zurück, dann lassen sich jenseits aller notwendigen Variationen, Differenzierungen und Pluralisierungen dennoch - insbesondere auch vor dem Hintergrund des Verblassens, freilich nicht des Verschwindens der Unterschiede zwischen bürgerlicher und proletarischer, städtischer und ländlicher, männlicher und weiblicher *Jugend* - generelle Tendenzen, ohne dass wiederum diese *Homogenisierungen* hypostasiert werden, zentrale Strukturveränderungen der modernen Jugendphase in 19. Aspekten fokussieren bzw. verdichten (Vorarbeiten liegen hierzu vor; vgl. Ferchhoff 1990; 1993; 1997; 1999; 2007).

9.1 Jugend ist im ambivalenten Sinne individualisierte Jugend

Lebenslagen, -stile und -ziele (übrigens nicht nur) Jugendlicher pluralisieren und individualisieren sich nicht nur in marktgängiger Hinsicht zusehends. Dies ist nichts grundsätzlich Neues, kristallisiert sich aber vor allem ästhetisch auf der Ausdrucksebene stärker heraus und wird, zumindest für diejenigen, die mit einem „verfremdeten Blick des Ethnologen" (Böhme 2006, 23) die Differenzierungen und Pluralisie-rungen unter die Lupe nehmen, schärfer erkennbar. Zwar gab es schon in längst vergangenen Zeiten frühe Ansätze im Judentum und im Christentum, aber eigentlich erst seit dem Spätmittelalter und vor allem seit der Renaissance versuchten sich Menschen im Abendland, worauf der Sozialhistoriker Imhof mit Nachdruck hinweist, aus alten Strukturzwängen und Verflechtungen zu befreien, aus traditionellen Vorstellungen und Anschauungen der Zwangsgemeinschaften wie Familie, Haushalt, Kloster-, Zunft-, Militärgemeinschaften etc. sowie aus den Banden von Herkunft, Klasse und Religion zu lösen. Nur konnte der alte Renaissancetraum von der Aufwertung des Individuums, vom emanzipatorischen „Ausgang des Menschen aus seiner selbstverschuldeten Unmündigkeit" (Kant), von der Selbständigkeit, Ungebundenheit, Freizügigkeit und Selbstverwirklichung des denkenden und handelnden Menschen, also das, was wir gewohnt sind als *modernen Individualisierungsprozess* zu bezeichnen, für die meisten Menschen historisch erst viel später etwa durch Prozesse der strukturellen Lebensverlängerung im Wandel von der „unsicheren zur relativ sicheren Lebenszeit" verknüpft mit multiplen Absicherungen von Lebensrisiken und zunehmendem (Massen-)Wohlstand seit zirka Mitte des 20. Jahrhunderts Wirklichkeit werden. Und dies auch nur in bestimmten Teilen und Gesellschaften vornehmlich der westlichen Welt). Im Zuge der neuzeitlichen Rationalität und dem Subjektivitätsdenken in der Moderne konnten die feststehenden und nicht befragbaren Glaubenswerte sowie die Bedingungen der Lebensführung in dem Sinne reflexiv und individualisiert werden, dass an die Stelle der Hinnahme einer gottgewollten Ordnung und an die Stelle der „Einübung in den Gehorsam gegenüber Gott", den Priestern, Eltern und Lehrern der Anspruch getreten war, das Tradierte und Überkommene einer kritischen Prüfung der Vernunft zu unterziehen und sich dabei des eigenen Verstandes zu bedienen. Allerdings werden nach wie vor auch in modernen Gesellschaften alltagsweltliche Lebenspraktiken und Lebensführungskonzepte aus kulturellen Traditionen (Mythen, Magien, Riten) geschöpft, die aus vormodernen Zeiten stammen. Multiple Widersprüche wie das Switchen zwischen funktionaler Arbeitseffizienz und kollektiven Ekstasen, zwischen Vernunft und Vergnügen, zwischen ökonomischen Kalkülen und esoterischen Anleihen aus fremden Kulturen, zwischen rationaler Lebens- und Zukunftssicherung und dem Risiko-Thrill sind Bestandteil des Lebensalltags (vgl. Böhme 2006, 22ff.). In diesem Zusammenhang des Individualisierungsprozesses und der „autobiographischen Reflexion" gerieten auch „Kindheit und Jugend ins Blickfeld" (Hermsen 1998, 126).

In modernen individualisierten Gesellschaften sind wir nicht mehr etwa zum Überleben auf *alte*, dauerhafte und weltanschaulich geschlossene, in gewisser Weise auch einengende Gemeinschaften angewiesen. Wir können, weil wir uns - nicht zuletzt ob der gestiegenen Lebenserwartung - im Vergleich etwa zu den ungewissen, den Tod ständig vor

Augen habenden *Geißel-Trias-Zeiten* - der permanent-ausgelieferten und existenzbedrohenden Pest-, Hunger- und Kriegszustände - ein bisschen *unsterblich* fühlen und inzwischen auch jenseits struktureller Zwangsgemeinschaften tendenziell *allein* durchs Leben gehen. Im Zuge dieser im modernen Prozess der Produktion und sozialen Organisation ökonomisch mit in Gang gesetzten radikalisierten Singularisierung, die wir uns selbstverständlich milieuspezifisch differenziert auf sehr unterschiedlichen Niveaus mittlerweile wirtschaftlich *leisten* können, sind wir nur noch lose mit- und untereinander verbundene Einzelsubjekte (Imhof 1993, 359; 1994, 17ff.). Allerdings sind wir auch mehr denn je im Rahmen unserer universellen, freiheitsversprechenden *Selbstgestaltungsgesellschaft* auf Gedeih und Verderb zum erfüllten *Single-Dasein*, das bei Nichterfüllung sehr schnell zum *unerfüllten* Einsamsein oder existentiellen Heimatlosigkeit werden kann, also auch bspw. im Sinne der prekären, risikogesellschaftlichen und *riskanten Freiheiten* zur „Individualisierung gezwungen und verdammt" (Beck/Beck-Gernsheim 1994).

Vor diesem - sowohl die Sonnen- als auch die Schattenseiten der Individualisierung betonenden - Hintergrund müssen Jugendliche (dies mag wertkonservativ als Entwurzelung und Entsolidarisierung der traditionellen Wertegemeinschaften und der sozialen Großformationen (Milieus, regionale Gemeinschaften, Verwandtschafts- und Nachbarschaftsbeziehungen; so schon Heitmeyer u.a. 1995) bedauert oder postalternativ als bahnbrechender Autonomiedurchbruch und Selbstverwirklichungschance begrüßt werden) immer mehr ihre Lebensbiographie jenseits traditioneller Herkunftsmilieubindungen und jenseits verbindlicher Orientierungsmuster, normativer Selbstver-ständlichkeiten und Regelungen und jenseits institutionalisierter, kollektiv vorgelebter Statuspassagen in die eigene Hand nehmen. Immer mehr Jugendliche, ja schon sehr viele Kinder bestimmen größtenteils ihre Freundeskreise, ihre Kleidungs- und Schminkgewohnheiten, ihre Freizeitvorlieben, ihre Hobbys, ihre Lebensstile und ihren Medien-gebrauch weitgehend selbst und lassen dabei ihr Herkunftsmilieu (selbst wenn dort kleinbürgerliche Enge und Rigidität oder gar alte proletarische und/oder neue prekäre Armut vorherrscht) mindestens symbolisch ein Stück weit hinter sich. Dies erhöht zweifellos für viele Jugendliche die Chancen und den Anspruch auf ein ohne Gebote und Verbote umstelltes Dasein, auf ein facettenreiches, entgrenztes, zukunftsoffenes, weniger eingeschränktes und verregeltes Leben. So gesehen nehmen die Möglichkeiten einer individuellen, eigenständigen Lebensplanung und die multiplen Optionen zu. Auf diese Weise kann für einige Jugendliche durchaus *Identität* und *Sinn* in zeitlich begrenzten, aber „intensiven Erlebniswelten befriedigt werden", wie sie seit einigen Jahren in einer Fülle von unterschiedlichen Szene- und Eventkulturen bereitgestellt werden (Roth/Rucht 2000, 22; Hitzler 2000, 401ff.; Gebhardt/Hitz-ler/Pfadenhauer 2000; Hitzler/Bucher/Niederbacher 2001). Andere dagegen werden in erheblich größerem Maße als früher durch die über-bordende und unüberschaubar werdende Fülle von Optionen (die Selektionskriterien fehlen häufig sowohl für das Programm- und Warenangebot in den Medien, in den Kaufhäusern, Supermärkten und Boutiquen als auch für menschliche Beziehungen, für Cliquen-zugehörigkeit und Jugendstile) in einem rasanten Prozess der Diversifikation des vermeintlich Entbehrlichen (Schulze 1993) und den zunehmenden Druck zur Selbstorganisation, zur individualisierten Gestaltung ihrer Lebensgeschichte anfällig für unvorhersehbare Brüche und einem nicht kalkulierbaren Scheiternsrisiko ausgesetzt. Dabei kann es - selbst wenn eine *autonomieorientierte Identität* angezielt wird - zu einer Bereinigung und Auslöschung der eigentlich unauflöslichen Vielfalt, Pluralität, Mehrdeutigkeiten und Ambivalenzen kommen. Der selbstbewusst souveräne Umgang mit Kontingenzen, Paradoxien und Ambivalenzen sowie die Ausbalancierung von Ambivalenzen, Paradoxien und Ambiguitäten gelingt nicht immer. Die oftmals beinharten disziplinären Anforderungen der Leistungsgesellschaft erfordern paradoxale kulturelle Kompetenzen, ein „reflexives Verhältnis zu den fetischistischen Mechanismen" des Vergnügens und der Lüste im Rahmen der Waren- und Medienangebote. „Man muss sich ihnen überlassen, um (bspw.) die extraordinäre Festlichkeit der Mode, der Bilder und des Essens genießen zu können, und man muss sich zugleich distanzieren können, um in ihnen nicht unterzugehen" (Böhme 2006, 480). Aber auch Erschöpfungszustände sowie Rat- und Orientierungslosigkeiten sind zu beobachten.

Die für viele als nicht aushaltbar erlebte Sinnzerrissenheit und *ontologische Bodenlosigkeit* kann wiederum die Sehnsucht nach mehr Lebenswärme, nach mehr Sicherheit, nach mehr Gewissheit, nach mehr (Lebens-)Sinn und meditativer Spiritualität, nach mehr sozialer Verortung und Heimat, nach mehr Bindung und Gemeinschaft und nach (vermeintlich) stabilen und eindeutigen Identitätsangeboten fördern. Eine Neubelebung und Renaissance der Aktivität von informeller Nachbarschaftshilfe bis zu kleineren und größeren (Familien-)Gemeinschaften ist nicht zuletzt auch angesichts prekärer ökonomischer Situationen festzustellen. Es ist auch nicht auszuschließen, dass im Lichte der prekären und gefährdeten Dimensionen bezüglich der Lockerung von Normen und der Optionsvielfalt von Freiräumen neue Sehnsüchte noch kohärenten Weltbildern, nach Fundamentalismen verschiedenster Art, nach Endzeitstimmungen und nach apokalyptischen Visionen sich entwickeln können. Nicht nur Medien-, Werbebotschaften und (Kauf)Aufforderungen, auch zentrale gesellschaftliche Probleme werden nicht mehr so ohne weiteres in den Regularien und Konventionen der Zwischeninstanzen und -welten von Individuum und Gesellschaft abgefedert, sondern können unmittelbar, unvermittelt, *ungefiltert* und damit auch *ungeschützt* auf das Individuum durchschlagen. Die *kleinen Lebenswelten* bzw. die kleinen Lebenskreise, die kommunitären Lebensformen und -netze der Familie, Nachbarschaft, Freundschaft, des Lebensmilieus etc. sind - nicht zuletzt aufgrund der Aufweichung und Schwächung der gesellschaftlichen Bindemittel und des Bedeutungsverlustes sowie der Entstabilisierung übergreifender alltagssolidarischer, kollektiver Erfahrungs- und Deutungszusammenhänge - nicht mehr selbstverständlich vorhanden. Sie müssen zuweilen mühsam aufrecht erhalten oder in Unterstützungsnetzwerken gesucht bzw. neu hergestellt werden.

9.2 Jugend ist Schul- und Bildungsjugend

Im Zusammenhang des Strukturwandels der Jugendphase kann zuallererst daran erinnert werden, dass an die Stelle der Arbeit und Beschäftigungsverhältnisse im häuslichen Verband der Familie oder im außerhäuslichen Bereich der Landwirtschaft oder der - in historischer Perspektive nicht immer krisenfreien - industriegesellschaftlichen außerhäuslichen Erwerbsarbeit auf dem anonymen Arbeitsmarkt, die als Arbeitsformen von Jugendlichen noch zu Beginn des letzten Jahrhunderts (und selbst bis in die sechziger Jahre des 20. Jahrhunderts hinein) für fast alle (zumindest für die nichtbürgerlichen männlichen) Jugendlichen strukturtypisch waren, tendenziell die *schulisch-kognitive Lernarbeit* getreten ist.

Dieser Verschulungsprozess, der die Verwandlung von Kindern und Jugendlichen in Schüler einleitete, war keineswegs mit der Einführung der staatlichen Schulpflicht etwa in Preußen in der zweiten Hälfte des 18. Jahrhunderts abgeschlossen. Erst gegen Ende des 19. Jahrhunderts galt die Zwangsverschulung mit erheblichen Folgen für die Kindheits- und teilweise auch für die Jugendphase als vorerst beendet. Seit jener Zeit trat neben „die Lebenspläne der Eltern oder die Begrenzungen durch Stand und Klasse ... die Entscheidungsinstanz der Schule", die nunmehr über Begabung und Erfolg zu bestimmen hatte. Und „neben die Trennung von Familienleben und Berufssphäre trat die von Lern- und Arbeitswelt". Im Zusammenhang mit der Verschulungstendenz kam es auch über die bürgerlichen Lebensmilieus hinaus zu einer *Familialisierung der Jugendphase*. Dabei verloren die „berufsspezifischen und territorialen Jugendbrauchtümer insbesondere im Rahmen proletarischer Lebensmilieus ihre Bedeutung. Die typische *Selbstsozialität der Straße* erlitt Einbußen, nicht zuletzt weil in pädagogischer und staatsloyaler Absicht im Kontext einer nicht nur schulischen, sondern auch außerschulischen *Pädagogisierung des Jugendalters* etwa im Rahmen der „Organisation der Freizeit durch staatliche und verbandbezogene Jugendpflege, Erziehungs- und Kontrolllücken zwischen Schule und Kaserne geschlossen werden sollten, und die *Straßenjungen und Gassenkinder* im Medium pädagogischer Problemstellungen und pädagogischer Kontrollsemantiken auftauchten und als „Menetekel für die Erziehungsfehler der Familie" dienten, „stets in Verdacht, verwahrlost, amoralisch, asozial zu sein" (Dudek 1996, 22).

Die Verschulung der Jugendphase galt allerdings für die meisten Jugendlichen am Ende des 19. Jahrhunderts nur bis zum 13. resp. 14. Lebensjahr (Zinnecker 1997, 484ff.). Für junge Menschen der ländlichen und städtischen Unterschichten, die nach Abschluss der Elementar- respektive Volksschule mit 13 bzw. 14 Jahren in eine zumeist praktische (oftmals handwerklich oder als Anlernling in eine) Berufsausbildung eintraten oder ungelernt als Hilfsarbeiter, Knechte, Mägde, Dienstmädchen oder Lohnarbeiterinnen und Lohnarbeiter schon erwachsenenbezogen *hart* arbeiten und häufig auch einen monetären Beitrag zum Familienbudget leisten mussten, gab es kein oder nur ein erheblich verkürztes *psychosoziales Moratorium* bzw. nur eine begrenzte, von Arbeit *freie* und *entlastete* Jugendzeit im bürgerlichen Sinne. So gesehen gab es den von Arbeit *freien pädagogischen Schonraum* als Luxus vornehmlich nur für die relativ kleinen, zumeist männlichen Gruppen der Gymnasiasten und Studenten am Ende des 19. und zu Anfang des 20. Jahrhunderts.

Aber erst im Zuge der vor allem in den 70er Jahren des 20. Jahrhunderts in Gang gekommenen westdeutschen Bildungsexpansion und der weitgehenden Freistellung von Erwerbsarbeit für die meisten Jugendlichen nach dem 14. bis zum - aber auch nach dem - 16. Lebensjahr ist inzwischen nicht nur die Bedeutung der Erwerbsarbeit als unmittelbarer Erfahrungsbereich für die meisten Jugendlichen immer weiter zurückgedrängt worden, obwohl mehr betriebliche und verwaltungsbezogene Schulpraktika gemacht und in den vielen schulischen Warteschleifen zwischen Schule und Eintritt in die Erwerbsarbeit Arbeitsprozesse simuliert werden. Zudem geht jeder dritte Jugendliche in den nuller Jahren des 21. Jahrhunderts gelegentlich neben der Schule und jeder zweite Jugendliche neben dem Studium einer bezahlten Nebentätigkeit nach. (Deutsche Shell 2002, 85; Shell Deutschland Holding 2006; 85). Dennoch kann man bei aller Nebenjoborientierung in der heutigen Jugendphase von einer Arbeitsweltentzogenheit sprechen. Dies hat auch zu immensen Auswirkungen in Bezug auf die Zäsuren der Jugendphase und somit auf den Prozess des Erwachsenwerdens geführt. Es fand so gesehen eine strukturelle und mentale Entkoppelung von kognitiven bzw. abstrakten Lernprozessen und praxisbezogenen Arbeitsprozessen statt. Die lebensbiographisch erweiterte Verschulung der Jugendphase hat zu einer noch stärken Ausgliederung der Jugendlichen aus der arbeitsbezogenen Vergleich zur Wende vom 19. zum 20. Jahrhundert und auch im Vergleich zu den 20er und 50er Jahren im 20. Jahrhundert besonders die explosionsartige Ausdehnung des institutionalisierten Bildungswesens im Jugendalter auf. Jugendliche befinden sich im 21. Jahrhundert etwa gegenüber den 50er und 60er Jahren des 20. Jahrhunderts insgesamt gesehen wesentlich früher - Krippe, Kindergarten und Vorschule - sowie für wesentlich längere Zeit in den unterschiedlichen pädagogischen Einrichtungen der Vorschul-, Schul- und Ausbildungssysteme. Immer mehr Jugendliche besitzen den Status des Schülers bzw. der Schülerin, so dass man ohne weiteres sagen kann, dass angesichts der Entwicklung der letzten Jahrzehnte *Jugend* oder *Jungsein* immer mehr die Form - freilich nur in formaler Hinsicht - der *Schuljugend* oder des *Schülerinnenseins* angenommen hat. Aus der ehemaligen temporär bescheidenen *Übergangsjugend* ist die *Bildungs-* adäquater: die *Lernjugend* geworden. Der Bildungs- bzw. Lernaspekt ist zweifelsohne zu einem zentralen Merkmal für das Verständnis der Jugendphase geworden (Böhnisch 1992, 162; Hurrelmann 2004, 82). In diesem Zusammenhang ist die gesellschaftliche Institution Schule die allgegenwärtige, mächtige und in vielerlei Hinsicht auch lebensprägende Instanz im Jugendalter. Und immer mehr *Lebenszeit* wird von der Schule beschlagnahmt. In den Institutionen des Lehr-, Lern- und Bildungswesens gab und gibt es neben den leistungsorientierten Anforderungen des offiziellen Systems eine Art grenzüberschreitende „Hinterbühne", ein von Kindern und Jugendlichen inszeniertes informelles schulisches „Unterleben", das oftmals auf traditionsreiche Elemente von Ventilsitten (Schüler- und Studentenstreiche, Orte der sprachlichen und auch physischen Gewaltausübung; Hierarchiegefechte, symbolische Praktiken der Verletzung, Schikanen, Hänseleien, Sticheleien, Verwünschungen, Mobbing, Ethnisierung anderer) zurückgreifen, neue hinzufügen und bei schulischen Irritationen und Stresssituationen immerhin Überlebensstrategien anbieten kann. (Zinnecker 1997, 472ff.; Fetscher 2006, 27). In historischer Perspektive hat sich langfristig das schulische Unterleben erheblich gewandelt. Die integrierenden Momente haben abgenommen, die abweichenden, anomischen zu-genommen. Diese „historische Tendenz macht sich an problematischen Orten des Bildungssystems" verstärkt bemerkbar: „Dort, wo bildungs-ferne und bildungsunwillige Jugendliche – zwangsweise und weitgehend perspektivlos - unterrichtet werden", wo sich soziale, sprachliche und ethische Probleme ballen. wo Normabweichungen die Regel sind, wo „es an soziokultureller Homogenität der Schülerschaft mangelt;" die Haupt-schule zur sogenannten *Restschule* geworden ist, und „wo vor allem in bestimmten städtischen Arealen kriminelle jugendliche Gangs das Schul-leben beeinflussen" (Zinnecker 1997, 470). Weitere Veränderungen im schulischen Unterleben haben sich dadurch ergeben, dass Schulen zu schwer regierbaren Großsystemen geworden sind, und dass die spezialisierten Fachlehrer oftmals aus der pädagogischen-erzieherischen Pflicht der Verantwortung entlassen worden sind. Zudem haben Schulsysteme in den letzten Jahren Funktionen aus anderen Lebens-bereichen übernommen. Schulen und Schulhöfe übernehmen ehemalige Teilfunktionen der Familie und vor allem Funktionen der Nachbarschaft und der Straßenöffentlichkeit. Schulhöfe sind längst nicht mehr vormilitärische Exerzierplätze für schulische Disziplin, wie noch zu Beginn des 20. Jahrhunderts. Sie sind auch nicht nur Orte physischer und psychischer Gewaltausübung. Bildungs-, Campuseinrichtungen, Cafeterias und Schulhöfe werden immer mehr als freizeitorientierter Jugendtreff, als Orte der Sportivität, als informelle jugendkulturelle Orte zum Flanieren, als Laufsteg, als Straßencafè, ja sogar als Orte der Erotik, Partnersuche und Sexualität aufgefasst und genutzt (Zinnecker 1997, 474).

Inzwischen bleiben in der Bundesrepublik Deutschland (fast sämtliche) Jugendliche durch ein zweimaliges Heraufsetzen der Vollzeitschulpflicht in den meisten alten Bundesländern seit den siebziger Jahren, aber auch in den neuen Bundesländern bei aller Differenzierung und Chancengefälle der Schultypen und insgesamt steigenden Bildungsaspirationen (Deutsche Shell 2002, 62ff.) mindestens 10 Schuljahre bis zum Alter von zirka 16 Jahren in den Einrichtungen des Bildungssystems. Auch die immense Ausweitung des Besuchs von Vollzeitschulen bzw. weiterführender Schulen (gymnasiale Oberstufe, Oberstufe in Gesamtschulen, Fachgymnasien, Fachoberschulen, Berufskollegs, Fachakademien, Berufsfachschulen, Berufsaufbauschulen, Fachschulen, Berufsgrundbildungsjahr, berufsbildende Einrichtungen im dualen Ausbildungssystem: Berufsschule usw.) sowie die enorm gestiegene Zahl der Studierenden an Hoch- und Fachhochschulen haben sowohl horizontal zur Verbreitung des Jugendphänomens (insbesondere auch für Mädchen und - allerdings weniger - für Unterschichten und für Jugendliche mit Migrationshintergrund) als auch lebensbiographisch vertikal zur Verlängerung der Jugendphase insgesamt im Rahmen einer ehemals gültigen sogenannten *Normalbiographie* geführt und betrifft zunehmend auch die über 20jährigen (BMBF 2002). „Der Schulbesuch mit anschließendem Besuch vollzeitlicher allgemeinbildender und berufsbildender Ausbildungsstätten ist zum beherrschenden Struktur-merkmal des Jugendalters geworden. Dadurch werden auf der einen Seite die Chancen der jungen Generation einen hochwertigen schulischen und beruflichen Abschluss zu erhalten, enorm gesteigert" (Hurrelmann 1987, 14; Deutsche Shell 2002, 63; Shell Deutschland Holding 2006. 65). Auf der anderen Seite ist nach wie vor die ungleiche Verteilung von Bildungschancen insbesondere in Deutschland hervorzuheben. Die soziale Herkunft „schlägt bei der Bildung und den Startchancen beim Beruf durch" (Shell Deutschland Holding 2006, 65). Die sozioökonomischen und soziokulturellen Bedingungen sowie der Bildungshabitus der Herkunftsfamilie entscheiden darüber, welche Schulen von Kindern und Jugendlichen besucht und welche Schul- und Studienabschlüsse gemacht werden. „Im Sekundärbereich hat sich der Anteil der Realschüler und Gymnasiasten an der Schülerschaft innerhalb von fünf Jahrzehnten fast verfünffacht. Diese anspruchsvollen Schulformen sind heute für die Mehrheit eines Altersjahrganges die „Normalschule". Insgesamt 37% aller Jugendlichen beenden heute ihre Schullaufbahn mit dem Fachabitur (Faschhochschulreife) nach 12 Jahren oder dem Abitur nach 13, demnächst auch nach 12 Schuljahren, etwa ebenso viele mit dem mittleren Abschluss (Mittlere Reife). Zugleich ist der Anteil der Schülerinnen und Schüler an den Hauptschulen von 80% im Jahre 1950 (damals noch

Volksschulen/Hinzuf. W. F.) auf unter 20% im Jahre 2010 in Deutschland abgefallen - allerdings mit erheblichen regionalen Differenzen. In Bayern bspw. gibt es Regionen, wo der Schultyp Hauptschule kein *Problemtyp* und nicht zur *Restschule* geworden ist und immerhin noch ein Drittel der Schüler die Hauptschule besucht. Die in den 70er Jahren in mehreren Bundesländern eingerichteten Gesamtschulen, die Realschul- und Gymnasialbildungsgänge führen, nehmen heute etwa 10% der Jugendlichen auf. Die Schülerschaft der Sonderschulen (Lernbehinderung und geistige Behinderung/Hinzuf. W.F.) blieb bei etwa 4% konstant (BMBF 2002; Hurrelmann 2004, 83). Jugendliche erwerben heute auch im Durchschnitt betrachtet, einen gegenüber ihren Eltern (trotz der *Vererbung* von Bildungschancen) höheren Bildungsabschluss. Von den Eltern der heutigen Abitursjahrgänge besitzt nur jeder dritte das Reifezeugnis. Die zweifelsohne stattgehabte Bildungsexpansion (gestiegene Bildungsaspiration aller, Durchlässigkeiten und Strukturverschiebungen im Bildungssystem, ein insgesamt - zumindest formal gesehen - hohes Bildungsabschlussniveau etc.) hat zweifellos Folgen für die veränderte gesellschaftliche Gestalt der Kindheits- und Jugendphase gehabt. *Kindheit* und *Jugend* stehen seit den 90er Jahren des 20. Jahrhunderts vor dem Hintergrund immer noch teilweise überlasteter Berufssysteme und prekärer Arbeitsmärkte mehr denn je, um etwa Statusbedrohungen und Abwärtsmobilität zu vermeiden, unter dem Druck das Gymnasium oder mindestens die Gesamt- oder die Realschule zu besuchen sowie unter dem „Druck des Erwerbs von Titeln und Zertifikaten". Heutige Lebenschancen beruhen wesentlich darauf, welche schulischen Bildungswege für die Kinder von ihren oftmals übertrieben ehrgeizigen Eltern gewählt werden, und „wie viel wir uns von dem gesellschaftlichen Investitionskapital aneignen konnten, und von den Chancen, die wir dafür dann auf dem Arbeitsmarkt finden" (Eckert 1989, 46). Viele Jugendliche verbleiben von daher länger im Bildungssystem, quasi in gesellschaftlichen Warteräumen, Warteschleifen oder im biographischen Wartestand (Schäfers, 2002: Hurrelmann 2004, 22, 82), um ihre Ausbildungs- und Beschäftigungschancen zu wahren und/oder zu verbessern, zuweilen aber auch, weil sie keinen oder keinen adäquaten Ausbildungs- oder Arbeitsplatz finden.

Allerdings scheint die altehrwürdige Logik, dass ein hoher Bildungsabschluss und eine gute, hochqualifizierte Berufsausbildung stets beste und langfristige Berufsaussichten, einen gesicherten Arbeitsplatz, ein gesichertes Einkommen und einen hohen Lebensstandard versprechen, angesichts des seit mehr als drei Jahrzehnten beobachtbaren *Qualifikationsparadoxons* (Mertens 1984) nicht immer eingelöst zu werden. Die alte Gleichung: je mehr und qualifiziertere (Aus-)Bildung, desto mehr soziale Chancen, geht nicht mehr so ohne weiteres auf, weil eine zumindest tendenzielle Ent-kopplung von schulischen Abschlüssen und beruflich-sozialem Aufstieg stattgefunden hat. Viele Jugendliche erleben nach wie vor, dass sie trotz intensiver Bemühungen und immenser Anstrengungen nicht immer den Ausbildungs-, Arbeits- und Studienplatz bekommen können, den sie sich gewünscht haben. Selbst ungewöhnlich hohe und viele Bildungs- und Ausbildungsabschlüsse, vor allen Dingen bei Abschlüssen, die vom Arbeitsmarkt nicht nachgefragt werden, können heutzutage in das - keineswegs mehr allein auf bildungsabstinente Unterschichten und Randgruppen beschränkte - Ghetto der gesellschaftlichen Margi-nalisierung, des gesellschaftlich Nicht-Gebrauchtwerdens und der Perspektive-, teilweise auch (Langzeit-)Arbeitslosigkeit führen. Karrierewege sind oftmals verstopft. Neben der flexiblen Gestaltung der einzelnen Übergangsmöglichkeiten im Bildungssystem und neben der Ausdifferenzierung der Bildungs- und Ausbildungssysteme ist es zwar insgesamt zu einer Anhebung der formalen Ausbildungs- und Qualifizierungsniveaus, aber zugleich auch zu einer Entwertung aller Bildungsabschlüsse gekommen. Viele Ausbildungsstellen, die noch vor 35 Jahren an Volks- bzw. Hauptschüler vergeben wurden, können heute nur noch über Realschulabschluss (Sekundarstufe I), Fachober-schulabschluss oder Abitur erreicht werden. Aber auch Abitur und Studium sind schon lange kein Privileg mehr für einige wenige (bürgerlich-männliche) Jugendliche eines Altersjahrganges. Inzwischen erwerben über 30%, in einigen städtischen Regionen sogar über 40% (gegenüber 1%-2% im gesamten 19. Jahrhundert, 2%-3% in den 20er-, 6% in den 50er- und 9% in den 60er Jahren des 20. Jahrhunderts) eines Altersjahrganges die Zugangsberechtigung zur Hochschule. Im europäischen Maßstab sind diese heutigen

Abitursquoten in Deutschland immer noch außerordentlich niedrig. Immerhin erhält mehr als ein Drittel eines Altersjahrgangs inzwischen die Lizenz zum Studium, drei Viertel davon auf den allgemeinbildenden Schulen, ein Viertel auf Fachoberschulen bzw. per zweitem Bildungsweg. Und zum ersten Mal hatte im Jahre 1991 die Zahl der Studierenden mit 1,8 Millionen, zirka 2 Millionen im Jahre 2007, im Jahre 2015 werden es zum wahrscheinlichen Höhe- und Scheitelpunkt 2,7 Millionen sein) die Anzahl der Lehrlinge (1,7 Millionen) übertroffen. Die Abbrecherquote im Studium ist hoch und beträgt - ähnlich wie im d*ualen System* der Berufsausbildung zirka 30% (vgl. bspw. Friebertshäuser 2002; Hurrelmann 2004, 89ff.). Inzwischen bleiben in Teilbereichen des Handwerks und der Industrie (2010) trotz erheblicher Ungleichgewichte in einigen Regionen Süd- und Südwestdeutschlands und Ostdeutschlands bei einer in den letzten Jahren erheblichen Reduzierung der Lehrstellen selbst attraktive Ausbildungsplätze in einzelnen Fällen unbesetzt.

Wie in den meisten Lehrstellenbereichen drohen die Hochschulen vornehmlich in den alten Bundesländern (obgleich auch hier die Zahl der Erstsemester in den letzten Jahren ein klein wenig abgenommen hat, zukünftig aber wieder ansteigen wird) an ihrem Gedrängel (Anfang des 21. Jahrhunderts studieren zirka 2..000.000), aber auch an ihrer sozialpolitischen *Attraktivität* für Langzeitstudierende. zumindest bis zur Umsetzung des Bologna-Prozesses, also zur tendenziell flächen-deckenden Einführung der Bachelor- und Masterstudiengänge seit 2007 und bis zur Einführung der Erhebung von Studiengebühren etwa in NRW in 2006 (Vergünstigungen wie freie Fahrt im öffentlichen Nahverkehr, Krankenversicherung, Mensa als Suppenküche etc.) und an ihrer gleichzeitigen *sozialpädagogischen Warteraum-, Aufbewahrungs-* und *Tröstungsfunktion* zu ersticken. Neben dem relativ hohen Eintrittsalter in das Studium wegen langer Schulzeiten, Wehr-, Zivildienst- und Sozialdienstzeiten ist auch die Hochschulausbildung in Deutschland im internationalen Vergleich immer noch besonders lang. Sie betrug zu Anfang des 21. Jahrhunderts in den alten Magister- und Diplomstudiengängen im Durchschnitt 7 Jahre, so dass das Studium in Deutschland erst gegen Ende des dritten Lebensjahrzehnts abgeschlossen wurde. Dies wird sich erst durch die anvisierte Verkürzung der Schulzeiten zum Abitur (Reduzierung von 13 auf 12 Jahren) und insbesondere durch die mittlerweile neu eingeführten, kürzeren modularisierten und international vergleichbaren Studiengänge in Bachelor und Master an Universitäten und Fachhochschulen (Hurrelmann 2004, 106) in naher Zukunft ändern. Eine erhebliche Reduzierung der Studienzeiten hat schon heute im Jahre 2010 stattgefunden.

In den neuen Bundesländern war es sofort nach der Umstellung des DDR-Schul- und Hochschulsystems auf westdeutsche Verhältnisse zu einer Expansion der Bildungswünsche von Kindern und Jugendlichen - vor allem durch die Eltern unterstützt - gekommen. Nur können diese auch nach 20 Jahren bis heute nicht in dem Maße vollständig befriedigt, wie sie gewünscht werden, obgleich das Gymnasium vorwiegend als Symbol des westlichen Leistungs- und Karrierestrebens einen ähnlichen Zuspruch wie in den alten Bundesländern erhalten hat. Dennoch ist die Neigung, ein universitäres Hochschulstudium aufzunehmen, nach wie vor in den neuen Bundesländern ein wenig schwächer ausgeprägt als in den alten Bundesländern, während Ausbildungen in Fachschulen, Fachhochschulen und Berufsfachschulen in den neuen Bundesländern deutlich stärker - im Vergleich zur universitären Ausbildung – nachgefragt werden. Mit der Einführung einer individualisierten schulischen Leistungskultur fand ein ehemals nicht gekannter, schulisch-beinharter leistungsindividualisierter Verdrängungswettbewerb vor allem um äußerst knappe, keineswegs immer ausreichende und von Jahr zu Jahr weniger werdende Ausbildungs- und Arbeitsplätze in allen Regionen Ostdeutschlands und auch in fast allen Regionen Westdeutschlands statt. In den letzten Jahre gab es stets einen nicht unerheblichen Bewerberüberschuss - mit schon im Jahre 2009 abnehmender Tendenz - auf nicht ausreichende, jedes Jahr weniger werdende Lehrstellen. Selbst außerbetrieblicher Hilfsbrücken reichten lange Zeit nicht aus. Ein Teil der Bewerber, wobei Jugendliche ohne Schulabschluss, mit Hauptschul-abschluss und Jugendliche mit Migrationshintergrund überproportional beteiligt waren, fand und findet bis heute trotz Ausbildungspakt keine adäquate Ausbildungsmöglichkeit, sondern landete in mehr oder weniger sinnvollen Warteschleifen zur Berufsvorbereitung, die sie zwar vorübergehend von der *Straße* geholt haben, mittelfristig aber keineswegs vom Ausbildungsmarkt. Seit den späten 90er Jahren des 20. Jahrhunderts befanden sich jährlich jeweils zirka 180.000 Jugendliche in sogenannten *Alternativen zum dualen Ausbildungssystem*, von denen wiederum mehr als 75% als Altnachfrager auf den Ausbildungsmarkt jährlich zurück dräng(t)en. Selbst der *ideologisch* geschönte, berühmte struktur-rechnerische Ausgleich der sogenannten Lehrstellenlücke von Angebot und Nachfrage (dabei wird die Zahl der unversorgten Bewerber der Zahl der noch offenen Stellen gegenübergestellt) – in den letzten Jahren waren zirka 40.000 bis 50.000 Jugendliche jeweils im September eines Jahres bei den Arbeitsämtern (Agenturen für Arbeit) als nicht vermittelt registriert - bedeutete keineswegs, dass es kein Lehrstellenproblem gäbe. Denn Jahr für Jahr stieg die Zahl der Bewerber in den Warteschleifen und der gänzlich unversorgten Jugendlichen, die sich erst gar nicht bei den Arbeitsämtern bzw. den Agenturen für Arbeit gemeldet hatten, weiter an. Auch das war und ist bei allen zusätzlichen betrieblichen und politischen Anstrengungen und Schönwetterparolen ein Teil der *Lehrstellenkatastrophe*, die stets auch statistisch euphemistisch verbrämt wurde. Die Lage auf dem Lehrstellenmarkt ist im Jahre 2010 längst nicht mehr so dramatisch wie in den 15 Jahren zuvor. Sie hat sich vielerorts entspannt. Lehrlinge werden wieder gesucht und 50.000 Lehrstellen bleiben unbesetzt. Dennoch ist das Lehrstellenproblem in vielen Regionen Deutschlands nicht ganz behoben und wird dementsprechend *weiterhin* auch dort als gesellschaftspolitischer Skandal gesehen.

Die Ausweitung und insbesondere die Ausdifferenzierung des Bildungssystems hatten neben der Verlängerung der Jugendphase zweifellos zu einem erhöhten Qualifikationsausstoß beigetragen. Dies führte allerdings nicht zwangsläufig zum Abbau sozialer Ungleichheiten, denn auch die individualistischen schulischen Prinzipien der Leistung, Konkurrenz und Selektion wurden in Gesamtdeutschland härter. Die Verlierer im Bildungssystem waren und sind vor allem (männliche) Haupt- und Sonderschüler und die Schülerinnen und Schüler mit Migrationshintergrund (oftmals auch ohne Schulabschluss), deren Abstand zu den anderen immer größer wird und vielen Scheiternsrisiken auf dem Lehrstellen- und Arbeitsmarkt, aber auch vielen anderen Benachteiligungen und sozialen Diskriminierungen ausgesetzt sind (vgl. Hurrelmann 2004, 91ff.). In geschlechtsspezifischer Perspektive ist daran zu erinnern, dass die Bildungsbeteiligung in den 70er und 80er Jahren des 20. Jahrhunderts von Mädchen im allgemeinen Schulsystem in quantitativer Hinsicht zu einem - allerdings paradoxen - *Bildungsprivileg* geführt hat (Mädchen und junge Frauen weisen seit der Jahrtausendwende inzwischen höhere Bildungsabschlüsse als Jungen und junge Männer auf), das sich allerdings weder im dualen Ausbildungssystem noch in den traditionell männlichkeitsspezifischen Studiengängen und Domänen der Hochschulen und der späteren Arbeitsmärkten *auszahlt*. Denn geschlechtsspezifische Benachteiligungen werden nach wie vor im Zusammenhang des sogenannten „Feminisation Processes" durch gesellschaftliche Barrieren und in das eigene Selbstbild übernommene, eingeschliffene Strukturvorgaben der geschlechts-spezifischen *Wahl* von Bildungsverläufen und Ausbildungsgängen reproduziert. Die Selbsteinschätzung von Mädchen ist, was bspw. Leistung oder Können betrifft, stets geringer als bei Jungen. Darüber hinaus scheinen subtile und quantitativ nur schwer fassbare geschlechtsspezifische Diskriminierungen in den „Lehrer-Schüler- und vor allem auch in den Peerinteraktionen zu bestehen. Mädchen werden in der Regel ob ihrer unauffälligen *Angepasstheit* weniger beachtet, weisen häufig ein gegenüber (verhaltens-)*auffälligen* und etwa im Klassenverband sich durchsetzenden Jungen ein geringeres Selbstwertgefühl auf und übernehmen in der Klasse häufig implizite sozialpädagogische Aufgaben (Helsper 1993, 360). Nicht nur in den unteren, sondern auch in den mittleren und oberen Etagen des Bildungssystems kommt es angesichts des erbarmungslosen Konkurrenzkampfes zu einer prinzipiellen *Entwertung* allgemeiner und beruflicher Ausbildungsanstrengungen, was wiederum noch größere und verbissenere Qualifikationsbemühungen, aber auch infolge eines drohenden Leistungsversagens erhebliche Problembelastungen und Scheiternsrisiken nach sich ziehen kann. Schulangst und Aggressionen auf Versagen und Enttäuschungen in ihrer Schullaufbahn sind mindestens bei 1/8 der

Schüler und Schülerinnen zu beobachten. Psychische Störungen, psychosomatische Beschwerden wie Kopfschmerzen, Schlaf- und Essstörungen sowie ein hoher Medikamentenkonsum sind zuweilen schon bei leichten Leistungskrisen und Versetzungsgefährdungen festzustellen (vgl. Hurrelmann 2004, 169ff.). Die ohnehin schon für viele Jugendliche zutreffende Ausdehnung der Jugendphase kann schließlich sogar für einige zu einer nicht enden wollenden *Vorbereitungszeit* werden. Und solange junge Menschen vollzeitlich Schulen, Berufsausbildungseinrichtungen, Fachhochschulen und Universitäten besuchen (müssen), werden sie in unserer Gesellschaft als im Wartestand befindliche, als noch nicht *vollwertige* Gesel-lschaftsmitglieder und in diesem Sinne als noch nicht *richtig* erwachsen definiert - wie alt sie auch sein mögen (Baethge et. al. 1983). Die institutionalisierte Schule (drei- oder zweigliedrig) ist jenseits subjektbezogener Vorstellungen, Umgangs- und Bearbeitungsformen, die Schüler und Lehrer im interaktionstheoretischen Sinne als handelnde und situationsbezogen aushandelnde Subjekte im Binnenraum Schule auffassen, in funktionalistischer Perspektive soziologisch gesehen zunächst einmal eine Einrichtung mit vielfältigen gesellschaftlichen und gesellschaftspolitischen Aufgaben der Bildung, Qualifikation, Selektion, Legitimation, Integration, Werteerziehung und Normenkontrolle etc. (vgl. bspw. Melzer/Sandfuchs 2001; Tillmann 2002, 160ff.; Helsper/Böhme 2002, 567ff.; Hurrelmann 2004, 94ff.):

- Schule ist eine sorgsam zubereitende Zwangs- resp. Pflichtveranstaltung unter (berufs-) pädagogischer Kontrolle für bestimmte Altersabschnitte im Lebenslauf von Kindern und Jugendlichen;
- Schule *verwandelt* Kinder und Jugendliche im Zusammenhang der *Nachwuchsverwaltung* (von Hentig 1996) sowie im Rahmen sozialpädagogischer Aufbewahrung in und *macht* sie zu *unreife(n)* Schülerinnen;
- Schule ist ein relativ schwerfälliger, hierarchischer Apparat, der die Fremdheit zwischen Lehrern und Schülern (mit)konstituiert und den Lehrerinnen und Lehrern den Blick auf die außerschulischen, lebensweltlichen Veränderungen, die für die Kinder und Jugendlichen zentral sind, verstellt;
- Schule ist eine gesellschaftlich organisierte Unterrichts- bzw. Wissensvermittlungsanstalt mit einer Art „Osterhasenpädagogik", bei der das Wissen versteckt wird und die Fehlersuche in den Fokus rückt (Kahl 2006, 25); ein jugendlicher Schonraum, ein Ort des kompensatorischen und zeitweiligen separaten Lernens für Kinder und Jugendliche, in

dem jenseits der und in der Distanz zur Sozial- und Lebenswelt *nur stellvertretende* Erfahrungen gemacht werden können. Die alltagsweltlichen Erfahrungen der Lernenden spielen im Rahmen der Vermittlung von Bildungsinhalten nur - wenn überhaupt - eine bescheidene Rolle (Holtappels/Hornberg 1997, 329). In der Schule wird nahezu *alles* zum Lerngegenstand und zum *Gegenüber der Erkenntnis*, es findet eine Vergegenständlichung der Erkenntnis statt; geistige Vorgänge werden so behandelt, als seien sie *äußere*, in sich geschlossene Gegenstände eigener Art, die kontrollierbar und überprüfbar werden sollen (Bergmann 1995, 35). Im Zusammenhang dieser handlungsentlasteten Distanzerfahrungen wird aber gleichzeitig auch die philosophische Prüfung der Verständigungs- und Erkenntnismittel in Bezug auf das Denken und Handeln sowie die Chance des Nachdenkens über das Alltagsweltliche, also die Chance der (Bildungs-)Reflexion eröffnet. Insofern kann Schule auch einen Beitrag dazu leisten, dass neben dem „Bewusstsein von der Geschichtlichkeit der eigenen Existenz eine „Wachheit für letzte (Sinn)Fragen" ermöglicht wird: Gibt es einen Schöpfer des Universums? hat die Welt einen Sinn? worin offenbart sich dieser? wer und warum bin ich? bin ich frei von diesem Sinngehalt abzuweichen oder gibt es Vorsehung und Vorbestimmung? was kommt im Anschluss an das Leben?. „Der Mensch muss sich (zweifellos intersubjektiv gemeinschaftlich), um dem Stumpfsinn des bloßen, wenn auch komplizierten Vegetierens und dem Hochmut eines Weltenbaumeisters zu entgehen, jenen (spekulativen metaphysischen) Fragen aussetzen. Sie geben ihm ein Bewusstsein von der Grenze der menschlichen Vernunft und nötigen zugleich zu deren äußerster Anstrengung" (von Hentig 1996);

– Schule soll auch einen modernen Kanon von allgemeiner Bildung (Allgemeinbildung) vermitteln; im heutigen Sinne heißt dies, es werden fächerübergreifend Wissen, Stoff, Kenntnisse, Kompetenzen, Schlüsselqualifkationen (mit großen Ideen umgehen, Modi der Welt- und Lebenswelterschließung und –aneignung; bei Humboldt, dessen Mut zur Kanonisierung fasziniert und dessen Grundidee aktueller ist als viele vermuten, waren dies historische, mathematische, linguistisch-kommunikative und ästhetische Modi) vermittelt; es wird zudem gleichzeitig das Lernen und das Lernen des Lernens gelernt - und wenn man beides kann, dann kann man auch die Schule verlassen (vgl. Tenorth 2003, 18);

– Schule ist eine relativ selbständige und separate Spezialeinrichtung mit relativ starren Organisationsstrukturen, unbeweglichen Lehrplänen, didaktischen Theorien und Modellen, mit engen Fächergrenzen, mit einem Heer von Spezialisten, die das Lehren und Erziehen von Beruf ausüben, und mit besonderen, oftmals hochspezialisierten Veranstaltungen, in der, auf spätere Aufgaben vorbereitende, bestimmte nützliche „Kenntnisse, Fähigkeiten und Fertigkeiten" altersgruppen- und altersstufenspezifisch in zumeist strikt getrennten Jahrgangsklassen ermittelt und gelernt werden (von Hentig 1991, 440) sollen, die man (vermeintlich) nicht von selbst bzw. nicht durch Teilhabe an der „Lebens-Lehre" lernt;

– Schule ist – wenn zwar nicht immer freiwillig und trotz hochgradiger Individualisierung von Leistungen - gemeinschaftsfördernd; sie hat in diesem, vornehmlich jahrgangsklassenbezogenen altersgleichen Zusammenhang für die Entwicklung und die

Bedeutung von Gleichaltrigengruppen einen besonderen Stellenwert. Für das Gemeinschaftsleben war die „Ausbildung von Jahrgangsklassen" im 19. Jahrhundert von „weittragender Bedeutung", die über die innerschulischen Sozialbeziehungen hinausreichte und insbesondere auch die außerschulischen Gruppenbildungen beeinflusste (Mitterauer 1986, 154);
- Schule ist ein gesellschaftliches bzw. gesellschaftspolitisches Integrationsinstrument zur Einübung in relativ enggeführte Teilbereiche des gesellschaftlichen Rollengefüges (Symbole, Kulturtechniken, Grundwissensbestände, Selbstverständnisse, gemeinsame Fundamente und Grundwerte etc.), die freilich auf der gesellschaftlichen Hierarchieebene einen hohen Rangplatz einnehmen;
- Schule verteilt (Lebensfähigkeits-)Zertifikate, betreibt Selektion und wird dadurch in der Allokationsperspektive zu einer zentralen Vorbereitungsanstalt für Berufsstrukturen, Arbeitsmärkte und für soziale und individuelle Lebenschancen; so gesehen wird Schule zur entscheidenden „sozialen Dirigierungsstelle für die künftige soziale Sicherheit, für den künftigen sozialen Rang und für das Ausmaß künftiger Konsummöglichkeiten" (Schelsky 1961, 17);
- Schule ist eine Institution, in der gesellschaftliche und soziale Ungleichheiten auch durch bildungsemanzipatorische Bemühungen in Richtung Chancengleichheit nicht aufgehoben, sondern vor allem in Deutschland immer noch reproduziert werden. Das Herkunftsmilieu schlägt in Deutschland stärker als andernorts vor dem Hintergrund struktureller und familiärer Selektionsprozesse, Milieudistinktionen und Habitualisierungsprozesse auf den Schulerfolg durch;
- Schule ist Schon- bzw. Schutzraum und *Aufbewahrungsanstalt* vor der Erwachsenenwelt und zugleich zeitintensiver Lebensraum von Kindern und Jugendlichen mit mittlerweile abnehmender leistungsbezogener Sinnstiftung, die ihrerseits gerade nicht nur durch universale, versachlichte kognitive Lerninhalte und Lernformen, sondern zumeist auch durch stärker familienanaloge affektiv-emotionale Peer-Beziehungen hergestellt wird;
- Schule ist ähnlich wie die Gleichaltrigengruppe als „interlinking sphere" zu betrachten; sie ist eine Brücke und bietet einen Transfer zwischen den affektiv-emotionalen und relativ kleinräumigen, leicht überschaubaren, intimem Lebensordnungen der Kleinfamilie oder ähnlichen Lebensformen und den eher affektiv-neutralen, großen und anonymisierten, nicht nur arbeitsweltlichen „Einrichtungen und Systemen der Gesellschaft" (von Hentig 1991, 442);
- Schule stiftet im Parsonschen Sinne (1981) jenen Zusammenhang von Persönlichkeit und Sozialstruktur, der zu einem modernen Sozialcharakter führt; mit der Schule, dies wusste schon Hegel, beginnt ein Leben jenseits der spezifischen *Eigentümlichkeit* und *Absonderlichkeit* „nach allgemeiner Ordnung, nach einer allen gemeinsamen Regel" (Enzyklopädie & 395); damit werden die Jugendlichen mit den allgemeinen und zentralen Werten und Strukturprinzipien moderner gesellschaftlicher Vergesellschaftungen und Organisationen konfrontiert; normative Muster von „Unabhängigkeit, Leistung, Universalität und Spezifität" (Helsper 1993, 352) werden durch Schule sozialisationsbezogen vermittelt;

- Schule changiert zwischen der nüchtern-distanzierten, sachorientierten und zweckrationalen „Instrumentalisierung des Lernens", die „dem rationalen, kognitiven Klären der Sachen" dienen soll, und dem intimen „Miteinander-Spaßhaben", das das „seelische Wachstum der Menschen fördern soll", wobei sich alle wohl, heimelig und kuschelig miteinander fühlen dürfen, und wo es nicht so sehr darauf ankommt, „was und wie gelernt wird" (Wagner-Winterhager 1990, 462). *Kalter, nüchterner, sachbezogener* und distanzierter, instrumenteller schulischer Wissenserwerb hat sich zwangsläufig balancierend mit dem familienanalogen Sog der Privatheit, Permissivität und Intimität in schulischen Zusammenhängen auseinander zu setzen;
- Schule hat, ohne die Differenz zwischen Politik und Pädagogik aufzugeben, einen gesellschaftlich und politisch legitimierten erzieherischen Auftrag und „Bildungsauftrag" im Rahmen „pädagogischer Aufgaben" (etwa im Zusammenhang der *Vermittlung von pluralen Grundwerten*, der Ermöglichung von Reflexion über Alltagserfahrungen, der Ermöglichung von autonomen Bildungsprozessen, der Selbstbildung, der Entfaltung der Persönlichkeit, der Subjektreflexion, der Ideologiekritik usw.) zu erfüllen.

Im Zusammenhang der immensen Ausweitung der Verschulung von *Kindheit* und *Jugend* kam es insbesondere in den 60er und 70er Jahren in Westdeutschland im Schulbereich zu einem vornehmlich konkurrenzbezogenen, einseitigen Rationalismus. Einige träumten davon, dass die Schule im Zuge abnehmender erzieherischer Aufgaben und Anteile reine Wissensvermittlungsanstalt sein sollte, während im Jahre 2010 gerade umgekehrt erzieherische und sozialpädagogische Anteile mit festen Ritualen und Verlässlichkeiten, manche meinen sogar mit hartem Erziehungskurs und „vorbehaltloser Anerkennung von Autorität" (Bueb 2006; zur Kritik an einer Rückkehr zu einer solchen autoritären, strafenden und zugleich weltfremden Erziehung: Brumlik 2007) der Schule wiederum - freilich von vielen Seiten funktionalisiert - sehr hochgeschätzt werden. Damals wollte die kognitive Lern-Schule auf der Grundlage von Lernmaschinen Lernspezialisierungen vornehmen und messbare Qualifikationen vermitteln, die für die Verwendbarkeit in Beruf und Gesellschaft tauglich sein sollten. Quasi wissensroboterisierte, feinmaschige Netze von individualisierten Leistungsbewertungen und Abstandsmessungen zu anderen, Qualifikationsnachweise und Ausleseverfahren basierten auf allzu technikgläubigen Vorstellungen, die den Schulalltag durchzogen.

Der Unterricht sollte didaktisch mit pädagogischen Methoden und Techniken ständig verfeinert werden, und für alle Unterrichtslagen schien es für technik- und maschinengläubige Pädagogen ganz selbstverständlich machbar zu sein, taugliche Lernrezepte anhand von spezifischen und generalisierbaren Trainingsprogrammen zu entwickeln. So gesehen gab es Vorstellungen, die im Zuge der Homogenisierung der Lernverfahren und Lernverläufe davon ausgingen, dass der Unterricht technokratisch mit spezialisiertem Fachwissen von Unterrichtsexperten curricular, nahezu personenunabhängig, *maschinell vollzogen* und *lerntaxonomisch* in eine Abfolge von Denkschritten aufgeteilt werden sollte, die ihrerseits wiederum nach „Nah- und Fernzielen, Fein- und Grobzielen zu absolvieren waren" (Pöggeler 1990, 319).

In unserem Bildungssystem schien mit einer solchen Überbetonung der „abstrakten Ordnung der Lernzeiten, -räume und -inhalte" (Helsper 1993, 356) und des formalen, hochspezialisierten und rational-kognitiven Wissens sowie mit einer solchen instrumentellen *Verzweckung* der Lerninhalte zu „Vehikeln des Zensurenerwerbs" (Bohnsack 1991, 48) eine lebensabgewandte Erfahrungsarmut einherzugehen. Auf diese Weise verfehlte die vor allem an Erfolgs- und Karrierekriterien orientierte kognitive Leistungsschule den sonstigen Lebensalltag von Kindern und Jugendlichen. Und auch die Bildung der Sinne, die menschliche Emotionalität, Körperlichkeit und Sozialität (das Recht der Kindheit und Jugend auf Gefühle, Stimmungen, Temperament, Kreativität, Herz, Gesinn-ung und soziales Lernen) in Unterrichtsprozessen schienen in den Verdacht eines *Störfaktors* zu geraten. Im Rahmen einer Art „pädagogischen Inquisition" (Kahl 2006, 25) und *appetitlosen Zwangsfütterung* wurde und wird mit sogenannten *drill and kill-Didaktiken*/Frage-Antwort-Spielen (etwa einer funktionalen Logik des Punktesystems folgend) in einer Art „Beschleunigungspädagogik von Unterrichtstechnokraten" (Becker 1993, 164) häppchenweise Kurzzeitwissen verabreicht, um es bei den Schülern kurzfristig abzurufen, das danach schnell wieder vergessen werden darf. Die Schüler antworten ihrerseits mit Gleichgültigkeit gegenüber der *Sache* und den *Inhalten*, mit Lernabneigung, Lernunwilligkeit und Schulmüdigkeit oder entwickeln in individualistischer Perspektive pragmatisch berechnende und selektive Strategien mit den für sie unvermeidlichen schulischen Anforderungen zurechtzukommen, indem sie sich anpassen, Interesse heucheln, und Intelligenz vortäuschen.

Seit einigen Jahren wird nun in bestimmten, nicht nur schul-pädagogischen Kreisen die lebensabgewandten, systematisierend-zergliedernden, zu schnell abstraktifizierenden und damit für die Schüler schwer verdaulichen Seiten des Schul- und Unterrichtswesens sowie das nur an kognitive und individualistische Dimensionen orientierte Leistungs- und Selektionsprinzip der Schule heftig beklagt. Gefordert wurde stattdessen ein Wandel der vor allem kognitive Leistungen überprüfenden „Lehrer- zur pädagogisch-humanen Schülerschule" (Bohnsack 1991, 42ff.) und - in der Weiterführung reformpädagogischer Ansätze - eine mit projekt- und erfahrungsorientiertem Lernen durchsetzte *Öffnung der Schule* in außerschulische Lebensbereiche hinein. So wie im innerschulischen Bereich „das Pult als Überwachungszentrale an Bedeutung verloren hat, wurde auch die Sitzordnung der Schüler aufgelockert". Und es wurden auch für den Lehrer „größere Bewegungsmöglichkeiten" sowohl nach innen in der Klasse als auch nach außen zugelassen. (Helsper 1993, 357). Mit einer solchen *Verlebensweltlichung der Schule* schien die *innere Distanz* zwischen den traditionell-inflexiblen Schulstrukturen und den größere Spielräume und Lebensstilinnovationen aufweisenden, beweglicheren außerschulischen Lebenskonstellationen von Jugendlichen ein wenig aufgehoben zu werden. Damit versuchte Schule auf die insbesondere in außer-schulischen Zusammenhängen in vielerlei Hinsicht selbständiger gewordene *Jugend* zu reagieren. Neben der Lebensweltöffnung der Schule etwa qua Erprobung alternativer, unkonventioneller Lehr-Lern-Verfahren, die im Anschluss an ältere reformpädagogische Sichtweisen etwa des Projektunterrichts traditionelle Belehrungsprozesse, „Dressuren in Rezeptivität" (Bohnsack 1991, 44) und lebensentfremdende Schul-rituale in Frage stellten, zeichneten sich aber auch eine Tendenz der Emotionalisierung und der Intimisierung der - nicht unproblematischen - *elterlichen Hauserziehung* und Familialisierung der schulischen Interaktionsverhältnisse ab. Die eher affektneutralen, universalistischen, sachlich-leistungsorientierten kognitiven Lehr- und Lernstrukturen wurden so gesehen überlagert von diffus-partikularistischen und emotional aufgeladenen Schulbeziehungen. Im Lichte der *Emotionalisierung* und psychischen Intimisierung der Schulbeziehungen wurde dann nicht nur die Schutz- und Entlastungsfunktion der universalistisch-spezifischen Beziehungsstrukturen für das *eigene Selbst* aufgehoben, sondern das Nähe- und Intimitätsansinnen der Schule (mit den leitenden Ideen: soziale Integration zu leisten, sich füreinander zu öffnen, Einblicke in das Innenleben zu bekommen, authentische Gefühle zu zeigen, emotionale Betroffenheit zu teilen, die ganze Person *unverfälscht* und *echtheitsgeleitet* einzubringen; Ziehe 1991, 100) konnte die Schüler in pädagogisierender oder quasitherapeutischer Absicht stärker an die Schule binden. Die Folgen einer allzu problematischen Aufdringlichkeit können auf Seiten der Schule subtile Kontrollausübung, Überwachung und Disziplinierung, auf Seiten der Schülerinnen Schutzlosigkeit und Verletzbarkeit sein. Die auf Echtheitsrigorismus setzende Verbindung der Schule mit dem außerschulischen Leben hätte zwar einerseits *sinnstiftende Ressourcen* in dem Sinne zu ermöglichen, dass sie *Ersatz* für das Abschmelzen lebensweltlich stabilisierender Normierungen und Selbstverständlichkeiten anböte. Sie kann aber andererseits auch die „Gefahr einer schulischen Überformung und weiteren Aufweichung und Auflösung der Lebenswelten" beinhalten. Und sie kann schließlich auch mit dem *tieferen Zugriff* auf das Subjekt zu einer weiteren *pädagogisierenden Enteignung* und einer von der Schülerseite sicherlich nicht von allen gewünschten noch „stärkeren Verschulung jugendlicher Subjektbildung" (Helsper 1990, 188) beitragen.

9.3 Jugend ist arbeitsferne Jugend

Kinder und Jugendliche werden zumeist vom dritten Lebensjahr an (viele auch vorher) in altershomogene Gruppen ein- und aus dem Generationszusammenhang wie aus dem Gesellschaftsgefüge zum Zwecke des Aufbewahrens und Lernens herausgegliedert. Diese Altersschichtung nach Jahrgängen und die Separation setzen sich dann im

Schul und Freizeitbereich fort. Jugendliche (vor allem männliche, aber auch zusehends weibliche) sind inzwischen für eine längere Zeit als noch vor zwei oder gar vier Jahrzehnten von den nach wie vor in ihrer Wirkung nicht zu unterschätzenden zentralen gesellschaftlichen Lebensbereichen der Arbeitswelt ferngehalten. Die Erfahrung der unmittelbaren gesellschaftlichen Nützlichkeit, zu etwas gut zu sein, die auch heute noch weitgehend über (auch entfremdete) Arbeitsprozesse vermittelt wird, das Erleben der ökonomischen Zweckrationalität betrieblicher und verwaltungsspezifischer Normen sowie die eigene materielle Existenzsicherung werden erst relativ spät (wenn überhaupt) im Lebenslauf auch für Mädchen/Frauen erreicht, nicht zuletzt, weil mit der Freisetzung aus den praktischen und normativen Zwängen einer Arbeitsexistenz auch eine Ausgrenzung der *Jugend* aus der Arbeitssphäre stattgefunden hat, und weil eben „die Bedeutung der Arbeit als unmittelbarer existentieller Erfahrungsbereich immer weiter zurück-gedrängt worden ist" (Baethge 1985, 108). Ein solcher Strukturwandel der jugendlichen Erfahrungshorizonte und Erfahrungsmöglichkeiten von einer vornehmlich *arbeitsintegrierten* oder *arbeitsbezogenen Existenz- und Lebensform* zu einer eher schulischen oder schulähnlichen Lernarbeit ist allenthalben festzustellen. Für viele Jugendliche unter 20 Jahren (aber auch für viele Jugendliche unter 25 Jahren) ist zumindest jenseits von Praktika, Mini-, Gelegenheits- und Kurzzeitjobs die konventionelle Erwerbsarbeit kein Charakteristikum der Jugendphase mehr. Die „gravierendsten Unterschiede in der Lage von Jugendlichen bestehen heute sicher in der Differenz von (vielen) Lernenden und (wenig) Arbeitenden" (Mitterauer 1986, 249). Immerhin stehen den meisten heutigen Jugendlichen „nichtarbeitende Jugendliche als biographische Option vor Augen" (Zinnecker 1987, 318).

Dennoch darf auch nicht übersehen werden, dass viele Kinder und Jugendliche auch als Schüler und neben dem Studium arbeiten (müssen). Und dies nicht mehr wie in früheren Zeiten, um einen Beitrag zum Familienbudget zu leisten, sondern vor allem um als umworbene autonome Kunden marktgerecht und sozial verpflichtend an den vielen warenästhetischen Verheißungen und Glücksversprechen der Klamotten, Medien, Urlaubsreisen und des Konsums generell teilnehmen zu können.

Kinder und Jugendliche arbeiten heute in vielen Mini- und Teilzeitjobs *nebenbei*, um etwa Studium und Studiengebühren zu finanzieren und/oder ihre - manche meinen: unermesslichen und verdrussanfälligen - Konsumbedürfnisse zu befriedigen (vgl. Shell Deutschland Holding 2006, 85f.).

Wenn man es ein wenig sachlich-nüchterner betrachtet, kann auch 2010 durchaus noch trotz der vielen Wandlungsprozesse der Arbeitsgesellschaft:

a) ein Strukturwandel der Arbeit bzw. der Berufe - von Industrie- und Dienstleistungsberufen zu wissensbasierten Berufen (Niedergang der arbeitsbezogenen Kraftkulturen und die tendenzielle Abnahme einfacher körperlicher und schmutziger Arbeit);
b) eine horizontale und vertikale Differenzierung beruflicher und sozialer Lagen:
c) neue Strategien der Arbeitsorganisation (Globalisierung und Internationalisierung der Arbeit, Verlagerung der Arbeit - vor allen von, aber nicht nur - von Geringqualifizierten, Abnahme der sogenannten *einfachen* Arbeiten, Abnahme der Vollzeiterwerbsarbeit, inklusive der Sozialversicherungspflicht, Zunahme von Teilzeitarbeiten, Zunahme der Befristung von Arbeit, Tendenz zum Multijobber etc.);
d) neue Marginalisierungen, Spaltungen und Segmentationslinien innerhalb der Arbeiter- und Angestelltenschaft in Form von Globalisierungs- und *Rationalisierungsgewinnern* und *-verlierern* (bspw. verschwimmen die Grenzen zwischen Arbeitslosigkeit, marginaler Beschäftigung und niedrig qualifizierter Erwerbsarbeit; Nolte 2006, 183); Ungelernte haben praktisch kaum noch Chancen ihren Lebensunterhalt selbst zu verdienen; und zirka 20% eines Altersjahrgangs gelten heute aus verschiedenen Gründen als nicht berufsausbildungsfähig. und diese besitzen demnach kaum Chancen auf dem hiesigen ersten Arbeitsmarkt Fuß zu fassen);
e) eine Neubewertung der bezahlten und unbezahlten Arbeit - inklusive der Sinnverwirklichung. Jenseits der bezahlten Erwerbsarbeit und jenseits der privaten Hausarbeit ist ein großes Feld vornehmlich des ehrenamtlichen, zivilgesellschaftlichen und bürgerschaftlichen Engagements entstanden; das vornehmlich *weibliche Ehrenamt* oder die neue *Bürgerarbeit* werden freilich vornehmlich von denen hochgeschätzt und manchmal auch romantisierend verklärt, die es sich in bildungsnahen Milieus wirtschaftlich - zuweilen mehr als grundgesichert - *leisten* können:
f) neue Varianten der Eigenarbeit. Diese Trend des *do it yourself* hat sich in den letzten Jahrzehnten erheblich verstärkt und hat zu einer tendenziellen Entberuflichung des Handwerks geführt; es wird „selber tapeziert, installiert, repariert, frisiert" (Nolte 2006, 189):
g) ein vermeintlicher oder tatsächlicher Wertewandel vom sinnarmen Materialismus zum sinntranszendierenden Postmaterialismus bzw. eine Art paradoxe Kombination von Materialismus und Postmaterialismus:
h) eine längere Freistellung der Jugendlichen von der Erwerbsarbeit etc.

davon ausgegangen werden, dass besonders auch im Zuge der beobachtbaren Steigerung von Qualitätsansprüchen an die offizielle Erwerbsarbeit für viele Jugendliche (zusehends auch für Mädchen und Frauen) die Unausweichlichkeit der Arbeit Erwerbsarbeit ist und sein wird. Diese Erwerbsarbeit wird zumindest antizipatorisch als Zentrum der Lebensplanung und -führung sowie im Rahmen der (wenn auch inzwischen flexibleren und dezentralisierten) Identitätsbildung weiterhin Bestand haben, ja sogar künftig noch eine größere Bedeutung gewinnen, wobei freilich nicht jede Arbeit, wie im Falle der Eigen-, Schwarz-, Freizeit- und Schattenarbeit leicht zu sehen, unter das Signum der Erwerbsarbeit fällt.

Nach wie vor sind für die meisten Jugendlichen, wie für die Erwachsenen auch, Arbeit und Beruf *mehr* „als ein bloßes instrumentelles Mittel zum Gelderwerb und damit auch *mehr* als nur ein notwendiges Übel, das man ohne große innere Beteiligung auf sich nimmt, um auf dieser Grundlage das eigentliche Leben außerhalb der Arbeit gestalten und genießen zu können" (Baethge 1988, 35). Es scheint allerdings bei aller Betonung und Berücksichtigung von Hedonismus und Freizeitinteressen kaum noch eine Utopie jenseits der Erwerbsarbeit zu geben. Was allerdings stattgefunden hat, ist eher eine „Gewichts-verlagerung von einer „materiell reproduktionsbezogenen" zur „sinn-haft-subjektbezogenen Dimension" der Arbeit" (ebd., 37). Stattgefunden hat aber auch eine Verschiebung der Arbeit von Zweck-, Produkt- und Werkorientierung auf kommunikativ-kreative und soziale Dimensionen im Arbeitsprozess selbst. Im Rahmen dieses „Sozial- und Gruppen-charakters der Arbeit" werden so gesehen subjektive Ansprüche an die inhaltlichen, sozialen und kommunikativen Seiten der Arbeit in den Vordergrund gestellt. Erwerbstätigkeit und Beruf werden nicht mehr so ohne weiteres als nur auferlegte Pflicht hingenommen. Man will sich sehr gern auch via Arbeit als Subjekt mit besonderen Fähigkeiten, Kompe-tenzen, Neigungen und Begabungen entfalten und selbst verwirklichen (Baethge/Pelull 1993, 97; Schröder 1995, 94f.).

Obgleich die strukturellen Organisationsprinzipien der Arbeitswelt in ihrer Bedeutung als Muster der alltäglichen Lebensorganisation Einbußen erlitten haben und insgesamt gesehen wohl auch die Arbeits- und Berufsrollen selbst im Medium der erwähnten Bedeutungsaufladung distanzierter betrachtet werden, bleibt für die meisten (mittlerweile auch weiblichen) Jugendlichen jenseits von „außengesteuerter Pflichtmoral", aber auch jenseits eines „unverbindlichen Hedonismus gegenüber der Arbeit" (Baethge/Pelull 1993, 35) die antizipatorische Orientierung an eine entfremdungsarme, inhaltlich und kommunikativ befriedigende, attraktive, verantwortungsvolle und sinnvermittelnde Arbeit, die freilich sehr gern über den empirisch zunehmenden Job-Charakter hinaus auch ein Stück kompetenzfördernd in eigene Regie genommen würde, lebenswichtig; etwa:

- als Medium der ökonomischen Ablösung vom Elternhaus zur eigenen, unabhängigen und existenzsichernden Lebensgestaltung auch in materieller Hinsicht und dies nicht zuletzt deshalb, weil die materielle Abhängigkeit vom Elternhaus bzw. von sozialstaatlichen Alimentierungen, die freilich in vielen Fällen auch nicht mehr so üppig sind, sich lebensaltersspezifisch betrachtet immer weiter hinausgeschoben hat;
- als strukturierende, rhythmisierende und zugleich sicherheitsstiftende Ordnung im Alltagsleben;
- als Sicherheitsaspekt (vor Arbeitslosigkeit) im Rahmen berufsbezogener Wertorientierungen, Status- und Karrierevorstellungen;
- als Lebenselexier (allerdings mit vielen Abstufungen und Schattierungen) von Sinngebung, persönlicher Identitätskonstruktion und sozialer Integration;
- als Erfahrung des Gebrauchtwerdens mit Ernstcharakter vor allem auch angesichts aufgeweichter und z. T. auch fehlender anderer sinnstiftender Instanzen sowie die Ausbildung des individuellen Leistungsvermögens und der individuellen Selbstbestätigung und Persönlichkeitsentwicklung; man kann den Eindruck gewinnen, dass Arbeit - wie auch Freizeit und Erlebnisse - als Sinn stiftende Instanzen manchmal das ersetzen sollen, was andere ehemalige Sinninstanzen wie Religion, Kultur oder auch politische Loyalität nicht mehr zustandebringen;
- als Vehikel von materieller und auch sozialer Prävention und Zukunftssicherung;
- als zentraler Ort, an dem vor dem Hintergrund der Aufweichung traditioneller Sozialbeziehungen *Kommunikativ-Soziales*, zuweilen auch *Geselliges* stattfindet und *Öffentlichkeit, soziale Zugehörigkeit, soziale Anerkennung* sowie *soziale Integration* erlebt werden kann;
- als Medium des sozialen Aufstiegs, der Karriere, der Anerkennung, der gesellschaftlichen Wertschätzung und Statusvergabe in Familie, Verwandtschaft, Gleichaltrigen-

gruppe, Freundes- und Kolleginnenkreis (vgl. Baethge/Hantsche/Pelull/Voskamp 1988, 41ff.).

Es gibt freilich nicht nur eine (wie in *diesem Punkt* beschriebene) *arbeitsferne Jugend*. Zu erinnern ist zweifelsohne auch daran, dass sich nach wie vor ein großer Teil der Jugendlichen heute im dualen Berufsausbildungssystem befindet, im permanenten Praktikum *über-wintert* oder einer vollen oder teilzeitorientierten - und zumeist befristeten - Beschäftigung auf dem Arbeitsmarkt nachgeht. Anfang der 90er Jahre schien es so, dass die Lage auf dem Lehrstellenmarkt in großen Teilen im Westen Deutschlands sich weitgehend entspannt hatte. Das Angebot an Ausbildungsplätzen lag bis 1994 vor allem im gewerblichen Bereich über der Nachfrage. Dies änderte sich 1995 schlagartig. Die Zahl der Ausbildungsplätze wurde in vielen Unternehmen und im Handwerk, aber auch in der öffentlichen Verwaltung durch Rationalisie-rungsmaßnahmen erheblich verringert, so dass bis in die Jahre 2008/2009 in vielen Regionen Westdeutschlands Ausbildungswillige vor der Tür blieben. Die in den 80er Jahren geborenen geburtenstarken Jahrgänge trafen auf eine geringe Ausbildungsbereitschaft. Beispiele: 70 von 100 Schulabgängern begannen bspw. im Jahre 1996 eine Lehre. Und Lehrstellen waren in Deutschland schon Mitte der 90er Jahre eine Rarität (vgl. Frankfurter Rundschau vom 17. August 1996). In quasi allen Regionen Ostdeutschlands sahen die Ausbildungsmärkte seit den 90er Jahren bis heute 20010 ohnehin gegenüber denen Westdeutschlands noch sehr viel ungünstiger aus (vgl. w.o. *Punkt 2*). Dort gelangen und gelingen in sehr vielen Fällen und in sehr vielen Bereichen die Übergänge von der Schule in die Berufsausbildung, aber auch - an der zweiten Schwelle des Arbeitsmarktes - von der Ausbildung in den Beruf nicht, weil die Übernahmebereitschaft der Betriebe erheblich gesunken war. Dies führte nicht selten zu einer Rückkehr in das Bildungssystem, zuweilen auch in die „Langzeitarbeitslosigkeit von gut ausgebildeten jüngeren Menschen" (Heinz/ Lappe 1998, 4). Ohnehin fanden (das gilt bis heute 2010) immer noch zwei Drittel der Ausbildungen im produzierenden Gewerbe der Industrie und des Handwerks in meistens sehr kleinen Betriebsstrukturen statt, während der Dienstleistungsbereich nur ein Drittel der Auszubildenden aufnahm, obwohl dort zwei Drittel aller Beschäftigten arbeiteten. Die meisten Arbeitgeber, wenn sie überhaupt ausbildeten, waren sehr wählerisch geworden und schauten nicht nur die Zeugnisse der Bewerberinnen und Bewerber sehr genau an. Realschülerinnen mit guten Zensuren und guten Präsentationsvermögen in Vorstellungsgesprächen erhielten für eine Lehrstelle oftmals den Vorzug vor Abiturientinnen und Fachoberschülerinnen, die nur mittelprächtige Noten etwa in Deutsch, Mathematik und Fremdsprachen aufwiesen und auch in den Vorstellungsgesprächen nicht den besten Eindruck hinterließen. Klagen über eine mangelnde, nicht vorhandene Ausbildungsreife wurden immer lauter: Die ausbildenden Betriebe bemängelten, dass viele der Ausbildungswilligen nicht nur mangelnde Kenntnisse in Mathematik, Deutsch und wenig technisches Verständnis aufwiesen, sondern dass auch die immer wichtiger werdenden Arbeitstugenden (Leistungsbereitschaft, Zuverlässigkeit, Pünktlichkeit etc.), Schlüsselqualifikationen und -kompetenzen wie Kommunikationsvermögen, Medienkompetenz, Teamfähigkeit, Verantwortungsbewusstsein und Flexibilität im Umgang mit ungewissen Situationen oftmals zu gering ausgeprägt wären.

Die Hürden auf dem Weg in eine Lehrstelle und ins Berufsleben wurden seit Mitte der 90er Jahre in ganz Deutschland immer höher. Obgleich beide Geschlechter in vielen Bereichen ihre Berufswünsche in der Abkehr von Traumvorstellungen realistisch und pragmatisch auf das am Ausbildungsmarkt Nachgefragte und Machbare eingrenzten und Kompromisse schlossen, wurde deutlich, dass in manchen Bereichen Ausbildungsangebote und Ausbildungswünsche dennoch häufig weit auseinander klafften. So war etwa in den letzten Jahren – zumindest bis 2009 und 2010 die Nachfrage nach verwaltenden, dienstleistenden, sozialen und kaufmännischen Berufen - bspw. Verwaltungsfachange-stellte, Bankkauf-, Büro-, Einzelhandels-, Groß- und Außenhandelskauffrauen, Hotelfachfrauen, Arzthelferinnen, Floristinnen und Friseurinnen - insbesondere für Mädchen und junge Frauen sowie die Nachfrage nach Bank-, Industrie- und Bürokaufleuten, Elektroin-stallateuren, Kfz-Mechatronikern und Kfz-Elektronikern, Industrie-mechanikern, Informationstechnikern/-elektronikern, Kommunikations-elektronikern, Fachkräfte für Lagerlogistik, Gas- und Wasserin-stallateuren, Tischler, Maler und Lackierer, Gärtner, Bäcker und Konditoren speziell für Jungen und junge Männer besonders groß und überstieg die Angebotseite erheblich, während Ausbildungsplätze vor allem im Handwerk (auch für Mädchen) für: Gärtner, Dreher, Fleischer, Karosserie- und Fahrzeugbauer, Konstruktions- und Maschinenbautechniker, Schlosser, Werkzeugmacher, Heizungs- und Lüftungsbauer sowie im Gastgewerbe, bei den Banken und Versicherungen sowie im Einzelhandel noch zu haben waren.

Nach wie vor scheitern seit der Wende zum 21. Jahrhundert bis heute 2010 allerdings viele Jugendliche etwa aufgrund regionaler und grundqualifikatorischer Disparitäten, geschlechts- und migrantenspezifischer Segmentierungen und weiterer sozialer Benachteiligungen an den Hürden des dualen Berufsbildungssystems und des Arbeitsmarktes. Obwohl seit zirka 2 Jahren es durchaus Chancen für die Chancenlosen gibt, müssen sie sich i.d.R. auf unsichere Beschäftigungsverhältnisse, vor allem auch in nicht sehr lukrativen, verschiedenen Sparten des Dienstleistungsbereichs einlassen und werden wohl auch künftig zu den *working poor,* den *arbeitenden Armen* oder zu den jungen Hartz IV/Sozialhilfeempfängern gehören, deren proportionaler Anteil in den letzten Jahren enorm angestiegen ist. So wird es in vielen Regionen der Bundesrepublik Deutschland für viele Jugendliche in bestimmten Ausbildungsberufen im handwerklichen, kaufmännischen und sozialen Bereich (bspw. Arzt- und Apothekenhelferin, Verkäuferin in der Nahrungsmittelbranche, Gärtnerin, Friseurin, Kraftfahrzeugelektroniker, Büro-, Einzelhandelskauffrau, Bank-, Industriekaufmann), die an der *zweiten Schwelle* im Übergang von der Berufsausbildung in die Erwerbstätigkeit stehen, schwierig, vom Ausbildungsbetrieb in eine befristete Stelle oder gar im eine unbefristete Vollzeitstelle übernommen zu werden. Am Ende der betrieblichen Ausbildung gelingt für viele Jugendliche die Integration in das Berufsleben nicht. Hinzu kommt, dass der Anteil von Abbrechern und Aussteigern in der beruflichen Ausbildung mit über 25% enorm hoch zu veranschlagen ist. Lehren werden abgebrochen, neue angefangen, durch (Endlos-)Praktika und manchmal durch ein Studium ergänzt oder enden nicht selten in berufsfremder Arbeit, oft auch in extrem zeitlich befristeten Jobs.

Das wichtigste Auffangbecken war für diejenigen, die keine Lehre abgeschlossen hatten, noch bis Anfang der 90er Jahre der *sogenannte Teilzeit-Jobmarkt*. Dort haben inzwischen die vielen Billiglohnkräfte (Saisonarbeiter, Ausländer, Studenten etc.) ihren Platz eingenommen. Staatlich geförderte Berufsvorbereitungsmaßnahmen sind meistens nicht mehr als Trostpflaster, bleiben Verschiebebahnhöfe und Abstellgleise und sind oftmals für sozial Ausgegrenzte nur als allerletzte Alternative zu sehen, damit vielleicht einmal nach diesem Schritt der Absprung ins wirkliche Erwerbsleben im ersten Arbeitsmarkt gelingt. Dennoch: Obgleich fast alle jungen Leute in der ersten Dekade des 21. Jahrhunderts *etwas werden wollten*, dürfte auf der einen Seite die Anzahl der erfolglosen Bewerbungen auch in den Jahren 2007, 2008, 2009 und gelegentlich auch noch trotz Lehrlingsmangel im Jahre 2010 nicht zuletzt angesichts der vielen Altbewerber (2008 gab es etwa 320.000 Altbewerber, in den nachfolgenden Jahren sank die Anzahl) und angesichts der fehlenden *Ausbildungsreife* bei mehr als 20% der Bewerber sehr hoch sein. Die offizielle Statistik wies vier Prozent der Jugendlichen aus, die am Ende 2007 und auch am Ende 2008 keine Lehrstelle gefunden haben. Zirka 40.000 Jugendliche sind jeweils leer ausgegangen. Im Jahre 2009 gab es immerhin noch 20.000 Jugendliche ohne Lehrstelle. Seit 2008 werden auf der anderen Seite in vielen Regionen Deutschlands vermehrt auch wieder Auszubildende gesucht. Viele Lehrstellen bleiben Leerstellen. Die Lage auf dem Ausbildungsmarkt hat sich gegenüber den vergangenen Jahren bei weniger werdenden Lehrstellen (nur noch knapp über 600.000 Lehrstellen gegenüber 750.000 in den 80er Jahren allein in Westdeutschland um immer weniger ausbildungswillige Betriebe), aber auch vor dem Hintergrund geburtenschwacher Jahrgänge in den 90er Jahren bei weniger Suchenden erheblich entspannt. Im Jahre 2010 werden in Deutschland zirka 50.000 Lehrstellen unbesetzt bleiben. Gut vorgebildete Jugendliche können sich inzwischen in vielen Regionen ihre Ausbildungsplätze wieder aussuchen. Wertgeschätzt wird nach wie vor die kaufmännische Lehre in verschiedenen Varianten (Einzelhandel,

Büro und Industrie) aber auch KFZ-Mechatroniker, Industriemechaniker, Tischler, Maler, Friseur (Friseurin ist allerdings ein typischer *Sackgassenberuf*, der sehr schlecht bezahlt wird und keine Lebensperspektive bietet), Lackierer, Medizinischer Fachangestellter, Fachkraft für Lagerlogistik und Verkäufer sind 2010 die attraktiven Wunschberufe der Jugendlichen.

9.4 Jugend ist Gegenwartsjugend

Die meisten Jugendlichen sind trotz einiger Schulprobleme und prekärer Arbeitsmärkte dennoch mit ihrem gegenwartsbezogenen Jugendlichen(da)sein häufig einverstanden, teilweise auch zufrieden; zumal historisch gesehen im Rahmen ökonomischer, kultureller und sozialer Veränderungen eine Ausdehnung und Expansion sowie zugleich alters- und milieuspezifisch eine Ausdifferenzierung der Jugendphase stattgefunden hat. Der nur transitorische Charakter der Jugendphase hat abgenommen.

Die zukunftsorientierten Versprechungen und Verheißungen, den raschen Übergang in die ökonomische Selbstversorgung einzuleiten und später einmal verantwortliche gesellschaftliche Mitglieds- respektive Erwachsenenrollen einzunehmen, berührt viele Jugendliche im Augenblick der gegenwartsbezogenen Orientierung nicht so sehr. Die meisten Jugendlichen sind mit ihrem gegenwartsbezogenen Jugendlichen(da)sein zufrieden. Sie haben Gründe dafür.

Die Lebensphase *Jugend* hat sich von einer relativ klar definierbaren Übergangs-, Existenz- und Familiengründungsphase, was bspw. im Jugendforschungskonzept der Entwicklungsaufgaben vertreten wird, zu einem eigenständigen und relativ offenen Lebensbereich gewandelt, der allerdings auch nicht mehr nur mit dem traditionellen psycho-analytischen und strukturfunktionalistischen Konzept des Jugendmoratoriums übereinstimmt. Die Übergänge von der Kindheit in die Jugendphase sowie vor allem in das Erwachsensein wurden und werden zunehmend komplexer und entritualisierter. Die Übergänge sind fließender geworden (Hurrelmann 2004, 34ff.). Es ist zu einer sogenannten „Statusinkonsistenz" der Jugendphase gekommen.

Dies bedeutet, dass die Gestalt der Statusübergänge nach einem gestaffelten Muster erfolgen. Für heutige Jugendliche ist es typisch, dass sie lebensaltersspezifisch sehr früh bestimmte Teilselbständigkeiten wie finanzielle, mediale, konsumtive, erotische, freundesbezogene und öffentliche Teilautonomie erreichen, während ökonomische und familiäre Selbständigkeit mit reproduktiver Verantwortung zumeist, wenn überhaupt, sehr spät erfolgen.

Und auch die Zielspannung *Erwachsenwerden* hat nachgelassen. Denn Jugendliche haben in der Regel spätestens seit den 60er Jahren des 20 Jahrhunderts nicht zuletzt lebensaltersspezifisch betrachtet via relativ früher partizipatorischer Teilhabe an Medien und Konsum „einen fast unbeschränkten Zugang zu der konkreten Wirklichkeit der erwachsenen Welt" zumindest jenseits ökonomischer Selbstversorgung in einem Vollerwerbsstatus (Tenbruck 1962, 93; Hurrelmann 2004, 36ff.). Und seit Jahren können wir beobachten, dass Jugendliche ihren, in der Gesellschaft selten gewordenen und deshalb auch begehrten und hochgeschätzten Jugendstatus beibehalten möchten und nicht unbedingt mehr im traditionellen Sinne erwachsen werden wollen. Man möchte wahlweise beides zugleich: den Jugend- und den Erwachsenenstatus, während Erwachsene (oftmals krampfhaft und mit vielen Peinlichkeiten durchsetzt) immer jugendlicher werden wollen. *Jugend* verjugendlicht und bleibt gewissermaßen „unter sich" (Münchmeier 1997, 126). Es scheint sich für viele Jugendliche nicht mehr zu lohnen, erwachsen zu werden.

Denn auch der gesellschaftlich zugewiesene jugendliche Status des SichVorbereitens (auf eine bessere Lebenszukunft) und des (Ab)Wartens hat an Bedeutung verloren, denn der traditionelle Sinn des Jugendalters (unterstützt durch die traditionelle Schul- und Ausbildungslogik), der lange Zeit durch Anstrengung, zunächst einmal Verzicht leisten, um später die Belohnungen einzustreichen, und durch Gratifikationsaufschub im Sinne des sogenannten „deferred gratification pattern" bestimmt wurde, ist brüchig geworden (Hornstein 1988). Viele Jugendliche finden, selbst wenn sie gesellschaftliche Lebensentwürfe qua beruflicher Integration anstreben, nicht immer den (zeitlich adäquaten) Einstieg in den Erwerbsarbeitsmarkt und erreichen in einer Art Ego-Taktik angesichts widersprüchlicher Anforderungen den statusin-konsistenten Erwachsenenstatus - zwischen Transition (das Erreichen der in der Zukunft liegenden Ziele) und Moratorium (die Erlangung von Autonomie in der Jugendphase; Hurrelmann 2004, 42ff; Shell Studie 2002, 31ff.).

Jugend kann so gesehen auch nicht mehr nur als Wartestand oder als bildungsbürgerliches und psychosoziales Moratorium verstanden werden, sondern weist (nachdem die Zukunft äußerst ungewiss und prekär erscheint, das Band von *Jugend und Fortschritt* zumindest tendenziell zerrissen ist und der traditionelle historische Dreiklang: *Jugend-neue Zeit-Zukunft* nicht mehr so ohne weiteres trägt) durch neue Quantitäten und Qualitäten in wachsendem Maße gegenwartsorientierte Finalität auf. Der „Sinn des Jugendalters" ist auch deshalb brüchig geworden, weil im Zusammenhang der globalisierten Weltwirtschaft und Arbeitsmärkte sowie der „Transformation der Arbeitsgesellschaft" eine zunehmende Entkoppelung von Bildungs-, Berufs- und Beschäftigungsstatus stattgefunden hat (Zinnecker 1997, 486). Nicht zuletzt mit der Masse der Vergabe von Bildungstiteln und -zertifikaten sowie den veränderten Konstellationen des Arbeitsmarktes (die Hürden für den Berufsstart sind nicht nur für die größten Verlierer auf dem Arbeitsmarkt: die Hauptschüler und die Jugendlichen mit Migrationshintergrund erheblich höher geworden) geht auch die *statusverleihende Funktion* der Bildungszertifikate in Bezug auf den ehemals legitimierten Anspruch auf bestimmte Berufspositionen zurück (Buchmann 1989, 631). Auch die ehemals nicht reflexiv gewordene Hintergrundgewissheit, dass Zukunft schon irgendwie klappen würde, ist brüchig geworden. Dennoch suchen viele Jugendliche ohne Protest und Aufbegehren, ohne falsche Hoffnungen, weitgehend ohne überzogenen utopischen Idealismus, dennoch mit einer durchaus Zuversicht ausstrahlenden, gerade nicht nur resignierten Abgeklärtheit - stets gestaltend und zugleich anpassungsbereit ganz pragmatisch - in einer Art „effizientem Idealismus" (Hartung/Schmitt 2008, 50). nach direkten und machbaren Lösungen für Zukunfts- und

Lebensfragen. Dennoch suchen viele Jugendliche ganz pragmatisch nach Lösungen für Zukunftsfragen. Viele meinen, dass die großen gesellschaftlichen Zukunftsprobleme der Welt (Kriege, Armut, Umweltzerstörungen, Klimakatastrophen, Wirtschaftskrisen, Arbeitslosigkeit) nicht zu lösen sind, unmittelbar nahraumbezogen und privat ist aber einiges machbar: Jenseits resignativer Grundhaltungen und ohne Scheu vor Heuschrecken und Haifischen in der globalisierten und individualisierten Welt ist ein strukturbezogener Zukunftspessimismus nicht selten mit einem Rückzug auf das nicht nur biedermeierliche Private gepaart mit einem vorsichtigen Optimismus für den eigenen, zuweilen selbstdisziplinierenden Lebensweg. Verloren geglaubte Wertvorstellungen wie Disziplin, Fleiß, Ehrgeiz, Ordnung und Sicherheit scheinen bei jungen Menschen ebenso wie die Suche nach Verlässlichkeit und Orientierung wieder auf dem Vormarsch. Dabei dürfen Eltern und professionelle Erzieher mitwirken, wenn sie persönlich integer sind, anregen und anleiten können, Überzeugungskraft ausstrahlen, Transparenz und Authentizität zeigen und Autonomie, Selbstständigkeit und Eigenverantwortung zulassen und fördern (vgl. Hurrelmann 2008, 29).

Darüber hinaus ist Jugendzeit für einen Teil der heute Heranwachsenden nicht mehr nur primär Reifungs und Übergangsphase (von der Kindheit zum Erwachsenen), *Vorbereitung auf etwas Späteres* (Karriere und Erfolg, materieller Wohlstand in der Zukunft etc., obgleich auch diese Wertvorstellungen mehrheitlich sehr geschätzt werden (vgl. Zinnecker 2005, 177; Jessen 2008, 43f.), sondern auch eine eigenständige, lustvolle und bereichernde Lebensphase, also Selbstleben, jetzt zu lebendes, gegenwärtiges, manchmal auch stark durch Markt, Konsum, Mode, Sport, Musik und Medien bestimmtes, hedonistisch genussreiches, manchmal aber auch insbesondere in den von prekären Arbeitsverhältnissen, sozialen Marginalisierungen und Perspektivlosigkeiten bedrohten jugendlichen Lebensmilieus nur ein durch die mühsame Bewältigung von Alltagsaufgaben geprägtes Leben. Nicht nur diejenigen Jugendlichen mit und ohne Hauptschulabschluss, die ohne Aussicht auf eine Lehrstelle oder einen Arbeitsplatz in perma-nenten Endlosschleifen der (Ersatz-)Bildungssysteme überleben müssen, sondern auch viele

Berufsanfänger nach abgeschlossener und bestandener Lehre und viele Hochschulabsolventen leben heute in permanenten unsicheren Überbrückungszuständen als (Mehrfach-)Praktikanten mit niedrigem oder ohne Entgelt, als Honorarkräfte und Mehrfachjobber mit befristeten Arbeitsverträgen oder temporär als Leiharbeiter und Lebenskünstler stets flexibel, kreativ und immer mobil in der neuen schönen globalisierten Arbeitswelt. *„Ist das noch Boheme oder schon die Unterschicht"*? *„Ist das ein Leben, oder ist es ein Exposé?* singt im Genre des Schrammelrock Christiane Rösinger und Frontfrau der Berliner Band „Britta" auf der 2007 produzierten CD: *„Das schöne Leben"* - erschienen auf dem hauseigenen Label *„Flittchen Records"*. Die Band scheint immerhin den *Nerv* und das *Grundgefühl* derjenigen - relativ gut ausgebildeten - Jugendlichen und jungen Leute zu treffen, die in der gegenwärtigen Lebenssituation zumindest in ökonomischer Perspektive als Verlierer der Globalisierung als *kreative Arme*, insgesamt als *Generation Weniger* oder als *Generation Praktikum* definiert bzw. etikettiert werden (so etwa Beck/Beck-Gernsheim 2007, 68ff.; Der Spiegel 2006, 44ff.).

Viele Jugendliche leben heute sowohl freiwillig als auch unfreiwillig betont *gegenwartsbezogen*, um sich Optionen offen zuhalten, um flexibel auf ungewisse, nicht kalkulierbare, diffuse Lebenssituationen zu reagieren. Die Aktualität des Augenblicks gewinnt Prominenz und Übergewicht gegenüber der prekären, ungewissen Zukunft. Eine solche gegenwartsorientierte Struktur des Jugendalltags kommt vor allen Dingen den heutigen differenzierten und diversifizierten und nach dem *subitoPrinzip* des *sofortGenusses* funktionierenden Angeboten des Jugendkonsum- und Medienmarktes entgegen. Denn diese weisen, vornehmlich unterstützt durch Werbung und Gleichaltrigengruppe, in der Regel einen hohen ausdrucks- und identifikationsintensiven sowie spiralförmigen Aufforderungscharakter zum Mitmachen und Kaufen auf. Die angepriesenen materiellen Angebote und Erlebnisse scheinen kleine und große *Träume* im diesseitigen Hier und Jetzt schnelllebig, aber auch transitorisch unverbindlich zu befriedigen. Immerhin: *Jugend nur im Wartestand* scheint es vor dem Hintergrund solcher gesellschaftlichen Entwicklungstendenzen kaum noch zu geben. Die Sehnsucht von Jugendlichen während der Jugendzeit nach dem vollen Erwachsenen-leben hat auch vor dem Hintergrund der Identifikation und Imitation der Gleichaltrigengruppen ihre treibende Kraft verloren. Man kann den Eindruck gewinnen, dass es sich nicht für alle Jugendliche nicht nur ökonomisch gesehen lohnt, sich im engen Arbeitsmarkt zu platzieren und sich vorbereitend in die konventionellen Formen des Erwachsenenlebens einzuüben und damit - in der altbewährten Logik - in der Jugendlichkeit geschätzten und hofierenden Gesellschaft erwachsen zu werden, weil (jenseits der vollen Erwerbsarbeit fast) alles schon in der Kindheits und noch mehr in der Jugendphase erfahren, durchlebt und erlebt werden kann.

9.5 Jugend ist Leitbild- und Expertenjugend

Auch wenn historisch betrachtet die meisten Kulturen die Weisheit und Klugheit des Alters zu schätzen wussten, gab es unterschiedliche Ausprägungen und ambivalente Betrachtungen von Alter und Jugend. Alterungsprozesse hinauszuzögern, Idealvorstellungen von und die Sehnsucht nach jugendlicher Schönheit sowie die „Bevorzugung der Jugend" und eine „jahrhundertlang schwelende Verachtung des Alters" lassen sich bei aller gleichzeitigen Verehrung und allem Vorbild- und weisen Ratgebercharakters des Alters in den europäischen Kulturen bis in die Neuzeit feststellen (vgl. Zybok 2005, 207ff.). Im Anschluss an die Sturm- und Drang-Zeit im 18. Jahrhundert kam es zur erneuerten Wiederaufwertung der Jugend, die dezidiert gegen die Konventionen der Alten und gegen das Patriarchat aufbegehrten. Und im 19. Jahrhundert hat sich in bezug auf die Bewertung der Lebensalter dieser jugendaffine Leitbildwandel noch stärker ausgebreitet, indem an die Stelle des Alters als des Zustands höchsten und ausgereiften Wissens das Bild des dynamischen, starken und anpassungsfähigen, deshalb auch besonders leistungskräftigen jungen Menschen trat, der als Arbeitskraft und (später) als Konsument besonders umworben wurde (Reulecke 1986, 7).

Dieser Umwerbungsprozess von Jugendlichen hat sich dann mit der Technisierung im 20. Jahrhundert und insbesondere in der zweiten Hälfte des 20. Jahrhunderts mit der Durchsetzung der Massenmedien noch einmal erheblich dynamisiert und tangiert bzw. relativiert immer mehr auch die ehemaligen Erfahrungsvorsprünge der Älteren. „Die Massenmedien verstärken die Bewunderung der Jugend und somit die Aussonderung des Alters. Die Kosmetikindustrie und ein ganzer Zweig der Medizin liefern die Mittelchen, um zumindest die äußeren Zeichen der Jugendlichkeit ein wenig zu konservieren" (Zybok 2005, 212). Der Alleinvertretungsanspruch der älteren Generationen, mit Weisheit und Klugheit die jüngeren anzuleiten oder gar zu prägen bzw. zu bestimmen, stößt an Grenzen, verliert vor allem infolge der Dynamik technischer, sportiver und jugendkultureller Innovationen sowie der Allgegenwart der Medien an Bedeutung. Die Älteren können nicht mehr für sich in Anspruch nehmen, dass sie die einzige wichtige Instanz sind, die zur Vermittlung und Deutung kulturell gültiger Wissensbestände bestimmen und bei Nichteinhaltung sanktionieren, was die *wahren, guten* und *richtigen* Normen und Werte sind, die sich Jugendliche heute aneignen sollen. Traditionen, Erfahrungswissen, soziokulturelle Deutungsmuster und ehemals bewährte Lebensplanungskompetenzen werden den heutigen gesellschaftlichen Anforderungen keineswegs mehr gerecht. Der lebenszeitliche Erfahrungsvorsprung der Älteren schwindet. Die erzieherischen Einwirkungen der älteren Generation auf die jüngere haben nachgelassen, und das Lebensalter ist kein alleiniges Entscheidungskriterium für Kompetenzen.

Wann die Jüngeren „etwas zu tun und zu lassen hätten, war in der Vergangenheit ein Teil präskriptiver Pädagogik" (Zinnecker 1997, 495). Noch Schleiermacher hatte in seiner „Grundlegung einer Theorie der Erziehung" und in seinem philosophisch-pädagogischen Denken zu Anfang des 19. Jahrhunderts das „Generationenverhältnis als den Ort bestimmt, an dem das Erbe, die Tradition von der älteren Generation an die nachwachsende durch Erziehung weitergegeben werden sollte" (Münchmeier 1997, 120f.). In vielerlei Hinsicht trifft dies freilich auch heute noch zu.

Aber schon Kurt Tucholsky sprach zu Anfang des 20. Jahrhunderts davon, dass Erfahrung nicht alles sei: „Erfahrung heißt gar nichts. Man kann eine Sache auch 20 Jahre falsch gemacht haben".

Die Erfahrungsvorsprünge der Älteren gegenüber den Jüngeren haben sich sogar *doppelt relativiert*. Auf der einen Seite erlernen viele Jugendliche heute augenscheinlich nicht nur in schulischen Kontexten „mehr Neues, das die Älteren nicht kennen und deshalb auch nicht weitergeben können, als zu früheren Zeiten". Auf der anderen Seite sind viele Wissenselemente und ist vieles vom dem, was die Älteren früher gelernt haben - zumindest unter arbeitsmarktspezifischen, aber auch unter sonstigen lebenspraktischen Gesichtspunkten -, veraltet und somit oftmals wertlos geworden. Die Veränderung, die explosionsartige Vermehrung, die hohe Umschlagsgeschwindigkeit und somit das schnelle Veralten des nicht nur technischen Wissens ist enorm. In diesem Zusammenhang verändert sich auch das „komplizierte Beziehungs-muster von Autorität und Gehorsam, von Wissen und Nachfrage, von Vorbild und Nachahmung" (Abels 1993, 303). Zudem ist in den Beziehungen zwischen Eltern und auch zwischen anderen pädagogischen Bezugspersonen, Kindern und Jugendlichen eine Liberalisierung, Aufzehrung und Abschwächung - in „postautoritären pädagogischen Milieus" (Zinnecker 2005, 181) - der elterlichen und anderen pädagogischen Autoritäten in vielen Lebensbereichen zu konstatieren. Und zirka 90% der Jugendlichen pflegen ein konfliktarmes bzw. konfliktfreies Verhältnis zu den Eltern. Es ist zu einer Entdramatisierung des Generationenverhältnisses gekommen. Eltern sind verständnisvoller geworden. Es scheint kaum noch im Zuge der *Nivellierung der Generationsunterschiede* oder sogar der Umkehrung des *Generationengefälles ein Autoritätsgefälle* zu geben, in dem „das Alter zum Entscheidungskriterium würde" (Abels 1993, 303). Und auch die Wirksamkeit von ehemals selbstverständlichen Mustern der Lebensführung für Jugendliche wie Achtungs-, Höflichkeits, Schweige , selbst Strafregeln (bspw. das Reden oder das Urteilen und vor allem die Entscheidungen über bestimmte erfahrungsgesättigte, lebenswichtige Dinge, die im der Vergangenheit nur den Erfahrenen und Älteren zugestanden wurden), hat abgenommen. Die Einordnungs- und Bescheidenheitskulturen sowie die Respektkulturen nicht nur in öffentlichen Räumen, bspw. Bussen, Straßen- und U-Bahnen gegenüber dem Alter haben nachgelassen.

Die Machtbalance zwischen Jüngeren und Älteren hatte sich enorm gewandelt. Es war eine Art Permissivität (manche meinten eine Art Spätfolge der 68er vor dem Hintergrund des Generalverdachts „eines autoritären Charakters") in Erziehungsfragen entstanden. Eine Kultur des pädagogische Autorität scheuenden, pädagogischen Laufen lassen (ein *Laissez-faire-Erziehungsstil*) hatte sich durchgesetzt. Es ging vor allem um die persönlichen Bedürfnisbefriedigung der Kinder und Jugendlichen, während die Eltern und die professionellen Erzieher zumindest in vielen postbürgerlichen Lebensmilieus nahezu alles - in pädagogische Watte gehüllt – erlaubten, wenig Grenzen setzten und die Kunst des Erziehens (etwa zwischen einem komplexen Geflecht von *überzeugendem Führen, anerkennendem Loslassen, Wachsen lassen, Selbständigkeit und Eigenverantwortung ermöglichen*) vernachlässigten. Eine professionell abgefederte und begründete pädagogische Autorität ist inzwischen in pädagogischen Erziehungskontexten kein Schimpfwort mehr.

Jugendliche, manchmal schon Kinder, sind etwa im familiären Lebenszusammenhang als gleichberechtigte Partner viel stärker beim Aushandeln von Entscheidungen beteiligt - und dies nicht nur, wenn es um Ausgehzeiten, Geschmacksvorlieben, Kosmetik, Körperpflege, Kleidung, um die Zusammenstellung von Mahlzeiten, um Urlaubsziele, um Zeitrhythmen im Tagesablauf, sondern auch, wenn es um die Anschaffung von langfristigen Konsumgütern oder um das kulturelle, soziale und politische Engagement geht. Im Zusammenhang der Aufzehrung traditioneller Konventionen und Sinnbestände ist daran zu erinnern, dass heute kaum noch eine Norm und kaum noch eine Konvention selbstverständlich ist und unhinterfragbar bleibt. Im Zuge der Durchsetzung gegenüber Kindern und Jugendlichen bleiben Konventionen revisionsfähig und müssen mindestens begründet werden. Sie werden schon im Kindesalter zur Reflexion freigegeben.

Das soziokulturelle System der Altersnormen hat sich abgeschwächt (Zinnecker 1997, 491). Die Kluft zwischen den Generationen ist auch deshalb tendenziell eingeebnet worden, weil zentrale Wirklichkeitsausschnitte entweder (wie in vielen Erlebnisbereichen und im Freizeitsektor) in vielerlei Hinsicht übereinstimmen oder unterschiedliche Erfahrungsfelder (wie Schule und Arbeitsplatz) zumindest jenseits altersgruppenspezifischer Differenzen ähnlich strukturiert sind und vergleichbare Aneignungsprozesse und Überlebensstrategien nahe legen. Hinzu kommt, dass im Zuge eines solchen Verblassens des Unterschiedes zwischen Jugendlichen und Erwachsenen - etwa in Stil und Geschmacks, aber auch in Moral und Gewissensfragen - ein Prozess gegenseitiger Beeinflussung stattfinden kann. In gewisser Weise strahlen die Jüngeren auf die Älteren (so schon Mannheim 1928) zurück und es kommt zu einer *retroaktiven* oder *beiderseitigen* Sozialisation. In vielen Hinsichten haben sich die traditionellen pädagogischen Verhältnisse umgedreht. Eltern müssen von ihren Kindern lernen (Liebau 1997, 32).

Mittlerweile sind in den Bereichen Mode, Geschmack, Konsum, Freizeit, Mobilität, Sexualität, Sport, Technikbeherrschung, Computer, Neue Medien sowie insbesondere im Rahmen der Gestaltung von Lebensstilfragen (Zeichenwelten, Codes, Symbole usw.) Jugendliche Erwachsenen gegenüber (initiiert und unterstützt durch Medien und Werbung) gar zu Vor, Leitbildern und Meinungsführern geworden. Und in vielen Sport, Mode, Computer, Sexualitäts und Gesundheitsbereichen besitzen viele Jugendliche gegenüber Erwachsenen häufig *unverkennbare Wettbewerbsvorteile*. Eltern zapfen den Lebensstil ihrer Kinder an. Mütter und Töchter hören die gleiche Musik und kleiden sich ähnlich. Und Jugendliche sind etwa im Mode- und ComputerBereich die *Experten* und *Lehrmeister* der Älteren.

Viele nutzen wie selbstverständlich und durchaus kreativ die elektronischen Kommunikationsmöglichkeiten der Computertechnik weltweit, E-Commerce, den Abruf von Datenbanken, das Herunterladen von Musikdateien, Chats, Web 2.0, Videospiele und Spielkonsolen, das SMS-Schreiben, das souveräne Surfen und die sozialen Kommunikationen und Kontakte im Internet, die interaktiven Programme, mit denen Texte, Graphiken, Bilder und Töne zusammengefügt werden können und zeigen nicht nur im Cyber-Space, bei MySpace, YouTube,

Facebook und beim Simsen, Chatten, Bloggen und Twittern i.d.R. mehr Durchblick als ihre Eltern und Pädagogen. Zudem sind sie oftmals auch angesichts ihrer sportiven Motorik und ihres augen und sinnfälligen ästhetisch-erotischen Gehalts und *Körperkapitals* die erfolgversprechenden und Jugendlichkeit verkörpernden Trendsetter, während den Älteren meistens nur die undankbaren Rollen von Sympathisanten oder „Nachzüglern" jenseits anderer, dem quasinatürlichen Prozess des Alterns in der Regel nicht so sehr ausgesetzter und damit weniger gefährdeter Handlungsressourcen (Bildungs und Berufstitel, Geld, Besitz etc.) verbleiben.

Sowohl männliche als auch weibliche Körpermodellierungen werden aufgewertet, sind gefragt. Vornehmlich über sportive Konkurrenz erfährt das entwerte männliche jugendliche Körperkapital eine Renaissance (Zinnecker 1997, 461). Gesellschaftlich wertgeschätzt werden zunehmend die schnellen, leichten, eleganten männlichen Körper, während die alten schwergewichtigen Arbeitskörper nur noch in bestimmten männlich dominierten (Sub-)Kulturen etwa bei den Rockern, Bikern, Skinheads, Metal-Fans und Neo-Nazis überwintern. Weibliche Körpermodellierungen werden in den Varianten der auf Dauer gestellten Pubertät hochgeschätzt. Schmalwüchsige, entmütterlichte, hoch aufgeschossene, laufstegtaugliche, langbeinige und knabenhafte Mädchenkörper sind gefragt (ebenda, 463).

Immerhin ist es so, dass viele Erwachsene jugendtypische Verhaltensweisen in ihre jeweiligen Lebensstilrepertoires übernehmen. Inzwischen gehört es zur gesellschaftlichen Normalität, dass *Jugend* zumindest in der Metaphorisierung von *Jugendlichkeit* etwa Fit-Schlank-Gesund-Attraktiv-Schön den *kategorischen Imperativ* (Finkielkraut 1989, 136) bzw. das kulturelle Placebo für alle Altersgruppen darstellt und Erwachsene im Zuge der *Vergötterung* von utensilienreichen jugendlichen Lebensstilen und Werten in vielfältiger Hinsicht und in vielen Lebensbereichen Jugendlichkeit ausagieren. Die von vielen hochgeschätzte Jugendlichkeit, der von anderen wiederum beklagte Jugendlichkeitswahn sind inzwischen keine Fragen des Alters mehr, sondern schon eher eine Lebenshaltung, ein *Habitus*, wie er zumeist medial und jugendkulturell ausbuchstabiert und allmählich, die Grenzen der Altersklassen aufweichend, auch von den älteren Generationen übernommen wird. Die *Exklusivität* von *Jugend* schwindet. Der Jugendstatus hat sich vom Altersstatus abgekoppelt. Jugendliche Leitbilder strahlen - sicherlich durch den heutigen gesellschaftlich vermittelten Jugendkult unterstützt - was jugendlichen Lebensstil und jugendliches Aussehen angeht mittlerweile als Placeboeffekte in alle Altersklassen hinein. In einer alternden Gesellschaft kommt dem Jugendstatus eine mythische Bedeutung zu. Viele Erwachsene mit den positiven konnotierten Eigenschaften der Jugendlichkeit fühlen und empfinden sich als die *eigentlichen, ewigen* Jugendlichen.

Jugendlichkeit ist zweifelsohne ein gesellschaftlich akzeptierter Wert, der nicht mehr entwicklungspsychologisch auf eine bestimmte Phase im Lebenslauf bezogen werden muss. Die Reihenfolge und die chronologische Fixierung von Entwicklungsschritten sind in den letzten Jahren ebenso aufgeweicht worden, wie die pädagogische Stufung des Lebenslaufs (vgl. *Kapitel 4* in diesem Band; Zinnecker 1997, 492). Die jugendlich gestylte, Kleidergröße 36 tragende und immer noch postadoleszent wirkende 60jährige Tennisspielerin und Skateboard fahrend (und manchmal als Fotomodell aushelfend, in Video-, DVD- und CD-Läden nicht nur für die Enkelkinder nach Death Metal und Black-Metal oder nach Grindcore und Grunge, nach Brit-Pop, nach Black-Music, nach Acid House, Acid Jazz, Trash, Trance und Post-Punk oder gar nach Easy Listening, House, Hip-Hop, Goa-Techno, Trip-Hop und Hard-Core stöbert), der Lagerfeld-Zöpfchen und Drei-Tage-Bart tragende, jugendlich-attraktive 65jährige mit iPod (nicht nur Robbie Williams, Patti Smith, Phil Collins, Madonna, U2, Guns 'n' Roses, The Cure, Jeff Mills, Carl Cox, Sven Väth, Blondie, Franz Ferdinand, The Strokes, Lily Allen, Justin Timberlake, Eminem, Nirvana, The Undertones, Kraftwerk, Depeche Mode, Babyshambles, Oasis, Kaiser Chiefs, Pulp, Little Man Tate und Arctic Monkeys hörend) im Ohr, vielleicht sogar noch im alten Techno-Gewitter oder bei seltener gewordenen Hip-Hop-Jams oder beim Electroclash, unterstützt durch Shoppingexzesse, wilde Partys, smart Drugs und Designerdrogen sowie durch das Amphetamin Speed, musikalisch und tanzend in Ekstase und Trance geraten, zugleich Basketballer, Streetballer, Montainbiker, Inline-Skater, Snowboarder, Windsurfer, Sportabzeichenbewerber und biederer Pensionär - dies alles sind ja heute keine so skurrilen Phänomene mehr, wie zur Zeit des Wandervogels/Pfadfinders die Erscheinung des *ewigen Jugendlichen*, der nicht aus seiner Lederhose und Kluft kam und immer wieder mit 15jährigen *Pimpfen* ans Lagerfeuer fuhr, eine tragikomische Gestalt.

9.6 Jugend ist Kaufkraft- und Konsumjugend

Mit dem frühen Ende patronisierender Jugend wachsen in postautoritären Zeiten auch die Ansprüche an wirtschaftlicher, sozialer und politischer Teilhabe. Vergnügungen, Lüste, Unterwegs-Sein und hochgeschätzte Güter werden sowohl in materieller als auch in immaterieller Hinsicht lebensaltersspezifisch gesehen immer früher (wie selbstverständlich) in Anspruch genommen. Obwohl gerade junge Menschen als Altersgruppe am stärksten von Armut betroffen sind, hat dennoch ein großer Teil von Jugendlichen relativ viel Geld zur Verfügung, das zur Ausgabe für bestimmte Konsumgüter vorgesehen ist. Und selbst wenn man die wachsende Polarisierung von Armut und Nicht-Armut oder wie es Oskar Negt ausgedrückt hat: „die wachsende „Armee der dauerhaft Überflüssigen" (diejenigen, die fortwährend in prekären Lebensverhältnissen von einer schulischen Warteschleife zur nächsten, von Praktikum zu Praktikum, von Minijob zu Minijob, von Projekt zu Projekt (über-)leben müssen) in Rechnung stellt, verfügen nicht nur die bildungsprivilegierten Jugendlichen, sondern oftmals auch die gesellschaftlich an den Rand gedrängten und ausgegrenzten Jugendlichen, die eigentlich *kein Geld haben* - trotz allem über eine nicht zu unterschätzende Kaufkraft. Auf diese Weise sind - im zeithistorischen Trend vom bescheidenen Taschengeld zum selbstverständlich gewordenen Jugendeinkommen (vornehmlich finanziert durch Eltern und Großeltern) im Zuge der Ausweitung jugendspezifischer Konsummärkte - Kaufkraft und differenzierter Massenkonsum von Jugendlichen deutlich angestiegen. Kinder und Jugendliche verfügen - selbst wenn sich ökonomische Düsternis über das Land legt - mittlerweile über beträchtliche Begehrlichkeiten und Wunschvorstellungen (Produkte, Güter, Dienstleistungen), die auch kaufkraftgemäß erfüllt werden können.

Von daher werden Jugendliche als Kunden mit eigenem Taschengeld und Einkommen und eigener Kaufkraft sowie als Konsumberater für ihre Eltern. Über 50% bspw. beim neuen Auto, beim neuen Flachbildfernseher, bei dem neuen PC und der neuen Stereoanlage im Wirtschaftsleben hochgeschätzt und umworben. In einer alltäglichen Lebenswelt, die für viele Jugendliche voller Sinnauszehrung und gefühlter Langeweile und in vielen Lebensbereichen - obwohl auch ozeanische Permissivität vorhanden ist - stark reglementiert zu sein scheint, spielt der (Freizeit)Konsum nicht nur als Kompensation für erlebte und gespürte Defizite von *Ich-Schwächen* oder geringen Selbstwertgefühlen, sondern gerade auch als Chance zur Distinktion und sozialen Anerkennung, aber auch als Chance zur Selbstbestimmung und Selbstverwirklichung eine bedeutsame Rolle.

Viele Eltern werden mit nicht unbeträchtlichen Anschaffungswünschen ihrer Kinder konfrontiert. Es ist heute zweifellos zu beobachten, dass Jugendliche immer mehr Geld (durch Eltern, Verwandte, Großeltern, aber auch durch einen eigenen Job/Aushilfs- und Ferienarbeiten neben der Schule) zur eigenen Verfügung haben und auch ausgeben, um ihre wachsenden Konsumansprüche möglichst schnell verwirklichen zu können. Während eine große Minderheit der Jugendlichen neben der Schule auf *Nebenerwerbseinkommen* dringend angewiesen ist, um den eigenen Lebensunterhalt zu finanzieren oder ein wenig zum Haushaltsbudget der Eltern beizutragen (eine ehemals institutionalisierte Form der Abgabe und des Zahlens von Kostgeld gibt es freilich kaum noch), werden die zusätzlichen Verdienste i. d. R. dazu eingesetzt, um die Konsummöglichkeiten vor allem für wertgeschätzte Konsumartikel, insbesondere modische Kleidung, Sport- und Medienausrüstungsgegenstände und Urlaubsreisen sowie private Hobbys zu verbessern. Verzicht, Mäßigung, Askese, Sparsamkeit und Bedürfnisaufschub scheinen (übrigens nicht nur) für viele hedonistische Jugendliche inzwischen antiquierte Werte und Handlungsmaximen eines „innengeleiteten Charakters" (Riesman) zu sein. *Sofort kaufen,* was einem gefällt, *Wunscherfüllung sofort, genießen, ohne Reue* sind die Imperative und Lebensmaximen, die dieser, der Logik des Marktes folgenden warenproduzierenden Gesellschaft inhärent sind. Unterstützt und in Gang gehalten wird dieser Prozess etwa durch das Girokonto für Minderjährige. Und Konsumieren und Einkaufen sind für viele Jugendliche eine Möglichkeit, sich selbst mit anderen Teilnehmern gleichberechtigt und marktgerecht als autonome Entscheider und Kunden darzustellen. Der Konsum, die Begehrlichkeiten der Waren, der Markenimages und die leidenschaftliche Verehrung und Bewunderung von Personen, die in der Öffentlichkeit zu Idolen und Stars wurden, sowie das lustvolle Shopping werden nicht mehr nur kulturkritisch und naserümpfend sozialpathologisierend in einem universalen fetischisierten Verblendungs- und Entfremdungs-zusammenhang gesehen. Sie werden durchaus als gesellschaftlich lizenzierte Lebensbereicherung, als eine Form des Selbstausdrucks, als eine Stärkung der Individualität im Prozess des Lebensstildesigns und zugleich auch als Demonstration zur sozialen Anerkennung und zur Statusaufwertung in Gleichaltrigengruppen genutzt. Mit Hartmut Böhme gesprochen gilt es, eine „Theorie zu revidieren, die den Fetischismus" bspw. in der Mode, im Konsum, in der Popkultur, in den Medien usw. als „Perversion, falsches Bewusstsein, Warenverblendung, Primitivität oder Aberglauben" diagnostiziert (2006a, 25). Das schnelle, grenzenlose, aber auch das gezielte Konsumieren des *richtigen In-Produkts* zur *richtigen In-Zeit* ist nicht nur in die Alltagskultur von Jugendlichen eingewandert, sondern gehört zum Ritual der Gruppen- bzw. Cliquenzugehörigkeit des *In- bzw. Hip-Seins,* das insbesondere in den Gleichaltrigenszenen herausgebildet, definitionsmächtig festgezurrt und auch ständig informell kontrolliert wird. Gleichaltrigengruppen spielen in bezug auf Kaufentscheidungen und Meinungsbildung eine zentrale Rolle. Um dort mithalten zu können, müssen bestimmte Kleidungsprodukte, die oftmals (nicht immer - auch Accessoires- und Outfitkombinationen von Fendi, Gucci, Prada, Versace, Burbeery, Dolce & Gabbana mit s. Oliver, H&M, Zara, Only oder Mango/ bspw. Unterwäsche ist teilweise erlaubt) sehr teuer sind und häufig einen Kultstatus genießen, gekauft und getragen werden. Der Besitz solcher *In-*

Marken (in bestimmten Kreisen und Szenen: so etwa in den vergleichsweise kleinen Ska-Szenen und in manchen Skinheadmilieus etwa Chevignon-Jacken, Lonesdale-Jacken, Stone-Island-Jacken, Bomber-, Flieger-, Baseball-, Football und Streetball-jacken, Hemden von Ben Sherman, Pullover mit V-Ausschnitt oder Polo-Hemden mit Lorbeerkranz von Fred Perry, Docs/Doc-Marten-Stiefel/Schuhe, gilt als Ausweis der Zugehörigkeit und garantiert, in der Clique akzeptiert zu werden.

Schulhöfe und besondere außerschulische städtische Treffpunkte und Freizeitorte werden in puncto Mode, Kleidung, Schmuck und andere Accessoires zu regelrechten Laufstegen und Markentribunalen (Discos, Kneipen, Läden, Clubs, Raves, Tanzpaläste, Locations etc.). Jugendliche geraten in diesem Wettbewerb des *demonstrativen Konsums* aber auch sehr schnell unter *Konsumdruck* und fühlen sich „sozial depriviert" (Hurrelmann 1994, 162ff.), insbesondere dann, wenn die finanziellen Ressourcen nicht ausreichen oder nicht zur Verfügung stehen, um in den Besitz der hochgeschätzten und begehrten Produkte zu gelangen. So sind auch die konventionellen Mainstream-Konsumartikel, die vom entsprechenden Jugendkonsummarkt per Marketing und Werbung designgemäß angepriesen und auch von Jugendlichen ohne allzu große schicht-, milieu- und geschlechtsspezifische Differenzierungen (Lange 1991) nachgefragt werden, gerade nicht in allen Jugendszenen begehrt.

Kleidung nimmt bei Mädchen vor Kosmetik, Haar- und Körperpflegeartikeln den 1. Rangplatz ein. Denn damit möchte man ausdrücken, dass man zu den *happy few* gehört. Mopeds, Motorräder, Autos, Musikprodukte,, Printmedien, insbesondere Jugendzeitschriften, Gaststätten-, Disco-, Club- und Kinobesuche, Rauchen und andere Genussmittel) sind als gewünschte Konsumprodukte geblieben - nur im historischen Vergleich erheblich ausdifferenzierter. Freilich ist viel Neues hinzugekommen: MP3-Player, iPod, Video-, HD-DVD-Recorder, Spielkonsolen (Nintendo, Playstation 3 von Sony, Xbox360 von Microsoft etc.), Fitness- und Sport-Artikel, Spielhallenbesuche, eine Fülle von diversen elektronischen Accessoires: DVD/CD-Player und immer wieder Computer und Laptops, Musikvideos (Videoclips, Handy, iPhone, neue Formen des Jugendtourismus und der motorisierten Wochenend-mobilität) nehmen bspw. bei Jungen den 1. Rangplatz ein.

In der Jugendphase ist es auch im historischen Verlauf und bis heute anhaltend in den nuller Jahren des 21. Jahrhunderts auch zu einer Verschiebung und zu einem *doppelten Wechsel* der Sozialkontrolle gekommen. Das meint, die Kontrolle ging und geht einerseits vom tendenziell altersheterogenen und häufig physisch anstrengenden Arbeitsbereich, der nicht zuletzt aufgrund seiner Materialität und Dinglichkeit von sich aus schon soziale Kontrolle auszuüben schien, auf den lebensbedeutsame Zertifikate verteilenden Bildungsbereich über, der eine Zusammenführung von Gleichaltrigen in altershomogenen Schul-klassen vorsieht. Andererseits verlagert sich die Sozialkontrolle von den ehemals allumfassenden Reglementierungsansprüchen der personen- und ortsbezogenen traditionalen sozialkulturellen Lebensmilieus (Familie, Nachbarschaft, Kirche, Verbands- und Vereinsstrukturen etc.) auf die eher locker gefügten, weniger reglementierten, kontrollärmeren vielfältigen Szene-Netzwerke und zu nichts verpflichtenden, markt-vermittelten und von wirtschaftlichen Interessen geleiteten Institutionen der Konsum- und Dienstleistungsökonomie.

War etwa in historischer Perspektive die verbindliche Allmachtsansprüche durchsetzende „personen- und ortsbezogene soziale Kontrolle durch die traditionalen Lebensmilieus, ... durch das Senioritätsprinzip, durch die Teilung in Führende und Geführte, in Leitende und Folgende bestimmt", so steht das über den Markt und die Medien vermittelte Angebot tendenziell unter dem Prinzip der Gleichheit und Freiheit: Jeder kann ausprobieren, kann teleflanierend an- und abstellen, Trendzapping und Stilsampling und -switching betreiben und „jeder kann kaufen, was er will, falls er die nötigen Ressourcen besitzt" (Fend 1989, 163). Es scheint nun nicht zufällig zu sein, dass im Fokus heutiger ideologischer Auseinandersetzungen um *Jugend* oftmals die indirekte, zuweilen aber auch etwa in Form von *Türstehern* selektierende Kontrolle ausübenden kommerziellen *Locations, Erlebnisräume* und *Kunstorte* des genussaffinen Vergnügungssektors wie Clubs, Discotheken, Videoläden, Bistros, Spielhallen, Musik- und Sport-Festivals/Events, Boutiquen usw. stehen.

Sie scheinen die von vielen Jugendlichen heute hoch geschätzten Eigenschaften zu repräsentieren, ohne kontinuierliche Mitgliedschaft dennoch situativ immer wieder dazu zu gehören oder gar - das Ego ungemein aufwertend - im Zentrum zu stehen, dran zu bleiben und Intimität mit stets eingeschlossener Möglichkeit zur Distanz zu kombinieren. Dorthin, in die eher ungebundenen, Spaß bereitenden und Erlebnisse versprechenden Konsumorte und Konsumräume (Shopping ist eine der Lieblingsbeschäftigungen von Mädchen und jungen Frauen) scheinen mit sehr viel ästhetisch kreativem Potential (allein die Zusammenstellung, Kombination und Präsentation von Klamotten kann dies tagtäglich bestätigen) große Teile der Jugendlichen heute ein- und *ausgewandert* zu sein und werden dennoch bei aller Freude, Bewunderung, Verehrung, Faszination, Imagination und Bindemittel des sozialen und kulturellen Alltagslebens (nicht immer sichtbar) in ihrer ausbildungs-, schul- und arbeitsfreien Zeit sanft kontrolliert - was freilich nicht oder nur selten als störend, stigmatisierend oder als - die Lebensautonomie - verletzend empfunden und erlebt wird.

9.7 Jugend ist alltagskulturell vermittelte Jugendkulturjugend

Kulturelle Machtbalancen verschieben sich. Es findet im Medium jugendkultureller Strömungen eine Neuordnung der kulturellen Territorien statt. In (post)modernen, individualisierten Gesellschaften werden die Grenzziehungen zwischen so genannter *höherer Kultur* für die bürgerlichen Eliten auf der einen Seite und den so genannten Trivial-, Unterhaltungs-, Musik-. Pop- und Alltagskulturen für die Massen auf der anderen Seite zwar nicht aufgehoben, immerhin aber angesichts der vielen Nivellierungen, Relativierungen der Wertorientierungen, der Hierarchien, der Standards, der maßstabsetzenden Gültigkeit und vor allem angesichts der allgegenwärtigen Ambivalenzen der heutigen Mainstreamkultur (übrigens nicht nur von vielen Jugendlichen) verwischt. In den „popular oder common-sense cultural studies" wurde und wird insbesondere auch den alltagskulturellen Äußerungen und Erfahrungen der Produzenten und vornehmlich der Rezepienten von Popkulturen eine aktive Rolle (und nicht von vornherein eine fetischisierte, ideologiedurchsättigte passive Deppenrolle der Massenkultur) zugewiesen, die nicht mehr umstandslos durch die Regelstrukturen der sprachlichen Diskursivität (Baacke 1998, 29) bestimmt sind. Die alten traditionellen und ehemals *wohlgeordneten* Gegensätze wie Hoch- und Trivialkultur, Kunst und Leben, Unterhaltungswert und Ernsthaftigkeit, höheres und niederes Kulturniveau, Oberflächenkultur und kulturelle Tiefsinnigkeit sind zwar nicht vollends verschwunden, scheinen sich aber als kulturelle Disparitäten im Schmelztiegel jugendkultureller, massenkultureller und massenmedialer Strömungen und Allesverbreitung aufzuweichen und in Teilbereichen auch aufzulösen. Massenkaufkraft, Massenmedien und Kulturindustrie haben dazu beigetragen, dass die legitimierende Kraft der Hoch-Kultur zwar nicht aufgehoben, aber aufgeweicht worden ist. Weil keine eindeutigen kulturellen Verbindlichkeitsansprüche etwa auf der hehren Grundlage einer Inkarnation des *Besseren, Guten, Höherwertigen* und *Anspruchsvolleren* von einer kulturellen Elite mehr gestellt werden können, die unbestritten und unangefochten Anerkennung finden, gibt es mittlerweile zahlreiche Berührungen und Vermischungen zwischen Hoch-, Elite-, Sub-, Avantgarde-, Trivial- und Massenkulturen. Die hochkulturelle Ästhetik besitzt kein uneinge-schränktes Monopol mehr auf Distinktion. Obgleich es noch via Klassen-, Milieu-, Szene- und Lebensstilmerkmale die ungleichheitsaffinen, *kleinen und feinen kulturellen Unterschiede* auch im durchkommerzialisierten und -medialisierten Lebenszusammenhang gibt, wie sie etwa von Bourdieu (1982) materialreich beschrieben worden sind, ist es bei nach wie vor bestehenden Polarisierungstendenzen dennoch im Rahmen der Aufweichung kultureller Hegemonien sowie der Dehierarchisierung verschiedener Kulturen zu einer prinzipiellen Gleichgewichtung und Gleichberechtigung unterschiedlicher Geschmackskulturen, Verhaltens-standards und Lebensstile gekommen.

Viele Jugendliche nutzen die ehemals als minderwertig verschriene, inzwischen aber mit anderen Kulturformen prinzipiell gleichberechtigte comon culture nicht zuletzt auch aufgrund ihrer Zugänglichkeit und ihrer greifbaren Allgegenwart (Willis 1991, 193) aktiv und eignen sich in oftmals individuell-origineller und ausdrucksintensiver Weise die weltweit kommerziell vorgefertigten und global zirkulierenden Massenkulturen an. Die Massen(konsum-)kultur etwa des Films, der populären Musik, des Werbedesigns und der Bekleidung scheint zwar auf der einen Seite mindestens milieuspezifisch kollektive Standardsetzungen und Homogenisierungen vorzunehmen und normative Ansprüche und Erwartungen zu erfüllen; auf der anderen Seite scheint aber zugleich alles individueller, pluraler, differenzierter und entgrenzter zu werden. Jugendliche entwickeln insbesondere in (lokalen) Jugendkulturen mit einer Art kollektivbildenden Verpflichtung - freilich ohne Gleichschaltung - in einer gekonnten Zusammenstellung mit manchmal alternativen Symbolisierungen, Zitatvermischungen und Bricolagen einen von der seriell produzierenden Kulturindustrie nicht vorgesehenen spezifischen Eigensinn. Die Produkte und Waren der kommerziellen Massenkultur können via Bricolage-Techniken in lokalen Aneignungs-prozessen durch Selektion, Sinnverschiebung und Neucodierung *umgewandelt* und aus ihrem gewohnten und vordefinierten Kontext herausgelöst werden und für die jeweils beteiligten Subjekte neue und unverwechselbare Bedeutungen, aber gleichsam wiederum lokale standardsetzende Lebensstile und soziale Muster gewinnen. Die Verwendung eines Gegenstandes, eines Stils, eines Outfits, einer Mode in einem anderen Kontext kann so gesehen gestischen, demonstrativen Charakter annehmen.

Jugend ist im gesamten 20. Jahrhundert bis in das heutige 21. Jahrhundert zu einer eigenen kulturellen Größe und Produktivkraft geworden - trotz der „Amalgamierung von Medien und Kommerz" (Baacke 1999, 5). Dies zeigte sich in allen jugendkulturellen Bewegungen der protestierenden, revoltierenden, kämpferisch ihre eigenen Ansprüche geltend machenden *Jugend*. Vom Wandervogel über die bündischen Jugendgruppierungen im ersten Drittel des 20. Jahrhunderts, über den Jugendprotest der fünfziger und sechziger Jahre in der Beschreibung der Teds, *Halbstarken* und *Rocker, Mods und Skinheads*, über die *Studentenrevolte* der späten sechziger und beginnenden siebziger Jahre, zu den *Punk-* und *Hausbesetzer-Szenen* der späten siebziger und frühen achtziger

Jahre, über die *postalternativen Hip-Hop-Szenen* der späten achtziger und neunziger Jahre, über die Grunge-Szenen und die *diversen Techno-Szenen* der 90er bis zu den vielen jugendkulturellen Revivals, deren Hochphasen oftmals schon Jahrzehnte zurück liegen (Klein/Friedrich 2003, 14), und den *gesampelten Mix- und abgedrehten Trash-Szenen* der späten neunziger Jahre und bis zu den nach wie vor sehr beliebten *Skater- und Hip-Hop-Szenen*, deren - für alle vorherigen Jugendkulturen ungewöhnlicher – langlebiger Hype seit mehr als 20 Jahren anhält (erst nach 2008 gibt es spürbare Tendenzen des Abebbens), bis schließlich zu der einzigen neuen Jugendkultur im 21 Jahrhundert: der *Emo-Kultur* in der ersten Dekade des 21. Jahrhunderts (vgl. Ferchhoff 2006a; 2007a; vgl. hierzu auch detailliert: die *Kapitel sechs* und *sieben* in diesem Band).

So gesehen sind nicht alle Kinder und Jugendliche in ihren Selbstdarstellungsinszenierungen immer nur *Opfer der Macher und der Verhältnisse*. Und es findet aller pädagogischen Jammerlisten zum Trotz keine vollständige Unterwerfung im Hinblick auf Geschmacks-, Stil- und Modefragen statt, so durchschlagskräftig und mächtig die Systemimperative der kommerziellen, medialen und kulturindustriellen Marktsektoren auch sind.

9.8 Jugend ist alltagspragmatisch familiäre Versorgungs- und umsorgte Mutterjugend

Die traditionelle Vater-Rolle verliert auch in der Gestalt des sogenannten *Sekundärpatriarchalismus* (an überkommenen, aus der Familienlohnwirtschaft stammenden Autoritätsstrukturen wird auch im Rahmen einer unselbständigen Erwerbstätigkeit festgehalten) in postindustriellen bzw. postmodernen Dienstleistungsgesellschaften unseren Typs als arbeits- und autoritätsprägende Kraft in (familiären) Erziehungsvorgängen ihre ehemals zentrale Bedeutung. Die Autoritätsausübung hat ihre normative Basis und Kraft eingebüßt. Der Autoritätsverlust der *Vater-Rolle* hängt soziologisch betrachtet also wesentlich mit dem Funktionsverlust der Vermittlung von vornehmlich beruflicher Lebenspraxis (etwa als Ernährerrolle und Oberhaupt der Familie) in Erziehungskontexten sowie im Zuge der Durchsetzung emanzipatorischer Vorstellungen von Frauen insbesondere auch im außerhäuslichen Berufsleben mit einer generellen gesellschaftlichen *Entwertung* der *Männer-Rolle* zusammen. Das strenge Rollenmuster der elterlichen Funktionsteilung ist mindestens in den letzten Jahrzehnten aufgeweicht worden. Die selbstverständliche Autorität der *Vater-Rolle* ist in „großen Bevölkerungsgruppen im Schwinden begriffen", nicht weil - wie heute gern behauptet wird - die „antiautoritäre Bewegung sie angenagt, sondern weil die gesellschaftliche Entwicklung" der traditionellen *Vater-Rolle* „die Substanz entzogen hat" (Eisenberg/Gronemeyer 1993, 215/216). Es fehlt ein positives Leitbild der Vater-Rolle. Hinzu kam eine allgemeine Verunsicherung, zuweilen sogar eine „Verachtung des Männlichen", eine Art Männerfeindlichkeit. In radikal-feministischer Perspektive wurde sogar eine Denunziation der Vater-Rolle betrieben - der *Mann/Vater als bloßer Samenspender*. Das ehemals starke Geschlecht ist nicht nur, was Entwicklung und Sozialisation in Kindheit und Jugendphase, was Lebens- und Gesundheitsqualität, Bildung, Schulabschlüsse, Lernmotivation und Leistungsbereitschaft angeht, in die Krise geraten, obwohl öffentlich, im Arbeitsleben und in der Familie Männer zumeist immer noch als das starke Geschlecht, als mächtig, dominant und vor allem auch als ökonomisch privilegiert wahrgenommen werden. Und viele Jungen und Männer inszenieren und stilisieren sich auch selber so. Das traditionelle Konzept von Männlichkeit: Härte, Stärke, Durch-setzungsvermögen, Aggressivität, rationale Gefühlskontrolle, keine unmännliche Verweichlichung zeigen, lässt sich nur noch begrenzt leben. Es kommt zu Zerrbildern männlicher Stärke und Macht. „Dabei sind Machtpositionen und Vorzüge auf einen vergleichsweise kleinen Kreis von Männern beschränkt, die ihre privilegierte Stellung", ihren Status und ihre Dominanz „nicht nur auf Kosten von Frauen ausleben, sondern auch zum Schaden der großen Population ihrer eigenen Geschlechts-genossen". (Hollstein 2006, 8).

Dagegen werden - nicht nur, was die emotional affektiven Seiten und das Umsorgen der Erziehung insbesondere bei Mädchen betrifft - die *Mutter-Rolle* und vor allem die Rolle der Gleichaltrigen-Gruppen neben den Medien tendenziell aufgewertet. Denn Frauen sind quasi strukturell im Zuge der Ermöglichung des Selbständigwerdens gezwungen, kontrollarme Autonomieansprüche zuzulassen. Viele Freiheitsspielräume und viel Aushandlungsbedürftiges sind zu ge-währen, kleine Normverletzungen sind gerade nicht vorschnell zu sanktionieren, und Frau ist stets im überpädagogisierenden Sinne besorgt und alarmbereit. Mütter in bestimmten Lebensmilieus belagern im gut gemeinten Sinne ihre Kinder fürsorglich. Sie zeigen „overprotection" in einer von ihnen (mit) „inszenierten" und „verordneten" Kindheit und Jugend (Berg 1991, 425).

Ablösungsprozesse vom Elternhaus vollziehen sich trotz Aufwertung der Familie als „Raum intimer Anteilnahme und Emotionalität" (speziell durch die Mütter; Jaide 1988, 217) in sozial-kultureller Hinsicht auf der einen Seite für immer mehr Jugendliche zu einem immer früheren Zeitpunkt. Insofern verliert das Familiensystem Erziehungs- und Kontrollfunktionen. Auf der anderen Seite nimmt aber die Abhängigkeit in wirtschaftlicher Hinsicht für viele Jugendliche gegenüber der Familie zu, weil sie auf die finanziellen Unter-stützungsleistungen der Familie resp. der Eltern oftmals bis an das Ende des dritten Lebensjahrzehnts - die Verlängerung der Schulzeit, des Studiums, die Dauer der beruflichen Ausbildung, Schwierigkeiten bei der beruflichen Einmündung etwa nach der Lehre spielen eine wichtige Rolle - existentiell angewiesen sind. Es sei denn, dass sie ihren Lebensunterhalt schon selbständig, also ohne alimentierte Existenz (Familie, Elternschaft, sozialpolitische Maßnahmen, die allerdings in ihren Anspruchsgrundlagen und Berechnungsmodi auf das Einkommen der Herkunftsfamilie bezogen bleiben) durch Beruf oder Job bestreiten können.

Viele Jugendliche nutzen und funktionalisieren die Familie häufig auch pragmatisch als wichtiges Netzwerk und Unterstützungssystem zur Stabilisierung der eigenen Lebensbewältigung in vielfacher Hinsicht. Neben den direkten finanziellen Unterstützungen oder Versorgungsleistungen durch Sach- und Haushaltsgüter gewähren manche Eltern ihren Kindern (vor allem ihren Söhnen) nicht selten bis ins dritte und vierte Lebensjahrzehnt hinein unentgeltlichen Wohn- und Lebensraum.

Und die materiellen und bequemen Vorzüge einer pensionsartigen Versorgung im *Hotel Mama* scheinen die „Nachteile der elterlichen Idiosynkrasien" aufzuwiegen (Ziehe 1991a, 60). Die Übernachtungen (inklusive Frühstück und/oder Vollpension), häufig auch mit Freund oder Freundin, die gern auch über einen längeren Zeitraum als Dauergäste verweilen, sind genauso preiswert und kostenlos wie das Waschen und Bügeln der Wäsche, das Mütter häufig gern für ihre, oftmals schon betagten Söhne übernehmen. Bis Mitte oder Ende 20 - zuweilen auch länger – hängen viele Jugendliche noch freiwillig am elterlichen Tropf. Eine stetig wachsende Zahl von Jugendlichen und jungen Erwachsenen neigt seit zirka 20 Jahren offensichtlich dazu, die für das Erwachsenwerden vorgesehene Abnabelung von der Herkunftsfamilie „künstlich" im Medium der *Dauerverjugendlichung* zu verlängern. Ohnehin ist *Jugend* von einer ehemaligen zumindest abgrenzbaren Lebensphase zum Erwachsenen zu einem Dauerzustand geworden, der auch ökonomisch gewollt und unterstützt wird.

In Deutschland leben in der ersten Dekade des 21. Jahrhunderts cirka 30% der 25-jährigen noch im Elternhaus - bei den jungen Männern sind es gar 40%. Ähnliche Phänomene von auszugsunwilligen jungen Erwachsenen, den Nesthockern, den Nestfluchtverweigerern/Boomerang Kids, den Co-resident-adults oder den Returnees bzw. den „parasitären Singles" lassen sich in anderen Ländern Europas, in den USA und vor allem in Japan beobachten. Für das Nesthockerphänomen werden neben ökonomischen Gründen und Zwängen - unangenehme Lebensnebenkosten wie Miete und Ernährung werden eingespart - auch andere strukturelle soziologische Phänomene und Probleme verantwortlich gemacht, wie bspw. Überversorgung, fehlende Repressionsthematik, stattdessen eher fürsorgliche Permissivität im Erziehungsverhalten, Einebnung der Generationenkonflikte, Unsicherheiten in Beruf und Lebensform, emotionale Bindungsschwächen, fehlende Berechenbarkeit, fehlende Treue, Verlässlichkeit und Dauerhaftigkeit von Zweierbeziehungen, Loyalitätsschwächen, Aufweichung langfristiger Zielvorstellungen qua Bedürfnisaufschub etc. Die Tendenz geht von der weisen und besonnenen Gelassenheit und Kraft im Alter zum Kult des dauergehetzten, und -gestressten Jugendwahns von alternden Stenzen und Diven, die im Medium der geforderten Flexibilität des globalen Marktes „allem Verlässlichen, Ernsten und Festen aus dem Weg gehen" (Lehnartz 2005, 56).

Ein Modell der alltagspragmatischen Koexistenz, so lange wie möglich im Elternhaus zu leben und zugleich dennoch ohne permanente elterliche Kontrollformen selbständig zu sein, scheint sich in vielen familiären oder familienähnlichen Lebenszusammenhängen zwischen Jugendlichen und ihren Eltern immer mehr durchzusetzen und das traditionelle Modell des *epochalen Generationenkonflikts* abzulösen.

Der vor allem aus den bürgerlichen und manchen bäuerlichen Lebensmilieus entstandene *traditionelle Generationenkonflikt* ist auch vor dem Hintergrund der Aufweichung fester Norm- und Wertfragen sowie der Infragestellung der normativen Kraft des erzieherischen Handelns mindestens entschärft. Nicht zuletzt auch im Zuge einer solchen Verringerung von Generationsdifferenzen begeben sich Eltern in den postautoritären und postbürgerlichen Lebensmilieus (vor allem Mütter) und Jugendliche (insbesondere Mädchen) gelegentlich sogar auf einen gemeinsamen, fast geschwisterlichen Weg des erzieherischen Suchens und diskursiven Aushandelns über die *richtigen* gesellschaftlichen Wertorientierungen, Lebensformen, Geschmacksnormen, Lebensstile und Lebensziele (Wagner-Winterhager 1990, 458). In erzieherisch-pädagogischer Perspektive wird in manchen Kreisen die Einebnung der Differenz zwischen den Generationen beklagt: Das Umzingeltsein von Älteren und Eltern, die möglichst *frei, ungebunden* und *verantwortungs-scheu* leben möchten und ihr Erwachsensein nicht attraktiv finden, soll ein Störfaktor für die positive Entwicklung von Kraftquelle, Stärke und Selbstvertrauen der Heranwachsenden sein. Ohne verantwortungsvolle, ohne wahrhaftige, ausreichende(n) Geborgenheit und Schutz vermittelnde Erziehung, ohne Vorbildfunktion und ohne Erziehung in Liebe - *der Ton macht die Musik* - , aber auch bei einer zu starken über-wachenden Überaktivität der Eltern in Erziehungsfragen misslingt meistens der Erziehungsprozess (so zuletzt hierzu die Erziehungsratgeberliteratur von Bergmann 2010 und Juul 2010).

In einem ausdifferenzierten und diffuser werdenden Spektrum von Normalitätsvorstellungen und -standards können eine Reihe von lebbaren Arrangements in den weitgehend entdramatisierten, manchmal *zu nachlässigen, zu gleichgültigen*, manchmal auch *zu umsorgten* Haltungen in Erziehungsfragen, von zuweilen *lauter guten Freunden umstellten Beziehungen* zwischen Eltern und Kindern entstehen - trotz der zuweilen (vor-) pubertären und nachpubertären Konflikte und Ausbrüche des Nichtverstanden-Werdens und der wechselseitigen, nicht vermeidbaren Reibungsflächen und Alltagskonflikte, weil sowohl die Eltern den Kids als auch umgekehrt die Kids den Eltern manchmal „tierisch auf den Geist gehen können" (Ziehe 1991a, 59).

9.9 Jugend ist eine in Partnerschaften und familiären Zusammenhängen emotional aufgeladene und psychosoziale Nutzenfunktionen gewinnende Jugend

Was die äußere Gestalt der Familien- und Haushaltsformen betrifft, so lässt sich zweifelsohne auch hier von einer Pluralisierung, Differenzierung, aber auch von einer Entnormierung bzw. Entstrukturierung familiärer Leitbilder und Lebensverhältnisse sprechen.

Im Zuge der Differenzierung, Pluralisierung und Individualisierung von Lebensformen in quasi allen westlichen Industrie- und Dienstleistungsgesellschaften mit postmodernen Zügen hat auch die *Institution Ehe* erheblich an Stabilität und normativer Verbindlichkeit eingebüßt. Sie hat eine Bedeutungsreduktion und einen Bedeutungs-wandel erfahren. Zunächst ist erst einmal darauf hinzuweisen, dass das (Erst-)Heiratsalter in der ersten Dekade des 21. Jahrhunderts bei den Männern ca. 29 Jahre, bei den Frauen etwa 27 Jahre beträgt.

Es schienen sich seit den späten 60er Jahren nicht nur in einigen Akademiker- und Alternativmilieus gravierende Veränderungen und Einstellungen gegenüber der Akzeptanz der Ehe (insbesondere in der Form der staatlichen und kirchlichen Institution) auszubreiten. Die Ehe wurde nicht mehr als eine Institution ohne Alternative und als *unauflöslich* betrachtet. Sie wurde aber auch in einer freilich abwartend ambivalenten Haltung nur von relativ wenigen jungen Menschen ausdrücklich abgelehnt. Zumindest wurde sie in der Lebensplanung etwa im Anschluss an eine Partnerschaft und eine nicht-eheliche - im Sinne einer - vorehelichen Lebensgemeinschaft nicht ausgeschlossen, häufig sogar angestrebt.

Fast alle jüngeren Menschen, die heute heiraten, haben vorher in einer kürzeren oder längeren Lebensgemeinschaft zusammen gelebt. Dennoch ist die Eheschließungsneigung gegenüber den 60er Jahren rückläufig. Ein zeithistorischer Trend zur *kindorientierten Ehegründung* und *verantworteten Elternschaft* ist zu beobachten. Ehen und vor allem Schwangerschaften legitimierten früher Kinder, während heute Kinder oftmals Eheschließungen legitimieren. Anforderungen an die eheliche Treue sind zweifelsohne nach wie vor vorhanden, werden aber eingeschränkt. Scheidungen sind in die Lebenspraxis eingebaut, werden praktiziert und auch in nahezu allen Lebensmilieus toleriert und nicht mehr stigmatisiert, zuweilen aber funktionalisiert. Die Ehe wird nicht mehr umstandslos monogam auf lebenslängliche Dauer angelegt, gleichwohl die subjektiven Vorstellungen bei der Eheschließung immer noch vom lebenslangen Dauerstatus ausgehen und nicht diese nüchterne empirische Pragmatik aufweisen. Empirisch gesehen sind Ehen und Beziehungen generell kontingenter und instabiler geworden. Jede dritte Ehe, die heute geschlossen wird, hat Aussicht auf Scheidung.

Auch Geschlechtsrollen haben an Kontur verloren, selbst die Institution Elternschaft, die nicht so viel an genereller Wertschätzung eingebüßt hat, weist Spuren der Entnormierung auf. Zugenommen und veralltäglicht hat sich zweifelsohne das unverheiratete *Zusammenleben als Paar* etwa als voreheliche und auch als nacheheliche Lebensgemeinschaft mit oder ohne Elternschaft oder als längerfristige Alternative zur Ehe mit und ohne Kinder. Diese Paarbeziehungen haben ebenso wie die Zunahme der *Ein-Eltern-Familien* oder die *Nachscheidungsfamilien* und – *partnerschaften* allerdings nur teilweise die Institution Ehe substituiert. Und diese *individualisierten Partnerschaften* (Angleichung der beruflichen, karrierebezogenen Lebensperspektiven von Mann und Frau zumindest bis zur Geburt des ersten Kindes - danach wird i. d. R. für Mütter der

Anspruch auf ein Stück eigenes Leben zugunsten der kindlichen Entwicklung zurückgenommen, häufig allerdings kinderloses Doppelverdienerpaar von Mann und Frau und *Liebespaare auf Zeit*; Burkart/Kohli 1989; Peukert 1996, 29; Nave-Herz 1994, 6f.) haben auch das exklusive Prinzip der Monogamie nicht grundsätzlich in Frage gestellt. *Monogamie auf Zeit* scheint, wenn auch in veränderter Form, in der Institution Ehe Einzug gehalten zu haben.

Zur traditionellen (Kern)Familie gesellten sich in den letzten vier Jahrzehnten alternative Familien- und Lebensformen. Beispiele sind *binukleare Familien*: Familien, die, ohne geschieden zu sein, getrennt in zwei Haushalten leben; *living apart together*; wobei beide Elternteile sich wechselseitig um das Kind/die Kinder kümmern. *Commuter-Ehen* bzw. *Commuter-Familien* sind *Spagat-* bzw. *Pendler-Familien*, in denen beide (Ehe)Partner vornehmlich aufgrund beruflicher Mobilitätsanforderungen oder aus Karrieregründen getrennte, räumlich häufig weit voneinander entfernte Haushalte besitzen. *Nachscheidungsfamilien* sind sogenannte *Sukzessivfamilien oder auch Patchworkfamilien* durch Wiederverheiratung oder neue *Partnerschaften*, wodurch etwa für Stiefkinder partnerschaftliche, elterliche und verwandtschaftliche Beziehungen entstehen können, die deutliche Merkmale sogenannter *binuklearer* Familienkonstellationen aufweisen. Selbstverständlich gibt es im Spektrum der pluralisierten Erscheinungsformen auch - historisch nicht unbekannte - *Stief-, Adoptiv-, Pflege-* und *Mehrgenerationenfamilien*. Relativ neu hingegen ist die sogenannte *Regenbogenfamilie,* also Familien, in denen Kinder bei zwei gleichgeschlechtlichen Eltern leben. Aufgrund erheblich ver-änderter Familienkonstellationen - von der Mehr-Generationen-familie zur Zwei-Generationen-Kern-Familie; von der wirtschaftlich grundierten, kinderreichen Großfamilie zur emotional aufgeladenen, in der Regel kindzentrierten Ein-Zwei-Kind- oder Ein-Eltern-Familie/Lebensgemeinschaft; von der relativ festen und ein Leben lang währenden Institution zur Verhandlungssache auf Zeit - hat sich darüber hinaus auch eine innere Pluralisierung und Differenzierung, aber auch eine Labilisierung der Familienbeziehungen durchgesetzt. Immerhin hat sich die Familie als solche nicht überlebt. Nur ist sie in ihren Erscheinungsformen facettenreicher geworden.

Alle diese erwähnten Varianten können heute empirisch wahrgenommen werden. Sie sind gesellschaftlich legitimiert und werden weitgehend auch akzeptiert von denen, die sie nicht leben. Gestiegen sind aber die Ansprüche an eine gelungene - und dies heißt heute im Lichte der Geschlechteremanzipation - egalitäre Partnerschaft. Die neuen Selbstverwirklichungsansprüche vieler Frauen in bezug auf Gleichberechtigung und Emanzipation vor allem in beruflicher, aber auch in familiärer Hinsicht haben zwar traditionale Geschlechter-hierarchien ins Wanken gebracht, aber keineswegs aufgelöst. Sie haben im Zusammenhang der erörterten Entbindung aus den traditionell-normativen Vorstrukturierungen des *richtigen* Lebensentwurfs auch dazu geführt, dass die konkreten Lebens- und Liebesbeziehungen zwischen (Ehe)Partnern alltäglich neu und situativ sowie auf der Basis prekärer Balanceakte zwischen ständigen Überzeugungsversuchen, Uminterpre-tationen, normativen Anpassungen etc. und zwischen Berufstätigkeit, Familie und Kinderwunsch abgestimmt, ausbalanciert und ausgehandelt werden müssen. Dies hat zweifellos auch dazu geführt, nicht zuletzt weil vor dem Hintergrund der gesellschaftsstrukturellen Aufweichung von Kollektivitäts- und Solidaritätsorientierungen die wechselseitigen Erwartungshaltungen an eine *gelungene*, intime und gleichheitsbezogene Partnerschaft so immens gestiegen sind, dass trotz permanentem (mehrheitlich latentem) Wunsch nach Zweisamkeit, ein partnerloses Leben mit und ohne Kind(er) vorgezogen oder in Kauf genommen wird. Zugenommen hat eine solche Lebensform allemal. Sie ist manchmal selbst gewählt und längerfristig angelegt. Sie ist aber auch nicht immer gewollt und oftmals zeitlich befristet - zuweilen nach erfolgloser Partner- und Partnerinnensuche, nach aufgekündigter Partnerschaft, nach dem Tod des Partners etc.

So gesehen kann man den Eindruck gewinnen, dass es im Gefolge von hohem Anspruchsdenken, Selbstverwirklichungs- und Unabhängigkeitsbestrebungen etwa in der zuweilen hochgeschätzten, aber auch manchmal beklagten Single-Gemeinde immer schwieriger zu werden scheint, jenseits allzu kurzlebiger Zweisamkeit geeignete Partner und Partnerinnen zu finden. Man kann sogar den Eindruck gewinnen, dass sich in vielen der 12 Millionen Einzelpersonenhaushalten der Frust über die nur schwer und begrenzt lebbare paradoxe Individualisierung breit macht. Das autonome Single-Dasein bzw. der narzisstische Ego-Kult wird nicht von allen als Segen, sondern von vielen auch als Fluch, als Alleinsein wider Willen ohne navigierenden familiären Kompass empfunden. Eben nicht nur die Pflegebedürftigen, Siechen, Alten, Arbeitslosen und Zukurzgekommenen fühlen sich wie mehrfachbelastete Frauen und Mütter im Stich gelassen, vereinsamt und von vielen zwischenmenschlichen Kontakten ausgesperrt. Hinzu kommt, dass vor dem Hintergrund konfliktreicher Auseinandersetzungen um die Geschlechterrollen neben der Individualisierung und Intimisierung der Partnerbeziehungen auch eine Individualisierung und Intimisierung der Eltern-Kind-Beziehungen stattgefunden hat (Heitmeyer/Olk 1990).

Zudem ist der Kinderwunsch *ichbezogener*, und die Einlösung wird angesichts des insgesamt gestiegenen Berufsinteresses und Berufsengagements von Frauen immer weiter hinausgeschoben - bis es manchmal lebensaltersgemäß zu *spät* ist. Die Geburtenraten sind in den letzten Jahrzehnten dramatisch gesunken. Statistisch gesehen liegt sie zurzeit bei 1,4 Kindern je Frau. Mit Beginn der Industrialisierung in Deutschland, also vor zirka 150 Jahren, schenkte eine Frau hierzulande durchschnittlich 4,7 Kindern das Leben. Und allein in den letzten 40 Jahren hat sich die Zahl der Geburten mehr als halbiert (von 1,4 Millionen auf unter 700.00 Tausend). Demographisch gesehen hat sich das Verhältnis zwischen Kindern, Jugendlichen, Erwachsenen und Alten derart verschoben, dass mittlerweile Kinder und Jugendliche häufig sogar in Elternhaus, Schule, Jugendorganisationen, Vereinen und auf dem Arbeitsmarkt zu nachgefragten und begehrten *Luxusgütern* werden (können). Während sie etwa im verkleinerten Elternhaus jenseits von Spekulationsobjekten und jenseits ökonomischer Funktionalisierungen immer mehr wärmespendende, psychosoziale, emotionale und damit identitätsstützende Nutzenfunktionen gewinnen, dienen Kinder und Jugendliche in den anderen Schul-, Verbands- und Vereinsbereichen vornehmlich als umworbene potentielle Mitglieder zur ökonomischen Bestandssicherung. Kinder und Jugendliche sollen im Sog der Intimisierung häufig Ehen und Beziehungen zusammenhalten, die Trennung der Eltern und das Alleinsein (vornehmlich der Mütter) erträglich gestalten (während viele Väter nach der Scheidung/Trennung im Geschlechterkampf, was die Kinder angeht, bspw. durch den *Missbrauch mit dem Missbrauch* entsorgt werden). Sie sollen häufig romantische Glücksansprüche einlösen und nichterfüllte Aufstiegshoffnungen der Eltern erfüllen. Sie sind gelegentlich dazu da, in einem Klima der gemeinsamen Sinnstiftung, der exklusiven Liebe, der verhätschelten Glückserfüllung, der emotionalen Gefühlswelt, der Fürsorglichkeit, der Geduld, Zuwendung, Zärtlichkeit, Offenheit, Nähe und Empathie ein Gegengewicht zur *Kälte* des *Draußen*, also bspw. eine Kompensation zum beinharten, einseitigen zweckrational-instrumentellen Handeln des Karrieremenschen in der Berufswelt schaffen. Im Binnenraum der Familie, aber auch in den erwähnten familienäquivalenten Lebensformen herrscht i.d.R. ein *Klima*, wo Individualisierung von allen Beteiligten, also auch von Kindern und Jugendlichen in hohem Maße zugelassen wird. Individuelle Entfaltungs-möglichkeiten können dort im Schutze eines Familienairbags am radikalsten und - was noch wichtiger ist - am gefahrlosesten gelebt werden.

9.10 Jugend ist Gleichaltrigenjugend

Die „Stadtgesellschaften des späten Mittelalters, ebenso wie die der Renaissance, neigten dazu, Gruppenbildung vornehmlich unter männlichen Gleichaltrigen zu fördern und vor allem weiterzuentwickeln" (Rossiaud 1994, 29). Im Rahmen des Besuchs auswärtiger Schulen bildeten wandernde Scholaren „wie die wandernden „Studenten und Handwerksgesellen Beispiele jugendlicher Peer Groups" (Hermsen 1998, 133). Allerdings war es bis weit in die Neuzeit hinein in vielen - nicht nur schulischen - Lebensbereichen ganz selbstverständlich, dass oftmals das

Prinzip der Altersheterogenität im Rahmen von Jugendgruppen vorherrschte. Gleichaltrigkeit war

- jenseits der zumeist sich gegen die bestehende Ordnung auflehnenden mittelalterlichen Jugendbanden, die in der Regel aus Lehrlingen und Gesellen desselben Handwerks der verwandter Berufe stammten,
- jenseits der „fahrenden Klerikerscholaren
- und vor allem jenseits der gefürchteten studentischen Wanderscholaren, die mit allerlei „modischen Extravaganzen" aufwarteten und durch ausgedehnte Zechgelage, Zechprellerei, „wilde Wirtshausschlägereien" sowie durch „üble Belästigungen" und „sexuelle Übergriffe auf alleinstehende Frauen" auffielen (Lundt 1996, 111),

seinerzeit nur in diesen engen Grenzen ein „Prinzip der Gesellung" (Mitterauer 1986, 154).

In den ländlich-dörflichen Strukturen lebten im europäischen Mittelalter 85-90% der gesamten Bevölkerung. Von zentraler Bedeutung für das mittelalterliche Jugendleben auf dem Lande waren speziell die männlich geprägten Junggesellenverbände oder Burschenvereine, die sowohl „militärisch-politische, gesellschaftlich-kulturelle, sittliche und religiöse-kultische Funktionen" (Feilzer 1971, 152) besaßen und bei der Ausrichtung von Dorf- und Familienfesten wie „Neujahrs- und Maifeiern, dem Johannisfest, der Dorfkirmes und dem Erntedankfest" im „Spannungsfeld der Geschlechter - etwa was die Sexualität anging - „regulierend und normalisierend" (Hermsen 1998, 129) mitwirkten. Obgleich bei den Festen, Spielen und beim Tanzen alle Einwohner des Dorfes beteiligt waren, konnte im Rahmen dieser Feste ein „spezifisches Jugendleben" inszeniert werden. Markante gesellige Treffpunkte der unverheirateten Jugendlichen auf dem Lande waren neben den erwähnten Festivitäten insbesondere der zum Tanze und zur Brautwerbung einladende Dorfanger und vor allem im Winter die sich der strengen Kontrolle der Erwachsenen entziehende und gleichsam Brautwerbung betreibende Spinnstube (Hermsen 1998, 128).

Für die Entstehung der Peer Groups im engeren Sinne des Wortes waren sicherlich die Entwicklung und Ausbildung der modernen Jahrgangsklassen in den neuzeitlichen Schulen besonders bedeutsam.

Aber erst mit der „Ausweitung des Schulbesuchs schließen immer mehr Jugendliche ihre Kontakte auf dieser Ebene der Altersgleichen" (Mitterauer 1986, 154f.). Seit dem 19. Jahrhundert führen Schule und Hochschule angesichts altershomogener Zusammensetzungen in der Tendenz zur Herausbildung von Schüler- und Jugend(sub-)kulturen. Heute lernt und lebt man allemal mindestens außerhalb der affektiv-emotionalen, familiären Sozialbeziehungen und jenseits der weithin versachlichten Arbeitsbeziehungen in der Regel mit anderen Jugendlichen, eben mit *Seinesgleichen*. Insofern kann man auch davon sprechen, dass *Jugend* zu ihrer eigenen Bezugsgruppe geworden ist.

Große Gruppen Jugendlicher verbleiben heute im Zuge der Ausweitung des Schul- und Hochschulbesuchs für einen längeren Zeitraum in einer Gesellschaft der Altersgleichen und erleben (abgesehen von der insgesamt verkleinerten Familie) die Integration in altersheterogene Gruppen etwa in der Arbeitswelt lebensaltersspezifisch gesehen zu einem immer späteren Zeitpunkt. Jungsein vollzieht sich so gesehen, wenn man einmal vom gewollten oder aber auch erzwungenen Alleinsein absieht, meistens im Anschluss an innerschulische und ausbildungsbezogene Sozialbeziehungen und Freundschaften in informellen Jugendkulturen oder Cliquen. Peers eröffnen ohne formelle Organisationsformen und Verwaltungsstrukturen (Antragsformulare, Monatsbeiträge, Mitgliedsbücher etc.), zuweilen mit strengen Aufnahmeritualen, vielen Jugendlichen in soziokultureller Hinsicht kompetente Teilnahme- und Selbstverwirklichungschancen. Auch immer mehr Mädchen erobern sich inzwischen jenseits nach wie vor vorhandener jungenspezifischer Dominanz über informelle Jugendgruppen jugendspezifische und selbstsozialisatorische Freiräume, die ihnen im Rahmen der Familie, Schule, Erwerbsarbeit, Vereinsstruktur und Jugend-verband in diesem Ausmaß nicht gewährt werden.

Neben den Erfahrungen und Erlebnissen der Geborgenheit, Wärme, Sicherheit, Zusammengehörigkeit und Solidarität mit Gleichaltrigen (in reinen Mädchencliquen sind diese stärker ausgeprägt als in den gemischten Gruppen und reinen Jungencliquen) dürfen aber auch die möglichen Abhängigkeiten von bestimmten einflussreichen Mitgliedern (es gibt aber i.d.R. keine festen Anführer mehr), die jeweiligen Rivalitäten zwischen einzelnen Mitgliedern und schließlich die mögliche „Tyrannei der Peers" (etwa bei permanenter Abweisung, Aussperrung und Ausgrenzung) nicht unerwähnt bleiben. Immerhin: In Gleichaltrigengruppen werden die Positions- und Hierarchieprobleme der Über- und Unterordnung häufig nach anderen Kriterien, Voraussetzungen und Ritualen geregelt, manchmal auch ausgehandelt als in formellen Gruppenbeziehungen. Diverse Mutproben haben oftmals einen zentralen Stellenwert. Wir können festhalten, dass Gleichaltrigengruppen neben anderen Instanzen der Erziehung und Sozialisation für die Lebens-bewältigung und Persönlichkeitsentwicklung der meisten Jugendlichen enorm wichtig sind. Folgende Merkmale zeichnen Gleichaltrigengruppen aus:

- sie sind trotz zunehmender Wahlfreiheit und einem hohen Grad an persönlichem Handlungsspielraum (immer noch) relativ schicht-, stilhomogen oder mindestens milieukonform. D.h., dass Peers in aller Regel die gesellschaftlichen und sozialen Zuordnungen widerspiegeln;
- sie sind trotz eines tendenziellen Ausgleichs zwischen den Geschlechterrollen (immer noch) relativ geschlechtshomogen. Es gibt freilich mehr Jungen- als Mädchengruppen, obgleich gemischtgeschlechtliche Gruppen einen Bedeutungszuwachs erfahren haben;
- sie haben in der Regel keine ausgeprägt organisierte und festgefügte formale Struktur, obwohl häufig den informellen Strukturen und Zeichen eine nicht zu unterschätzende Bedeutung zukommt;
- sie sind freilich nur in dem Sinne entritualisiert, dass sie meistens ohne Fahnen, Wimpel, Wappen und Trachten auskommen, obgleich andere jugendkulturell sichtbare und (für Fremde und nicht Eingeweihte) weniger sichtbare Symbole, Elemente oder Stile (Mode, Kleidung, Musik, Frisur, Accessoires usw.) außerordentlich wichtig sein können. Dennoch besitzen sie nicht selten auch ohne gesatzte Normierungen für die Persönlichkeits- respektive Identitätsentwicklung von Jugendlichen starke Prägekräfte;
- sie grenzen sich zumindest in ihrer nicht posttraditionalen Variante nach außen gegenüber Erwachsenen (oftmals auch gegenüber anderen Gleichaltrigengruppen) durch gruppenspezifische Codes, Symbole und Stilelemente ab und entwickeln binnenperspektivisch in ihren alltäglichen Lebensbereichen relativ eigenständige Wert- und Normstrukturen sowie eigene Normalitätsstandards, die gelegentlich auch die Möglichkeit abweichenden Verhaltens einschließen können;
- sie sind in der Regel auf freiwilliger und eigenständiger Basis entstanden und weisen einen vergleichsweise geringen Grad an Stabilität auf, was Dauer und auch Konsistenz angeht, obgleich massive Abgrenzungstendenzen nach außen sowie Einigelungen nach innen oftmals zu einer Art verschwörenden oder „episodalen Schicksalsgemeinschaft" (Bohnsack et al 1995, 27) führen können;

- in ihnen herrscht dennoch in binnenperspektivischer Hinsicht häufig eine starke Solidarität bezogen auf gemeinsame und für sie lebensbedeutsame Interessen, Ansichten, Wert- und Normvorstellungen, Aktionen und Taten. Der Grad an emotionalen Tiefenbindungen und Beziehungen trotz Zuneigung und Bewunderung (insbesondere in jungenspezifischen Peers) scheint dagegen meistens relativ gering zu sein;
- die Dauer der Zugehörigkeit zu den Peers ist in den letzten Jahrzehnten insbesondere vor dem Hintergrund der Strukturveränderungen im Bildungssystem (Stichwort: *Verschulung des Jugendalters*) vergrößert worden. Die einschneidendste Zäsur, also der Abschied von den jugendlichen Gleichaltrigengruppen scheint immer noch die Heirat (evtl. auch eine feste Beziehung) und vor allem die Geburt des ersten Kindes (bei Mädchen und Frauen noch einschneidender) zu sein. Aufnahme in und Ausscheiden aus einer Gleichaltrigengruppe sind nicht oder immer weniger an ein bestimmtes ritualisiertes „Zeremoniell" (Hermsen 1998, 128) gebunden;
- sie entstehen meist parasitär im Anschluss an die ohnehin nach Altersgruppen organisierte Schule, wirken auch dort, haben allerdings ihr Haupttätigkeitsfeld in der Freizeit; auch ausbildungsplatz-, arbeitsplatz-, wohn-, revier-, und andere infrastrukturbezogene Dimensionen können für die Entstehung und den Zusammenhalt der Gleichaltrigengruppen eine bedeutsame Rolle spielen;
- diejenigen Gleichaltrigengruppen, die eine ausdrucksstarke und spektakuläre und provozierende Abgrenzung wählen, wirken in der Öffentlichkeit oft bedrohlich, beziehen aber gerade aus den Reaktionen ihrer Umwelten ihren Zusammenhalt und so gesehen auch einen Teil ihrer „Gruppen-Identität".

Allerdings sind Gleichaltrigengruppen, die eher spektakuläre, stark normabweichende, deviante und für andere bedrohliche Verhaltensmuster an den Tag legen, die Ausnahmen. Sie verstellen auch den Blick dafür, dass Gleichaltrigengruppen quasi notwendige integrations-bezogene, gesamtgesellschaftliche und für die persönliche Entwicklung im Jugendalter zentrale und unentbehrliche Funktionen übernehmen. Dies gilt gleichermaßen als natürliche Ergänzung auch für Online-Gruppen im Internet. In den sozialen Netzwerken der digitalen Welt etwa von Facebook bis SchülerVZ wird wie im echten Offline-Leben kommuniziert, inszeniert, getratscht, gewitzelt, posiert und gleichaltrigengruppenbezogene Freundschaftspflege betrieben (vgl. Ferhhoff/Hugger 2010, 99ff.). Allerdings ist das echte Treffen in realen Beziehungen mit Freunden/Gleichaltrigen für die meisten Jugendlichen nach wie vor die wichtigste Freizeitaktivität jenseits der Medien. So gesehen bewältigen Gleichaltrigengruppen sowohl Offline als auch Online allgemeine Entwicklungsaufgaben und -probleme im Jugendalter:

- sie sind wichtige Stützen des einzelnen bei der - und fördern die - Ablösung vom Elternhaus und bieten gleichzeitig Aspekte der Sicherheit auf dem komplexen Weg zur eigenen, stets unabgeschlossenen, gleichwohl relativ stabilen und kontinuitätssichernden, selbstbewussten Persönlichkeit;
- sie können für Teilbereiche des Alltags Verhaltens- und Statussicherheit gewähren gegenüber dem eher unsicheren Status, den in der Regel Erwachsene Jugendlichen zugestehen. Sie können zur Stabilisierung jugendlicher Entwicklungsprozesse beitragen, indem sie etwa Erfahrungen ähnlicher Lebenslagen und die Anerkennung von bestimmten Gruppenregeln ermöglichen;
- sie können neue Formen der Autoritäts- und Hierarchieebenen mit - von der Erwachsenenwelt - abweichenden Kriterien einüben;
- sie können Erfahrungs- und Erlebnisräume bereitstellen sowie Chancen und Übungsfelder für das Experimentieren mit neuem Rollenverhalten und für die Übernahme der Geschlechtsrolle bieten;
- sie können auch dort emotionale Anerkennung finden, so gesehen auch entlastend wirken, wo andere Erziehungs- und Sozialisationsfelder Anerkennung versagen oder diese ausschließlich nach Kriterien bzw. Logiken der Erwachsenenwelt gewähren;
- sie können Lernchancen in dem Sinne ermöglichen, dass Jugendliche den Übergang von der tendenziell abgeschlossenen partikularistischen Familiensphäre in verschiedene größere und zugleich auch diffusere gesellschaftliche Bezugssysteme schaffen;
- sie können schließlich wichtige kompensatorische Funktionen übernehmen, indem sie sich in Teilbereichen der häufig übermächtigen sozialen Kontrolle durch Institutionen und Pädagogisierungen (Elternhaus, Schule) verschiedenster Art, also gegenüber den manchmal unzumutbaren Zwängen des Alltags entziehen, obwohl zumeist eine emotionale Tiefenbindung an das Elternhaus bestehen bleibt.

9.11 Jugend ist weibliche und männliche, aber auch androgyne und metrosexuelle Jugend

In der Jugendphase ist in vielen Bereichen (über die Bildungskontexte und über manche Körperbilder hinaus) ein genereller Trend zur Angleichung der Geschlechterrollen festzustellen. Geschlechtsrollenstereotype (rigide Rollenverständnisse und Abgrenzungen von Weiblichkeit und Männlichkeit) beginnen sich aufzuweichen und geschlechtsspezifische Separierungen und Diskriminierungen treten insgesamt gesehen zwar zurück, werden aber nicht gänzlich aufgehoben. Denn bei aller schwul-lesbischen Emanzipation von einer Auflösung der Geschlechtergrenzen zu sprechen, wäre „reine Augenwischerei" (Dotzauer 2004, 21). Wenn auch die Geschlechtergrenzen keineswegs verschwunden sind, sind dennoch in wichtigen Oberflächenbildern ambivalente Insignien bezüglich der Aufweichung von Geschlechts-rollenstereotypien zu beobachten. Selbst die neuen Helden und Ikonen der Sport-, Medien- und Musikkulturen, die heute durchaus neben strikten femininen und harten, rohen und rauen Machismo Zügen (im Fußball bspw. Wayne Rooney) auch androgyne bzw. metrosexuelle Züge (etwa vom Glam-Rock der frühen 70er Jahre bis zu David Beckham) aufweisen dürfen, durchdringen und durchmischen nicht nur als Modemetaphern und aufpolierte Oberflächenphänomene in den Medien, in der Werbung und in der Großstadt mittlerweile sehr viele Alltags-bezüge, Jugendkulturen, Szenen und Lebensstilgemeinschaften. Es werden bspw. Formen von Männlichkeit bereitgestellt, die auch von der „Gesellschaft gefordert werden". Jungen und Männer dürfen „Einfüh-lungsvermögen, Kommunikationsfähigkeit und Flexibilität auf dem Markt zeigen", können aber trotzdem den männlichen Körper, gekoppelt als Bodysampling mit ehemals ästhetischen weiblichen Körper- und Schönheitsbildern (Waschbrettbauch, muskulöser Oberkörper, trainiert und gestählt sowie makellos und glattrasiert), als „Symbol für Körperkraft beibehalten" – ohne als „anrüchig unmännlich" zu gelten (vgl. Richard 2005, 259).

Während David Beckham als Star mit Glamour und als Homo-Ikone „Dragham" in einem klassischen Männersport wie Fußball mit seiner modisch femininen Seite spielte, kokettierte, sich designgemäß inszenierte, schon mal die Unterwäsche seiner Frau Victoria (ehemaliges Spice Girl) trug und sich die Fingernägel lackierte, trug Wayne Rooney „den Rasen unter seinen Fingernägeln mit Stolz" (Honigstein 2004, 3). Der zehn Jahre jüngere, wesentlich rundlichere Rooney, ebenfalls Fußball-Ikone im Mutterland des Fußballsports und vermeintlich als Allroundfußballer talentierter als Beckham gilt als „Anti-Beckham", einer ohne androgyne und ohne metrosexuelle Tendenzen, einer, der jenseits von Satire nicht so schnell auf den Titelseiten der Modemagazine auftauchen wird, ein „pfeilschneller Bulldozer", einer, der den Purismus des Fußballs verkörpert, ein im traditionellen Fußballmilieu geschätzter eher

„typischer „lager lout", der den Engländern mit viel Dosenbier, nacktem Oberkörper und schwitzend in den Fußgängerzonen der ehemaligen Arbeiterstädte entgegentaumelt.

Auch die Beteiligung von Mädchen an Peer Groups, die freilich (sozialhistorisch betrachtet) in ihrer Genese eine Vergesellschaftungsform der männlichen Jugendlichen war, nimmt zu und erreicht ein nahezu ausgeglichenes Verhältnis (Mitterauer 1986, 244; vgl. auch den *10. Punkt in diesem Kapitel*). Vor allem aber im Bildungsbereich kompensier(t)en Mädchen ihre traditionellen Benachteiligungen. Hier haben sie die Jungen inzwischen nicht nur - was bspw. die Abiturs- und auch Studieneingangsquoten betrifft - an zahlenmäßiger Repräsentanz erreicht bzw. leicht überholt, sondern jenseits der mathematisch technischen und naturwissenschaftlichen Fächer sogar an Leistungs-Output weit übertroffen.

Junge Frauen bevorzugen bei der Studienwahl nach wie vor die Geistes- und Literaturwissenschaften und die traditionell sehr stark weiblich geprägten Studiengänge der Sozialpädagogik sowie im Lehramt die Primarstufe - junge Männer sind hier kaum zu finden - gegenüber den technisch orientierten Studiengängen. Aber auch in den ehemals männerspezifisch geprägten Studiengängen der Betriebswirtschaft und Jura ist der Anteil der Mädchen und Frauen deutlich gestiegen und erreicht mittlerweile weit über 40%, während neben der Physik, Chemie und teilweise Mathematik insbesondere in den angewandten Naturwissenschaften und ingenieurwissenschaftlichen Fächern (bspw. Elektrotechnik und Maschinenbau und Informatikstudiengängen) junge Frauen nach wie vor deutlich unterrepräsentiert (nur 4% bzw. 8%) sind.

Darüber hinaus kam es auch in der jüngeren Vergangenheit in einigen Lebensmilieus vor dem Hintergrund lebbarer androgyner Tendenzen im Alltagsleben zu einer Verwischung von Differenzen, zu einer tendenziellen Entpolarisierung und Entritualisierung weiblicher und männlicher Lebensformen und Identitäten. Züge artifiziell-androgyner Aufweichungen bzw. Facettierungen harter Männlichkeit sind schon seit einigen Jahrzehnten in bestimmten Jugendkulturen zu beobachten, gleichwohl androgyne und metrosexuelle Erscheinungen oftmals auch quer zu den jugendkulturellen Stilen lagen und liegen (Richard 2005, 258).

Feminine Züge gab es schon in den Kleidungsstilen der jugendkulturellen Mods in den frühen 60er Jahren, während lange Haare bei Männern und Hosen für Frauen spätestens seit der Hippiebewegung in den 60er Jahren Eingang fanden. Noch in den frühen 60er Jahren galten Hosen für Mädchen als abträglich fürs Lernen. Schminken, Finger- und Fußnägel lackieren, Hairstyling und differenzierte Körperpflege jenseits von traditioneller Körperreinigung - paradigmatisch für Jungen und Männer mit (Kern-)Seife - und jenseits der Homo-Szene sowie schönheitschirurgische Eingriffe zur Beseitigung körperlicher Unzulänglichkeiten etc. lassen sich wiederum konstruiert und unterstützt von medialen Vorbildern und Ikonen seit einigen Jahren in vielen Lebensbereichen für beide Geschlechter beobachten - paradigmatisch und prononciert etwa in der Popszene, historisch schon ansatzweise bei Elvis, im Glamour Rock bei Gary Glitter, David Bowie, T-Rex und bei Roxy Music zu Anfang der 70er Jahre, später dann dezidierter bei Prince, Michael Jackson und teilweise auch bei Madonna. In der Techno-Szene näherten sich die Geschlechter zumindest outfitgemäß einander an, während bei den meisten Jugendlichen mit Migrationshintergrund und in den Rocker-, Hardcore-, Skinhead-, aber auch in den Skater-, Metal- sowie in den meisten Punk- und Gothic-Szenen und HipHop- und Emokulturen dezidierte Geschlechterpolarisierungen stets vor-herrsch(t)en, die männliche Dominanz zu keiner Zeit aufgeweicht worden ist und so gesehen von androgynen Tendenzen keine Rede sein konnte.

Kantige Filmstars wie Brad Pitt, Johnny Depp, Leonardo di Caprio, Brad Pitt und die Entertainerin Desire Nick wiesen und weisen wie selbstverständlich auch androgyne Züge auf. Andere Beispiele: Das schwere Motorrad (inklusive seiner vielen Accessoires) gehört inzwischen auch zur kultischen Ausstattung und zum fahrbaren Untersatz vieler junger Frauen. Das weibliche Geschlecht zieht es im Sinne einer generellen geschlechtsübergreifenden Aufwertung des „branding" in die Studios der Tätowierer. Tattoos und Piercing sind als Accessoires inzwischen - wieder abnehmend - ebenfalls geschlechtsübergreifend.

Die Beteiligung von Mädchen und jungen Frauen im Zuge einer allgemeinen Körperlichkeitswelle an Kampfsportarten und an ehemals männerspezifischen Domänen im Sport (Gewichtheben, Fußball, Boxen etc.) ist bemerkenswert, wenngleich auch nicht verschwiegen werden darf, dass mittlerweile in vielen Lebensbereichen nicht nur aufgrund einiger zentraler Forschungsergebnisse der gender studies wiederum deutliche Geschlechterpolarisierungen festzustellen sind - und dies selbst in der Schule im Zuge der manchmal aus pädagogischen Gründen gewünschten Auflösung des koedukativen Unterrichts etwa im Mathematik- und Informatikunterricht.

Traditionelle Geschlechterrollen und Geschlechtsrollenstereotype scheinen jenseits von medial durchgesetzter, inszenierter und empirisch gelebter Androgynität und Metrosexualität dem beobachtbaren, freilich fragilen Wunsch nach Sicherheit, Halt und Konformität in vielen jugendlichen Lebensmilieus entgegenzukommen und wieder auf dem Vormarsch zu sein, nicht zuletzt deshalb, weil man mit den komplexen und prekären Individualisierungs- und Pluralisierungstendenzen, den Kontingenzen, Vermischungen, Entnormierungen, Paradoxien und Uneindeutigkeiten nicht zurechtkommen kann und will.

Nichtsdestotrotz: In vielerlei Hinsicht repräsentieren (nicht nur in der Werbung) Mädchen und junge Frauen in besonderer Weise gerade auch jenseits von ebenmäßiger, allerdings vergänglicher und zerbrechlicher (Körper-)Schönheit (gestylte, makellose, glatt rasierte und haarlose Körper, Ohrringe und andere Schmuckvarianten) die kulturalistische Jugendlichkeitsmetapher von *Kindheit* und *Jugend* (Zinnecker 1987), obwohl die meisten traditionellen weiblichen Körperformen und -bilder, die etwa Weichheit suggerieren und repräsentieren, auch im Sinne des Androgynen und Metrosexuellen in der Regel nicht geschätzt werden (Richard 2005, 259).

9.12 Jugend ist sexuelle Jugend

Im Zusammenhang der *Entschärfung des Generationenkonflikts* und der Herausbildung neuartiger Institutionen des vorehelichen Zusammenlebens (partnerschaftliches Zusammenleben ohne Trauschein) hat u. a. auch eine moralische Toleranz gegenüber der bzw. eine Enttabuisierung der Sexualität stattgefunden, die durchaus als Gewinn gegenüber der klassischen, zumeist jungenspezifischen latenten Doppelmoral, die in den Milieus mit Migrationshintergrund nach wie vor stark ausgeprägt ist (Mädchen, die vorehelichen Geschlechtsverkehr haben, sind per se *Schlampen*), angesehen werden kann. Hinzu kommt, dass moralische und religiöse Wertfragen sowie Gefühle wie Scham und Peinlichkeit (z. B. Sexualität) für die meisten Jugendlichen auch in der hochgradig säkularisierten Gesellschaft nicht irrelevant geworden sind, aber i.d.R., gepaart mit hedonistischen Elementen, keinen oder nur einen begrenzten *direkten* Bezug zur „asketischen Auseinandersetzung mit den Triebbedürfnissen" (Wagner-Winterhager 1990, 458) besitzen. Askese und Abstinenz werden den Jugendlichen heute nicht mehr im sexuellen, sondern vielmehr „im Bereich schulischer bzw. beruflicher Leistungsanforderungen zur Sicherung ihrer sozialen Karrieren abverlangt" (ebenda).

Sexualität ist schon lange kein Tabuthema mehr für Jugendliche, das still und verklemmt behandelt wird. Die Auseinandersetzung mit der eigenen Sexualität ist für Kinder und Jugendliche in der eigenen Familie zumeist „nicht mehr mit Tabus behaftet", stößt aber dennoch auf Hindernisse. Während vor allem Mütter bei Mädchen stark intervenieren, wird die Sexualität der Jungen kaum thematisiert. Jungen und manchmal auch Mädchen beziehen ihre sexuelle Aufklärung vornehmlich niedrigschwellig - in intimen und vertrauten, manchmal auch Konformitätsdruck ausübenden Freundschaftsbeziehungen und Gleichaltrigengruppen (vgl. Mikos/Hoffmann/Winter 2007, 11f.). Unterstützung finden sie zudem durch den Konsum oftmals nicht immer pädagogisch hilfreicher, diffuser pornographischer Sexualitäts-darstellungen in den Medien, vor allem im Internet (*Generation Porno*).

Nicht nur die Geschlechtsreife ist übrigens weltweit vorverlagert. Als geschlechtliche Wesen werden Kinder heute früher zu Jugendlichen und Jugendliche früher zu Erwachsenen. Die klassische Pubertät als die Zeit der vielen neuen Entdeckungen ist von Jahren auf ein paar Monate zusammengeschrumpft. Eine Aufnahme heterosexueller Beziehungen findet nach einer längeren Phase des Verliebtseins ohne sexuelle Kontakte von Mädchen und Jungen zwischen 15 und 17 Jahren gleichermaßen nunmehr zumeist auf der Basis von schrittweisen sexuellen Aushandlungsprozessen - in einem Übergangsparcours von Küssen, Streicheln, Petting, Geschlechtsverkehr etc. - in allen Schichten und Milieus im historischen Vergleich zu einem immer früheren Zeitpunkt statt. Mit 17 Jahren hatten zu Beginn des 21. Jahrhunderts zwei Drittel der Mädchen (1980: 55%) und 60% (1980: 38%) der Jungen Geschlechtsverkehr gehabt. Auch der zeitlich altersspezifische Vor-sprung der Jugendlichen aus den unteren sozialen Schichten, der noch in den 50er Jahren des 20. Jahrhunderts sehr groß war, hat sich schon seit Jahren abgebaut (Neubauer 1990). Die Partnerbeziehungen zum anderen Geschlecht sind angesichts der Eröffnung erotisch-sexueller Möglich-keiten auch viel selbstverständlicher geworden, ohne dass ständig ein zermürbendes Versteckspiel, eine lästige Geheimniskrämerei seitens der Jugendlichen stattfinden muss, und ohne dass immer nur Verbote, Entsagungen und Repressalien seitens der Erziehenden zur Anwendung kommen. Die Eltern sehen das übrigens nicht immer sexuelle Kuschelbedürfnis ihrer Kinder heute gelassener und üben in den eher kumpeligen Eltern-Kind-Beziehungen i.d.R. eine eher zurückhaltende, zuweilen unterstützende, manchmal auch das sexuelle Verhalten eindämmende Kontrolle aus, während die Erwartungshaltungen der Freunde und Freundinnen sowie der Gleichaltrigengruppe außer-ordentlich wichtig sind. Allerdings kann man den Eindruck gewinnen, dass die eröffneten erotisch-sexuellen Spielräume insbesondere durch die inzwischen recht weit verbreitete „Menschheitsgeißel" Aids wiederum sehr schnell remoralisiert werden können.

Klassischerweise thematisieren Mädchen nach wie vor viel stärker als Jungen die Beziehungsebene im Rahmen der Freundschaft und

Sexualität. Dabei sind sie in der Regel sehr wählerisch. Treue, Verlässlichkeit und intime Vertrautheit, aber auch eine eigene Familie gründen, Heirat und Kinderwunsch werden mit gebremstem Tempo angegangen, sind aber auch neben beruflichen Karrierevorstellungen als langfristige Zukunfts- und Zielvorstellungen zentral. Die veränderten Einstellungen zur Sexualmoral haben sowohl bei Mädchen als auch Jungen zu neuen, die äußere Dramatik entschärfenden und immerhin ein wenig unverkrampfteren Formen von Freundschaft, Bekanntschaft, Bindung, vorehelichem Zusammenleben und Ehe geführt. Dort allerdings, wo in jugendlichen Lebensmilieus gehäuft Hardcore-Pornofilme und –videos und qua Internet bspw. im Kontext von Sex-Partys konsumiert werden, können Jugendliche manchmal Zärtlichkeit und Zuneigung nicht mehr zeigen. Wo nicht Zärtlichkeiten, sondern zunehmend auch mit Gewalt vermengte Schmuddel- und Pornobilder (werden inzwischen auch über Handys versendet) zu Rollenvorbildern werden, kann es zu einem steigenden Rollen- und Konformitäts-druckdruck übrigens auch für Mädchen kommen, „hier mitzuspielen" (Pastötter 2007, 8).

Auch was die Verhütung (Kondome, Pille) betrifft, verhalten sich nicht nur Mädchen, sondern auch Jungen zunehmend verantwortungsbewusst. Nur mittlerweile wieder größer werdende Minderheiten (15%) treffen keinerlei Vorsorge. Für kleine Minderheiten lockert sich auch der Heterosexualitätszwang. Darüber hinaus ist erst seit einigen Jahren verstärkt aufgedeckt worden, inwieweit und in welchem Ausmaß sexuelle Gewaltformen die „körperliche und psychische Integrität vor allem von Mädchen ab dem Kleinkindalter bedroht" (Bilden/Diezinger 1993, 206).

Seit den späten 80er Jahren ist die Aids-Problematik für alle Jugendlichen zu einem bedrohlichen Bestandteil ihres erotischen Alltags geworden. Neben vielem sorgsam Präventiven, manchmal sogar Abstinenten (sexuelle Keuschheit und Askese sind zuweilen jugendkulturell sogar hip - nicht nur im Rahmen des Twilight-Phänomens) ist in einigen (freilich wenigen) jugendkulturellen Milieus gar ein gewisser leichtfertiger Umgang mit der neuen *Seuche* zu beobachten, der allerdings durchaus anderen jugendkulturellen thrills, kicks und Grenzerfahrungen entspricht. „Live fast die young", also schnell leben, jung sterben: wer das Leben nach diesem Motto, den allgegenwärtigen Tod vor Augen, lebt, wird den augenblicksversessenen thrill (Grenzen austesten: bspw. Koma-Saufen, Würgespiele mit Schal, Halstuch oder Gürtel in der Gruppe oder allein, illegale Autorennen in der Stadt nicht nur am Carfreitag etc.) und den Intensitätswahn des Sexuellen nicht aufgeben wollen, selbst dann nicht, wenn dahinter ein mögliches unheilbares Leiden steht und schließlich der Tod lauern kann.

9.13 Jugend ist auf Autonomie zielende liberalisierte, aber auch in postautoritären Zeiten permissive (Erziehungs-)Jugend

Wir haben es heute im Bereich der intentionalen Erziehung und vor allem auch im Bereich und im Vergesellschaftungsmodus der vielen „heimlichen Miterzieher" oder der Instanzen der Sozialisation jenseits aber auch innerhalb der Familie (das Fernsehen, das Radio, die Stereo-Anlage, die Spielkonsole, der Computer, das Internet als familieninterne Dauergäste) mit einem Pluralismus von Erziehungsvorstellungen und -zielen zu tun. Kinder und Jugendliche wechseln wie selbstverständlich zwischen verschiedenen Sozialisationsinstanzen und pluralistischen Sozialisationsmilieus hin und her. Zwischen Kindergarten, Spielgruppen, Schule, Hort, Freundescliquen, kommerziellen Freizeitorten, Neigungsgruppen, Sportvereinen, Jugendfreizeitstätten etc. Und diese netzwerkorientierten Familienumwelten sind alle Miterzieher (Cyprian 1994, 109).

Die Lebensumgangsformen sind, wenn ein gewisses Maß an materiellem Wohlstand und psycho-soziales Wohlbefinden innerhalb des Binnenraums der Familie vorherrscht, egalitärer geworden. Neue Balancen sind im Generationsverhältnis entstanden. Eine Veränderung der familiären Autoritätsstruktur hat sich sozialhistorisch betrachtet - in Grenzen auch in den bildungsfernen sozialen Milieus und teilweise auch in bestimmten Familien mit Migrationshintergründen - durchgesetzt. Sie schließt die Beziehung zwischen (Ehe-)Partnern ebenso ein wie jene zwischen Eltern und Kindern. Dabei haben in der *generationsmäßig polarisierten Familie der Gegenwart* (Mitterauer/Sieder 1977) ein sukzessiver Abbau der Elternautorität im Laufe des Familienzyklus sowie im Kontext historisch-kultureller Prozesse eine Verschiebung von einem eher herrschaftlich-institutionellen Befehls- zu einem eher partnerschaftlich-personalen Verhandlungshaushalt stattgefunden, obwohl nach wie vor traditionelle Elemente der Elternmacht auch im familiären Erziehungsgeschehen ihren Platz haben. Allerdings kam es bei aller Ambivalenz dennoch im Rahmen dieses gesellschaftlich-zivilisatorischen *Übergangs* zu einer Liberalisierung und Informalisierung der Generationsbeziehungen (vgl. Krüger 1988, 218). Damit wird darauf hingewiesen, dass eine *Enthierarchisierung der Generationen* und zugleich des *Generationenverhältnisses*, also eine intergenerative *Übereinstimmung* (Schröder 1995, 63) in dem Sinne stattgefunden hat, dass „eine neue informelle Affektregulierung bei familiären Konflikten", eine „wechselseitige Geschmackstoleranz" sowie eine „stetige Abnahme einer eindeutigen Erziehungsmoral und -haltung seitens der Eltern" (Büchner et al 1998, 109) zu beobachten war. Zudem schienen die Erziehungsstile von Eltern, Lehrern, Seelsorgern, Jugend- und Sozialarbeitern (sozialhistorisch betrachtet) offener, liberaler, aber auch inkonsequenter und permissiver, zuweilen auch im Rahmen von Überforderungen und Uneindeutigkeiten resignativer, ohne echtes pädagogisches Engagement, manchmal auch psychologisch-therapeutischer geworden zu sein. Das Generationen- und Erziehungsverhältnis war so gesehen keineswegs *einfacher*, sondern mit vielen Paradoxien und Ambivalenzen durchsetzt, „komplexer und problematischer" geworden zu sein Tendenzen der Verwissenschaftlichung der Erziehungshaltung und -praxis seitens der Eltern und der anderen Erzieher unterstrichen noch einmal die erwähnte Komplexität und Schwierigkeit des Erziehungsgeschehens (ebenda, 111).

Zwar wurden die traditionellen Tugendkataloge und konventionellen Verhaltensmuster der Erziehung durch liberale und informelle Erziehungsvorstellungen in ihrer Anwendungs- und Einhaltungsrigidität aufgeweicht, aber ein allzu bequemer Gestus liberal-permissiver Grundhaltungen (bspw. ein kaum oder nie *Nein-sagen-Können*) konnte ebenso - wie eine permanente, ozeanische und grenzenlose Verstehensbereitschaft, zuweilen ohne tiefe Zuneigung, ohne wirklich-wahrhaftiges Vertrauen und ohne echte Geborgenheit - dazu führen, dass Jugendliche sich von der Gleichgültigkeit oder der penetrant-anbiedernden und geheuchelten Zuneigung und Liebe oder der einschmeichelnden Pädagogisierung und Therapeutisierung der Erwachsenen abgestoßen fühlen.

Obgleich ein großes Bedürfnis nach dem Setzen von Orientierungsmarken, nach Struktur, Eindeutigkeit und Grenzziehung (aus gutem Grund) mehrheitlich bei Jugendlichen in Erziehungsfragen vorhanden zu sein scheint, sind heute Konturlosigkeit, Unsicherheit, Desorientierung und Ratlosigkeit im Erziehungsgeschehen bei fast allen Beteiligten weit verbreitet und können gerade nicht durch die Flut popularisierter und wohlfeiler praxisbezogener Erziehungsratgeber und -handreichungen beseitigt werden. Die Super Nannys haben Hochkonjunktur. Viele Eltern treten in den sich durchsetzenden postautoritären pädagogischen Milieus ihren Kindern auch immer weniger als echte, respektzollende Autoritätspersonen, sondern immer stärker im lockeren Umgang als Partner oder Kumpel gegenüber. Gegenseitige Akzeptanz bzw. Toleranz sind im emphatisch-dichten Erziehungsklima insbesondere auch bei „akzeptierter Nichtübereinstimmung" unterschiedlicher Stile der Lebensführung (Schröder 1995, 67) keine Seltenheit. Erziehung ist ob der aufgeweichten und sich einander häufig widersprechenden Normen, Zielvorstellungen und Glaubensüberzeugungen auch nicht mehr so strikt und rigide auf bestimmte lebensmilieuspezifische und sozialkulturelle Tradierungen, Wert- und Zielvorstellungen ausgerichtet, sondern trägt den gesellschaftlichen Erosions- und Freisetzungsprozessen sowie den enttraditionalisierten Individualisierungstendenzen Rechnung. Traditionelle Tugenden wie Ordnung, Disziplin, Gehorsam oder formelle Höflichkeitsregeln wurden in den postautoritären pädagogischen Milieus wie Elternhaus und Schule gelockert.

Weil das Kind lebensaltersspezifisch schon sehr früh als „Juniorpartner" mit dem Recht auf eine eigene Persönlichkeit und Unabhängigkeit betrachtet wird, haben sich im Erziehungsverhältnis zwischen Alt und Jung Erziehungsideale durchgesetzt, die mehr auf Selbstbestimmung, Selbstverwirklichung und Lebensautonomie zielen.

Gleichzeitig wird aber auch im Erziehungsgeschehen meistens in einer Überbetonung der kognitiven und der Vernachlässigung der sozialen und emotionalen Seiten auf ein allzu konkurrenzbezogenes Sich-Durchsetzen und auf eine ich-zentrierte egotaktische Mentalität geachtet, während Lebens- und Konsumaskese, Bescheidenheit, die altruistische Verantwortung für den Nächsten, das „Dasein für Andere", Gemeinwohlorientierung und soziale Hilfsbereitschaft als Erziehungsziele zwar nach wie vorhanden sind, aber dennoch tendenziell zurücktreten.

Insbesondere nach dem 2. Weltkrieg erlitten die traditionellen Erziehungseinrichtungen (vornehmlich die Familie und die Schule) und insbesondere ihre konventionellen (Wert-)Vorstellungen über Ethik, Moral, Sittlichkeit, Tauglichkeit, Brauchtum, Ordnung und *gelungene Erziehung* (wer, wie, wozu, wodurch, wohin soll erzogen werden?) merkliche Einbußen, die im 21. Jahrhundert noch drastischer ausfallen. Erziehung ist zu einem außerordentlich schwierigen, anspruchsvollen, unsicheren und fehleranfälligen Balanceakt geworden. Erziehungsfallen lauern überall. In diesem Sinne kann man vor dem Hintergrund der erwähnten Strukturumbrüche ganz generell auch von einer abnehmenden Erziehungsfähigkeit von und einer strukturellen Entwertung der Erziehung in Familie und Schule sprechen. Und viele Jugendliche entziehen sich - mit Duldung der Eltern - den alltagsweltlichen Bindungen, den traditionell geregelten sozialen Ordnungen und Ritualen des Zusammenlebens. Sie entziehen sich zu großen Teilen den traditionellen Verbands- und Gruppenstrukturen und setzen den konventionellen Zwangsinstitutionen eigene Lebensmuster und -stile entgegen.

Im Übergang von den pädagogisch-moralischen zu den postautoritären, kulturindustriell und kommerziell vermittelten Maß-stäben und Normen der Erziehung trat auch in einer Verschiebung der Machtbalancen zwischen Eltern und Kindern die „Pädagogik der Gebote und die zwangsweise Einpassung zurück" - gegenüber den medial und vor allem über Peers kommunikativ vermittelten „kommerziellen Ver-lockungen des Glänzenden, Erfolgreichen, Jugendlich-Modischen" (Kaase 1992, 165). Die Gleichaltrigengruppen vermitteln neben Medien, Musik, Sport und Werbung am nachhaltigsten die Information über Konsum- und

Markenprodukte, bestimmen am nachhaltigsten den Geschmack, setzen die Standards für und dominieren die jeweiligen prestigerelevanten Konsumgüter und sind (mindestens latent) für Norm-, Wert-, Sexualitäts- und Moralfragen auch im Erziehungsgeschehen zuständig. Symbolisch sind die Peers in allen Maßstäben, Wertvor-stellungen und Zensuren bezüglich von Erziehungsfragen und –vorstellungen, also in allen Verhandlungen zwischen Eltern und Kindern um Taschengeld, Freizeitaktivitäten und -orte, Medienwahl, Ausgehzeiten, Familienpflichten, Speisegewohnheiten, Kleidungs- und Konsum-stilen u.v.a.m. präsent. Tendenzen der Entmoralisierung und Enthierarchisierung sind ganz generell im Rahmen des Erziehungsgeschehens zu beobachten,

Zusammenfassend können wir festhalten: Zweifellos haben die Vertreter der Erwachsenengesellschaft eingedenk der frühen Selbstbestimmung der Jugendlichen und eingedenk der Pluralisierung von Erziehungszielen das Monopol verloren, die Dauer der Abhängigkeit von Jugendlichen zu bestimmen sowie Erziehungsziele und Lebensstile vorzugeben. Die Einübung in den Gehorsam gegenüber den gesellschaftlichen Autoritäten - Eltern, Lehrer, Priester, Trainer etc. - ist deutlich zurückgetreten. Dadurch ist auch das Machtgefälle zwischen Kindern, Jugendlichen und Erwachsenen in Familie, Schule, Verein und Erziehung deutlich verringert worden (Büchner et al 1998, 17 u. 114), und die Machtbalancen zwischen ehemaligen Autoritätspersonen und Jugendlichen haben sich zugunsten der Respektierung der jugendlichen Interessen und Bedürfnisse verschoben. Im Erziehungsgeschehen gibt es zwar einige charakteristische Reibungsflächen wie bspw. die sich bietenden Möglichkeiten der Erlebnisgesellschaft in vollen Zügen – ohne ideologische Bedenken - auszukosten (Zinnecker 2005, 198), wobei die „Höhepunkte des jungen Lebens neu ritualisiert und gefeiert" werden (Zinnecker 2005, 196). Dennoch gibt es heute in vielen familiären Kontexten weite Bereiche eines entspannten, entdramatisierten Umgangs der Übereinstimmung sowie „weite Bereiche der wechselseitig „akzeptierten Nichtübereinstimmung zwischen Eltern und Jugendlichen. Selbst in der Kritik und im Protest scheint es *Konkordanz* zu geben. „Und es spricht sogar einiges dafür", dass nicht nur in einem retroaktiven

Sinne „Jugendliche auch ihre Eltern beeinflussen" (Oswald 1989, 377) und manchmal auch erziehen.

9.14 Jugend ist Multi-Media-Jugend

Wir können geschäftige Dimensionen, (der wendige und *fitte* Umgang mit schnell wechselnden Produkten, Strukturen, Kontexten, Werten usw.), Vorstellungen und Bilder von atemberaubender Geschwindigkeit und immensen ökonomischen und technologischen Produktivkräften ausmachen, die uns mit Online-Diensten und Internet-Providern über Zeitzonen hinweg alle weltweit kommunikativ, informativ, unterhaltend und erlebnisintensiv mit schnellen Computern, Internetportalen, Datenautobahnen und Bildfolgen, Digital-, Satelliten- und Internetfernsehen, Life-TV, Fast Food, Video-Clips, Express-Fotolabor, Disneyland, Marlboro, Instant-Kaffee, Cola-Light und McDonald`s zusammenhalten. Wir können uns, entgegen romantischer Kulturkritik, ein menschenwürdiges Leben in der analogen Welt und vor allem auch online (ohne Netz und digitalen Boden) ohne modernste Technik auch gar nicht mehr vorstellen. Dennoch bedeutet etwa das Entschwinden der Arbeitgesellschaft und das allmähliche *Ausgehen der Arbeit*, namentlich dass immer mehr *einfache* (Routine)Arbeiten von Computern, Robotern und Maschinen übernommen werden, nicht nur im postreligiösen Sinne *Segen*, sondern vor allem auch *Fluch* für die Menschen. Vornehmlich der Computer und die Computernetze hatten dazu beigetragen, dass sich in den letzten 25 Jahren die traditionellen Arbeitswelten erheblich veränderten. Und auch in den nächsten Jahren wird es dazu kommen, dass durch weitere informationstechnologische Rationalisierungswellen Arbeiten und Tätigkeiten in Fabriken, Verwaltungen, Banken, Büros, Agenturen, Schalterhallen, Kliniken und Kanzleien usw. wegfallen. Sogenannte Einfach-Jobs, nicht nur für Ungelernte, werden immer weniger. Schon in den 90er Jahren des 20. Jahrhunderts konnte gefragt werden: Wer braucht im Dienstleistungssektor zukünftig noch Bankkassierer, Telefonistinnen, Sekretärinnen etc. (Molitor 1995, 119)? So gesehen ist die mediale Informationsgesellschaft -

entgegen der vielen positiven arbeitsmarktpolitischen Verheißungen in Hinblick auf die Dynamik im Medien und Telekommunikationsmarkt - *keine Jobmaschine* (Bernhardt/Ruhmann 1998, 10). Freilich können die neuen Informationstechnologien, etwa in der heutigen Gestalt von Multimedia, Telekommunikation, schnellen und intelligenten Rechnern, immer noch keine (aus sich heraus) *direkten Zwecke* setzen. Obgleich Computer und Software-Programme, Blackberry, iPhone sowie das Internet (die Internetforen und -portale) unsere Art zu denken und zu handeln verändert haben, bleiben sie bei aller Effizienz und Nutzung immer noch Werkzeuge einer sicherlich noch wichtiger werdenden neuen wissensbasierten Informationsklasse (*knowledge workers*). Diese informa-tionsbeschaffenden technischen Werkzeuge reagieren immer nur auf sinnsetzende Befehle (Wehowsky 1994).

Immerhin besitzen Informationstechnologien und Medien aller Art eine in den Alltag der meisten Menschen linear eingewobene Selbstverständlichkeit. Sie sind Bestandteile der Arbeit, des Lebens und der Freizeit. Im alltäglichen Zeit- und Finanzbudget jedes einzelnen werden die Anteile für das gedruckte Wort (Zeitung, Zeitschrift, Buch, mindestens im direkten Printbereich, nicht unbedingt im Netz) gegenüber den audiovisuellen Angeboten der Information, Bildung, Kultur und Unterhaltung immer noch weiter zurückgehen. Mediennutzungsuntersuchungen (so etwa paradigmatisch: Berg/Kiefer 1987; Sandbote/Zimmerli 1994) stellten schon für die 80er Jahre des 20. Jahrhunderts fest, dass sich die Bürger in der alten Bundesrepublik Deutschland täglich zirka 6 Stunden den alten Massenmedien zuwandten; davon 4 Stunden den elektronischen Medien, wobei der Computer/Rechner seinen Siegeszug noch nicht in allen Lebensbereichen angetreten hatte. Über die kulturellen und sozialen Folgen bspw. der Netzmanie von digitalen Welten konnte noch gar nicht räsoniert werden, weil es sie noch gar nicht gab. Im Unterschied zum gesprochenen und geschriebenen Wort, das dem Hörer und Leser eine eher bilderzeugende, aktive geistige Anstrengung im Zusammenhang der Deutung und Dekontextualisierung von Vorstellungswelten abverlangt, taucht – zumindest in der Logik des Nicht-Interaktiven der *alten Massenkommunikation* - der Seher unvermittelter, mit bescheidener eigener Leistung mehr oder weniger passiv und distanzlos in die - die Antizipation des Kommenden sowie in die Herstellung von sequenzialisierter Sinnkontinuität erschwerenden - unmittelbar kontext-abhängigen, eher lose assoziativen Bildfolgen etwa des traditionellen Fernsehens ein (Nowotny 1994).

Zudem treten die elektronischen Bilder nicht nur mit dem Anspruch der Aktualität („live dabei und mitten drin sein"), der Glaubwürdigkeit und der Dichte der „überproportional schnell wechselnden Sinnzusammenhänge (Wechsel der Einstellungen, Geschwindigkeit der Bildfolgen, Zoom, Schwenks, Kamerafahrten etc."; Sandbote/Zimmerli 1994, XIV), sondern auch mit dem Anspruch „höchstmöglicher Authentizität" auf und bieten stets interpretierend, selektierend und konstruierend, allerdings vergleichsweise nur eine kleine Auswahl und „kleine Ausschnitte der komplexen und komplizierten Wirklichkeit" an. Dies gilt für Leitbilder, die über „Unterhaltung und über die Werbung transportiert werden", wie für Informationen und „die tägliche Nachricht im engeren Sinne" (Hensche 1995, 333). Aber auch in diesem Zusammenhang ist daran zu erinnern, dass bei aller Konnotation und voreiligen Übertragbarkeit und Vermischung von medialer und nicht-medialer, von digitaler und analoger Alltagswahrnehmung eine unhintergehbare Differenz von beiden zu betonen wäre.

Die neuen elektronischen Zauberworte waren: Teleworking, Multimedia, Telekommunikation, Digitalmedien und interaktive Netze hießen die Bausteine der Lebens- und Arbeitswelt und verstärkten und beschleunigten wirtschaftliche und gesellschaftliche Grundströmungen und Trends. Es entstanden elektronisch integrierte Medien und Plattformen im Internet zur Informationsübermittlung, für Daten, Sprache, Texte, Musik, Film, Fernsehen, Foren etc. Neue Wortschöpfungen waren ein weiterer Indikator dieser Entwicklung: CD-ROM, Online, World-Wide-Web, Internet, E-Mail, E-Learning, Tele-(Heim-)Arbeit, Datenautobahn, „Information on demand", „Tele-Kooperation, Tele-Präsenz, Tele- und Home-Banking, Flatrate, Tele-Gemeinschaft, Tele-Kommerz, Home-Shopping, Digicash, Chatroom, Web 2.0 - und für all das natürlich der Tele-Kommunikationsunterstützer und der wendige Animationstechniker" (Albrecht 1995, 21). Treibende Kraft dieses - die sozialen Polarisierungen gerade nicht aufhebenden - Modernisierungssprungs war dabei zweifelsohne der vernetzte Computer. Der Siegeszug des Computers per Chip und Maus hatte die Arbeits-, Berufs- und Lebenswelten radikaler verändert als Dampfmaschine, Webstuhl und Elektrizität. Dabei werden die wichtigsten Rohstoffe Wissen, Information, kreative Ideen, Kommunikation und immaterielle Dienstleistungen sein. Beraten, informieren, entwickeln und organisieren sind Kernbereiche zukünftiger Arbeitsformen.

Neue Berufe sind entstanden, einige alte ganz verschwunden. Die zweifellos auch menschliche Arbeit einsparende Digitalisierung aller Verwaltungs- und Kommunikationsprozesse rationalisierte nicht nur, sondern revolutionierte auch die Arbeitswelt, ihre interne zeitliche und räumliche Struktur, ihre Rhythmik, ihr sozialer Sinnbezug und ihr gesamtes Umfeld (Hensche 1995). Die neuen Technologien der Computer und Telekommunikation wirken ortsungebunden und dezentralisierend und „verlagerten in vielen Bereichen die Arbeit aus den Fabriken und Großraumbüros (manchmal) zurück in die Wohnung" (Toffler 1995, 60). Ein tiefgreifender ökonomischer und sozialer Wandel schien sich nicht nur in den ehemaligen Verwaltungssilos anzubahnen. Nicht nur, dass die ehemaligen gemeinsamen Arbeitsräume virtuell wurden und ganze, vor allem mittlere Hierarchieebenen wegfielen - auch viele Routinearbeiten sowie ein großer Teil der abstumpfenden körperlichen, aber auch bestimmte einfache Computer-Arbeiten wurden im Medium der Schnelligkeit und Verfügbarkeit von Informations- und Kommunikationstechnologien überflüssig. Die multimedialen Maschinen, Computertechnologien, das *interaktive Fernsehen* und das *Internet* drangen auch immer tiefer in die alltägliche Lebenswelt der Menschen ein. „Die Bilderwelten der Medien" ersetzten immer mehr die „ehemaligen Weltbilder" (Mittelstraß). Die multimediale Zukunft scheint so auszusehen, dass Computer, Internet, Fernsehen, Photos, Spielkonsolen, HD/DVD-Player, MP3-Player, iPod, Videorekorder und Handy/Telefon zusammenwachsen und zusammengesetzt in *einem Medium* aufgehen. Die traditionelle Massenkommunikation schien so betrachtet mit dem *Ich-Kanal* ihrem Ende entgegenzugehen. Multimedia und Internet haben zu neuen Konstellationen geführt, die nicht nur zu einer Ausweitung und Ausdifferenzierung des Medienbereichs beigetragen, sondern vor allem Transformationen in der Weise ermöglicht haben, dass „Mediennutzung nicht mehr ein einseitiggerichteter Prozess von Programmen auf den passiven Rezipienten ist, sondern inzwischen auch wirkliche Rückkoppelungen möglich sind über interaktive Optionen und Dienste, die den *Rezipienten* (Empfänger) zum *Nutzer* machen und seine eher aktive Rolle im Kommunikationsprozess neu bestimmen" (Baacke 1997, 6). Die interaktiven Medien werden grenzüberschreitend die Atomisierung traditioneller Kommunikation beschleunigen. Und der digitale Schein wird auch das Prinzip der Kommunikation verändern sowie eine neue, ortsungebundene Form, eine virtuelle Realität, eine - im traditionellen Sinne - Unwirklichkeit von partikularer, posttraditionaler Gemeinschaft entstehen lassen, von der auch niemand so recht weiß, was das ist. Immerhin entstanden sogenannte imaginäre Gemeinschaften. Imaginäre Gemeinschaften wie verschiedene Genres von Fernseh-konsumenten (Krimis, Quizsendungen, Talkshows, Soaps, „Labore des Alltagsfernsehens mit dem Publikum als Versuchsleiter"; Bolz 2004, 30 wie Big Brother, Dschungelcamp etc.), „Internet-Portale und -Foren oder globale Fangemeinschaften der Musik, des Sports usw. sind über elektronische und virtuelle Kommunikation entstandene Sozialgebilde. Ihre Mitglieder stehen nicht zwangsläufig in einem direkten interaktiven Kontakt zueinander; sie haben auch keinen gemeinsamen materiellen Ort, an dem sie zusammenkommen. Ihre Gemeinsamkeit besteht weniger in der räumlichen Situation als in ihrem Zeitverhältnis, in der Gleichzeitigkeit ihres - zuweilen sogar ritualisierten - Tuns, etwa wie historisch schon bei der sehr betagten, freilich nur für ältere Zielgruppen, Kultsendung der deutschen (Fernseh-) Aufklärung: der *Tagesschau*. „Imaginäre Gemeinschaften sind global gestreut, konturenlos. Es handelt sich um „Effekte der Virtualisierung der Welt" (Klein/Friedrich 2003, 129). Ein weiterer Gesichtspunkt ist in dem virtuellen jugendspezifischen Zusammenhang zu betrachten. Jugendkulturen und Jugendszenen haben sich nicht zuletzt auch durch kulturindustrielle Bilderwelten und globale Bilderzirkulationen weltweit verbreitet. Die globale Erfahrungs-geschichte vieler Jugendkulturen ist nicht erklärbar, ohne weltweite Medialisierungsprozesse und ihrer globalen Bildzirkulationen. Von Abba bis Zappa, von den Hippies in Kalifornien und Poona bis zu den Punks in Lüdenscheid und den Skinheads in Luckenwalde, von Black Metal bis Hardcore, von Grunge bis Techno, HipHop und Emos beeinflussen Bilderwelten lokale Jugendwelten. Die Auswirkungen der weltweit zirkulierenden Bilderwelten haben zweifellos erhebliche Bedeutungen für lokale kulturelle Prozesse und für jugendliche Lebenseinstellungen vor Ort. Und umgekehrt haben konsum- und medienkulturelle Aneignungsprozesse in lokalen Alltagswelten - auch als „lokale Globalisierung" bezeichnet - wiederum durch Rekontextualisierungen, durch selektive(n) Auswahl und Umgang und durch Sinnver-schiebungen Einfluss auf die nicht nur standardsetzenden und nicht nur krude Normierung und Universalisierung betreibenden medien- und warenkulturellen Globalisierungsprozesse. Um diese komplexen Wechselwirkungsprozesse zwischen Globalem und Lokalem zu kennzeichnen, schlägt Robertson den zusammengesetzten Begriff des „Glokalen" vor (1998, 192ff.; Villányi/Witte 2004a, 62ff., Ferchhoff 2007a, 25ff.). Und mit den Bilderwelten und der Visualisierung der Musik sind im Anschluss an die Film- und Fernsehbilder des Rock`n`Roll und des Mersey Beat als globale popkulturelle Lebensstilmuster etwa die Videoclips im Kontext des Musikfernsehens (MTV, VIVA etc.) „Wegbereiter der globalen Kulturindustrie geworden, in der sie wie kein anderes Bildmedium vor ihnen, Inhalt als Bild bildtechnologisch" produzieren. Ohne die Visualisierung der Musik gäbe es, um ein besonders prominentes Beispiel zu nennen, keinen Madonna- oder Lady Gaga-Kult, keine Modeindustrie, die sich ihres Stils bemächtigte und ihn zur popkulturellen Avantgarde erklärte, und keine „Madonna-Look-Alikes". Neben Michael Jackson war vornehmlich Madonna (und ist es bis heute) „der Prototyp eines Superstars im Medienzeitalter. Ihr Erfolg resultierte vor allem aus ihren Film- und Videoarbeiten, erst sie haben das Phänomen Madonna hervorgebracht und halten es wach" (Klein/Friedrich 2003, 114). Mit den seit dreißig Jahren produzierten Video-Clips haben sich nicht nur weitere, international erfolgreiche popkulturelle Heroen und Superstars herausgebildet, sondern die weltweite und zugleich lokale Ausdifferenzierung der Jugendkulturen und Jugendszenen hat auch mit der Medialisierung (qua Video-Clips und qua Internet, insbesondere qua YouTube) der Lebenswelten von Kindern und Jugendlichen zu tun.

Kinder und Jugendliche wachsen heute in und mit komplexen Medienwelten auf. Sie wachsen wie selbstverständlich in die globale Informations- und Mediengesellschaft - mit den erwähnten lokalen Bezugselementen - hinein. Medien aller Art sind also gegenwärtig und ein lebensweltlich zentrales Element im Prozess des Heranwachsens (Mikos 2004, 157ff; Mikos/Winter/Hoffmann 2007, 7ff.). Ihr lebensweltlicher Alltag ist grundiert und „überwölbt von unmittelbar handhabbaren technischen Geräten, die ihrerseits wieder zum Teil weltweit agierender Informationsorganisationen zur Verfügung stellen und dies rund um die Uhr und mit immer wieder weniger Einschränkungen" (Baacke 1997, 59). Kinder und Jugendliche erleben in der ersten Dekade des 21. Jahrhunderts die Expansions- und multifunktionale Nutzung von Informationen auch im unterhaltenden Sinne (das sogenannte „Infotainment"; Bolz 2004, 3ß) als „ständigen Veränderungs- und Erweiterungsprozess" (Baacke 1997, 59). Und heutige Kinder- und Jugendwelten sind von daher differenzierte, variantenreiche, alltagskulturell-veralltäglichte Medienwelten, in denen Kinder und Jugendliche nicht nur Rezipienten von Medien-Botschaften und ohnmächtig den Medien ausgeliefert sind, sondern durchaus (manchmal bereits im Vorschulalter) aktive und konkreative Mediennutzer.

Medienumgebungen und Medienwelten sind in der Regel durch ein Medium oder mehrere (auch verschiedene, manchmal gemixte) Medien und durch den (auch übergreifenden) vernetzten räumlichen und sozialen Kontext definiert, in dem sich die Medien (als Gerätschaften, Übertragungskanäle, Server, Institutionen, Software-Anbieter) befinden. Medienumgebungen können etwa sein: Bibliotheken, Post, Banken, Kinos, Schulen, Discotheken, Clubs, Spielhallen, Warenhäuser, Boutiquen, Straßen, Hallen und Plätze mit Medien- und Werbebotschaften, private Räume mit Medien usw. Sehr grob unterscheiden kann man bspw. die Medienräume danach, welchen Stellenwert sie in den Räumen besitzen. In den *zentrierten* Medienumgebungen wie Bibliotheken oder Kinos stehen das Medium und die Mediennutzung im Mittelpunkt, während in den *unzentrierten* Medienumgebungen wie Warenhäuser und Boutiquen die Medien (Musik, Video-Clips, Computer, Fernseher etc.) in der Regel nicht die (Nutzungs-)Funktion der Räume definieren. Sie sind durchsetzt von anderen Aktivitäten. In ihnen wird gearbeitet, kommuniziert, gelernt, geworben, verkauft, konsumiert etc.).

Verschiedene Print-, audio- und audio-visuelle Medien gehören mittlerweile etwa auch im privaten Bereich zur selbstverständlichen Alltagsausstattung und haben erhebliche Bedeutung für Kinder und Jugendliche. Die Allgegenwart der Medien und die gesamte Mediatisierung der Gesellschaft haben auch vor den Türen der Kinder- und Jugendzimmer nicht halt gemacht. Und die vielzitierten, medien- und kulturkritischen Metaphern über das *Verschwinden der Kindheit* oder der *Kindlichkeit des Kindes*, die *Entspezifizierung* und *Universalisierung* der kindlichen Erfahrungswelt (Postman), das *Ende der Erziehung* (Giesecke), *wir amüsieren uns zu Tode* (Postman) oder *das Fernsehen ist ein informationsüberflutendes und zutiefst voyeuristisches Medium* (Postman), das vornehmlich darauf abzielt, zu unterhalten, zu amüsieren, deuten auf die pädagogisch besorgten nachteiligen Auswirkungen hin, die vor allem (als paradigmatisches Beispiel) das Fernsehen auf die Entwicklung von Kindern haben soll.

In der Regel besitzen und konsumieren Jugendliche im Rahmen einer medienparkähnlichen Ausstattung im *elektronischen Paradies* schon relativ frühzeitig neben den traditionellen Medien wie (ein inzwischen hochgradig ausdifferenziertes Spektrum von diversen) Printmedien (Zeitungen mit spezifischen Jugendseiten, Zeitschriften wie das auf eine über 50-jährige Jugend-Geschichte mit Pickel, Pop und Petting zurückblickende Flaggschiff *Bravo*/Auflage 1997: 1,2 Millionen; inzwischen ist auch die Bravo-Familie ausdifferenziert (die Bravo selbst hat 2010 nur noch eine Auflage von 600.000) - Bravo Girl, Bravo Sport, Bravo Screenfun für „Spaß am Bildschirm"; Popcorn, Pop Rocky, Mädchen, Joy, Yuno, Young Miss, Geoline, Dein Spiegel und hunderte weiterer Titel bspw.

Comic Hefte, Special-Hefte, Fanzines einzelner Jugend- und Musikmilieus wie etwa die mittlerweile eingestellten: Frontpage, Raveline, Motion, X-treme, Fan-Tastic usw.; Bücher, Plakate und Poster mit Pop-, Film- und Sportstars), wie Kommunikationsmedien (Telefon, Handy, Funkgeräte), wie Audio-Medien (Kassette, CD, DVD; iPod, Blackberry, MP3-Player - weniger, in bestimmten Szenen aber wieder wichtiger werdend – Schallplatten), wie Programmedien (ausdifferenzierte und insbesondere internetbasierte Radioprogramme - im Jahre 2010 hören mehr Jugendliche ihre Musik bei diversen Abspielstationen im Internet als im Radio; vor allem das Video- bzw. Internetportal YouTube ist mittlerweile zur „globalen Jukebox für den Musikbedarf" der Jugendlichen geworden; vgl. Dworschak 2010, 122 - und zielgruppenspezifische Jugendradiosender mit jugendspezifischen Musiksparten und besonderem jugendspezifischen Humor, ausdifferenzierte TV-Programme eigens für Jugendliche, nicht nur auf MTV und VIVA, Digitalfernsehen) sowie eine Anzahl wieterer Medien (elektronische Musikinstrumente, Video, Video-Clips, Spielkonsolen, DVDs, Computer: Laptops, iPods), die in den letzten Jahren neu auf den Markt gekommen sind. Es ist zu kulturellen Verschiebungen gekommen, deren Ambivalenz offenkundig ist. Die situationsgebundenen Ausdrucksformen wie Sehen, Hören und Sprechen sind auf dem Vormarsch, während in bestimmten Lebensmilieus vor allem männliche Jugendliche in und jenseits der Schule immer weniger lesen. Dies betrifft sowohl die sogenannte Unterhaltungs- als auch die Informationslektüre. Und immer weniger Jugendliche schreiben, wobei auch, was man auf en ersten Blick nicht erwarten würde, das Bloggen und Twittern von den meisten Jugendlichen verschmäht werden. Nur bei Mädchen steht das traditionelle Lesen ohne Bildschirm (es gibt auch heute noch *richtige Leseratten*) und das traditionelle (Tagebuch-)Schreiben nach wie vor relativ hoch im Kurs. Obgleich kein Untergang der Lesekultur zu befürchten ist und die Lust am Lesen nicht ganz vergangen ist, geht die Entwicklung bei Jugendlichen eindeutig von der Literalität zur komplexen Zeichenhaftigkeit des Alltags, in dem die Literalität zunehmend aufgeht.

Hinzu kommt, dass die puristische Form (Urheberrecht - man streitet darüber-) des Werkbegriffs sich im Medium der Digitalität aufzuweichen beginnt. Eine Laxheit mit dem geistigen Eigentum anderer etwa in der Popmusik scheint sich durchzusetzen. Man bedient sich seit Jahren unterstützt durch die Sample- und Remix-Kultur etwa in der Technomusik oder im HipHop vor dem Hintergrund forschreitender Digitalisierung legal und illegal mit dem geistigen Eigentum anderer, kopiert, transformiert und setzt es bricolagemäßig (neu) zusammen. Mashup/Verknüpfung heißt der Remix der letzten zehn Jahre. Freilich ist dieses auf den Computer erstellte Remixen nicht auf die Popmusik beschränkt (beim Bloggen, bei der Photographie, (Flickr/Fotosharing Website, in der Popliteratur usw.). Bei dem Jungstar der deutschen Literaturszene Helene Hegemann geht es in ihrem Roman „Axolotl Roadkoll" um die Qualität des Collagierens und Remixens: Sie bedient sich beim Berliner Blogger Airen und seinem Blog-Roman „Strobo-Technoprosa aus dem Berghain". Ist es „höheres Abschreiben" als kleines Kunstwerk oder „niederes Plagiat"?

Jugendliche rezipieren Filme im Kino und qua DVD- oder Videorecorder und vor allem qua Internet, sehen am liebsten bestimmte Fernsehserien - Soaps, Sitcoms, Action-, Cop- und Mystery-Serien -, kaufen nicht so viele CDs und DVDs wie ältere Altersgruppen. Nicht zuletzt laden sie diese - wie auch Filme - vor allem gekonnt /legal und illegal) aus dem Internet: Einige besuchen nach wie vor traditionale Medienorte wie öffentliche Büchereien und andere pädagogisch gestaltete Medienräume, aber auch zusehends mehr pädagogisch nicht bearbeitete, multifunktionale Medienorte wie Boutiquen und Warenhäuser mit laufenden Videoclips. Auch Discotheken werden nach wie vor in verschiedenen Varianten hochgeschätzt: Erlebnis-Discos auf der grünen Wiese oder städtische Disco-Tempel, exklusive Club-Discos, die einfach *hip* sind, manchmal noch mit eigenen DJ's, zuweilen auch mit Residuen spezifischer Life-Musik, häufiger mit Laser- und/oder Video-Illuminationen. Hinzu kommen unterschiedliche Typen von Kneipen, Spielotheken und Medienzentren. Neben der Kleidung sind es vornehmlich die Medien, die alte Lebensmilieubindungen transzendieren und den heutigen Individualisierungstendenzen entgegenkommen können. In den beiden letzten Jahrzehnten sind insbesondere (mobile) Computer, das Internet, das Handy, der MP3-Player und der iPod zu konstitutiven Medienelementen (nicht nur) des Jugendalltags geworden. Der iPod scheint nun in spezifischer Weise den Stoff zu besorgen, aus dem Individualität geschneidert wird; denn prinzipiell kann jeder Ort (ähnlich wie schon vorher beim, die unmittelbare Umgebung nur noch mehr mit einbeziehenden Transistorradio in den fünfziger Jahren und der Walkman in den 80er und 90er Jahren des 20. Jahrhunderts) zum individuellen, ich-bezogenen Medienort werden. Das Kino (vor allem in der heutigen diversifizierten Form des multikomplexen Kinocenters) ist neben Diskothek und Club der wichtigste mediale Freizeitort für die meisten Jugendlichen.

Zu den Medienwelten Jugendlicher gehören zweifellos auch Computer, Computerspiele, aber auch zunehmend sogenannte interaktive Medien, die in vielen Freizeitbereichen, aber auch in Schule, Berufsausbildung und Beruf - nicht zuletzt vor dem Hintergrund der rasanten Entwicklung der neuen Informations- und Kommunikationstechnologien (Computer im Sinne der Verbindung von Bild, Musik, Ton, Graphik und Text in multi-medialer Perspektive) in der Arbeitswelt eine immer größere Rolle spielen (werden). Während der Computer von Jugendlichen im Freizeitbereich in erster Linie (freilich mit nach wie vor erheblichen geschlechtsspezifischen Differenzen) zumeist als ein modernes technisches Spielzeug, das freilich visuelle Dynamik mit einer aktiven Teilnehmerrolle verbinden kann (Hengst 1994, 7), gesehen wird, mit dem etwa Telespiele gekonnt gespielt oder auch die Regeln der jeweiligen Computerprogramme - zum Teil sogar eigeninitiativ und hochkreativ – erschlossen werden können (etwa von den sogenannten jugendlichen *Hackern* der 80er Jahre und den sogenannten *Cyber-Punks* der 90er Jahre, den vielen Internet-Chatrooms und den sportiven Teilnehmern an großen Lan-Partys nach 2000 oder den Bloggern in den letzten Jahren), gehört der „Kollege" Computer in nahezu allen Ausbildungsbereichen und Berufsfeldern und auch in Jugendzimmern inzwischen zu einem unhinterfragbaren Bestandteil ihres instrumentellen, anwendungsbezogenen beruflichen und auch ihres kreativen und spielerischen, freizeitbezogenen

Tuns. Im Gegensatz zu vielen Älteren haben (vornehmlich männliche) Jugendliche in der Regel keine Berührungsängste mit den neuen Technologien und Medien. Sie gehen mit diesen in, vor allem aber auch jenseits der Arbeitswelt außerordentlich flexibel, virtuos und souverän um, und verwenden sie zu unterschiedlichen Zwecken. Man kann zweifelsohne von einer außerordentlich hohen Mediennutzungskompetenz bei vielen Jugendlichen sprechen. Zu einer flexibel gestalteten Rezeptions- und Bedienungskompetenz tritt zusehends auch eine Handlungskompetenz qua Medien. Darüber hinaus scheint sich die bekannte Medienthese vom „knowledge-gap" zu bestätigen, dass oftmals die neuen Medien gerade von denjenigen Jugendlichen handlungskompetent erschlossen und genutzt werden, die auch schon mit den alten Medien gut zurechtkamen (und weiterhin kommen) und für sich hochgeschätztes *kulturelles Kapital* (Bourdieu) erwerben konnten.

Zentral ist die Einsicht, dass insbesondere Jugendliche in pluralen Medienwelten leben, also keineswegs ans Fernsehen gebunden sind. Mittlerweile ist der Rechner zum wichtigsten Medium bei Jugendlichen geworden. Der Computer hat im ersten Jahrzehnt des 21. Jahrhunderts dem Fernsehen den Rang abgelaufen. Jugendliche lieben aber nicht nur ihren eigenen Rechner und das Internet, sondern sie nutzen die ganze Bandbreite und eine Vielzahl von Medien zu unterschiedlichen Zeiten und verschiedenen Zwecken. *Welche* Medien dabei gewählt werden, ist relativ flexibel. Zur persönlichen Funktion von Medien für Jugendliche gehören:

- Intensität (vor allem durch Musik als eigentliches Leitmedium der 12-25jährigen qua MP3-Player und iPod), Betroffenheit, Erlebnisdichte, Affektivität, Ganzheit: In diesem Sinne können Medien auch produktive, grenzüberschreitende Kritik am ritualisierten Alltagsleben leisten;
- Faszination, Selbstdarstellungschancen, Exkursion in fremde Welten und Traumfluchten: Medien können utopische Welterschließungen anbieten sowie neue virtuelle und auch direkte Interaktions- und Kommunikationsformen ermöglichen und intensivieren;
- Selbstbehauptung und Szenengestaltung: etwa der Computer, der als Instrument der Weltbeherrschung, der Abgrenzung gegenüber den Kontrollen der Erwachsenen oder in Expertennetzwerke einführen kann.

Mit der Medialisierung des Alltags werden auch Wahrnehmungs- und Bewusstseinsstrukturen verändert. Dies betrifft nicht nur die Veränderung, manchen meinen gar den „Verlust der Primärerfahrung", die Verarbeitung, Geschwindigkeit und Dynamisierung von (unter-haltenden) Informationen und Bildern aus aller Welt in einer Art „Allgegenwart einer abstrakten Weltzeitgenossenschaft" (Bolz 2004, 30) und die Selektion aller berichteten Geschehnisse (simultative und synthetisierte „Wirklichkeit aus zweiter bzw. dritter Hand", gleichwohl die erfahrbare Wirklichkeit im Alltagsleben kaum noch von heutigen Bilderwelten getrennt werden kann).

Im Zuge der Verbreitung der Medien verwischen sich und verschwinden auch die traditionellen Generationsgrenzen. An die Stelle ehemals klar getrennter Kinder- und Erwachsenenwelten, die je ihre Geheimnisse, Faszinationen und Fremdheiten voreinander besaßen, hat vornehmlich schon durch das Fernsehen vor allem für Kinder eine früh einsetzende „Entzauberung der Erwachsenenwelt" stattgefunden (Postman 1983).

Mit den rasanten Bildwechseln und Fragmentierungen in den Medien dominieren Bricolagen, Zitatkombinationen, spothaft intensive und verdichtete Erlebnisse, Wahrnehmungen. Fiktionen und Wirklichkeit mischen sich und verschwimmen wie Echtheit und Künstlichkeit, vor allem bei Kindern und jüngeren Jugendlichen. Es kann zu einer Verwischung von Realität und der Wiedergabe von Wirklichkeit kommen. Was die audiovisuellen Medien zeigen, gilt dann als wirklich, wenn die Deutungsfähigkeiten fehlen, erfahrungsgeleitete Aneignungen von Bildern in einen alltagsweltlichen, reflexionsbezogenen Horizont zu stellen. Aus dem traditionellen *cogito, ergo sum* (ich denke, also bin ich) wird daher nicht nur *consumo, ergo sum*, sondern vor allem auch *video, ergo est* (ich sehe, also ist es). Die audiovisuellen Medien können zunehmend zum virtuellen Ersatz für das wirkliche Leben werden, das allerdings längst mit den verschiedenen Bilderwelten eng verzahnt ist. Dennoch: Die Allgegenwart der Medien veroberflächlicht die Wahrnehmungen, intensiviert die Gegenwartsorientierung, kann science-fictionhaftes, Fantastisches, Imaginationen und Fiktionen anbieten, die es in der vertrauten *irdischen* Erscheinungswelt so gar nicht gibt, fügt in der sozialen Wirklichkeit Getrenntes und Widersprüchliches mehrdeutig zusammen, kann Grenzüberschreitungen zustande bringen, sexuelle und Gewalt-Tabus brechen, Verdrängtes freilegen und ermöglicht den schnellen und abrupten Wechsel von Ton-, Bild- und Sinnwelten. Viele Jugendliche sind längst auf gekonnte *Multi-*, aber auch auf *Fast-food-Sensualität* eingestellt und als kurzatmige Instant-Konsumenten den rasanten Wechsel von Sinn-, Ton- und Bildwelten gewohnt. Sie nutzen häufig mehreres gleichzeitig und sind Virtuosen der simultanen Vernetzung verschiedener, auch nicht-medialer Beschäftigungen - es muss nur amüsant sein. Mediale und nicht-mediale Betätigungen können simultan ausgeführt werden, indem etwa allein oder mit anderen gespielt, debattiert oder gestritten, dabei ferngesehen, im Internet gesurft, zwischendurch gelesen und gleichzeitig Musik qua Internet, Platte, CD, DVD, MP3-Player und iPod gehört wird. Viele Jugendliche sind mit dem alles, und zwar sofort aufgewachsen und dulden i.d.R. keinen längeren Schwebezustand zwischen Wunsch und Erfüllung. Der nicht bildtreue, stattdessen geschmeidige und patente Slalom-Seher oder der selbstsichere Teleflaneur ohne langen Atem switched durch die Kanäle und reiht so Highlight an Highlight, Banales an Banales oder in einer Art „Verflachungsspirale" Langeweile an Langeweile. Dieses blitzschnelle Zappen oder neudeutsch: dieses gekonnte *hopping, mixing* oder *switching* scheint aber für viele jugendliche Medienkonsumenten ein für sie taugliches jugendkulturelles Mittel zu sein, in einer Art raffinierten Eingeweihtenmontage, gepaart mit einem kenntnisreichen Rezeptionsgenuss, stets gut, umgeben von den Bulldozern der Langeweile, unterhalten zu sein.

Diese an Fragmentierungen, Segmentierungen, Abbrüchen, Überblendungen, Hybridisierungen, Unvollendungen und der Zusammenballung von Augenblicksmomenten orientierten vielfältigen Wahlmöglichkeiten heutiger Bilder und audiovisueller Räusche sind freilich das blanke Gegenprogramm zum geduldigen Abwarten-Können, zur gelassenen Lebensplanung und zum analytisch-tiefenstrukturellen Aufsuchen eines *roten Fadens* sowie zur inneren Konzentrationsfähigkeit, verbunden mit der Diskursivität der Sprache, der Begriffsbildung und des traditionellen Lesens, was zum unerlässlichen Kanon pädagogisch bearbeiteter kontinuierlicher und geduldiger, philologisch ausgerichteter Lern- und Bildungsprozesse gehört(e). Und dieser mediale, vor allem audiovisuelle Informationsvorrat an jugendkulturellen Ressourcen, ironischen Zitaten und Bricolagen, Deutungsangeboten und Signalen steht uns als Pädagogen von Beruf mit unserem zuweilen gestörten Verhältnis zum (vorgesetzten und nicht selbst erzeugten) Bild in aller Regel nicht zur Verfügung. Und deshalb können die schnellen Deutungsangebote und Signale auch nicht so leicht von uns entziffert werden. An die Stelle der Tiefendeutung, die in einem subjektbezogenen Bildungsprozess zugleich den Zusammenhang und die Differenz zwischen *Erscheinung* und *Wesen* entschlüsseln damit auch das *Besondere*, das *Eigentliche* und das *Wesentliche* vom *Unwesentlichen* vermeintlich treffsicher unterscheiden konnte, „tritt immer mehr das multimediale Signalentziffern". Die schnellen Schnitt-, Szene- und Bildfolgen der Filme, Clips, Spiele und Computerlogiken, die heute bevorzugt von Jugendlichen konsumiert werden, die ruhelose *abundierende Zeichenwelt* etwa der Comic-, Graffiti- und Computer-Szenen, der Kino- und Fernsehwerbung und vor allem auch die (Musik-)Video-Clips, die en passant in Boutiquen, Discotheken, Bistros, Kneipen, Spielotheken, Clubs etc. mitlaufen, besitzen nur noch Reste konventioneller tiefenstruktureller Sinnmuster und Deutungsangebote.

Hinzu kommt, dass eine funktionaldifferenzierte, kalte Welt als zusammenhängend erlebt werden kann, um ein Stück Lebensbewältigung, Verortung, Sicherheit und Heimat über die wechselnden Sinnsysteme, Szenen und Ausdrucksmöglichkeiten (wieder)zufinden.

Indem der Jugendkultur alles, nicht nur das Sprachmaterial, zum Zeichen werden kann, darüber hinaus unsere Alltagsräume mit Zeichen durchsetzt sind (von den Verkehrssignalen über die Werbung bis zu Anordnung und Gestaltung von Straßen und Plätzen und in Internetportalen), ist eine Optionsvielfalt an Deutungen und Zeichen entstanden, die nicht mehr erlauben, sich bestimmte Deutungsobjekte in Ruhe auszuwählen und mit diesen zeitgenügsam umzugehen. Im Gegenteil: Dem Gestaltschauenden, aus der Tiefe der Bedeutung gehenden Blick der zarten Empirie Goethes hat sich heute der oberflächliche, zerstreute Blick oder der schnelle Blick hinzugesellt - kaum gesehen, schon verschwunden. Es werden nur noch vereinzelt offene Deutungsspielräume zugelassen, die behutsam und manchmal zeitaufwendig im Sinne einer innehaltenden, *gestaltschauenden*, *zarten* Empirie alltagshermeneutisch und - soziologisch zu rekonstruieren wären. Geduldiges Abwarten-Können sind hier im Subito-Prinzip nicht nur der Medien keine Lebenstugenden mehr. *Live fast die young*, schnell leben, jung sterben, ist zum jugendkulturellen Lebensmotto zumindest eines nahezu risikolosen Risikos als Graffiti stilisiert worden. Es ist aber auch zuweilen ein risikoreiches, den allgegenwärtigen Tod durch Drogen, Aids, Unfälle vor Augen, stilisiertes Lebensprinzip, das, umgeben von Alltagstrott und Langeweile, in dem erlebnisintensiven, außerge-wöhnlichen *Kick* und riskantem *Thrill* sowie in „der Zusammenballung von Augenblicklichkeit seine audiovisuellen Räusche erzeugen kann. Aber: „Ballung, Augenblicksversessenheit und Überreizung sind nicht auf Dauer zu stellen, sie stumpfen vielmehr ab: ... die immer neuen Tempowechsel, überraschenden Kombinationen, schrillen Klangkontraste machen auf die Dauer müde, senken den Aufmerksamkeitspegel, führen schließlich zu dem Wunsch, endlich abzuschalten. Es ist ähnlich wie mit der Sexualität, die auch nicht pausenlos Orgasmen hintereinander erlebbar machen kann (Baacke 1999, 110).

Der heutige Lebensalltag erfordert schnelle Entzifferungsleistungen - etwa im Internet und im Verkehr, aber auch die Vielzahl der Bilder lässt uns kaum Ruhe. Die Trickschnelligkeit verhindert Deutungszwischenräume; der interpretationsoffene Deutungshorizont, von dem jede hermeneutische Lehre seit Schleiermacher ausgegangen ist, ist verstellt durch die Bilder, hinter denen keine Tiefe mehr vermutet werden muss. Gezeigte Wirklichkeit wird zum surrealistischen Vexierspiel. An die Stelle von Tiefendeutung ist damit das Signalentziffern getreten. Signale vermengen sich in Bricolagen, im Outfit, in den Straßenzeichen der Metropolen, in Fernsehserien, ActionFilmen, in Internetportalen usf. Während Tiefendeutung immer einen reflektierenden Rückbezug enthält, begnügen sich Signale damit, erkannt und entschlüsselt zu werden, und zwar kurzatmig für den jeweiligen Augenblick.

Dies können wiederum nur jugendliche Insider, die mit solchen medienkonstruierten, raffinierten ästhetischen Oberflächen-Montagen und Zitat-Verweisen auch etwas anfangen können.

Ein komplexes, zuweilen aber auch inflationär präsentiertes *Überangebot an Codes, Symbolen, Zeichen und Zeichenwelten* kann zwar multimediale Faszinationskraft entwickeln, beschleunigt und potenziert allerdings auch den permanenten Wechsel, putscht in der rastlosen Hektik gegen sich selbst und kann von daher sehr schnell auch im Irrgarten des Hin- und Hertaumelns in *Langeweile und Überdruss* umschlagen. Die Verdichtung der ästhetischen Momenthaftigkeit und die ekstatische Feiern des Augenblicks und der Oberflächen werden oftmals zu schnell veralltäglicht, verlieren damit aber auch ihre, nicht nur altersklassenspezifisch abgrenzenden Wirkungen.

So oberflächlich sind übrigens nicht die Jugendlichen, die sich mit dem Signal-Lernen begnügen. Wenn ihnen nicht vermittelt wird, welche Orientierungen sinnvoll sind, welche Werte benötigt werden, welcher Kanon gilt, welche Deutungsmöglichkeiten nahe liegen, welche Verbindlichkeiten anzustreben sind, wozu sollen sie sich dann entscheiden und auf Dauer stellen, was ihnen keine Kontinuität verspricht? Unsere ästhetisch wahrnehmbare Welt ist in einem hohen Ausmaß bestimmt durch Unzuverlässigkeit und immer neue Überraschungen. Sichern können wir unsere Psyche dann nur noch durch die alltagsroutinierte Wiederkehr des Immergleichen (darum die Beliebtheit der Serien, aber auch der über lange Zeit währende meditative Sog der Musik und des Tanzens und die Lust an der Überraschung, die nicht immer auf ihren TiefenSinn befragt werden muss. Das Prinzip dieser Schnelligkeit und dieser abundierenden Zeichenwelt ist schon vor mehr als zwanzig Jahren von den Videoclips aufgegriffen, produktiv gestaltet und auf die Spitze getrieben - und ins Ästhetische transformiert worden. Das wahrnehmende Subjekt selbst entzieht sich konventionellen Festlegungen, indem es patchworkartig *orientierende Synthetisierungsleistungen* der *Ich-Konturierung* vollbringt, sein - über Kleidung, Körperaccessoires und immaterielle Regionen der Computernetze symbolisch inszeniertes und ästhetisch aufgeladenes - Outfit wechselt, von Szene zu Szene nicht nur ortsbezogen und offline wechselt und auf diese Weise insbesondere auch online Beziehungs- und Identifikationsmuster erprobt, die im heutigen Wahrnehmungsreichtum angeboten werden. Lebensstile, Ausdrucksrichtungen, Zielformulierungen sind bunt und widersprüchlich geworden. Viele Jugendliche gehen zwar heute in den Mode-, Sport- und Medienangeboten auf. Sie entwickeln aber immer wieder zugleich, an unterschiedlichen Orten und in unterschiedlichen Szenen, einen spezifischen Eigensinn, der es ihnen erlaubt, die Ausdrucksmittel der Populärkultur als originell und ausdrucksstark sich anzueignen, zum Teil weiterzuentwickeln und auf diese Weise Möglichkeiten auch etwa gegenüber Schule, Familie und Arbeitswelt von oppositionell unabhängigen und alternativen Symbolisierungen des Selbst zu erzeugen. Selbst gewählte Ich-Darstellungen, in denen ein zuweilen virtuoses Wechselspiel zwischen Inszenierung, Vergewisserung und Verwandlung stattfinden kann, scheint heute in vielen Bereichen und Interaktionsbeziehungen des realen und virtuellen, des offline- und online-Lebens möglich zu sein. Die Kultur- und Medienindustrie führt nicht umstandslos zur einfachen Unterwerfung ihrer Nutzer, selbst wenn - wie es im Fachjargon heißt - im heutigen Marketingmix die Produkte ein Feeling erzeugen und emotional positioniert werden, sondern sie macht durch ihre Allgegenwärtigkeit die Chance für Heranwachsende greifbar, die Alltagskultur, die common culture eigeninitiativ und aktiv mitzugestalten bzw. als Ausdrucksweise zu benutzen. Dem kommerziellen Sektor, so strukturell mächtig er auch ist, fällt es schwerer denn je - mit freilich immer subtileren Methoden - junge Konsumenten zu ködern und Vorschriften über Geschmack, Mode und Medien zu erlassen, geschweige denn, in ihnen Bedeutungen auf Dauer zu codieren.

Wer die Clip-Kanäle MTV oder VIVA u. a. einschaltet, wird sehr schnell feststellen können, dass hier die „Ästhetik der Videopclips und die Ästhetik der Werbung kaum noch zu unterscheiden sind" (Baacke 1997, 90). *Jugend* ist zweifellos nicht zuletzt angesichts des durch Bilder und Töne in Gang gesetzten und des hier erörterten Wahrnehmungswandels von daher gesehen nicht nur *Medien-*, sondern zunehmend auch *Werbejugend*. Es lässt sich zeigen, dass heutige Werbung im Zuge der „Neukonstellationen in der optischen Wahrnehmung" ein wesentlicher Teil jugendkultureller Medienwelten ist. Plausibel wird dies allein schon dadurch, dass die meisten Jugendlichen lebensaltersspezifisch schon sehr früh als Kinder mit unterschiedlicher Medienwerbung in Kontakt gekommen. Sind. Neben dem Radio, Fernsehen und Internet bestehen die Printmedien wie Zeitungen Zeitschriften, Illustrierte, Comichefte u.a. zu einem großen Teil aus Werbung. Plakatflächen, Kassetten, Kino und Musik-Videos werden wie Computerspiele als Werbeträger und -mittel eingesetzt. Kulturkritisch wird sogar behauptet, dass der überwiegende Teil der Massenmedien nur noch aus Werbekanälen besteht, während die Inhalte und Informationen in den Nischen verschwinden. Immerhin Werbebotschaften und -strategien dringen wie selbstverständlich allerorten in die verschiedenen jugendlichen Spiel- und Lebenswelten ein. Von daher ist Werbung ein unspektakulärer und fester Bestandteil jugendkultureller Alltags- und Erlebniswelten (Baacke/Sander/Vollbrecht 1993; Lindemann/Grüninger 1995).

Jugendliche integrieren einerseits produktbezogen Werbung über Life-Style-Elemente und Lebensgefühle direkt sinnstiftend in ihre persönlichen Verortungen und alltagskulturellen Lebensweisen. Andererseits werden produzentenbezogen Süßwaren, Getränke, Spielsachen, Schulutensilien, wie Taschen, Rucksäcke, Radiergummis, Stifte oder Hefte; Möbel, Kleidung, Schuhe, Accessoires und vieles andere mehr heute exzessiv zu Werbeträgern ge- und benutzt. Und mit gigantischem Werbeaufwand im Rahmen von Werbe-Verbundsystemen bzw. Multi-Media-Kampagnen zielen die Unternehmen und Konzerne der Produktgüterindustrie gemeinsam mit Trickfilmzeichnern, Spiel-zeugdesignern, Modeproduzenten und Comicfiguren nicht nur mit spezifischen Gütern und Produkten auf die jungen Kunden. Sie (über)füttern die Kids via Fernsehkanäle mit verheißungsvollen expressiven Werbespots und frühen *Markenpositionierungen*. Ohnehin scheinen Medien-, Programm- und Werbebotschaften und damit auch Medien- und Werberezeptionen zusammenzufallen. Hinzu kommt auch eine vermehrte Koppelung von Werbung, Produkten und medial international und national bekannten Persönlichkeiten des Sports, des Film, des Fernsehens, der Musik und der Modeszene. Werbekampagnen bedienen sich immer stärker Personen aus dem Musik-, Kultur-, Show- oder Sportbusiness und fiktiver Figuren und Symbole, die den meisten Jugendlichen bestens vertraut sind und in gewisser Weise jugendkulturelle Lebensstile repräsentieren. Gut gemachte Werbespots sind i.d.R. nicht einmal unbeliebt und werden selbst bei durchschnittlich zirka 900 gesehenen Werbespots pro Monat nicht als Berieselung oder Belästigung erlebt. Im Gegenteil: Viele Kinder und Jugendliche mögen in aller Regel vornehmlich bestimmte multimedial durchsetzte Macharten und manchmal auch den Inhalt der Werbeclips. Man kann durchaus den Eindruck gewinnen, dass viele Kinder und Jugendliche nicht immer nur durch Werbung verführt (dies freilich auch) und nur zu passiven, unkritischen Konsumenten erzogen werden, sondern nicht nur durch die tiefgreifende Veränderung des Nutzungsverhaltens der Jugendlichen im Internet souverän, selektiv und individuell produktverwandelnd mit den „Angeboten" umgehen und von daher durchaus „werbekompetent" sein können. Werbespots und Werbung werden - insbesondere im Web 2.0 - als künstlerische Sammelobjekte und als Unterhaltungsangebote gesehen, aber auch als Informationsquelle und -austausch sowie zur Orientierung in der unübersichtlichen Musik-, Kultur-, Mode- und Warenwelt genutzt. Es sind zweifellos nicht immer nur die Produkte selbst, sondern vielmehr die mit den beworbenen Produkten verknüpften Lebenskontexte, Lebensstile und vor allem auch Lebensgefühle, die nicht nur bei vielen Jugendlichen auf Interesse stoßen können. Fest steht, dass die meisten Jugendlichen heute in der Lage sind, sich bei konzeptionellen Ungereimtheiten und Nicht-Authentizität gegen Werbung aufzulehnen und mit deren Zeichen zu spielen. Sie können in der Regel die platten Werbetricks und Werbekampagnen als *solche* erkennen und enttarnen (Stolz 1996).

Immerhin: Kinder und Jugendliche werden nicht zuletzt durch die Werbung schon sehr früh *positioniert* und zu *wandelnden Markenpionieren und Markenspeichern* mit trendsetzendem und zugleich abgrenzendem

Flaggensignalcharakter auch für andere Altersgruppen, obgleich die versprochenen, wohlfühlenden und Zugehörigkeit anzeigenden Markenimages nicht einfach übernommen, sondern nach eigenem Gusto kombiniert und arrangiert werden können. Auch die Integrität etwa von hochakzeptierten Kultmarken und ihre Images wird bei Übernahme sorgsam *geprüft*.

9.15 Jugend ist Patchwork-Jugend

Über Medien, Musik, Werbung, Konsum und Mode ausdifferenzierte, also multimedial präsentierte Lebensstile von Jugendlichen übernehmen für viele Jugendliche quasi identitätsstiftende Funktionen. Sie treten an die Stelle der - durch unaufhaltsame Erosionen - geschwächten identitätsstiftenden Funktion gemeinschaftlicher Traditionen, Strukturen, Einrichtungen, Institutionen und traditional-kollektiver Lebensformen.

Die Struktur der Biographie ist weder teleologisch sofort deutbar, noch scheint heute Identität ihre abschließende Gewissheit im *persönlichen Ich* zu finden. Ebenso, wie die gesellschaftlichen Lebensverhältnisse im Zuge der erwähnten Individualisierungsschübe, Entstrukturierungen und Dechronologisierungen der Lebensläufe wechseln und unübersichtlich geworden sind, können auch die Sinnsetzungen des Lebens nicht mehr so ohne weiteres im historisch tradierten „Rahmen vorgefertigter Identitätspakete (Keupp 2005, 69) als vertraute Übereinkunft erscheinen. Die Chronologie des Lebens wird aufgeweicht, und es zeichnet sich keine klar abgrenzbare Gestalt ab. Das historisch gewordene Subjekt ist zwar fähig zur Relativierung, besitzt aber kein genuines und vorab gegebenes Urvertrauen zu sich selbst und schon längst kein Numinosum mehr. Im Lichte dieser veränderten Vorstellung von Individualität sowie der Neugewichtung des Identitätskonzepts wird das *persönliche Ich* vergänglicher, verletzlicher und zerstörbarer, aber auch eigenwilliger, segmentierter und widersprüchlicher. Viele Jugendliche empfinden diesen mühsamen und zugleich spielerisch-leichten, ambivalenten identitätsentwerfenden Prozess als Verflachung, als Verlust, als oberflächliche Sinnleere und als entheroisierte *Krise der Persönlichkeit*, andere erkennen den Zugewinn bezüglich der kreativen, schöpferischen Seiten ohne puristischen Identitätszwang des gleichen Prozesses. Das fragmentarisch-widersprüchliche *Recherche-Ich* oder hochkomplexe *Zufalls-Ich*, das sich stets neu suchen und bestätigen muss, geht nicht mehr in einer festgefügten endgültigen und abgeschlossenen biographischen Struktur oder Ganzheit auf. Und diese Suchbewegung im Rahmen der verlängerten Phase der Identitätsfindung kann und will nicht enden. Sie ist keineswegs mit dem Eintritt in die Geschlechtsreife oder mit dem Beginn des Erwachsenenalters oder mit der Altersreife (so noch in der deutschen Klassik etwa bei Goethe) abgeschlossen. Identität besitzt keinen konsistenten und essentiellen *Wesenskern* im Sinne eines eindeutigen und stabilen Sinnmittelpunkts, sondern scheint heute vielmehr fragmentarische Teil-, *Augenblicks-*, *Situations-* oder *Patchworkidentität* zu sein, die den Eindeutigkeitszwang transzendiert (Keupp 2005, 87). Identität kann man heute „immer weniger aus einem kulturellen Raum abrufen und übernehmen, sondern sie muss in einem selbstreflexiven Prozess gefunden, ausgehandelt und entwickelt werden" (Keupp 2005, 89).

Insbesondere auch bei großen Teilen von Jugendlichen entwickeln sich im Zusammenhang des experimentellen Umgangs mit unterschiedlichen Lebensentwürfen und der eigenen Biographie offene und multiple Interpretationspraxen der Sinnsuche. Neben dem zweifelsohne bei vielen Jugendlichen vorhandenen Wunsch nach verlässlichen Freundschaften, Bindungen und eindeutigen Identitäten, die aber nicht mehr so ohne weiteres in einer stabilen Matrix garantiert werden können, gibt es heute eine Fülle von Variationen und Vermischungen verschiedener Stil- und Ausdruckselemente in einem eher künstlich orientierten und inszenierten Ganzen, in dem sich wechselbarer und vergänglicher Sinn konstituieren, aber auch ironisch fruchtbar gemacht werden kann. Die besonders über den Medienverbund von Pop-Musik, Pop-Film, Internet-Kommunikation, Internet-Tauschbörsen wie Myspace und YouTube und Videoclips transportierten Stilelemente jugendlicher Identitätsbildung arbeiten jenseits geschlossener und uniformierter Sinnsysteme mit der heutigen ambivalenten Sinnpluralität, Sinn-Vervielfältigung und

Sinn-Beliebigkeit und sind nicht mehr umfassend oder *multifunktional*, sondern nur begrenzt verpflichtend. Sie sind statt dessen offener, kontingenter und beweglicher, nur lose miteinander verknüpft, relativ beliebig zusammenstellbar und können stets modifiziert werden. So gesehen kann es heute im Lichte einer nicht-verunsichernden und „nicht-resignativen Verarbeitung der Identitäts-verunmöglichung" (Keupp 1992, 115; 1997a, 34; 2005, 77ff.; Müller/Calm-bach/Rhein/Glogner 2007, 135ff.) qua Erprobung neuer Lebensformen ohne geschlossen-kohärente Sinngestalt bastelbiographisch, patchworkartig zu einem - unterschiedliche Teilidentitäten verknüpfenden - moderaten Wechsel von Identitätsmontagen kommen, die aber materieller, kommunikativer und sozialer Netzwerkressourcen und -abstützungen bedürfen.

Eine leicht handhabbare Veränderung, Vorläufigkeit und das Fiktionale medienvermittelter Identifikation scheinen Medien im Lichte der Aufweichung alltagsweltlicher Traditionen und der Individualisierung der Jugendphase so attraktiv zu machen. Es handelt sich gerade nicht nur, weder in den realen Szenenetzwerken noch in den internetbezogenen virtuellen sozialen Netzwerken wie YouTube, Myspace, Myvideo, Knuddels, Facebook, SchülerVZ, StudiVZ, meinVZ, Twitter, wer kennt wen etc. bei aller Teilhabe und allem Mitmachen um das „Gefühl distanzierter Zusammengehörigkeit" (so schon Muchow 1964, 54). Man will oftmals alles zugleich: die Sonnenseiten und Glücksverheißungen der ichbezogenen intimen Zugehörigkeit, gleichsam die der ichbezogenen bequemen Halbdistanz der schwachen Bindungen und schließlich auch noch die Errungenschaften der Individualisierung, namentlich den Rückzug von den anderen, das *Alleinseindürfen* (Peter Sloterdijk) genießen. Wir wissen noch sehr wenig darüber, und es wird sich noch zeigen, inwieweit die Kommunikationsformen der Computergemeinschaften die Bindungen im realen Leben ergänzen, vertiefen, verflachen oder ersetzen? Immerhin scheinen sie ein wenig mehr zu sein als nur eine „Illusion von Freundschaft und Gemeinschaft" - weil man sich gerade nicht nur von den Freunden in den elektronisch vermittelten Kommunikationsgemeinschaften distanziert, wie manche konservative Kulturkritiker meinen. Übernehmen nun gar medial vermittelte Gemeinschaften, also design- und scheingemäß inszenierte virtuelle Gemeinschaften, Phantomgruppen oder Vorstellungswelten, die nicht mehr durch alltagsweltliche Milieueinbindungen erzeugt werden, sondern posttraditionale, neue temporäre Vergemeinschaftungsformen; die (bspw. über Chatrooms, Internetportale, CD- und DVDDownloads und -kauf, Mode, Kataloge, Videoclips und durch surfende, virtuelle Mobilität im Internet, durch elektronische Programme und Portale einer kontaktauslösenden, weltweiten Computergemeinde oder durch virtuelle Teilnahme an Pop-Events in die Wirklichkeit eingeschrieben werden können und *real* in Form konkreter, altmodischer Interaktions-beziehungen zwischen Menschen gar nicht existieren müssen) für Jugendliche sinnstiftenden Heimatcharakter und ersetzen oder ergänzen damit tendenziell konkrete personale Lebensbezüge und Gemeinschaften?

9.16 Jugend ist nicht nur *sprachlose* Jugend

Jugendsprache ist keineswegs so *einfach* oder *primitiv* und droht keineswegs auf „SMS-Niveau" abzusinken (Meinhard Miegel) wie bspw. Wolf Schneider, der ehemalige Leiter der Hamburger „Henri-Nannen-Journalistenschule" aus langjährigen Beobachtungen vermeinte herausgefunden zu haben: „Es geht bergab mit der Sprache...., (diejenigen). die Bücher lesen, sind eine bedrohte Gattung, die Grammatik ist unter jungen Leuten unpopulär, der Wortschatz schrumpft und viele 17-Jährige betreiben das Sprechen wie ein Nebenprodukt des Gummikauens" (Der Spiegel, Heft 40, 2006, 183). In diesem Zusammenhang werden die Stile der Comic-Sprechblasen und Graffiti, namentlich die Verkürzung, Vereinfachung, Vergröberung, der Verfall und die Entdifferenzierung der gesprochenen und geschriebenen Sprache - übrigens nicht nur - bei Jugendlichen beklagt. Dennoch ist *Jugend* bei aller vermeintlichen Infantilisierung und Verluderung des Sprechens nicht wirklich sprachlos oder defizitär sprachärmer geworden, wie häufig vornehmlich aus der Perspektive der hochkulturellen Domäne von Erwachsenen behauptet wird, weil die Diskursivität der Sprache (geschriebene und gesprochene

Sprache) nicht ihr einziges Medium und Vehikel ist. Und Jugendsprache selbst kann ja erfrischend sein. Sie ist in der Regel spielerischer, sinnlicher als - und nicht so verkrampft wie - der abstrakte Nominalstil wichtigtuerischer Erwachsener. Jugendliche haben neben kreativen Sprachvarianten, die nicht nur aus sprachlichen Versatzstücken und nicht nur aus Schablonen und Abziehfolien medial vorgefertigter Stilmuster stammen (Schlobinski 2002, 19), andere jugendkulturelle Stil- und Ausdrucksmittel zur Verfügung, die weit über die Versprachlichung von Wort und Syntax hinausgehen.

In der sogenannten situations- und kontextbezogenen *Jugendsprache* sind über die Diskursivität der Sprache hinaus vornehmlich - wie auch in der Musik - affektive Zeichen und Ausdrucksformen mit komplexen Mitteln der Montage, Bastelei und Bricolage sowie des Mixing und Sampling entstanden, die über Mode, Medien, Verkabelung, Digitalisierung, Musik, Sport und Kommerz kontextgebunden ein alltagsweltliches Ensemble von unterschiedlichen Sprechstilen aufweisen. Von daher „gibt es nicht *die lexikalisch aufzubereitende Jugendsprache*" im Singular, da verschiedene jugendkulturelle Szenen und Lebensmilieus ihre jeweils eigenen Bedeutungen und Systeme von Verweisungszusammenhängen erzeugen, die wandelbar und interpretationsoffen sind und nur den Eingeweihten oder Szenegängern zugänglich sind. Seit den 90er Jahren des 20. Jahrhunderts ist es zu einer weiteren Ausdifferenzierung der Jugendsprache gekommen. Verschiedene Jugendszenen konstruierten oftmals ihrer eigenen Sprachspiele und entlehnten diese aus unterschiedlichen Lebenszusammenhängen, Quellen und Code-Systemen. Obwohl man sich mainstreamgemäß angelsächsisch medial, musikalisch, kulturell, mode- und werbebezogen inspirieren ließ, erhielt das Nachgeahmte und Abgekupferte im Szene-Jargon eine gegenüber den sonstigen Sprachkonventionen unübliche, häufig ironisierende semantische Aufladung. Der vielleicht wichtigste US-Import der letzten Jahrzehnte und Jahre war neben der Metapher *cool(ness)* (die zunächst eine aus Westafrika stammende rituelle schwarze Haltung ausdrückte - eine Art Überlebenstechnik von Sklaven, um körperliche und seelische Degradierungszeremonien der Sklaventreiber auszuhalten und seit den vierziger Jahren des 20. Jahrhunderts im historischen Verlauf verschiedener „Coolness-Mutationen" wegweisend und weltweit in eine Art Dauerhaltung von Jugendkulturen transportiert wurde; vgl. hierzu ausführlicher: Ferchhoff 2007a, 25ff.) das Wort *korrekt* - die Aufladung eines gängigen Begriffes mit neuen semantischen Eigenschaften. *Korrekt* wurde in sogenannten progressiven Jugendszenen wie den Club-Jazzern, den Technos oder den Alternativ-Rockern als Attribut für einwandfreie ideelle Qualität benutzt. Ein verbales Gütesiegel. Man sagte, eine Musikgruppe sei *korrekt*, eine Person, ein Star, ein Film, ein Video, eine CD, eine DVD. Das Vorbild war die *political correctness*, vielleicht das Modewort der 90er Jahre des 20. Jahrhunderts in den USA. Dort wurde das Wortfeld der *political correctness* in ideologischen Wendungen und Wertungen benutzt. Jemand war *pc*, wenn er einen ganz bestimmten Anforderungskatalog von Tugenden, Moral und Einstellungen entsprach. Dieser Katalog war auch in den USA nicht ganz genau definiert, blieb diffus, bedeutete aber in jedem Fall: gegen Rassismus, gegen Ausbeutung, gegen ökologischen Raubbau, gegen Rüstungswettlauf und für die Integration und Chancengleichheit von Einwanderern, für die sogenannte multikulturelle Gesellschaft zu sein. *Pc* war das Attribut eines politisch in ganz bewusster Weise progressiven Menschen.

Die deutsche HipHop-Szene importierte das Wort. Und belegte damit zuerst HipHop-Gruppen, die als *pc* oder eben als *nicht pc* angesehen wurden. Von der Hip-Hop-Szene ausgehend, verbreitete sich das Wort. Spätestens im Sommer 1992 hatten auch die Neo-Hippies und Grunger es für sich entdeckt. Und nach und nach wendete man *korrekt* auch auf nicht-musikalische Gegenstände oder Personen an. So können eine Kneipe, ein Club und eine Disco *korrekte Läden*, ein Film *voll korrekt* oder eben auch eine Person ein *korrekter* Typ sein. Und längst ist das Wort in den Sprachgebrauch der meisten anderen Jugendkulturen und -szenen eingegangen: ein phonetisches Monogramm der 90er Jahre" (Jahnke/Niehues 1995, 106f.).

Hinzu kommt seit einigen Jahren ein quasi zwei- bzw. mehrsprachiger, gemischt-sprachlicher Diskurs, ein Sprach-Mix (türkisch-deutsch, russisch-deutsch, arabisch-deutsch, serbo-kroatischdeutsch, albanisch-deutsch usw.). Ein Sprachwechsel zwischen und innerhalb von Sätzen ist gängige Alltagspraxis. Deutsch-türkische Sprachelemente werden auch in bestimmten (sub-)kulturellen Lebensmilieus von deutschen Jugendlichen verwendet. Ein solches „sub- und interethnisches Kiezdeutsch" („Ethnolekt") genießt als kreatives und innovatives, leicht subversiv-aggressives Kraftdeutsch unter den Jugendlichen im Kiez einen coolen, imageträchtigen und prestigereichen Charakter, während mit diesem gemixten, ethnisch-gefärbten und herrschende grammatikalische und semantische Regelstrukturen verletzenden Kiezdeutsch bei den bildungs- und elitenahen Milieus und in den Bildungseinrichtungen und in der Arbeits- und Berufswelt kein Start zu machen ist - zumal viele Jugendliche mit oder ohne Migrationshintergrund über keine hinreichenden „hochsprachlichen Alternativen" in der Schriftsprache verfügen. Immerhin sind HipHop und Rap „der Spiegel oftmals dieser kreativen und zugleich „subtraktiven" zweisprachigen Welt" der - zumeist dem schulischen und später dem gesellschaftlichen Scheitern vorbestimmten - „Habenichtse"(Dittmar 2006, 25).

„Es gibt auch nicht *die Jugendsprache*, weil im Zuge der erörterten Aufweichung der Generationsunterschiede die „kulturellen Stil- und Ausdrucksmittel" in alle Altersklassen und Generationen einwandern können. „Es gibt schließlich nicht *die Jugendsprache*, sondern allenfalls jugendliches - kontext- und situationsbezogenes Sprechen - von der „Lexikographie" zur „Ethnographie des Sprechens" (Schlobinski 2002, 17). Die lebendige, ausdrucksintensive Jugendsprache verödet, verendet und „stirbt im Jugend-Lexikon". Und es ist nicht ganz unproblematisch, ihre - ex post immer schon entwerteten und abgelebten – Ausdrucksformen wie Briefmarken zu sammeln und hintereinander zu kleben. Ihr Sinn, ihre Leistung und ihre Faszination erschließen sich erst im Gebrauch: Die Mittel der ihr eigenen Semantiken und Übertreibungen", die - wenn auch, aber nicht nur im ironisch-spielerischen Umgang - auch vor massiven Tabubrüchen, Stigmatisierungen und Diskriminierungen nicht zurückschrecken. Alles ist super gut; super geil, ätzend, alle sind behindert oder wirken peinlich, nur sie selbst nicht, ihr seid ja so cool sind noch die harmlosen Varianten. In manchen Hierarchiegefechten und symbolischen Sprachschlachten der Jugendlichen scheint nichts ausgelassen zu werden. Verbale Attacken (Schikanen, Missachtungen, Beschimpfungen, Hänseleien, Mobben, Diskriminierungen, Ethnisierungen etc.) können allerhand Übles bieten, können unter die Haut gehen, können physisch und psychisch wirksam sein (Fetscher 2007, 27). Hinzu kommen in manchen jugendlichen Peer-Groups die vielen semantisch-ambivalenten „Anspielungen an menschliche Grenz-situationen (Kicks, Tod und Sexualität vor allem)". Darüber hinaus mischen sich Medienprodukte der Unterhaltungselektronik aller Sparten, Dimensionen der Konsum- und Gebrauchsgüter, fachsprachliche Elemente, Drogenspezifisches, sportive Accessoires in häufig bemerkenswert anspruchsvollen Bricolagen (Baacke 1993a, 10).

9.17 Jugend ist ego- und ethnozentrische Jugend

Der (weitere) Zuzug von Migranten nach Deutschland wird von über der Hälfte der Jugendlichen (in Ostdeutschland über 60%) sehr skeptisch bis ablehnend beurteilt. Dabei fällt auf, dass selbst die privilegierten studentischen und auch weiblichen Jugendlichen den Zuzug von Migranten inzwischen weitaus negativer betrachten als noch vor einigen Jahren. Auch hier scheint sich neben allem Realismus zur Einwanderungsgesellschaft auch ein Stammtischalarmismus, eine Art Bedrohungsrespektive „Sündenbockideologie" durchzusetzen, die mit der Ablehnung von Fremdheit, Zuwanderung und Migration in vielen, nicht nur rechtslastigen Lebensmilieus in Deutschland schon immer präsent war - nicht zuletzt auch eine Folge der ideologiegesättigten „deutschen Abstammungsgemeinschaft", allen völkischen Erfahrungen und allen Einwanderungen in der Geschichte zum Trotz (Heitmeyer 2002-2006).

Dass selbst die ehemals freundlichen Haltungen zur Einwanderung auch in Teilen der postbürgerlichen bildungsaffinen Lebensmilieus umgeschlagen sind und manchmal sogar fremdenfeindliche Züge aufweisen, dürften mit der „in diesen Kreisen hoch ausgeprägten Distanz gegenüber den mit dem Begriff des radikalen Islamismus vorhandenen

Wertvorstellungen etwa zur Rolle der Frauen" und zu den religiösen und kulturellen Unterschieden zusammenhängen (Shell Deutschland Holding 2006, 137). Es sind gegenwärtig zwei Bilder, die von den Medien mitkonstruiert werden und in der öffentlichen Wahrnehmung vorherrschen: Auf der einen Seite werden Migranten als ethnisch Fremde konstruiert und identifiziert, die bewusst mitten in unseren Städten in fremden, nichtdeutschen Enklaven parallelgesellschaftlich leben (müssen oder wollen), in denen man mit „Arabisch oder Türkisch durch den Tag kommt. Von der Moschee über den Bäcker, den Gemüseladen und die Teestube bis (zum Autohandel und bis) zur Tankstelle kein Deutsch". Deshalb gehören sie als Fremde auch nicht der Mehrheitsgesellschaft an. Auf der anderen Seite erfahren zunehmend „islamistische Gruppen öffentliche Aufmerksamkeit. Seit jenem 11. September 2001 scheinen sie den Nährboden zu bilden für einen Terrorismus, der im Namen des Dschihad auch in Europa bereits seine blutigen Spuren von London bis Madrid hinterlassen hat" (Kaschuba 2007, 8).

Auch die heutige Rede von der Parallelgesellschaft weist im Gegensatz zu den sozialwissenschaftlichen Analysen von Wilhelm Heitmeyer, der zu Beginn der 90er Jahre die Metapher Parallelgesellschaft en passant in die wissenschaftliche Debatte eingebracht hatte, fremdenfeindliche Züge auf. Seit zirka sechs Jahren sind es nun vornehmlich Politiker, die diesen Begriff funktionalisieren und als Alarmwort im Rahmen der Migrationsproblematik verwenden und mit dieser Metapher Parallelgesellschaft im Rahmen von Bedrohungsszenarien eine nicht ungefährliche Sprach- und Bilderlawine losgetreten haben. Denn der Begriff Parallelgesellschaft „produziert selbst eine kulturelle Differenz, die er vorsorglich diagnostiziert. Er zieht eine innere kulturelle Grenze in die Gesellschaft ein, die uns wie die anderen homogenisiert und essentialisiert. Als seien wir einheitliche Gruppen und verschworene Gemeinschaften – christliche Deutsche gegen muslimische Migranten in einem „lokalen Krieg der Kulturen". So fundamentalisiert er seinerseits vermeintliche Unterschiede, macht uns bewusst „fremd" und verdeckt die vielfältigen Nähen und Übereinstimmungen, die vor den Türen der

Moscheen und Kirchen unser Alltagsleben längst auch verbinden und „transkulturell" prägen" (Kaschuba, 2007, 8).

Arbeitsmigration und Aussiedlerzuwanderung und andere Migrationsphänomene erzeugen aber auch kulturelle Globalisierung. Im Rahmen der vielen verschiedenen transnationalen Projekte der Einwanderer/Migranten entstand eine neue kulturelle Vielfalt, die sich weder dem nationalen Einheitsmodell noch einer Einheitskultur eines „gobal village" unterordnen ließ. Darüber hinaus hatte die kulturelle Vielfalt wenig mit einer nach nationalen Herkünften sortierten Multikultur zu tun. Auch die Metapher parallelgesellschaftlicher Entwicklung traf diesen kulturell globalisierten Sachverhalt nicht - allenfalls nur begrenzt. Die jeweiligen Kulturen wurden selbst mobil, bewegten sich und erfanden sich tendenziell neu. Jugendkulturelle Globalisierung in diesem Sinne etwa einer deutsch türkischen Jugendkultur (HipHop bzw. Rap) bedeutete eine kulturelle Verwandtschaft zwischen Kreuzberg/Neukölln und Brooklyn im globalen Raum. In Frankreich und Italien gab es vergleichbare, allerdings jeweils unterschiedliche Migrationsgeschichten des globalen HipHop - jenseits deutscher oder französischer Multikulturnostalgie. Es sind lokale Orte und Szenen in den Einwanderungsgesellschaften der Transnationalisierung und der kulturellen Globalisierung entstanden, die sich, selbst wenn sie aus dem Ghetto herausgetreten sind und ein Teil der kommerzialisierten deutschen resp. französischen Musikkultur geworden sind, nicht vollends von der internationalen Produktvermarktung oder von den nationalen Leitkultur-Entwürfen vereinnahmen lassen.

Indem nicht nur Jugendliche mit Migrationshintergrund sich jugend-(sub-)kulturell via Selbst- und auch Fremdetikettierungen etwa durch häufige strukturelle und auch alltägliche Degradierungszeremonien, Diskriminierungen und Benachteiligungen (Schule, Jobsuche, Arbeitsplatz, Mobbing etc.) sowie qua Stilformen szenenspezifisch von anderen absetzen (bspw. auch qua trotziger Selbstorientalisierung etwa Sich-Selbst-Fremd-Machen oder qua religiös fundamentalistischer Einstellungen, die Zivilgesellschaft und Christentum dezidiert ablehnen), um nach innen verbindliche Zugehörigkeit und nach außen Grenzlinien, also Abgrenzung zu markieren, neigen sie nicht selten zu einer - die Regeln wechselseitiger Achtung verletzenden und den gesellschaftlichen Strukturveränderungen nicht Rechnung tragenden - quasi vormodernen ego- bzw. ethnozentrischen Gruppenhaltung, die die jeweils anderen kulturellen Ausdrucksmöglichkeiten zuweilen sogar aggressiv ausschließt. Kulturell-selbstgenügsame Gruppenbezogenheit bzw. die „Überhöhung der Eigengruppe" kann so gesehen durch Schließung bzw. Abgrenzung auf der einen Seite und Ausgrenzung auf der anderen Seite zu ethnozentrischem Abwehrverhalten gegenüber allen Nichtdazugehörigen, also gegenüber allen Fremden führen. Sie ist häufig genug Quelle und Ursache für verschiedene Vorurteile und vor allem für Fremdenangst und Fremdenfeindlichkeit gewesen.

Ethnozentrische Orientierungen zeichnen sich nicht nur bei Jugendlichen u.a. dadurch aus, dass wertende Stigmatisierungen und Diskriminierungen bis zur „systematischen Ausgrenzung anderer Menschen durchgesetzt" werden. Viele der heute jugendlich Ethnisierten sind um Anerkennung ringende Moslems und sogenannte gewaltbereite (manchmal aus Langeweile schlagende, raubende, dealende und erpressende) männliche Straßengangs, „Vorstadtgrizzis", „junge Haie" (Lehmann 2007, 3) und Trash-Kulturen, die in einem von Armut und ohne Arbeits- und Lebensperspektiven durchtränkten Milieu leben (müssen), wo das „Licht der Aufklärung quasi ausgeknipst" (Feridun Zaimoglu; in: Der Tagesspiegel vom 5. Oktober 2006, 25) ist. Hinzu kommt, dass für die Beurteilung anderer Jugendlicher andere entdifferenzierende, vornehmlich eindimensionale und allzu einfache Beurteilungen und Kriterien gelten als für einen selbst (Rieker 1997, 117).

Durch inneren und äußeren Druck kann eine Verrohung des Umgangstons und des Umgangs sowie das Verächtlichungsmachen und das Herabsetzen und Fertigmachen von Anderen, von Fremden, insbesondere von Jugendlichen mit Migrantenhintergrund vor allem jenseits der Hip-Hop-Szenen und jenseits der geschrumpften linksalternativen, ökologisch geprägten, christlich engagierten und frauenbewegten Milieus vielerorts und nicht nur in den neuen Bundesländern festgestellt werden. Toleranz- und Hemmschwellen und Gewissensregungen werden nicht eingehalten und abgebaut. Die Differenzierung und Pluralität der Jugendszenen führt in vielen Fällen gerade nicht zur gern propagierten kulturellen Bereicherung und Toleranz - zu einem gelingenden Umgang mit Differenz, Andersartigkeit und Unterschieden. Dieser Pluralismus führt auch nicht automatisch zu einer, in vielen Lebenskreisen mittlerweile weniger hochgeschätzten, kulturelle Einebnungen betreibenden, integrativen und auch nicht zu einer, in anderen Kreisen und Lebensmilieus mehr gewünschten - über die bereichernden kulinarischen Aspekte hinaus - multikulturellen Gesellschaft. So gesehen hat die beobachtbare jugendkulturelle Differenzierung auch nicht notwendig Liberalität, Verstehen, Akzeptanz und Geltenlassen von Andersartigem und Fremdheit zur Folge.

Es kommt gerade nicht immer zu einer Verabschiedung der Diskriminierung, Ethnisierung und Selbstethnisierung gesellschaftlicher Gruppen und Konflikte, obgleich die meisten Jugendlichen in den Anfängen des 21. Jahrhunderts mindestens in den alten Bundesländern viel stärker als noch vor einigen Jahrzehnten in einer vorgefundenen, durchmischten multi-ethnischen Gesellschaft mit weit über 10% Ausländeranteil und nahezu 20% der 82 Millionen Einwohner haben einen Migrationshintergrund (mit gelegentlichen und tagtäglichen Berührungen in Schule, Arbeit, öffentlichen Verkehrsmitteln und Discotheken, im Wohnbereich, im Supermarkt und auf der Straße) leben, aufgewachsen und sozialisiert worden sind. Der Anteil der Jugendlichen mit Migrationshintergrund beträgt inzwischen zirka 30% der gesamten Jugendlichen. Bei den Kindern ist der Migrationsanteil noch höher. In bestimmten städtischen Regionen ist die Zwei-Drittel-Grenze nahezu erreicht. Die Jugendlichen mit Migrationshintergrund leben trotz hohem Bildungs- und Armutsrisiko (15% der Migranten in der Schule ohne Schulabschluss, 43% ohne Berufsausbildung; im Gegensatz dazu die Nicht-Migranten 2% und 20%; vgl. auch Kapitel 9. 2 in diesem Band) mittlerweile mehr oder weniger integrationsbezogen in den ausdifferenzierten gesellschaftlichen Strukturen und den komplexen ein- und ausgeschlossenen sozialen Räumen der Mehrheitsgesellschaft.

9.18 Jugend ist eine jugendpolitisch vergessene Jugend

Während in sozialwissenschaftlichen und insbesondere in sozialkulturellen Zusammenhängen das Thema *Jugend* nicht zuletzt auf den Ebenen der Warenmärkte, der Werbung, der Mode, des Sports, der Musik, des Konsums sowie schließlich als Placebo für quasi Altersgruppen insbesondere via differenzierter Lebensstilformen Hochkonjunktur (Ferchhoff 1990; 1999; Brinkhoff/Ferchhoff 1990) hat, scheint in gesellschaftspolitischen, aber auch bildungspolitischen Kontexten seit den späten 80er Jahren kaum noch über - und wenn dann - seit den 90er Jahren bis in das neue Jahrtausend hinein nur noch ausbildungs-, arbeits-, armuts- (prekariats-) und pisa- oder rentenversicherungstechnisch über und/oder über gewalttätige und ausländer- und fremdenfeindliche - *Jugend* gesprochen zu werden. In der gegenwärtigen gesellschaftspolitischen Debatte ist (wenn überhaupt) neben einer Problembelastungs- eine Refamilialisierungs- bzw. eine De-Thematisierungstendenz zu beobachten. Die Beschäftigung mit Jugendpolitik ist trotz politisch verankerter institutionalisierter Jugendberichterstattung (auch für den Osten Deutschlands seit dem 9. Jugendbericht und trotz der im Zyklus von vier Jahren durchgeführten Shell-Jugendstudien) vor allem aufgrund der „Überalterung der Gesellschaft" ein tendenziell *weißer Fleck*. Die Politik ist immer noch, wie schon in der Shell Studie von (1997) konstatiert wurde, *jugendverdrossen*.

Seit den 90er Jahren des 20. Jahrhunderts hat der Anteil der Kinder und Jugendlichen vor allem in Deutschland angesichts der Reduzierung der Kinderzahl in den Familien und in allen Sozialmilieus an der Gesamtbevölkerung abgenommen. *Jugend* ist quasi zu einer Minderheit in der Gesellschaft geworden. Nur noch 15% (vor 100 Jahren waren es noch 50%) dieser Gesellschaft sind unter 18 Jahren. Möglicherweise werden die immer weniger werdenden Jugendlichen noch zu einer Kostbarkeit. Man wird ihnen in vielen Bereich noch hinterherlaufen. Nur wissen wir dies heute noch nicht einzuschätzen (vgl. Schirrmacher 2004). Neben diesen demographisch-bevölkerungsstatistischen Gesichtspunkten der Schrumpfung von Jugendlichen - Kinder und Jugendliche sind eine, bezogen auf die gesamte Bevölkerung, relativ kleine Gruppe geworden, dass sie einerseits Verwahrlosungs- und „Armutstendenzen ausgesetzt sind, und dass sie trotz der Verfügung über erstaunlich hohe materielle Ressourcen und trotz ihrer manchmal materiellen Überversorgung andererseits dennoch etwa angesichts mangelnder Bildung und Ausbildung (10% der heutigen Jugendlichen besitzen kein Äquivalent zum Hautschulabschluss und 20% bekommen keinen Ausbildungsplatz und keinen Job; Nannen/Lehmannn/Haferkamp 2005, 6) zu kurz kommen und an den gesellschaftlichen Rand gedrängt werden; (Schäfers 1992, 42) - ist vor allem das ehemals selbstverständliche gesellschaftliche Band von *Jugend*, kritischem Potential, Zukunft, Dynamik, Fortschritt, Revolte und gesellschaftlichem Wandel angerissen, ja, man kann auch sagen, zerrissen.

Auflehnung, Aufbegehren, Utopie, Optimismus, Rebellion und Protest, die immerhin die „Desiderate einer gesellschaftsverändernden Praxis" und eines gesellschaftlich-pädagogischen Optimismus aufbewahrten, gehörten privileggemäß zur *Jugend*. Sie war stets ein *Symbol für Zukunft* (Hornstein 1998, 37), eine „Art Avantgarde in Reserve, kraft ihres Alters" (Hartung 1993, 62). Die manchmal von vielen Seiten idealistisch und messianisch aufgewertete und erleuchtete, zuweilen aber auch nur die soziologisch nüchterne Vorstellung von *Jugend* als einem *Experimentierraum* und *produktiven Faktor sozialen Wandels* wird heute in dem Maße in Frage gestellt, wie die gesellschaftlichen Zukunfts-prophetien und Fortschritts- bzw. Rationalitätsutopien der globalisierten, postautoritären und eher entideologisierten postindustriellen Dienst-leistungsgesellschaft selbst zersetzt und entwertet werden.

Es handelt sich um eine nur noch politisch dahindümpelnde, gerontokratische, gegenwartsorientierte Gesellschaft mit vornehmlich neo-liberalen marktwirtschaftlichen Zügen, der nicht nur die Auseinandersetzung um gesellschaftliche Zukunftsfragen (Bewältigung von Wirtschafts- und Finanzkrise, Demokratisierung, Ökologisierung, vor allem mit Klimaschutz einer globalen und weltweiten Risikogesellschaft), sondern selbst die (kontrafaktische) Idee und Vorstellung eines gleichheitsbezogenen, ökonomisch gerechteren Lebens und einer humaneren

Gesellschaft jenseits neo-liberaler Perspektiven abhanden gekommen zu sein scheint.

9.19 Jugend ist (was die konventionelle Politik betrifft) parteien-, schon weniger politikverdrossen und so gesehen keine politikabstinente Jugend

Auch von großen Teilen der Jugendlichen selbst sind freilich ambivalente Anzeichen einer inhaltlich-praktischen Abkehr zumindest von dem konventionellen, institutionsbezogenen demokratischen Politikverständnis und den konventionellen partizipatorischen Politikformen zu beobachten, obgleich zumindest die Idee der Demokratie (etwa als alltagspraktische Lebensform, es gibt keine Alternativen) auf passive positive Resonanz stößt (Hurrelmann 1994a; 2004; Deutsche Shell 2002, 216) – allerdings im Jahre 2006 mit leicht abnehmender Tendenz. Eine allgemeine Entfremdung vom politischen System ist im Zusammenhang mit Verschlechterungen auf vielen anderen Gebieten, wie etwa der Arbeitsmarkt- und Beschäftigungssituation zu sehen. Auch die Sinnhaftigkeit von repräsentativer Politik ist vielen nicht (mehr) so ohne weiteres einsichtig. Es ist ein seit langem bekanntes Phänomen: Das Vertrauen in die öffentlichen Institutionen nimmt ab und Politik-abstinenz, Desinteresse an politischer Partizipation, Verbands-, Kirchen- und Vereinsabkehr sowie vor allem Parteien-, zuweilen auch Staatsverdrossenheit sind insbesondere bei männlichen Jugendlichen schon seit Jahren festzustellen.

Die Mehrheit der Jugendlichen nimmt gegenüber den abgehobenen Kartellen der (Parteien-)Politik, den Regierungsapparaten, den Gewerkschaften, Kirchen, Verbänden und gegenüber anderen bürokratischen Großorganisationen und anonymen Apparaten „eine gleichgültige oder bestenfalls wohlwollend distanzierte Haltung" (Baethge/Pelull 1993, 23) ein. Und dieser Prozess der tendenziellen *politischen Gleichgültigkeit* ist nun schon über einen Zeitraum von 20 Jahren zu beobachten. Man kann durchaus von einer Vertrauenskrise junger Menschen gegenüber solchen

Institutionen sprechen. Die traditionellen Instanzen der politischen Parteien und Repräsentanten sind für die Mehrheit der Jugendlichen keine „satisfaktionsfähigen Dialogpartner mehr" (Farin 1997c, 311; Palentien/Hurrelmann 1997, 19). Seit Jahren ist ein rückläufiges Interesse von Jugendlichen - freilich differenziert nach Bildungsgrad, Geschlecht, Region und Alter - an institutionalisierter Politik festzustellen, gleich-wohl in der letzten 15. Shell Jugendstudie aus dem Jahre 2006 qua Selbsteinschätzung das „Interesse an Politik" bei Jugendlichen (aber auch nur zirka ein Drittel der Jugendlichen) ein klein wenig – freilich auf sehr niedrigem Niveau - zugenommen haben soll (Shell Deutschland Holding 2006, 104). Eine wachsende Distanz von Jugendlichen zum politischen Geschehen und zu den dort handelnden Akteuren ist ausgemacht worden. Lange Zeit sprach man seit Mitte der 90er Jahre des 20. Jahrhunderts sogar jenseits der intellektuellen Milieus von einer Politikverdrossenheit" der Jugendlichen (Hoffmann/Lange 1995; Gille/Krüger 2000; Jugendwerk der Deutschen Shell 1997; 2000; Deutsche Shell 2002; Burdewick 2003; Shell Deutschland Holding 2006, 103ff.). Jugendliche gehen immer weniger zur Wahl, treten immer weniger in die Nachwuchsorganisationen der politischen Parteien, der Gewerkschaften, der Verbände - mit Ausnahmen auf niedrigem Niveau der Sportvereine, Feuerwehr und Rettungsdienste, Kirchengemeinden - ein. Sie wollen sich nicht ein für allemal festlegen, in diesem Sinne also keine (politischen) langfristigen Bindungen eingehen, kein kontinuierliches (politisches und soziales) Engagement zeigen und insbesondere keine dauerhaften Rücksichtsmaßnahmen zeigen und nur temporäre Verpflichtungen eingehen. Man engagiert sich nur, wenn es einem persönlich sicht- und erkennbar etwas bringt (Shell Deutschland Holding 2006, 130). Auch in diesem Zusammenhang können wir feststellen, dass alte politische und verbands- bzw. vereinsbezogene Milieu- und Organisations-einbindungen - inklusive die der konventionellen politischen Mitglied-schaft, der kollektiven Interessenvertretung und -durchsetzung sowie der Einsatzbereitschaft - sich enttraditionalisieren, während neue, eher dienstleistungsorientierte, den – gegenüber solidarisch-kollektiven Bezügen - individuellen Nutzen betonende, beweglich-kontingente, häufig auch konjunkturabhängige, fließende und variable (politische) Bindun-gen eine andere Qualität besitzen. Konventionelle Politikrituale der Beteiligung und politische Gremienarbeit in Parteien, Parlamenten und Regierungen werden als lebensweltlich entrückt, öde und folgenlos empfunden, die für situationsbezogne, individuelle Bewegungen und Bedürfnisse sowie für die tagtägliche soziale und politische Partizipation keinen oder nur wenig Raum lassen. Ob sich politisches Engagement noch lohnt, darüber wird zuweilen noch räsoniert und gestritten. Für viele Jugendliche ist allerdings klar: „Ändern kannst du sowieso nur wenig oder gar nichts". Zwar genießen nach wie vor unkonventionelle Initiativformen wie spontane soziale Aktionen oder gemeindebezogene Aktivitäten, Umweltschutzgruppen, Bürgerinitiativen, Selbsthilfegruppen, „Dritte-Welt"- oder adäquater: „Eine Welt-Initiativen" und Menschenrechts-organisationen sowie Antiglobalisierungsbewegungen wie Attac (Hurrel-mann 2004, 154f.) insbesondere von jungen Frauen Sympathie. Nur folgt daraus in seltenen Fällen direktes praktisches Engagement (vgl. Gille/Krüger 2000, 205ff.; Gille 2004, 48ff.). Man kann vielleicht allenfalls davon sprechen, dass es im Zuge einer heutigen globalisierten modernen Gesellschaft zu einer „Entwertung des traditionell Poltischen" und somit zu einer tendenziellen „Entgrenzung des Politischen" kommt. Die ehemals vorhandene Bindungsbereitschaft in konventionellen Organisationsstrukturen hat nachgelassen und eine eher „ungebundene vagabundierende politische Engagementbereitschaft" (Jugendwerk der Deutschen Shell 1997; Deutsche Shell 2002, 213ff.; Shell Deutschland Holding 2006, 48ff.; 448ff.) ist entstanden. Das Politische hat sich verlagert, ist in neue, ehemals unpolitische, lebensweltliche Räume vorgedrungen, so dass heute in politischen Kontexten etwa von „Subpolitik" (Beck), „vom Widerstand zum Kommerz" (Roth/Rucht 2000), von einer „Politik der Lebensstile oder von einer abgeschwächten Form des Protests - (sub-) kultureller Protest als „schwacher Dissens" (Paris 2000, 49ff.; Villànyi/ Witte 2004, 55ff.) - gesprochen wird. In einem solchen erweiterten und differenzierten, man kann auch sagen: eigenwilligen Politikverständnis werden normabweichende, symbolisch-expressive, außeralltägliche alltagskulturelle jugendliche Artikulationsformen und Inszenierungen zugelassen, die sich partikular und informell mit dem Vorzeigen und Zelebrieren einer abweichenden Identität begnügen - ohne, wie in allen traditionellen politischen Bewegungen, generalisierte normative Gegenentwürfe und generelle Utopien anzustreben oder einzufordern.

Immerhin deuten diese „Entgrenzungen des Politischen" darauf hin, dass Jugend, Politik und politisches Engagement anders, d. h., vor allem unbestimmbarer, ungewisser, spontaner, kultureller und alltagsweltlicher betrachtet wird. So gesehen ist es auch folgerichtig, dass Jugendliche sich nur dann politisch und sozial engagieren, wenn die Elemente. Lebensfreude, Erfolgsaussichten, Spaß, Party und Vergnügen auch subjektiv von den Beteiligten in Partizipationsprozessen empfunden werden. Denn Erfolgserlebnisse und befriedigende Lernerfahrungen können Lebensfreude bereiten und stimulieren. Denn selbst Demonstrationen, Mahnwachen, Sit-ins und all die anderen ehemals nicht ganz konventionellen Mittel der politischen Willens-äußerung waren und sind in den Augen vieler Jugendlicher so abgetreten, so wirkungslos, dass sie schon vor 10 Jahren in den späten 90er Jahren des 20. Jahrhunderts lieber gleich mit riesigen Wasserpistolen auf der Love Parade durch die Straßen feuerten.

Die pragmatische politische Sommer- oder Wochenendpicknickutopie, die sich viele heutige Jugendliche zusammenbasteln, besteht aus ambivalenten Hoffnungen und Enttäuschungen der letzten Jahrzehnte, wobei „Love, Peace and Unity" oder „One World - One Future" durchaus politischer erlebt werden können als drei „Kilo Parteiprogramm" (Spiegel, Heft 29/1996, 94). Selbst eine noch so gut gemeinte politisch-pädagogische Beschwörung von Bürgernähe, Netzwerken, Gemeinsinn, erneuerten Gemeinschaften und politisch-sozialem Engagement scheint nur begrenzt zu fruchten, wenn gängige politische Praxis erlebt wird mit Abgehobenheit, Undurchschaubarkeit, Kompetenzlosigkeit, Abzocken, „in die eigene Tasche wirtschaften", Daueraffären, -skandalen und -korruptionen.

Die Fassadenhaftigkeit, die Scheingefechte und die Unsinnigkeit vieler politischer Diskurse (hierarchische und technokratische Formen der Entscheidungsvorbereitung und -findung, wenig Transparenz im Rahmen von Entscheidungsprozessen, rigide Spielregeln des miteinander Umgehens, Pseudobeteiligung, -mitsprache und -mitbestimmung etc.) werden durchschaut und entlarvt. Partei-, Organisations- und Funktionärskarrieren werden nicht mehr im Medium von *Ochsentouren* um jeden Preis angestrebt.

Die neuen, in der Abspaltung des Öffentlichen vom Privaten liegenden Sozialbeziehungen Jugendlicher ohne politischen Überbau sind meistens noch nicht so massiv in die selbstperpetuierenden und eingeschliffenen Routinen, Gewohnheiten und Erstarrungstendenzen vieler Erwachsener eingebunden und lassen sich auch deshalb nicht so ohne weiteres in die vorhandenen, traditionell inflexiblen politischen und verbandsbezogenen Ordnungsvorstellungen und Organisationen einfügen. Lange Zeit sprach man im Zusammenhang von Jugend und Politik von eher aufmüpfigen, rebellischen und unkonventionellen politischen Haltungen, Beteiligungen, Aktionen und Protestformen. Es ging meistens um etwas anderes als um Provokation, ästhetische Botschaften und der Lust an Randale, die zweifellos auch in allen politischen Protestaktionen eine meistens unterschätzte Bedeutung hatten. Es ging um Autonomievorstellungen, bürgerliche Freiheitsrechte, um kommunikative Ansprüche, gerechte Teilhabe und Mitwirkung und um die Selbst-bestimmung und Selbstgestaltung von Dingen und Räumen. Obwohl nach wie vor die neuen sozialen Bewegungen relativ hohe, allerdings leicht abnehmende und diffuse Sympathiewerte bei vielen Jugendlichen aufweisen, findet eine konkrete Mitarbeit kaum statt. Die verschiedenen, zumeist antihierarchischen und basisbezogenen Aktionsformen zeich-neten und zeichnen sich bis heute aus durch verschwommene, antitheo-retisch-diskursabstinente, situationsbezogene, unkalkulierte und *unge-zielte* Provokationen oder auch durch gezielt-inszenierte Ironisierungen im Sinne der Spaß-Guerillas. Spontaneität, Unberechenbarkeit und zeitliche Befristung herrschen vor. Politisch bevorzugt werden nicht selten individuelle Wiegerungen (bspw. Nichtwählen). Persönlich-emotionale Betroffenheit und Sehnsüchte werden eingebracht, und auch Emotionen sowie manieristisch-narzisstische Selbstgenüsse werden nicht immer im Medium des eigentlich kalte Rationalität ausstrahlenden Poli-tischen unterdrückt. Zur Schau getragen wird zuweilen eine inszenierte, idealisierte und engagementlose Coolness, die mit tiefer innerer Skepsis und entkollektivierter Gleichgültigkeit einhergehen kann. Schließlich hat man gelegentlich durchaus Sympathie für Umweltfragen und für die ökologische *Gruppe bzw. für die ein oder andere Selbsthilfe- und Netzwerkinitiative*, ist selbstredend *gegen Obdachlosigkeit, gegen Unterdrückung und Ausbeutung* und für eine adäquate therapeutische und pädagogische „Betreuung von Drogenabhängigen und Aids-Kranken etc. Politisches Lebensmotto: *Lass den Regenwald und die Wale leben, Trenn Deinen Müll, Fahr Fahrrad*, zumindest wenn kein Auto zur Verfügung steht, usw., ohne z. B. bei Robin Wood, Greenpeace; Attac oder Amnesty International mitzumachen.

Insgesamt gesehen scheint heute der größte Teil der Jugendlichen, sofern er sich nicht in neuen, inzwischen weitverbreiteten religiösen, weltanschaulichen und politischen, vornehmlich neonazistischen bzw. rechtsextremistischen Fundamentalismen ergeht, im traditionellen Sinne politisch desengagiert, distanziert, gleichgültig und im traditionellen Sinne auch entpolitisiert und politikverdrossen. Man kann auch sagen, dass die alten politischen kategorialen Zuordnungen versagen (Rucht/ Roth 2000, 299). Die meisten Jugendlichen tummeln sich jenseits der Familie, Schule, Arbeitsstätte und jenseits des abnehmenden traditionellen Vereins-, Politik- und Verbandslebens entweder medial-öffentlich auf den Pisten, Laufstegen und in den Szenen der Eigeninszenierung (ob Snowboarder, Skater, Gothic-Fan, Umweltaktivist, Feministin, Technofan, Punkmusiker, Hip-Hop-DJ, Jungpublizist, Jung-wissenschaftler etc.) oder sie ziehen sich pragmatisch und lautlos in die vielen kleinen, nicht immer nur wärmespendenden idyllischen, vor allem besitzindividualistischen und konkurrenzbezogenen Nischen des Halböffentlichen und Privaten mit starken, aber stets ambivalenten Individualisierungsoptionen zurück. Lebensmotto beim Persönlichkeitsmarketing: „Be yourself". Egokult und solidarischer Bezüge sind wie Individualität und Altruismus für viele Jugendliche keine prinzipiellen Gegensätze mehr (vgl. Farin 1998, 207). Wer es gewohnt ist, sich im Alltag von Fast food zu ernähren, von anstrengungslosen, leichtlebigen hübschen Kurz-Zeit-

Superstars, Lifestyle-Vorbildern und von schnellen Wergwerf-Produkten und Bildfolgen befriedigt zu werden, der möchte auch Politik, wenn überhaupt, mit Instant-Effekt und Sofort-Service; weiß aber gleichzeitig, dass dies mit dem Eintauchen in virtuelle (Tele- und Ersatz-)Welten nicht geht und backt zwangsläufig ganz pragmatisch *kleine Brötchen*. Andere setzen sich dezidiert in einer Art Politik für das Netz für die Bewohner digitaler Welten ein, setzen jenseits von Raubkopien auf eine positive Akzentuierung der Piratenwelle als Piratenpartei und spielen mit basisdemokratischen Strukturen und einem Freibeuterimage in den Internet-Welten. Wiederum Andere vertreten in ihrem politischen Alltag Forderungen nach *human correctness. Lebe vegan, esse keine Tiere, sei kein Rassist, meide Gewalt, sei mein(e) Freund(in)*. Vor allem ökologisch korrektes Verhalten von Konzernen wird nicht mehr oder nur durch Demonstrationen und langwieriges Engagement in Bürgerinitiativen, sozialen Bewegungen oder Parteien angeklagt, sondern im Medium von „No logo!"(Naomi Klein) bspw. durch Boykottierung bestimmter Markenprodukte und Label, die die sozialen und ökologischen Standards von Markenartikelherstellern verletzen, also „durch selbstbewusstes Verbraucherverhalten an der Ladenkasse durchgesetzt" (Farin 1997c, 311; Klein 2001; 2002, 253ff.; Roth 2002, 27).

Es gibt zweifellos auch eine globalisierungskritische Bewegung, die die offenkundigen Schattenseiten und Krisen der Globalisierung spätestens seit dem G-8-Gipfel der Staatschefs vor 6 Jahren in Genua über Heiligendamm bis zu den letzten G-8-Gipfeln in Straßburg im Jahre 2009 und in Toronto 2010 gegen die *heimliche Weltregierung* mit Attac an der Spitze protestierend anprangerte. Bei Attac selbst klang und klingt immer noch ein jugendbewegtes Pathos mit, das im gesamten 20. Jahrhundert an der Gestaltbarkeit der Welt festhielt. Attac trat zwar noch in solche Fußstapfen, verstand und versteht sich aber auf- und abgeklärter als die missionarischen - „Mit uns zieht die neue Zeit" (Koebner/Janz/Trommler 1985) - bürgerlichen und proletarischen, faschistischen und sozialistischen Jugendbewegungen in der ersten Hälfte des 20. Jahrhunderts und auch entschieden anders als die sogenannten „Ein-Punkt-Bewegungen" in den siebziger Jahren (Anti-Atomkraft-Bewegung) oder die Friedensbewegung in den achtziger Jahren gegen die Raketenstationierung in Europa. Mit dem Slogan: „Eine andere Welt ist möglich" erarbeitete Attac auf lokaler und überregionaler Ebene phantasievoll, nicht immer spektakulär, aber mit lebenspraktisch wirksamen Engagement und politischer Standfestigkeit in einer Art „ökonomischer Alphabetisierung" (Bourdieu) Alternativen gegen den wissenschaftlichen Mainstream, gegen ökonomisch puristische Konzepte der multinationalen Großkonzerne, die „unsere De-facto-Weltregierung" sind (Naomi Klein; vgl. Hagelüken 2001, 23), gegen die übermächtige „neoliberale Gebetsmühle" von den vermeintlichen Sachzwängen des globalen Weltmarkts auf immer mehr Politikfeldern. Darüber hinaus kommt es „Jahr für Jahr auf dem Weltsozialforum, wo sich Hunderttausende aus aller Welt treffen", im kenianischen Nairobi, im „brasilianischen Porto Alegre, im indischen Bombay, in Caracas (Venezuela) oder im malischen Bamako. .... Man begegnet Aktivisten von „Via Campesina", der Landlosenbewegung, die auch gegen die Produktion genetisch modifizierter Nahrungsmittel durch transnationale Konzerne kämpft. Man trifft Repräsentanten indigener Völker, die ihren Lebensraum gegen die Inbesitznahme durch Konzerne verteidigen." (Altvater 2006, 23). Gleichwohl scheint in der allerletzten Zeit auch das globalisierungskritische Netzwerk Attac in einer politischen Krise zu stecken. Auch hier sind - eingedenk des Situationsbezugs, der Partikularität, Spezifität und Diffusität der Protestaktionen sowie der tendenziellen Beliebigkeit der Themen wie in anderen politischen Kontexten - Ermüdungserscheinungen, Aufweichungstendenzen, Attrak-tivitätsmängel und Mitgliederschwund zu beobachten.

Ein nicht einmal geringer Teil von insbesondere weiblichen Jugendlichen bewirbt sich jedes Jahr - zuweilen sogar vergeblich - um einen Freiwilligendienst etwa beim *Freiwilligen Sozialen Jahr,* beim *Freiwilligen Ökologischen Jahr* oder beim *Europäischen Freiwilligendienst.* Hier ist der Wunsch nach Selbstverwirklichung, aber auch das Bedürfnis, etwas Sinnvolles für andere und für eine überschaubare Gemeinschaft zu tun, gleichermaßen ausgeprägt. Die Erfahrung des Gebrauchtwerdens bei der Übernahme von Verantwortung und Verpflichtungen in wirtschaftlichen, sozialen, kulturellen und umweltbezogenen Bereichen bspw. im Kontext der Begegnung mit anderen Lebenswelten und anderen Arbeitszusammenhängen können wichtige, attraktive und Freude bereitende politische Lernerfahrungen sein (Manifest Jugend und Gemeinschaft 1998, 13).

Wiederum andere erkennen in der Vergeblichkeit allen Bemühens, weil alle Regeln, Konventionen und Tabus schon einmal gebrochen worden sind, keinen Grund zur Auflehnung, zum Protest und zur Rebellion.

Kleine, aber größer werdende Minderheiten von Jugendlichen sympathisieren vor allem - allerdings nicht nur in den neuen Bundesländern - mit erlebnis- und eventorientierten rechtsextremis-tischen Lifestyles (Kameradschaften, Zusammenhalt in unsicheren Zeiten, Konzerten, Sonnenwendfeiern, Demonstrationen etc.) national-populistischen, ausländerfeindlichen Einstellungen und mit der alltäglichen Gewaltbereitschaft in rechtsgerichteten Jugendszenen. Viele Bereiche der politischen Alltagskultur - Musik, Treffpunkte, Mode, Aktionen etc. - sind im Osten Deutschlands dominiert von den rechten, zum Teil militanten Jugendkulturszenen mit eindeutigen - gegen Ausländer, gegen Bunthaarige, Homosexuelle, Intellektuelle und linke Zecken - chauvinistischen, antisemitistischen und rassistischen Wertvorstellungen (Schröder 1997; Wagner 1995; Farin 2001, 195ff., Glaser/Pfeiffer 2007)). Noch anderen bleibt nur noch vor dem Hintergrund des Mangels an Utopien und Visionen eine berauschende *Partypartizipation* (so etwa wenn mehr als 5.000 Partyfans, die sich nicht kannten, sich im Juni 2009 online im Internet verabredeten und eine Beachparty: neudeutsch Flashmob genannt, auf der Insel Sylt feierten und dort erhebliche Irritationen auslösten), eine erlebnisintensive, stilisierte und auf „unmittelbare Sinnlichkeit" (Paris 2000, 60) zielende vergnügungsorientierte Ironisierung von Kritik und Politik, indem sie sich von der Idee der Heilsgewissheit und der Utopie-Kritik befreien und im Medium entweder des Rausches und der Ekstase oder des abgeklärten, quasi zynischen *Lobs der Gleichgültigkeit* alles loben und alles *super gut* oder besser: *super geil* finden - weil im „Duktus der Diskussionen" alles gesagt und im Duktus des traditionellen, aber auch des alternativen politischen Protests nahezu alle Register der kategorialen Zuordnung bemüht und auch politisch praktisch aus-probiert worden sind. Am Anfang ist der *politisch alternative* und *kreative Undergrond*, dann kommen die *Zoobesucher, Billigflieger* und *Touristen* und am Ende kommt es zur *Gentrifizierung*

Literatur

Abels, H. (1993): Jugend vor der Moderne. Soziologische und psychologische Theorien des 20. Jahrhunderts, Opladen

Abelshauser, W. (2004): Deutsche Wirtschaftsgeschichte seit 1945, München

Adam, K. (1989): Wer Zeit hat, macht sich verdächtig. Zwischen Arbeitsgesellschaften und Freizeitparadies. In: Frankfurter Allgemeine Zeitung vom 1. April, Bilder und Zeiten, S. I

Adam, K. (1998): Flucht aus dem großen Arbeitshaus. Ökonomie, Erwerbsleben und technischer Fortschritt: Die alten Rezepte taugen nicht mehr. In: Frankfurter Allgemeine Zeitung vom 28. März, Bilder und Zeiten, S. I

Albrecht, H. (1995): Auf zu neuen Horizonten. Die Computer-Revolution verändert die Arbeitswelt. In: Spiegel spezial, Abenteuer Computer. Elektronik verändert das Leben, Heft 3, S. 21-22

Albrecht, R. (1990): Differenzierung – Pluralisierung - Individualisierung. Hinweise auf neue Vergesellschaftstendenzen in der bundesdeutschen Gesellschaft. In: Neue Praxis, 20. Jg., Heft 5, S. 448-455

Allerbeck, K. R./Hoag, W. J. (1985): Jugend ohne Zukunft?, München-Zürich

Altvater, E. V. (2006): Mühlen der Ebenen. Wenn G 8 Gipfel ist, tritt Attac in die Öffentlichkeit. Was macht die Bewegung der Globalisierungskritiker sonst eigentlich?. In: Der Tagesspiegel vom 17. Juli, S. 23

Arbeitsgemeinschaft Burg Waldeck e.V. (Hg.) (2005): Die Waldeck. Lieder, Fahrten, Abenteuer. Die Geschichte der Burg Waldeck von 1911 bis heute, Potsdam

Arbeitsgruppe Bielefelder Jugendforschung (1990): Das Individualisierungs-Theorem. Bedeutung für die Vergesellschaftung von Jugendlichen. In: Heitmeyer, W./Olk, Th. (Hg.): Individualisierung von Jugend. Gesellschaftliche Prozesse, subjektive Verarbeitungsformen, jugendpolitische Konsequenzen, Weinheim-München, S. 11-34

Arnu, T. (1995): Die Bewegung der Swing-Heinis. Musikalische Machtergreifung: Jazz im Dritten Reich. In: Süddeutsche Zeitung am Wochenende. Feuilleton-Beilage vom 11/12. November, S. 10.

Assheuer, Th (1998): Der Kult des Banalen. Verona Feldbusch, Helmut Kohl und Guildo Horn geben der Kulturkritik schwere Rätsel auf. Was hat die Popkultur mit Politik und der allgemeinen Nonsens mit dem Kapitalismus zu tun?. In: Die Zeit vom 7. Mai, S. 45-46

Aufmuth, U. (1979): Die Wandervogelbewegung unter soziologischem Aspekt, Göttingen

Ausubel, D. (1976): Das Jugendalter. Fakten, Probleme, Theorie, München

Baacke, D. (1987): Jugend und Jugendkulturen, Weinheim-München

Baacke, D. (1988): Wechselnde Moden. Stichwörter zur Aneignung eines Mediums durch Jugend. In: Baacke, D. et. al.: Jugend und Mode, Opladen, S. 11-65

Baacke, D. (1989a): Jugend. In: Lenzen, D. (Hg.): Pädagogische Grundbegriffe, Reinbek, S. 799-807

Baacke, D. (1991): Die 13- bis 18jährigen. Einführung in Probleme des Jugendalters, Weinheim-Basel (5. überarbeitete und ergänzte Auflage)

Baacke, D. (1993): Jugend und Jugendkulturen. Darstellung und Deutung, Weinheim-München (2. überarbeitete Auflage)

Baacke, D. (1993a): „Jugendkultur - sprachlos?", Manuskript Bielefeld

Baacke, D. (1997): Medienpädagogik, Tübingen

Baacke, D. (1998): Neue Ströme der Weltwahrnehmung und kulturelle Ordnung. In: Baacke, D. (Hg.): Handbuch Jugend und Musik, Opladen, S. 29-57

Baacke, D. (1999): Jugend und Jugendkulturen. Darstellung und Deutung, Weinheim-München (3. überarbeitete Auflage)

Baacke, D. (2004): Jugend und Jugendkulturen. Darstellung und Deutung. Weinheim/München (4. Auflage)

Baacke, D./Ferchhoff, W. (1993): Jugend, Kultur und Freizeit. In: Krüger, H.-H. (Hg.): Handbuch der Jugendforschung, Opladen, S. 403-445

Baacke, D./Ferchhoff, W. (1994): Soziologische Analysen zum Subkulturkonzept. In: Handlung. Kultur. Interpretation. Bulletin für Psychologie und Nachbardisziplinen, 3. Jg., Heft 5, S. 152-193

Baacke, D./Ferchhoff, W. (1995): Von den Jugendsubkulturen zu den Jugendkulturen. Der Abschied vom traditionellen Jugendsubkulturkonzept. In: Forschungsjournal Neue Soziale Bewegungen, 8. Jg., Heft 2, S. 33-46

Baacke, D./Sander, U./Vollbrecht, R. (1993): Kinder und Werbung, Opladen

Bäcker, G. (1990): Armut im Land ist nützlich, damit sich Leistung wieder lohnt. In: Frankfurter Rundschau vom 24. Oktober, S. 10-11

Baethge, M. (1985): Individualisierung als Hoffnung und als Verhängnis. Aporien und Paradoxien der Adoleszenz in spätbürgerlichen Gesellschaften oder: die Bedeutung der Subjektivität. In: Lindner, R./Wiebe, H.-H. (Hg.): Verborgen im Licht. Neues zur Jugendfrage, Frankfurt/Main, S. 98-122

Baethge, M. (1988): Jugend und Gesellschaft - Jugend und Arbeit. In: Benseler, F. et al. (Hg.): Risiko Jugend. Leben, Arbeit und politische Kultur, Münster, S. 28-38

Baethge, M./Hantsche, B./Pelull, W./Voskamp, U. (1988): Jugend: Arbeit und Identität, Opladen

Baethge, M./Pelull, W. (1993): Zwischen Individualisierung und Solidarisierung. Entwicklungstendenzen im Verhältnis von Jugendlichen zur Erwerbsarbeit und zu den Gewerkschaften. In: Linne, G./Pelull, W. (Hg.): Jugend: Arbeit und Interessenvertretung in Europa. Befunde aus der Jugendforschung und gewerkschaftlichen Praxis, Opladen, S. 17-40

Baethge, M./Schomburg, H./Voskamp, U. (1983): Jugend und Krise - Krise aktueller Jugendforschung, Frankfurt/Main-New York

Bartels, G. (2010): Bass muss sein. Die Loveparade wird es nicht mehr geben - aber Techno dominiert heute die Popkultur. In: Der Tagesspiegel vom 29. Juli, S. 25

Baumann, Z. (1992): Moderne und Ambivalenz. Das Ende der Eindeutigkeit, Hamburg

Baumann, Z. (2003): Flüchtige Moderne, Frankfurt/Main

Barz, H.: (1992): Religion ohne Institution? Jugend und Religion. Eine Bilanz der sozialwissenschaftlichen Jugendforschung, Opladen

Beck, U. (1986): Risikogesellschaft. Auf dem Weg in eine andere Moderne, Frankfurt/Main

Beck, U. (1988): Gegengifte. Die organisierte Unverantwortlichkeit, Frankfurt/Main

Beck, U. (1993): Vom Verschwinden der Solidarität. Individualisierung der Gesellschaft heißt Verschärfung sozialer Ungleichheit. In: Süddeutsche Zeitung vom 14./15. Februar

Beck, U. (1993a): Die Erfindung des Politischen, Frankfurt/Main

Beck, U. (1997): Kinder der Freiheit: Wider das Lamento über den Werteverfall. In: Beck, U. (Hg.): Kinder der Freiheit, Frankfurt/Main, S. 9-33

Beck, U. (1997a): Die uneindeutige Sozialstruktur: Was heißt Armut, was Reichtum in der 'Selbst-Kultur'?. In: Beck, U./Sopp, P. (Hg.): Individualisierung und Integration. Neue Konfliktlinien und neuer Integrationsmodus?, Opladen, S. 183-197

Beck, U. (1997b) : Die uneindeutige Sozialstruktur: Was heißt Armut, was Reichtum in der 'Selbst-Kultur'?. In: Beck, U./Sopp, P. (Hg.): Individualisierung und Integration. Neue Konfliktlinien und neuer Integrationsmodus?, Opladen, S. 183-197

Beck, U. (1997b): Ursprung als Utopie: Politische Freiheit als Sinnquelle der Moderne. In: Beck, U. (Hg.): Kinder der Freiheit, Frankfurt/Main, S. 382-401

Beck, U. (1997c): Demokratisierung der Familie. In: Beck, U. (Hg.): Kinder der Freiheit, Frankfurt/Main, S. 195-216

Beck, U. (1997d): Was ist Globalisierung? Irrtümer des Globalismus - Antworten auf Globalisierung

Beck, U. (1998): Fragen, überall nur Fragen. Aber was für Fragen! Ulrich Beck über rechts und links, über Demokratie in den Zeiten der Globalisierung und über Frauen in der Münchener Kneipenszene. In: Frankfurter Rundschau vom 6. Juli, S. 9

Beck, U. (1998a): Tunnel am Ende des Lichts. Die Zukunft der Arbeit III: Neofeudale Dienstbotengesellschaft. In: Süddeutsche Zeitung vom 3. Juli, S. 11

Beck, U. (2004): Der kosmopolitische Blick, Frankfurt/Main

Beck, U. (2006): Generation des Weniger. In: Der Spiegel, Nr. 31 vom 31. Juli, S. 50-51

Beck, U. (2007): Schöne neue Arbeitswelt, Frankfurt/Main

Beck, U./Beck-Gernsheim, E. (1993): Nicht Autonomie, sondern Bastelbiographie. Anmerkungen zur Individualisierungsdiskussion am Beispiel des Aufsatzes von Günter Burkart. In: Zeitschrift für Soziologie, 22. Jg., Heft 3, S. 178-187

Beck, U./Beck-Gernsheim, E. (1994): Individualisierung in modernen Gesellschaften - Perspektiven und Kontroversen einer subjektzentrierten Soziologie. In: Beck, U./Beck-Gernsheim, E. (Hg.): Riskante Freiheiten, Frankfurt/Main, S. 10-39

Beck, U./Beck-Gernsheim, E. (2007): Generation global und die Falle des methodologischen Nationalismus. Für eine kosmopolitische Wende in der Jugend- und Generationssoziologie. In: Sander, U./Villányi, D./Witte, M. (Hg.): Globale Jugend und Jugendkulturen, Weinheim-München, S. 55-74

Beck, U./Bonß, W. (1984): Soziologie und Modernisierung. Zur Ortsbestimmung der Soziologie. In: Soziale Welt, 35. Jg., Heft 4, S. 381-406

Beck, U./Giddens, A./Lash, S. (1996): Reflexive Modernisierung. Eine Kontroverse, Frankfurt/Main

Becker, G. (1993): Religionsunterricht in der allgemeinbildenden Schule. In: Der Evangelische Erzieher. Zeitschrift für Pädagogik und Theologie, 45. Jg., Heft 2, S. 154-169

Becker, G./Simon, T. (Hg.) (1995): Handbuch aufsuchende Jugend- und Sozialarbeit, Weinheim-München

Becker, H./Eigenbrodt, J./May, M. (1984): Pfadfinderheim, Teestube, Straßenleben. Jugendliche Cliquen und ihre Sozialräume, Frankfurt/Main

Bell, D. (1972): Die nachindustrielle Gesellschaft, Frankfurt/Main-New York.

Berg, Ch. (1991): Wandel der Kindheit in der Industriegesellschaft. In: Neue Sammlung, 31. Jg., Heft 3, S. 411-435

Berg, K./Kiefer, M.-L. (Hg.) (1987): Massenkommunikation III. Eine Langzeitstudie zur Mediennutzung und Medienbewertung 1964-1985, Frankfurt/Main

Berger, P. A. (1987): Klassen und Klassifikationen. In: Kölner Zeitschrift für Soziologie und Sozialpsychologie, 39. Jg., Heft 1, S. 59-85

Berger, P. A. (1996): Individualisierung. Statusunsicherheit und Erfahrungsvielfalt, Opladen

Berger, P. A. (1997): Individualisierung und sozialstrukturelle Dynamik. In: Beck, U./Sopp, P. (Hg.): Individualisierung und Integration. Neue Konfliktlinien und neuer Integrationsmechanismus?, Opladen, S. 81-95

Berger, P. A./Hradil, St. (1990): Die Modernisierung sozialer Ungleichheit. In: Dieselben (Hg.): Lebenslagen, Lebensläufe, Lebensstile, Soziale Welt, Sonderband 7, Göttingen, S. 3-26

Berger, P. A./Vester, M. (1998): Einleitung in: Alte Ungleichheiten - Neue Spaltungen In: Dieselben (Hg.): Alte Ungleichheiten - Neue Spaltungen, Opladen, S. 9-30

Berger, P. L./Berger, B./Kellner, H. (1975): Das Unbehagen in der Modernität, Frankfurt/Main

Bergmann, W. (1995): Heimisch zwischen Schock und Trance. Die neuen Kinder brauchen andere Lehrer. Der deutsche Idealismus hat sich überholt. Wird die Pädagogik vom Computer bestimmt?. In: Die Zeit vom 8. September, S. 35

Bergmann, W. (2010): Geheimnisvoll wie der Himmel sind Kinder. Was Eltern von Jesus lernen können, München

Bernhardt, U./Ruhmann, I. (1998): Die Informationsgesellschaft ist keine Jobmaschine. Trotz der Dynamik im Medien- und Telekommunikationsmarkt werden die ökonomischen Erwartungen nicht erfüllt. In: Frankfurter Rundschau vom 5. Januar, S. 10

Bette, K.-H. (1989): Körperspuren. Zur Semantik und Paradoxie moderner Körperlichkeit, Berlin-New York

Betz, H.-G. (1997): Globalisierung und Neopopulismus. In: Newsletter Nr. 7; Heft 1, Forschungsnetzwerk für ethnisch-kulturelle Konflikte, Rechtsextremismus und Gewalt, Universität Bielefeld, Institut für interdisziplinäre Konflikt- und Gewaltforschung, Bielefeld. S. 18-28

Bias-Engels, S. (1988): Zwischen Wandervogel und Wissenschaft. Zur Geschichte von Jugendbewegung und Studentenschaft 1896-1920, Köln

Bilden, H. (1989): Geschlechterverhältnis und Individualität im gesellschaftlichen Umbruch. In: Keupp, H./Bilden, H. (Hg.): Verunsicherungen. Das Subjekt im gesellschaftlichen Wandel, Göttingen-Toronto-Zürich, S. 19-46

Bilden, H./Diezinger, A. (1994): Individualisierte Jugendbiographie? Zur Diskrepanz von Anforderungen, Ansprüchen und Möglichkeiten. In: Zeitschrift für Pädagogik, 30. Jg., Heft 2, S. 191-207

Bilden, H./Diezinger, A. (1993): Historische Konstitution und besondere Gestalt weiblicher Jugend - Mädchen im Blick der Jugendforschung. In: Krüger, H.H. (Hg.): Handbuch der Jugendforschung, Opladen, S. 201-222

Binder, E. (2002): Der lange Kauf zu mir selbst. Wie die Inszenierung der Shopping-Kultur unser Verhalten verändert hat. In: Der Tagesspiegel vom 15. Dezember, S. 7

Blasberg, A. (2006): Tod eines DJ. Mit der Generation Techno durchlebte Markus Löffel alias Mark Spoon die Exzesse der Neunziger. Daran starb er. In: Die Zeit vom 30. März, S. 68

Bloemke, R. (1996): Roll over Beethoven. Wie der Rock`n`Roll nach Deutschland kam, St. Andrä Wördern

Blücher, V. Graf (1966): Die Generation der Unbefangenen, Düsseldorf-Köln

Blüher, H. (1976): Wandervogel 1-3. Geschichte einer Jugendbewegung. (Quellen und Beiträge zur Geschichte der Jugendbewegung, Band 10), Frankfurt/Main (Original 1912/1913)

Böhme, H. (2006): Fetischismus und Kultur. Eine andere Theorie der Moderne, Reinbek

Böhme, H. (2006a): Der Ball der Göttin. In: Die Zeit vom 10. August, S. 33

Boehncke, H. (1996): Von Jesuslatschen zu Springerstiefeln. In: Kemper, P. (Hg.): Handy, Swatch und Party-Line. Zeichen und Zumutungen des Alltags, Frankfurt/Main-Leipzig, S. 223-233

Böhnisch, L. (1988): Jugend und Konsum: Konsum total?. In: Sozialwissenschaftliche Information, 17. Jg., Heft 3, S. 148-151

Böhnisch, L. (1992): Sozialpädagogik des Kindes- und Jugendalters. Eine Einführung, Weinheim-München

Böhnisch, L (1997): Sozialpädagogik der Lebensalter. Eine Einführung, Weinheim-München

Böhnisch, L./Blanc, K. (1989): Die Generationenfalle. Von der Relativierung der Lebensalter, Frankfurt/Main

Böhnisch, L./Müller, H.-U. (1989): Lebenslage, Lebensbewältigung und familiales Generationenverhältnis bei Jugendlichen und jungen Erwachsenen im Stadt-Land-Vergleich. In: Bertram, H./Borrmann-Müller, R./Hübner-Funk, S./Weidacher, A. (Hg.): Blickpunkt Jugend und Familie. Internationale Beiträge zum Wandel der Generationen, Weinheim-München, S. 303-329

Böhnisch, L./Schefold, W. (1985): Lebensbewältigung. Soziale und pädagogische Verständigungen an den Grenzen der Wohlfahrtsgesellschaft, Weinheim-München

Böpple, F./Knüfer, R. (1996): Generation XTC. Techno und Ekstase, Berlin

Bohle, H.-H. (1983): Jugend und Lebenschancen: Bedingungen und Verarbeitungsmuster strukturell erschwerter Integration. In: Neue Praxis, 13. Jg., Heft 3, S. 235-255

Bohle, H.-H. (1998): Faszination und Skepsis soziologischer Einblicke in jugendliche und deviante Lebenswelten. In: Soziologische Revue, 21. Jg., S. 323-329

Bohnsack, F. (1991): Veränderte Jugend - veränderte Schule? In: Bohnsack, F./Nipkow, K. E.: Verfehlt die Schule die Jugendlichen und die allgemeine Bildung?, Münster, S. 9-55

Bohnsack, R./Loos, P./Schäffer, B./Städtler, K./Wild, B. (1995): Die Suche nach Gemeinsamkeit und die Gewalt der Gruppe. Hooligans, Musikgruppen und andere Jugendcliquen, Opladen

Bolte, K. M./Voß, G. G. (1988): Veränderungen im Verhältnis von Arbeit und Leben. Anmerkungen zur Diskussion um den Wandel von Arbeitswerten. In: Reyer, L./Kühl, J. (Hg.): Arbeitsmarkt und Berufsforschung und Politik. Festschrift für Dieter Mertens. Beitr.AB. 111, Nürnberg, S. 72-93

Bolz, A./Griese, H. M. (Hg.) (1995): Deutsch-deutsche Jugendforschung, Weinheim-München

Bolz, N. (2004): Bildungsfernsehen aus dem Dschungel. So tief das Niveau der deutschen TV-Unterhaltung auch gesunken ist – sie schult die soziale Intelligenz. In: Der Tagesspiegel vom 31. Oktober, S. 30

Bolz, N. (2006): Lob des Lobens. Schwarzrotgold als Party-Dekor: Fußballdeutschland und seine neue Religion der Freude. In: Der Tagesspiegel vom 6. Juli, S. 21

Bondy, C. (1929): Die deutsche Jugendbewegung. In: Nohl, H./Pallat, L. (Hg.): Handbuch der Pädagogik, Band 5: Sozialpädagogik, Langensalza, S. 114-129

Bourdieu, P. (1982): Die feinen Unterschiede. Kritik der gesellschaftlichen Urteilskraft, Frankfurt/Main

Brettschneider, W.-D./Brandl-Bredenbeck, H. P. (1997): Sportkultur und jugendliches Selbstkonzept. Eine interkulturell vergleichende Studie über Deutschland und die USA, Weinheim-München

Breuer, H. (1910): Das Teegespräch. In: Wandervogel, 5. Jg., S. 31-38

Breuer, H. (1913): Herbstschau 1913. Plus ultra. In: Wandervogel, 8. Jg., S. 282-285

Breyvogel, W. (2002): Provokation und Aufbruch der westdeutschen Jugend in den 50er und 60er Jahren. Konflikthafte Wege der Modernisierung der westdeutschen Gesellschaft in der frühen Bundesrepublik. In: Herrmann, U. (Hg.): Protestierende Jugend. Jugendopposition und politischer Protest in der deutschen Nachkriegsgeschichte, Weinheim-München, S. 445-459

Breyvogel, W. (2005): Jugendkulturen im 20. Jahrhundert. Ein Überblick. In. Derselbe (Hg.): Eine Einführung in Jugendkulturen. Veganismus und Tattoos, Wiesbaden, S. 9-68

Brinkhoff, K.-P. (1992): Zwischen Verein und Vereinzelung. Jugend und Sport im Individualisierungsprozeß, Schorndorf

Brinkhoff, K.-P. (1998): Sport und Sozialisation im Jugendalter. Entwicklung, soziale Unterstützung und Gesundheit, Weinheim-München

Brinkhoff, K.-P./Ferchhoff, W. (1990): Jugend und Sport. Eine offene Zweierbeziehung, Osnabrück-Zürich

Brose, H.-G./Hildenbrand, B. (Hg.) (1988): Vom Ende des Individuums zur Individualität ohne Ende, Opladen

Brumlik, M. (Hg.) (2007): Vom Missbrauch der Disziplin. Antwort der Wissenschaft auf Bernhard Bueb, Weinheim-Basel

Buba, H. (1996): Entwicklungsverläufe in der Postadoleszenz und Ablösung vom Elternhaus. In: Silbereisen, R. K./Vaskovics, L. A./Zinnecker, J. (Hg.): Jungsein in Deutschland. Jugendliche und junge Erwachsene 1991 und 1996, Opladen, S. 349—365

Bucher, P/Bonfadelli, H. (2007): Jugendliche mit und ohne Migrationshintergrund. Gemeinsamkeiten und Unterschiede im Umgang mit Medien. In: Mikos, D./Hoffmann, D./Winter, R. (Hg.): Mediennutzung, Identität und Identifikation. Die Sozialisationsrelevanz der Medien im Selbstfindungsprozess von Jugendlichen, Weinheim-München, S. 223-245

Buchholz, K./Latocha, R./Peckmann, H./Wolbert, K. (Hg.) (2001): Die Lebensreform. Entwürfe zur Gestaltung von Leben und Kunst um 1900, Band I und Band II, Darmstadt

Buchmann, M. (1989): Subkulturen und gesellschaftliche Individualisierungsprozesse. In: Kultur und Gesellschaft: Verhandlungen des 24. Deutschen Soziologentags, des 11. Österreichischen Soziologentags und des 8. Kongresses der Schweizerischen Gesellschaft für Soziologie in Zürich; hrsgg. im Auftrag der Deutschen, der Österreichischen und der Schweizer Gesellschaft für Soziologie von Haller, M./Hoffmann-Nowotny, H.-J./Zapf, W.; Frankfurt/Main-New York, S. 627-638

Bude, H. (1987): Deutsche Karrieren, Lebenskonstruktionen sozialer Aufsteiger aus der Flakhelfer-Generation, Frankfurt/Main

Bude, H. (1999): Von Machern und Halbstarken. Die Bundesrepublik und ihre Generationen. In: Die Zeit, Nr. 21 vom 20. Mai, S. 14

Bueb, B.: (2006): „Lob der Disziplin" - eine Streitschrift, Berlin

Büchner, P. u. a. (1998): Teenie-Welten. Aufwachsen in drei europäischen Regionen, Opladen

von Bühler, J. Ch. (1990): Die gesellschaftliche Konstruktion des Jugendalters. Zur Entstehung der Jugendforschung am Beginn des 20. Jahrhunderts, Weinheim

Büsser, M. (2007): Das Zeitgeistgewitter: „Live Earth" macht den Klimawandel heute zum Spektakel. Völker hört das Banale! Globaler Wohlfühl-Aktivismus: Al Gore treibt die Allianz von Pop und Politik auf die Spitze. In: Der Tagesspiegel vom 7. Juli, S. 21

Buntrock, T./Leber, S. (2006): Brutal im Trend. Immer mehr Jugendliche beteiligen sich am „Happy Slapping": Prügelorgien, die mit dem Handy gefilmt werden. In: Der Tagesspiegel vom 10. März, S. 10

Burdewick, I. (2003): Jugend - Politik - Anerkennung. Eine qualitativ empirische Studie zur politischen Partizipation 11-18jähriger, Bonn

Burkart, W./K.ohli, M. (1989): Ehe und Elternschaft im Individualisierungsprozeß. Bedeutungswandel und Milieudifferenzierung. In: Zeitschrift für Bevölkerungswissenschaft, 15. Jg., Heft 4, S. 405-426

Cachay, K. (1988): Perspektiven der künftigen Entwicklung von Sportvereinen und Sportverbänden. In: Digel, H. (Hg.): Sport im Verein und im Verband. Historische, politische und soziologische Aspekte, Schorndorf, S. 219-233

Calmbach, M. (2007): More than Music. Einblicke in die Jugendkultur Hardcore, Bielefeld

Casaty, R. (2006): Unerwünschte Kundschaft. Fußballerfrauen, Neonazis und Soapstars: Wenn Modelabels nicht rechtzeitig steuern, wer ihre Sachen kauft, bekommt ein Problem. In: Süddeutsche Zeitung vom 2./3. September, Wochenende, S. V

Castells, M. (2000): Der Aufstieg der Netzwerkgesellschaft, Opladen

Cohen, Ph. (1985): Die Jugendfrage überdenken. In: Lindner, R./Wiebe, H.-H. (Hg.): Verborgen im Licht. Neues zur Jugendfrage, Frankfurt/Main, S. 22-92

Cohen, St. (1972): Folk Devils an Moral Panics. The Creation of Mods and Rockers, London

Coleman, J. S. (1961): The Adolescent Society, New York

Coleman, J. S. (1984): Eine neue Theorie der Adoleszenz. In: Olbrich, E./Todt, E. (Hg.): Probleme des Jugendalters, Berlin, S. 49-67

Conti, Ch. (1984): Abschied vom Bürgertum: Alternative Bewegungen in Deutschland von 1890 bis heute, Reinbek

Cyprian, G. (1994): Familiensoziologie: „Familiale Aufgaben und Leistungen – Lebens- und Entfaltungsmöglichkeiten der 'modernen' Familie". In: Familienreport 1994. Bericht der Deutschen Nationalkommission für das internationale Jahr der Familie 1994, Bonn, S. 105-115

Dahrendorf, R. (2002): Anmerkungen zur Globalisierung. In: Kemper, P./Sonnenschein, U. (Hg.): Globalisierung im Alltag, Frankfurt/Main, S. 13-25

Der Spiegel (2009): Wie die Freundeszentralen im Netz das soziale Leben verändern. In: Der Spiegel, Heft 10, S. 118-131.

Deutsche Shell (Hg.) (2002): 14. Shell Jugendstudie. Jugend 2002. Zwischen pragmatischem Idealismus und robustem Materialismus, Frankfurt/Main

Deutscher Werkbund e.V./Württembergischer Kunstverein (Hg.) (1986): Schock und Schöpfung: Jugendästhetik im 20. Jahrhundert, Buch zur gleichnamigen Ausstellung, Darmstadt-Neuwied

Dilthey, W. (1883): Einführung in die Geisteswissenschaften, Leipzig

Dittmar, N. (2006): „Üsch mach düsch Messer". Zwischen türkischem Kraftdeutsch und Berliner Schnauze. Von Lust und Last der Sprachenvielfalt. In: Der Tagesspiegel vom 17. Juni, S. 25

Doderer, K.: (Hg.) (1988): Zwischen Trümmern und Wohlstand. Literatur der Jugend 1945-1960, Weinheim-Basel

Döbert, R. (1978): „Sinnstiftung ohne Sinnsystem? Die Verschiebung des Reflexionsniveaus im Übergang von der Früh- zur Spätadoleszenz und einige Mechanismen, die vor möglichen Folgen schützen" In: Fischer, W./Marhold, W. (Hg.): Religionssoziologie als Wissenssoziologie, Stuttgart

Domansky, E. (1986): Politische Dimensionen von Jugendprotest und Generationenkonflikt in der Zwischenkriegszeit in Deutschland. In: Dowe, D. (Hg.): Jugendprotest und Generationenkonflikt in Europa im 20. Jahrhundert. Deutschland, England, Frankreich und Italien im Vergleich, Bonn, S. 113-137

Dornbusch, Ch./Raabe, J./Speit, A. (2002): Synergie-Effekte. Bewegungen zwischen Schwarzer Szene und braunem Spektrum. In: Speit, A. (Hg.): Ästhetische Mobilmachung. Dark Wave, Neofolk und Industrial im Spannungsfeld rechter Ideologien, Hamburg-Münster, S. 195-230

Dotzauer, G. (2004): Gegensätze ziehen sich um. Die Devise heißt: Schwul macht cool. Aber die Auflösung der Geschlechtergrenzen ist reine Augenwischerei. In: Der Tagesspiegel vom 7. August, S. 21

Draws, S. (2010): Jugendkulturelle Lebensentwürfe am Beispiel der Straight Edge-Philosophie, Bochum (unveröffentlichte Diplomarbeit)

Dreher, E./Dreher, M. (1985): Wahrnehmung und Bewältigung von Entwicklungsaufgaben im Jugendalter: Fragen, Ergebnisse und Hypothesen zum Konzept einer Entwicklungs- und Pädagogischen Psychologie des Jugendalters. In: Oerter, R. (Hg.): Lebensbewältigungen im Jugendalter, Weinheim, S. 30-60

Drolshagen, E. D. (1996): Körperkunstwerke: Bodybuilding, Stretching, Shaping. In: Kemper, P. (Hg.): Handy, Swatch und Party-Line. Zeichen und Zumutungen des Alltags, Frankfurt/Main-Leipzig, S. 249-262

Dudek, P. (1990): Jugend als Objekt der Wissenschaften. Geschichte der Jugendforschung in Deutschland und Österreich, Opladen

Dudek, P. (1993): Geschichte der Jugend. In: Krüger, H.-H. (Hg.): Handbuch der Jugendforschung, Opladen, S. 305-331

Dudek, P. (1996): Von der „Entdeckung der Jugend" zur „Geschichte der Jugend". In: Dietz, B./Lange, U./Wahle, M. (Hg.): Jugend - zwischen Selbst- und Fremdbestimmung. Historische Jugendforschung zum rechtsrheinischen Industriegebiet im 19. und 20. Jahrhundert, Bochum, S. 15-42

Dworschak, M. (2010): Internet. Null Blog. In: Der Spiegel, Heft 31, S. 120-123

Ebertz, M. (1995): Die Erosion der konfessionellen Biographie. In: Wohlrab-Sahr, M. (Hg.): Biographie und Religion. Zwischen Ritual und Selbstsuche, Opladen, S. 155-180

Eckert, R. (1989): Sozialer Wandel und das Verhältnis der Generationen. In: Bertram, H./Borrmann-Müller, R./Hübner-Funk, S./Weidacher, A. (Hg.): Blickpunkt Jugend und Familie. Internationale Beiträge zum Wandel der Generationen, Weinheim-München, S. 41-67

Eckert, R./Reis, C./Wetzstein, T. A. (2000): „Ich will halt anders sein wie die anderen!" Abgrenzung, Gewalt und Kreativität bei Gruppen Jugendlicher, Opladen

Eisenberg, G./Gronemeyer, R. (1993): Jugend und Gewalt. Der neue Generationenkonflikt oder der Zerfall der bürgerlichen Gesellschaft, Reinbek

Eisenstadt, J. N. (1966): Von Generation zu Generation. Altersgruppen und Sozialstruktur, München

El-Nawab, S. (2007): Skinheads, Gothics, Rockabillies. Gewalt, Tod & Rock`n Roll, Berlin

Epstein, J. S. (1998): Introduction: Generation X, Youth Culture, and Identity. In: Epstein, J. R. (Ed.): Youth Culture: Identity in a Postmodern World, Massachusetts-Oxford, S. 1-23

Erikson, E. H. (1973): Identität und Lebenszyklus, Frankfurt/Main

Ewert, O. (1983): Entwicklungspsychologie des Jugendalters, Stuttgart

Farin, K. (Hg.) (1996): Skinhead - A Way of Life. Eine Jugendbewegung stellt sich dar, Hamburg

Farin, K. (1997): Urban Rebels. Die Geschichte der Skinheadbewegung. In: Farin, K. (Hg.): Die Skins. Mythos und Realität, Berlin, S. 9-68

Farin, K. (1997a): „In Walhalla sehen wir uns wieder ...". In: Farin, K. (Hg.): Die Skins. Mythos und Realität, Berlin, S. 213-243

Farin, K. (1997b): Mutter Coca Cola statt Vater Marx. Jugend und Zivilgesellschaft. In: deutsche jugend, 45. Jg., Heft 7-8, S. 309-314

Farin, K. (1998): Ein anderer Blick: Alternative und oppositionelle Jugendkulturen der 90er Jahre. In: Breyvogel, W. (Hg.): Stadt, Jugendkulturen und Kriminalität, Bonn, S. 198-208

Farin, K. (1999): Die Gothics - Interviews-Fotografien, Bad Tölz

Farin, K. (2001): generation kick. de. Jugendsubkulturen heute, München

Farin. K. (2005): Wie politisch sind Jugendkulturen heute? So schlimm wie bei den alten Griechen. In: Das Parlament vom 31. Oktober, S. 5

Farin, K./Seidel-Pielen, E. (1993): Skinheads, München

Farkas, W. (1997): Blindtext der brennt. Von der Schwierigkeit, über Jugendkultur zu schreiben. In: Süddeutsche Zeitung vom 19. Februar

Faulstich, W. (Hg.) (2005): Die Kultur der 80er Jahre. Kulturgeschichte des 20. Jahrhunderts, München

Feilzer, H. (1971): Jugend in der mittelalterlichen Ständegesellschaft, Wien

Fellmann, M. (2008): Macht doch, was ihr wollt! Früher konnte man die jungen Leute wenigstens noch einordnen: Sie waren Hippies, Popper, Punker oder Raver. Heute fragt man sich: Warum gibt es keine großen Jugendbewegungen mehr? In: Süddeutsche Zeitung Magazin Nr. 14 vom 4. April 2008, S. 11-17

Fend, H. (1988): Sozialgeschichte des Aufwachsens. Bedingungen des Aufwachsens und Jugendgestalten im zwanzigsten Jahrhundert, Frankfurt/Main

Fend, H. (1989): Zur Sozialgeschichte des Aufwachsens. In: Deutsches Jugendinstitut, Jahresbericht 1988, München, S. 157173

Ferchhoff, W. (1984): „Jugend" und „Neue soziale Bewegungen" - Neue Arbeits-, Sinn- und Lebensorientierungen. In: Religionspädagogische Beiträge, Heft 14, S. 72-101

Ferchhoff, W. (1985): Zur Differenzierung und Pluralisierung von Lebenszusammenhängen bei Jugendlichen. In: Baacke, D./Heitmeyer, W. (Hg.): Neue Widersprüche. Jugendliche in den achtziger Jahren, Weinheim-München, S. 46-85

Ferchhoff, W. (1986): Zur Differenzierung qualitativer Sozialforschung. Mit einem Vergleich qualitativer und quantitativer Jugendforschung. In: Heitmeyer, W. (Hg.): Interdisziplinäre Jugendforschung. Fragestellungen, Problemlagen, Neuorientierungen, Weinheim-München, S. 215-244

Ferchhoff, W. (1988): Der postmoderne Abschied vom Mythos Jugend. In: Universitas, 43. Jg., Heft 9, S. 1001-1018

Ferchhoff, W. (1990): Jugendkulturen im 20. Jahrhundert. Von den sozialmilieuspezifischen Jugendsubkulturen zu den individualbezogenen Jugendkulturen, Frankfurt/Main-Bern

Ferchhoff, W. (1990a): Jugendbewegung und Jugendforschung. In: Melzer, W./Ferchhoff, W./Neubauer, G. (Hg.): Jugend in Israel und in der Bundesrepublik. Sozialisationsbedingungen im Kulturvergleich, Weinheim-München, S. 224-246

Ferchhoff, W. (1991): Anything goes? Jugendkulturen der neunziger Jahre. In: Universitas, 46. Jg., Heft 541, Juli, S. 639-651

Ferchhoff, W. (1991a): Jugendliche im Individualisierungsprozeß. Zur Lage der Jugend in den 90er Jahren. In: Archiv für Wissenschaft und Praxis der sozialen Arbeit, 22. Jg., Heft 3, S. 161-177

Ferchhoff, W. (1993): Jugend an der Wende zum 20. Jahrhundert. Lebensformen und Lebensstile, Opladen

Ferchhoff, W. (1994): Ein Kaleidoskop zur Jugend in den 90er Jahren. In: Thema Jugend. Zeitschrift für Jugendschutz und Erziehung, Heft 3, S. 2-4

Ferchhoff, W. (1995): Jugendkulturelle Individualisierungen und (Stil)differenzierungen in den 90er Jahren. In: Ferchhoff, W./Sander, U./Vollbrecht, R. (Hg.): Jugendkulturen. Faszination und Ambivalenz. Einblicke in jugendliche Lebenswelten, Weinheim-München, S. 52-66

Ferchhoff, W. (1997): Soziologische Analysen zum Strukturwandel der Jugend und Jugendphase. Veränderte Erziehungs- und Sozialisationsbedingungen in Familie, Schule, Beruf, Freizeit und Gleichaltrigengruppe an der Wende zum 21. Jahrhundert. In: Kind. Jugend. Gesellschaft, 42. Jg., Heft 3, S. 65-81

Ferchhoff, W. (1997a): Pluralisierte Lebensstile von Jugendlichen zwischen Armut und Reichtum. In: Huster, E.-U. (Hg.): Reichtum in Deutschland. Die Gewinnung der sozialen Polarisierung, Frankfurt/Main-New York, S. 217-260

Ferchhoff, W. (1999): Jugend an der Wende vom 20. zum 21. Jahrhundert. Lebensformen und Lebensstile, Opladen

Ferchhoff, W. (2000): Jugendkulturen 2000, Berlin

Ferchhoff, W. (2000a): Die „Jugend" der Pädagogik. In: Sander, U./Vollbrecht, R. (Hg.): Jugend im 20. Jahrhundert, Neuwied-Kriftel-Berlin, S. 32-74

Ferchhoff, W. (2002): Jugend und Mode. In: Willems, H. (Hg.): Die Gesellschaft der Werbung. Kontexte und Texte. Produktionen und Rezeptionen. Entwicklungen und Perspektiven, Wiesbaden, S. 383-397

Ferchhoff, W. (2003): Aufwachsen heute: Lebensbedingungen, -situationen und verändertes Kommunikationsverhalten von Kindern und Jugendlichen zu Beginn des 21. Jahrhunderts. In: von Schnakenburg, R. (Hg.): Internationale Arbeit an der Evangelischen Fachhochschule Rheinland-Westfalen-Lippe, Denken und Handeln, Band 49, S. 29-62

Ferchhoff, W. (2005): Gesellungsformen, Kulturen und Praxen von Jugendlichen. In: Hafeneger, B. (Hg.); Subjektdiagnosen. Subjekt, Modernisierung und Bildung, Schwalbach/Ts., S. 111-134

Ferchhoff, W. (2005a): Musikalische Jugend(sub)kulturen. In: Oerter, R/Stoffer, Th. H. (Hg.): Enzyklopädie der Psychologie, Serie VII, Musikpsychologie, Band 2, Spezielle Musikpsychologie, Göttingen-Bern-Toronto-Seattle, S. 411-460

Ferchhoff, W. (2006): Wandervogel, Jugend und Jugendkultur. In: Faulstich, W. (Hg.): Das Erste Jahrzehnt, Kulturgeschichte des 20. Jahrhunderts, München, S. 117-133

Ferchhoff, W. (2006a): Jugendkulturen im 21. Jahrhundert. In: deutsche jugend, 54. Jg., Heft 3, S. 126-134

Ferchhoff, W. (2007): Jugend und Jugendkulturen im 21. Jahrhundert. Lebensformen und Lebensstile, Wiesbaden

Ferchhoff, W. (2007a): Geschichte globaler Jugend und Jugendkulturen. In: Sander, U./Villányi, D./Witte, M. (Hg.): Globale Jugend und Jugendkulturen, Weinheim-München, S. 25-52

Ferchhoff, W. (2008): Neue Trends in der Jugendforschung. Jugendkulturen zwischen Globalisierung und Individualisierung, in: Kindheit, Jugend, Sozialisation. Freiburger Geschlechter Studien, Band 22, Freiburg, S. 127-154

Ferchhoff, W. (2009): Mediensozialisation in Gleichaltrigengruppen. In: Vollbrecht, R./Wegener, C. (Hg.): Handbuch Mediensozialisation. Wiesbaden 2009, S. 192-200

Ferchhoff, W. (2009a): Jugendkulturen in der NS-Zeit. In: Faulstich, W. (Hg.): Die Kultur der 30er und 40er Jahre. Kulturgeschichte des 20. Jahrhunderts, München, S. 71-89

Ferchhoff, W. (2011): Posttraditionale Vergemeinschaftung. In: Otto, H.-U./Thiersch, H. (Hg.): Handbuch der Sozialarbeit/Sozialpädagogik (4. Auflage), München (im Erscheinen)

Ferchhoff, W./Baacke, D. (1995): Jugendkulturen und Stile In: Österreichische Zeitschrift für Geschichtswissenschaft, 6. Jg., Heft 4, S. 505-530

Ferchhoff, W./Hugger, K.-U. (2010): Zur Genese und zum Bedeutungswandel von Gleichaltrigengruppen - Lokale, de-lokalisierende und virtuelle Tendenzen. In: Hugger, K.-U. (Hg.): Digitale Jugendkulturen, Wiesbaden, S. 89-101

Ferchhoff, W./Neubauer, G. (1989): Jugend und Postmoderne. Analysen und Reflexionen über die Suche nach neuen Lebensorientierungen, Weinheim-München

Ferchhoff, W./Neubauer, G. (1996)): Jugendkulturelle Stile und Moden zwischen Selbstinszenierung, Stilzwang und (Konsum-)Vereinnahmung.. In: Mansel, J./Klocke, A. (Hg.): Die Jugend von heute. Selbstanspruch, Stigma und Wirklichkeit, Weinheim-München, S. 32-52

Ferchhoff, W./Neubauer, G. (1997): Patchwork-Jugend. Eine Einführung in postmoderne Perspektiven, Opladen

Ferchhoff, W./Olk, Th. (Hg.) (1988): Jugend im internationalen Vergleich. Sozialhistorische und sozialkulturelle Perspektiven, Weinheim-München

Fetscher, C. (2006): Verbale Attacken. Unser Sprechen wirkt auf Leib und Seele. Forscher auf den Spuren verletzender Rede. In: Der Tagesspiegel vom 15. November, S. 27

Finkielkraut, A. (1989): Die Niederlage des Denkens, Reinbek

Fogt, H. (1982)): Politische Generationen. Empirische Bedeutung und theoretisches Modell, Opladen

Frank, Th. (1997): The Conquest of Cool, Business Culture, Counterculture and the Rise of Hip Consumerism, University Press, Chicago

Fourastié, J. (1954): Die große Hoffnung des 20. Jahrhunderts, Köln (3. Auflage)

Fricke, H./Groß, Th. (1995): Den Spirit weitergeben. Qo vadis, Love Parade?. In: taz vom 7. Juli, S. 11

Frith, S. (1981): Jugendkultur und Rockmusik. Soziologie der englischen Musikszene, Reinbek

Fritzsche, K. P. (1998): Die Stressgesellschaft, München

Frobenius, E. (1927): Mit uns zieht die neue Zeit. Eine Geschichte der deutschen Jugendbewegung, Berlin

Fuchs, M. (1992): Jugend, Jugendkultur und Gesellschaft. Rahmenbedingungen von Jugendkulturarbeit, Remscheid

Fuchs, W. (1983): Jugendliche Statuspassage oder individualisierte Jugendbiographie?. In: Soziale Welt, 34. Jg., Heft 3, S. 341-371

Fuchs, W./Fischer, C. (1989): Aerobic, Bodybuilding, Jogging. Ein neues Sinnmuster in der jugendlichen Alltagskultur?. In: Brettschneider, W.-D./Baur, J./Bräutigam, M. (Hg.): Sport im Alltag von Jugendlichen, Schorndorf, S. 160-178

Gabriel, K. (1990): Von der „vordergründigen" zur „hintergründigen" Religiosität: Zur Entwicklung von Religion und Kirche in der Geschichte der Bundesrepublik. In: Hettlage, R. (Hg.): Die Bundesrepublik. Eine historische Bilanz, München, S. 255-275

Gäbler, B. (2007): Mit Mut und Grazie. Warum das Multitalent Hape Kerkeling so viel sanfte Heiterkeit gelingt. In: Der Tagespiegel vom 18. Februar, S. 34

Gaiser, W./Gille, M./de Rijke, J./Sardei-Biermann, S. (2005): Zur Entwicklung der Politischen Kultur bei deutschen Jugendlichen in West- und Ostdeutschland. In: Merkens, H./Zinnecker, J. (Hg.): Jahrbuch Jugendforschung, 5. Ausgabe, Wiesbaden, S. 163-198

Giddens, A. (1995): Konsequenzen der Moderne, Frankfurt/Main

Giesecke, H. (1981): Vom Wandervogel bis zur Hitlerjugend, Jugendarbeit zwischen Politik und Pädagogik. München

Gille, M. (2004): Mädchen und Politik: Gibt es einen weiblichen Blick auf Politik und politisches Engagement?. In: Heinrich, G. (Hg.): Jugend und Politik – Verdrossenheit? Rostocker Informationen zu Politik und Verwaltung, Heft 20, Universität Rostock. Institut für Politik- und Verwaltungswissenschaften, S. 33-54

Gille, M./Krüger, W. (Hg.) (2000): Unzufriedene Demokraten. Politische Orientierung der 16-29jährigen, Opladen

Gillis, J. R. (1980): Geschichte der Jugend. Tradition und Wandel im Verhältnis der Altersgruppen und Generationen in Europa in der zweiten Hälfte des 18. Jahrhunderts bis zur Gegenwart, Weinheim-Basel

Glaser, S./Pfeiffer, Th. (Hg.) (2007): Erlebniswelt Rechtsextremismus. Menschenverachtung mit Unterhaltungswert, Schwalbach/Ts.

Goebel, J./Clermont, Ch. (1997): Die Tugend der Orientierungslosigkeit, München

Görke, A. (2008): Die Farbschicht und ihre Züge. Graffiti-Sprüher: Sie observieren nächtelang, wann der Wachmann seine Runden dreht, wo die Lichtschranken sind, die Bewegungsmelderund die Kameras. Und wenn alles stimmt, krabbeln sie aus dem Dunkel auf die Bahnsteige wie Krebse an Land. Manchmal ist am Morgen danach ein Mensch tot. In: Der Tagesspiegel vom 13. Dezember, S. 3

Graf, R. (2006): „ICool". „Wir sind so jung, so falsch, so umgetrieben", Reinbek

Greffrath, M. (1998): Freizeit, die sie meinen. Die Zukunft der Arbeit II: Was verbirgt sich hinter dem Plädoyer für einen „Dritten Sektor"?. In: Süddeutsche Zeitung vom 24. Juni, S. 13

.Greverus, I.-M. (1995): Anthropologische Horizonte zwischen Glückssuche und dem Prinzip Collage. Ist das anthropologische Prinzip Hoffnung verloren? In: Kaschuba, W. (Hg.): Kulturen –Identitäten - Diskurse. Perspektiven Europäischer Ethnologie, Berlin, S. 186-209

Griese, H. M. (1982): Sozialwissenschaftliche Jugendtheorien, Weinheim-Basel

Griese, H. M. (1997): „Jugend" in der „post-modernen Gesellschaft" - ein Widerspruch?. In: Kind, Jugend, Gesellschaft, 42. Jg., Heft 1, S. 5-10

Griese, H. M. (2000): Personale Orientierungen im Jugendalter – Vorbilder und Idole. In: Sander, U./Vollbrecht, R. (Hg.): Jugend im 20. Jahrhundert, Neuwied-Berlin, S. 211-253

Griese, H. M. (2000a): Jugend(sub)kulturen und Gewalt. Analysen, Materialien, Kritik. Soziologische und pädagogische Beiträge. In: Pilz. G. (Hg.): (Lit Reihe: Sport-Gewalt-Gesellschaft Band 2), Münster

Griese, H. M. (2000b): Jugendsubkulturen: Facetten, Probleme und Diskurse. In: Roth, R./Rucht, D. (Hg.): Jugendkulturen, Politik und Protest. Vom Widerstand zum Kommerz?, Opladen, S. 37-47

Griese, H. M./Mansel, J. (2003): Jugendtheoretische Diskurse. In: Mansel, J./Griese, H. M./Scherr, A. (Hg.): Theoriedefizite der Jugendforschung. Standortbestimmung und Perspektiven, Weinheim-München, S. 11-30

Grimm, J./Grimm, W. (1984): Deutsches Wörterbuch (L-Mytisch, Band 12), München, DTV, Nachdruck

Grob, M. (1985): Das Kleidungsverhalten jugendlicher Protestgruppen in Deutschland im 20. Jahrhundert am Beispiel des Wandervogels und der Studentenbewegung, Münster

Grober, U. (2001): Packt euern Rucksack leicht! So viel Jugend war nie. Vor 100 Jahren wurde in Steglitz bei Berlin der Wandervogel gegründet. Eine historische Spurensuche. In: Die Zeit, Nr. 45 vom 31 Oktober, S. 45

Gross, P. (1999): Ich-Jagd. Ein Essay, Frankfurt/Main

Großegger, B./Heinzlmaier, B. (2002): Jugendkultur Guide, Wien

Gründel, G. (1932): Die Sendung der jungen Generation. Versuch einer umfassenden revolutionären Sinndeutung der Krise, München

Grundmann, M. (2004): Aspekte einer sozialisationstheoretischen Fundierung der Jugendforschung. In: Hoffmann, D./Merkens, H. (Hg.): Jugendsoziologische Sozialisationstheorie. Impulse für die Jugendforschung, Weinheim-München, S. 17-34

Guggenberger, B. (1985): Leben um zu arbeiten? Zur Relativierung des Stellenwertes der Arbeit. In: Brun, R. (Hg.): Erwerb und Eigenarbeit. Dualwirtschaft in der Diskussion, Frankfurt/Main, S. 11-26

Guggenberger, B. (1986): „Liebt, was Euch kaputtmacht!" Intimität und Identität. „Postmoderne" Tendenzen in der Jugendkultur. In: Aus Politik und Zeitgeschichte, B 40/41/86, vom 3. Oktober, S. 3-20

Guggenberger, B. (1989): Schönheit ist alles - alles andere zählt nicht. In Frankfurter Allgemeine Zeitung vom 9. Dezember, Bilder und Zeiten, S. I-II

Guggenberger, B. (2002): Digitale Neonomaden. In: Kemper, P./Sonnenschein, U. (Hg.): Globalisierung im Alltag, Frankfurt/Main, S. 34-38

Habermas, J. (1985): Die Neue Unübersichtlichkeit. Kleine politische Schriften V, Frankfurt/Main

Hackensberger, A./Herrmann, O. (1997): Techno-DJ's. Die Maschinisten der Gefühle. In: Zeitmagazin, Heft 22

Häusler, A. (2002): Szene, Stil, Subkultur oder Bewegung? In: Dornbusch, Ch./Raabe, J. (Hg.): RechtsRock. Bestandsaufnahme und Gegenstrategien, Münster, S. 263-286

Häußermann, H./Siebel, W. (1995): Dienstleistungsgesellschaften, Frankfurt/Main

Hagelüken, A. (2001): Die Globalisierung und ihre Kritiker. Ist der Kapitalismus Ursache oder Therapie wirtschaftlicher Probleme? Die Wut wächst. Trotz nie gekannten Wohlstandes eskaliert der Protest gegen die weltweite Expansion der Marktwirtschaft. In: Süddeutsche Zeitung vom 1./2. September, S. 23

Hall, G. St. (1904): Adolescence. Its Psychology and its Relations to Physiology, Anthropology, Sociology, Sex, Crime, Religion and Education, 2 Bände, New York

Hallmayer, P. (1993): Der Abschied vom Designer-Body. In: Der Tagesspiegel vom 17. Juli, S. 17

Hallsson, F. (1997): Im 'Schatten' der Globalisierung. Neue reale inter-ethnische Integrationsmodelle. In: Newsletter Nr. 7; Heft 1, Forschungsnetzwerk für ethnisch-kulturelle Konflikte, Rechtsextremismus und Gewalt, Universität Bielefeld, Institut für interdisziplinäre Konflikt- und Gewaltforschung, Bielefeld, S. 29-49

Handke, S. (2007): Wo ich bin, ist unten oben. In: Der Tagesspiegel vom 25. August, S. 21

Handschuh-Heiß, St. (1996): Von Muskelspielen und Titanenkämpfen. Körper, Kostüme und Klamauk. In: Hartmann, H. H./Haubl, R. (Hg.): Freizeit in der Erlebnisgesellschaft. Amüsement: Zwischen Selbstverwirklichung und Kommerz, Opladen, S. 167-198

Hartmann, H. A. (1996): The Thrilling Fields oder: Bis ans Ende - und dann noch weiter. Über extreme Outdoor Activities. In: Hartmann, H. H./Haubl, R. (Hg.): Freizeit in der Erlebnisgesellschaft. Amüsement: Zwischen Selbstverwirklichung und Kommerz, Opladen, S. 67-94

Hartung, K. (1993): Der Untergang der Jugend. In: Die Zeit, Nr. 38 vom 17. September, S. 62

Hartung, M. J./Schmitt, C. (2008): Die effizienten Idealisten: In: Die Zeit vom 4. September, S. 50

Hasselmann, M. (2006): Völker, hört die Fanale! Wie die Band Laibach auf ihrer neuen CD das „Lied der Deutschen" und andere Nationalhymnen unterwandert. In: Der Tagesspiegel vom 7. Dezember, S. 26

Haubl, R. (1998): Des Kaisers Neue Kleider? Struktur und Dynamik der Erlebnisgesellschaft. In: Allmer, H./Schulz, N. (Hg.): Erlebnissport - Erlebnis Sport, Brennpunkte der Sportwissenschaft, St. Augustin, S. 5-27

Havighurst, R. J. (1972): Developmental Tasks and Education, New York

Hecht, M. (1997): Gruppe 4711. Die Subkultur schmückt sich mit den Insignien des Biedersinns. In: Süddeutsche Zeitung vom 11. September, S. 8

Hein, P. U. (1984): Protestkultur und Jugend. Ästhetische Opposition in der Bundesrepublik, Münster

Heinz, W. R./Lappe, L. (1998): Strukturwandel der Arbeit - Orientierungswandel der Jugend?. In: Diskurs, Heft 1, S. 4-9

Heinz, W. R. (1988): Selbstsozialisation und Arbeitsmarkt. Jugendliche zwischen Modernisierungsversprechen und Beschäftigungsrisiken. In: Das Argument, Heft 168, S. 198-207

Heisig, K. (2010): Das Ende der Geduld - Konsequenzen gegen jugendliche Gewalttäter, Freiburg

Heitmeyer, W. (1997): Verlockender Fundamentalismus, Frankfurt/Main

Heitmeyer, W. (1998): Wenn junge Deutsche Ehre und Tradition mit Gewalt zurückholen. Ist der rückständige Rechtsextremismus zukunftsträchtig?/Über die Bedingungen der Politisierung und Entpolitisierung Jugendlicher. In: Frankfurter Rundschau vom 18. Dezember, S. 18

Heitmeyer, W. (Hg.) (2002-2006): Deutsche Zustände. Folge 1 bis 4, Frankfurt/Main

Heitmeyer, W. et. al. (1995): Schattenseiten der Individualisierung bei Jugendlichen aus unterschiedlichen Milieus, Weinheim-München

Heitmeyer, W./Olk, Th. (Hg.) (1990): Individualisierung von Jugend. Gesellschaftliche Prozesse, subjektive Verarbeitungsformen, jugendpolitische Konsequenzen, Weinheim-München

Heymann, N./Graf, R. (2007): Geschlossene Gesellschaft. Weil sich Veranstalter nur noch ihr Lieblingspublikum auf ihre Partys holen, bleibt für die meisten Berliner die Clubtür zu. In: zitty, Heft 23, S. 14-21

Helsper, W. (1990): Schule in den Antinomien der Moderne., In: Krüger, H.-H. (Hg.): Abschied von der Aufklärung. Perspektiven der Erziehungswissenschaft, Opladen, S. 175-194

Helsper, W. (1991): Jugend im Diskurs von Moderne und Postmoderne. In: Derselbe (Hg.): Jugend zwischen Moderne und Postmoderne, Opladen, S. 11-38

Helsper, W. (1993): Jugend und Schule. In: Krüger, H.-H. (Hg.): Handbuch der Jugendforschung, Opladen, S. 351-382

Helsper, W. (1996): Antinomien des Lehrerhandelns in modernisierten pädagogischen Kulturen. Paradoxe Verwendungsweisen von Autonomie und Selbstverantwortlichkeit. In: Combe, A./Helsper, W. (Hg.): Pädagogische Professionalität. Untersuchungen zum Typus pädagogischen Handelns, Frankfurt/Main, S. 521-569

Helsper, W. (1997): Das „postmoderne Selbst" - einer neuer Subjekt- und Jugend-Mythos?. In: Keupp, H./Höfer, R. (Hg.): Identitätsarbeit heute: klassische und aktuelle Perspektiven der Identitätsforschung, Frankfurt/Main, S. 174-206

Helsper, W./Böhme, J. (2002): Jugend und Schule. In: Krüger, H.-H./Grunert, C. (Hg.): Handbuch Kindheits- und Jugendforschung, Opladen, S. 567-596

Hengst, H. (1994): Aufwachsen in einer multimedialen Welt. In: Thema Jugend. Zeitschrift für Jugend und Jugendschutz, Heft 1/2, S. 7-12

Henneberger, A./Deister, B. (1996): Jugendliche wählen ihre Umwelt. Die Bedeutung von Entwicklungsaufgaben im Lebenskontext. In: Schumann-Hengsteler, R./Trautner, H. M. (Hg.): Entwicklung im Jugendalter, Göttingen-Bern-Toronto-Seattle, S. 19-40
Hensche, D. (1995): Multimedia. Verheißungen und Sorgen. In: Gewerkschaftliche Monatshefte, Heft 6, S. 329-334
von Hentig, H. (1991): Die Schule neu denken. Anmerkungen zum Schicksal der Bildungsreform. In: Neue Sammlung, 31. Jg., Heft 3, S. 436-447
von Hentig, H. (1996): Bildung, München
Hepp, C. (1987): Avantgarde. Moderne Kunst, Kulturkritik und Reformbewegungen nach der Jahrhundertwende, München
Hepp, C. (1987a): Ausgestiegen aus dem Korsett. Ein Kapitel deutscher Kulturgeschichte: Der Aufbruch der Protest- und Lebensreformbewegungen zu Licht und Schatten. In:: Die Zeit , Nr. 8 vom 13. Februar, S. 44
Hermsen, E. (1998): Jugendleben im Hoch- und Spätmittelalter. In: Horn, K.-P./Christes, J./Parmentier, M. (Hg.): Jugend in der Vormoderne. Annäherungen an ein bildungshistorisches Thema, Köln-Weimar-Berlin, S. 111-140
Herrmann, U. (1982): Was heißt „Jugend"? Jugendkonzeptionen in der deutschen Sozialgeschichte. In: Wehling, K.-G. (Hg.): Jugend, Jugendprobleme, Jugendprotest, Stuttgart-Berlin-Köln-Mainz, S. 11-27
Herrmann, U. (1985): Die Jugendkulturbewegung. Der Kampf um die höhere Schule. In: Koebner, Th./Janz, R. P./Trommler, F. (Hg.): „Mit uns zieht die neue Zeit". Der Mythos Jugend, Frankfurt/Main, S. 224-244
Herrmann, U. (1985a): Der „Jüngling" und der „Jugendliche". Männliche Jugend im Spiegel polarisierender Wahrnehmungsmuster an der Wende vom 19. zum 20. Jahrhundert in Deutschland. In: Geschichte und Gesellschaft, 11. Jg., Heft 2, S. 205-216
Herrmann, U. (1986): Die Pädagogisierung des Kinder- und Jugendlebens in Deutschland seit dem ausgehenden 18. Jahrhundert. In: Martin, J./Nitschke, A. (Hg.): Zur Sozialgeschichte der Kindheit, Freiburg-München, S. 661-683
Herrmann, U. (1987): Jugend in der Sozialgeschichte. In: Schieder, W./Sellin, V. (Hg.): Sozialgeschichte in Deutschland, Band IV. Soziale Gruppen in der Geschichte, Göttingen, S. 133-155
Herrmann, U. (1987a): Das Konzept der „Generation". Ein Forschungs- und Erklärungsansatz für die Erziehungs- und Bildungssoziologie und die Historische Sozialisationsforschung. In: Neue Sammlung, 27. Jg., Heft 3, S. 364-377
Herrmann, U. (1991): Jugendbewegung. In: Böhnisch, L./Gängler, H./Rauschenbach, Th. (Hg.): Handbuch Jugendverbände, Weinheim-München, S. 32-41
Herrmann, U. (1996): Jugendzeit-Umbruchzeit. Jugendkrisen im Spiegel der deutschen Gesellschaftsgeschichte und Gesellschaftskrisen im Spiegel der deutschen Jugendgeschichte. In: Edelstein, W./Sturzbecher, D. (Hg.): Jugend in der Krise. Ohnmacht der Institutionen, Potsdam, S. 41-53
Herrmann, U. (2006): Wandervogel und Jugendbewegung im geistes- und kulturgeschichtlichen Kontext vor dem Ersten Weltkrieg. In: Herrmann, U. (Hg,): „Mit

uns zieht die neue Zeit...", Der Wandervogel in der deutschen Jugendbewegung, Weinheim-München, S. 30-79

Hillenkamp, S. (1997): Glatzköpfe und Betonköpfe. In: Farin, K. (Hg.): Die Skins. Mythos und Realität, Berlin, S. 177-212

Hitzler, R. (1994): Sinnbasteln. Zur subjektiven Aneignung von Lebensstilen. In: Mörth, I./Fröhlich, G. (Hg.): Das symbolische Kapital der Lebensstile. Zur Kultursoziologie der Moderne nach Pierre Bourdieu, Frankfurt/Main, S. 75-92

Hitzler, R. (1995): Ist Sport Kultur?. Versuch, eine 'Gretchenfrage' zu beantworten. In: Winkler, J./Weis, K. (Hg.): Soziologie des Sports. Theorieansätze, Forschungsergebnisse und Forschungsperspektiven, Opladen, S. 153-163

Hitzler, R. (2001): Erlebniswelt Techno. Aspekte einer Jugendkultur. In: Hitzler, R./Pfadenhauer, M. (Hg): Techno Soziologie. Erkundungen einer Jugendkultur, Opladen, 5-27

Hitzler , R. (2008): Brutstätten posttraditionaler Vergemeinschaftung. In: Hitzler, R./ Honer, A./ Pfadenhauer, M. (Hg.): Posttraditionale Vergemeinschaftungen. Theoretische und ethnografische Erkundungen, Wiesbaden, S. 55-72

Hitzler, R./Bucher, Th./Niederbacher, A. (2001): Leben in Szenen. Formen jugendlicher Vergemeinschaftung heute, Opladen

Hitzler, R./Honer, A. (1994): Bastelexistenz. Über subjektive Konsequenzen der Individualisierung. In: Beck, U./Beck-Gernsheim, E. (Hg.): Riskante Freiheiten, Frankfurt/Main, S. 307-315

Hitzler, R./Honer, A./Pfadenhauer, M. (Hg.) (2008): Posttraditionale Gemeinschaften. Theoretische und ethnografische Erkundungen, Wiesbaden

Hitzler, R./Pfadenhauer, M. (1997): Die Techno-Szene: Prototyp posttraditionaler Vergemeinschaftung? Ein empirisch-theoretischer Verortungsversuch. In: Artmeyer, H./Hitzler, R./Huber, F./Pfadenhauer, M. (Hg.): Techno zwischen Lokalkolorit und Universalstruktur. Dokumentation zum Workshop im Haus der Jugendarbeit in München am 24. und 25. Januar 1997, München, S. 7-15

Hitzler, R./Pfadenhauer, M. (1998): Eine posttraditionale Gemeinschaft. Integration und Distinktion in der Techno-Szene. In: Hildebrandt, F./Kneer, G./Kraemer, K. (Hg.): Verlust der Sicherheit? Opladen, S. 83-102

Höfer, M. A. (1987): Zwischen Lustprinzip und Ökoaskese. Aufbruch in eine konservative Neuzeit?, Zürich

Hoffmann-Lange, U. (Hg.) (1995): Jugend und Demokratie in Deutschland, Opladen

Hoffmann-Nowotny, H.-J. (1988): Gesamtgesellschaftliche Determinanten des Individualisierungsprozesses. In: Zeitschrift für Sozialreform, 34. Jg., Heft11/12, S. 659-670

Hohenstein, R. (2004): Fußballer waren einmal harte Jungs - bis Beckham kam und sich die Fingernägel lackierte. Mit Wayne Rooney kehrt der Dreckskerl zurück. In. Der Tagesspiegel vom 12. September, S. 3

Holert, T./Terkessidis, M. (Hg.) (1997): Mainstream der Minderheiten. Pop in der Kontrollgesellschaft, Berlin

Hollstein, W. (2006): Mensch Mann. Nicht erst nach dem Amoklauf von Emsdetten müssen wir zur Kenntnis nehmen. Das „starke" Geschlecht in der Krise. In: Der Tagesspiegel vom 26. November, S. 8

Holtappels, H. G./Hornberg, S. (1997): Schulische Desorganisation und Devianz. In: Heitmeyer, W. (Hg.): Was treibt die Gesellschaft auseinander? Bundesrepublik Deutschland: Auf dem Weg von der Konsens- zur Konfliktgesellschaft, Band 1, Frankfurt/Main, S. 328-367

Honer, A. (1995): Bodybuilding als Sinnprovinz der Lebenswelt. Prinzipielle und praktische Bemerkungen. In: Winkler, J./Weis, K. (Hg.): Soziologie des Sports. Theorieansätze, Forschungsergebnisse und Forschungsperspektiven, Opladen, S. 181-186

Honer, A. (1995a): Lebensweltliche Ethnographie und das Phänomen Sport. In: Winkler, J./Weis, K. (Hg.): Soziologie des Sports. Theorieansätze, Forschungsergebnisse und Forschungsperspektiven, Opladen, S. 45-57

Hoppe, R. (1993): Die Kinder von 68. In: Zeitmagazin, Heft 31, vom 30. Juli, S. 10-18

Horn, K.-P. (1998): Was ist denn eigentlich Jugend? Moderne Fragen und vormoderne Antworten. In: Horn, K.-P./Christes, J./Parmentier, M. (Hg.): Jugend in der Vormoderne. Annäherungen an ein bildungshistorisches Thema, Köln-Weimar-Berlin, S. 1-20

Hornstein, W. (1965): Vom „jungen Herrn" zum „hoffnungsvollen Jüngling". Wandlungen des Jugendlebens im 18. Jahrhundert, Heidelberg

Hornstein, W. (1966): Jugend in ihrer Zeit. Geschichte und Lebensformen des jungen Menschen in der europäischen Welt, Hamburg

Hornstein, W. (1988): Strukturwandel der Jugendphase in der Bundesrepublik Deutschland. In: Ferchhoff, W./Olk, Th. (Hg.): Jugend im internationalen Vergleich. Sozialhistorische und sozialkulturelle Perspektiven, Weinheim-München, S. 70-92

Hornstein, W. (1989): Auf der Suche nach Orientierung: Jugendforschung zwischen Ästhetisierung und neuen Formen politischer Thematisierung der Jugend. In: Zeitschrift für Pädagogik, 35. Jg., Heft 1, S. 107-125

Hornstein, W. (1989a): Entstehung, Wandel, Ende der Jugend. In: Nave-Herz, R./Markefka, M. (Hg.): Handbuch der Familien- und Jugendforschung, Bd. 2. Jugendforschung, Neuwied-Frankfurt/Main, S. 3-18

Hornstein, W. (1991): Jugend und Gesellschaft in den neunziger Jahren. In: Böhnisch, L./Gängler, H./Rauschenbach, Th. (Hg.): Handbuch Jugendverbände. Eine Ortsbestimmung der Jugendverbandsarbeit in Analysen und Selbstdarstellungen, Weinheim-München, S. 737-755

Hornstein, W. (1996): Jugendpolitik und Jugendforschung im Spiegel der Jugendberichte der Bundesregierung. In: Edelstein, W./Sturzbecher, D. (Hg.): Jugend in der Krise. Ohnmacht der Institutionen, Potsdam, S. 9-40

Hornstein, W. (1997): Kommt der Jugendhilfe die Jugend abhanden? Ein Beitrag zum Thema „Ende" oder „Wandel" der Jugend aus jugendtheoretischer Sicht. In: Kind, Jugend, Gesellschaft, 42. Jg., Heft 1, S. 11-14

Hornstein, W. (1998): Vom Anfang und Ende der Jugend. In: Horn, K.-P./Christes, J./Parmentier, M. (Hg.): Jugend in der Vormoderne. Annäherungen an ein bildungshistorisches Thema, Köln-Weimar-Berlin, S. 21-42

Horx, M. (1985): Das Ende der Alternativen, München

Horx, M. (1987): Die wilden Achtziger. Eine Zeitgeist-Reise durch die Bundesrepublik, München-Wien

Horx, M. (1988): My Generation. In: Zeitmagazin vom 25. März, S. 54-68

Horx, M. 1989): Jugendstil Anno '89. In: Zeitmagazin vom 13. Oktober, S. 30-43

Horx, M. (1991): Das Wörterbuch der 90er Jahre. Ein Gesellschaftspanorama, Hamburg

Horx, M. (1995): Trendbüro. Megatrends für die späten 90er Jahre, Düsseldorf et. al.

Hradil, St. (1987): Sozialstrukturanalyse in einer fortgeschrittenen Gesellschaft. Von Klassen und Schichten zu Lagen und Milieus, Opladen

Hradil, St. (1990): Individualisierung, Pluralisierung, Polarisierung: Was ist von den Schichten und Klassen geblieben?. In: Hettlage, R.: Die Bundesrepublik. Eine historische Bilanz, München, S. 111-138

Hradil, St. (1992): Alte Begriffe und neue Strukturen. Die Milieu-, Subkultur- und Lebensstilforschung der 80er Jahre. In: Hradil, St. (Hg.): Zwischen Bewußtsein und Sein. Die Vermittlung „objektiver" und „subjektiver" Lebensweisen, Opladen, S. 15-55

Huber, J. (1988): Soziale Bewegungen. In: Zeitschrift für Soziologie, 17 Jg., Heft 6, S. 424-435

Hübner-Funk, S. (2003): Wie entkörperlicht ist die Jugend der Jugendsoziologie?. Argumente für eine „somatische Wende" unserer Disziplin. In: Mansel, J./Griese, H. M./Scherr, A. (Hg.): Theoriedefizite der Jugendforschung. Standortbestimmung und Perspektiven, Weinheim-München, S. 67-74

Hurrelmann, K. (1983): Das Modell des produktiv realitätsverarbeitenden Subjekts in der Sozialisationsforschung. In: Zeitschrift für Sozialisationsforschung und Erziehungssoziologie, 3. Jg., Heft 2, S. 91-103

Hurrelmann, K. (1987): Mit 16 fängt das Leben, aber auch der Alkoholkonsum an. In: Frankfurter Rundschau vom 31. Juli

Hurrelmann, K. (1988): Warteschleifen. Keine Berufs und Zukunftsperspektiven für Jugendliche, Weinheim-Basel

Hurrelmann, K. (1990): Familienstreß, Schulstreß, Freizeitstreß. Gesundheitsförderung für Kinder und Jugendliche, Weinheim-Basel

Hurrelmann, K. (1993): Aggression und Gewalt in der Schule. In: Schubarth, W./Melzer, W. (Hg.): Schule, Gewalt und Rechtsextremismus, Opladen, S. 44-56

Hurrelmann, K. (1994): Lebensphase Jugend. Eine Einführung in die sozialwissenschaftliche Jugendforschung, Weinheim-München

Hurrelmann, K. (1994a): Die Politikverdrossenheit ist in Wirklichkeit eine Politikerverdrossenheit, (Manuskript) Bielefeld

Hurrelmann, K. (2002): Einführung in die Sozialisationstheorie, Weinheim (8., vollständig überarbeitete Auflage)

Hurrelmann, K. (2004): Lebensphase Jugend. Eine Einführung in die sozialwissenschaftliche Jugendforschung (7. Auflage), Weinheim-München

Hurrelmann, K. (2008): Autorität ist eine Kunst. Regeln und Strafen waren für Pädagogen lange tabu. Das ändert sich, denn Kinder brauchen Orientierung. In: Der Tagesspiegel vom 29. August, S. 29

Hurrelmann, K./Mürmann, M./Wissinger, J. (1986): Persönlichkeitsentwicklung als produktive Realitätsverarbeitung. Die interaktions- und handlungstheoretische Perspektive in der Sozialisationsforschung. In: Zeitschrift für Sozialisationsforschung und Erziehungssoziologie, 6. Jg., Heft 2, S. 91-109

Hurrelmann, K./Rosewitz, B./Wolf, H. K. (1985): Lebensphase Jugend. Eine Einführung in die sozialwissenschaftliche Jugendforschung, Weinheim-München

Hutton, W./Giddens, A. (Hg.) (2004): Die Zukunft des globalen Kapitalismus, Frankfurt/Main.

Im Gespräch mit Wolfgang Joop (2001): In: Frankfurter Rundschau, Magazin vom 21. Juli, S. 4-6

Imhof, A. E. (1988): Die Lebenszeit. Vom aufgeschobenen Tod und der Kunst des Lebens, München

Imhof, A. E. (1993): Historische Demographie heute. In: Geschichte in Wissenschaft und Unterricht, 44. Jg., Heft 6, S. 347-361

Imhof, A. E. (1994): Von der schlechten alten Zwangsgemeinschaft zum guten neuen Single? Ein Statement in sieben Punkten. In: Grözinger, G. (Hg.): Das Single. Gesellschaftliche Folgen eines Trends, Opladen, S. 17-24

Institut für soziale Arbeit (Hg.) (1996): Lebensort Straße. Jugendliche in besonderen Problemlagen. Praxis, Heft 17, Münster

Jahnke, K./Niehues, St. (1995): Echt abgedreht. Die Jugend der 90er Jahre, München

Jaide, W. (1988): Generationen eines Jahrhunderts. Wechsel der Jugendgenerationen im Jahrhunderttrend. Zur Geschichte der Jugend in Deutschland 1871-1985, Opladen

Jancik, Ch./Kluchert, G. (1985): Mit Gesang ins Jugendreich. Der Wandervogel. In: Berliner Geschichtswerkstatt e.V. (Hg.): Vom Lagerfeuer zur Musikbox. Jugendkulturen 1900 - 1960, Berlin, S. 11-46

Jenner:, G. (1997): Die arbeitslose Gesellschaft. Gefährdet Globalisierung den Wohlstand?, Frankfurt/Main

Jenß, H. (2005): Original-Kopie. Selbstmodellierung in Szenekleidung. In: Neumann-Braun, K./Richard, B. (Hg.): Coolhunters, Jugendkulturen zwischen Medien und Markt, Frankfurt/Main, S. 21-34

Jessen, J. (2008): Die traurigen Streber. Wo sind Kritik und Protest der Jugend geblieben? Angst vor der Zukunft hat eine ganze Generation entmutigt. In: Die Zeit vom 28. August, S. 43-44

Joas, H. (1988): Das Risiko der Gegenwartsdiagnose. In: Soziologische Revue, 11. Jg., S. 1-6

Jugendwerk der Deutschen Shell (Hg.) (1981): Jugend `81. Lebensentwürfe, Alltagskulturen, Zukunftsbilder, 3 Bände, Hamburg

Jugendwerk der Deutschen Shell (Hg.) (1985): Jugendliche und Erwachsene '85. Generationen im Vergleich, 5 Bände, Opladen

Jugendwerk der Deutschen Shell (Hg.) (1992): Jugend `92. Lebenslagen, Orientierungen und Entwicklungsperspektiven im vereinigten Deutschland, 4 Bände, Opladen

Jugendwerk der Deutschen Shell (Hg.) (1997): Jugend `97. Zukunftsperspektiven. Gesellschaftliches Engagement. Politische Orientierungen, Opladen

Junge, M. (1995): Forever young? Junge Erwachsene in Ost- und Westdeutschland, Opladen

Juul, J. (2010): Pubertät - Wenn Erziehen nicht mehr geht. Gelassen durch stürmische Zeiten, München

Kahl, R. (2006): Eine Frage des Tons. In Deutschland gehen die Schüler in die Schule als gingen sie zum Zahnarzt; hier sind Lehrer die Feinde und Lernbegierige gelten als „Streber". In: Die Welt vom 15. Februar, S. 25

Kaiser, G. (1959): Randalierende Jugend. Eine soziologische und kriminologische Studie über die sogenannten „Halbstarken", Heidelberg

Kaltenbrunner, R. (2010): Das immerwährende Spektakel. Ob Loveparade, Fanmeile oder „Nacht der Museen". Die Event-Sehnsucht der Städte sind keine Erfindung der Gegenwart. In Süddeutsche Zeitung vom 31. Juli/1. August, S. V 2/6

Karcher, E. (2005): Der Goldene Schnitt. In: Welt am Sonntag vom 22. Mai, S. 73

Kaschuba, W. (1989): Sportivität: Die Karriere eines neuen Leitwertes. Anmerkungen zur „Versportlichung" unserer Alltagskultur. In: Sportwissenschaft, 19. Jg., Heft 2, S. 154-171

Kaschuba, W. (2007): Wie Fremde gemacht werden. Das Gerede von der Parallelgesellschaft ist nicht nur falsch. Es ist als Argumentationsmuster sogar gefährlich. In: Der Tagesspiegel vom 14. Januar, S. 8

Kater, M. H. (1998): Gewagtes Spiel. Jazz im Nationalsozialismus, München

Kater, M. H. (1977): Bürgerliche Jugendbewegung und Hitlerjugend in Deutschland von 1926-1939. In: Archiv für Sozialgeschichte, 17. Jg., Heft 2, S. 127-174

Kemper, P. (1988): Flucht nach vorn oder Sieg des Vertrauten. Postmoderne Tendenzen im Jazz und Avantgarde-Rock. In: Kemper, P. (Hg.): „Postmoderne" oder: Der Kampf um die Zukunft. Die Kontroverse in Wissenschaft, Kunst und Gesellschaft, Frankfurt/Main, S. 313-328

Keller, R. (2008): Welcome to the Pleasuredome? In: Hitzler, R./ Honer, A./ Pfadenhauer, M. (Hg.): Posttraditionale Vergemeinschaftungen. Theoretische und ethnografische Erkundungen, Wiesbaden, S. 89-111

Kemper, P./Sonnenschein, U. (Hg.) (2002): Globalisierung im Alltag, Frankfurt/Main

Kenkmann, A. (1996): Wilde Jugend. Lebenswelt großstädtischer Jugendlicher zwischen Weltwirtschaftskrise, Nationalsozialismus und Währungsreform, Essen

Kenkmann, A. (2002): Edelweißpiraten und FDJ in den Westzonen 1945/1946 – ein schwieriges Verhältnis. Zur Beharrungskraft jugendkultureller Mentalitäten nach dem Umbruch 1945. In: Herrmann, U. (Hg.): Protestierende Jugend. Jugendopposition und politischer Protest in der deutschen Nachkriegsgeschichte, Weinheim-München, S. 405-414

Kerbs, D. (2006): Ästhetische Reformbewegungen um 1900. In: Herrmann, U. (Hg,): „Mit uns zieht die neue Zeit...", Der Wandervogel in der deutschen Jugendbewegung, Weinheim-München 2006, S. 115-128

Kerbs. D./Reulecke, J. (Hg.) (1998): Handbuch der deutschen Reformbewegungen, Wuppertal

Kersten, J. (1997): Die Gewalt der Falschen. Opfermentalität und Aggressionsbereitschaft. In: Farin, K. (Hg.): Die Skins. Mythos und Realität, Berlin, S. 96-117

Kett, J. F. (1977): Rites of Passage. Adolescence in America. 1790 to the Present, New York

Kett, J. F. (1988): Der Einfluss der Sozialstruktur und Kultur auf die Entstehung der Idee der Adoleszenz in den Vereinigten Staaten zwischen 1900 und 1920. In: Ferchhoff, W./Olk, Th. (Hg.): Jugend im internationalen Vergleich. Sozialhistorische und sozialkulturelle Perspektiven, Weinheim-München, S. 31-44

Keupp, H. (1989): Auf der Suche nach der verlorenen Identität. In: Keupp, H./Bilden, H. (Hg.): Verunsicherungen. Das Subjekt im gesellschaftlichen Wandel, Göttingen-Toronto-Zürich, S. 47-69

Keupp, H. (1992): Identitätsverlust oder neue Identitätsentwürfe. In: Zoll, R. (Hg.): Ein neues kulturelles Modell. Zum soziokulturellen Wandel in Gesellschaften Westeuropas und Nordamerikas, Opladen, S. 100-117

Keupp, H. (1993): Die Suche nach Netzen. Wege zu einer sozialen Individualität. In: Süddeutsche Zeitung vom 20./21. März

Keupp, H. (1997): Die Suche nach Gemeinsamkeit zwischen Stammesdenken und kommunitärer Individualität. In: Heitmeyer, W. (Hg.): Was hält die Gesellschaft zusammen? Bundesrepublik Deutschland: Auf dem Weg von der Konsens- zur Konfliktgesellschaft, Band 2, Frankfurt/Main, S. 279-311

Keupp, H. (1997a): Diskursarena Identität: Lernprozesse in der Identitätsforschung. In: Keupp, H./Höfer, R. (Hg.): Identitätsarbeit heute, Frankfurt/Main, S. 11-39

Keupp, H. (1998): Ich muß mich einmischen. Selbstsorge und Politik der Lebensführung erweitern die Berufsarbeit in der Gesellschaft. In: Die Zeit vom 8. April, S. 16

Keupp, H. (2000): Eine Gesellschaft der Ichlinge? München

Keupp, H. (2005): Die Reflexive Modernisierung von Identitätskonstruktionen. Wie heute Identität geschaffen wird. In: Hafeneger, B. (Hg.): Subjektdiagnosen. Subjekt, Modernisierung und Bildung, Schwalbach /Ts., S. 60-91

Keupp, H./Bilden, H. (Hg.) (1989): Verunsicherungen. Das Subjekt im gesellschaftlichen Wandel, Göttingen-Toronto-Zürich

Keupp, H. u. a. (1999): Identitätsrekonstruktionen. Das Patchwork der Identitäten in der Spätmoderne, Reinbek

Kirchenwitz, L. (2003): 1968 im Osten – was ging uns die Bundesrepublik an? In: Aus Politik und Zeitgeschichte, Heft 45 vom 3. November, S. 6-8

Klein, G. (1997): Body Talk. Zum Tanz der Raver. In: Artmeyer, H./Hitzler, R./Huber, F./Pfadenhauer, M. (Hg.): Techno zwischen Lokalkolorit und Universalstruktur. Dokumentation zum Workshop im Haus der Jugendarbeit in München am 24. und 25. Januar 1997, München, S. 67-70

Klein, G. (1999): Electronic Vibration. Pop Kultur Theorie, Hamburg

Klein, G. (2005): Pop leben. Pop inszenieren. In: Neumann-Braun, K./Richard, B. (Hg.): Coolhunters, Jugendkulturen zwischen Medien und Markt, Frankfurt/Main, S. 44-50
Klein, G. (2006): Hip-Hop: Coolness und Hipness seit mehr als 20 Jahren. In: tv diskurs. 10. Jg., Heft 3, S. 29-31
Klein, G./Friedrich, M. (2003): Is this real?. Die Kultur des HipHop, Frankfurt/Main
Klein, N. (2001): No Logo! Der Kampf der Global Players um Marktmacht. Ein Spiel mit vielen Verlierern und wenigen Gewinnern, Gütersloh
Klein, N. (2002): Die Tyrannei der Marken. In: Kemper, P./Sonnenschein, U. (Hg.): Globalisierung im Alltag, Frankfurt/Main, S. 253-263
Klönne, A. (1991): Jugendgeschichte in Trümmerzeiten - Streiflichter. In: Baacke, D. et. al. (Hg.): Jugend 1900-1970, Opladen, S. 91-105
Klönne, A. (1991a): Zur Traditionspflege nicht geeignet. Wie die deutsche Öffentlichkeit nach 1945 mit der Geschichte jugendlicher Opposition im „Dritten Reich" umging. In: Breyvogel, W. (Hg.): Piraten, Swings und Junge Garde, Jugendwiderstand im Nationalsozialismus, Bonn, S. 295-310
Klönne, I.: (2006): „... nicht Wasser mehr und Feuer ...". Das Geschlechterverhältnis in der Jugendbewegung. In: Herrmann, U. (Hg,): „Mit uns zieht die neue Zeit...", Der Wandervogel in der deutschen Jugendbewegung, Weinheim-München, S. 155-169
Klockowski, M. (2009): Die Jugendkultur der Emos, (unveröffentlichte Diplomarbeit), Marburg
Kluchert, G. (1988): Die deutsche Jugendbewegung. Sozialgeschichtliche Ansätze und Überlegungen zu ihrer Deutung. In: Neue politische Literatur, 33. Jg., Heft 1, S. 25-51
Kluchert, G./Schilde, K. (1985): Jugendkulturen im Wandel der Zeit. Erfahrungen aus einer Veranstaltung. In: Berliner Geschichtswerkstatt e.V. (Hg.): Vom Lagerfeuer zur Musikbox. Jugendkulturen 1900-1960, S. 171-188
Knoblauch, H. (1996): Einleitung: Kommunikative Lebenswelten und die Ethnographie einer „geschwätzigen Gesellschaft", Konstanz, S. 7-27
Knoll, J. H. (1982): Beschleunigungsphasen des Generationsumschlags. In: Kurzrock, R. (Hg.): Jugend in der offenen Gesellschaft, Berlin, S. 20-27
Knoll, J. H. (1987): Typisch deutsch. Die Jugendbewegung. Ein essayistischer Deutungsversuch. In: Knoll, J. H./Schoeps, J. H. (Hg.): Typisch deutsch: Jugendbewegung. Beiträge zu einer Phänomengeschichte, Opladen, S. 11-33
Knoll, J. H./Schoeps. J. H. (Hg.) (1987): Typisch deutsch: Die Jugendbewegung. Beiträge zu einer Phänomengeschichte, Opladen
König, K. (2006): Der „Zupfgeigenhansl" und seine Nachfolger. Drei Phasen der Jugendbewegung im Spiegel repräsentativer Liederbücher. In: Herrmann, U. (Hg,): „Mit uns zieht die neue Zeit...", Der Wandervogel in der deutschen Jugendbewegung, Weinheim-München 2006, S. 232-275
König, P. (1993): Wir Vodookinder. In: Kursbuch 113, Deutsche Jugend, S. 1-6
König, R. (1985): Menschheit auf dem Laufsteg. Die Mode im Zivilisationsprozeß, München
Körting, A. (2005): Gustav Wyneken, die Jugendkulturbewegung und die Idee der Jugendburg. In: Arbeitsgemeinschaft Burg Waldeck e.V. (Hg.): Die Waldeck. Lieder,

Fahrten Abenteuer. Die Geschichte der Burg Waldeck von 1911 bis heute, Potsdam, S. 33-37

Kohli, M. (1986): Gesellschaftszeit und Lebenszeit. Der Lebenslauf im Strukturwandel der Moderne. In: Berger, J. (Hg.): Die Moderne - Kontinuität und Zäsuren, Sonderband 4, Soziale Welt, Göttingen, S. 183-208

Korn, K. (1921): Die Arbeiterjugend-Bewegung, Berlin

Krabbe, W. R. (2001): Die Lebensreformbewegung. In: Buchholz, K./Latocha, R./Peckmann, H./Wolbert, K. (Hg.): Die Lebensreform. Entwürfe zur Gestaltung von Leben und Kunst um 1900, Band I, Darmstadt, S. 25-29

Krappmann, L. (1967): Soziologische Dimensionen der Identität, Frankfurt/Main

Krappmann, L. (1997): Die Identitätsproblematik nach Erikson aus einer interaktionistischen Sicht. In: Keupp, H./Höfer, R. (Hg.): Identitätsarbeit heute, Frankfurt/Main, S. 66-92

Kreckel, R. (1998): Klassentheorie am Ende der Klassengesellschaft. In: Berger, P. A./Vester, M. (Hg.): Alte Ungleichheiten - Neue Spaltungen, Opladen, S. 31-47

Krolle, St. (2006): Der Geist der bürgerlichen Jugendbewegung in ihren Liedern. In: Herrmann, U. (Hg.): „Mit uns zieht die neue Zeit...", Der Wandervogel in der deutschen Jugendbewegung, Weinheim-München, S. 276-295

Krüger, H.-H. (Hg.) (1985): „Die Elvis-Tolle, die hatte ich mir unauffällig wachsen lassen". Lebensgeschichte und jugendliche Alltagskultur in den fünfziger Jahren, Opladen

Krüger, H.-H. (1988): Theoretische und methodische Grundlagen der historischen Jugendforschung. In: Krüger, H.-H. (Hg.): Handbuch der Jugendforschung, Opladen, S. 207-230

Krüger, H.-H. (1991): Zum Wandel von Freizeitverhalten und kulturellen Lebensstilen bei Heranwachsenden in Westdeutschland In: Büchner, P./Krüger, H.-H. (Hg.): Aufwachsen Hüben und Drüben, Opladen, S. 203-222

Krüger, H.-H./Thole, W. (1993): Jugend, Freizeit und Medien. In: Krüger, H.-H. (Hg.): Handbuch der Jugendforschung, Opladen, S. 447-472

Kruse, K. (2006): Arbeit an der Silhouette. Auf den Schauen in Paris wurde die Zeit der großen Couturiers beschworen. In: Der Tagesspiegel vom 11. März, S. 29

Laarmann, J. (1997): Fuck the depression - We are alive. Warum Techno nicht stirbt und was wirklich draufgeht.... In: SPoKK (Hg.): Kursbuch JugendKultur - Stile, Szenen und Identitäten vor der Jahrtausendwende, Mannheim, S. 256-262

Laermann, K. (1985): Der Skandal um den Anfang. Ein Versuch jugendlicher Gegenöffentlichkeit im Kaiserreich. In: Koebner, Th./Janz, R.-P./Trommler, F. (Hg.): „Mit uns zieht die neue Zeit". Der Mythos Jugend, Frankfurt/Main, S. 360-381

Lamprecht, H. (1965): Teenager und Manager, München

Lange, A. (2003): Theorieentwicklung in der Jugendforschung durch Konzeptimport. Heuristische Perspektiven des Ansatzes „Alltägliche Lebensführung". In: Mansel, J./Griese, H. M./Scherr, A. (Hg.): Theoriedefizite der Jugendforschung. Standortbestimmung und Perspektiven, Weinheim-München, S. 102-118

Lange, E. (1991): Jugendkonsum, Opladen

Lange, G. (1991): DDR-Jugend im politischen Wandel der 80er Jahre. In: Melzer, W./Heitmeyer, W./Liegle, L./Zinnecker, J. (Hg.): Osteuropäische Jugend im Wandel. Ergebnisse vergleichender Jugendforschung in der Sowjetunion, Polen, Ungarn und der ehemaligen DDR, Weinheim-München, S. 184-193

Lange, H. H. (1986): Jazz. Eine Oase der Sehnsucht. In: Deutscher Werkbund e.V./Württembergischer Kunstverein (Hg.): Schock und Schöpfung. Jugendästhetik im 20. Jahrhundert, Buch zur gleichnamigen Ausstellung, Darmstadt-Neuwied, S. 320-325

Lange, N. (2008): Spuk in der Kathedrale. Comeback nach 11 Jahren: Die Trip-Hop-Pioniere Portishead in der Berliner Columbiahalle. In Der Tagesspiegel vom 3. April, S. 22

Langebach, M. (2003): Die Black-Metal-Szene - Eine qualitativ explorative Studie, unveröffentlichte Magisterarbeit, Sozialwissenschaftliches Institut der Philosophischen Fakultät, Heinrich-Heine-Universität Düsseldorf

Langel, H. (2000): Kulte und Sekten. Gefährliche Zeiterscheinung oder moderne Religionsvielfalt, München

Laqueur, W. Z. (1962): Die deutsche Jugendbewegung. Eine historische Studie, Köln

Lash, S. (1998): Wenn alles eins wird. Wir leben im Zeitalter der globalen Kulturindustrie. Darin liegen auch Chancen. In: Die Zeit vom 26. Februar, S. 41-42

Lau, Th. (1992): Die heiligen Narren. Punk 1976-1986, Berlin-New York

Lau, Th. (1995): Vom Partisanen zum „Party-sanen". Die Raving Society als eine neue Form der Jugendkultur?. In: Frankfurter Rundschau vom 18. Juli, S. 12

Lau, Th. (1997): Mayday. Notizen zum Notruf einer Jugendkultur, die vielleicht gar keine ist. In: Artmeyer, H./Hitzler, R./Huber, F./Pfadenhauer, M. (Hg.): Techno zwischen Lokalkolorit und Universalstruktur. Dokumentation zum Workshop im Haus der Jugendarbeit in München am 24. und 25. Januar 1997, München, S. 29-32

Lehmann, A. (2007): Junge Haie. Sie sind keine 18, sind türkisch oder arabisch, schlagen, rauben, erpressen, dealen. Aber wieso? Für Geld und Anerkennung – und aus Langeweile, sagen sie, es gibt sonst keinen Grund. Eine Milieustudie. In: Der Tagesspiegel vom 18. März, S. 3

Lehnartz, S. (2005): Global Players. Warum wir nicht mehr erwachsen werden, Frankfurt/Main

Lenz, K. (1986): Alltagswelten von Jugendlichen: eine empirische Studie über jugendliche Handlungstypen, Frankfurt/Main-New York

Lenz, K. (1988): Die vielen Gesichter der Jugend: jugendliche Handlungstypen in biographischen Portraits, Frankfurt/Main-New York

Lenz, K. (1990): Mehr Chancen, mehr Risiken: Zum Wandel der Jugendphase in der Bundesrepublik. In: Hettlage, R. (Hg.): Die Bundesrepublik. Eine historische Bilanz, München, S. 214-230

Lenz, K. (1991): Kulturformen von Jugendlichen: Von der Sub- und Jugendkultur zu Formen der Jugendbiographie. In: Aus Politik und Zeitgeschichte, B 27/91, vom 28. Juni, S. 11-19

Lenz, K. (1998): Zur Biographisierung der Jugend. Befunde und Konsequenzen. In: Böhnisch, L./Rudolph, M./Wolf, B. (Hg.): Jugendarbeit als Lebensort.

Jugendpädagogische Orientierungen zwischen Offenheit und Halt, Weinheim-München, S. 51-74

Lenzen, D. (1991): Moderne Jugendforschung und postmoderne Jugend. Was leistet noch das Identitätskonzept?. In: Helsper, W. (Hg.): Jugend zwischen Moderne und Postmoderne, Opladen, S. 41-56

Lerner, R. M. (1982): Children and adolescents as producers of their own development. In: Development Review, 2; 3, S. 342-370

Lessing, H./Damm, D./Liebel, M./Neumann, M. (1986): Lebenszeichen der Jugend. Kultur, Beziehung und Lebensbewältigung im Jugendalter, Weinheim-München

Lessing, H./Liebel, M. (1981): Wilde Cliquen, Bensheim

Liebau, E. (1997): Generation - ein aktuelles Problem?. In: Liebau, E. Das Generationsverhältnis. Über das Zusammenleben in Familie und Gesellschaft, Weinheim-München, S. 15-37

Liebel, M. (1990): Cliquen und informelle Gruppen. In: deutsche jugend, 38. Jg., Heft 5, S. 214-221

Lieber, H.-J. (1974): Kulturkritik der Jahrhundertwende. In: Ruegg, W. (Hg.): Kulturkritik und Jugendkult, Frankfurt/Main, S. 9-22

Lindke, St. (2002); Der Tabubruch von heute ist der Mainstream von morgen. Die „Neue Deutsche Härte" als authentisches Spiegelbild der wieder erstarkten Nation. In: Speit, A. (Hg.): Ästhetische Mobilmachung. Dark Wave, Neofolk und Industrial im Spannungsfeld rechter Ideologien, Hamburg-Münster, S. 231-266

Lindner, B. (2003): Zwischen Integration und Distanzierung. Jugendgenerationen in der DDR in den sechziger und siebziger Jahren. In: Aus Politik und Zeitgeschichte, Heft 45 vom 3. November, S. 33-39

Lindner, R. (1986): Teenager. Ein amerikanischer Traum. In: Bucher, W./Pohl, K. (Hg.): Schock und Schöpfung. Jugendästhetik im 20. Jahrhundert, Darmstadt-Neuwied, S. 278-283

Lindner, W. (1996): Jugendprotest seit den 50er Jahren. Dissens und kultureller Eigensinn, Opladen

Linse, U. (1976): Die Jugendkulturbewegung. In: Vondung, K. (Hg.): Das wilhelminische Bürgertum. Zur Sozialgeschichte seiner Ideen, Göttingen, S. 119-138

Linse, U. (1978): Lebensformen der bürgerlichen und proletarischen Jugendbewegung. In: Jahrbuch des Archivs der Deutschen Jugendbewegung, Band 10, Burg Ludwigstein, S. 24-55

Lüders, Ch. (2007): Entgrenzt, individualisiert, verdichtet. Überlegungen zum Strukturwandel des Aufwachsens. In: SOS Dialog. Fachmagazin des SOS-Kinderdorfs e.V., München, S. 4-10

Lütkens, Ch. (1925): Die Deutsche Jugendbewegung. Ein soziologischer Versuch, Frankfurt/Main

Lütkens, Ch. (1932): Die Amerikalegende. In. Sozialistische Monatshefte, Heft 38, S. 45-50

Luger, K. (1991): Die konsumierte Rebellion. Geschichte der Jugendkultur 1945-1990, Wien

Lundt, B. (1996): Zur Entstehung der Universität als Männerwelt. In: Kleinau, E./Opitz, C. (Hg.): Geschichte der Mädchen- und Frauenbildung, Band 1: Vom Mittelalter bis zur Aufklärung, Frankfurt/Main-New York, S. 103-118

Maase, K. (1992): BRAVO Amerika. Erkundungen zur Jugendkultur der Bundesrepublik in den 50er Jahren, Hamburg

Maase, K. (1997): Grenzenloses Vergnügen. Der Anfang der Massenkultur 1850-1970, Frankfurt/Main

Maase, K. (2003): Körper, Konsum, Genuss - Jugendkultur und mentaler Wandel in den beiden deutschen Gesellschaften. In: Aus Politik und Zeitgeschichte, Heft 45 vom 9. November, S. 9-16

Manifest Jugend und Gemeinschaft (1998): Wenn freiwilliges Engagement nicht abgerufen wird...Manifest für Freiwilligendienste in Deutschland und Europa: Jugend erneuert Gemeinschaft. In: Frankfurter Rundschau vom 2. November, S. 13

Mannheim, K. (1928): Das Problem der Generationen. In: Kölner Vierteljahreshefte für Soziologie, 6. Jg., Heft 2, S. 157-185; Heft 3, S. 309-330

Marcus; G. (1993): Dead Elvis. Meister - Mythos - Monster, Hamburg

Martischnig, M. (1989): „Jung samma, frech samma..." Kleidung und Verkleidung heutiger Jugendlicher als Paradigmen für ihr Kulturverhalten. In: Janig, H./Hexel, P. C./Luger, K./Rathmayr, B. (Hg.): Schöner Vogel Jugend. Analysen zur Lebenssituation Jugendlicher, Linz, S. 285-312

Mattenklott, G. (1989): Körperlichkeit oder: Das Schwinden der Sinne. In: Kemper, P. (Hg.): „Postmoderne" oder: Der Kampf um die Zukunft, Frankfurt/Main, S. 231-252

Matthes, J. (1985): Karl Mannheim „Das Problem der Generationen", neu gelesen. Generationen- "Gruppen" oder „gesellschaftliche Regelung von Zeitlichkeit"?. In: Zeitschrift für Soziologie, 14. Jg., Heft 3, S. 363-372

Matthiesen, U. (1988): Outfit und Ichfinish. Zur beschleunigten Wandlungstypik der gegenwärtigen Bekleidungsmoden. In: Soeffner, H.-G. (Hg.): Kultur und Alltag, Sonderband 6, Soziale Welt, Göttingen, S. 413-448

Matthiesen, U. (1991): Lebenswelt/Lebensstil. In: Sociologia Internationalis, 29. Jg., Heft 1, S. 31-56

Matthiesen, U. (1995): Geld und Sport. Anmerkungen zur tendenziellen Versportung und Monetarisierung unserer kulturellen Wertetafeln. In: Winkler, J./Weis, K. (Hg.): Soziologie des Sports. Theorieansätze, Forschungsergebnisse und Forschungsperspektiven, Opladen, S. 165-180

Matussek, M. (2004): Preis des Erfolgs, Stars sind Geliebte, Freunde, Wunschväter. Doch immer schneller verglüht ihr Ruhm. In: Spiegel Kultur: Stars. Wie aus Menschen Idole werden, Heft 1, S. 38-48

Mau, H. (1949): Die deutsche Jugendbewegung 1901 bis 1933. In: Jahrbuch der Jugendarbeit, München, S. 30-46

Mc Donald, K. (1999): Struggles for Subjectivity, Cambridge

McRobbie, A. (1997): Shut up and Dance. Jugendkultur und Weiblichkeit im Wandel. In: SPoKK (Hg.): Kursbuch JugendKultur - Stile, Szenen und Identitäten vor der Jahrtausendwende, Mannheim, S. 192-206

Meisel, U. (2005): „Die Gothic-Szene. Selbst- und Fremdrepräsentation der umstrittenen Jugendkultur", Marburg

Melzer, W. (1992): Jugend und Politik in Deutschland. Gesellschaftliche Einstellungen, Zukunftsorientierungen und Rechtsextremismus-Potential Jugendlicher in Ost- und Westdeutschland, Opladen

Melzer, W./Lukowski, W./Schmidt, L. (1991): Deutsch-polnischer Jugendreport. Lebenswelten im Kulturvergleich, Weinheim-München

Melzer, W./Sandfuchs, U. (Hg.) (2001): Was Schule leistet. Funktionen und Aufgaben von Schule, Weinheim-München

Mertens, D. (1984): Das Qualifikationsparadox. Bildung und Beschäftigung bei kritischer Arbeitsmarktperspektive. In: Zeitschrift für Pädagogik, 30. Jg., Heft 4, S. 439-455

Meueler, Ch. (1997): Auf Montage im Techno-Land. In: SPoKK (Hg.): Kursbuch JugendKultur - Stile, Szenen und Identitäten vor der Jahrtausendwende, Mannheim, S. 243-250

Meueler, Ch. (1997a): Die zweite industrielle Revolution. Die Zeichen und ihre Anwender. In: Artmeyer, H./Hitzler, R./Huber, F./Pfadenhauer, M. (Hg.): Techno zwischen Lokalkolorit und Universalstruktur. Dokumentation zum Workshop im Haus der Jugendarbeit in München am 24. und 25. Januar 1997, München, S. 55-57

Meyer, E. (1997): XY ungelöst. Zum Phantombild einer Generation ohne Gestalt. In: SPoKK (Hg.): Kursbuch JugendKultur - Stile, Szenen und Identitäten vor der Jahrtausendwende, Mannheim, S. 388-392

Meyer, E. (2000): Die Techno-Szene. Ein jugendkulturelles Phänomen aus sozialwissenschaftlicher Perspektive, Opladen

Meyer, Th. (1989): Fundamentalismus. Aufstand gegen die Moderne, Reinbek

Meyer-Drawe, K. (1996): Vom anderen lernen. Phänomenologische Betrachtung in der Pädagogik. In: Borelli, M./Ruhloff, J. (Hg.): Deutsche Gegenwartspädagogik, Band II, Weinheim, S. 85-98

Michel, K. M. (1986): Ikarus. Über das Verhältnis von 'Jugendkultur' und 'Offizialkultur'. In: Deutscher Werkbund e.V./Württembergischer Kunstverein (Hg.): Schock und Schöpfung. Jugendästhetik im 20. Jahrhundert, Buch zur gleichnamigen Ausstellung, Darmstadt-Neuwied, S. 12-15

Mikos, L. (2004): Medien als Sozialisationsinstanz und die Rolle der Medienkompetenz. In: Hoffmann, D./Merkens, H. (Hg.): Jugendsoziologische Sozialisationstheorie. Impulse für die Jugendforschung, Weinheim-München, S. 157-171

Mikos, L./Hoffmann, D./Winter, R. (2007): Einleitung: Medien – Identität – Identifikationen. In: Dieselben (Hg.): Mediennutzung, Identität und Identifikationen. Die Sozialisationsrelevanz der Medien im Selbstfindungsprozess von Jugendlichen, Weinheim-München, S. 7-20

Mischok, A. (1985): „Wild und frei". Wilde Cliquen in Berlin der Weimarer Zeit. In: Berliner Geschichtswerkstatt e.V. (Hg.): Vom Lagerfeuer zur Musikbox. Jugendkulturen 1900 - 1960, Berlin, S. 47-78

Mitterauer, M. (1986): Sozialgeschichte der Jugend, Frankfurt/Main

Mitterauer, M. (1995): Sozialgeschichte der Jugend. Michael Mitterauer im Gespräch mit Karl Stocker. In: Österreichische Zeitschrift für Geschichtswissenschaften, 6. Jg., Heft 4, S. 557-565

Mitterauer, M./Sieder, R. (1977): Vom Patriarchat zur Partnerschaft: zum Strukturwandel der Familie, München

Moeckl, G. (1992): Treffpunkt Clique. Jugend zwischen Langeweile und Gewalt, Fellbach

Moeller, K. (1997): Häßlich, kahl und hundsgemein. Männlichkeits- und Weiblichkeitsinszenierungen in der Skinheadszene. In: Farin, K. (Hg.): Die Skins. Mythos und Realität, Berlin, S. 118-141

Mogge, W. (1985): Wandervogel. Freideutsche Jugend und Bünde. Zum Jugendbild der bürgerlichen Jugendbewegung. In: Koebner, Th./Janz, R.-P./Trommler, F. (Hg.): „Mit uns zieht die neue Zeit". Der Mythos Jugend, Frankfurt/Main, S. 174-198

Mogge, W. (1987): „Wann wir schreiten Seit' an Seit' ..." Das Phänomen Jugend in der deutschen Jugendbewegung. In: Knoll, J. H./Schoeps, J. H. (Hg.): Typisch deutsch: Die Jugendbewegung. Beiträge zu einer Phänomengeschichte, Opladen, S. 35-54

Mogge, W. (1988): Der Freideutsche Jugendtag 1913: Vorgeschichte, Verlauf, Wirkungen. In: Mogge, W./Reulecke, J. (Hg.): Hoher Meißner 1913. Der Erste Freideutsche Jugendtag in Dokumenten, Deutungen und Bildern, Köln, S. 33-62

Mogge, W. (2001): Jugendbewegung und Wandervogel. In: Buchholz, K./Latocha, R./Peckmann, H./Wolbert, K. (Hg.): Die Lebensreform. Entwürfe zur Gestaltung von Leben und Kunst um 1900, Band II, Darmstadt, S. 307-321

Molitor, A. (1995): Der Sieg der weißen Kragen und das Ende der Knochenarbeit. In: GEO, Heft 1,- Zukunft -, S. 116-122

Mooser, J. (1984): Arbeiterleben in Deutschland 1900-1970, Frankfurt/Main

Muchow, H. H. (1962): Jugend und Zeitgeist. Morphologie der Kulturpubertät, Reinbek

Muchow, H. H. (1964): Jugendgenerationen im Wandel der Zeit, Wien

Mühlberg, D. (1999): Von der Arbeitsgesellschaft in die Konsum-, Freizeit- und Erlebnisgesellschaft. In: Kleßmann, Ch./Misselwitz, H./Wichert, G. (Hg.): Deutsche Vergangenheiten – eine gemeinsame Herausforderung, Berlin, S. 176-205

Mühling, J. (2008): Auf einen Blick. Alle reden vom Überwachungsstaat, keiner wehrt sich. Weil der gläserner Mensch im Internet Realität ist. In: Der Tagesspiegel vom 17. Februar, S. 31

Müller, H.-P. (1994): Kultur und soziale Ungleichheit. Von der klassischen zur neueren Kultursoziologie. In: Mörth, I./Fröhlich, G. (Hg.): Das symbolische Kapital der Lebensstile. Zur Kultursoziologie der Moderne nach Pierre Bourdieu, Frankfurt/Main-New York, S. 55-74

Müller, H.-P. (1995): Differenz und Distinktion. Über Kultur und Lebensstile. In: Merkur, 49. Jg., Heft 9/10, S. 927-934

Müller, H.-P./Schneider, Th. (1998): Subjektbezogene Ungleichheit. Ein Paradigma zur Sozialstrukturanalyse postindustrieller Gesellschaften. In: Berger, P. A./Vester, M. (Hg.): Alte Ungleichheiten - Neue Spaltungen, Opladen, S. 275-296

Müller, K. (2006): Wir wollen Probleme machen. Laut, schmutzig, intelligent: Die Berliner Band NM Farmer und ihr neues Album „Das Gesicht". In: Der Tagesspiegel vom 18. Februar, S. 29

Müller, K. (2006a): Ich bin im Moment nicht erreichbar. „Die Jugend von heute": Frankfurts Schirn-Kunsthalle ergründet Glanz und Elend einer blassen Generation. In: Der Tagesspiegel vom 18. April, S. 21

Müller, R./Calmbach, M./Rhein, St./Glogner, P. (2007): Identitätskonstruktionen mit Musik und Medien im Lichte neuerer Identitäts- und Jugendkulturdiskurse. In: Mikos, L./Hoffmann, D./Winter, R. (Hg.): Mediennutzung, Identität und Identifikationen. Die Sozialisationsrelevanz der Medien im Selbstfindungsprozess von Jugendlichen, Weinheim-München, S. 135-147

Müller-Münch, I. (1984): Der unbekannte Widerstand. Jugend im Hitlerreich. Anderssein war staatsgefährdend. In: Frankfurter Rundschau. Zeit und Bild vom 10. März, S. 1

Müller-Wiegand, I. (1998): Zeigt mir, was ihr könnt! Punks n der Jugendarbeit. Praxisbeispiele aus Großbritannien und der Bundesrepublik, Opladen

Münchmeier, R. (1997): Von der Unterordnung zum Gegenüber. Zum Wandel im Generationenverständnis. In: Böhnisch, L./Lenz, K. (Hg.): Familien. Eine interdisziplinäre Einführung, Weinheim-München, S. 113-128

Mulder, M. (2009): Straight Edge, Subkultur, Ideologie, Lebensstil? Münster

Musgrove, F. (1964): Youth and the Social Order, Bloomington

Nannen, St./Lehmann, A./Haverkamp, L. (2005): Wir zuerst. Die Jungen spielen im aktuellen Wahlkampf keine Rolle - obwohl sie die Zukunft meistern sollen. Ohne Zusammenarbeit von Alt und Jung wird der Staat handlungsunfähig. Plädoyer für einen neuen Handlungsvertrag. In: Der Tagesspiegel vom 15. September, S. 8

Neumann, K./Richard, B. (Hg.) (2005): Coolhunters. Jugendkulturen zwischen Medien und Markt, Frankfurt/Main

Nave-Herz, R. (1994): Familie heute, Darmstadt

Negt, O. (1998): Ironie der Geschichte oder: Der Kaiser ist nackt. Über alte und neue Kleider, den Kapitalismus, die Globalisierung und die Notwendigkeit der Solidarität. In: Frankfurter Rundschau vom 4. Juli, S. 7

Neuloh, O./Zilius, W. (1982): Die Wandervögel: eine empirisch soziologische Untersuchung der frühen deutschen Jugendbewegung, Göttingen

Neumann, K./Richard, B. (Hg.) (2005): Coolhunters. Jugendkulturen zwischen Medien und Markt, Frankfurt/Main

Nicodemus, I.. (2007): Die Jugendkultur der Gothics, historischer Rückblick und Vorurteile, Seminararbeit Bochum

Nicodemus, I. (2009): Die Jugendkultur Gothic, Bochum (unveröffentlichte Diplomarbeit)

Niemeyer, Ch. (2002): Nietzsche, die Jugend und die Pädagogik, Weinheim-München

Niemczyk, R. (1997): Die moderne Versuchung aus dem Untergrund. In: Medien Concret Special 1, - Cross Culture, Innenansichten - Außenansichten, Köln, S. 30-33

Nolte, P. (2006): Riskante Moderne. Die Deutschen und der neue Kapitalismus, München

Nolteernsting, E. (1998): Die neue Musikszene: Vom Techno zum Crossover. In: Baacke, D. (Hg.): Handbuch Jugend und Musik, Opladen, S. 275-292

Nowotny, H. (1994): Das Sichtbare und das Unsichtbare: Die Zeitdimension in den Medien. In: Sandbothe, M./Zimmerli, W. Ch. (Hg.): Zeit - Medien - Wahrnehmung, Darmstadt, S. 14-28

Oberländer, J. (2008): Findet Emo! Alles Heulsusen und Ritzer? Amy, 20, ist die Botschafterin einer missverstandenen Jugendkultur. In: Der Tagesspiegel vom 4. Juli, S. 16

Oelkers, J. (1988): Jugendkultur gestern und heute. Pädagogische Überlegungen zu einer langen Emanzipation. In: Jahrbuch des Archivs der deutschen Jugendbewegung, Band 17/1988-1992, Burg Ludwigstein, Witzenhausen, S. 13-36

Oerter, R. (Hg.) (1995): Lebensbewältigung im Jugendalter, Weinheim

Oerter, R./Montada, L. (1987): Entwicklungspsychologie. Ein Handbuch in Schlüsselbegriffen, München-Weinheim

Offer, D. (1984): Das Selbstbild normaler Jugendlicher. In: Olbrich, E./Todt, E. (Hg.): Probleme des Jugendalters, Berlin, S. 111-126

Olk, Th.: Jugend und Jugend(hilfe)politik-Repression durch Nichthandeln?. In: Neubauer, G./Olk, Th. (Hg.): Clique, Mädchen, Arbeit. Jugend im Brennpunkt von Jugendarbeit und Jugendforschung, Weinheim-München, S. 197-221

Opaschowski, H. W. (1995): Das Erlebniszeitalter. In: Becker et. al. (Hg.): Toptrends. Die wichtigsten Trends der nächsten Jahre, Düsseldorf, S. 9-44

Opaschowski, H. W. (1999): Generation @. Die Menschenrevolution entlässt ihre Kinder: Leben im Informationszeitalter, Hamburg

Oswald, H. (1989): Intergenerative Beziehungen (Konflikte) in der Familie. In: Markefka, M./Nave-Herz, R. (Hg.): Handbuch der Familien- und Jugendforschung, Band 2, Jugendforschung, Neuwied-Frankfurt, S. 319-332

Paetel, K.O. (1960): Jugendbewegung und Politik, Bad Godesberg

Palentien, Ch./Hurrelmann, K. (Hg.) (1997): Jugend und Politik. Ein Handbuch für Forschung, Lehre und Praxis, Neuwied-Kriftel-Berlin

Palentien, Ch./Pollmer, K./Hurrelmann, K. (1993): Ausbildungs- und Zukunftsperspektiven ostdeutscher Jugendlicher nach der politischen Vereinigung Deutschlands. In: Aus Politik und Zeitgeschichte, B 24, S. 3-13

Pastötter, J. (2007): Generation Porno. Schmuddelfilme als Vorbild: Die Gewalt in Hardcore-Videos beeinflussen das Sexleben von Jugendlichen in Deutschland. In: Der Tagesspiegel vom 8. März, S. 8

Paris, R. (1985): „Schön". Warum wir in der Sonne braten oder: Die soziale Bedeutung der Sonnenbräune. In: Frankfurter Rundschau vom 18. Juli, S. 13

Paris, R. (2000): Schwacher Dissens – Kultureller und politischer Protest. In: Roth, R./Rucht, D. (Hg.): Jugendkulturen, Politik und Protest. Vom Widerstand zum Kommerz?, Opladen, S. 55-62.

Parmentier, M. (1984): Der Stil der Wandervögel. Analyse einer jugendlichen Subkultur und ihrer Entwicklung. In: Zeitschrift für Pädagogik, 30. Jg., Heft 5, S. 519-532

Parsons, T. (1964): Beiträge zur soziologischen Theorie, Neuwied

Parsons, T. (1981): Sozialstruktur und Persönlichkeit, Frankfurt/Main

Peinhardt, I./Sparschuh, U. (1983): Jugendkulturen als Bewältigung. In: Peinhardt, I./Sparschuh, U. (Hg.): Einblicke - Jugendkultur in Beispielen, Baden-Baden, S. 35-42

Peitz, D. (2007): Alles löst sich auf. „Blumfeld" gehen, „Tocotronic" kapitulieren, der deutsche Pop-Rest will bloß bleiben. In: Süddeutsche Zeitung vom 30. Juni/1. Juli, S. 16

Pesch, M.: (1995): Techno. Kulturelles Phänomen zwischen Millionenerfolg und Authentizität, In: medien + erziehung, 39. Jg., Heft 4, S. 199-204

Peukert, D. K. (1980): Die Edelweißpiraten. Protestbewegungen Jugendlicher Arbeiter im Dritten Reich. Eine Dokumentation, Köln

Peukert, D. K. (1983): Die „wilden Cliquen" in den zwanziger Jahren. In: Breyvogel, W. (Hg.): Autonomie und Widerstand. Zur Theorie und Geschichte des Jugendprotests, Essen, S. 66-77

Peukert, D. K. (1986): „Jugend" als Beruf. Der verbeamtete Wandervogel. In: Deutscher Werkbund e.V./Württembergischer Kunstverein (Hg.): Schock und Schöpfung. Jugendästhetik im 20. Jahrhundert, Buch zur gleichnamigen Ausstellung, Darmstadt-Neuwied, S. 342-344

Peukert, D. K. (1986a): Alltagsleben und Generationserfahrungen in der Zwischenkriegszeit. In: Dowe, D. (Hg.): Jugendprotest und Generationenkonflikt in Europa im 20. Jahrhundert. Deutschland, England, Frankreich und Italien im Vergleich, Bonn, S. 139-150

Peukert, D. K. (1989): Hamburg in den Jahren 1943 bis 1953. Das Jahrzehnt einer unfreiwilligen Revolution. In: Improvisorischer Neubeginn. Ansichten des Photographen Germin mit Beiträgen von Frank Bajohr, Rolf Bornholdi, Werner Johe u.a., Hamburg, S. 9-18

Peukert, D. K. (1990): „Mit uns zieht die Zeit..." Jugend zwischen Disziplinierung und Revolte". In: Nitschke, A./Ritter, G. A./Peukert, D. K./vom Bruch, R. (Hg.): Jahrhundertwende. Der Aufbruch in die Moderne 1880-1930, Band 1, Reinbek, S. 176-202

Peukert, R. (1996): Familienformen im sozialen Wandel, Opladen

Pfennig, G. (1995): Kinder und Jugendliche auf der Suche nach der „neuen Familie" im Bahnhofsmilieu. In: Neue Praxis, 25. Jg., Heft 4, S. 383-391

Pickel, G. (1997): Politisch verdrossen oder nur nicht richtig aktiviert? In: Silbereisen, R. K./Vaskovics, L.A./Zinnecker, J. (Hg.): Jungsein in Deutschland. Jugendliche und junge Erwachsene 1991 und 1996, Opladen, S. 85-112

Plessner, H. (1965): Über die gesellschaftlichen Bedingungen der modernen Malerei, in: DVjs 39

Pöggeler, F. (1982): Auf der Suche nach der „normalen" Jugend. Neue Thesen zur Jugendforschung. In: Jugendwohl, 63. Jg., Heft 12, S. 384-390

Pöggeler, F. (1984): Jugend und Zukunft, Salzburg

Pöggeler, F. (1990): Das Recht der Jugend auf ihre Gefühle. In: Jugendwohl, 71. Jg., Heft 12, S. 319-326

Poell, K./Tietze, W./Toubartz, E.: Wilde Zeit (1996): Von Teddyboys zu Technokids, Mühlheim an der Ruhr

Poferl, A. (1998): „Wer viel konsumiert, ist reich. Wer nicht konsumiert, ist arm". Ökologische Risikoerfahrung, soziale Ungleichheiten und kulturelle Politik. In: Berger, P. A./Vester, M. (Hg.): Alte Ungleichheiten. Neue Spaltungen, Opladen, S. 297-325

Pohl, R. (1991): „Schräge Vögel, mausert euch!". Von Renitenz, Übermut und Verfolgung. Hamburger Swings und Pariser Zazzous. In: Breyvogel, W. (Hg.): Piraten, Swings und Junge Garde, Jugendwiderstand im Nationalsozialismus, Bonn, S. 241-270

Poiger, U. G. (2003): Amerikanisierung oder Internationalisierung? Populärkultur in beiden deutschen Staaten. In: Aus Politik und Zeitgeschichte, B 45 vom 3. November, S. 17-24

Poschardt, U. (1995): DJ-Culture, Hamburg

Poschardt, U. (1995a): Denn Kunst heißt neue Kunst. In: Anz, Ph./Walder, P.: Techno, Zürich, S. 143-149

Poschardt, U. (1998): Anpassen, Hamburg

Postman, N. (1983): Das Verschwinden der Kindheit, Frankfurt/Main

Prange, K. (1991): Pädagogik im Leviathan. Ein Versuch über die Lehrbarkeit der Erziehung, Bad Heilbrunn/OBB.

Preuß, R. (1991): Verlorene Söhne des Bürgertums. Linke Strömungen in der deutschen Jugendbewegung 1913-1919, Archiv der deutschen Jugendbewegung, Band 8, Köln

Projektgruppe Jugendbüro und Hauptschülerarbeit (1977): Subkultur und Familie als Orientierungsmuster, München

Raabe, F. (1961): Die Bündische Jugend. Ein Beitrag zur Geschichte der Weimarer Republik, Stuttgart

Redhead, St. (Ed.) (1993): Rave Off. Politics and deviance in contemporary youth culture, Avebury, Aldershot et. al.

Reich, R. (2008): Superkapitalismus. Wie die Wirtschaft unsere Demokratie untergräbt, Frankfurt/Main - New York

Reichert, K. (2008): Das gewisse Frösteln. The Cure waren die ersten Megastars des Alternative Rock. In: Der Tagesspiegel vom 11. Februar, S. 9

Reimann, H./Reimann, H. (Hg.) (1987): Die Jugend. Einführung in die interdisziplinäre Juventologie, Opladen

Reinders, H. (2003): Jugendtypen. Ansätze zu einer differenziellen Theorie der Adoleszenz, Opladen

Reulecke, J. (1985): Männerbund versus Familie. Bürgerliche Jugendbewegung und Familie in Deutschland im ersten Drittel des 20. Jahrhunderts. In: Koebner, Th./Janz, R.-P./Trommler, F. (Hg.): „Mit uns zieht die neue Zeit". Der Mythos Jugend, Frankfurt/Main, S. 199-223

Reulecke, J. (1986): Jugend - Entdeckung oder Erfindung? Zum Jugendbegriff vom Ende des 19. Jahrhunderts bis heute. In: Deutscher Werkbund e.V./Württembergischer Kunstverein (Hg.): Schock und Schöpfung. Jugendästhetik im 20. Jahrhundert, Buch zur gleichnamigen Ausstellung, DarmstadtNeuwied, S. 21-25

Reulecke, J. (1986a): Jugendprotest - ein Kennzeichen des 20. Jahrhunderts?. In: Dowe, D. (Hg.): Jugendprotest und Generationenkonflikt in Europa im 20. Jahrhundert. Deutschland, England, Frankreich und Italien im Vergleich, Bonn, S. 1-11

Reulecke, J. (1988): Im Schatten der Meißnerformel: Lebenslauf und Geschichte der Jahrhundertgeneration. In: Mogge, W./Reulecke, J. (Hg.): Hoher Meißner 1913. Der Erste Freideutsche Jugendtag in Dokumenten, Deutungen und Bildern, Köln, S. 11-32

Reulecke, J. (1996): „Die Welt ist seitdem nicht mehr dieselbe für mich gewesen". Die Anfänge des Wandervogels vor dem Ersten Weltkrieg in Wuppertal. In: Dietz, B./Lange, U./Wahle, M. (Hg.): Jugend zwischen Selbst- und Fremdbestimmung. Historische Jugendforschung zum rechtsrheinischen Industriegebiet im 19. und 20. Jahrhundert, Bochum, S. 155-177

Reulecke, J. (1996a): „Auf werdet Menschen von unserm Jahrhundert!" Anmerkungen zum Weg der jugendbewegten Jahrhundertgeneration. Ein Einleitungsessay. In: Seidel, H. U. (Hg.): Aufbruch und Erinnerung. Der Freideutsche Kreis als Generationseinheit im 20. Jahrhundert, Archiv der deutschen Jugendbewegung, Band 9, Burg Ludwigstein, Witzenhausen

Reulecke, J. (2006): Zum Selbstverständnis einer „jungen Generation": Wo ist Zukunft?. In: Herrmann, U. (Hg,): „Mit uns zieht die neue Zeit...", Der Wandervogel in der deutschen Jugendbewegung, Weinheim-München, S. 209-320

Richard, B. (1997): Schwarze Netze. Die Gruftie- und Gothic Punk-Szene. In: SPoKK (Hg.): Kursbuch JugendKultur - Stile, Szenen und Identitäten vor der Jahrtausendwende, Mannheim, S. 129-140

Richard, B. (2005): Beckham`s Style Kicks! Die metrosexuellen Körperbilder der Jugendmode. In: Neumann-Braun/Richard, B. (Hg.): Coolhunters. Jugendkulturen zwischen Medien und Markt, Frankfurt/Main, S. 244-259

Richard, B./Krüger, H.-H. (1995): Vom „Zitterkäfer" (Rock'n Roll) zum „Hamster im Laufrädchen" (Techno). Streifzüge durch die Topographie jugendkultureller Stile am Beispiel von Tanzstilen zwischen 1945 und 1994. In: Ferchhoff, W./Sander, U./Vollbrecht, R. (Hg.): Jugendkulturen. Faszination und Ambivalenz. Einblicke in jugendliche Lebenswelten, Weinheim-München, S. 93-108

Richard, B./Krüger, H.-H. (1997): Vom einsamen Rebell zur „singenden Altkleidersammlung". Jugend-Idole und ihre mediale Vermittlung im historischen Wandel. In: deutsche jugend, 45. Jg., Heft 12, S. 536-543

Rieker, P. (1997): Ethnozentrismus bei jungen Männern. Fremdenfeindlichkeit und Nationalismus und die Bedingungen ihrer Sozialisation, Weinheim-München

Riesman, D. (1958): Die einsame Masse, Reinbek

Rink, D. (2002): Beunruhigende Normalisierung: Zum Wandel von Jugendkulturen in Deutschland. In: Das Parlament. Aus Politik und Zeitgeschichte, B5, S. 3-6

Rittner, V. (1989): Körperbezug, Sport und Ästhetik. Zum Funktionswandel der Sportästhetik in komplexen Gesellschaften. In: Sportwissenschaft, 19. Jg., Heft 4, S. 359-377

Rittner, V. (1998): Sport in der Erlebnisgesellschaft. In: Allmer, H./Schulz, N. (Hg.): Erlebnissport - Erlebnis Sport, Brennpunkte der Sportwissenschaft, Sankt Augustin, S. 28-45

Robbins, A./Wilner, A. (2004): Quarterlife Crisis, Berlin

Robertson, R. (1998): Globalisierung. Homogenität und Heterogenität in Raum und Zeit. In: Beck, U. (Hg.): Perspektiven der Weltgesellschaft, Frankfurt/Main S. 192-220

Roeßler, W. (1957): Jugend im Erziehungsfeld, Düsseldorf

Rosenhaft, E. (1986): Die wilden Cliquen. In: Deutscher Werkbund e.V./Württembergischer Kunstverein (Hg.): Schock und Schöpfung. Jugendästhetik im 20. Jahrhundert. Buch zur gleichnamigen Ausstellung, Darmstadt-Neuwied, S. 345-349

Rosenmayr, L. (1970): Jugend als Faktor sozialen Wandels. In: Neidhardt, F. et al. (Hg.): Jugend im Spektrum der Wissenschaften, München, S. 203-228

Rosenmayr, L. (1974): Jugendbewegung und Jugendforschung. In: Ruegg, W. (Hg.): Kulturkritik und Jugendkult, Frankfurt/Main, S. 61-85

Rosenmayr, L. (1986): Über Familie in den Strukturumbrüchen heute. Forschungen und Erwägungen in disziplinübergreifender Absicht. In: Archiv für Wissenschaft und Praxis der sozialen Arbeit, 17. Jg., Heft 2/3/4, S. 48-81

Rosenmayr, L. (1989): Jugend als Spiegel der Gesellschaft?. In: Janig, H./Hexel, P. C./Luger, K./Rathmayr, B. (Hg.): Schöner Vogel Jugend. Analysen zur Lebenssituation Jugendlicher, Linz, S. 4-35

Rossbeck, B. (2001): Das Wandern ist des Vogels Lust. Fernweh, Zivilisationsmüdigkeit und freudiger Gehorsam – Vor hundert Jahren wurde der Wandervogel gegründet. In: Süddeutsche Zeitung vom 3. November, S. III

Rossiaud, J. (1994): Dame Venus: Prostitution im Mittelalter, München

van Rossum, W. (1996): Designerdrogen als Partyhits. In: Kemper, P. (Hg.): Handy, Swatch, Party-Line. Zeichen und Zumutungen des Alltags, Frankfurt/Main-Leipzig, S. 287-300

Roth, L. (1983): Die Erfindung des Jugendlichen, München

Roth, R. (2002): Globalisierungsprozesse und Jugendkulturen. In: Aus Politik und Zeitgeschichte, Heft 5, S. 20-27

Roth, R./Rucht, D. (Hg.) (1987): Neue Soziale Bewegungen in der Bundesrepublik Deutschland, Frankfurt/Main-New York

Roth, R./Rucht, D. (2000): Jugendliche heute: Hoffnungsträger im Zukunftsloch. In: Dieselben (Hg.): Jugendkulturen, Politik und Protest. Vom Widerstand zum Kommerz?, Opladen, S. 9-34

Rucht, D./Roth, R. (2000): Weder Rebellion noch Anpassung: Jugendproteste in der Bundesrepublik1950-1994. In: Roth, R./Rucht, D. (Hg.): Jugendkulturen. Politik und Protest. Vom Widerstand zum Kommerz?, Opladen, S. 283-304

Rürup, B. (1998): Die Rolle des Wohlfahrtsstaates in Zeiten der Globalisierung. Eine Politik des freien Marktes führt zu einer instabilen und nicht zukunftsfähigen Gesellschaft. In: Frankfurter Rundschau vom 23. November, S. 7

Rufer, M. (1995): Glückspillen - Ecstasy, Prozac und das Comeback der Psychopharmaka, München

Rumpf, W.(1996): Stearway to Heaven. Kleine Geschichte der Popmusik. Vom Rock'n'Roll bis Techno, München

Rusinek, B.-A. (1993): Das Glück der Provokation. Gewalt in historischen Jugendkulturen. In: Breyvogel, W. (Hg.): Lust auf Randale. Jugendliche Gewalt gegen Fremde, Bonn, S. 83-105

Sandbothe, M./Zimmerli, W. Ch. (Hg.) (1994): Zeit - Medien - Wahrnehmung, Darmstadt

Savage, J. (2008): Teenage. Die Erfindung der Jugend (1875-1945), Frankfurt/Main

Schäfers, B. (1989): Soziologie des Jugendalters, Opladen

Schäfers, B. (1992): Erscheinungsbild und Probleme der Familie heute. In: Kind, Jugend, Gesellschaft, 37. Jg., Heft 2, S. 38-43

Schäfers, B. (2002): Soziologie des Jugendalters, Opladen (7. Auflage)

Schäfers, B. (2003): Die „Skeptische Generation" von Helmut Schelsky – revisited nach 45 Jahren. In: Mansel, J./Griese, H. M./Scherr, A. (Hg.): Theoriedefizite der Jugendforschung. Standortbestimmung und Perspektiven, Weinheim-München, S. 30-40

Schäfers, B./Scherr, A. (2005): Jugendsoziologie. Einführung in Grundlagen und Theorien (8., umfassend aktualisierte und überarbeitete Auflage) Wiesbaden

Scheffler, S. (2007): Leben in der Blase. Mit der Euphorie von Second Life entstehen virtuelle Millionenvermögen. Doch wie viele können gewinnen? Wann platzt die Blase?. In: Der Tagesspiegel vom 23. Februar, S. 32

Schefold, W./Hornstein, W. (1993): Pädagogische Jugendforschung nach der deutsch-deutschen Einigung. In: Zeitschrift für Pädagogik, 39. Jg., Heft 6, S. 909-928

Schelsky, H. (1957): Die skeptische Generation. Eine Soziologie der deutschen Jugend, Düsseldorf-Köln

Schelsky, H. (1961): Der Mensch in der wissenschaftlichen Zivilisation, Köln

Schelsky, H. (1975): Rückblick auf die 'Skeptische Generation'. Vorwort zur Taschenbuchausgabe, Frankfurt/Main

Scherer, K.-J. (1988): Jugend und soziale Bewegung. Zur politischen Soziologie der bewegten Jugend in Deutschland, Opladen

Scherr, A. (2004): Selbstsozialisation in der polykontexturalen Gesellschaft. In: Hoffmann, D./Merkens, H. (Hg.): Jugendsoziologische Sozialisationstheorie. Impulse für die Jugendforschung, Weinheim-München, S. 221-235

Scherr, A. (2008): Jugendsoziologie. Einführung in Grundlagen und Theorien. (9., erweiterte und umfassend überarbeitete Auflage), Wiesbaden

Scheuch, E. K. (1975): Die Jugend gibt es nicht. Zur Differenziertheit der Jugend in heutigen Industriegesellschaften, in: Jugend in der Gesellschaft. Ein Symposium mit Beiträgen von H. v. Hentig, H. Lübbe, E. K. Scheuch u.a., München, S. 54-78

Schildmacher, A. (1998): Trends und Moden im Jugendsport. In: Schwier, J. (Hg.): Jugend - Sport - Kultur. Zeichen und Codes jugendlicher Sportszenen, Hamburg, S. 63-76

von Schirach, B. (1934): Die Hitler Jugend. Idee und Gestalt, Leipzig 1934

Schirrmacher, F. (2004): „Das Methusalemkomplott" einer Generationendebatte, Frankfurt/Main

Schlobinski, P. (2002): Jugendsprache und Jugendkultur. In: Aus Politik und Zeitgeschichte, B5, S. 14-19

Schneider, M. (1997): Aus der Welt des männlichen Unter-Ich: Skinheads. In: Kursbuch, Heft 127, S. 111-124

Schnierer, Th. (1995): Modewandel und Gesellschaft. Die Dynamik von „in" und „out", Opladen

Schock und Schöpfung: Jugendästhetik im 20. Jahrhundert. (Hg.) (1986): Deutscher Werkbund e.V./Württembergischer Kunstverein Stuttgart. Buch zur gleichnamigen Ausstellung, Darmstadt-Neuwied 1986

Schöll, A. (1992): Zwischen frommer Anpassung und religiöser Revolte, Gütersloh
Schönau, B. (2008): Forza finito. Calcio, das ist Fußball in Italien. Einst war er mehr als ein Spiel - er war der Himmel auf Erden. Nun ist er die Hölle. In: Der Tagesspiegel vom 16. Februar, S. 29
Schörken, R. (1984): Luftwaffenhelfer und Drittes Reich. Die Entstehung eines politischen Bewußtseins, Stuttgart
Schörken, R. (1986): Jugendästhetik bei den Luftwaffenhelfern. In: Deutscher Werkbund e.V./ Württembergischer Kunstverein Stuttgart (Hg.): Schock und Schöpfung. Jugendästhetik im 20. Jahrhundert. Buch zur gleichnamigen Ausstellung, Darmstadt-Neuwied, S. 326-330
Schörken, R. (1990): Jugend 1945. Politisches Denken und Lebensgeschichte, Opladen
Scholtz, H. (2006): Der Wandervogel im Kontext der Jugendpolitik des Wilhelminischen Kaiserreichs. In: Herrmann, U. (Hg,): „Mit uns zieht die neue Zeit...", Der Wandervogel in der deutschen Jugendbewegung, Weinheim-München, S. 129-137
Schröder, A. (1995): Kulturpädagogische Arbeit mit Jugendlichen - im Spannungsfeld von Adoleszenz, Jugendkulturen und Ästhetik. In: deutsche jugend, 43. Jg., Heft 7-8, S. 325-336
Schröder, B. (1997): Im Griff der rechten Szene. Ostdeutsche Städte in Angst, Reinbek
Schröder; J./Thönnissen, G. (2009):Uniform für Cool Britannia. Polohemden von Fred Perry gehören seit Jahrzehnten zur britischen Jugendkultur. Dabei wollte ihr Namensgeber einfach gute Tenniskleidung verkaufen. In: Der Tagesspiegel vom 16. Mai 2009, S. 24
Schröder, W. (1995): Jugend und Modernisierung, Weinheim-München
Schubert-Weller, Ch. (1988): So begann es. Scouting als vormilitärische Jugenderziehung. Der Beginn der Pfadfinderbewegung in Deutschland am Vorabend des Ersten Weltkriegs, Baunach
Schubert-Weller, Ch. (1995): „Die Sendung der jungen Generation". Von der Militarisierung zur Verstaatlichung: Thesen zur Jugendgeschichte von 1890 bis 1936. In: Jahrbuch des Archivs der deutschen Jugendbewegung, Band 17/1988-1992, Burg Ludwigstein, Witzenhausen, S. 37-76
Schümer, D. (1998): Schule der reinen Marktwirtschaft. Zur Globalisierung des Fußballs. In: Frankfurter Allgemeine Zeitung. Bilder und Zeiten vom 13. Juni, S. I-II
Schulz-Ojala. Jan (2009): Wie eiskalt ist dies Herzchen. Irgendwie live: Horst Schlämmer alias Hape Kerkeling bei der Berliner Wahl-Werbe-Show für seinen Film „Isch kandidiere". In: Der Tagesspiegel vom 5. August, S. 19
Schulze, G. (1992): Die Erlebnisgesellschaft. Kultursoziologie der Gegenwart, Frankfurt/Main-New York
Schulze, G. (1993): Entgrenzung und Innenorientierung. Eine Einführung in die Theorie der Erlebnisgesellschaft. In: Gegenwartskunde, 42. Jg., Heft 4, S. 405-419
Schulze, G. (1996): Der Film des Soziologen. In: Fritz-Vannahme, J. (Hg.): Wozu heute noch Soziologie?, Opladen, S. 51-57

Schwendter, R. (1995): Gibt es noch Jugendsubkulturen?. In: Ferchhoff, W./Sander, U./Vollbrecht, R. (Hg.): Jugendkulturen-Faszination und Ambivalenz. Einblicke in jugendliche Lebenswelten, Weinheim-München, S. 11-22

Schwier, J. (1998): Stile und Codes bewegungsorientierter Jugendkulturen. In: Schwier, J. (Hg.): Jugend - Sport - Kultur. Zeichen und Codes jugendlicher Sportszenen, Hamburg, S. 9-29

Schwier, J. (2007): Ultras - Zur Selbstmediatisierung jugendlicher Fußballfans. In: Mikos, L./Hoffmann, D./Winter, R. (Hg.): Mediennutzung, Identität und Identifikationen. Die Sozialisationsrelevanz der Medien im Selbstfindungsprozess von Jugendlichem, Weinheim-München, S. 149-162

Seewald, P. (1988): Abschied vom Jugendmythos. Die Geschichte einer Verführung mit leidvollem Ausklang. In: Frankfurter Rundschau vom 2. Januar, S. 13

Seidel, C. (1998): Die Abschaffung der Jugend. Warum die Berliner Love Parade absolut notwendig ist. In: Süddeutsche Zeitung vom 11./12. Juli, S. 17

Seidel, H.-U. (1996): Aufbruch und Erinnerung. Der Freideutsche Kreis als Generationseinheit im 20. Jahrhundert, Archiv der deutschen Jugendbewegung, Band 9, Burg Ludwigstein, Witzenhausen

Seidelmann, K. (1971): Gruppe - soziale Grundform der Jugend, II, Berlin

Sennett, R. (1998): Der flexible Mensch. Die Kultur des neuen Kapitalismus, Berlin.

Sennett, R. (2005): Die Kultur des neuen Kapitalismus, Berlin

Shell Deutschland Holding (Hg.) (2006): 15. Shell Jugendstudie. Jugend 2006. Eine pragmatische Generation unter Druck, Frankfurt/Main

Shell Deutschland Holding (Hg.) (2010): 16. Shell Jugendstudie. Jugend 2010. Eine pragmatische Generation behauptet sich, Frankfurt/Main

Sieferle, R. P. (1984): Fortschrittsfeinde? Opposition gegen Technik und Industrie von der Romantik bis zur Gegenwart, München

Siegfried, D. (2003): „Trau keinem über 30"? Konsens und Konflikt der Generationen in der Bundesrepublik der langen 60er Jahre. In: Aus Politik und Zeitgeschichte, B 45 vom 3. November, S. 25-32

Silbereisen, R. K. (1986): Entwicklung als Handlung im Kontext. Entwicklungsprobleme und Problemverhalten. In: Zeitschrift für Sozialisationsforschung und Erziehungssoziologie, 6. Jg., Heft 1, S. 29-46

Silbereisen, R. K. (1996): Jugendliche als Gestalter ihrer Entwicklung: Konzepte und Forschungsbeispiele. In: Schumann-Hengsteler, R./Trautner, H. M. (Hg.): Entwicklung im Jugendalter, Göttingen-Bern-Toronto-Seattle, S. 1-18

Silbereisen, R. K./Eyferth, K./Rudinger, R. (Eds.) (1986): Development as Action in Context, New York

Simon, T. (1989): Rocker in der Bundesrepublik. Eine Subkultur zwischen Jugendprotest und Traditionsbildung, Weinheim

Simon, T. (1996): Raufhändel und Randale. Sozialgeschichte aggressiver Jugendkulturen und pädagogische Bemühungen vom 19. Jahrhundert bis in die Gegenwart, Weinheim-München

Sinus-Institut (1993): Die verunsicherte Generation. Jugend und Wertewandel, Opladen

Sloterdijk, P. (1987): Epilog auf die Gegenwart. In: Frankfurter Allgemeine Magazin vom 8. Mai, S. 22-32

Soboczynski, A. (2008): Der Feierabend hat Feierabend. In: Zeit Magazin Leben vom 28. August, S. 12-17

Soeffner, H.-G. (1986): Stil und Stilisierung. Punk und die Überhöhung des Alltags. In: Gumbrecht, H.-U./Pfeiffer, K. L. (Hg.): Stil. Geschichten und Funktionen eines kulturwissenschaftlichen Diskurselements, Frankfurt/Main, S. 317-341

Soeffner, H.-G. (1993): Der Geist des Überlebens. Darwin und das Programm des 24. Deutschen Evangelischen Kirchentages. In: Bergmann, J./Hahn, A./Luckmann, Th. (Hg.): Religion und Kultur, Sonderheft 36, Kölner Zeitschrift für Soziologie und Sozialpsychologie, S. 191-205

Soeffner, H.-G. (1997): „Auf dem Rücken eines Tigers". Über die Hoffnung, Kollektivrituale als Ordnungsmächte in interkulturellen Gesellschaften kultivieren zu können. In: Heitmeyer, W. (Hg.): Was hält die Gesellschaft zusammen? Bundesrepublik Deutschland: Auf dem Weg von der Konsens- zur Konfliktgesellschaft, Band 2, Frankfurt/Main, S. 334-359

Spengler, P. (1985): Rockmusik und Jugend: Bedeutung und Funktion einer Musikkultur für die Identitätssuche im Jugendalter, Frankfurt/Main

Spengler, P. (1994): Jugendfreizeit zwischen Kommerz und Pädagogik. Empirische Studien in einer Kleinstadt, Weinheim

Spiegel special (2005): Spiegel-Serie: Globalisierung. Die Neue Welt, Heft 7

Spinner, H. (1998): Informationsgesellschaft. In: Schäfers, B./Zapf, W. (Hg.): Handwörterbuch zur Gesellschaft Deutschlands, Opladen, S. 313-324.

SpoKK (Hg.) (1997): Kursbuch Jugendkultur. Stile, Szenen und Identitäten vor der Jahrtausendwende, Mannheim

Spranger, E. (1924): Psychologie des Jugendalters, Leipzig

Spree, R. (1994): Der Rückzug des Todes - wurden wir gesünder?. In: Imhof, A. E./Weinknecht, R. (Hg.): Erfüllt leben - in Gelassenheit sterben. Geschichte und Gegenwart. Beiträge eines interdisziplinären Symposiums vom 23.-25. November 1993 an der Freien Universität Berlin, Band 19, Berliner Historische Studien, Berlin, S. 101-111

Stach, R. (1996): Sport als Extremerfahrung? Free-Climbing, Bungee-Jumping und anderer „Funsport". In: Kemper, P. (Hg.): Handy, Swatch und Party-Line. Zeichen und Zumutungen des Alltags, Frankfurt/Main-Leipzig, S. 316-329

Stauber, B. (2004): Junge Frauen und Männer in Jugendkulturen. Selbstinszenierungen und Handlungspotentiale, Opladen

Staud, T. (2005): Runen, Bratwurst, Rüssel-Skins. Wenn Rechtssein Spaß macht. In: Neumann-Braun, K./Richard, B. (Hg.): Coolhunters. Jugendkulturen zwischen Medien und Markt, Frankfurt/Main, S. 103-110

Steinwachs, B. (1986): Stilisieren ohne Stil? Bemerkungen zu 'Design' und 'Styling'. In Gumbrecht, H. U./Pfeiffer, K. L. (Hg.): Stil. Geschichten und Funktionen eines kulturwissenschaftlichen Diskurselements, Frankfurt/Main, S. 342-357

Stenger, H. (1989): Der „okkulte" Alltag. Beschreibungen und wissenssoziologische Deutungen des „New Age". In: Zeitschrift für Soziologie, 18. Jg., Heft 2, S. 119-135

Stenger, H. (1991): Satan, Selbsterfahrung und Subjekt - zum okkulten Interesse Jugendlicher. In: Helsper, W. (Hg.): Jugend zwischen Moderne und Postmoderne, Opladen, S. 133-146

Stenger, H. (1993): Die soziale Konstruktion okkulter Wirklichkeit. Eine Soziologie des „New Age", Opladen

Stephan, C. (1986): Mit Ironie, ohne Unschuld. „Legalize history". In: Deutscher Werkbund e.V./ Württembergischer Kunstverein (Hg.): Schock und Schöpfung. Jugendästhetik im 20. Jahrhundert, Buch zur gleichnamigen Ausstellung, Neuwied-Darmstadt, S. 184-188

Sterneck, W. (1997): „Rave New World" - die Techno-Kultur. In: deutsche jugend, 45. Jg., Heft 7-8, S. 315-322

Stolz, M. (1996): Quo Vadis, Jugend? Generation XY ungelöst. In: Deese, U./Hillenbach, P./Kaiser, D./Michatsch, Ch. (Hg.): Jugend und Jugendmacher. Das wahre Leben in den Szenen der Neunziger, Düsseldorf-München, S. 15-24

Sträter, W.(1985): Jugendkulturen im Wandel der Zeit. Erfahrungen aus einer Veranstaltung. In: Berliner Geschichtswerkstatt e.V. (Hg.): Vom Lagerfeuer zur Musikbox. Jugendkulturen 1900-1960, S. 137-170

von Streit, A. (2004): Einfach jung. Warum die Jugendlichen heute deutlich weniger zum Pessimismus neigen als ihre Eltern. In: Frankfurter Rundschau vom 2. März , S. 15

Strzoda, C./Zinnecker, J./Pfeffer, C. (1996): Szenen, Gruppen, Stile. Kulturelle Orientierungen im Jugendraum: In: Silbereisen, L. A./Vaskovics, J./Zinnecker, J. (Hg.): Jungsein in Deutschland. Jugendliche und junge Erwachsene 1991 und 1996, Opladen, S. 57-84

Szemkus, K. (1974): Gesellschaftliche Bedingungen zur Entstehung der deutschen Jugendbewegung. In: Ruegg, W. (Hg.): Kulturkritik und Jugendkult, Frankfurt/Main, S. 39-46

Tenbruck, F. H. (1962): Jugend und Gesellschaft, Freiburg

Tenorth, H.-E. (2003): Alles, was man lernen muss. Ein Kanon Allgemeinbildung scheint altmodisch und überflüssig. Doch ist er für die heutige Schule wirklich erforderlich? In: Der Tagesspiegel vom 18. August 2003, S. 25

Thiel, W./Wirth, H.-J. (1986): Über Geschmack läßt sich streiten. In: Deutscher Werkbund e.V./Württembergischer Kunstverein (Hg.): Schock und Schöpfung. Jugendästhetik im 20. Jahrhundert, Buch zur gleichnamigen Ausstellung, Darmstadt-Neuwied, S. 148-152

von Törne, L. (2008): Multikulti ist gescheitert - von wegen! In Deutschland wird Multikulturalismus nur noch verspottet. Doch das Konzept kann funktionieren, wie Kanada lehrt. In: Der Tagesspiegel vom 6. Januar, S. 8

Thole, W. (1991): Familie. Szene. Jugendhaus. Alltag und Subjektivität einer Jugendclique, Opladen

Tillmann, K. J. (2000): Sozialisationstheorien, Reinbek

Toffler, A. (1995): Gespräch über "Das Ende der Romantik. Zukunftsforscher Alvin Toffler über das Überleben in der Informationsgesellschaft". In: Spiegel special, Heft 3, S. 59-63

Treptow, R. (1993: Bewegung als Erlebnis und Gestaltung: Zum Wandel jugendlicher Selbstbehauptung und Prinzipien moderner Jugendkulturarbeit, Weinheim-München
Trommler, F. (1985): Mission ohne Ziel. Über den Kult der Jugend im modernen Deutschland. In: Koebner, Th./Janz, R.-P./Trommler, F. (Hg.): „Mit uns zieht die neue Zeit". Der Mythos Jugend, Frankfurt/Main, S. 14-49
von Trotha, T. (1982): Zur Entstehung von Jugend. In: Kölner Zeitschrift für Soziologie und Sozialpsychologie, 34. Jg., Heft 2, S. 254-277
Tucker, R. (2007): Unter die Haut. Leila ist hübsch, 22 Jahre alt, sie wohnt in Berlin. Wenn es ihr dreckig geht, verletzt sie sich selbst: In: Der Tagesspiegel vom 9. März, S. 18
Ulbricht, J, H.: (2006): Nietzsche als Prophet der Jugendbewegung?. In: Herrmann, U. (Hg,): „Mit uns zieht die neue Zeit...", Der Wandervogel in der deutschen Jugendbewegung, Weinheim-München 2006, S. 80-114
Vester, M. (1994): Die verwandelte Klassengesellschaft. Modernisierung der Sozialstruktur und Wandel der Mentalitäten in Westdeutschland. In: Mörth, I./Fröhlich, G. (Hg.): Das symbolische Kapital der Lebensstile. Zur Kultursoziologie der Moderne nach Pierre Bourdieu, Frankfurt/Main, S. 129-166
Vester, M. (1998): Klassengesellschaft ohne Klassen. Auflösung oder Transformation der industriegesellschaftlichen Sozialstruktur. In: Berger, P. A./Vester, M. (Hg.): Alte Ungleichheiten - Neue Spaltungen, Opladen, S. 109-147
Villànyi, D./Witte, M. D. (2004): Jugendkulturen und Politik. Die Verortung jugendkultureller Vergemeinschaftungen im subpolitischen Feld. In: Heinrich, G. (Hg.): Jugend und Politik – Verdrossenheit? Rostocker Informationen zu Politik und Verwaltung, Heft 20, Universität Rostock. Institut für Politik- und Verwaltungswissenschaften, S. 55-76
Villànyi, D./Witte, M. D. (2004a): Jugendkulturen zwischen Globalisierung und Ethnisierung. In: Zeitschrift für Erziehungswissenschaft 7. Jg., Heft 1, S. 33-57
Vinken, B. (1993): Mode nach der Mode. Kleid und Geist am Ende des 20. Jahrhunderts, Frankfurt/Main
Vogelgesang, W. (1997): Jugendliches Medienhandeln: Szenen, Stile, Kompetenzen. In: Aus Politik und Zeitgeschichte. Beilage zur Wochenzeitung Das Parlament, B 19-20/2. Mai, S. 13-27
Vogelgesang, W. (2001): Design, Kultur, „Techno". In: Hitzler, R./Pfadenhauer, M. (Hg.): Techno-Soziologie. Erkundungen einer Jugendkultur, Opladen, S. 265-289
Voight, R. (2002): Es werde dunkel. Dem Universum gleich, breitet sich die Farbe Schwarz immer weiter aus. In: Die Zeit, Leben, Nr. 38 vom 12. September, S. 58
Voulliéme, H. (1987): Die Faszination der Rockmusik. Überlegungen aus bildungstheoretischer Perspektive, Opladen
Wagner, B. (1995): Jugend - Gewalt - Szenen. Zu kriminologischen und historischen Aspekten in Ostdeutschland. Die achtziger und neunziger Jahre, Berlin
Wagner, P. (1999): Pop 2000. 50 Jahre Popmusik und Jugendkultur, Hamburg
Wagner-Winterhager, L. (1990): Jugendliche Ablösungsprozesse im Wandel des Generationenverhältnisses: Auswirkungen auf die Schule. In: Die Deutsche Schule, 82. Jg., Heft 4, S. 452-464

Waldenfels, B. (1987): Alltag als Schmelztiegel der Rationalität. In: Amerikastudien, 32. Jg., Heft 2. S. 199-207

Walder, P. (1995): Technodrogen. In: Anz, Ph./Walder, P. (Hg.): Techno, Zürich, S. 192-197

Walter, A. (1998): Junge Erwachsene in Europa. Eine neue Lebensphase oder Übergang auf Dauer? In: Walter, A. (Hg.): Junge Erwachsene in Europa, Opladen, S. 9-37

Walter, A. (2000): Spielräume im Übergang in die Arbeit, Weinheim-München

Walther, R. (1998): Weltbürger, gebt den Staat nicht auf! Um den Problemen der Globalisierung zu begegnen, muß zuerst einmal zwischen Propaganda und Realität unterschieden werden. Eine Antwort auf Ulrich Becks Thesen über den Kosmopolitismus. In: Die Zeit vom 23. Juli S. 35

Wasmund, K. (1986): Leitbilder und Aktionsformen Jugendlicher nach dem Zweiten Weltkrieg in Deutschland bis zu den 60er Jahren. In: Dowe, D. (Hg.): Jugendprotest und Generationenkonflikt in Europa im 20. Jahrhundert. Deutschland, England, Frankreich und Italien im Vergleich, Bonn

Weber, E. (1987): Generationenkonflikte und Jugendprobleme aus (erwachsenen)pädagogischer Sicht, München

Wedemeyer-Kolwe, B. (2006): Der „neue Mensch" in seinem „neuen Körper": Jugendbewegung und Körperkultur. In: In: Herrmann, U. (Hg,): „Mit uns zieht die neue Zeit...", Der Wandervogel in der deutschen Jugendbewegung, Weinheim-München, S. 138-154

Wehner, M. (1998): Besonders Hammerskins sind erfolgreich. Trinken, pöbeln, schlagen: Skinheads in den neuen Ländern sind „zum Kampf bereit". In: Frankfurter Allgemeine Zeitung vom 26. September, S. 9-10

Wehowsky, St. (1994): Von Menschen und Computern. Künstliche Intelligenz und natürliche Dummheit. In: Frankfurter Allgemeine Zeitung. Bilder und Zeiten vom 29. Oktober, S. I

Welsch, W. (1987): Unsere postmoderne Moderne, Weinheim

Weniger, E. (1963): Die Jugendbewegung und ihre kulturelle Auswirkung. In: Kindt, W. (Hg.): Dokumentation der Jugendbewegung, Band 1, Düsseldorf-Köln, S. 525-555 (Original 1928)

Werner, J. (2001): Die Club-Party. Eine Ethnographie der Berliner Techno-Szene. In: Hitzler, R./Pfadenhauer, M. (Hg.): Techno-Soziologie. Erkundungen einer Jugendkultur, Opladen, S. 31-50

Wierling, D. (1997): Der Staat, die Jugend und der Westen. In: Lütke, A./Becker, P. (Hg.): Akten, Eingaben, Schaufenster. Die DDR und ihre Texte, Berlin, S. 223-240

Wiersing, E. (1987): Kontinuität oder Traditionsbruch? Einige Thesen zum Übergang von der alteuropäischen zur modernen Erziehungstheorie und -praxis. In: Zeitschrift für Pädagogik, 21. Beiheft, S. 19-26

Wilhelm, Th. (1963): Der geschichtliche Ort der deutschen Jugendbewegung. In: Kindt, W. (Hg.): Dokumentation der Jugendbewegung, Band 1, Düsseldorf-Köln, S. 7-29

Wilkinson, H. (1997): Kinder der Freiheit. Entsteht eine neue Ethik individueller und sozialer Verantwortung?. In: Beck, U. (Hg.): Kinder der Freiheit, Frankfurt/Main, S. 85-123

Willis, P. (1991): Jugend-Stile. Zur Ästhetik einer gemeinsamen Kultur, Hamburg
Wippermann, C. (1998): Religion, Identität und Lebensführung. Typische Konfigurationen in der fortgeschrittenen Moderne. Mit einer empirischen Analyse zu Jugendlichen und jungen Erwachsenen, Opladen
Wirth, H.-H. (1984): Die Schöpfung der Sinne. Jugendprotest als persönliche und kulturelle Chance, Frankfurt/Main
Wohlrab-Sahr, M. (1993): Biographische Innerlichkeit. Formen weiblicher Identität in der „reflexiven Moderne"; das Beispiel der Zeitarbeiterinnen, Opladen
Wohlrrab-Sahr, M. (1997): Individualisierung, Differenzierungsprozeß und Zurechnungsmodus. In: Beck, U./Sopp, P. (Hg.): Individualisierung und Integration. Neue Konfliktlinien und neuer Integrationsmechanismus, Opladen, S. 23-36
Wolf, F. (1996): Alle Politik ist medienvermittelt. Über das prekäre Verhältnis von Politik und Fernsehen. In: Aus Politik und Zeitgeschichte, B 32, S. 26-31
Wolf, P. (2007): Ware Schönheit. Überall glatte Gesichter und pralle Brüste: Unser Blick auf den eigenen Körper verändert sich. Kann sich da noch Persönlichkeit bilden? In: Der Tagesspiegel vom 15. September, S. 27
Wood, R. T. (2006): Straightedge youth: complexity and contradictions of a subculture, Syracuse University Press, Syracuse, NY
Wulf, Ch. (2006): Die Wiederentdeckung der Rituale. Ein Forscherteam der Freien Universität Berlin untersucht Rituale in Familie, Schule, Medien und Jugendkultur. In: Der Tagesspiegel vom 11. Februar S. B4
Wunder, J. (2007): Der Bad Boy und der Intellektuelle. Ghetto oder Collage: 50 Cent und Kanye West folgen mit ihren neuen Alben konträren Stimmungen des Hip-Hop. In: Der Tagesspiegel vom 1. September, S. 29
Wurzbacher, G. (1987): Gesellungsformen der Jugend in der Bundesrepublik - Hypothesen über Strukturen und Sozialisationswirkungen -. In: Reimann, H./Reimann, H. (Hg.): Die Jugend. Einführung in die interdisziplinäre Juventologie, Opladen, S. 28-52
Wyneken, G. (1913): Reformphilistertum oder Jugendkultur?. In: Freideutsche Jugend. Zur Jahrhundertfeier auf dem Hohen Meißner 1913, Jena, S. 166-169
Wyneken, G. (1919): Die neue Jugend. Ihr Kampf um Freiheit und Wahrheit in Schule und Elternhaus. In: Religion und Erotik, München (3. Auflage)
Wyneken, G. (1922): Wickersdorf, Lauenburg
Yankelovich, D. (1978): Wer hat noch Lust zu arbeiten?. In: Psychologie Heute, November, S. 15-21
Zapf, W. et. al. (1987): Individualisierung und Sicherheit. Untersuchungen zur Lebensqualität in der Bundesrepublik Deutschland, München
Ziehe, Th (1975): Pubertät und Narzißmus, Frankfurt/Main
Ziehe, Th. (1986): Jugendlichkeit und Körperbilder. In: Deutscher Werkbund e.V./Württembergischer Kunstverein (Hg.): Schock und Schöpfung. Jugendästhetik im 20. Jahrhundert, Buch zur gleichnamigen Ausstellung, Darmstadt-Neuwied, S. 16-20

Ziehe, Th. (1988): Wie man es im Kopf aushält. Strukturen des Alltagswissens Jugendlicher. In: Pädagogik, 40. Jg., Heft 7/8, S. 11-14

Ziehe, Th. (1991): Zeitvergleiche. Jugend in kulturellen Modernisierungen, Weinheim-München

Ziehe, Th. (1991a): Zum vorläufigen Ende der Erregung. Die Normalität kultureller Modernisierungen hat die Jugend-Subkulturen entmächtigt. In: Helsper, W. (Hg.): Zwischen Moderne und Postmoderne, Opladen, S. 57-71

Ziemer, G./Wolf, H. (1961): Wandervogel und Freideutsche Jugend, Bad Godesberg

Zimmermann, P. (1984): Rock'n'Roller, Beats und Punks. Rockgeschichte und Sozialisation, Essen

Zinnecker, J. (1981): Jugendliche Subkulturen. In: Zeitschrift für Pädagogik, 27. Jg., Heft 3, S. 421-440

Zinnecker, J. (1987): Jugendkultur 1940-1985, Opladen

Zinnecker, J. (1989): Die Versportung jugendlicher Körper. In: Brettschneider, W.-D./Baur, J./Bräutigam, M. (Hg.): Sport im Alltag von Jugendlichen, Schorndorf, S. 133-159

Zinnecker, J. (1990): Sportives Kind und jugendliches Körperkapital. In: Neue Sammlung, 30. Jg., Heft 4, S. 645-653

Zinnecker, J. (1991): Jugend als Bildungsmoratorium. Zur Theorie des Wandels der Jugendphase in west- und osteuropäischen Gesellschaften. In: Melzer, W./Heitmeyer, W./Liegle, L./Zinnecker, J. (Hg.): Osteuropäische Jugend im Wandel. Ergebnisse vergleichender Jugendforschung in der Sowjetunion, Polen, Ungarn und der ehemaligen DDR, Weinheim-München, S. 9-24

Zinnecker, J. (1993): Jugendforschung in Deutschland. Eine Zwischenbilanz, in: Deutsche Gesellschaft für Erziehungswissenschaft, Weinheim, 4. Jg., Heft 8, S. 96-113

Zinnecker, J. (1996): Jugendforschung in Deutschland. Bilanzen und Perspektiven. In: Edelstein, W./Sturzbecher, D. (Hg.): Jugend in der Krise. Ohnmacht der Institutionen, Potsdam, S. 189-207

Zinnecker, J. (1997): Metamorphosen im Zeitraffer. Jungsein in der zweiten Hälfte des 20. Jahrhunderts. In: Levi, G./Schmitt, J.-C. (Hg.): Geschichte der Jugend, Band II. Von der Aufklärung bis zur Gegenwart, Frankfurt/Main, S. 460-505

Zinnecker, J. (2000): Selbstsozialisation - Essay über ein aktuelles Konzept. In: Zeitschrift für Soziologie der Erziehung und Sozialisation, 20. Jg., Heft 3, S. 272-290

Zinnecker, J. (2002): „Halbstarke" – die andere Seite der 68-Generation. In: Herrmann, U. (Hg.): Protestierende Jugend. Jugendopposition und politischer Protest in der deutschen Nachkriegsgeschichte, Weinheim-München, S. 461-485

Zinnecker, J. (2005): Alles ist möglich und nichts ist gewiss. Deutschlands erste Jugendgeneration im 21. Jahrhundert. In: Neumann-Braun, K./Richard, B. (Hg.): Coolhunters. Jugendkulturen zwischen Medien und Markt, Frankfurt/Main, S. 175-190

Zinnecker, J./Barsch, A. (2007): Jugendgenerationen und Jugendszenen im Medienumbruch. In: Mikos, L./Hoffmann, D./Winter, R. (Hg.): Mediennutzung, Identität und Identifikationen. Die Sozialisationsrelevanz der Medien im Selbstfindungsprozess von Jugendlichem, Weinheim-München, S. 279-297

Zinnecker, J./Behnken, L./Maschke, S. Stecher, L. (2002): Null Zoff und voll busy. Die erste Jugendgeneration des neuen Jahrtausends, Weinheim-München

Zinnecker, J./Silbereisen, R. K./Vaskovics, L. A. (1996): Jungsein in Deutschland – im Überblick. In; Silbereisen, R. K./Vaskovics, L. A./Zinnecker, J. (Hg.): Jungsein in Deutschland. Jugendliche und junge Erwachsene 1991 und 1996, Opladen, S. 7-21

Zweig, St. (1970): Die Welt von Gestern. Erinnerungen eines Europäers, Frankfurt/Main (Original 1944)

Zybok, O. (2005): Aussichtslose Unabhängigkeiten. Kein Ende des Jugendwahns. In: Neumann-Braun, K./Richard, B. (Hg.): Coolhunters. Jugendkulturen zwischen Medien und Markt, Frankfurt/Main, S. 207-221